사랑은 왜 끝나나

UNLOVING(Warum Liebe endet. Eine Soziologie negativer Beziehungen) by Eva Illouz

All rights reserved by the proprietor throughout the world in the case of brief quotations embodied in critical articles or reviews.

Korean Translation Copyright ⓒ 2020 by Dolbegae Publishing Co., Seoul
ⓒ Suhrkamp Verlag Berlin 2018
ⓒ Eva Illouz 2018
All rights reserved by and controlled through Suhrkamp Verlag Berlin.

This Korean edition is published by arrangement with Suhrkamp Verlag Berlin through Bestun Korea Literary Agency Co., Seoul.

이 책의 한국어판 저작권은 베스툰 코리아 출판 에이전시를 통해 저작권자와 독점 계약한 돌베개 출판사에 있습니다. 저작권법에 의해 한국 내에서 보호를 받는 저작물이므로 무단 전재와 복제를 금합니다.

사랑은 왜 끝나나
— 사랑의 부재와 종말의 사회학

에바 일루즈 지음 | 김희상 옮김 | 김현미 해제

2020년 11월 16일 초판 1쇄 발행
2025년 10월 10일 초판 3쇄 발행

펴낸이 한철희 | 펴낸곳 돌베개 | 등록 1979년 8월 25일 제406-2003-000018호
주소 (10881) 경기도 파주시 회동길 77-20 (문발동)
전화 (031) 955-5020 | 팩스 (031) 955-5050
홈페이지 www.dolbegae.co.kr | 전자우편 book@dolbegae.co.kr
블로그 blog.naver.com/imdol79 | 트위터 @Dolbegae79 | 페이스북 /dolbegae

주간 송승호 | 편집 김진구·유은하
디자인 민진기·이은정·이연경
마케팅 심찬식·고운성·한광재 | 제작·관리 윤국중·이수민·한누리
인쇄·제본 영신사

ISBN 978-89-7199-795-6 (93300)
책값은 뒤표지에 있습니다.

이 도서의 국립중앙도서관 출판시도서목록(CIP)은 e-CIP 홈페이지
(http://www.nl.go.kr/ecip)에서 이용하실 수 있습니다(CIP제어번호: CIP2020037506).

사랑은 왜 끝나나
사랑의 부재와 종말의 사회학

Warum Liebe endet

에바 일루즈 지음 · 김희상 옮김 · 김현미 해제

차례

1. **프롤로그. '선택'에서 '선택하지 않음'으로**   9
   자유로서의 사랑 —— 15
   자유에 대한 비판의 불만 —— 22
   선택의 문제 —— 32
   부정적 선택 —— 40

2. **전前근대의 구애, 사회적 확실성 그리고 부정적 관계의 발생**   51
   사회학적 구조로서의 구애 —— 60
   사회학적 구조로서의 확실성 —— 68
   소비의 자유로서의 성적 자유 —— 86
   새로운 사회적, 성적 문법 —— 100

3. **혼란스러운 섹스**   109
   캐주얼 섹스와 그 규정하기 어려운 효과 —— 113
   캐주얼 섹스와 불확실성 —— 133
   불확실성과 부정적 사회성 —— 163

4. **존재론적 불확실성의 부상**   173
   몸의 가치 —— 177
   상징 가치와 경제 가치의 생산 —— 184
   평가 —— 191
   성적 평가절하 —— 203
   평가 기준의 변화 —— 228
   주체의 혼란스러운 지위 —— 235

5. **한계가 많은 자유**   **247**
    무엇에 동의? ——— 254
    혼란스러운 의지 ——— 258
    변덕스러운 감정 ——— 266
    의견을 말하기보다 탈출을 ——— 286
    신뢰와 불확실성 ——— 303

6. **부정적 관계로서의 헤어짐**   **313**
    사랑의 끝 ——— 319
    이혼 그리고 감정 영역에서 여성의 위치 ——— 321
    이별의 서사 구조 ——— 326
    섹슈얼리티: 거대한 분리 ——— 332
    소비 대상: 이행 대상에서 출구 대상으로 ——— 346
    자율성과 결합: 힘겨운 커플 ——— 353
    감정 존재론과 결속력 없는 감정 계약 ——— 359
    감정 능력 그리고 관계 형성 과정에서 여성의 위치 ——— 367

에필로그. 부정적 관계와 섹스의 나비 정치   **377**

감사의 말 · 397
주 · 399
참고문헌 · 478
찾아보기 · 518

해제 – '쉽게' 만나고 '쿨하게' 헤어지는데, 누가 왜 괴로워하는가? · 525

나의 아들 네타넬Netanel, 이마누엘Immanuel 그리고 아미타이Amitai를 위하여
나의 어머니 앨리스Alice를 위하여
나의 형제자매 마이클Michael, 마크Marc 그리고 내털리Nathalie를 위하여

이들을 향한 사랑은 결코 끝나지 않으리라.

일러두기

1. 이 책은 에바 일루즈Eva Illouz의 『Warum Liebe endet. Eine Soziologie negativer Beziehungen』(Suhrkamp, 2018)을 완역한 것이다. 독일어판을 번역의 저본으로 삼았으나, 영어판 『The End of Love. A Sociology of Negative Relations』(Oxford University Press, 2019)를 참고했다.
2. 지은이의 주註는 책 말미에, 보충 설명을 위한 옮긴이 주는 페이지 하단에 실었다.
3. 원서에서 이탤릭체로 구별하여 표기한 부분은 한국어판에서 고딕체로 표기했다.

1
프롤로그

'선택'에서 '선택하지 않음'으로

나는 시대를 기록하는 역사가이며, 내 작업이 기록에 충실할 뿐이라는
말은 오늘을 산다는 뜻이다.
― 마크 퀸

복종적이 된다는 것은 개인이기를 포기하고
집단으로 넘어가야만 한다는 것을 의미한다.
― 압드 알 말리크

나는 사회주의를 (사람들에게) 묻는 게 아니라,
사랑, 질투, 어린 시절과 노년을 물을 뿐이다. (…)
이것이야말로 습관이라는 익숙함을 무너뜨리고
이를 두고 이야기할 유일한 가능성이다.
― 스베틀라나 알렉시예비치

코앞에 있는 것을 본다는 일은 끊임없는 노력을 필요로 한다.
― 조지 오웰[1]

서구 문화는 인간의 삶에서 기적처럼 나타나는 사랑, 누군가 나에게 정해져 있다고 깨닫는 마법적인 순간을 묘사하는 끝없이 풍부한 이야기를 자랑한다. 나의 이름을 불러주거나 메일을 보내주기를 애타게 기다리며, 그 혹은 그녀를 생각하는 것만으로도 감격을 맛보는 사랑에 빠진다는 것은 플라토닉 사랑에 사로잡힘을 뜻한다. 이런 사랑은 상대를 떠올리며 결점이라고는 없는 완벽함을 추구한다.[2] 무수한 소설, 시, 영화는 이런 관점에서 우리가 플라톤의 제자가 되어야 한다고 가르친다. 완벽함을 사랑하는 예술의 경지에 입문하는 것이 이런 사랑의 관점이다. 그러나 사랑을 두고 이처럼 할 말이 많은 문화는 사랑에 빠지는 것을 피하거나 사랑에서 깨어나는, 그에 못지않게 기묘한 순간에는 할 말을 잃고 우물쭈물 얼버무리기만 한다. 그 사람을 떠올리며 잠 못 이루던 숱한 밤이 무색해지며, 몇 달, 아니 몇 시간 전만 해도 뜨겁게 뛰던 가슴이 차갑게 식는 이유를 서구 문화는 설명할 줄 모른다. 이런 침묵은 시작한 지 얼마 되지 않아 끝나버리거나, 서로 키워가던 감정이 깨져버리는 관계가 어지러울 정도로 많다는 점에서 더욱 놀랍기만 하다. 아마도 서구 문화는 이런 현상을 어찌 묘사해야 좋을지 또는 어떻게 해석해야 좋을지 모르는 모양이다. 우리가 이야기와 드라마 속에서 그리고 그것을 통해 살아가는데, '사랑의 부재와 끝남' unloving 은 명확한 구조를 가진 이야기가 아니다. 이런 과정은 대개 분명한 신호로 시작되지 않으며, 오히려 그 반대다. 관계는 대부분 제대로 시작하기도 전에, 또는 시작했어도 이내 그대로 시들어버리거나 사라진다. 이 단계를 넘어선 관계라 할지라도 천천히, 이유를 알 수 없는 아리송함으로 식어간다.

그럼에도 사랑이 끝나는 사건(또는 제대로 시작도 하지 못하는 사건)은 사회학의 관점에서 매우 다양한 의미를 가진다. 사회적 관계의 해체는 에밀 뒤르켐의 획기적 연구인 『자살론』 이후 사회학 연구의 핵심 주제로 다뤄져왔다.[3] 그러나 현대의 촘촘히 맞물린 세계는 일종의 아노미 현상을 나타낸다. 아노미란 사회적 관계와 사회적 결속의 붕괴가 소외나 고독이라는 형태로 귀결되지 않는 가치 혼돈을 말한다. 오히려 밀접하고 친숙한 관계(잠재적이든 실재적이든)의 '해체'는 각종 기술과 발 빠른 상술, 이를테면 온갖 상담과 자기계발과 관계된 사회적 네트워크의 성장과 관련이 있다. 즉 각종 심리학 상담, 토크쇼, 포르노그래피와 성인용품 산업, 자기계발, 쇼핑과 소비의 거리 등이 사회적 관계의 결합과 해체라는 끝없이 이어지는 과정이 일어나게끔 조장한다. 사회학은 전통적으로 아노미라는 개념을 고립과 소속감, 이를테면 공동체나 종교의 소속감 결여가 몰아오는 결과로 이해했다.[4] 그러나 이제 사회학은 아노미를 과잉 결속을 빚어내는 현대의 파악하기 어려운 특성으로 마주해야 한다. 획 사라지는 휘발성에도 사회적 네트워크와 기술과 소비는 도처에서 그치지 않고 나타난다. 이 책은 그동안 우리가 익숙하게 여겨온 섹스 위주의 관계와 낭만적 사랑 관계의 특징을 설명할 문화적이고 사회적인 조건이 무엇인지 묻고자 한다. "사랑은 왜 끝날까?" 하고 묻는 것은 어떻게 자본주의와 섹슈얼리티와 젠더 관계와 기술이 서로 맞물려 새로운 형태의 사회성(혹은 비사회성)을 만들어내는지 추적할 수 있는 영역을 찾아야 함을 뜻한다.

*

심리학자들은 그동안 우리의 성생활과 사랑을 구출하고 새롭게 꾸며 이끌어보고자 하는 과제를 연구해왔다. 그들은 언어와 감정의 기술로 더 나은 삶을 살 수 있다는 특이한 비결로 우리를 설득했다. 그러나 우리의 사랑을 괴롭히는 사회적 이유를 찾으려는 노력은 전혀 하지 않았다. 심리학 상담이라는 보호된 공간 안에서 들을 수 있는 무수한 이야기는 분명 개인의 특성을 넘어서서 거듭 나타나는 구조와 공통의 주제를 드러냈을 것이다. 이런 테두리 안에서는 불평을 만들어내는 주된 원인이 무엇인지 알아내기란 어려운 일이 아니다. 왜 나는 농밀한 애정 관계를 맺고 유지하기가 어려울까? 이 관계는 나에게 좋은가, 나쁜가? 이 결혼 생활을 유지해야만 할까? 이런 물음들은 자기계발서와 워크숍과 상담 등에 결코 흐려지지 않는 울림을 남기며 한 가지 공통점을 드러낸다. 이는 곧 감정 생활을 둘러싼 뿌리 깊은 **불확실성**이다. 우리는 자신의 고유한 감정과 타인의 감정을 이해하는 데 어려움을 겪는다. 그래서 언제 어디서 타협해야 할지, 또는 누구의 잘못으로 관계가 틀어지는지 알아내는 일도 힘들다. 심리치료사 레슬리 벨은 이렇게 썼다. "젊은 여인들과의 상담을 통해 나는 그녀들이 '어떻게' 해야 원하는 것을 얻는지 불안해할 뿐만 아니라, 도대체 자신이 '무엇을' 원하는지도 잘 몰라 불안해한다는 인상을 받았다."[5] 심리학자의 상담실 안팎으로 널리 퍼진 이런 혼란함은 흔히 인간 심리가 지니는 양면성의 결과로 이해되었다. 이를테면 여성스러움이 무엇인지 강제하는 문화 때문에 성인으로 자립성을 가지고 살아가기 어려워하는 심리가 자율성과 종속 사이에서 갈등한다는 식이다. 그러나 나는 이 책에서 사랑, 낭만, 섹스의 영역에서 나타나는 감정적 불확실성이 소비시장, 치료산업 및 인터넷 기술 등이 개인의 선택이라는 이데올로기에 의해 복합적으로 기능하여 나타난 사회적 결과임을 분명히 보여주고자 한다. 심지어 자본주의 사회는 이런 불확실성을 개인의 자유를 꾸려가는 문화의 가장 중요한 특징으로 만들어버렸다. 현 시대의 관계를 사로잡은 이런 종류의 불확실성은 사회학이 풀어야 할 현상이다. 이런 불확실성이 언제나 있었던 것은 전혀 아니다. 더욱이 오늘날처럼 포괄적인 불확실성은 예전에는 볼 수 없던 것이다. 오늘날 남녀 모두를 괴롭히는 불확실성은 분명 각 분야의 전문가와 지식사회의 체계적인 주목을 끌지 못했다. 많은 관계의 특징이자 끊임없는 심리학 촌평의 계기가 되어주는 불안함과 허망함은 분명 인간관계가 보편적으로 가지는 '불확실성'의 표현이다. 오늘날 많은 사람들이 이런 불확실성에 시달린다는 것은 자기모순적인 무의식이 아니라, 자본주의적 생활 조건이 글로벌해진 결과다.

　이 책은 자본주의와 현대 문화가 우리의 감정과 사랑을 변형하고 있다는 것을 연구하려고 20년 전에 시작한 프로젝트의 마감 편이다. 지난 20년 동안 내 연구를 이끈 원칙은 사생활과 애정 생활이 빚어내는 혼란함의 분석을 심리학에만 맡겨두어서는 안 된다는 것이다. 사회학이 기여할 수 있는 대단한 성과는 심리적 경험, 이를테면 욕구, 충동, 내적 갈등, 욕망, 불안을 집단 생활의 드라마로 풀어내고 해석하려 고집할 때에만 얻어진다. 우리의 주관적 경험에서 사회적 구조를 읽어내고 그 구체적 전모를 드러내는 것이 사회학의 과제다. 내면 생활을 심리학이 아닌 방식으로 분석하는 일은 자본주의 시장과 소비문화가 이

내면을 우리 존재의 유일한 차원으로 만드는 그만큼 절박하기만 하다. 자율성과 자유와 향락을 내면의 주축으로 만들어 소비를 강제하는 자본주의에 심리학은 도구로 쓰일 뿐이다.[6] 개성과 감정과 내면을 중시해 자아실현의 무대로 만들며 역설적이게도 우리는 경제적이고 자본주의적인 주체의 전제조건을 만족시킨다. 이렇게 이해된 주체는 사회라는 세계를 파편화하며 사회의 객관성을 지워버린다. 이런 이유에서 사회학의 섹슈얼리티와 감정 비판은 자본주의 비판 자체를 위해 결정적이다.

감정 생활과 자본주의와 현대의 관계를 다룬 이 연구를 맺기 위해 나는 특히 19세기 이후 철학과 자유주의가 씨름해온 물음을 다루어야 했다. 자유는 든든하고 확실한 관계를, 특히 낭만적 관계를 맺을 가능성을 위협할까? 일반적으로 이 물음은 지난 두 세기 동안 공동체의 몰락 및 시장의 성장과 더불어 계속 제기되어왔다.[7] 그럼에도 감정의 영역에서 이 물음은 거의 다루어지지 않았다. 감정의 자유가 주체와 이 주체들 간의 관계를 완전히 새롭게 세울 중요한 것이며, 특히 현대에 들어와 다른 형태의 자유보다 훨씬 더 중요한 것으로 부각되었음에도 이 물음이 소홀히 다루어진 것은 아쉽기만 하다. 물론 감정의 자유라는 문제는 적지 않은 다의성과 아포리아 aporia 로 얼룩져 있다.

자유로서의 사랑

사랑, 즉 하나가 된다는 감정은 역설적이게도 자율성과 자유의 복잡한 역사가 남긴 파편을 고스란히 담고 있다. 자율성과 자유는 대개 정치 차원에서 논의되는 개념이다. 이게 무슨 이야기인지는 사례 하나만 살펴도 충분히 알 수 있다. 고대 그리스의 희곡 작가 메난드로스Menandros가 만들어낸 로맨틱코미디라는 장르, 로마의 플라우투스Titus Maccius Plautus와 테렌티우스Publius Terentius Afer가 뒤이어 속속 작품을 선보인 이 장르는 르네상스기에 이르러 새롭게 활짝 꽃을 피웠다. 이들의 작품에서 젊은이들은 부모와 스승과 어른을 상대로 자유롭게 사랑할 권리를 주장한다. 인도와 중국에서 사랑은 종교적 색채가 짙은 스토리로 꾸며지며, 신들의 간섭을 받고, 사회적 권위에 거역하지 않는 것으로 그려진 반면, 서유럽과 미국의 러브스토리는 점차 신이 섭리하는 우주론이라는 색채를 떨쳐버렸다(상대적으로 좀 덜하기는 했지만 이런 사정은 동유럽도 마찬가지다). 서구의 러브스토리는 주로 귀족 엘리트가 어떻게 살아야 할지 인생의 의미를 탐색하는 내용이다.[8] 그 결과 본래 신의 뜻을 따라야 했던 사랑[9]은 점차 종교적 색채를 버리고 감정의 개인주의를 떠받드는 중심 기둥이 되었다.[10] 감정은 이제 사회 제도로부터 독립적인 개인의 내면에 초점을 맞춘다. 사랑은 점차 동족결혼이라는 규칙을 거부하는 움직임을 보인다. 이는 곧 가부장적 권위와 교회의 권위 및 공동체의 통제를 벗어나려는 움직임이다. 18세기의 베스트셀러 『신新엘로이즈』(1761)•는 사랑의 대상을 자신의 의지에 따라 골라 결혼하려는 권리, 곧 감정은 개인이 자유롭게 선택할 수 있는 것임을 강조한 작품이다. 내면의 감정과 자유와 선택권이 결혼 생활을 떠받드는 유일

• 원제는 『쥘리 또는 신엘로이즈』Julie ou la nouvelle Héloïse로, 장 자크 루소가 쓴 장편소설이다. 중세의 수도사 아벨라르와 엘로이즈의 지고지순한 러브스토리를 모델로 삼아 귀족의 딸 쥘리와 평민 생프뢰의 사랑을 그렸다.

한 기초다. 이는 곧 종교와 사회의 권위에 복종해야만 했던 결혼의 기존 관념을 철저히 타파하고 새롭게 꾸며내려는 혁명이다. 이런 새로운 문화적, 감정적 질서에서 의지는 더는 자신의 희망을 억제하는 것(기독교의 요구처럼)이 아니라, 사랑의 대상을 자신이 원하는 대로 고를 능력이다. 이렇게 볼 때 낭만적 사랑과 감정은 개인이 자유와 자율성을 요구할 도덕적 바탕이 된다. 배우자를 자율적으로 선택할 자유는 주로 남성이 지배하는 정치와 여론에 맞서는 혁명의 길을 걸어야만 했다. 다만 이 혁명은 노골적인 시위나 입법 시도 또는 거리투쟁 없이 이뤄졌을 뿐이다. 이 혁명에는 평범한 남녀는 물론이고 성평등 문제를 놓고 고민한 소설가, 최초의 페미니스트, 철학자, 지성인 역시 힘을 보탰다. 사랑 문제에서 감정을 자율적으로 선택하고자 하는 요구는 사회의 변화를 이끌어낸 강력한 힘이다. 이 요구는 짝짓기 과정을 근본적으로 바꾸어놓았다. 이로써 결혼의 개념은 물론이고 사회를 이끄는 전통적인 권위도 변화할 수밖에 없었다.[11] 자율적 감정의 요구가 사생활과 감정의 문제인 것처럼 보인다 할지라도 낭만적 사랑은 그 근본에서 정치가 풀어야 할 사안이다. 사랑의 대상을 직접 고를 권리는 점차 개인의 권리 문제로 발전했다. 개인의 권리는 자신이 가지는 감정을 자율성의 원천으로 이해한다.[12] 개인의 권리는 자율성 역사의 중요한 부분을 이룬다. 서구 사회에서 사랑의 역사는 근대성이 역사적으로 발현하는 것을 그린 거대한 프레스코의 변두리 모티브에 그쳤던 것이 아니다. 사랑의 역사는 실제로 개인이 결혼과 가족에 대해 갖는 관계를 뒤바꾸어놓은 주요 원인이다. 사랑은 결혼과 가족 관계에 중대한 변화를 가져왔다. 그때까지 결혼은 여성이 남성에게 경제적으로 의존하는 관계였다. 그러나 이제 사랑과 감정에 도덕적 자율성이 인정되면서 재생산과 섹슈얼리티,

경제적 축적과 교환의 모델은 예전과는 판이하게 달라졌다.

감정과 관련해 우리가 개인적 자유라고 부르는 현상은 아주 다양하게 나타났다. 교회와 공동체의 손이 미치지 않는 사적 영역은 이런 현상과 더불어 자연스럽게 생겨났다. 갈수록 개인의 자유는 국가가 법으로 보호해주어야 하는 권리로 자리를 잡았다. 개인의 자유는 문화의 변혁을 이끌어내는 데 톡톡히 기여했다. 변혁의 선봉에는 엘리트 예술가, 나중에는 미디어산업이 섰다. 특히 개인의 자유는 여성의 권리가 보다 더 명확하게 정리될 수 있는 근거가 되었다. 여성은 예전만 하더라도 자신의 것이 아니라 후견인의 재산인 양 취급되던 몸의 소유권을 개인의 자유 신장과 더불어 되찾았다. 감정의 자율성은 개인이 내면의 자유를 누릴 수 있어야 한다는 것과 (더 뒤에 나타난) 자신의 몸을 자기 뜻대로 쓸 수 있어야 한다는 성적 자유를 포괄한다. 두 종류의 자유, 즉 내면의 자유와 성적 자기 결정권은 사실 서로 다른 문화역사적 배경을 가진다. 내면의 자유는 양심의 자유와 프라이버시의 역사에 뿌리를 두는 반면, 성적 자유는 여성해방운동이 가져다준 역사적 결실이며, 동시에 몸의 권리를 새롭게 정립한 것이다. 실제로 여성은 그리 멀지 않은 과거만 하더라도 몸을 자신의 뜻대로 쓸 수 없었다. 예를 들어 여성은 배우자의 성행위 요구를 거부할 수 없었다. 성적 자유와 내면의 자유는 서로 밀접하게 맞물리며 사유재산권이라는 보다 폭넓은 권리가 정립될 수 있게 해주었다. "사유재산권의 자유라는 원칙은 누구나 자신의 몸과 재산을 개인이 온전히 통제하고 활용할 수 있어야 함을 뜻한다. 그러므로 누구도 이런 권리의 제공을 계약이라는 형태의 의무로 정하지 않는 한, 몸과 재산을 상품이나 서비스 형태로 베풀지 않아도 된다."[13] 더 구체적으로 말해서 사유재산권은 자신만의 고유한 감정을 가져도 좋은 자유를 뜻한다. 더 나아가 자신의 몸을 소유하고 통제할 자유는 시간이 흘러 성적 파트너를 스스로 고르고 관계를 자기 뜻에 따라 맺고 끊을 수 있는 것으로까지 확장된다. 요컨대 개인은 감정생활과 성생활을 외부의 간섭이나 방해를 받지 않고 독자적으로 꾸릴 수 있어야 한다. 어떤 느낌을 가지고 무엇을 희망하며, 어떤 목표를 선택할지 하는 것은 전적으로 개인의 자유다. 감정의 자유는 누구와 신체적 접촉을 갖고 성관계를 맺을지 스스로 결정하고 정당화할 수 있는 특수한 형태의 권리다. 이런 형태의 자기 결정권이야말로 내가 감정 중심의 근대라고 부르고 싶은 시기로 넘어가는 과도기의 특징이다. 감정 중심의 근대가 본격적으로 알을 깨고 나온 것은 18세기 이후지만, 그 완벽한 실현은 1960년대에 와야 비로소 이루어진다. 이 시기에는 성적 선택을 순전히 주관적 감정과 쾌락에 따른 것으로 정당화했다. 오늘날 그 최신 형태는 인터넷 섹스 포털과 '데이트 앱'이다.

사회학자로서 최초로 감정 중심의 근대라는 본질에 주목한 사람은 앤서니 기든스다. 그는 애정 관계를 개인의 자유가 최고조에 이른 것이라고 보았다. 자유롭게 사랑의 상대를 고르면서 개인은 종교와 문화의 해묵은 전통에서 떨어져 나왔으며, 경제적 생존을 위한 틀로 선택하던 결혼 생활로부터 벗어났다.[14] 기든스는 자발적이면서도 은밀하게 관계를 꾸려갈 수 있는 존재로 개인을 정의했다. 이를 위해 치러야 하는 대가가 이른바 '존재론적 불안'이라고 기든스는 강조한다. 자유롭게 상대를 선택하는 대신 개인은 끊임없이 내적 불안에 시달린다는 것이 기든스가 말하는 '존재론적 불안'이다. 이런 불안에 시달리면서도 기든스는 '순수 관계'(숱한 논란이 되었던 이 개념은 전체적으로 근대성의 확립, 곧 개인이 주체로 부각되었음을 뜻한다)야말로 자유로운 근대인의 핵심 가치가 되었다고 보았다. 자기 권리를 의식하고 활용할 줄 아는 주체인 개인은 무엇보다도 함축적인 계약으로 자기 판단에 따라 관계를 맺고 끊을 줄 안다. 기든스는 순수 관계를 맺는 주체야말로 자유롭다고 보았다. 개인은 자기 욕구가 무엇인지 알고, 이 욕구의 만족을 위해 다른 사람과 협상을 벌이기 때문이다. 순수 관계는 글자 그대로 자유로운 사회 계약이다. 독일의 철학자 악셀 호네트 역시 기든스와 비슷한 관점에서 자유는 타자와의 관계 속에서 실현된다고 보았다(이는 무엇보다도 헤겔의 관점이다).[15] 이제 자유는 사랑을 떠받드는 토대다. 더 나아가 가족은 그 각각의 구성원이 가지는 자유를 돌봐주고 키워주어야만 한다는 의미에서 역시 자유를 그 존립의 토대로 한다. 기든스와 호네트는 이런 관점으로 전통적인 자유주의 모델을 복잡하게 만들고 말았다. 두 사상가가 보는 자유로운 주체는 사랑과 애정 관계를 통해서 비로소 완전히 자아를 실현한다.

그러나 자유의 이런 모델은 숱한 새로운 물음을 낳는다. 애정 관계는 오늘날 자신의 자유를 완전히 의식하는 두 주체 사이에서 이뤄지는 것이 아니다. 자유를 바탕으로 하는 관계는 두 당사자가 서로 조건을 내걸고 이를 수용하는 계약을 맺어야 성립한다. 그러나 서로 상대의 조건을 충분히 숙지하고 이를 지키는 계약 관계는 암담할 정도로 찾아보기 힘들다. 계약은 서로 조건에 합의해야 성립한다. 서로 자신의 목적이 무엇인지 명확하게 의식하는 주체들의 의지를 전제로 해야만 이루어지는 것이 계약이다. 다시 말해서 조건을 지키지 않았을 때 내려질 처벌까지 규정할 때에만 진정한 계약이 성립한다. 계약은 정의에 맞게 예상하지 못한 상황에 대비할 조항을 갖추어야만 한다. 그러나 오늘날 이처럼 충실한 조건을 갖춘 계약을 바탕으로 하는 관계는 거의 찾아볼 수 없다.

　소비문화와 기술이 조장한 성적 자유의 제도화는 오히려 조건을 무력화하는 효과를 낸다. 이로써 '성적, 감정적 계약'sexual and emotional contracts의 틀과 목적을 떠받들어주던 확실성은 뿌리부터 흔들린다. '어떤 것이 계약의 조건이 되어야 하는가' 하는 물음을 둘러싼 논란은 그치지 않는다. 결국 계약이라는 비유는 아주 부적절한 것이 되었다. 계약이라고 하기에 현대 관계의 구조는 너무나 부정적이다. 관계 구조의 부정성否定性이라는 불안함 때문에 관계를 어떻게 정의하고 평가하며 유지해야 하는지 우리는 알지 못한다. 한마디로 관계를 예측 가능한 것으로 든든하게 이끌어줄 사회적 시나리오가 없다. 성적 자유와 감정의 자유는 관계의 조건을 정의할 단순한 방법에 지나지 않는다. 이 자유가 구체적인 답을 얻기 위해 풀어야 할 문제가 너무 많다. 이런 문제는 심리적 성격은 물론이고 사회적 성격도 가진다. 이제 성적 관계나 낭만적 관계는 계약의 논리가 아니라, 만성적이고 구조적인 불확실성에 지배된다. 성적, 감정적 자유가 관계 당사자들이 서로 배려하며 지원하게 만들어주어야 한다는 점을 우리는 당연하게 여긴다. 그러나 이런 전제에는 문제가 많다. 그래서 내가 주장하고 싶은 논제는 감정의 자유와 성적 자유가 서로 다른 제도화의 길과 사회적 발달 단계를 걸어와 지금처럼 불확실성에 지배당한다는 것이다. 오늘날 성적 자유는 '모든 것이 매끄럽게 이뤄져야' 하는 상호작용의 영역에 있다. 당사자들은 어떤 상호작용이 마음에 드는지 결정하고 자신의 행동을 이끌어주며 이 상호작용의 경계가 무엇인지 정할 무수히 많은 기술 수단과 문화적 시나리오와 이미지 앞에서 혼란에 빠진다. 감정은 사회적 경험의 차원이 되었다. 이런 차원의 '문제'는 혼동과 불확실성 그리고 심지어 카오스가 지배하는 영역이다.

나는 성적 자유를 촉발하거나, 하지 않는 감정 경험이 무엇인지 물어봄으로써 이 문제를 연구하려 노력했다. 이 연구로 나는 성적 자유를 보는 보수파의 한탄은 물론이고 성적 자유를 어떤 가치보다 우선시하는 진보 진영의 관점도 두루 살폈기를 희망한다. 더 나아가 나는 감정의 자유와 성적 자유의 의미를 비판적으로 음미하고자 그러한 자유가 사회적 관계에 미치는 영향을 경험적으로 연구하려 애썼다. 감정의 자유와 성적 자유를 찬성하든 심판하든 간에 분명한 사실은 이러한 자유가 제도적 구조를 가졌다는 점이다. 그래서 이 자유는 자기 이해와 사회적 관계의 차원으로 변형되었다. 우리에게 중요한 것은 이런 영향을 분석하는 일이다. 되도록 정밀한 분석을 위해 일부일처제, 처녀성, 핵가족, 멀티오르가슴 또는 때때로 즐기는 가벼운 섹스(캐주얼 섹스)에 대한 편견은 유보되어야 한다.

자유에 대한 비판의 불만

이런 접근 방식은 보수든 진보든 다양한 지식인 계층을 피할 수 없이 혼란에 빠뜨리고 거부감을 불러일으킨다. 가장 먼저 저항하는 쪽은 성자유주의자들이다. 이들은 (성적) 자유 비판에 대해 "히스테리적 도덕주의와 내숭 떨기의 반동적 국면"이라고 못마땅해한다. 이 말은 커밀 팔리아의 강한 비판을 그대로 인용한 것이다.[16] 그러나 이런 입장은 자유경제와 탈규제를 겨눈 비판이 집단농장의 건설로 회귀하려는 히스테리적 반응이라는 주장과 다르지 않다. 자유를 철저히 비판적 시각으로 바라보는 일은 예나 지금이나 보수적 입장이든 해방론의 입장이든 학자라면 마땅히 해야 하는 권리이자 의무다. 이런 비판의 어떤 점도 도덕적 내숭 떨기로 돌아갈 것을 요구하지 않는다. 부끄러운 나머지 보이는 이중 도덕은 더더구나 아니다. 감정의 자유와 성적 자유가 현재 어떤 상태에 있는지 비판적으로 묻는 태도는 고전적 사회학의 핵심 문제를 성찰하는 것과 다르지 않다. 자유와 무질서 사이의 깨지기 쉬운 경계는 어디인가?[17] 자유는 어디서 끝나며, 반도덕적 무질서는 어디서부터 시작하는가? 이런 의미에서 성적 자유가 사회와 감정에 미치는 영향을 다룬 내 연구의 핵심은 사회 질서와 무질서 사이의 관계를 묻는 뒤르켐의 물음으로 돌아가자는 제안이다. 내가 알고 싶은 것은 '자본주의가 개인의 사적 영역에 침입해 들어옴으로써 이 영역의 규범적 원리를 어떻게 변형하고 무너뜨렸는가?'에 대한 답이다.

두 번째 저항은 아마도 문화 연구, 즉 성소수자의 취향과 정체성을 연구하는 이른바 퀴어 연구, 젠더 연구와 같은 학술 분과들로부터 제기될 것이다. 이 연구들은 전통적으로 시민권 박탈 문제를 계속 고민했다. 이런 연구들은 함축적으로든 명시적으로든 자유를 최상위 가치로 여겨왔다. 악셀 호네트가 정당하게 지적했듯, 자유는 현대인에게 최고의 가치, 평등과 정의마저 앞서는 가치다.[18] 서로 저마다 조금씩 다른 분위기이기는 하지만 자유주의 페미니스트, 동성애 활동가(특히 포르노 옹호론자들), 문학가, 철학자는 자유를 항상 가장 큰 위협을 받는 가치로 여겼다. 바로 그래서 이들은 자유가 가지는 병적인 측면을 자세히 살피기를 꺼렸다. 이들은 신자유주의에 넌덜머리를 내며 비판할 때나 소비 시장이 조장한 '나르시시즘' 또는 '실용적 쾌락주의'가 가진 병폐를 지적할 때를 제외하고는 자유의 병적 측면을 되도록 언급하지 않으려 한다. 이런 저항에는 두 가지로 답할 수 있다. 그 첫 번째 답은 웬디 브라운이 아주 잘 정리했다. "자유는 역사적으로나 기호론적으로 또는 문화적으로 워낙 변화무쌍하며 정치적으로 개념을 정확히 규정하기 어렵기 때문에, 자유주의를 표방하는 정권조차 아주 냉소적이고 여성해방에 적대적인 정치적 목적을 위해 자유를 끌어다대곤 했다."[19] 이 말이 맞다면, 나 자신은 맞다고 확신하는데, 자유는 우리가 '지켜야 하면서 동시에 그 배경을 캐물어야' 하는 사회적 화두다. 이 첫 번째 답에서 자연스럽게 도출되는 두 번째 답은 방법론의 측면에서 접근한다. 데이비드 블루어는 사회의 다양한 현상을 대칭적인 방식으로 연구해야 한다는 방법론을 주장했다. 그가 말하는 대칭적 방식이란, 어느 쪽이 '선'이나 '악' 또는 '승자'나 '패자'라고 미리 전제하지 않고 서로 대립하는 측면을 균형 있게 살펴야 하는 방법론을 뜻한다. 이런 방법론을 토대로 자유 역시 경제의 영역에서든 인간관계의 영역에서든 일체의 선입견 없이 비판적으로 연구해야 한다.[20] 우리가 비판적인 학자로 경제활동의 영역에서 자유가 가져다주는 파괴적 결과를 분석해야 한다면, 개인의 감정과 성적 영역에서도 자유의 파괴적인 효과를 묻지 말아야 할 이유는 없다. 신보수주의의 시장과 정치적 자유 찬양은 물론이고 진보 진영의 성적 자유 예찬도 우리는 그것이 진정한 자유인지 시험대에 올려놓고 살펴야 한다. 이런 검증은 리처드 포스너가 자신의 연구 『섹스와 이성』[21]에서 요구한 중립성을 지켜가며 하면 안 된다. 오히려 이 검증은 자유가 야기하는 결과에 어떤 것이 있는지 포괄적으로 살피는 자세로 이루어져야 마땅하다.[22] 대칭성이라는 원칙은 다른 관점에서도 중요하다. 요즈음 문화의 전반에 걸쳐 활발히 자행되는 섹슈얼리티의 상업화를 겨눈 비판은 여러 분야에서 줄기차게 제기된다. 우선 꼽을 수 있는 것은 건강한 자아가 무엇인지 정의하는 일의 중심에 섹슈얼리티를 놓는 것을 반대하는 섹슈얼리티 상업화 거부 운동 그룹의 비판이다. 페미니스트와 심리학자들은 문화의 섹슈얼리티 상업화가 몰아올 악영향을 두고 근심의 목소리를 높인다. 특히 유럽과 미국의 기독교 종파 대부분과 소수 종교(이를테면 이슬람교)가 이런 비판을 제기한다. 이런 모든 비판은 문화의 섹슈얼리티 상업화를 불안한 눈길로 바라본다. 지금까지는 오로지 페미니즘 연구자들만 이런 불안을 추적해왔다. 인류학자 릴라 아부루고드와 사바 마무드는 성해방性解放이라는 유럽 중심의 모델을 무슬림 여성의 입장에서 비판했다.[23] 이 두 여성 인류학자는 우리를 초대해 다른 형태의 성적, 감정적 주체성에 어떤 것이 있는지 알려준다. 이 책이 계획한 섹슈얼리티의 비판적 연구는 섹슈얼리티의 통제나 규제라는 청교도적 요구와는 거리가 멀다. 나는 오히려 섹슈얼리티와 사랑이라는 주제를 두고 우리가 펼쳐온 생각이 지닌 역사적 맥락을 살펴보고자 이 책을 썼다. 내가 알고 싶은 것은 현대의 섹슈얼리티를 바라보는 문화와 정치의 관점에서 어떤 것을 경제와 기술 세력이 골라내어 왜곡해왔는가 하는 물음에 대한 답이다. 우리가 사랑의 본질로 여기는 이상과 규범에 어떤 것이 모순을 일으키는지 나는 정말 궁금했다.

내 연구를 겨눈 세 번째 반론은 인문학과 사회학에서 미셸 푸코가 차지하는 엄청난 영향력과 관련이 있다. 푸코의 책 『감시와 처벌』[24]은 민주주의의 자유가 국민을 감시해 길들이려는 과정을 은폐하는 속임수라는 의심을 제기한다. 인간의 본질을 꿰뚫는 새로운 지식으로 무장해 고도의 기만 전략을 펼치는 것이 자유라는 주장이다. 이런 주장에 영향을 받은 사회학자들은 정부가 구사하는 모든 가능한 감시 체계를 주목하며, 푸코와 마찬가지로 자유를 진보 진영이 품은 일종의 환영으로 간주했다. 이 배경을 염두에 둔다면 자유 그 자체는 자유가 만들어내는 주체성의 환영에 비해 흥미가 떨어지는 연구 주제일 수밖에 없다. 그러나 생애의 말년에 푸코는 '콜레주드프랑스'에서 행한 '강연'에서 자신은 자유와 통치성의 관계에 갈수록 더 큰 관심을 가지게 되었다고 밝혔다. 푸코의 이런 설명은 시장의 자유가 어떻게 새로운 행동 영역을 이끌고 나오는지 그 방식에 주목하게 되었다는 뜻이다.[25] 나의 책은 감정의 문화사회학이 보이는 입장을 고려해가며 푸코가 후기 저작에서 주장한 관점을 받아들였다.[26] 감정의 문화사회학은 실제로 자유를 행동 영역의 재구성으로 본다. 행동 영역은 도덕 감각, 교육과 관계의 개념화, 법적 체계의 바탕, 젠더에 대한 시각과 그 실제, 더 넓게는 현대인의 자아에 대한 기본적 정의를 빚어내는 가장 강력하고 널리 퍼진 문화적 프레임이다. 문화사회학이 보는 자유는 법전이 높이 추켜세우는 도덕적이고 정치적인 이상이 아니다. 오히려 자유는 현대인의 자기 이해와 타인과의 관계를 지속적으로 체계화하는 뿌리 깊은 문화적 프레임이다. 개인과 제도가 부단히 가꾸는 가치인 자유는 헤아릴 수 없이 많은 문화적 실천으로 지켜진다. 이런 실천 가운데 가장 강력한 것은 개인에게 당신이 성적 주체라고 속삭이는 설득이다. "개인이 자신을 성적 존재로 경험하면서 성적 쾌락과 안전을 누릴 권리를 자각하고 적극적으로 성적 선택을 하면서 성적 존재라는 정체성을 유지하는 것"이 당연하다고 문화는 설득한다.[27] 성적 자유를 현대인의 자아 해방으로 간주하면서도 역설적이게도 기독교가 섹슈얼리티에 보이는 강박관념을 꼬집은 푸코와 달리, 나는 다른 문제에 초점을 맞추고 싶다. 성적 자유는 어떻게 변화해왔는가? 그리고 이런 변화는 기술로 집약된 소비

문화에 어떻게 반영되었을까? 애정 관계를 처음에 맺고 이끌다가 마침내 하나의 가정을 꾸리는 과정에서 성적 자유는 무엇을 의미하는가?

자유의 문제는 진보적 성격의 각종 단체와 조직이 특정 유형의 자유를 선호하는 그만큼 더욱더 그 적절한 해결 방안을 찾도록 압박을 가한다. 그 특정 유형의 자유는 소극적 자유다. 개인이 외부로부터 간섭이나 방해를 받지 않고, 다른 사람에게 해를 입히거나 그의 자유를 제한하지 않는 범위 안에서 원하는 대로 행동하는 것이 소극적 자유다. 이런 자유는 법적으로 보장되며, 우리의 권리와 사생활을 보호하려는 여러 가지 제도로 가꾸어지고 관리된다. 그러나 소극적 자유는 일종의 '공허함', 곧 '간섭의 부재'라는 빈 공간을 만들어냈다. 이 빈 공간은 자본주의 시장, 소비문화 그리고 각종 기술이 파고들기 쉬운 먹잇감이다. 거대 자본권력이 이 빈 공간을 식민지로 삼으면서 그동안 현대 사회에는 여러 가지 강력한 문화적 경연장이 생겨났다. 카를 마르크스가 오래전에 주목했듯, 자유는 불평등을 야기할 위험이 있다. 캐서린 매키넌은 이런 맥락의 핵심을 다음과 같이 짚어냈다. "자유를 평등보다 우선시하며, 자유를 정의보다 우선시하는 태도는 오로지 권력자의 권력만 계속 키울 뿐이다."[28] 자유를 평등보다 우선시해서는 안 되는 이유는 분명하다. 불평등이 자유의 가능성을 제한하기 때문이다. 남성과 여성 사이의 이성애 관계는 양성 간의 불평등을 야기하고 자연스럽게 만들어버린다. 그렇기 때문에 우리는 자유가 그런 불평등을 조장하며 자연스럽게 받아들이도록 만든다는 점을 충분히 예상할 수 있다. 이성애 관계에서 자유가 불평등을 극복한 경우는 드물다.

이사야 벌린Isaiah Berlin이 "소극적 자유"negative freedom라고 한 것은 어쨌거나 소비시장의 언어와 행태가 개인의 어휘와 문법을 개조하도록

했다. 시장이 지배하는 언어, 이를테면 이해관계, 실용주의, 즉각적 만족, 자아 중심의 행동, 경험의 축적과 다채로움, 풍부함 등은 오늘날 낭만적, 성적 유대를 침범해 우리로 하여금 자유의 의미와 영향을 보다 더 냉철하게 분석하도록 자극한다. 물론 이런 분석이 그동안 이룩한 도덕의 발달을 문제시하는 것은 아니다. 여성해방운동, 성소수자의 인권 운동은 괄목할 만한 성과로 도덕을 한층 더 높은 차원으로 끌어올렸다. 이런 운동의 역사적 성취를 소중히 받아들이고 이 싸움을 계속 해 나가야 한다. 그러나 물론 그렇다고 해서 자유에 대한 보다 냉철한 분석이 필요 없어지는 것은 분명 아니다. 시장이 어떤 경로를 통해 자유라는 도덕적 이상을 변형하고 왜곡해왔는지 그 역사를 경험적으로 살피는 일은 반드시 필요하다.[29] 일단 규범으로 자리를 잡은 이념과 가치가 본래 이를 옹호했던 사람들의 의도와는 다른 것으로 둔갑하는 일이 어떻게 벌어지는지 이해하려는 노력은 이런 운동의 원동력이었던 본래의 자유 이념으로 되돌아갈 수 있게 우리를 돕는다. 신자유주의가 자유라는 가치를 내걸고 시장의 규제를 모두 풀어버려 일체의 규범을 무너뜨린 저 악명 높은 사건(이를테면 공공시설을 이윤만 추구하는 조직으로 바꾼다든지, 개인의 이기적인 행위를 당연하게 여기게 만든 가치관 따위)을 볼 때, 성적 자유 역시 애정 관계에 비슷한 영향을 끼친 게 아닌가 하는 질문을 꺼려할 이유는 전혀 없다. 자기중심적 쾌락을 자연적인 성향이라 강조하고 성적 경쟁 및 경험의 축적을 당연한 것으로 여겨 인간관계를 도덕적으로나 윤리적으로 규제하는 코드가 사라져버리게 만든 것이야말로 성적 자유이지 않을까? 바꿔 말해서 신자유주의 철학이 성적 자유를 사생활의 으뜸가는 원칙으로 만들어버린 것[30]은 바람직한 관계는 무릇 이래야 한다는 규범을 모두 무너뜨려 오로지 기술 중심의 소비 실천만 조장함으로써 쌍방이 서로 배려하고 아껴주는 태도라는 도덕적 관계의 핵심을 무력하게 한 게 아닐까? 자유는 그 자체로 강력한 규범적 요구여서 강제 결혼이나 사랑 없는 결혼에 저항할 권리를 보장해주기는 했다. 자유 덕분에 이혼할 권리가 효력을 얻었으며, 모든 성소수자가 평등을 보장받게 된 것은 사실이다. 그러나 성적 자유가 개인으로 하여금 오로지 자신의 성향만 추구하게 만든 것도 부정할 수 없는 사실이다. 바로 그래서 우리는 오늘날 똑같은 자유가 성적 관계를 일체의 도덕적 언어로부터, 본래 이 관계를 지켜주던 도덕적 언어로부터 해방시킨 게 아닐까 하고 물어야 한다. 예를 들어 대부분의 인간관계는 서로 배려하는 상호성이 당연한 의무로 받아들여질 때 비로소 성립한다. 그러나 이런 의무를 저버리라고 성적 자유는 유혹하지 않는가? 자본의 자유를 강조해온 결과 본래 시장과 교역의 핵심이었던 자유 교환의 정신은 사라지고 독점자본주의가 기승을 부린다. 마찬가지로 개인의 주체성을 강조하는 성적 자유 역시 성해방이라는 원래 성혁명의 핵심과는 다르게 온갖 기술의 소비라는 꽉 끼는 섹시한 옷차림을 강요한다. 성적 자유는 결국 피할 수 없이 기술과 경제의 요구에만 충실한 사회적 관계에 맞는 사고방식과 행동방식을 재생산할 따름이다.

성적 자유 문제는 동성애 관계보다는 이성애 관계에서 더욱 심각한 갈등을 불러일으킨다. 사정을 이렇게 만드는 원인은 여러 가지를 생각할 수 있다. 현재 형태의 이성애 관계는 남성과 여성이라는 젠더의 차이에 기반해 있다. 무엇보다도 이런 차이는 불평등을 조장한다. 이성애는 이런 불평등을 감정 체계로 체계화했다. 감정 체계란 관계가 성공적인지 아닌지 하는 책임을 사람들의 심리, 특히 여성의 심리에 떠넘기는 것을 뜻한다. 자유는 감정의 불평등이 드러나지 않게 가리며, 또 불평등을 문제 삼지 못하게 만든다. 특히 여성은 감정의 불평등으로 생겨나는 상징적 폭력과 상처를 감당하려고 자신의 심리와 씨름을 한다. 왜 그는 한사코 거리를 둘까? 내가 너무 매달렸나? 그를 온전히 차지하려면 나는 무얼 어떻게 해야만 할까? 내가 뭘 잘못했기에 그의 마음이 식어버렸을까? 여성이 자신에게 품는 이런 물음은 이성애 관계의 여성이 관계의 감정적 성공과 관리에 커다란 책임을 느낀다는 점을 여실히 보여준다. 그리고 이런 책임은 문화가 강제하는 것이다. 반대로 동성애는 젠더를 차이로 옮기지도 않고 차이를 불평등으로 옮기지도 않는다. 동성애 관계는 이성애 가족의 특징인 생물학적 재생산과 경제적 노동 사이의 젠더 분할에 기반해 있지도 않다. 이런 의미에서 자유가 이성애 관계에 초래하는 결과의 연구는 사회학적으로 시급한 과제다. 자유는 젠더 불평등이라는 여전히 만연하고 강력한 구조와 서로 관련되어 작동하기 때문에, 성적 자유는 이성애 관계를 모순과 위기로 뒤덮는다.[31] 더 나아가 이성애는 결혼을 위한 구애의 사회 풍습으로 규제를 받고 코드화되었기 때문에 우리는 감정의 자유와 성적 자유 덕에 성생활을 자신이 원하는 대로 즐길 수 있게 되었다는 기분을 맛본다. 그러나 현실은 오히려 이 자유가 결혼이라는 제도(또는 애정 관계)와 일으키는 모순으로 얼룩질 뿐이다. 반대로 동성애는 최근까지만 하더라도 사회가 적대시하며 감추기에 급급한 것이었다. 동성애는 애초부터 결혼이라는 가정 제도와는 합치할 수 없는 자유의 실천으로 여겨져왔다. 가정 제도는 그 안에서 남성은 가부장의 역할을, 여성은 노동력을 이용당하고 소외되는 역할을 바탕으로 성립하는 것이었다. 이 책은 비록 내가 몇몇 동성애자와 인터뷰를 하기는 했지만, 전반적으로 현대 이성애 관계의 실상을 다룬 일종의 민족지학이다. 요즘의 이성애 관계는 해방운동과 그 반대 세력, 현대와 전통, 개인의 주체성 강조와 우리 사회의 자본주의적인 소비 지향과 기술이 강요하는 수동성이 서로 얽혀 압박하고 충돌하며 빚어내는 소용돌이의 한복판에 서 있다.

감정의 자유와 성적 자유를 다루는 나의 접근 방식은 쾌락을 경험의 궁극적 목표로 삼는 다양한 형태의 자유론을 살피는 것이다. 자유론은 섹슈얼리티의 상품화가 소비문화의 전방위에 걸쳐 놀라울 정도로 광범위하게 이뤄진 것을 매우 환영한다. 커밀 팔리아는 자유론의 이런 태도를 두고 다음과 같이 신랄하게 꼬집었다. "대중문화(그리고 그 성적 콘텐츠)는 서구 사회에서 단 한 번도 패한 적이 없는 이교도 문화가 폭발적으로 분출한 결과물이다."[32] 성자유주의자들은 소비시장이 중개하는 섹슈얼리티가 성적 욕망과 에너지 그리고 창의성을 자유롭게 풀어준다고 본다. 그리고 페미니즘(그리고 아마도 다른 사회운동 그룹)에 "어둡고, 아무런 위로를 주지 않는 미스터리 속의 예술과 섹스"[33]에 스스로 마음을 열라고 호소한다. 이런 호소가 매혹적으로 들린다 할지라도, 그 바탕에 깔린 전제는 너무 유치하고 단순하다. 대중문화의 배면에서 시장을 이끄는 힘이 정말 순수한 창의력일까? 대중문화가 과연 창의력이 발휘된 결과물일까? 오히려 시장은 대기업의 이해관계에 따라서 충실하게 움직이지 않는가? 그리고 대기업은 빠른 만족만 노리는 소비 주체를 만들기에 혈안이다. 나는 시장이 자유롭게 풀어준 에너지가 그 본성상 '이교도적'이라고 볼 납득할 만한 근거를 찾지 못하겠다. 오히려 그런 에너지는 대세에만 순응하거나, 진정한 진보에 반동적이거나, 이도 저도 아닌 혼란스러운 것일 뿐이지 않을까. 어쨌거나 불평등을 조장하는 성적 자유가 비기독교, 곧 이교도 문화를 볼모로 삼아 불평등의 책임을 떠넘기는 것은 어불성설이다. 어떤 유명한 퀴어 연구 이론가는 마거릿 대처와 로널드 레이건이 가족이라는 보수적 가치를 높이 추켜세우면서도 실제로는 시장의 규제를 풀어준 신자유주의 정책으로 최대의 성혁명을 밀어붙였다고 꼬집었다.[34] "개인의 자유는 시장에서 끝나지 않는다. 무엇이든 사고팔아도 된다는 절대적 자유를 당신이 가진다면, 당신의 성적 파트너를 사고팔거나, 당신의 성적 라이프스타일을 사고팔거나, 당신의 정체성 또는 판타지를 사고팔지 말아야 한다고 할 논리가 전혀 없다."[35]

선택의 문제

현대의 섹슈얼리티는 반도덕적인 대중문화가 거칠게 뿜어내는 이교도의 에너지를 보여주는 것이 아니다. 오히려 현대의 섹슈얼리티는 한때 성해방을 위한 투쟁에 날개를 달아주었던 가치들을 약화시키는 수많은 사회적 힘에 좌우된다. 섹슈얼리티는 인간을 다루는 심리학 기술, 인터넷을 비롯한 각종 기술 그리고 소비시장의 먹잇감이 되었을 뿐이다. 심리학 기술과 각종 상업 기술은 한 가지 공통점을 가진다. 인간의 '욕망', 더 나아가 인간관계를 순전히 개인의 선택 문제로 만들어버린 것이 그 공통점이다. 선택, 즉 성적 선택 또는 소비의 선택 혹은 감정의 선택은 자유를 표방하는 공동체에서 개인이 자아가 가진 의지를 발휘했다고 믿게 만드는 주요한 모티브다. 근대의 자아 또는 오늘날의 자아 개념은 곧 선택의 주체임을 의미한다. 다시 말해서 개인은 자신이 주체적인 선택의 권리를 가졌다는 점을 기회가 있을 때마다 확인하려고 든다.

선택은 자유를 시장 및 감정 영역들과 묶어주는 연결 고리다. 선택을 통해 개인은 소비와 성적 영역에서 자신의 주체성을 드러낸다. 선택은 두 가지 서로 다른 입장을 포함한다. 그 하나는 주어진 제안, 이를테면 상품 가운데 하나를 골라야 하는 입장이다. 물론 이 경우 상품은 대량으로 공급된다("이 슈퍼마켓은 대량으로 진열된 신선한 유기농 채소 가운데 선택을 하게 만든다"). 두 번째 입장은 주체성의 속성과 관련이 있다. 개인은 자신이 직면한 여러 선택지 가운데 하나를 고르는 결정을 하며, 이 결정이 자신의 의지로 내려졌다고 믿는다("그녀는 올바른 선택을 했다"). 다시 말해서 선택은 세계가 가진 특정 구조의 표현이다. 개인의 눈에 세계는 가능성들을 미리 분류해 뒤섞어놓은 시장처럼 보인다. 개인이라는 주체는 이런 시장과 직접 맞닥뜨리며 자신의 의지가 필요, 감정, 욕망으로 분류되어 자신에게 맞는 적절한 것을 고르게 해준다고 믿는다. 선택하는 의지는 특정한 종류의 신중하게 생각하는 의지다. 선택 의지는 시장의 구조를 가진 것처럼 보이는 세계를 상대로 신중한 숙고 끝에 고르는 행위를 한다. 바꿔 말해서 개인이라는 주체는 차고 넘칠 정도로 주어진 가능성 가운데 자신의 쾌락 또는 이득을 보장해주고 최대화할 가능성을 신중하게 고르며 이런 선택이 자신의 의지에 따른 것이라 믿는다. 문화사회학은 이런 선택이 시장의 작동 방식을 가장 잘 이해할 수 있게 해주는 것이라고 본다. 시장이라는 어마어마한 힘이 어떻게 행동하는 개인의 인지능력과 감정에 개입해 시장이 원하는 결과를 이끌어내는지 가장 잘 보여주는 것은 바로 선택 의지다. 선택의 문화에 의해 유도된 구체적 의지는 기술과 소비문화의 영향을 받았다. 그렇기 때문에 사회학은 욕망의 경제학이 전통적인 사회 구조와 어떤 관계를 가지는지 물어야 한다.

이 책이 펼치고자 하는 논증의 윤곽은 대강 이렇다. 우선 자유라는 이름 아래 성적 자유를 비호하면서 이성애 관계는 시장의 형태를 취했다. 시장이란 감정과 성적 취향의 공급이 감정과 성석 취향의 수요와 직접 만나게 되는 것을 이르는 표현이다.[36] 수요와 공급은 소비의 대상과 장소 및 기술로 중개된다(제2장). 시장 형태로 조직된 성적인 만남은 선택이라는 간판을 내걸기는 했지만, 불확실성으로 점철된다. 시장은 개인들로 하여금 만남의 조건을 직접 협상하게 하고, 그 어떤 규칙이나 금지로 제한하지 않기 때문에, 인지능력의 불안, 곧 내가 제대로 알아본 것일까 하는 불안과 감정의 **불확실성**을 아주 폭넓고 깊게 만들어낸다(제3장). 이 책의 논의에서 시장의 개념은 단순한 경제의 비유가 아니다. 시장은 인터넷 기술과 소비문화가 추동한 성적 만남으로 나타난 사회적 형식이다. 사람들이 열린 시장에서 만난다는 것은 중간에서 주선하는 중개자 없이, 또는 거의 없이 서로 직접 만나는 것을 뜻한다. 이 만남은 짝찾기의 효율성을 끌어올리는 기술을 이용한다. 만남은 미리 짜인 교환의 각본, 시간의 효율성 및 쾌락의 계산을 따르기 때문에 비교하고 저울질하는 정신적 태도를 조장한다. 이 모든 것은 고도로 발달한 자본주의 교환의 특징이다. 시장은 수요와 공급에 의해 조정되는 사회적 형식이라는 의미에서 열고 닫히며, 사회적 네트워크와 당사자들의 사회적 위치에 의해 스스로 구조화된다. 성적 교환은 여성들을 양면성이 있는 시장의 자리에 위치시킨다. 여성은 그들의 섹슈얼리티(제4장 참조)로 인해 권력을 갖는 동시에 비하되는 기묘한 상황에 빠진다. 이 양면성은 소비자본주의가 권한 부여를 통해 작동하는 방식과 관련되어 있다. 성적 자유와 소비문화, 기술 및 성적 경연장에서 여전한 남성 지배는 서로 결합해 계약이라는 이름으로 결혼 시장이 떠맡은 주요한 사회적 형식을 맺고 꾸릴 가능성을 약화시켰다(제5장). 관계를 멋대로 저버리는 행위, 관계를 맺을 능력 또는 의지의 부재, 한 관계에서 다른 관계로 전전하는 행태, 이 모든 것은 성적 관계가 추동한 새로운 시장 형식의 결과이다. 이로써 생기는 어려움과 불확실성은 결혼 제도에 고스란히 반영된다(제6장). 글자 그대로 사랑의 부재unloving는 시장이 부각시킨 새로운 주체성의 특징이다. 이 주체성이 하는 선택은 긍정적, 이를테면 뭔가 원하고 욕망한다는 의미에서 긍정적인 동시에 반복적으로 관계를 회피하거나 거부한다는 점에서 부정적이다. 새로운 주체는 자신이 진정 무얼 욕망하는지 혼란스럽거나 모호해서 관계를 회피한다. 그러면서 더욱 희한하게도 되도록 많은 경험을 축적하기를 원한다. 그러다 시장의 무수한 공급에 미련을 보이는 선택으로 결국은 자신의 감정과 인지의 중요성을 잃고 만다. 개인은 자아와 자율성을 주장하는 방편으로 일련의 관계를 끝내거나 파괴하기 때문이다. 그래서 사랑의 부재는 나는 누구이고 또 어떻게 행동할지 스스로 결정하겠다는 주체성의 특성이 되고 말았다. 이런 변화를 가져온 사회적 과정은 자본주의가 사회적 관계에 끼친 심대한 영향을 고스란히 반영한다.

*

톨스토이의 『전쟁과 평화』는 안드레이 볼콘스키 공작이 친구인 피에르 베주코바와 나눈 대화를 이렇게 묘사한다. "오랜 침묵 끝에 안드레이가 입을 열었다. '그래, 드디어 결심이 섰나? 근위대 장교, 아니면 외교관?'"[37] 안드레이가 말하는 선택은 그 당사자는 물론이고 아무 관련이 없는 제삼자도 명확히 아는 조건 가운데 어느 하나를 고르는 것이다. 이런 선택은 한계가 분명한 행위다. 어느 하나의 조건을 고른다는 것은 자동적으로 다른 조건을 배제함을 뜻한다. 안드레이 공작의 질문 역시 경제학과 심리학이 선택으로 간주하는 것을 전제하고 들어간다. 경제학과 심리학이 선택이라고 여기는 것은 개인의 선호도와 정보의 문제다. 피에르가 직업을 선택한다는 것은 자신이 무엇을 선호하는지 명확히 하고, 관련 정보를 취합해 조건을 저울질하며 우선순위를 정하는 (보편적) 능력을 써야 함을 뜻한다. 전쟁 기술이냐, 아니면 외교 기술이냐 하는 것은 서로 깔끔하게 구분되는 조건이다. 19세기 말부터 사회학자들은 인간의 행동을 이처럼 선호도와 정보에 따르는 것으로 이해하는 일이 잘못된 것이라는 반론을 제기했다. 사회학은 인간이 심사숙고해 결정을 내리기보다는 습관에 따라 행동하며 규범이라는 대세에 순응하는 존재라는 논증을 펼쳤다. 이런 논증에 제임스 듀젠베리 James Duesenberry는 다음과 같은 농담을 했다. "경제학은 오로지 인간이 어떻게 선택을 하는지 하는 물음에 관심을 가지는 반면, 사회학은 인간이 선택을 하지 않는다는 점을 보여주려 집중한다."[38] 그러나 사회학은 아마도 경제학과 심리학이 분명히 의식하지는 못하지만 이미 터득한 사실을 간과하고 있지 않을까. 자본주의는 사회생활의 대부분을 시장 형태로 바꾸어놓았다. 그 결과 개인은 시장이 내건 조건에 따른 조건반사적인 선택과 결정을 한다. 이로써 시장에 따른 선택은 현대인이 인생의 대부분, 전부는 아니라 할지라도 대부분의 측면에서 당연한 것으로 받아들이는 새로운 사회 형태로 자리 잡았다.[39] 현대인이 다양한 선택지를 충분히 의식하며 결정할 능력을 가질 정도로 성장했다는 것은 조금도 과장되지 않은 이야기다. 선호하는 옷차림과 음악, 학위 증명, 직업, 성적 파트너의 수와 생물학적 성, 자신의 성정체성, 매우 가깝거나 그리 가깝지 않은 친구들, 이 모든 것은 '선택의 대상'이다. 다시 말해서 시장이 제시하는 조건을 심사숙고해가며 내린 결정의 결과물과 함께 현대인은 살아간다. 사회학은 선택이 계산적인 행동의 결과로 받아들여지는 것을 염려한 나머지 중요한 사실을 간과하고 말았다. 합리적인 계산보다는 습관과 대세에 따르는 것이 인간이기는 하지만, 선택은 인간의 이런 주체성의 측면만 드러내는 게 아니다. 더 나아가 선택은 오히려 시장이 특정 행동을 제도화하는 수단이기도 하다. 이런 사실을 간과한 까닭에 사회학은 선택의 자유를 자본주의 이데올로기를 떠받드는 기둥으로 해석하기를 고집했다. 사회학자들은 경제학이 인간이라는 존재를 인식할 때 잘못된 전제로 내세운 것, 자유주의의 주력 상품, 심리학이 빚어낸 인생의 허상 또는 소비 욕망을 이루는 구조의 핵심 원리 같은 식으로 선택의 자유를 해석했다. 그러나 내가 이 책에서 보여주고자 하는 관점은 다른 것이다. 물론 사회학은 충분한 데이터를 통해 계급과 젠더라는 강제가 모든 선택을 그 내적 구조에서부터 조종한다는 점을 명확히 밝혀내기는 했다. 그러나 선택이, 허상이라는 측면을 가지기는 하지만, 현대의 개인이 주변 사회와 자기 자신을 다루는 근본적인 행동 방식이라는 사실은 부정되지 않고 남는다. 선택은 사회 구성원이 서로 이해할 수 있는 바탕을 만든다. 예를 들어 '성숙하고 건강한 자아'는 감정적으로 성숙하고 진정성이 돋보이는 결정을 내리며, 강제적이며 중독을 일으키는 행동은 피하고 충분한 정보를 수집해 얼마든지 건강한 감정으로 바꿔낼 줄 아는 능력을 키운다. 페미니즘이야말로 선택의 정치다. 전 세계적으로 커다란 성공을 거둔 『트와일라잇』 시리즈의 작가 스테프니 메이어는 자신의 웹사이트에서 페미니즘의 이런 특징을 간결하게 표현했다. "페미니즘의 토대는 선택할 줄 아는 것이다. 안티페미니즘의 핵심은 반대로 여성에게 단지 그녀가 여성이라는 이유로 어떤 것을 해서는 안 된다고 말하는 것이다. 여성이라는 젠더 때문에 여성으로부터 선택의 가능성을 앗아가는 것이 안티페미니즘이다."[40] 심지어 가장 중요한 페미니즘 운동 그룹 가운데 하나의 이름은 '프로-초이스'Pro-Choice(임신 중절 합법화를 찬성하는)다. 현대인의 정체성을 떠받드는 버팀목을 이루는 소비문화는 부단히 비교와 선택을 하도록 유도한다. 비록 현실 속의 선택은 제한되고, 자본주의 시장의 조건으로 그 대략적 윤곽이 이미 정해져 있다 할지라도, 현대인이 살아가는 인생의 상당 부분은 주관적 선택의 결과로 꾸려진다. 선택의 자유가 실제로는 자본주의라는 주어진 틀 안에 묶인 자유임에도 개인의 주체성을 살려주는 것처럼 보이는 이런 현실은 의미심장하게도 현대인이 자신의 주체성을 형성하고 경험하는 방식을 바꾸어놓는다. 요컨대 선택은 현대인이 써나가는 문화 스토리의 중심 기둥이다. 선택은 결혼, 노동, 소비, 정치 등 다양한 제도에서 주체성을 키우는 가장 중요한 매개체다. 인간은 살아가면서 차례로 이런 제도를 경험하고 그에 따른 소속감을 키운다. 결혼, 노동, 소비, 정치라는 각각의 제도는 그때마다 개인에게 선택을 요구한다. 바로 그래서 이런 선택이야말로 사회학이 연구해야 마땅한 주제다. 선택을 할 때마다 개인은 문화라는 틀이 정해주는 조건을 저마다 자신의 독특한 방식으로, 곧 주체적으로 경험한다. 지금의 자본주의 문화가 가장 높이 추켜세우는 조건은 '자유'와 '자율성'이다. 이처럼 자본주의가 간판으로 내건 자유는 취향, 관계, 이념 따위의 소비 영역 안에서 일견 끝이 없는 것처럼 보이는 무수한 가능성을 만들어낸다. 이런 무수한 가능성 앞에서 개인의 자아는 그때마다 선택을 하고 그 결과로 자신의 정체성을 꾸려야 한다.

선택 행위는 분야마다 다른 인지적 태도와 감정을 구사한다(예를 들어 친구를 고르거나 직장을 선택하는 행위는 서로 다른 인지 전략을 구사한다). 이처럼 선택은, 레나타 살레츨이 설득력 있게 보여주었듯, 자본주의가 널리 퍼뜨린 일종의 이데올로기다. 더 나아가 선택은 이데올로기에 그치지 않고, 대부분의 사회 제도(학교, 시장, 법 체계, 소비시장)와 정치운동(페미니즘, 동성애 권리, 트랜스젠더 권리)에서 자율성이 보여주는 구체적 효과이기도 하다. 현대인은 자신의 '진정한 자아'와 '이상적 자아'에 맞는 인생을 살고자 선택이라는 행위를 한다. 선택을 통해 개인은 계급, 젠더 또는 재산 따위가 미리 정해준 운명을 초월하고 극복하고자 안간힘을 쓴다(학위 취득, 성형수술, 성적 취향의 전환 따위가 그런 노력을 보여주는 예다).

경제적 사고방식에 영향을 받아 우리는 주로 긍정적 선택, 곧 '의사 결정'에 관심을 가진다. 이로써 우리는 선택의 훨씬 더 중요한 측면, 곧 '부정적 선택'에 주목하지 못한다. 부정적 선택이란 자유와 자아실현이라는 명분으로 헌신과 관계를 거부하거나 회피하는 태도를 뜻한다. 20세기 초만 하더라도 이 문제를 보는 학계(그리고 문화계)의 분위기는 달랐다. '부정적 관계'를 연구한 지그문트 프로이트는 죽음 충동에, 에밀 뒤르켐은 아노미에 각각 초점을 맞추었다. 1920년 프로이트는『쾌락 원리의 저편』에서 고통스러웠던 경험을 계속 떠올리게 만드는 강박관념을 이야기한다. 강박관념은 온전한 관계를 맺고 지킬 능력을 무너뜨려 심각한 경우에는 자아를 파괴하는 데까지 이를 수 있다는 것이 프로이트가 펼치는 논지다. 그보다 몇십 년 전, 정확히 1897년에 뒤르켐은『자살론』이라는 사회학의 기초를 닦은 책을 발표했다. 부정적 관계를 연구한 이 책은 사람들이 서로 맺는 관계가 거꾸로 사회적 소속감을 무너뜨리는 결과를 초래할 수 있음을 경고한다. 프로이트와 뒤르

캠은 사회성과 반사회성이라는 대립된 개념이 서로 어떻게 관련되는지 주목했다.[41] 나는 이들이 남긴 족적을 따랐지만, 이들이 바라본 반사회성에는 동의할 수 없다. 오히려 나는 부정적 사회성이 자유, 신댁의 기술, 발전된 소비자본주의라는 현대의 이데올로기가 발현된 것이라고 분석한다. 다시 말해서 부정적 사회성은 자본주의가 효율적으로 이용하는 상징적 상상계의 부분이자 부속품이다. 신자유주의 시대의 성적 주체성, 부정적 사회성은 부정적인 정신 상태(죽음의 공포 또는 고립의 감정)로 경험되는 것이 아니라, 귄터 안더스가 표현한 대로 "자아 의식적 자유"다. 이 자유는 자아가 타인을 부정하거나 무시함으로써 자신을 주장하는 것이다.[42] 아마도 자아 의식적 자유는 인간관계에서 가장 자주 볼 수 있는 형태의 자유일 것이다. 앞으로 자세히 다루겠지만, 자아 의식적 자유는 이성애 관계라는 제도 속에서 자유가 가진 도덕적 애매성을 잘 보여준다.

부정적 선택

근대성을 연구하는 사회학자들은 16세기에서 20세기에 이르는 동안 모든 사회 그룹에서 새로운 형태의 관계가 생겨나 자리를 잡아갔다고 본다. 몇 가지 예를 들면 연애결혼, 이해관계를 따지지 않는 우정, 타인과 공감을 나누는 관계, 민족적 연대감 따위가 있다. 이런 모든 형태는 달라진 사회의 새로운 상황이 반영된 결과다. 이렇게 해서 예전에는 볼 수 없던 새로운 제도와 감정이 속속 등장했다. 그리고 이런 새로운 관계를 떠받드는 기초는 전적으로 선택이다. 근대 초에 선택의 자유는 제도로 자리를 잡았다. 이후 개인은 선택의 방법을 갈수록 더 세련되게 다듬는 노력을 기울였다. '우정', '낭만적 사랑', '결혼' 또는 '이혼'은 저마다 독립적인 성격을 갖추고 대개 그 윤곽이 비교적 명확한 형태로 그 각각에 맞는 감정 생활을 할 수 있게 해주었다. 사회학은 이런 관계들을 각기 그 독특한 특성을 가지는 현상으로 관찰하며 상대적으로 안정적인 경험으로 연구해왔다. 반대로 우리의 접속 과잉 현대는 가상 관계 혹은 부정적 관계로 넘쳐난다. 원나이트 스탠드, 즉흥 섹스, 인스턴트 만남, 플링,* 단순한 섹스 파트너, 잠자리를 같이하는 친구, 캐주얼 섹스, 캐주얼 데이트, 사이버 섹스 등은 오로지 성적 행위만을 목적으로 이뤄지는 일종의 거래 행위다. 이런 행위가 자아의 문제를 심각하게 고민할 리 만무하다. 네트워크를 이룬 현대에서 이처럼 진정한 결속을 만들어내지 않는 태도는 그 자체로 사회학이 인식론의 차원에서 다루어야 할 현상이다.[43] 20세기 초와 중반만 하더라도 사랑, 우정, 섹슈얼리티를 사회의 도덕적 제한으로부터 해방하려는 투쟁은 그치지 않았다. 그러나 우리가 오늘날 경험하는 네트워크의 현대는 우리의 감정 체험을 관계가 보다 더 안정적이었던 시절로부터 물려받은 모든 요소들과 아예 분리하려는 것처럼 보인다. 오늘날 우리의 관계는 툭하면 깨지고 끝나며 그 자극과 의미를 잃는다. 이런 상황은 만남을 맺고 끝내는 긍정적 선택과 부정적 선택이 서로 긴밀히 연관되어 작동하는 역동성 때문에 만들어진다.

내가 이 책 『사랑은 왜 끝나나』에서 초점을 맞춘 주제가 바로 이 역동성이다. 사랑과 선택과 자본주의 문화 사이의 상호작용을 다루었던

* fling. 당사자들이 의도적으로 짧은 기간에 맺는 성적 관계를 말한다.

전작 『사랑은 왜 아픈가』에 이어 선택의 자유가 보여주는 역동성을 살필 때 비로소 오늘날의 사랑이 처한 질곡이 그 전모를 드러낼 것이기 때문이다.[44] 앞선 연구에서 파트너 선택이 본래 무엇을 뜻하는지, 그리고 이 선택의 구조에 어떤 변화가 일어나는지 조명했다면, 이 책에서는 선택의 다른 새로운 범주에 집중하고자 한다. 이 범주는 바로 결정하지 않기로 하는 결정 또는 반대하기로 하는 결정이다. 부정 또는 거부의 이런 선택은 지난 200년 동안 이뤄진 다양한 형태의 자유를 위한 투쟁과 맥을 같이하는 것이기는 하다. 자유와 평등을 추구하는 근대성의 출현 이래 공동체나 사회가 씌우는 굴레에 맞서 방해받지 않고 자신의 성정체성을 해방하고자 했던 것이 자유의 투쟁인 반면, 하이퍼모던 시대, 곧 각종 기술로 선택지가 넘쳐나는 과잉 근대의 시대를 사는 오늘날 우리는 성정체성이 논란의 여지를 가지지 않는 권리이며, 어디까지나 개인의 선택을 존중해야 한다는 점을 당연한 사실로 여긴다 (아마도 그 유일한 예외는 동성애일 것이다. 동성애는 과거의 자유 투쟁에서 마지막으로 남은 전선이다). 현대인이 구사하는 자유는 관계를 맺지 않거나 기존 관계를 깨뜨리는 것을 자신의 권리로 여기는 자유다. 나는 이런 자유가 생겨난 과정을 '선택하지 않음의 선택'이라고 부르고자 한다. 이런 선택은 관계가 어떤 단계에 있든 개의치 않고 개인이 원하는 대로 관계를 끝내는 자유를 의미한다.

단순하고 직접적인 인과율, 곧 특정 결과가 특정 원인에서 비롯되었다는 인과율의 논리로 사회의 현상을 설명할 수 없다는 점은 익히 알지만, 그래도 나는 자본주의의 역사와 낭만적 사랑의 형태가 그려온 역사 사이에 나타나는 유사성은 간과할 수 없이 두드러진다고 생각한다. 근대의 자본주의는 관료적으로 업무를 나누고 관리자를 두는 형태의 기업, 이를테면 유한책임회사와 국제금융시장과 거래계약이라는 경제 형태를 취했다. 이런 경제 형태의 중심을 이루는 것은 위계질서, 통제, 계약이다. 사랑을 일종의 계약 관계로 바라보는 관점에는 경제의 이런 구조가 고스란히 반영된다. 쌍방의 자발적인 선택으로 맺어진 결혼은 윤리 규칙으로 구속성을 갖춘다. 결혼 생활은 장기적인 전략으로 투자를 해야 분명한 이득을 볼 수 있다. 계약 관계에서 위험을 최소화해주는 중요한 제도는 이를테면 보험회사다. 보험회사는 계약 당사자 사이의 제삼자로 기능하면서 계약의 신뢰성을 높여준다. 20세기 후반에 접어들면서 자본주의의 이런 사회적 조직은 세계 각국에 지부를 두는 글로벌 네트워크로 진화해 누가 소유주로서 통제를 하는지 알아보기 어렵게 만드는 변모를 겪었다. 이렇게 변모한 자본주의는 이제 노동시간 유연성과 아웃소싱이라는 새로운 경영 기법을 도입해 예전의 계약 관계가 가지던 구속력을 확 줄여버렸다. 이제 기업은 직원을 위한 사회적 안전망을 거의 제공하지 않으며, 고용주와 노동자 사이의 충성 관계에 더는 의존하지 않는다. 법적 차원은 물론이고 현장에서도 사라져버린 신뢰 관계를 핑계로 들이대며 기업은 직원을 상대로 지켜주던 의무를 대폭 지워버렸다. 현재의 자본주의는 특히 불확실성을 조장함으로써 이득을 보는 방법을 개발해냈다. 그 좋은 예가 파생 상품이다. 도대체 실체를 알 수 없는 상품으로 수익을 극대화해주겠다는 파생 상품은 대기업에 막대한 부를 안겼다. 더 나아가 확실한 상품의 가치를 '현물시장'을 만듦으로써 불확실하게 만들기도 한다. 가격을 끊임없이 수요에 맞추는 현물시장은 불확실성을 활용하여 막대한 이득을 취한다. 계약의 구속력을 줄여버리고 선택하지 않음이라는 수단을 동원해 자본시장은 거래를 순식간에 종료하고, 가격을 빠르게 조정할 방법을 얻었다. 예전처럼 지속적이지 않은 충성 관계, 오히려 충성 관계를 빠르게 만들어내고 빠르게 끊어버리는 자본주의의 새로운 기법은 생산라인을 빠르게 바꾸고, 거리낌 없이 직원을 해고할 수 있게 해주었다. 이 모든 것은 바로 '선택하지 않음'이 만들어낸 실상이다. '견실한 자본주의'라는 구호를 내걸었던 선택의 경제는 이제 선호도를 '단기적 전망에 끊임없이 맞추는' 선택하지 않음의 경제로 변모했다. 관계를 중심으로 받아들이고 헌신하며 보살피는 자세는 경제든 낭만적 사랑이든 이제 더는 찾아볼 수 없게 되었다. 선택하지 않음이라는 새로운 풍조는 어떤 식으로든 위험 요소를 집중적으로 계산하는 전략과 밀접하게 관련된다.

전통적으로 사회학, 특히 '상징적 상호작용론'symbolic interactionism, 곧 인간의 상호 교류를 언어나 몸짓 같은 상징에 초점을 맞춰 연구하는 이론은 상징이라는 거시적 차원만 바라보느라 사회관계가 형성되는 미시적 차원은 태생적으로 다루기 힘들 수밖에 없다. 결국 상징적 상호작용론은 '어떻게 관계가 충돌하며, 증발하거나 퇴색해 끝나는가' 하는 더욱 까다로운 문제는 아예 다룰 수 없다. '관계는 어떻게 해체되는가' 하는 물음은 만남이 네트워크를 통해 이뤄지는 오늘날 적절하게 다뤄볼 수 있는 연구 대상이다. 관계의 해체는 이제 더는 개인 차원에 머무르지 않고, 네트워크를 통해 사회적으로 관찰해볼 수 있는 대상이 되었기 때문이다. 관계의 이런 끝남은 직접적인 충돌, 이를테면 소외, 서로 인격적 대우를 하지 못하는 물화物化, 도구화, 착취와 같은 직접적 원인으로 일어나지 않는다. 오히려 관계는 자본주의가 그 핵심 이미지로 내세우는 주체성, 곧 자유와 자율성 때문에 무너진다. 자본주의 도덕은 개인에게 자신의 잠재력을 최대한 이끌어내고, 자신의 건강과 생산성을 최적화하며, 자기 자신의 쾌락에 집중하라고 요구한다. 선택하지 않음의 선택이라는 '부정적 선택'은 자아를 생산하고 최적화한다는 점에서만 긍정적이다. 나는 이 선택하지 않음의 선택이 그동안 무수히 많은 제도의 변화를 통해 개인의 주체를 이루는 결정적 특성으로 자리 잡았음을 이 책에서 보여줄 생각이다. 제도 변화 가운데 하나는 '서로 책임을 따지지 않는 이혼'으로, 현대인은 그저 주관적 감정만을 이유로 끌어대며 결혼 생활을 쉽게 빠져나간다. 피임약은 부부라는 제도가 요구하는 감정적 결속과 자녀 출산의 의무를 전혀 생각함이 없이 그저 가볍게 성생활을 즐길 수 있게 만들어주었다. 레저라는 소비시장은 오로지 섹스만을 목적으로 하는 만남이 이뤄질 숱한 기회와 장소를 제공한다. 인터넷 기술, 특히 '틴더'Tinder라는 데이트 어플리케이션이나 짝찾기 사이트 '매치닷컴'match.com은 개인이라는 주체를 섹스와 감정의 소비자로 바꿔놓는다. 자유를 앞세운 이런 소비 주체는 구미에 맞는 상품을 고르듯 성적 파트너를 취하거나 버린다. 전 세계적으로 커다란 성공을 거둔 '페이스북'facebook과 같은 플랫폼은 단지 소프트웨어라는 기술 수단 하나로 한편으로는 친구 찾기로 인간관계를 무한히 부풀리는가 하면, 다른 한편으로는 '친구 삭제'라는 기능을 제공한다. 아무튼 시장의 이런 사례는 차고도 넘쳐난다. 이보다는 좀 덜 노골적이기는 해도 인간관계의 시장화를 보여주는 문화적 징후 역시 숱하게 찾아볼 수 있다. 이 책에 수록된 사례들은 네트워크를 이룬 현대를 살아가는 주체의 지배적인 특징이 선택하지 않음의 선택임을 분명하게 보여준다. 오로지 모든 것을 상업화하는 데만 골몰하는 사회는 성적 선택의 가능성을 무수히 부풀리며, 사회 전체의 영역을 경제적 합리성이라는 지배적 특성으로 묶어놓는다.[45] 개인이 어떻게 그리고 왜 관계를 깨고, 관계로부터 빠져나갈 기회만 호시탐탐 노리며, 관계를 무시하거나 소홀히 하는지 하는 물음은 일반적으로 개인이 '손실을 싫어한다는 경험적 확인'이 분명한 그만큼이나 흥미롭다. 손실을 싫어한다는 것은 바꿔 말해서 개인이 이미 가진 것이나 가질 수 있는 것을 잃어버리지 않으려 안간힘을 쓴다는 것을 뜻한다.[46] 제3장과 제4장에서 보게 될 터인데, 접속 과잉의 사회에서 개인은 그 상실의 두려움을 시장과 기술과 소비력으로 힘들이지 않고 이겨낸다. 접속 과잉의 현대에서 '부정적 선택'이 사람들에게 끼치는 영향력은 대단히 강력하다. 이 영향력은 근대가 태동할 당시 사람들이 서로 맺어지며 이뤄지는 관계를 당연하게 여기게 만들었던 '긍정적 선택'의 영향력에 못지않다. 부정적 선택이 사회에 가져오는 결과는 여러모로 심각하기만 하다. 그 가운데 하나는 많은 국가들이 출생률 저하로 그 존립마저 위태로워지고 있다는 점이다. 일본은 젊은 남녀가 '짝짓기'를 너무 어렵게 여기는 나머지 심각한 위기를 겪고 있다. "출생률이 급감했다. 일본 여성의 출생률(출산)은 1970년에 평균 2.13명이었던 것이 오늘날 1.42명으로 떨어졌다."[47] 동유럽은 물론이고 서유럽 대부분의 지역에서도 인구 문제뿐만 아니라 경제 발전을 위협하는 부정적 인구 감소가 심각한 지경이다. 인구 감소는 정치와 경제에 강력한 도미노 현상을 불러일으킨다. 이주민 물결에서부터 노년층의 연금 혹은 요양 문제에 이르기까지 난제는 갈수록 쌓인다. 자본주의가 승승장구하는 역사를 쓸 수 있었던 기초는 인구 증가였다. 경제와 사회를 매개해주는 가족이 발전의 원동력을 제공했기 때문이다. 그러나 이런 결합은 새로운 형태의 자본주의가 스스로 무너뜨렸다. 많은 남녀가 이제는 확실한 관계를 기피하며 자녀를 가지지 않으려 하기 때문에 나타나는 부정적 선택의 결과는 간과할 수 없는 지경에 이르렀다. 지난 20년 동안 독신 가구가 급증한 것을 보라.[48] 부정적 선택이 가져온 두 번째 변화는 이혼율의 급증이다. 미국에서 이혼율은 1960년과 1980년 사이에 두 배로 높아졌다.[49] 2014년 당시 이혼한 미국인, 즉 1970년대나 1980년대에 결혼했던 미국인의 경우 이혼율이 45퍼센트를 넘었다. 이쯤 되면 미국 국민의 대다수에게 인생을 살며 한 번 이혼하는 것은 당연한 일로 받아들여진다.[50] 세 번째 변화는 갈수록 더 많은 사람들이 동시에 여러 관계를 꾸린다는 것이다(다중연애 같은 방식). 이로써 일부일처제가 가졌던 의미는 퇴색하고 말았다. 일부일처제와 관련된 핵심 가치, 곧 서로에게 충실한 정절과 오랜 세월에 걸쳐 쌓은 신뢰는 냉소와 조소의 대상으로 전락하고 말았다. 사람들은 인생을 살아가며 아무렇지도 않게 관계를 끝내고 시작하며, 시작하고는 끝내버린다. 하나의 관계에서 다른 관계로 넘어가는 일은 마치 물이 흐르는 것처럼 자연스레 이어진다. 선택하지 않음이 몰아온 네 번째 변화는 얼핏 정반대의 것처럼 보인다. 그것은 이른바 '솔로가미' sologamy 현상이다. 자기 자신과의 결혼이라는 이 기묘한 현상은 (대개) 여성이 자신을 지극히 사랑하는 나머지 독신 생활의 가치를 찬양하며 홀로 남는 선택을 하는 것이다. 선택하지 않음이 극단적 선택으로 나아간 경우다.[51] 결국 부정적 선택은 어떤 여성 논평가가 표현했듯, "고독이라는 감염병"을 부르고 만다. "대략 4260만 명으로 추산되는 45세 이상의 미국인 남녀는 만성적인 외로움에 시달린다. 'AARP' American Association of Retired Person(미국퇴직자협회)의 조사에 따르면 외로움은 일찍 죽을 위험을 현격하게 높인다. 어떤 과학자는 고독 감염병이 비만보다도 훨씬 더 건강을 해치는 위험 요소라고 말했다."[52]

애정 관계에서 선택은 두 가지 명료한 선택지 사이에서 결정했던 피에르 베주코바의 경우와는 사뭇 다른 맥락에서 이뤄진다. 새로운 기술 플랫폼의 엄청난 영향 아래 그동안 자유는 애정 선택의 감정과 인지 조건을 확 바꾸어놓은 엄청나게 많은 가능성을 놓고 고민한다. 바로 그래서 이런 물음이 고개를 든다. 인간으로 하여금 관계를 시험대에 세우게 하며, 끝내거나 거부하거나 회피하게 유도하는 문화와 감정의 작동 방식, 의도적이든 아니든, 그런 작동 방식은 무엇일까? 어떤 감정의 역동성이 개인의 선호도를 바꿔 관계를 무너뜨릴까? 물론 여전히 많은, 혹은 대다수의 사람들은 어떻게든 만족할 만한 애정 생활을 영위한다. 위기를 일시적으로 봉합한 형태로 성적, 감정적 생활을 유지하는 사람도 적지 않다. 그러나 자유로운 선택이든 선택하지 않음이든 관계가 무너지는 지점에 이르기까지 많은 사람들은 고된 길을 걷는다. 나는 이런 고된 길의 정체를 되도록 정확히 추적하고자 한다. 나의 이런 논의는 사랑의 옛 이상이 무너졌다고 한탄하거나, 옛 이상으로 돌아가자는 변론을 펼치려는 게 아니다. 오히려 내가 보다 더 정확히 묘사하고 싶은 것은 '어떻게 자본주의가 성적 자유를 점령해, 성적 관계와 낭만적 관계를 유동적이고 혼란스럽게 만들었는가' 하는 물음의 답이다.

대다수의 사회학자는 일상생활의 규범, 일종의 틀처럼 굳어진 규범을 연구하면서, 이를 분석할 다채로운 방법을 개발해냈다. 그러나 지금 우리가 직접 맞닥뜨리는 현실은 다른 종류의 사회학을 요구한다. 이 사회학을 나는 실험 삼아 '위기 상황과 불확실성의 연구'라고 부르고 싶다. 오늘날 근대적인 규범과 제도의 질서와 안정성은 대다수 국민에게 더는 안정을 주지 못한다. 틀에 박힌 시민 규범은 속을 갉아먹는 것만 같은 불확실성 및 불안정성과 더불어 나란히 존재한다. 더는 평생고용을 기대할 수 없으며, 갈수록 유동적으로 변하는 시장이 옛 모습을 회복할 수 없을 것으로 보이는 지금, 결혼의 안정성과 지리적 안정성도 무너져버린 지금, 많은 전통적 사회학 개념은 이제 더는 쓸모가 없는 것이 되고 말았다. 지금이야말로 우리는 끝나버린 사랑이라는 새로운 문화 속에서 살아가는 사람들의 이야기를 경청해야 한다. 그래서 나는 프랑스, 영국, 독일, 이스라엘 그리고 미국에서 19세부터 72세 사이의 사람들 92명을 상대로 인터뷰를 진행했다.[53] 이들의 이야기는 이 책의 경험적인 중추를 이룬다. 이들은 모두 로런 벌랜트가 "일상성의 위기"라 부른 것의 흔적을 자신 안에 고스란히 담고 있었다. 일상성의 위기란 개인이 저마다 다른 문화적 맥락과 사회경제적 형편 탓에 불안정하고 불확실한 일상을 살아가며 매일 소소한 갈등의 드라마를 펼쳐낸다는 뜻이다.[54] 이 불안정성과 불확실성의 특성을 나는 부정적 관계의 특성이라 부르고 싶다. 부정적 관계는 각 나라의 사회 계층에 따라 서로 다른 형태를 취하기는 하지만, 늘 되풀이해서 나타나는 공통의 요소를 보여준다. 이 요소는 곧 경제와 기술이다. 부정적 관계는 확실한 사회 형태로 굳어져 나타나지 않으며, 언제나 유동적이고 일시적인 것이라는 평가를 받는다. 부정적 관계는 손실과 아픔을 감내하면서도 자행된다. 경제와 기술이라는 과정은 쾌락을 맛보게 하는지 아니면 아픔을 안기는지와 상관없이 사랑하지 않음, 사랑의 끝냄을 만드는 주요 원인이다. '끝냄'과 '않음'이라는 두 표현이 드러내듯 의지와 무능력이 함께 결합한 것이 '부정적 관계'의 특성이다. 하나는 의지로 어떤 일을 끝내는 것(이를테면 매듭을 '풀다'처럼 개인의 의지가 작용한 경우)이며, 다른 하나는 결합을 이룰 능력의 상실, 곧 무능함을 나타낸다. '사랑의 끝냄'에는 필연적으로 사랑이라는 행위(예를 들어 원나이트 스탠드)가 앞선다. 그리고 그 뒤로 무능함이 따른다(이혼, 헤어짐). 두 경우 모두 우리로 하여금 철저한 개인적 자유 시대의 감정과 관계의 조건을 이해할 수 있게 해준다. 나는 정확히 이 조건을 이 책에서 해독하고자 한다.

2

전前근대의 구애, 사회적 확실성
그리고 부정적 관계의 발생

결국 나와 같은 세대의 필자들이 대변한 것이 있다면,
우리가 그것을 위해 투쟁해온 것이 있다면, 그것은 바로 성혁명이다.
― 노먼 메일러[1]

앤서니 트롤럽의 소설 『어느 늙은 남자의 사랑』, 그가 사망하고 2년 뒤인 1884년에 발표된 이 소설은 19세기 사회의 결혼이라는 규범에 개인의 감정이 얼마나 충실히 따르는지 문학의 강력한 증언을 제공한다. 작가는 젊은 처녀 메리 로리의 이야기를 들려준다. 고아였던 메리는 늙은 휘틀스태프 씨의 집으로 들어가 살게 되었다. 휘틀스태프 씨는 결혼을 하지 않았기 때문에 메리는 만약 그가 자신에게 청혼을 한다면 어떤 결정을 내려야만 할까 미리 머릿속에 그려본다.

그녀는 그가 개인적으로 참 좋은 분이라고 혼잣말을 했다. 만약 다른 늙은 남자가 '그녀를 원한다'고 했다면, 그녀가 세상에서 이미 그런 일을 보았던 것처럼, 상황은 달랐으리라! 그러나 이 남자에게는 사랑하기로 마음만 먹는다면 배울 게 참 많지 않은가! 그리고 그는 그녀가 부끄러워할 필요가 전혀 없는 남자다. 그는 의젓한 외모에 좋은 매너를 갖추었으며 단정한 차림으로 보기만 해도 기분이 좋은 신사다. 자신이 휘틀스태프 부인이 된다면 세상은 분명 참 운이 좋은 여인이라고 말하지 않을까? (…) 한 시간 정도 숙고한 끝에 메리는 휘틀스태프 씨와 결혼하리라고 마음을 굳혔다.[2]

메리는 자기 자신이나 휘틀스태프 씨의 감정이 어떤 것인지는 캐묻지 않는다. 메리는 그가 비록 분명하게 이야기하지는 않았지만, 청혼을 할 것임을 '안다'. 또 그의 청혼에 자신이 어떤 결정을 할지도 안다. 한 시간 남짓 메리가 머릿속에서 다듬어본 생각은 청혼을 받아들일 일련의 구실을 따져보는 것이었다. 이 생각을 하며 메리는 휘틀스태프 씨가 가진 덕성과, 청혼을 받아들여 그의 아내가 되었을 경우 '세상이 무어라 말할지' 하는 물음에 초점을 맞춘다. 메리는 자신이 휘틀스태프 씨에게서 보는 덕성이 세상이 그를 보는 그것과 일치한다고 여긴다. 다시 말해서 메리의 개인적 판단과 사회의 평가는 일치하는 것처럼 보인다.

'거울에 비친 자아' looking-glass self[3]라는 사회학 이론 그대로 메리는 자신의 선택을 두고 세상이 무어라 평가할지 신경쓴다. 메리와 세상이 휘틀스태프 씨에게 내리는 평가는 어떤 남자가 좋은 남편인지 바라보는 사회의 시나리오에 근거한다. 곧 결혼이라는 규범과 아내가 맡는 적절한 역할이 어떤 것인지 하는 관습이 좋은 남편감을 판단하는 근거다. 이런 규범과 관습은 사회 구성원 모두가 인정하는 것이다. 메리는 남자에 대한 평가와 호감을 사회의 공통 표준에 따라 판단한다. 이런 상황에서 메리가 마음을 정한다는 것은 자신이 익히 아는 공통의 세계에 참여함을 뜻한다. 결혼을 할 때 누릴 경제적 편의와 자신과 같은 여성이 처한 상황에서 어떤 선택을 해야 하는지 바라보는 사회의 기대로 메리는 자신의 감정을 정리한다. 이처럼 규범과 감정은 문화를 떠받드는 유일한 매트릭스다. 이 매트릭스는 메리의 결정에 직접적인 영향을 미친다.

메리의 결심과 나중에 실제로 늙은 남자에게 한 결혼 약속은 이내 갈등을 빚는다. 메리가 3년 전 이미 존 고든이라는 남자와 결혼하기로 약속한 것이 밝혀졌기 때문이다. 두 젊은 남녀 존과 메리는 단 몇 차례 짧은 만남을 가졌을 뿐이지만 서로 결혼하길 원한다는 것을 확인했다.

두 사람은 존이 돈을 벌겠다는 희망을 품고 떠난 남아프리카에서 돌아오는 대로 결혼하기로 약속했다. 그러나 3년이 지나도록 아무런 연락이 없자 메리는 그와의 약혼을 깨고 휘틀스태프 씨의 청혼을 받아들였다. 이야기는 존 고든이 다시 등장하며 메리 로리를 두 번째로 훨씬 더 어려운 선택 앞에 세우면서 본격적인 물살을 탄다. 이 선택은 두 남자 사이에서, 두 개의 전혀 다른 감정 가운데 하나를 고르도록 강제한다. 이제 메리는 지극한 관심을 보이는 늙은 남자와의 약속을 깨야 할지, 아니면 3년 전에 젊은 남자와 맺은 감정적 약속을 지켜야 할지 결정을 해야 한다. 약속을 지킨다는 것은 19세기 잉글랜드 사회의 상류층과 중류층이 중시하는 가치였기에 메리는 그 어떤 약속도 되돌리지 않는 명예로운 결정을 내린다.

이 소설이 구성한 딜레마는 감정의 결단과 이성적 결심 사이의 대립, 사회적 의무와 개인적 열정 사이의 대립으로 해석할 수 있다. 그렇지만 이런 관점은 사회학과 심리학을 혼동하는 것에 지나지 않는다. 사실상 메리의 선택은 끌림이든 사랑이든 감정의 결단이며, 이 감정은 사회의 규범과 일치한다. 두 경우 모두 메리의 감정은 규범 질서와 밀접하게 연관된다. 세 번 만났던 남자, 성적 접촉 없이 만났던 남자와 결혼하는 선택을 사회는 늙은 신사 휘틀스태프와의 결혼과 똑같이 존중한다. 늙은 남자의 의젓한 덕성에 끌리는 감정과 젊은 남자에게 느끼는 격정적 사랑은 두 가지 서로 다른 감정의 조건이기는 하지만, 두 경우 모두 사회의 도덕적 지탄 없이 결혼에 이르는 경로다. 이 갈등 속에서 메리의 감정은 도덕이라는 우주의 위계질서를 따른다. 실제로 메리의 감정은 19세기의 결혼이라는 도덕적 우주의 질서를 자신의 고유한 것으로 받아들인다.

심리학이 아니라 사회학의 관점에서 본다면 합리적 계산 끝에 휘틀스태프에게 끌리는 메리의 관심과 그녀가 존에게 품었던 격정적 사랑, 곧 사회적 관습과 그녀 개인의 감정은 서로 다른 것이 아니라 당시 사회의 문화라는 단 하나의 매트릭스가 보여주는 다른 측면일 따름이다. 더욱이 메리와 두 남자는 비록 각자 제 나름대로 불안하기는 했을지라도, 그들 모두 약속의 실현을 망설이는 조건에 대해 잘 알았다. 이런 세상은 개인적 욕망과 규범이 서로 균형을 이루어 각 구성원이 어떤 게 지켜야 할 규범인지 잘 아는 사회다. 휘틀스태프는 메리가 받는 규범적 강제를 익히 알았기 때문에 약속의 의무를 지키지 않아도 된다고 그녀의 부담을 덜어준다. 약속을 지켜야 하는 의무와 결혼이라는 제도는 욕망과 사랑으로 가득하고 이 둘의 조화를 이루게 하는 규범 질서다.

*

에밀 뒤르켐은 그런 감정과 규범과 제도의 질서가 서로 충돌하며 무너지는 것이 무엇을 뜻하는지 처음으로 파악했다는 칭송을 들어 마땅한 인물이다.[4] 자살을 다룬 뒤르켐의 유명한 연구, 오늘날 사회학의 표준으로 자리 잡은 연구가 처음으로 주목했던 문제, 곧 성적 욕망과 결혼에 대한 욕망이 서로 어느 정도 관련을 가지는가 하는 문제는 오늘날까지도 충분히 다뤄지지 않았다. 뒤르켐은 당시 프랑스 사회에 새롭게 나타난 아노미 유형을 미혼 남성의 사례를 들어 함의가 풍부한 단어를 구사해가며 묘사한다.[5]

그(기혼 남성)의 즐거움은 제한되기는 하지만 보장되었으며, 원할 때면 누릴 수 있다는 확신이 그의 정신적 태도를 뒷받침해준다. 많은 미혼 남성의 상황은 전혀 다르다. 그들은 마음에 드는 대로 자유롭게 관계를 가질 수 있어 모든 것을 원하지만 그 어떤 관계에도 만족하지 못한다. 아노미가 언제나 수반하는 무한한 욕망이라는 이런 병적인 현상은 우리의 의식을 쉽사리 공격할 수 있다. 이런 병적인 욕망은 매우 자주 뮈세*가 묘사한 성적인 형태로 나타나곤 한다. 그 어떤 것도 참을 수 없는 지경에 이르면 욕망은 한계를 모르고 분출된다. 자신이 체험한 쾌락을 넘어서 그 이상의 것을 상상하며 이를 가지려 원한다. 가능한 모든 것을 맛본 사람은 불가능한 것마저 꿈꾼다. 있지도 않은 것을 요구하는 경우도 허다하다. 끝을 모르는 이런 사냥으로 감각은 무뎌질 수밖에 없다. 이런 지경에 이르고자 돈 후안이 경험한 것과 같은 무한히 다양한 연애 모험이 필요한 것도 아니다. 평범한 미혼 남성의 평균적인 일상만으로도 이런 병적 욕망이 나타나기에 충분하다. 계속해서 새로운 욕망을 품지만, 이내 실망은 피할 수 없다. 결국 남는 것은 권태와 환멸뿐이다. 무엇에 끌리는지 확실하지 않은 마당에 어떻게 욕망이 확실한 목표를 가질까? 아노미는 이중의 모습을 띤다. 베풀지 못하는 사람이 얻을 것은 없다. 선택하지 못함과 연계된 미래의 불확실성은 미혼 남성으로 하여금 끊임없이 새로운 상대를 찾아다니게 만든다. 이 모든 것은 불안과 흥분과 불만의 상태를 만들어낸다. 이런 상태로 자살은 보다 더 현실적으로 다가온다.[6]

- Alfred de Musset(1810~1857). 프랑스의 시인이자 극작가. 대동맥판막기능부족으로 사망했다. 이는 대동맥판이 완전하게 닫히지 않아 생기는 병으로, 심박동과 일치하는 두뇌의 떨림을 불러일으킨다. 이른바 '뮈세 징후'는 병적인 흥분 상태를 이르는 표현이다.

뒤르켐은 이 글로 우리가 욕망의 사회학 그리고 감정 결정의 사회학이라 부르는 것의 대략적인 윤곽을 그려낸다. 대개의 욕망은 직접 결정 과정으로 옮겨지지만, 그렇지 않은 욕망도 많다. 미혼 남성의 욕망은 말 그대로 아노미다. 그 욕망은 어떤 특정한 하나의 대상을 무조건 가지고 싶다는 의지를 약하게 만들기 때문이다. 아노미적 욕망을 가진 개인은 우울하지도 둔감하지도 않다. 오히려 욕망을 해결할 대상을 늘 찾아다닐 정도로 과잉 행동을 하며 어떻게 해야 그 대상을 찾을지 몰라 전전긍긍한다. 이 욕망은 본래 대상이 결여된 탓에 이 '대상 없음'에 가지는 불만이다. 이 욕망은 특별한 형태의 행동, 늘 이리저리 방황하는 행동을 만든다. 목표가 없기 때문에 미혼 남성은 방황할 수밖에 없다. 뒤르켐은 아노미적 욕망의 특징을 다음과 같이 정리한다. 첫째, 아노미적 욕망은 목적이 없다. 유동적이며 자유롭게 되풀이되는 욕망, 곧 유목적 욕망이 아노미적 욕망이다. 둘째, 목적이 없기 때문에 아노미적 욕망은 규범을 중시하지 않는다. 아노미적 욕망을 가진 개인이 서사 구조를 가진 러브스토리를 만들어낼 수 없는 이유는 규범을 무시한다는 데 있다. 셋째, 미혼 남성은 미래를 불확실하게 여기기 때문에 현재를 어떻게 살아가야 할지 방향성을 잃고 헤맨다. 미혼 남성의 욕망은 이로써 아노미의 특성을 보일 수밖에 없다. 그는 사회에 적응하지 못한다(사회 규범을 무시하기 때문이다). 또 사회적 통합에 관심을 가지지 않으며, 그럴 능력도 없다. 반대로 기혼 남성은 익히 아는 안정적인 미래를 가지며, 바로 그래서 규범을 중시한다. 결혼이라는 제도가 주는 안정감을 기혼 남성은 누리기 때문이다. 이와 달리 미혼 남성은 현재 안에 갇혀버려 미래를 알지 못한다. 그는 현재 안에서 오로지 **희망**, 실체를 알기 힘든 애매한 희망만 품는다. 이 희망은 그저 새로운 쾌락만, 오래가지 못하는 쾌락만 끊임없이 그려낸다. 넷째, 결과적으로 아노미적 욕망을 가지는 개인의 내면, 뒤르켐이 '정신적 태도'라 부르는 내면은 불투명하기만 하다. 이 대상에서 저 대상으로 옮겨 다니는 탓에 개인은 결정 능력을 키우지 못해 특정 개인과 제도를 자신의 것으로 받아들이지 못한다. 기혼 남성이 결정을 내릴 수 있는 데 비해 미혼 남성은 그저 새로운 체험, 욕망, 파트너만 쌓을 뿐이다. 부단히 방황하는 탓에 미혼 남성은 서사 구조를 가지는 스토리를 써내려갈 수 없다. 불확실성, 경험의 축적, 방황, 미래를 그릴 수 없는 무능함(또는 의지박약), 이 모든 것이 뒤르켐이 이해하는 아노미적 욕망의 핵심이다. 그래서 아노미적 욕망을 가지는 개인은 사회 규범을 자신의 것으로 만들지 못하며, 사회 제도로 자신의 정체성을 유지하지 못한다. 아노미적 욕망은 오로지 애매함이라는 차원만 가진다. 트롤럽의 소설에서 그려진 목적론의 코스모스, 위계질서가 분명한 우주를 아노미적 욕망을 지닌 개인은 알지 못한다. 이처럼 성적 아노미는 다층적인 면모를 지닌다. 욕망은 지나칠 정도로 과잉 상태이며, 사회 규범을 무시하는 탓에 결정을 내리지 못하고, 어느 하나의 대상에 집중하지 못한다. 이처럼 자기 중심적인 개인은 자신이 무얼 욕망하는지조차 분명하게 알지 못한다. 혼란스럽고 애매하며 늘 양면적이고 목표가 없는 상태에서 개인은 방황만 거듭한다. 이런 개인은 자신의 감정이 무엇인지 명확히 파악할 능력이 없다. 규범에 기초한 서사 구조를 가진 인생 스토리는 애당초 포기되고 만다. 뒤르켐이 말하는 미혼 남성은 확실성을 가지지 못하는 '정신적 태도' 때문에 그 어떤 결정도 내릴 수 없다. 뒤르켐에 따르면 감정은 확실성과 결정을 통해서만 생겨난다. 명확한 규범을 인생의 닻으로 확보하지 못한 탓에 아노미는 피할 수 없이 나타난다.

이로써 뒤르켐은 욕망의 사회학과 감정 결정의 사회학의 터전을 닦았다. 그는 사회적 결합과 감정 선택이 가지는 두 가지 문법을 명확히 정리한다. 하나의 문법은 오로지 주체의 자유만 강조해 자신의 욕망만 중시할 뿐, 목적을 알지 못한다. 다른 문법은 결혼이라는 규범과 젠더에 따른 역할 분담 그리고 공동의 경제적 이해관계를 중심으로 조직되는 욕망의 문법이다. 규범의 강제와 제도의 확실성에서 해방된 욕망은 감정의 결정을 내리지 못하도록 한다. 나는 이 장에서 두 문법을 자세히 살펴보고, 이 두 문법이 서로 어떻게 연관되는지에 집중해보려고 한다.

사회학적 구조로서의 구애

전통의 낭만적 사랑에서 1970년대에 형성되기 시작한 성적인 질서로의 이행이 어떤 변화와 맞물린 것인가 하는 물음은 지금껏 충분히 주목받지 못했다. 남녀 사이의 장황한 상호 행동으로 이뤄지던 구애는 이런 행동 규칙을 철저히 바꾼 질서 탓에 불분명하고 불확실해졌으면서도, 그러나 동시에 상대의 동의를 얻어내야만 한다는 윤리의 규제를 받았다. 구애 절차가 사라진 것이야말로 현대의 애정 풍습이 가진 놀라운 특징이다. 이로써 전통적인 애정 풍습은 거의 사라지다시피 했다. 바로 그래서 구애의 사라짐은 지금까지 사회학이 섹슈얼리티 문제와 결혼 문제를 다룬 것보다 더 철저하게 연구해야 하는 주제다. 전통적 구애를 분석하며 내가 관심을 가졌던 문제는 사회적 관계와 욕망을 지배하는 두 문법의 비교였기 때문에, 나는 전통과 현대 사이의 대비를 분명히 하는 정도에서만 근대 이전의 짝찾기 실제를 간단하게 다루려고 한다. 물론 성적 아노미는 근대 이전에도 있었다. 그리고 현대에도 구애가 완전히 사라진 것은 아니다. 전통을 단순화하는 전략은 그래서 한계를 가진다. 이 전략은 과거와 현재를 온전히 비교할 수 있게 해줄 정도로 행동방식을 폭넓게 다루지 못한다. 또 과거의 풍습이 현재 안에 계속 생명력을 이어가며 애정 생활의 구조에 녹아든다는 점도 이 전략은 포착하기 힘들다. 나는 이런 한계를 의식하기는 했지만, 그럼에도 구애 풍습의 바탕에서 무슨 '변화'가 일어났는지, 이 변화의 본성은 무엇인지 파악하기에는 이 전략이 충분하다고 믿는다. 나의 핵심 물음은 이것이다. 사회 안에서 상호 행동을 하는 감정 주체의 행동 규칙과 양식에 어떤 변화가 일어났는가? 기독교 세계인 유럽에서 구애 풍습은 섹슈얼리티 규제와 따로 분리해 이해될 수 없다. 실제로 섹슈얼리티 규제가 구애의 구조와 내용을 정했다.

전근대의 섹슈얼리티 규제

기독교 세계의 섹슈얼리티가 지닌 특수함을 이해하려면 고대 그리스와의 짧막한 비교가 도움이 된다. 고대 그리스 문화는 섹스를 "관계, 곧 두 남녀 사이의 공통적인 감정적 친밀성의 경험이 아니라, 오로지 삽입으로, 곧 남성이 여성을 차지하는 행위로 정의했다."[7] 섹스는 권력관계와 남성의 우월적 지위의 반영이자 그 구체적 실현이다. 젊은이든 늙은이든 섹스는 전쟁터에서 남자가 보여야 하는 행동, 오로지 '명예'냐 '굴욕'이냐 하는 기준만 가지는 행동과 다르지 않다. 이런 의미에서 섹슈얼리티는 남성성의 정치·사회적 코드에 의해 조율되며, 남성이 누리는 공적이고 정치적인 우위를 직접적으로 연장해 보여주는 것일 따

름이다. 섹슈얼리티를 그 주체의 내면이 표현되는 관계로 바꾸어낸 것
은 기독교다. 기독교 문화가 자리를 잡아가면서 비로소 차츰 섹슈얼리
티는 이성애 관계의 문제로 명확히 정리되면서 주체의 영혼이 지닌 태
도를 보여주는 것으로 이해되었다. 아우구스티누스Aurelius Augustinus
는 인간이 자신은 물론이고 후손들도 원죄를 씻도록 노력해야 한다고
강조했다. 그는 이런 원죄 이론을 통해 인간을 사로잡는 정욕이야말로
우리가 유한한 존재임을 일깨워주는 경고이며, 욕망으로 인해 짓는 죄
야말로 우리 인간을 영원히 수치스럽게 만드는 잘못이라고 일갈한다.[8]
아우구스티누스는 이로써 섹스를 유혹의 문제, 마음이 저지르는 죄
의 문제로 간주했다. 이는 곧 섹스를 사유라는 내면의 영역, 의도와 개
인적 욕망으로 보는 관점이다. 결국 섹슈얼리티 문제는 인간의 '영혼'
이 고결한지(아니면 추악한지) 가늠하는 기준이 되었다. 개인의 내면이 어
떤 성격을 지니는지 알아볼 중심점이 된 섹슈얼리티는 종교의 영성적
요구를 충족하기 위해 부단히 시험하고 통제해야 하는 대상이 되었다.
다시 말해서 기독교의 구원은 성적 순수함을 가져야 누릴 수 있는 것
이다. 기독교는 섹슈얼리티를 도덕적, 감정적 차원의 문제로 끌어올렸
다. 죄를 짓게 만드는 원인이자 구원의 열쇠를 제공하기도 하는 섹슈얼
리티는 개인의 의도와 감정과 욕망이 맞물려 갈등을 빚는 장field이다.
요컨대 사랑과 쾌락은 인간이 선한 영혼을 가지지 못하게 하는 장벽이
다.[9] 교회는 인간으로부터 참고 견디는 순수함을 기대할 수 없음을 잘
알았다.[10] 그래서 기독교의 이상으로 강조하던 금욕으로부터 한 걸음
물러나 결혼에서 타협점을 찾았다. 다시 말해서 교회는 부부 사이에
이뤄지는 섹스만이 신의 뜻에 부합하는 것이라고 보았다.[11] 부부 사이
의 섹스는 정당한 것으로 인정한 반면, 간통과 혼전 성관계는 엄격하

게 금지했다. 유럽 사회의 대부분은 "간음, 간통, 매춘, 사생아를 낳은 여성을 법적으로 다스리는 체계 만들기에 공을 들였다. 성문법은 물론이고 관습법, 영주의 법원이나 지방 법정과 교회 법정은 금지된 섹스를 공공의 안전을 위협하는 범죄로 처벌했다."[12] 성규범을 무시하고 위반하는 일은 흔히 보는 일상사였지만, 그래서 사회는 이런 행위를 공동체를 위협하는 범죄로 처벌했다. 이처럼 교회가 성생활에 간섭함으로써 섹스는 심오한 종교적 의미를 얻었다. '간음'과 같은 개념은 서구 사회가 인간의 영혼을 보는 관점을 고스란히 반영한다. 이런 개념은 함축적으로 세상을 창조한 근원을 떠올리게 하며, 개인이든 규칙 위반을 허용하는 공동체든 영혼이 받게 될 저주나 구원을 연상하게 한다. 역사학자 리처드 갓비어는 이렇게 썼다. "섹스는 초기 미국 국민을 평안하게 두지 않았다. 이들은 개인적으로든 집단적으로든 섹스야말로 자신의 정체성과 가치관을 보여주는 문제라고 믿었기 때문이다."[13] 잉글랜드에서 교회가 벌인 정치투쟁은 기독교 신학을 세상의 원리로 관철하려는 싸움이었다. 이 싸움에서 섹슈얼리티는 교회의 권위를 강화해주는 맞춤한 주제였다.[14] 초창기 미국은 신생 국가의 정치적 무질서를 다스리는 수단으로 성생활 통제를 썼다. 다시 말해서 기독교인이 살아가는 도덕과 형이상학의 세계로 들어갈 수 있는 열쇠는 기독교의 성도덕을 자신의 것으로 받아들이는 태도다. 기독교는 인간의 자아를 은혜, 구원, 타락, 죄, 영성이라는 키워드로 이뤄지는 거창한 스토리와 연결했기 때문이다. 이런 섹슈얼리티 관점은 결혼을 신성시하는 태도 같은 신학적 믿음으로 가득 채워지고 기본적으로 제약을 받았다. 신이 섭리하는 세상이라는 거대한 스토리는 다시금 수치심, 죄책감, 유혹에 맞서는 자기 통제로 옮겨져 개인을 다스렸다.

이런 상황에 변화의 바람이 불기 시작한 것은 18세기 말이다. 계몽주의가 싹을 틔우면서 일기 시작한 세속주의, 곧 세상을 더는 신의 뜻에 맞추어 보지 않는 세속주의 덕분에 섹슈얼리티 문제를 예전보다 훨씬 더 관대하게 바라보게 된 관점이 과거와 '결정적 단절'을 이루어냈기 때문이다.[15] 다른 분야와 마찬가지로 섹슈얼리티 문제에서도 계몽사상은 중요한 변화를 가져왔다. 물론 계몽주의는 섹슈얼리티와 인간의 몸을 규제하던 기존의 관념을 근본적으로 문제 삼지는 않았다(자유를 신봉하는 엘리트들은 정확히 이 문제에 매달렸다). 데이비드 흄과 이마누엘 칸트는 도덕의 근본 바탕이 무엇인지에 대해 첨예한 의견 대립을 보이기는 했지만, 성풍습을 느슨하게 푸는 것만큼은 한목소리로 반대했다.[16] 칸트는 섹스가 도덕과 모순을 일으킨다고까지 보았다. 섹스가 주는 쾌락은 인간관계를 일종의 도구로 보게 만들기 때문이다. "성적 사랑은 상대방을 식욕의 대상으로 만든다. 식욕이 채워지면 그 즉시 인간은 상대방을 마치 즙을 다 짜버린 레몬을 던져버리듯 버린다." 칸트에게 성적 사랑은 "식욕 이상의 것이 아니며" 그리고 더 나아가 성적 사랑은 그 자체로만 보면 "인간 본성의 비하"이다.[17] 칸트의 관점이 위대한 혁신인 이유는 섹스를 이제 신을 모욕하는 행위가 아니라, 다른 인간을 모욕하는 행위로 여겼다는 점이다. 이로써 섹슈얼리티는 신학에서 인간 도덕의 영역이 다루어야 할 문제로 옮겨졌다. 19세기에 접어들어 자유로운 사랑을 외치는 자유주의 엘리트와 유토피아적 사회주의자 및 초기 페미니즘의 결혼 비판[18]은 섹슈얼리티 문제를 장악한 교회의 요새를 더욱 거세게 공격했다. 성에 대한 관대함을 요구하는 목소리가 갈수록 커졌음에도 혼전 성관계는 20세기 중반을 넘어서까지도 규제를 받았다(1960년대까지만 하더라도 혼전 성관계로 '평판이 손상된' 여성은 남성이 '책임

지리라는 기대'를 품을 수 있었다). 이처럼 철저한 규제를 받는 도덕 질서는 구애의 도덕적이고 사회적인 문법이 무엇인지 명확하게 정해주었다. 이런 문법이 만들어주는 플랫폼 덕에 젊은이들은 낭만적 교류를 나누었다.

감정 결정의 전근대 방식으로서의 구애

사회적으로 형식이 정해진 상호작용인 구애는 가족과 교회가 정한 성적 규제를 중심으로 이루어졌다. 중세 프랑스의 구애는 기사(주로 영주에게 소속된 가신)가 귀부인(때때로 영주의 부인)에게 보이는 의례의 형식을 취했다. 이런 구애 형식은 남성의 무용과 용기를 헌신과 열정이라는 종교적 모티브와 결합한 것이다.[19] (사랑은 대개 페트라르카와 라우라나 단테와 베아트리체의 경우처럼 죽은 여인을 흠모하는 형태로 확장되기도 했다.[20]) 유럽 궁정문화의 발달과 더불어 구애는 궁정에서 신하가 군주에게 취하는 행동을 본떠 '코트십' courtship, 곧 궁정예절이라는 의미를 얻었다.[21] 나중에 이 의미는 낭만적이고 성적인(또는 낭만적이거나 성적인) 의도를 가지고 여성에게 접근해 보이는 의례로 확장되었다.[22] 르네상스 이후 이 과정이 진행되는 동안, 그러나 무엇보다도 17세기와 18세기에 프랑스 궁정에서는 여성을 정중하게 예우하는 법도가 생겨났다. 니클라스 루만은 이 법도를 두고 "기만적이고 유혹적인 동시에 진정한 구애를 표현하는 양식으로 사회적 구속력을 가졌다"라고 평가한다.[23] 숙녀 앞에서 신사가 갖추어야 하는 복잡한 예의범절은 그저 겉보기만 멋들어지게 꾸미는 사교 규칙이라는 특징을 지니기는 했어도, 그 나름대로 코드와 형식과 규칙을 지켜야만 했다. 이런 예의범절은 경우에 따라 처녀성을 잃었다며 상응하는 대가나 보상을 해달라는 요구를 피할 수 있게 해주기도 했다. 만남의 절차를 아름답게 꾸미는 사교술인 이런 예의범절은 반드시 결혼을 목적으로 하지는 않았다. 오히려 귀족 계급의 까다로운 요구를 반영한 예의범절은 심지어 많은 경우 방탕한 연애 행각을 낳곤 했다.

무엇이 도덕인지 정하는 문제에서 시민 계급이 예선보다 더 큰 영향력을 행사했던 개신교 국가는 섹슈얼리티 규제를 할 때 사회 질서를 지켜가며 결혼이 성사될 수 있게 하는 데 더 큰 의미를 두었다.[24] 이런 나라에서 구애는 귀족의 예의범절을 따르지 않았으며, 보다 더 분명하게 결혼을 목표로 했다. 개신교 국가의 남성은 구애를 하며 도덕과 종교가 규정한 섹슈얼리티 코드를 자신의 신분 계급에 맞는 언어와 행동으로 표현했다.[25]

18세기와 19세기에 걸쳐 유럽과 미국의 중산층과 귀족층에서는 로런스 스톤이 감성적 개인주의의 부상이라고 부른 변화가 구애에 반영되었다.[26] 구애는 서로 관심을 가진 남녀가 여자 부모의 승낙을 받아야 시작될 수 있었다. 그러므로 구애는 이미 여자의 가족이 결혼에 원칙적으로 동의함을 공개적으로 인정하면서 젊은이들이 서로 감정을 탐색해도 좋다는 허락을 받았음을 의미한다. 이제 구애는 틀에 박힌 예의범절을 무조건 따라야 하는 것이 아니라, 개인이 서로 감정을 탐색하는 과정으로 받아들여졌다. 이런 변화는 계층 중심에서 개인 중심으로 감정의 초점이 옮겨졌음을 뜻한다. 갈수록 개인주의가 커지면서 구애는 서로 감정을 탐색하고 결혼을 할지 말지 결정을 내리는 사회적 프레임이 되었다. 즉 구애는 당사자 양측이 서로 잘 아는 표현과 대응과 교류의 규칙에 따라 서로 감정을 알아가고 의례화하는 사회적 프레임이다. 물론 이런 교환의 결과는 결혼의 승낙이나 거부다. 그렇지만 많은 경우 구애가 시작되었다는 단순한 사실만으로 양측이 결혼에 관심을 가진다는 점은 분명했다. 따라서 구애를 하고 받는다는 출발만으로도 젊은이들은 결혼에 이르려고 서로 노력했다. 이런 의미에서 구애의 핵심은 결정을 내리는 것, 또는 결혼을 지향하는 감정을 계속 따를 것인지를 확인하는 것이다.

이런 맥락에서 나는 구애를 결정을 내리기 위해 사회가 조직한 프레임이라고 정의하고자 한다. 구애의 프레임 안에서 찾게 되는 결정은 감정적('나는 그를 사랑하나?')이거나, 아니면 현실적('나는 그와 결혼하길 원하나?')이거나, 또는 두 경우 모두에 해당한다. 구애는 시작과 지켜야 할 일련의 의례와 그 형식적인 끝으로 이뤄진다(대개는 청혼을 하고 받아들이기로 결심하는 것이 그 끝이지만, 만남이 수포로 돌아가는 경우도 적지 않았다). 바꿔 말해서 구애는 쌍방이 서로 익히 아는 규칙을 지켜가며 자신의 감정을 명확히 걸러내 확인하는 문화적 기술이다. 사회의 현실적 조건은 결혼으로 존재의 기반이 다져지기를 요구한다. 앤서니 기든스가 "존재론적 안정성"[27]이라 부른 사회의 조건 아래서. 그러나 감성적 개인주의의 구애는 이런 존재론적 안정성을 고려하지 않고 결혼으로 야기될 위험 요소를 감당하는 결정, 오로지 사랑만으로 결혼한다는 결정을 얼마든지 가능하게 해주었다.

전근대의 구애는 결혼을 함으로써 결과가 보장된다는 의미에서 확실성을 제공하지는 않았다(물론 이런 보장을 늘 염두에 두기는 했다). 오히려 전근대의 구애는 미래를 더는 문제 삼지 않겠다고 결심했다는 확실성(쌍방이 서로 목적을 잘 알고 수용했기 때문에), 그리고 다른 한편으로는 서로의 감정과 상호작용을 익히 아는 문화적 프레임에 따른다는 명확한 법칙의 확실성이라는 이중의 확실성을 만들어주었다. 자신과 상대의 감정을 서로 확인하는 감정적 확실성과 서로 익히 아는 단계들을 밟는다는 확실성은 구애가 결혼을 목적으로 한다는 사실로 가능할 수 있었다.

사회학적 구조로서의 확실성

　독일의 사회학자 니클라스 루만은 인간 사회는 '확실성'을 확보하고자 하는 근본적 동기가 있다고 보았다. 확실성이란 사회가 가진 복잡성과 불확실성을 풀어줄 열쇠로 이해되는 개념이다.[28] 사랑은 진실이나 돈이나 권력과 마찬가지로 수많은 선택지 가운데 어느 것 하나를 결정하게 하는 소통의 매개체다. 동기와 행동을 연결해주는 이런 소통 매체는 확실한 관계를 만들고 관계를 예측 가능케 하는 데 도움을 준다. 소통의 이런 매체는 다시금 기대하는 결과를 이끌어줄 역할을 분담하게 한다(루만이 든 예는 남편과 아내가 각자의 역할을 지킴으로써 복잡한 갈등을 사전에 예방하는 것이다. 이를테면 아내는 남편에게 "오늘 왜 이렇게 늦게 왔어요?" 하고 묻지 않는다. 남편이 이런 물음에 화를 내며 '무슨 상관이야' 하는 식으로 노골적인 거부감을 보이는 것을 사전에 막으려는 것이 역할에 따른 아내의 선택이다).[29] 예측 가능성은 인간이 서로 관계를 맺게 해주는 기본 바탕이다. 이 말이 무슨 뜻인지 가장 분명하게 보여주는 것은 예의다. 인간은 예의를 갖춤으로써 서로 상대가 보일 반응을 미리 예측한다. 예의라는 틀 안에서 서로 행동을 주고받는 교류는 관계 안에서 쌍방이 저마다 차지하는 위치가 무엇인지 확실하게 판단하게 해준다. 다시 말해서 '확실성'은 "사회적인 상황에서 사람들이 저마다 자신의 위치를 판단하고 상대의 행동을 예측하며, 그런 행동을 하는 동기를 설명할 수 있는 능력"[30]을 가리킨다. 『블랙웰 사회학 백과사전』은 반대로 불확실성에 대해 "불명확하고 애매하거나 모순된 이해로 해석될 수 있는 것으로 불확실성의 감정을 야기한다"[31]라는 정의를 내린다. 의례는 규범과 규칙과 서로 맡는 역할이 무엇인지 알게 해준다는 점에서 규범적 확실성이다. 이것 역시 주어진 상황에서 자신이 어떤 역할을 맡아야 마땅한지 알려주는 확실성이다. 또한 확실성은 개인의 심리적 특성인 동시에, 서로 행동을 주고받는 차원의 특성이기도 하다. 나는 확실성이 지니는 이런 여러 차원을 각각 간략히 살펴보고자 한다.

규범적 확실성

규범적 확실성은 사회 구성원 사이의 관계를 지배하는 규범과 가치가 한 점의 의혹도 없이 명확하다고 믿는 태도다. 구성원이 서로 주고받는 행동을 지배하는 규범의 내용이 명확할수록(개인이 규범을 의식하든 아니든), 규범은 그만큼 더 강력한 영향력을 자랑한다. 따라서 상대가 이 규범에 따르는 행동을 할 거라는 점은 쉽사리 예측할 수 있다(예를 들어 외출을 할 때 반듯하게 차려입는 태도는 세 번째 데이트에 꽃다발을 선물하는 것보다 더 확실하게 예측된다).

여성의 처녀성을 지켜주어야 한다는 규범은 20세기 중반을 넘어서까지도 전통적 구애가 가져야 할 최상의 미덕으로 남았다. 여성은 성적 순결을 간직해야 하며, 남성은 성과 관련한 행동 규범을 위반할 경우 그에 따른 책임을 져야 한다.[32] 예를 들어 철학자 아르투어 쇼펜하우어의 여동생 아델레*는 개방적인 성격으로 철학자인 오빠에게 매우 헌신적이었음에도 오빠가 가정부를 임신시킨 것을 알고는 이렇게 썼다. "나는 역겨움을 느꼈다."[33] 일단 문제를 피해 도망갔던 아르투어는 시대

* Adele Schopenhauer(1797~1849). 독일의 여성 작가. 아르투어 쇼펜하우어보다 아홉 살 어린 동생으로, 이성보다는 동성에게 호감을 느껴 결혼을 하지 않았으며, 여자친구와 함께 살았다.

의 규범과 관습이 주는 강압에 못 이겨 상황을 '수습하려' 했다. 그러나 그는 (볼썽사납게도) 태어난 아기에게 필요한 것을 살펴달라고 여동생에게 부탁했다.

하층 계급 출신 여성들은 상류층 남성에게 성폭행을 당하는 일이 잦았다(이를테면 하녀가 일하는 집 안에서 그런 사건이 자주 일어났다). 그러나 사회의 성도덕이 이를 용인하지 않았기 때문에 남성들은 최소한 이런 일이 겉으로 드러나지 않도록 감추거나 결혼을 약속하는 모양새를 취했다. 근대 초기인 17세기 잉글랜드에서는 "혼전 성관계가 널리 퍼지기는 했어도 사람들은 이를 도덕의 부정으로까지 받아들이지는 않았다. 당시 사회는 남녀가 서로 사랑해 가진 성관계는 금지된 것이 아닌 허락된 것으로 받아들여야 한다고 여겼기" 때문이다.[34] 피아노 연주나 승마 혹은 편지 쓰기의 솜씨를 보이고자 이에 필요한 예절을 지키는 것과 마찬가지로 당시 사람들은 구애나 연애를 하면서 관련 행동 규범을 최대한 존중하는 자세를 보이려 노력했다. 이처럼 애정 문제에서 사회의 표준 규범을 의식하고 지키려 한 사례는 헤아릴 수 없이 많다.

19세기 미국 버지니아주의 장로교 목사 존 밀러는 주지사와 이혼한 여성 샐리 맥도웰에게 오랫동안 구애를 하면서 숱한 난관을 극복해야 했다.* 두 사람이 편지를 주고받기 시작했을 무렵인 1854년 9월 존 밀러는 자신의 감정을 이렇게 밝혔다.

---

* 존 밀러John Miller와 샐리 맥도웰Sally McDowell의 러브스토리는 미국 버지니아주의 전설로 남을 만큼 유명하다. 두 사람이 1854년에서 1856년까지 주고받은 편지를 담은 책이 2000년 출간되어 좋은 반응을 얻었다.

제가 당신의 인생이라는 거룩한 땅을 비록 아주 가볍고 경쾌한 발걸음으로 들어섰다 할지라도, 혹시라도 부적절한 행동을 하는 것은 아닌지 저는 정말 고통스러웠습니다. (…) 충분히 명예롭지 못했다는 생각, 제가 올바로 처신하리라고 당신이 굳게 믿어준 덕에 혹시 제가 버릇없이 군 게 아닐까 하는 생각으로 정말 괴로웠습니다. 그래서 부탁드리건대 제 진심은 그렇지 않다는 것, 부주의한 경솔함으로 당신께 누를 끼치지 않으려 했음을 헤아려주시기 바랍니다. 경솔했다는 비난을 듣느니 차라리 당신이 저를 생각이 부족한 얼간이로 여겨주셨으면 하는 게 제 마음입니다.[35]

"부적절한 행동을 하는 것은 아닌지 저는 정말 고통스러웠습니다"라는 표현은 여성을 진심으로 섬기기에 필요한 예의와 규범을 의식하고 그에 맞추려 노력하면서, 혹시라도 잘못이 있다면 자신이 "생각이 부족한 얼간이" 취급을 받아 마땅하다는 속내를 정확히 드러낸다. 이런 표현은 사회 규범을 지키는 능력이 낭만적 관계를 꾸리는 자아 감각의 핵심을 이룬다는 점을 잘 보여준다. 도덕을 준수하며 신분 계급에 맞는 행동을 보일 때 당사자는 자신이 사랑을 하고 또 받을 능력을 갖추었다고 여긴다. 이처럼 근대 초기의 사랑은 혼신의 힘을 다해 규범을 지키는 것이었다.

예를 하나만 더 들어보자. 조지 허버트 파머는 앨리스 프리먼에게 구애를 했지만, 앨리스는 두 사람의 관계가 적절한지 확신하지 못했다.[36] 그녀의 이런 걱정을 씻어주려 조지는 1887년 그녀에게 보낸 편지에 이렇게 썼다.

로버트 브라우닝이 엘리자베스 배럿과 결혼했을 때 세상은 이 새 부부가 서로 잘 어울리며 그에 맞는 풍요를 누릴 거라고 기뻐했소. 우리가 이제 결합하고자 하는 서로의 인생은 잘 어울릴 뿐만 아니라, 부족한 점을 채워주기도 합니다. 세상 사람들도 분명 그렇게 볼 겁니다. 우리가 느끼는 자부심을 세상은 인정할 겁니다. 내가 사람들의 관대함과 무엇이 서로 맞는지 판단할 능력을 너무 크게 믿은 나머지 우리를 나무라지 않을 것이라고 여기는 건 분명 아닙니다.[37]

조지는 이 편지에서 영어권의 유명한 두 시인 사이의 러브스토리를 언급했다. 엘리자베스의 아버지가 딸이 로버트 브라우닝과 결혼하는 것을 반대하자 두 시인은 함께 사랑의 도피를 하는 것으로 어려움을 이겨냈다. 조지는 앨리스에게 두 사람의 결합을 앞으로 '세상'이 규범으로 인정해줄 것이라고 설득한다. 그의 설득은 두 사람이 그만큼 세상의 판단을 의식하고 세상의 동의를 간절히 구하고 있음을 여실히 보여준다. 다시 말해서 감정은 바깥세상의 사회적 규범에 비추어가면서 경험되는 것일 따름이다. 사회가 인정해줄지 염려하는 여성의 태도를 보며 조지는 이런 염려가 자신을 향한 사랑을 흔드는 것은 아니라고 보았다. 앨리스 프리먼의 염려와 조지 파머의 장담은 오히려 두 사람이 자신들의 감정을 사회가 인정하는 규범과 연결하려고 노력했음을 말한다. 이런 연결 고리를 찾아야 그들은 자기 감정을 정당화할 수 있었던 것이다.

실존적 확실성

감정이 되도록 규범과 일치해야 한다는 규범적 확실성은 실존적 확실성이라는 문제로 이어진다. 인간이 자신의 존재를 무엇으로, 또는 어떻게 확인할 수 있는가 하는 실존의 문제를 나는 주관적 경험과 객관적(사회적) 경험의 일치라고 부르고 싶다. 실존적 확실성은 "이 상황에서 나는 도대체 누구인가?" 하는 물음에 오래 고민할 것 없이 즉각적으로 답을 준다. "저 남자 또는 저 여자는 나에게 누구인가?" 이런 물음의 답이 주어질 때 이어지는 물음의 답도 쉽게 찾아진다. "나는 지금 이 상황에서 이 사람에게 어떤 대접을 해줘야 마땅한가?" 젠더 분할과 구별은 구애 과정을 예측할 수 있게 해주는 시스템의 핵심이다. 구애는 대상, 곧 여성에게 남성이 먼저 주도적으로 시작하는 감정 또는 행동에 어떤 답을 내놓을지 결정하게 만든다. 이런 관점에서 구애는 남성과 여성의 역할을 명확히 구분하는 구조를 지닌다. 제인 오스틴은 자신의 소설 『노생거 수도원』(1818)에서 등장인물 헨리 틸니의 입을 빌려 이런 말을 한다. "남성은 자유로운 선택이라는 이점을 누리는 반면, 여성은 오로지 거부의 권리만 가진다."[38] 남성이 자신이 구애할 상대를 골랐다면, 여성은 이런 선택을 받아들일지 거부할지를 결정한다. 여성이 받아들이는 선택을 하면 감정을 서로 교환하며 소통을 나누는 통로가 열리며 구애는 연애로 바뀐다. 여성이 자기 욕망의 주체일 수 없고, 남성의 욕망의 대상으로 고착될 수밖에 없는 사실은 남성과 여성을 구분하는 이분법을 기초로 한다. 여성을 항상 수동적 위치에 세우는 구애의 형식은 이런 이분법 때문에 생겨난다. 실존적 확실성은 구애의 형식을 받아들이고 그 안에서 당사자 자신의 자리와 역할을 인지할 때 비로소 생겨난다. 즉 계급 차이와 젠더에 따른 역할을 명확하게 인정하는 자세, 곧 이런 차이와 역할은 협상의 대상이 될 수 없음을 인정하는 자세로 '자기 자리'를 확인하는 감정이 실존적 확실성이다.

1892년 텍사스의 한 농촌에서 있었던 구애를 예로 들어 살펴보자.

데이비드 페인이라는 남성은 우연한 기회에 제시 블레드소라는 여성과 인사를 나누었다. 그는 곧장 그녀에게 이런 편지를 썼다.

친애하는 미스, 이렇게 자유롭게 짤막한 편지를 보내는 걸 양해해주시기 바라오. 셰퍼드를 떠나기 전에 당신과 한번 만나 서로 대화를 나눌 기회를 가질 수 있다면 좋겠다고 생각했소. 당신과 함께 이야기하고 싶은 주제는 매우 진지한 것이오. 잘 숙고해야 할 이 주제는 바로 결혼입니다.[39]

블레드소를 거의 알지 못했던 페인이 이처럼 빨리 결혼 문제를 거론할 수 있었던 것은 그가 남성으로서 자신의 역할(남성은 제안할 수 있는 사람이라는 것)을 익히 알고 있었기 때문이다. 그는 (사별한 아내와의 사이에서 태어난) 아이들을 돌봐달라는 제안을 담은 청혼을 한 것이었다. 어쨌거나 결혼 문제를 이렇게 빨리 제기하는 것이 그의 남성성이나 좋은 평판에 조금도 흠이 되지는 않았다.

존재론적 확실성

구애 과정에서 셋째로 나타나는 확실성은 감정을 증표와 선물이라는 물질로 객관화하는 존재론적 확실성이다. 감정은 물론 강력한 힘을 가지기는 하지만, 유동적이며 불안하다. 근대 이전에는 구애의 증표와 선물(그 가치는 천차만별이다)을 주고받는 것으로 서로의 의도를 확인했다. 추상적인 감정을 구체적 물질로 잡아놓는 것이 곧 존재론적 확실성이다. 선물은 내면을 표현해주는 것이라기보다는 오히려 당사자의 의도와 감정에 구속력을 불어넣어주는 것으로 이해되었다. 역사학자 존 길리스는 이렇게 확인해준다. "선물하는 사람의 의도는 선물이 구속력을 발휘해주었으면 하는 바람이다."⁴⁰ 물질적 대상은 관계의 객관화에 중요한 역할을 한다. 물질적 대상은 관계의 진도가 얼마나 나갔는지 추적하고, 관계가 그동안 얼마나 큰 구속력을 키웠는지 가늠할 수 있게 해주기 때문이다. 한때 영국에서 3페니짜리 동전을 둘로 쪼개 서로 반쪽을 증표로 간직하던 유행이 있었는데, 이런 것이 존재론적 확실성을 보여주는 사례다. 구애가 수포로 돌아가면 포기하는 쪽이 다른 쪽에게 그 반쪽을 돌려주었다.⁴¹ 요컨대 감정은 손으로 만질 수 있는 구체적 물질로 확인되어야 한다. 관계를 물질적 대상으로 번역해주는 존재론적 객관성으로 비로소 감정은 구속력을 가진다. 트롤럽의 또 다른 소설 『그녀를 용서할 수 있을까?』Can You Forgive Her?(1864/65)에서 여주인공 앨리스 배버서는 사촌 조지와 약혼한다. 그러나 그녀는 약혼자에게 아무런 관심을 보이지 않는다. 이런 무관심에 분노가 폭발한 조지는 그녀의 방에서 그녀가 보여주기를 거부하는 감정의 대용이 될 물건을 찾는다. 증표가 될 만한 물건으로 약혼을 봉인하려는 것이 그의 속내다. "머리카락이든 장신구든 혹은 그저 한 번의 키스든 선물은 마법적인 힘을 발휘한다."⁴² 길리스는 여성은 중간에서 소개하는 사람을 존재론적 확실성의 증표로 삼는 경우가 많다고 설명한다. 이런 소개자는 남성이 그저 심심풀이 삼아 장난을 하는지, 아니면 진지하게 결혼을 전제로 접근하는지 증인이 되어줄 수 있기 때문이다.⁴³ 요컨대 약속, 의도, 발언 그리고 감정을 객관적 대상과 증인으로 확보하는 시스템이 작동했다. 이 시스템은 개인의 내면에서 일어나는 느낌을 공개적으로 확인할 수 있는 가시적 세계로 옮겨놓았다. 공개 석상에서 한 약속은 친구를 연인으로, 연인을 부부로 만들었다. 결과적으로 관계는 주관적 성찰과 감정의 표현보다는 선물 교환과 증인 확보라는 객관화 과정을 통해 일종의 퍼포먼스 성격을 띠었다. 어느 한쪽이 결혼 의사를 접으면, 그 또는 그녀는 그동안 받은 선물을 돌려주었다. 이런 정황 역시 물건을 주고받는 교환의 경제가 가지는 구속력을 그림처럼 보여준다. 이 경제는 감정을 손으로 만질 수 있는 물건으로 바꾸어 쉽사리 날아가지 못하게 하는 존재론적 세계의 일부분이다.

평가적 확실성

평가적 확실성이란 상대방과 관련한 신뢰할 만한 정보를 수집하고 더 나아가 일반적인 표준과 평가 기준에 따라 상대를 평가하는 법을 아는 능력이다(또는 정보 수집이나 평가 가운데 어느 하나만 하는 것). 전근대의 구애는 이 과제를 주변의 촘촘한 인맥을 활용하는 것으로 해결했다. "배우자는 같은 마을 혹은 도시 출신이거나 직장 생활을 하며 같은 숙소를 쓴 적이 있어 서로 잘 알았다. 또는 신앙 공동체나 지역 공동체 소속이어서 결혼 전에도 대개 서로 익히 알았다. 그리고 어떤 귀족 가문에서 하인으로 일하는 사람과 하인 일을 배우러 갓 들어온 견습생 사이에 결혼이 이뤄지는 경우도 많았다."[44] 대다수의 사람들은 자신의 결혼 상대자를 주변의 인맥이나 최소한 그들의 평판을 통해 상당히 잘 알았다. 이런 식의 정보 확보는 상대를 개인적으로든 그 출신 가문과 같은 집단의 측면에서든 쉽게 평가할 수 있게 해주었다. 그리고 짝을 선택하는 데 중요한 역할을 한 것은 해당 인물의 평판이다. 물론 이런 식의 정보 확보는 오늘날 훨씬 더 개인화한 접근 방식보다 신뢰도가 떨어질 수밖에 없다. 이런 상황은 20세기 늦게까지도 변화하지 않고 그대로 유지되었다.

1932년 결혼 상대자를 선택할 때 주거지와 관련한 인접도를 살핀

대규모 조사의 결과는 놀랍기만 하다. 미국 필라델피아에서 혼인신고를 한 5천 쌍의 부부 1만 명 가운데 6천 명 이상이 20블록 이내의 근접 거리에서, 심지어 이 6천 명 가운데 절반 이상은 다섯 블록도 채 떨어지지 않은 초근접 거리에서 살았던 것으로 확인되었다.[45] 1960년대 후반까지도 공간적으로 가까운 거리는 배우자 선택의 주된 예측 변수였다. 이런 사실은 주변의 인맥이 배우자의 정보를 수집하는 도구였음을 알려준다. 바꿔 말해서 가족이 배우자 선택을 직접적으로 통제하지 않았더라도, 또 개인적 선호도가 실제로 중요한 역할을 했다 할지라도 공간적으로 가까운 지역 안의 사람들끼리 서로 배우자로 선택하는 상황에서 정보 수집의 도구인 인맥이 평가적 확실성을 담보했음을 뜻한다. 이처럼 사회적 네트워크는 규범적 확실성뿐 아니라 평가적 확실성을 제공하는 근거였다.

절차적 확실성

절차적 확실성은 배우자 선택이라는 의도를 가지고 교제를 추진하는 규칙과 연관된 것이다. 규칙은 교제를 하며 무릇 이러저러한 가치관을 중시해야 한다는 규범과 달리 단순히 교제의 과정이 어떠해야 하는지 정하는 기준이다. 예를 들어 19세기에 널리 퍼진 풍습 가운데 하나는 여성이 '남성의 예방', 곧 예의를 갖춘 방문을 기다리는 것이다. 이 예방은 특정 절차를 지켜가며 이루어졌다. 먼저 남성은 구애를 하고 싶다는 뜻을 여성의 부모에게 알리고 허락이 떨어지기를 기다려야 한다. 구애의 이런 규칙이 구체적으로 어땠는지 19세기 프랑스 소도시의 풍습을 실감 나게 묘사한 귀스타브 플로베르의 소설을 통해 확인할 수 있다. 『마담 보바리』(1856)에서 발췌한 다음 대목은 에마 루오와 샤를 보바리가 어떤 운명을 겪는지는 전혀 알려주지 않는다. 다만 알 수 있는 것은 소심한 성격의 샤를이 에마에게 한눈에 반해 어쩔 줄 몰라 한다는 점이다. 샤를의 소심함은 사회적 규칙이 요구하는 역할을 제대로 알게 하는 좋은 수단이 된다. 이로써 그들은 자신의 느낌을 밖으로 드러낼 수 있게 되고 이 느낌은 결정으로 옮겨진다. 에마의 아버지가 샤를을 어떻게 생각했는지 읽어보자.

샤를이 딸을 보기만 해도 뺨을 붉히는 것을 본 그(므시외 루오)는 머지않아 이 친구가 딸에게 청혼을 하겠구나 생각하고 미리 모든 문제를 곰곰이 따져보았다. 그는 샤를이 어딘지 모르게 허약하게만 보여 원했던 사윗감은 아니라 아쉬웠다. 그러나 사람들의 말로는 샤를이 착실한 청년이며, 돈을 신중하게 다루고, 교양이 높아 아마도 지참금을 두고 까다롭게 굴지는 않으리라고 했다. 지금 므시외 루오의 경제 형편은 녹록지 않다. 석공과 마구 만드는 사람에게 빚진 게 많고, 사과 주스 압착기의 손잡이도 교체해야 해서 '자신의 땅'을 22에이커쯤 팔아야만 하는 므시외 루오는 이렇게 자신에게 다짐했다. "녀석이 청혼을 한다면 딸을 주어야겠군."[46]

마침내 때가 무르익었다.

샤를은 되도록 울타리 구석에 서서 기다렸다. 마침내 부녀가 지나갔다. "어르신" 하고 샤를은 중얼거렸다. "말씀드리고 싶은 게 있습니다." 부녀가 멈추어 섰다. 샤를은 아무 말도 하지 못했다. "말해, 이 사람아, 내가 자네 마음을 모를 거 같나!" 늙은 루오는 빙그레 웃으며 말했다. "아버님… 아버님…" 하며 샤를은 말을 더듬었다. "나는 괜찮아" 하고 농부가 말했다. "애야 나하고 같은 생각이겠지만, 그래도 물어는 봐야겠지…."

　다음 날 아침 9시쯤 샤를은 농장으로 갔다. 에마는 샤를이 들어서는 것을 보고 당황함을 가리려 살짝 미소를 지으려 했지만 얼굴이 붉게 달아올랐다. 아버지 루오는 미래의 사위를 포옹했다. 돈 문제는 나중에 이야기하기로 미뤄두었다. 어차피 시간은 충분하니까.[47]

　이 짧은 묘사만으로도 샤를과 같은 내성적인 남자가 가지는 감정을 에마의 아버지가 곧바로 이해했음은 뚜렷이 드러난다. 이렇게 해서 아버지는 샤를의 공식적인 청혼을 에마에게 넘겨주어 구애 과정이 시작되게 한다. 구애는 모든 관련 당사자가 세상에서 통용되는 규칙을 명확히 숙지함으로써 가능해진다. 청혼 장면의 이 묘사에서 우리는 개인의 느낌과 사회적 관습이 쉽게 구별되지 않게 미묘하게 섞여 있음을 읽는다. 주인공의 가족은 당사자들이 품은 감정의 뉘앙스를 이해하고 이들의 뜻을 정해진 규칙과 각본에 따라 키워준다. 다시 말해서 샤를이 품은 결혼하겠다는 의지를 읽어주는 것은 사회의 규칙과 관습이다. 샤를의 청혼은 그의 감정이 아니라, 사회의 규칙과 관습이 대행해주었다. 이런 세상에서 개인은 내면으로 침잠해 자신이 품은 감정이 무엇인지 명확히 할 필요를 거의 느끼지 않는다. 말없이 얼굴을 붉히는 것에서 난처한 미소에 이르기까지 이미 모든 것은 정해졌다. 샤를과 에마의 세상은 사회적 규칙이 감정을 키우는 곳이기 때문이다. 인간을 서로 묶어주는 것은 사회의 규칙과 이에 따른 절차일 뿐, 감정이 아니다.
　절차와 규칙은 구애가 서사 구조를 가지게 만든다. 구애는 절차와 규칙에 따른 단계를 밟기 때문이다. 단계 또는 일련의 연속적 사건은 감정의 교류에 스토리의 서사 구조를 세운다. 사람들은 이런 쪽으로 나아가면 된다는 '방향'을 의식하고 차근차근 행보를 내디딘다. 서로 이렇게 행동하면 된다는 '방향성'은 관계 당사자로 하여금 각각의 역할과 그 의미를 확실하게 받아들이게 만든다. "결혼에 이르는 일련의 사건은 우리 모두 익히 아는 것이다. 이를테면 청혼을 하고 주변 사람들이 이 청혼을 두고 촌평을 하고 훈수를 두는 태도는 당연한 것으로 여겨진다."[48] 구애의 연속성과 그 서사 구조는 남녀의 교제와 감정이 종교와 문화가 어울려 만들어내는 우주 안에 자리를 잡고 있다는 사실로 가능해진다. 종교와 문화의 우주는 사랑의 감정과 섹슈얼리티가 결혼이라는 거룩한 예식으로 축복을 받을 수 있게 해준다.

감정적 확실성

구애라는 전통적 형식이 주는 확실성의 마지막 차원은 구애를 하는 당사자가 자신이 가지는 감정의 본성과 밀도뿐만 아니라 상대방의 감정까지 안다고 믿는 감정적 확실성이다. 자신의 감정을 확실하다고 여기는 사람은 그 감정을 연속적 사건, 스토리, 객관적인 정황으로 옮겨 그럴싸한 퍼포먼스로 보여주고자 안간힘을 쓴다. 감정은 교제를 하면서 서로 주고받는 행위로 촉발되고 고조된다. 이처럼 상호작용은 감정의 촉매제다. 구애가 시작되었다는 단순한 사실만으로 당사자의 감정은 전폭적으로 시동을 건다. 미국 노예해방운동의 선구자인 시어도어 드와이트 웰드는 1836년 마찬가지로 노예해방운동에 적극적이면서 여성의 인권을 위해 투쟁하던 그림케 자매를 알게 되었다. 세라와 앤젤리나 그림케 자매와 고작 몇 번의 만남만 가졌을 뿐인데도 웰드는 1838년 앤젤리나에게 사랑을 고백하는, 심혈을 기울여 쓴 편지를 보냈다. "이미 오래전부터 제 마음은 당신의 것입니다."[49] 그로부터 몇 주 뒤 그녀가 구애를 받아들이기로 마음을 정하자 웰드는 편지에 이렇게 썼다. "당신을 보고 싶은 간절한 갈망에 마음이 찢어지는 것처럼 아픕니다. 마치 우리는 더는 둘이 아니라 한 몸인 것처럼 느껴집니다."[50] 이 경우에서 보듯 사랑은 구애와 더불어 순식간에 휘몰아치는 감정으로 주로 남성이 여성에게 '고백'하기만 하면 되는 것이다. 이 고백은 구애가 완성될 무렵이 아니라, 처음 시작할 때 이뤄진다. 이처럼 남성의 감정이 정해진 뒤에 여성은 구애를 받는다. 3월에 몇 번의 짧은, 집중적인 만남을 가진 뒤 웰드는 이렇게 고백했다. "모든 것이 당신에게 즉각적으로 빨려들 듯 서두르게 됩니다."[51] 웰드와 앤젤리나는 몇 주 만에 함께 정신을 나누는 평등한 결혼이라는 이름으로 서로 평생을 약속했다.

앞서 언급했던 다른 예에서 샐리 맥도웰은 1854년 10월 13일 존 밀러에게 이런 편지를 썼다.

그것(밀러의 감정)은 제가 그 존재를 짐작하기도 전에 제 주변을 꽉 채웠던 모양이군요. 제가 그런 감정을 불러일으켰다는 사실은 놀랍기만 하고 제게는 여전히 어떻게 그럴 수 있는지 알 수 없는 수수께끼입니다. 그러나 감정의 존재가 일단 알려진 이상, 저는 되도록 친절하게 응대하려 노력했습니다. 당신이 하신 그런 말씀을 듣는 것은 아주 오랜 세월 만에 처음입니다. 더욱이 저는 앞서 썼던 편지에서도 언급했듯, 그런 감정이 무서워서 피했습니다. 그러나 당신의 경우(너무 솔직해서 오해를 살까 두렵습니다만) 제 결심이 흔들려서가 아니라, 당신을 향한 제 마음이 다른 때와 달리 좀 더 섬세하기에 망설였습니다. 아무래도 너무 서두르시는 게 아닌지요. 어떻게 그토록 짧은 시간에 저를 사랑하게 되었다는 것인지 저로서는 알 수가 없습니다. 제가 보기에는 처음에 발산된 감정이 너무 격렬해 놀란 나머지 압도되신 것은 아닌지요.

그러나 당신의 감정이 고통스러울 정도로 진지하며 강해서 저는 어쩔 수 없이 움츠리게 됩니다.[52]

고백으로 감정은 '선포'된다. 선포되자마자 남녀를 비롯해 그 주변 사람들도 모두 아는 과정이 시작된다. 바로 그래서 감정의 '선포'는 관계를 결정짓는 요소다. 텍사스주 브레넘에서 캘빈 린들리 론은 아프리카 혈통의 미국인 여교사 루시아 J. 노츠에게 구애를 했다. 1886년 5월 31일 캘빈은 절절한 구애의 편지를 썼다. 이 편지로 시작된 19개월에 걸친 구애는 드디어 결혼으로 결실을 맺었다. 이 편지의 결정적인 대목은 이렇다. "제 생각은 해주시나요? 미스 루시아, 제가 마음을 다 바쳐 당신을 사랑한다는 것은 말할 필요조차 없습니다."[53] 19세기 구애의 대부분은 처음부터 사랑을 선포하고 이루어진 것이지, 남녀가 서로 사귀며 키운 감정이 아니었다. 구애를 시작하면서 사랑을 선포하는 것은 결과적으로 감정의 불확실성을 덜어주었다. 아니, 더 나아가 사랑한다는 고백을 처음부터 듣고 시작하는 감정적 확실성은 여성이 남성을 만날 조건이었다. 19세기 영국 중산층의 짝찾기에 대한 정보가 가득한 트롤럽의 소설 가운데 1867년에 발표된 『클래버링 가문』은 그런 선포의 순간을 이렇게 묘사한다. 미스터 솔이 자신의 의도를 전혀 짐작하지 못하는 패니 클래버링에게 사랑 고백을 하는 장면이다.

그렇지만 미스 클래버링, 저에게 더 이야기할 기회를 주세요. 하지만 그렇다고 해서 오늘 답을 달라고 조르는 것은 아닙니다. 저는 당신을 사랑하는 법을 배웠습니다. 그리고 당신이 사랑으로 화답해주실 수 있다면, 저는 당신의 손을 잡고 싶습니다. 당신은 제 아내가 되어주셔야 합니다. 하지만 제가 당신을 저만의 영원한 소유로 붙들어 매려 탐하는 것은 결코 아닙니다. 이 점을 생각해보시고, 충분히 숙고해보신 뒤에 답을 주시겠습니까?[54]

이 편지는 고백이라기보다 사랑의 선포다. 그리고 흔히 그렇듯 곧장 청혼으로 이어진다. 이제 여성은 청혼을 받아들이거나 거부해야 한다. 지금껏 묘사한 확실성의 형식은 구애라는 행위의 사회적 구조, 사회가 의례라고 규정한 구조로 인해 생겨난다. 의례의 핵심은 자발적으로 어떤 깨달음을 얻어내는 것이 아니다. 오히려 의례는 사회가 꾸며낸 상징적 현실에 맞추려 노력하면서 당사자들이 공통의 규칙을 지켜가며 서로를 탐색하는 역동적인 장이다.[55] 규범과 마찬가지로 의례 역시 감정의 강도, 범주, 대상을 정한다. 뒤르켐이 분명하게 지적했듯 불확실성과 애매함을 줄여주는 것이 의례다.[56] 사회라는 현실은 항상 질서가 무너지는 게 아닐까 하는 위협에 시달린다. 인간이 늘 카오스와 예측 불가능성을 의식하며 힘겨워하는 이유가 달리 있는 게 아니다. 조엘 로빈스가 명료하게 밝혀냈듯(로이 라파포트Roy Rappaport가 의례를 주제로 쓴 주요한 책을 참조해가며), 우리 인간은 홍수처럼 쏟아지는 정보에 휩쓸리지 않으려 "의례를 통해 명확함과 확실성과 신뢰성과 정통성을 정보에 부여한다".[57] 의례는 인간으로 하여금 예측할 수 있으며 모두가 공유하는 규칙을 누리게 해준다. 이런 의례 덕분에 감정은 강해지고 선명해진다. 이처럼 사회의 틀이 키워주는 감정 덕분에 인간은 서로 교류를, 그 나름의 질서를 지니는 교류를 나눈다. 바꿔 말해서 감정은 인간의 자기 성찰이나 자각의 산물이 아니다. 이처럼 주어진 감정 덕분에 인간은 현실이라는 상황을 믿고 받아들일 능력을 키운다. 의례가 사회라는 구조에 따라 행동해도 좋다는 믿음을 심어주는 덕에 인간은 자신을 성찰하기보다는 교제의 대상에 더 집중한다. 바로 그래서 더글러스 마셜은 인간이 의례를 따름으로써 오히려 자신의 의지를 경험한다고 주장했다. 자아의 의지가 먼저 분명하게 정립되어 행동의 목적을 정하는 게 아니라, 거꾸로 의례를 통해 안정적인 질서를 따라감으로써 인간은 자신의 의지를 빚어낸다는 것이다. 외부의 대상, 즉 구애의 경우 구애하는 남성이나 구애를 받는 여성에게 집중할 때 인간은 자신의 주관이 아니라 객체, 곧 대상과의 감정 관계를 중점적으로 의식한다. 반대로 내적인 성찰은 오히려 감정을 불확실하게 만든다. 그러므로 내적 성찰은 구애라는 익히 아는 통로를 막아버리고 만다. 내적 성찰을 하는 사람은 사랑을 협상의 문제로 받아들일 뿐이다.[58] 구애가 의례라는 익히 아는 통로를 통해 이루어진다는 말은 구애가 일련의 연속적 사건으로 구성되는 서사 구조를 가진다는 것을 뜻한다. 이 서사 구조는 그 자체로 강한 규범적 성격을 보여준다. 서사 구조를 따라 진도를 밟지 못하는 구애는 깨질 뿐이다. 구애를 하는 사람이 냉철하고 실질적으로 접근한다 할지라도, 구애는 어디까지나 목적을 띠는 행위다. 구애하는 과정에서 서로 행동을 주고받으며 이뤄지는 상호작용은 고도로 목적 지향적이다. 으레 다음 감정이 이러저러하리라는 기대를 충족하지 못하면 구애는 목적으로 나아가지 못하는 실패로 귀결된다.

요약해보자. 근대 이전의 구애는 사회의 규범과 상징적 기호라는 틀 안에서 이루어졌다. 이 틀은 만남이 일정한 문화적 궤도를 따르도록 유도한다. 만남의 당사자들은 결혼을 목적으로 감정을 키운다. 이 감정은 사회 공통의 규범과 규칙으로 스토리를 써내려간다. 의심할 것 없이 만남의 궤도는 남성과 여성의 불평등한 관계와 섹슈얼리티를 죄악시하는 관점 그리고 유일하게 법적 정당성을 지니는 이성애 관계를 당연한 것으로 전제한다. 근대 이전의 결혼은 경제적 신분과 흠집 없는 도덕에서 그 핵심적 의미를 찾았다. 이런 형태의 확실성은 종교적 바탕을 지니는 가부장제와 젠더 불평등 그리고 섹스의 죄악시와 분리해서 생각할 수 없는 것이다. 이런 문화적이고 도덕적인 틀은 비록 갈수록 의문시되기는 했을지라도 1960년대까지 흔들림 없는 지배력을 과시했다. 미국의 철학자 마이클 왈저가 해리 크라이슬러와 대담을 나누며 털어놓은 회상은 그 지배력의 생생한 증언이다. 마이클 왈저는 1957년 케임브리지 대학교에서 철학을 전공하고자 잉글랜드로 유학을 가려고 했다. 당시 그의 여자친구인 주디도 왈저를 따라가기로 마음을 굳혔다. 그러나 그녀의 부모는 결혼하기 전에는 절대 안 된다고 격렬하게 반대했다고 한다.[59]

니클라스 루만은 사랑을 두 주체가 서로 익히 아는 의미, 사회라는 틀이 제시하는 고정된 의미 안에서 움직이며 공통의 세계를 만들어가는 것이라고 정의했다.[60] 아마도 루만은 감정을 그리 중시하지 않은 탓에 사랑의 감정과 그런 감정의 발현을 가능하게 만들어주는 의례 사이의 구분을 간과한 모양이다. 사랑은 두 사람이 서로 신뢰하며 꾸려갈 사회적 형식 안에서 이뤄질 때에만 미래의 확실성을 제공한다.[61] 확실성을 생산해주는 사회적 구조 없이 사랑은 그 자체만으로 확실성을 만들어낼 수 없다. 구애의 몰락, 그에 수반되는 문화적, 감정적 구조의 소멸은 이른바 '성적 자유'가 만든 결과다. 성적 자유는 단순하지 않은 제도적 장치를 통해 전개되었다. 다음 장에서 나는 확실성이 상실되고 자유라는 가치가 도덕적으로나 제도적으로 승승장구하면서 불확실성이 생겨나게 되는 과정을 짚어보려고 한다.

소비의 자유로서의 성적 자유

사회학자 베로니크 모티에는 그녀의 책 『섹슈얼리티. 간략한 소개』 에서 이런 물음을 던진다. "어떻게 해서 우리는 우리 자신의 정체성에 섹슈얼리티가 그처럼 중요하다고 믿게 되었을까?"[62] 나는 이 물음의 답이 가진 핵심은 다음과 같다고 생각한다. 우리는 섹슈얼리티를 자유라는 가치를 실현해주는 것으로 체험하기 때문이다. 자유는 아주 다양한 경연장을 자랑할 정도로 강력하게 제도화됐으며, 날로 팽창을 거듭하는 가치다.

보편적 의미에서는 자유를, 특수한 의미에서는 감정적 그리고 성적 자유를 언급할 때 나는 이미 제1장에서도 밝혔듯, 민주주의 혁명을 이끈 저 찬란한 도덕적 이상과는 전혀 다른 자유를 말하는 것일 따름이다.[63] 푸코가 밝혀준 의미대로[64] 나는 자유를 강제와 선택이 맞물려 돌아가는 실천의 장, 사회가 그 실천을 각종 제도로 묶어놓은 장으로 이해한다. 자유는 생산적인 장이다. 이 장에서는 다양한 경제, 기술, 의학, 상징이 끊임없이 생산된다. 자유는 움직이지 않는 정적인 상태로 머무르는 일이 결코 없다. 자유는 그 형식과 의미를 바꾸며 끊임없이 발전한다. 자유는 해당 사회의 성격에 따라 완전히 달라지는 발전 양상을 보이기 때문이다. 어떤 사회에서는 자유와 자율성이 도덕적으로나 법적으로 보장되는 반면, 다른 사회에서 자유는 다른 사람의 권리를 박탈하는 폭력적 양상까지 보인다. 이처럼 자유는 해당 사회의 맥락에 따라 달리 보아야 하는 문제다. 여성과 동성애자가 가부장제에 맞서 싸웠으며 지금도 계속 투쟁하는 가운데 내건 자유라는 가치는 웹캠으로 라이브 섹스를 보는 자유와 전혀 다르다. 웹사이트에서 거래되는 자유는 어떤 정치적 또는 도덕적 이상을 추구하는 게 아니다. 이런 자유는 기껏해야 경제적 이해관계 또는 서로 모니터를 통해 상대의 자위행위를 보며 자위하는 일종의 거울 놀이일 뿐이다.

섹슈얼리티는 어떻게 해방되었나

종교로부터 진보적 해방을 이룩한 것처럼 보이는 성혁명은 사실 경제와 문화의 강력한 세력들이 밀어붙인 결과물이다. 이 세력들은 조금씩 차례차례 꾸준하게, 그러나 겉으로는 잘 드러나지 않게 섹슈얼리티의 의미를 바꾸어왔다. 섹슈얼리티의 의미를 다시 정의하려는 최초의 사회적 논란은 법정에서 일어났다. 19세기 중반만 하더라도 섹슈얼리티는 개인의 사적인 문제이며 공적으로 시비를 가려가며 처벌해야 할 대상은 아니라는 의견이 당연한 것으로 받아들여졌다.[65] 개인이 뭘 하든 '간섭받지 않을 권리'는 이런 널리 퍼진 견해를 이론으로 담아낸 표현이다. 「각자의 사생활을 보호받을 권리」라는 제목으로 엄청난 반향을 불러온 글을 쓴 미국의 유명한 법률가 새뮤얼 워런과 루이스 브랜다이스는 이런 주장을 펼쳤다. "우리가 추구하는 목표는 각자의 사생활을 보호해주는 것이다."[66] 이 텍스트는 섹슈얼리티를 공동체의 감시와 통제로부터 풀어주고 사생활의 경계를 분명히 해주면서 향후 사생활 권리 보호의 방향성을 제시한 선구적 업적이다. '간섭받지 않을 권리'는 개인으로 하여금 사생활 영역에서 타인의 감시와 통제로부터 벗어날 수 있게 해주었다. '감시하는 눈길로부터의 해방'이라는 이 초기의 법적 개념은 성적 자유를 보장해주는 후대의 법체계가 들어설 수 있게 터전을 닦았을 뿐만 아니라, 섹슈얼리티가 개인의 사적인 문제이며, 이로써 자유의 일부라는 문화적 이해에 기여했다.

근대 섹슈얼리티 역사에서 또 다른 중요한 변화는 19세기 말에 이른바 '성과학'sexual science이 등장한 것이다. 그 이전에 여성의 몸은 남성 육체의 불완전한 모사로 받아들여졌다. 본래 남성의 몸이었으나 성기가 안쪽으로 접힌 단순한 변형체가 여성의 몸이라는 것이 이런 주장의 내용이다. 그러나 성과학은 남성과 여성이 존재론적으로 확연히 다른 생물체라는 점을 분명히 밝혔다.[67] 이제 남성과 여성의 차이는 그 물리적인 몸으로 분명하게 드러나는 생물학적 차원의 문제로 정리되었다. 이로써 남성과 여성은 서로 다를 뿐만 아니라, 대립하면서 서로 보완하는 것이라는 견해가 더욱 힘을 얻었다. "이제부터 남성과 여성은 완전히 다른 존재로, 서로 보완하는 강점과 약점을 지닌 존재로 인정되었다."[68]

섹슈얼리티가 생물의 본능이라고 한다면 이는 곧 섹슈얼리티가 자연스러운 것이며, 그 자체로 죄악시할 이유가 전혀 없음을 뜻한다.[69] 섹슈얼리티가 죄악시할 수 없는 것이라면 우리의 몸을 쾌락과 만족을 원하는 향락적인 개체로 보지 말아야 할 이유는 없다. 프로이트의 정신분석학은 섹슈얼리티를 이처럼 쾌락의 원리로 받아들일 수 있는 터전을 닦아주었다는 점에서 가히 혁명적이다. 사회에 의해 억압되어 있음에도 의식의 수면 아래 있는 섹슈얼리티는 정신분석학적 주체를 이 쾌락의 해방을 위해 노력하도록 충동질한다. 이로써 쾌락을 추구하는 우리의 생물학적인 몸은 세 번째 강력한 문화적 세력, 곧 레저 소비시장이 노리는 주된 고객 대상이자 소비의 주체가 되었다.[70] 도시화와 레저 소비 영역 형성의 영향 아래 섹슈얼리티는 생식보다는 즐기려는 목적에 치중하는 말 그대로 레크리에이션 섹슈얼리티가 되었다. 이로써 섹슈얼리티는 '억제라고는 모르는' 자아가 다양한 소비시장을 탐색하며

자신의 욕구를 실현하는 장이 되었다.[71]

그리하여 섹슈얼리티는 격심한 문화적 변화를 겪었다. 사회 각 분야의 변화는 서로 연관되며 이루어졌다. 법은 섹슈얼리티를 개인의 사적 영역으로 취급했다. 다시 말해서 섹슈얼리티는 개인이 전적으로 자신의 의지에 따라 결정하는 문제가 되었다. 과학이 몸을 생물학의 대상으로 바라본 관점은 섹슈얼리티를 종교와 도덕의 굴레로부터 벗어나게 해주었다. 결국 프로이트의 정신분석학과 소비문화가 서로 결합하며 인간의 몸을 성적인 쾌락을 추구하는 개체로 취급하기에 이르렀다. 섹슈얼리티는 시각적 효과를 중시하는 대중적 상업문화가 가장 즐겨 다루는 핵심 상품이 되었다. 과학은 인간의 몸(특히 여성의 몸)을 연구대상으로 삼았다. 예술과 문학도 인간의 몸을 다룬 작품을 속속 선보였다.[72] 쾌락 중심의 섹슈얼리티는 좋은 인생을 새롭게 정의하게 만들었으며, 건강한 자아, 곧 사회적 규범이라는 멍에로부터 해방된 자아의 주된 특징으로 발돋움했다.[73] 이 모든 변화는 19세기와 20세기에 걸쳐 이루어졌으며, 급속도로 사회에 확산되었다. 이런 빠른 속도는 이미 1960년대 이전에 문화를 비롯한 다양한 분야의 엘리트들이, 비록 전폭적 지지는 하지 않았다 할지라도 저마다 은근히 거들었기 때문에 가능했다. 그 가운데에는 '스캔들로 얼룩진 인생'을 산 잉그리드 버그먼, 지성인 시몬 드 보부아르와 장폴 사르트르를 비롯해 다수의 작가(D. H. 로런스, F. 스콧 피츠제럴드, 헨리 밀러, 블라디미르 나보코프, 아나이스 닌 등) 그리고 아방가르드를 대표하는 예술가를 비롯해 숱한 유명인사가 있다.[74] 학계의 남성과 여성(프로이트, 앨프리드 킨제이, 윌리엄 매스터스 & 버지니아 존슨, 마거릿 미드)도 적지 않았다. 이들은 모두 자유로운 섹슈얼리티를 현대의 본질적 특징으로 강조했다. 이들에게 섹슈얼리티는 죄로 물든 것이 아니라, 자유로운 생물적 본능이며, 엘리트적 인생의 매력적 속성이었다. 이런 새로운 모델의 섹슈얼리티는 특히 배우, 모델, 예술가, 광고 전문가 그리고 이른바 '미용산업' 종사자가 앞다투어 키워냈다. 이로써 외모의 아름다움, 섹시한 매력, 자유롭게 즐기는 에로틱하고 낭만적인 인생이라는 새로운 이상이 주목을 받았다.[75] 육체의 매력과 '외모' 가꾸기로 널리 퍼진 새로운 섹슈얼리티 규범은 패션, 섹시한 화장술, 레저 상품을 서로 긴밀하게 결합시켰다.

20세기의 흐름과 더불어 우아함과 매력과 물질적 풍요와 애정 생활을 가꾸는 책임은 전적으로 개인의 몫이 되었다. 이런 프로젝트를 위한 중요한 문화적 자원은 소비문화가 제공한다. 그 제공 방식은 다양하다.

섹슈얼리티의 무의식으로서의 소비

20세기 초부터 시각산업(영화와 광고)은 앞다투어 아름답고 성적인 몸의 이미지를 제공했다. 이런 이미지는 관람자의 욕망을 끄집어냈다. 시각문화 때문에 섹슈얼리티는 자아의 두드러진 특징으로 자리 잡았다. 이제 섹슈얼리티는 더는 내면에 숨겨진 은밀한 부분이 아니며, 정신분석 상담에서 부끄러움에 얼굴을 붉혀가며 털어놓는 내밀한 정체성도 아니다. 섹슈얼리티는 그저 시각적 효과로 꾸며진 (죄악과 같은 도덕관념과 하등 관계가 없는) 소비와 욕망 해소의 대상으로 전락했다.[76] 소비재(패션, 화장품 등)로 중개되는 섹슈얼리티는 이미지와 스토리(이를테면 영화)로 현란하게 소비자를 유혹했다. 섹슈얼리티는 성적인 매력을 자랑하는 몸을 온갖 소비상품으로 치장해 보여주는 입체 영상으로 대중의 소비욕을 자극했다(제4장을 볼 것). 성적인 매력은 섹슈얼리티와 소비의 영역을 함께 포괄했다. 19세기 말쯤 처음으로 등장한 시각문화는 20세기를 지나는 동안 경제적으로 대단히 강력한 힘을 발휘했다. 시각문화는 인간의 성정체성을 소비상품으로 중개된 시각적 퍼포먼스로 만들었다.[77] 이처럼 문화 현장에서 성해방은 시각 효과에 따른 일련의 코드와 스타일을 자랑했다. 더욱이 성적인 만남은 갈수록 대중 유흥업소, 이를테면 바, 클럽, 댄스 홀, 레스토랑, 카페, 관광 리조트 그리고 해변 등지에서 이루어졌다. 이렇게 섹슈얼리티는 다양한 소비재를 통해 매개되는 상품으로 변모했다.

섹슈얼리티는 또 세 가지 방식으로 소비문화의 중추적 요소가 되었다. 종교의 규제에서 풀려난 섹슈얼리티는 성생활을 어찌해야 할지 몰라 방황하는 사람들을 위한 시장을 활짝 열어놓았다. 이 시장을 구성하는 업계는 세 가지다. 우선 치료라는 미명을 앞세운 상담과 제약 산업은 치료사, 성 문제 상담사, 약물 등의 다양한 서비스를 제공한다. 두 번째 업계는 쾌락의 극대화를 위한 성인용품을 생산한다. 세 번째 업계는 광고와 영화 산업이 결합된 복합체로 성과 관련한 처세술, 성적 매력을 끌어올리기 위한 각종 비법 그리고 상대를 유혹하는 방법 등을 알려주는 가이드라인을 제시한다. 이 모든 상품과 서비스는 성'해방'을 부추기고 매력의 표준을 끊임없이 바꾸어낸다. 치료사는 성적 자유에서 건강한 자아의 새로운 품질 인증을 찾아냈다며 고객의 심리에 맞춘 서비스를 제공할 수 있다고 자부한다. 시각산업 복합체 종사자들은 소프트 에로티시즘을 내세워 각종의 요란한 소비상품으로 만들어낸 스토리와 영화로 성해방을 주도한다.[78] 그리고 성인용품 제작자들은 성적 쾌락과 능력을 끌어올리기 위해서는 보조 수단과 기계장치가 필요함을 역설한다. 이 세 업계는 모두 섹슈얼리티를 소비되어야 하는 상품으로 탈바꿈시켜 행복과 쾌락을 누리고 싶은 사람을 고객으로 사로잡으려 안간힘을 쓴다.

섹슈얼리티와 소비문화가 서로 이음새도 찾기 힘들 정도로 매끄럽게 결탁하게 된 네 번째 경로를 이룬 것은 에로틱한 분위기를 조장하기 위해 각종 문화산업이 섹슈얼리티 교류의 새로운 코드로 결합한 현상이다. 존 객년은 이런 현상을 제1차 세계대전 이후 성적 욕망의 변화를 다룬 자신의 연구에서 다음과 같이 간접적으로 묘사한다.

> (제1차 세계대전 이후) 10년은 특히 젊은이들이 욕망의 새로운 사회적 형태를 만들어낸 시기다. 날씬한 다리를 드러내고 단발머리를 한 강한 개성의 독립적인 젊은 여성들은 처음에는 재즈에 맞춰, 다음에는 스윙 음악에 맞춰 춤을 추고, 자동차 데이트를 하면서 글렌 밀러와 가이 롬바도의 음악을 들으면서 설레고 두려운 마음으로 위험하게도 단추를 풀고 서로 터치를 나누는 행각을 즐겼다. 바로 이런 행태가 이 시기의 산물이다.[79]

객년은 섹슈얼리티와 성적 욕망과 성해방을 소비상품과 연결지어 다룬다. 그만큼 섹슈얼리티와 소비문화가 밀접하게 관련된다는 것이 그의 주장이다(날씬한 다리, 단발머리, 재즈 가수, 라디오, 자동차, 이 모든 것은 에로틱한 분위기를 조성하는 소비문화의 단면이다). 1969년의 '우드스톡 페스티벌'은 여성해방을 겨눈 '쿨'한 문화상품이 어떻게 섹슈얼리티와 관계되는지 보여주는 사례다.

문화상품이 에로틱한 분위기를 조성하는 데 거드는 효과는 1970년대 이후 자본주의 시장이 그 '견실'하고 표준화한 상품으로는 더 판로를 개척할 수 없는 포화 지경에 이르면서 더욱 커졌다. 시장이 활로를 찾기 위해 문화상품에 주목하며 팽창의 길을 모색했기 때문이다. 결국 애정 생활과 감정 그리고 자아는 가차 없는 상업화의 마수에 사로잡히고 말았다.[80] 볼프강 슈트렉은 이렇게 강조한다.

> 자본주의는 그 분수령을 넘긴 뒤 포화한 시장이라는 유령으로부터 도피하려는 자구책으로 (…) 사회생활 전반에 걸쳐 거침없이 상업화를 밀어붙였다. (…) 1970년대와 1980년대는 전통적인 가족과 공동체가 빠르게 권위를 잃어버린 시기다. 이로써 시장은 빠르게 커가는 사회적 진공 상태를 메워야 하는 기회를 얻었다. 이런 진공 상태를 당대의 해방 이론가들은 자율과 해방의 새로운 시대가 열리는 조짐이라고 혼동했다.[81]

해방된 섹슈얼리티는 포드주의 소비경제에서 포스트 포드주의 소비경제로 완만하게 넘어가는 동안 사회의 모든 계층으로 퍼졌다. 이 과정에서 섹슈얼리티 해방운동은 진정성, 재미, 쿨함, 쾌락을 암시하는 이미지와 이상을 무기로 썼다. 섹슈얼리티는 한편으로는 해방운동을 이끄는 중요한 가치이면서, 다른 한편으로는 거칠 것 없는 욕망 분출을 보여주는 현실이라는 이중의 면모로 '진정한 해방운동'과 사회생활의 상업화 사이를 이어주는 다리 구실을 톡톡히 했다.[82] '해방'은 일종의 틈새시장이자 소비 스타일이 되었다. 예를 들어 미국의 페미니스트 수지 브라이트는 1960년대 해방운동의 여파 속에서 자신이 성에 눈 뜨던 시절을 다룬 자서전을 썼다. 이 책에서 1990년대를 두고 그녀는 이렇게 썼다. "지난여름 해변의 산책로에서 여성들은 꽉 끼는 흰 바지에 긴 생머리 또는 아예 박박 깎은 머리를 하고 가슴골 사이로 희미하게 보이는 문신을 했다. 모두 아름답지는 않았지만, 거의 모두 섹시했다.

나는 마치 허공에서 '나랑 하자!' 하는 외침이 들리는 것처럼 느꼈다."[83]
섹시함은 도처에 널렸지만 아름다움은 드물다. 섹시함은 패션과 몸 가꾸기의 문제인 반면, 아름다움은 타고나는 것이기 때문이다. 미디어와 광고 그리고 패션과 화장품 산업의 강력한 영향력 아래 소비 욕망은 성적 욕망을 통해 순환하며, 역으로 성적 욕망은 상품으로 순환한다(제4장을 볼 것). 다시 한 번 수지 브라이트의 성적 선언을 인용해보자.

라디오의 최신 히트곡 40선이 수백 장의 누드 사진보다 더 섹시했다. 로 큰롤은 섹스였다. 나를 사로잡는 소설과 영화도 마찬가지였다. 이 모든 것은 실제로 성적인 창의성을 자랑했기 때문이다. 그리고 이것들을 만들어낸 사람들은 아마도 그 번뜩이는 아이디어가 떠올랐을 때 나처럼 짜릿한 영감을 맛보았을 것이다.[84]

브라이트는 이런 글로 문화와 소비상품이 섹스 및 섹시함과 얼마나 밀접하게 관련되는지 묘사한다. 이런 관련성은 달라진 문화 분위기가 완전히 새로운 정신적 태도를 만들어냈다는 증명이다. 섹시함을 신봉하는 여성과 남성이 즐겨 입는 청바지, 즐겨 듣는 음악, 즐겨 보는 사진은 해방과 자유의 이 새로운 분위기를 조성하는 데 막강한 영향력을 행사했다. 상품은 말 그대로 에로틱해졌고, 에로티시즘은 이런 소비상품을 통해 순환된다.

섹슈얼리티는 자본주의에 엄청나게 팽창할 기회를 제공했다. 섹슈얼리티가 늘 자신을 꾸미고 섹시한 분위기를 만들어내라고 끝없이 부추기기 때문이다. 섹슈얼리티는 견실하고 표준화한 상품(예를 들어 브래지어, 속옷, 비아그라 또는 보톡스)을 소비하는 동시에, 체험 상품(예를 들어 카페, '싱글 바' 또는 누드촌) 그리고 성적 경험과 능력 향상을 위한 치료 상담과 같은 무형의 상품, 영화와 포르노그래피 같은 시각 상품 등을 소비하는 문화의 플랫폼이다. 나는 이 모든 것을 섹시한 분위기를 만들려는 분위기 상품이라 부르고자 한다. 섹슈얼리티는 소비문화와 개인의 정체성을 다양한 형태로 공략하는 소비상품이 되었다. 또한 섹슈얼리티는 미디어 업계가 그려 보이듯 계속해서 아름다운 자아를 누리는 기회를 제공하기도 한다. 그러나 이런 기회는 성인용품 같은 장난감, 전문가 상담 또는 의학의 수요를 촉발한다. 섹슈얼리티는 소비시장에서 과시적으로 선택된다. 엄청나게 다양한 상품에 의존해 자신을 섹시하게 꾸미는 것으로 인간은 자기만족을 추구한다. 요컨대 섹슈얼리티는 다양한 소비 생활을 통해 자신의 심층적 자아와 멋진 인생이라는 프로젝트를 실현하고자 하는 소비 행태다. 그런데 역설적이게도 섹슈얼리티가 소비문화를 떠받드는 무의식이 아니라, 소비문화가 섹슈얼리티를 구조화하는 무의식이 되었다.

도덕으로서의 섹슈얼리티, 권력으로서의 해방

베로니크 모티에는 이렇게 썼다.

프로이트 좌파가 자본주의와 가부장제의 억압에 맞서 성혁명을 일으키자는 호소는 1960년대와 1970년대에 출현한 좌파와 페미니즘 운동에 커다란 영향을 주었다. 그러나 또한 이런 호소는 성적 에너지를 자유롭게 분출할 수 있게 해주겠다고 약속해주는 다양한 형태의 섹스테라피(성요법)에도 적잖은 힘을 실어주었다. 그 결과 부르주아 사회로부터 억압받던 섹슈얼리티는 자연적인 힘으로서 생물학적으로 이해되었다.[85]

섹슈얼리티의 이런 혁명적 이해는 사회에 심대한 영향을 끼쳐 경제와 가족 구성에 중요한 변화를 불러일으켰다. 성혁명을 지지한 많은 여성들이 보기에 혁명의 목적은 "생물학적 우위를 앞세운 남성들의 폭압에서 여성들을 해방하고, 핵가족을 없애며, 인간이 가진 다양한 형태의 섹슈얼리티, 심지어 변태적인 것까지도 용인하면서, 여성과 아이들이 성적으로 원하는 것은 무엇이든 허용하는 것"이다.[86] 이성애 가정, 곧 남성이 경제를 책임지고, 여성은 살림과 육아를 맡는 가정이야말로 남성의 폭압을 낳는 근원이며, 여성에게 잘못된 의식을 심어주는 원천이다.[87] 투쟁의 최전선에서 싸운 페미니스트들은 "성적 자유, 레즈비언의 권리, 생식 조절, 원하면 할 수 있는 낙태 그리고 성적 공포로부터의 해방"을 요구했다.[88]

20세기 전반에 걸쳐 다양한 사회운동가, 이를테면 성과학자, 정신분석학자, 패션 산업과 시각 미디어 종사자, 배우 그리고 예술가 등이 성해방의 구호를 외쳤다. 그러나 성해방이 그처럼 강력하게 소비 생활을 파고들 수 있었던 이유는 무엇보다도 도덕의 핵심 요소를 해방의 요구 안에 담았다는 데 있다. 페미니스트와 성자유주의자 그리고 성소수자가 요구한 것은 바로 성적 평등과 자유다. 이것은 근대 도덕의 두 가지 핵심 가치다. 이로써 섹슈얼리티는 정치와 도덕의 프로젝트가 되었다. 그것은 자아정체성의 핵심 모티브가 되었으며 도덕과 소비를 포괄하는 힘을 발휘했다. 성적 자유의 열렬한 지지자로 현재 활동하는 독일의 성과학자이자 사회학자인 쿠르트 슈타르케는 어떻게 성적 자유가 자아의 중심을 차지했는지 아주 적절한 예를 들어 설명한다.

인간은 무엇을 해서는 안 된다는 금지는 물론이고 무엇을 하라는 명령도 필요로 하지 않는다. 인간이 필요로 하는 것은 오로지 자유로운 공간이다. 나는 내 연구로 이 자유의 공간을 얻어내려 투쟁해왔다. 인간이 어떤 갈망을 가지는지 살펴본 연구 결과로 나는 확실하게 감지했다. 인간은 자신이 가지는 감정에 제동을 걸려 하지 않는다는 점을. 오히려 인간은 자신의 감정을 더욱 키우고 싶어 한다. 인간은 감정으로 기꺼이 상처를 받고 싶어 한다. 상처를 받는다는 것은 대단히 아름답기 때문이다. 물론 그렇다고 실제 다치고 싶은 사람은 없다. 다만 혼란한 감정을 느끼며 '내가 이러다가는 상처를 받을 수 있는데'라고 생각하는 것만으로도 대단히 매혹적이다. 인간은 자신의 약한 모습을 받아주고 품어주는 상대를 좋아한다. 바로 그래서 부드러운 태도가 난폭함과는 비교할 수 없을 정도로 더 많은 기회를 누린다. 그래서 사회는 이 모든 것을 마음껏 실행할 수 있도록 사람들을 보호할 장치를 갖추어야 한다.[89]

슈타르케가 묘사하고자 하는 것은 성해방을 통해 인간이 자아와 사회관계를 보는 관점이 혁명적으로 바뀌었다는 점이다. 그렇지만 성해방은 자아와 사회관계에 그치지 않고 사회의 다양한 측면에 영향을 미쳤기 때문에 혁명으로 말미암아 어떤 결과가 나타날지 알아보려고 오래 기다릴 필요는 없었다.

1963년 설문조사에 응한 대상자의 65퍼센트는 캠퍼스에서 가벼운 데이트를 할 때 허용되는 애무의 한계를 목덜미를 가볍게 어루만지는 정도로 제한해야 한다고 답했다. 23퍼센트는 그 어떤 성적 접촉도 허용되어서는 안 된다는 입장을 보였다. 1971년 같은 내용의 설문조사 결과는 여전히 다수가 가벼운 터치를 적절한 표준으로 간주했지만, 무시할 수 없는 규모의 응답자들은 더 높은 수준의 애무, 곧 가벼운 정도에서 중간 정도의 페팅을 원했다. 1978년의 조사에서는 가벼운 터치를 택한 응답자가 3분의 1로 줄었으며, 가볍거나 중간 정도의 페팅을 가장 많이 택한 것으로 나타났다.[90]

베이비붐 세대에서는 1970년대 이후 갈수록 적극적으로 변모하는 혼전 성관계의 양상이 나타났다.[91] 적극적인 혼전 성관계는 젊은 남녀에게서 흔히 보는 특징이 되었으며, 심지어 청소년층으로까지 번졌다.

도덕과 정치에 변화의 바람을 몰아온 성혁명은 섹슈얼리티 문제를 페미니즘 투쟁의 핵심 장으로 격상시켰다. 더 나아가 섹슈얼리티를 어떻게 보느냐에 따라 페미니즘은 성자유주의자(성적 쾌락을 어떤 형태로든 만끽하고 키우려는 쪽)와 섹슈얼리티를 여전히 남성이 지배하는 장이라고 보는 회의론적 그룹으로 나뉘었다. 그러나 이런 논의의 진행 과정과는 무관하게 대중매체는 해방된 강력한 여성이라는 이미지를 부풀려가며 선정적 보도만 일삼았다. 해방되고 강하며 긍정적인 여성이 자신의 몸과 섹슈얼리티로 만족할 만한 인생을 누린다는 메시지는 관련된 여러 가지 상품을 파는 마케팅의 이해관계와 잘 맞았기 때문이다. 1980년대, 특히 1990년대에 광고(빅토리아 시크릿 Victoria's Secret[92]), 방송 드라마 (《섹스 앤 더 시티》) 그리고 영화(무수한 예 가운데 1983년 수전 서랜든과 카트린 드뇌브가 레즈비언 섹스신을 연기한 《악마의 키스》 The Hunger 하나만 떠올려도 우리의 논의에는 충분하다)는 섹슈얼리티를 '걸 파워', 곧 섹슈얼리티와 권력을 하나로 묶어 포장하기에 바빴다. 광고와 팝뮤직은 갈수록 거의 나체에 가까운 몸을 이용해 음악, 속옷, 자동차, 관광지라는 다양한 상품을 대중에게 알렸다. 미디어 산업은 일방적으로 왜곡한 페미니즘을 순환시키며 섹슈얼리티를 과대포장하기에 급급했다. 그 결과 성해방이 본래 추구한 성적 평등과 자유는 과시된 섹슈얼리티와 구매력을 하나로 포괄한 기묘한 복합체로 변모했다.[93] 여성의 몸은 더는 직접 남성이 훈육하고 통제하는 장이 아니라, 소비의 자유를 통해 경제적 이득을 극대화하려는 각종 기업이 실험을 일삼는 장이 되었다. 1998년에서 2004년까지 방영된 미국의 유명한 드라마 시리즈《섹스 앤 더 시티》는 시장에 의해 중개된 자유로운 섹슈얼리티를 포스트 페미니즘으로 포장한 좋은 예다. 이 시리즈는 커진 경제력을 바탕으로 성적 모험을 추구하는 현대의 발랄한 여성들을 등장시켜 미용산업, 패션, 화장품, 다이어트 시장과 요란뻑적지근하게 결합된 세상을 시청자에게 당연한 것으로 주입했다.《섹스 앤 더 시티》는 여성의 성적 자유가 소비의 자유와 하나가 된 현실을 유감없이 반영했다. 더 나아가 이 시리즈는 인간의 낭만적 만남이 갈수록 '시장화'하면서 치열한 경쟁이 벌어지는 일종의 사회 경연장으로 바뀌고 있음을 보여주었다.[94] 그리고 이 시장에서 중산층과 상류층 남성은 예전에 여성의 몸을 직접 통제하던 것과는 달리 성적 자유를 앞세워 교묘하게 성적 영역을 점령한다. 이후 이어지는 글에서는 가부장제가 어떻게 자본주의와 결탁해 그 힘으로 여성을 성애화했는지, 그저 기회가 주어지는 대로 가볍게 섹스를 즐기는 행태가 어떻게 널리 퍼졌는지, 아름다움이라는 신화가 어떻게 만들어졌는지, 여성의 성적 매력이 어떻게 점점 강력한 규범이 되었는지,[95] 그리고 남성과 여성의 서로 다른 입장이 낭만적 및 성적 영역에서 어떻게 충돌하는지 보여줄 것이다. 이 모든 것은 시각적 자본주의의 요소들이다. 시각적 자본주의는 몸을 요란하게 꾸며 전시하고 진열해 보여줌으로써 부가가치를 얻는다.

새로운 사회적, 성적 문법

성해방은 여성에게 더 많은 권리를 인정해주고, 여성의 몸에 자율성과 선택권을 부여하는 법의 변화를 이끌어냈다.[96] 앞서 살펴보았듯 법과 정치적 혁명을 뒷받침한 것은 경제적 혁명이다.[97] 경제적 혁명은 소비시장을 침투해 들어가 개인의 자아와 정체성의 대부분을 새롭게 조직했다.[98] 성해방은 무엇보다도 소극적 자유의 옹호라는 기치 아래 일련의 기념비적인 재판으로 그 힘을 얻었다. 이렇게 해서 성해방은 새로운 자유를 실질적으로 대표했다(소극적 자유는 남에게 해를 끼치지 않는 범위 내에서 자신이 원하는 것을 할 수 있음을 뜻한다). 소비시장(나중에 기술을 집중적으로 투입한 시장)과 치료를 빙자한 상담 문화는 소극적 자유가 열어놓은 틈새를 악셀 호네트가 '반성적 자유'라 부른 것을 이용해 점령했다.[99] 반성적 자유는 개인에게 자신이 무엇을 원하는지 성찰하도록 요구한다. 반성적 자유는 이처럼 의지의 배경을 캐묻는 자세다. 반성적 자유의 핵심은 자기 결정, 즉 욕망과 주체성의 자기실현이다. 호네트는 반성적 자유를 두 종류로 나눈다. 하나는 칸트가 말하는 합리적 자유다(합리적 자유를 존중하는 사람은 자신이 이성적 목표를 추구하는지, 이 이성적 목표를 자율적으로 결정한 것인지 묻는다). 다른 하나는 헤겔학파가 주장하는 낭만적 자유다(낭만적 자유는 자신의 진실한 자아가 표현되었는지 묻는다). 사회학이 볼 때 낭만적 자유는 개인의 희망, 욕망, 충동이 마음껏 표현될 수 있도록 소비시장과 기술의 아바타를 적극적으로 활용한다. 반성적 자유의 합리적 측면은 의지의 배후를 캐물어가며 자신의 의지가 진정으로 자율성에서 비롯된 것인지 묻는 자세를 심리치료라는 이름으로 제도화하는 것이다. 소비시장과 심리학을 결합한 형태는 막강한 힘을 자랑했다. 이런 힘은 피터 브라운이 "우주를 다스리는 의지(우주를 이길 의지)"라 불렀던 기독교의 힘과 나란히 위세를 떨쳤다.[100] 심리학과 소비시장은 '의지'를 '(개인의) 욕망'으로 대체하고 성적 욕망을 모든 다른 형태의 욕망이 지닌 뿌리로 변모시켰다. 심리학과 소비시장은 섹슈얼리티를 무슨 신성한 도덕 떠받들듯 했으며, 동시에 성적 욕망을 해방하는 것은 물론이고 충족해줄 각종 기술과 방법을 제공했다. 페미니즘과 동성애 정치 투쟁의 핵심 영역이었던 섹슈얼리티는 이중으로 뒤얽힌 정치 문제가 되었다. 우선 섹슈얼리티 문제는 가부장제의 뿌리를 위협했으며, 다른 한편으로 다양한 소비 생활의 주축을 이루었다. 이런 다양한 사회 세력은 섹슈얼리티를 동류 의식, 결혼 등 자아의 폭넓은 면모를 과시하는 장으로 만들었다.

성혁명이 불러온 첫째 중요한 현상, 철학적 의미에서 진정한 현대적 현상이라 할 수 있는 것은 철저히 개인의 내면으로 파고든 내재성이다. 성혁명은 섹슈얼리티를 종교와 묶어놓았던 우주관에서 해방했다. 이는 곧 개인의 섹슈얼리티가 친족의 규제에서 놓여남을 뜻한다. 친족을 중시하는 규칙은 혈통, 조상, 상속자, 곧 혈족의 관계를 규정한다. 더욱 중요한 점은 이런 친족 규칙은 부계를 중시하는 탓에 모계 혈통을 친족 규정에서 부차적인 것으로 여긴다는 것이다(대부분의 종족에서 아이 어머니의 형제는 모계 쪽 혈통 관계일 뿐이다).[101] 마셜 살린스는 친족을 "'상호 의존적 존재', 곧 살아가는 데 서로 꼭 필요한 존재"라고 정의한다.[102] 이런 의미에서 친족 규칙으로 규제되는 섹슈얼리티는 어디까지나 상호성의 체계 안에서 이루어진다. 아니, 그 이상이다. 엔릭 포르케레스와 제롬 윌고의 주장을 들어보자. "사도 바울의 편지, 또 같은 시대의 탈무드를 보며 기독교인은 남편과 아내가 성행위를 통해 한 몸이 된다는 것을 진지하게 받아들였다."[103] 남편과 아내가 한 몸이 된다는 것은 비유적으로든 말 그대로 두 몸의 합체로든 얼마든지 수긍이 가는 표현이다.[104] 전근대인들은 섹슈얼리티를 영혼과 육신이 통합되는 축복으로 이해했다. 기독교의 신성한 섹슈얼리티는 곧 개인이 그 문화적 우주에 동참함을 뜻한다.

'자유로운 섹슈얼리티'나 '해방된 섹슈얼리티'는 그러므로 이런 친족 관계로부터 떨어져 나옴을 뜻한다. 동족결혼이라는 규칙은 물론이고, 남성과 여성이 하나가 된다는 기독교의 우주론적 관점, 결혼한 몸은 한 몸을 이룬다는 생각과 작별하는 것이 성해방이다. 이로써 섹슈얼리티는 내재성이라는 새로운 차원을 창조한다. 그 어떤 초월적 존재에 기대지 않고 스스로 자신의 내면에 따라 선택하고 결정하는 성적인 몸은 다른 몸, 다른 인격체와 깔끔하게 분리된 지점이 된다. 섹슈얼리티를 '자연적 본능'이라고 본다면, 성적인 몸은 순전한 생리, 곧 호르몬과 신경세포에 지배당하는 것일 뿐이다. 본능으로서의 섹슈얼리티는 과학이 합리적으로 관찰하는 자연과 다를 바 없다. 그렇다면 인간이라는 인격체가 자아를 더욱 포괄적인 우주론 또는 도덕이라는 관념과 결합시킨 모든 의미는 상실되고 만다. 몸은 그저 물질, 그 나름대로 행동할 힘을 갖춘 물질에 지나지 않는다. 생물로서 가지는 힘(또는 본능)에만 충실한 일종의 자연 개체로서 쾌락만을 목표로 하는 물질로 우리 인간은 만족하지 못한다. 더 정확히 말해서 몸을 가진 인간, 자아실현을 추구하는 우리 인간은 의미를, 진정성과 쾌락과 자아 확인을 만족시키는 의미를 찾는다. 소비시장과 심리치료는 정확히 이 지점을 파고들어 맞춤한 상품, 진짜 같은 느낌으로 자아 확인을 맛보게 하는 상품을 제공한다.

성혁명으로 촉발된 둘째 변화는 인생에서 의미 있게 교체되는 파트너의 수가 늘었다는 점이다. 많은 사람, 심지어 다양한 계층의 대다수 사람에게 그런 성적 경험과 탐험은 인생의 중요한 측면, 다른 측면과 분리해 독자적으로 관찰해야 하는 측면이 되었다. 역사학자 배리 레이는 이렇게 말한다.

> (우리는) 세월의 흐름과 함께 도덕과 현실이 변했음을 고려해야 한다. (…) 1984년 디트로이트라는 대도시 권역을 조사한 마틴 킹 화이트에 따르면 1925년에서 1944년 사이에 결혼한 여성 표본집단은 결혼 전에 (평균적으로) 4~7명의 남자와 만났다. 1945년에서 1964년 사이에 결혼한 여성 집단은 10~14명의 남자와 만났고, 1965년에서 1984년 사이에 결혼한 가장 젊은 여성 집단은 평균 12~15명과 혼전 성관계 경험을 가졌다. 결혼 전에 실제로 성관계를 가진 각 집단의 비율은 첫째(1925~1944)의 경우 24퍼센트였으며, 셋째(1965~1984)는 72퍼센트로 나타났다. 마지막 집단을 좀 더 세분화하면 각각 56퍼센트(1965~1969)와 67퍼센트(1970~1974), 85퍼센트(1975~1979) 그리고 88퍼센트(1980~1984)가 실제로 혼전 성경험을 가졌다.[105]

혼전 성관계는 갈수록 개인의 선택으로 인정받았으며, 첫 번째 파트너와 지속적인 인생 배우자 선택 사이의 시간이 길어질수록 성적 경험을 축적하는 경향이 강해졌다.[106] 이런 사실로 미루어볼 때 그동안 섹슈얼리티는 경험을 쌓고 되도록 많은 파트너를 가지는 것이 자아의 자신감을 확인하는 장이 되었음을 알 수 있다. 이런 배경으로 섹슈얼리티는 신분과 능력을 과시하는 새로운 형태로 약진했다. 예전에는 처녀성이라는 이상이 사회적 평판과 가치로 보여졌으며 평등주의적이었다면 (처녀성은 모든 처녀를 동등하게 취급하게 해주는 가치라는 점에서), 이제는 '섹시함'과 '성적 퍼포먼스'가 성적 영역에서 신분과 지위의 불평등하게 배분된 형식을 가지고 개인의 위치를 보여주는 신호가 되었다.

성혁명이 몰고 온 세 번째 충격은 낭만적 관계가 그 내면에서부터 분열한 것이다. 성혁명은 서로 다른 문화 논리와 그에 해당하는 제도를 가진 '결혼 시장, 감정 경험, 성적 실천'으로 낭만적 관계를 분열시켰다. 이 세 가지 문화 논리, 곧 결혼과 감정과 섹슈얼리티는 저마다 고유한, 서로 모순을 일으키는 현상과 규칙을 보여준다. 예를 들어 섹슈얼리티 시장에서 인간은 도덕적 의무감 없이 관계를 가지는 반면, 감정 영역과 결혼 시장에서는 자신의 행동에 책임을 져야 한다.[107] 결혼과 감정과 섹슈얼리티라는 이 세 차원이 각각 자율적 성격을 지니는 방향으로 낭만적 관계가 분열했다는 것은 섹슈얼리티가 감정적 교류나 공동의 주거 생활과는 무관하게 그 자체로 독립적 행동 영역이 되었음을 뜻한다. 본래 서로 결합된 것임에도 이 세 가지 행동 영역의 각각은 저마다 고유한 문화적 논리를 따른다. 각각의 영역은 프랑스 사회학자 뤼크 볼탕스키와 로랑 테브노의 표현을 빌리자면 '행동 체제'를 형성한다.[108] 감정적 만남과 성적 만남이 각기 다른 행동 체제로 분열한 것이야말로 성해방이 일으킨 주된 변화다. 그리고 이 변화는 심각한 결과를 만들어냈다. 이 변화로 이제 남녀 사이의 만남은 더할 수 없이 불확실해지고 말았다(제3장에서 이 불확실성을 다룰 예정이다). 남성과 여성은 성혁명을 환영했지만, 결혼과 감정과 섹슈얼리티의 체제에서 욕망의 충족과 자아실현을 이루기 위해 서로 다른 사회적 경로를 걸어야 했다(제4장과 제5장을 참조할 것). 앞서도 자주 언급했듯이, 남성은 여성보다 더 쉽게 섹슈얼리티와 감정을 분리하는 경향을 보인다. 반대로 여성은 감정적으로 그들 자신을 바라보는 것에 남성보다 훨씬 더 능숙하다(제5장과 제6장을 볼 것).

마지막으로 성적 자유는 자유의지를 전제로 한다. 인간이 서로 맺는 관계가 일종의 계약적 성격을 가져야 한다면, 자유의지의 문제는 반드시 짚고 넘어가야 한다. 인간관계가 구속력을 가지는 계약을 바탕으로 이뤄져야 한다는 요구는 성도덕의 새로운 정의라는 문제를 끌어낸다. 게일 루빈과 같은 성자유주의자는 섹슈얼리티 문제에서 최악의 도덕적 결함은 바로 불평등과 이중 잣대라고 본다. 루빈은 전통적인 성도덕을 인종차별이라는 이데올로기와 비교한다. 어떤 그룹의 섹슈얼리티는 도덕적으로 고상하고, 자기네의 잣대에 맞지 않는 섹슈얼리티는 도덕적으로 열등하며, 심지어 위험하다고 보는 태도야말로 인종차별과 다를 게 없다는 것이 그녀의 주장이다. 이에 맞서 루빈은 다른 성윤리를 제시한다.

　민주적 도덕은 파트너가 서로 어느 정도 고려해주고 배려하는지에 따라 성행위의 좋고 나쁨을 판단한다. 강제가 있었는지의 여부, 서로 제공하는 기쁨의 질과 양이 도덕적으로 좋은 섹스의 판단 기준이다. 동성애든 이성애든, 커플이든 그룹이든, 나체로든 속옷을 입고서든, 돈이 오가든 아니든, 동영상을 촬영하든 아니든 하는 따위의 문제는 서로 배려하는 것이 도덕적으로 좋은 성행위라는 점에 하등의 영향을 미치지 않는다.[109]

1970년대에 시작된 섹슈얼리티의 역사적 변혁을 잘 반영하는 성도덕의 이런 새로운 이해는 대단히 놀라운 효과를 발휘했다. 새로운 성도덕은 섹슈얼리티와 낭만적 영역이, 이런 표현이 적당한지 모르겠지만, '촘촘한 규범'에서 '헐겁고 성긴 절차적 규범'으로 규제받는 것으로 대체했다. 촘촘한 규범은 어떤 행동이 좋은지 나쁜지, 도덕적인지 부도덕한지, 순수한지 불결한지, 해로운지 칭찬할 만한지, 덕성이 있는지 아니면 천박한지 하는 따위를 판단하는 세세한 스토리와 규범을 자랑한다. 촘촘한 규범은 인간의 행동을 문화적 우주론, 이를테면 집단의 거대한 담론(원죄니 영혼의 근본적 순수함이니 하는 따위)에 연결해 선과 악, 도덕과 부도덕을 확실하게 판가름하게끔 강제한다. 반대로 헐겁고 성긴 절차적 규범은 개인에게 자신이 선호하는 것의 도덕적 내용을 스스로 판단할 권리를 제공한다. 절차적 도덕은 개인의 영혼과 몸에 자율성을 보장해주는 절차와 규범에 집중한다. 절차적 도덕은 어떤 행위의 도덕적 가치를 두고 상대적으로 할 말이 없으며, 개인의 자율성과 원하는 대로 즐길 능력을 존중하는 정도에 따라 행동을 판단할 따름이다. 물론 섹슈얼리티는 예나 지금이나 도덕과 정치와 사회가 격론을 벌이는 투쟁의 장이다. 그렇지만 이 투쟁의 무게중심이 옮겨졌다. 오늘을 살아가는 우리는 더는 순수함과 원죄의 문제를 따지지 않으며, 성적 평등이나 합의와 관련한 주제에 관심을 가질 뿐이다. 오늘날 강간, 낙태, 포르노그래피, 성추행 또는 십대의 임신이 주로 여론의 집중적인 관심을 받는 것을 보라. 미디어나 화장품과 같은 산업에서 여성의 몸을 무차별로 노출한 사진을 보여주어도 되느냐의 문제, 성추행이나 데이트 강간의 문제는 결국 '동의'를 얻어냈느냐의 물음으로 귀결된다. 여성이 자신의 품위를 떨어뜨리고 심지어 물건 취급하는 업계의 이런 행태에 동의할 수 있을까? 또는 동의해야 마땅할까? 성행위를 해도 좋으냐고 허락을 구하는 물음은 얼마나 명확해야 할까? 동의의 여부는 몸을 기초로 따져보아야 하는 인식의 문제다. 몸은 서로 분리된 별개의 실체이며, 어떤 경우에도 상처를 입어서는 안 되는 것이기에 기본적으로 동의는 서로의 몸을 알아보는 일에서부터 출발해야 하기 때문이다. 그리고 만남은 언제나 연속적으로 이어지는 개별적 만남인 탓에 동의는 원칙적으로 만날 때마다 구해야 한다. 이처럼 동의를 윤리 담론의 가장 중요한 주제로 삼는 것은 성적 상호주체성의 규제를 다루는 도덕과 윤리의 논의가 근본적으로 바뀌어야 함을 전제로 한다. 동의는 개인의 주체적 의지와 욕망에 기초한 관계를 맺는 데 가장 중요한 문제이기 때문이다(제5장을 볼 것).

성해방의 과정에서 나타난 이 네 가지 변형, 곧 '소비시장과 인터넷 기술로 그 어떤 초월성도 배제하고 개인의 욕망과 자존감 키우기에 집중하는 내재적 섹슈얼리티 관점', '성적 경험의 축적을 토대로 결혼이나 감정과 무관하게 부상한 섹슈얼리티라는 독자적인 범주', '이성애 만남이 서로 다른 경로로 분열한 것' 그리고 '동의라는 절차적 윤리로의 전환'은 서로 함께 연관되어 전체적으로 이성애 관계 형성의 새 지형을 구성한다. 지금까지 살펴본 모든 변형은 섹슈얼리티 문제를 대할 때 시장이 쓰는 어휘와 문법, 곧 시장이 중시하는 가치가 환히 들여다보이게 만들었다. 시장이 지배하는 섹슈얼리티 영역은 개인의 자아 확인의 왕국이자 남성과 여성 사이의 투쟁 지대다.

이 모든 특징과 변화로 낭만적 만남이 가졌던 의례라는 특징은 사라졌다. 오늘날 성적 만남은 불확실성과 부정적 사회성, 곧 남녀가 빠르게 그리고 자주 관계를 끝내버리는 사회성을 만들었다. 이제 나는 성적인 사회적 관계가 내가 일컬은 대로 '부정적 사회성'이 되어버리는 메커니즘을 더욱 자세하게 분석하고자 한다.

3

혼란스러운 섹스

그는 몇 번만 만나도 여자가 지루하기만 했다. 오로지 첫 만남만이 가치가 있다는 결론을 내린 그는 여자를 자주 바꾸어댔다. 이런 점에서 그는 여자 버리기라는 현대 예술의 전문가였다.
— 이렌 네미롭스키[1]

성해방처럼 총체적인 문화적 사건은 몇 되지 않는다. 이 사건은 섹슈얼리티를 죄악과 수치심에서 해방했으며, 심리학의 지원을 받아 건강한 감정과 행복의 동의어로 바꾸어놓았다. 동시에 성해방은 남성과 여성, 이성애와 동성애를 평등하게 세우려는 의도를 가지기도 했다.[2] 이런 점에서 성해방은 근본적으로 정치 기획이었다. 더 나아가 성해방은 성적 쾌락을 그 자체로 정당화했다.[3] 이로써 개인이 좋은 인생을 살기 위해서는 성적 쾌락을 누릴 수 있어야 한다는 애매한 문화적 감각, 향락적 권리를 키웠다. 결국 성해방은 진정한 자아실현을 추구하는 진정성 문화의 핵심이었다. 이런 관점은 섹슈얼리티야말로 진정한 자아를 탐색하고 구현해준다고 강조한다.[4] 그러나 오늘날 보는 것처럼 섹슈얼리티를 문화의 지배적 요소로 만든 것은 섹슈얼리티가 경제에 정복당해 연출되었다는 정황이다. 섹슈얼리티는 경제가 앞다투어 연출하는 퍼포먼스다. 경제적 이해관계는 자아와 그 퍼포먼스의 섹슈얼리티화로 수렴되었다.

산업자본주의는 공장과 가정을 두 기둥으로 삼아 지탱되는 구조다. 공장은 경제의 재생산을, 가정은 생물학적인 인적 자원의 재생산을 각각 담당한다.[5] 가정은 개인을 키우며, 자본주의 고용주가 요구하는 영혼의 포기와 자제력과 협력을 몸에 익히도록 훈련한다. 제2차 세계대전 이후, 무엇보다도 1960년대부터 자본주의 문화의 중요한 측면은 변화했다. 질 들뢰즈는 자본주의가 "생산을 위해서가 아니라, 상품, 곧 판매 또는 시장을 위해 존재한다"라고 썼다.[6] 바로 그래서 이 새로운 형태의 자본주의가 가지는 중요한 특징은, 들뢰즈가 계속해서 논의하듯, 분산dispersive이다. 가정은 경제 생산의 사회적 기둥이라는 역할을 잃었다. 기둥의 역할은 가정을 대신해 개인이 맡았다. 공장 노동자였던 개인은 창의적 노동자이자 진짜 소비자인 개인으로 탈바꿈했다.[7] 그리고 나는 들뢰즈가 허락해준다면 이렇게 덧붙이고 싶다. 자아 형성의 특별한 중심지였던 가정의 자리도 이제는 개인이 차지했다. 이런 형태로 책임을 분산하는 자본주의는 낭만적 만남을 규제하며 가정을 일구는 일로 유도하던 사회 조직을 더는 필요로 하지 않는다. 이제 섹슈얼리티는 인간이 자신의 침실에서 행하던 그것이 더는 아니다. 오히려 섹슈얼리티는 무수한 소비 행태를 취했다. 개인이 자신의 몸과 외모를 꾸미는 일에서 자신이 본래 품은 희망과 욕망이 무엇인지 헤아리는 자기 이해 그리고 타인과 맺는 사회적 관계에 이르기까지 모든 것이 경제에 지배당한다. 실제로 섹슈얼리티는 경제 탓에 엄청나게 부풀려졌다. 심지어 새로운 형태의 행동, 곧 '성적 행동'이 생겨났다고 해도 무리가 없을 정도로 섹슈얼리티와 경제는 결탁했다. 이제 개인은 자신의 몸, 자신을 문화적으로 돋보이려는 전략, 인생의 목표 그리고 자아의 감각까지 자신의 저 깊은 내면에서부터 경제 논리에 따라 정리한다. 개인은 섹슈얼리티와 심리학과 경제로 자신을 이해하기에 이르렀다(제4장을 볼 것). 자본주의가 밀어붙인 섹슈얼리티의 이런 중요한 변화를 가장 잘 드러내는 사회 형태는 이른바 '캐주얼 섹스' 사회다. 섹스 그 자체를 목적으로 하는 이 형태는 이제 비난받을 염려가 없는 정당한 것이며, 심지어 부러운 시선까지 받는다는 점에서 안정적 관계의 성행위와 구별된다.

캐주얼 섹스와 그 규정하기 어려운 효과

'캐주얼 섹슈얼리티' 그 자체는 역사적으로 볼 때 새로운 것은 아니다.[8] 그러나 현대적 형태의 캐주얼 섹스는 종교의 금기와 경제적 교환으로부터 섹슈얼리티를 해방시켜줄 것을 요구한 정치와 도덕의 요구에 힘입어 나타났다. 캐주얼 섹스는 최소한 그 기본 원칙에서만큼은 젠더 차별적이지 않다. 그리고 자아 확인, 개인의 내적 욕망에 충실하다는 점에서 진정성과 자율성이라는 폭넓은 요구를 충실히 반영한다. 캐주얼 섹스는 현대적인 공간적 장소, 예를 들어 도시나 대학교 캠퍼스에서 일어난다. 또 서로 다른 지리적 출신, 인종 혹은 사회 계층의 남성과 여성이 사회의 공식적이거나 비공식적인 다양한 그룹의 통제를 무시해가며, 관계를 맺게 한다. 이런 의미에서 보면 캐주얼 섹스는 지금껏 사회 그룹을 분리했던 사회적, 인종적, 종교적 경계를 민주적으로 해체하는 의지의 표현이기도 하다. 이렇게 해서 캐주얼 섹스는 새로운 도덕 규범을 이끌었으며, 상업화한 자유 공간을 마음껏 활용한다. 캐주얼 섹스의 도덕과 자유라는 이 두 측면은 서로 결합되어 단 하나의 매트릭스를 형성한다. 곧 캐주얼 섹스는 개인적 자유의 표현이다.

에리카 종은 캐주얼 섹스를 '즉흥 섹스'$_{zipless\ fuck}$, 그 어떤 죄책감이나 부끄러움 없는 성적 상호작용을 자유의 궁극적 증명이라고 하며 그 핵심을 정리해 표현한다. 즉흥 섹스는 즐기려는 체험의 차원을 넘어서는 그 어떤 동기도 가지지 않으며, 성적 상호작용 외의 그 어떤 목표도 추구하지 않는다.⁹ 캐주얼 섹스는 물론 고정되어 움직이지 않는 형태로 남아 있지 않으며, 계속해서 변화하여 하나의 독자적인 사회 현상을 이룬다. '후크업' hookup*, '잠자리를 같이하는 친구' friends with benefits 또는 '퍽 버디' fuck buddy 따위의 다양한 표현이 이를 방증한다.¹⁰ 프랑스 사람들은 이를 두고 '플랑 퀴' plan cul라는 표현을 쓴다. 글자 그대로 '엉덩이 데이트'를 뜻하는 이 표현은 캐주얼 섹스가 남성적 취향을 반영함을 여실히 드러낸다. 섹슈얼리티 역사학자 배리 레이가 말하듯, 캐주얼 섹스는 "장기적인 성적 관계라는 맥락 바깥에서 이뤄지는 휘발성의 단명하는 관계거나 장기적 성적 관계를 보충하는 행위"다.¹¹ 캐주얼 섹스는 일시적이며 상대적으로 잘 조직된 시간 속에서 이루어지기에 상품의 형태를 취하기 쉽다. 그래서 캐주얼 섹스는 모험이나 체험이라는 형태로 빠르게 소비되기에 가장 좋다. 캐주얼 섹스와 소비가 선택이라는 공통점으로 묶인다는 사실은 성적인 만남을 시장 상품으로 빠르게 포장해주는 인터넷 기술로 분명하게 드러난다(인터넷 플랫폼에서 사람들은 서로 원하는 가치를 비교해가며 물건 고르듯 상대를 빠르게 선택한다). 이로써 성적 만남은 구입하고 다시 버릴 수 있는 상품으로 변모한다. 구입과 소비와 폐기로 이어지는 일련의 과정을 특히 잘 보여주는 것은 다양한 인터넷 섹스 포털과 '틴더' Tinder와 같은 데이트 앱이다. 잡지 『베니티 페어』는 틴더를 두고 다음과 같은 기사를 썼다.

모바일 데이트가 대중의 인기를 끌기 시작한 것은 대략 5년 전이다. 2012년 모바일 데이트는 온라인 데이트를 추월했다. 2월에 발표된 어떤 연

• 파티 등에서 처음 만나 성적 관계를 갖는 것을 말하는 속어.

구는 거의 1억 명에 가까운 사람들, 틴더만으로는 5천만 명이 스마트폰을 매일 하루 종일 열어놓고 마치 플로리다행 싸구려 항공권을 찾듯 손쉽게 섹스 파트너를 구하려 싱글 클럽을 들락거린다고 확인했다. "그건 '심리스' Seamless(미국 음식 주문·배달 서비스)에 주문하는 것과 같아요." 투자은행가 댄은 온라인 식품 배달 서비스에 빗대 말했다. "그냥 사람을 주문만 하면 돼요. (…) 데이트 앱은 섹스의 자유시장 경제입니다."[12]

나는 캐주얼 섹스의 특수함을 상징적 상호작용론, 곧 인간의 상호 교류는 말이나 손짓 또는 몸짓과 같은 상징으로 촉진된다는 이론과 현상학의 전통으로 연구하고자 한다.[13] 캐주얼 섹스와 보편적인 관계의 섹슈얼리티화는 인간이 서로 맺는 관계를 어떻게 변화시켰을까? 앞으로 살펴보겠지만 이성 사이의 캐주얼 섹스는 깊은 불확실성을 초래했다. 이 불확실성을 만든 세 가지 요소는 다음과 같다. 첫째, 기술 발달로 만남의 기회가 엄청나게 많아졌다. 둘째, 소비문화는 인간의 상호 관계를 쾌락주의, 얼마 가지 못하고 단명하는 쾌락주의로 물들였다. 마지막으로, 자본주의의 경쟁주의적 조직에서 젠더 불균형이 매우 높게 작동한다는 것이다.

사회학자이자 동시에 치료사인 레슬리 벨의 증언을 들어보자. "현재 첫 경험을 하는 소녀의 평균 연령은 17세다. 평균 결혼 연령이 27세니까 약 10년 동안 미혼 여성은 여러 관계를 거치며 성적 경험을 쌓는다. 이들은 결혼 문제를 심각하게 고민하는 일 없이 파트너만 생기면 동거를 하며, 결혼은 직업적으로 안정을 찾을 때까지 미룬다."[14] 이렇게 본다면 성적 활동이 그냥 간단하게 결혼을 미루게 만드는 원인이다. 이로써 섹슈얼리티를 탐색할 시간은 더욱 늘어난다. 이런 사실이 암묵적으로 담은 의미는, 자유로운 섹슈얼리티가 관계와 결혼이라는 전통적 구조를 근본적으로 바꿔놓은 것은 아니며, 오로지 그 시작만 미뤄놓는다는 것이다. 그럼에도 고객들은 막연한 불안감과 불확실성에 불편함을 호소한다고 레슬리 벨은 당혹감을 감추지 못한다. 나도 계속해서 보여주겠지만, 전반적으로 늘어난 성적 활동 그리고 캐주얼 섹스의 만연은 결혼을 망설이며 미루는 시간만 늘린 게 아니라, 아예 관계를 맺지 못하게 하는 심각한 후유증을 부른다. 소비문화와 기술이 조장하는 자유로운 섹슈얼리티는 관계의 구조에 앙금을 남기며, 여러 형태의 불확실성을 양산한다. 이런 불확실성은 다시금 관계를 부정적으로 만드는 핵심 원인이 된다.

캐주얼 섹스를 묘사하는 수많은 글은 서로 이름도 모르고 섹스하는 것을 자랑삼아 강조한다.[15] 리사 웨이드가 미국의 대학 캠퍼스에서 이뤄지는 섹스를 연구한 보고서에서 밝혔듯, 남성은 파티에서 뒤에서 다가가 여성의 엉덩이에 자신의 성기를 비비는 것으로 성적 의도를 표현한다. "남성은 일반적으로 여성의 뒤에서 다가가는 탓에 여성은 자신의 엉덩이를 건드리는 페니스가 누구의 것인지 전혀 알지 못한다."[16] 크게 볼 때 캐주얼 섹스 역시 일종의 사교술이기는 하지만, 기묘하게도 캐주얼 섹스는 상대방의 개성을 무시하고 파트너를 불특정 다수 가운데 한 명으로 만드는 상징적 전략을 구사한다는 특징을 지닌다(뒤에서 접근한다는 것은 얼굴을 알아볼 수 없는 탓에 상대를 유일한 존재로 인정하지 않는다는 점에서 눈여겨볼 만한 대목이다). 이름이란 본래 상대의 정체성을 확인해주며, 그 누구로도 대체할 수 없는 유일한 존재로 인정해주는 역할을 한다. 오로지 즐기려는 캐주얼 섹스에서 인간은 서로 모르는 타인으로 남을 뿐이다. 이런 관점에서 캐주얼 섹스는 소비 영역의 익명성과 거래

행위라는 상호작용의 덧없음을 고스란히 베낀다. 그 결과는 서로 전혀 다른 상극의 특성이 혼재하는 것이다. 한쪽에는 거리와 서로 알지 못하는 낯섦(상대의 이름을 모르는 상호 관계의 전형적 특징)이, 그 반대편에는 가까움(서로 나체를 보여주며 침실이나 침대를 함께 쓰면서 성적 쾌락을 나누는 경험)이 서로 대립하며 뒤섞인다. 캐주얼 섹스는 몸을 자아와 분리한다. 캐주얼 섹스를 노리는 사람에게 몸은 쾌락의 자율적 원천인 동시에 순수한 물질일 뿐, 그 이상의 어떤 것도 요구하지 않기 때문이다. 결국 캐주얼 섹스는 피할 수 없이 서로 미래를 기획하는 일을 포기하게 만든다. 캐주얼 섹스에서 주고받는 모든 행위는 오로지 쾌락만 강조하는 자기중심적인 것으로, 덧없이 사라지는 싸구려 거래에 지나지 않기 때문이다. 익명의 모든 관계와 마찬가지로 캐주얼 섹스의 결정적 특징은 이렇다. 캐주얼 섹스는 서로 배려하고 아껴주는 상호 호혜의 규칙을 약화시킨다.[17] 고전 학자 대니얼 멘덜슨은 자신의 책 『규정하기 힘든 포옹』에서 상호 호혜의 규칙이 무너지는 것을 다음처럼 인상 깊게 묘사한다.

(우리는) 모두 안다, 그가 뭘 하는지. 저마다 제 나름의 경험이 있으니까. 누군가 '나를 원한다'는 것을 알 때 느끼는 유혹의 짜릿함, 절대적이며 물론 짧지만 그만큼 흥분되는 느낌. (…) 먼저 한 번 가졌다가 내가 도망친 남자가 몇 명인지 일단 헤아려야 한다. 마침내 키스를 했을 때 이 산뜻하고 낙관적인 남부 친구들의 숨결에서 나던 달콤한 잭 대니얼스의 향기가 기분 좋았음에도 나는 다음 날 걸려온 그들의 전화에 일절 응답하지 않았다. 그럼 그들은 화가 나서 편지를 보내오곤 했다. 나는 이런 편지가 재미있기는 했지만, 내 몸을 다치게 하는 것만 같아 곧바로 쓰레기통 깊숙한 바닥에 처박았다. 큰 키에 체육관에서 다진 아름다운 근육을 자랑하는 구릿빛 머릿

결의 남자를 로커룸에서 마주쳤을 때 놀랍게도 그는 수줍은 미소를 지으며 작가와 글쓰기에 관해 나와 이야기를 나누고 싶다고 했다. 나는 그를 내 아파트로 데리고 가고 싶어서 그러자고 했다. 물론 그는 원나이트 스탠드는 원치 않는다고 나에게 말하기는 했다. 마침내 그를 25번가의 내 아파트로 데리고 가서 그의 셔츠 단추를 풀기 시작했을 때 그는 멈칫거리기는 했지만 이내 내 손에 몸을 맡겼다. 두 주 뒤 그가 나의 전화 자동응답기에 마지막 메시지를 남겨놓을 때 나는 앉아서 듣기는 했지만, 어찌해야 좋을지 혼란스럽기만 해서 전화를 받지는 않았다. 다른 친구들도 마찬가지다. 온라인으로 만났거나, 레스토랑과 바에서 전화번호를 땄거나, 만남은 늘 이런 식으로 끝났다. 상대방의 말이나 몸짓이 참 멋지다고 느끼는 순간, 그를 차지하려, 그를 가지려고 무슨 이야기든 무슨 일이든 못 할 게 없을 것 같았지만, 일단 가지고 나면 다른 누군가가, 새로운 누군가가 예전의 남자를 밀어낸다. 그가 다시 만나자고 하면 만날 수 없다고 핑계 댈 거리를 만들어두어야만 한다. 예전의 남자를 다시 만났다가는 그가 특별한 남자가 될 테니까. 나는 특별한 남자가 필요하지 않다. 그저 밤새 즐기거나, 온라인으로 수다를 떨며 나의 작은 아파트로 유인할 평범한 남자면 충분하다. 욕망은 바로 나의 욕망이니까. 나는 나의 욕망만 통제할 수 있으니까. 나의 욕망은 우연히 내 방 안에 있는 다른 누군가와 전혀 상관이 없다.[18]

이 묘사에서 캐주얼 섹스는 화자의 자유와 끊임없이 새롭게 공급되는 욕망을 확인해주며 대단히 흥분되는 분위기를 자아낸다. 그러나 이런 형태의 관계는 서로 주고받는 상호성, 애정, 결속의 가능성을 깔끔하게 지워버린다. 실제로 캐주얼 섹스가 주는 쾌락은 서로의 자아를 건드리는 일이 없으며, 무엇인가 주고받는다는 상호성을 애초부터 배제하기 때문에 맛보는 것일 따름이다. 『뉴욕타임스』의 기사 한 편은 이런 사정을 분명하게 보여준다. 기사는 전형과도 같은 젊은 남자 더반 지랄도를 소개하면서 이런 즉흥적인 섹스가 상호성은 전혀 염두에 두지 않음을 확인한다. 여자를 만족시키는 것이 '언제나 내 목표'라고 젊은 지랄도는 주장하면서 덧붙이기를 "(캐주얼 섹스에서) 상대에게 정말 좋아서 함께 있는 것이라고 꾸며 보이려는 시도는 하지 않는다"라고 말한다. 이제 막 만난 여자와 성적 욕구가 어쩌고 해가며 이야기를 나누는 것은 생각만 해도 낯간지럽다는 것이다. "이런 점에서 본다면 우리는 정말 타인이죠."[19] 리사 웨이드는 요점을 이렇게 확인해준다. "남성이 즉흥 섹스를 하는 문화에서 여성보다 더 큰 오르가슴을 느끼는 이유는 상호성이 애초부터 배제되었기 때문이다. 캐주얼 섹스는 남성의 오르가슴에 맞춤한 것이다."[20]

사회학자 스티븐 사이드먼은 캐주얼 섹스가 "자신의 쾌락에만 집중하며", 말보다 행동 위주로 얼마든지 상대를 바꿔대면서 "애정과 헌신과 책임과 관련한 일체의 기대 없이 오로지 행위에만 몰두한다"라고 지적한다.[21] 이렇게 본다면 캐주얼 섹스는 현대의 대도시라는 소비 무대에서 익명성을 바탕으로 전혀 알지 못하는 타인과 어지러울 정도로 무차별적이고 다양한 관계를 나누는 행태라고 요약할 수 있다. 만남의 핵을 이루는 것은 정확히 몸의 쾌락을 극대화하는 것이라 그 어떤 목적도 가지지 않는다(이전 장에서 살펴본 뒤르켐의 미혼 남성과 똑같다).

사교적 만남으로서 캐주얼 섹스는 에리카 종의 '즉흥 섹스' 이후 진화를 거듭했다. '생각할 수 있는 모든 물음에 최고의 답을 주겠다'는 간판을 내건 웹사이트 '쿼라'Quora에는 캐주얼 섹스의 전형을 보여주는 다음과 같은 사례가 나온다. 잘 알지 못하는 사람과 섹스를 해본 적이 있느냐는 물음에 올라온 답은 이렇다.

 예, 해봤죠, 칼리지에서. 클럽에서 만난 여자였죠. 우리는 둘 다 엑스터시에 올라탔죠(원문 그대로임). 우리는 연애를 걸지 않았고, 말도 몇 마디밖에 나누지 않았어요. 그녀는 내 여자친구와 같은 기숙사에 사는 애였어요(내 여자친구 애비는 진짜 끝내주게 예뻐요). 우리는 여자 세 명과 나, 이렇게 네 명이 그룹이었죠.
 엑스터시가 슬슬 달아오르기 시작하자 여자애들이 서로 만지기 시작했죠(애무는 아니고, 그저 서로 어깨를 쓰다듬거나 손가락으로 머리털을 어루만졌죠). 그러더니 가볍게 키스를 했어요. 나는 좀 당황하기는 했지만 그 장면을 즐겼습니다. 세 명이 소파 하나에, 저는 다른 소파에 앉았어요. 소파 두 개는 서로 마주 향해 있었죠.
 그러다가 어느 순간엔가 내 여자친구 애비가 다른 두 명 가운데 한 명과 본격적으로 주물러대더군요. 나머지 한 명은 약간 비켜 앉아 두 여자를 어루만지더니, 둘이 열중하자 머쓱했는지 자리에서 일어나 내 옆에 와서 앉았습니다. 우리는 서로 키스했어요. 처음에는 가벼웠는데 갈수록 진한 키스로 뜨거워졌죠. 그러더니 여자애가 손을 아래로 내려 내 바지 위로 발기한 것을 쓰다듬었죠.
 약 10분 동안 서로 만지다가 나는 여자의 손을 끌고 화장실로 가는 복도로 나왔어요. 화장실 두 개를 지나자 복도 구석에 직원이 쓰는 공간인지 창고인지 알 수 없는 곳의 문이 열리더군요. 그곳을 지나 계단을 내려가자 비상구가 나왔어요. 나는 잠깐 주위를 살피고 이곳이 적당하다는 걸 알았죠. 나는 여자의 손을 잡아끌고 계단을 내려오게 했죠. 그녀는 내가 뭘 원하는지 명확히 알았어요. 그렇지 않고야 클럽의 이렇게 외진 곳에 데리고 올 이유가 없을 테니까.

아래 구석진 곳으로 내려온 우리는 격렬하게 서로 애무했죠. 나는 그녀의 온몸을 더듬기는 했지만 아직 손을 옷 속에 넣지는 않았죠. 그녀가 내 허리 벨트를 풀려고 하더군요. 그렇지만 벨트는 좀 독특한 거라 쉽지 않았죠. 내가 도와주자 그녀는 무릎을 꿇었어요. 내 바지를 내린 그녀는 빨기 시작하더군요. 잘 빨았어요. 너무 오래 빨게 하면 안 되겠다는 생각을 했어요. 그랬다가는 이 짧은 랑데부가 내가 원하는 것보다 훨씬 빨리 끝날 테니까.

나는 그녀의 팔을 잡아 일으켜 세운 다음 키스를 하며 그녀의 바지를 벗겼죠. 그리고 팬티도 벗겼죠. 그녀는 다리 하나를 내 어깨에 걸쳐 내가 그녀의 그곳을 핥을 수 있게 해주었습니다. 그곳은 부분적으로 제모를 해서 나는 정말이지 열중해서 그곳을 탐색했죠(털이 입으로 들어오지 않게 신경 쓰려면 열중하기가 쉬운 일이 아니거든요). 핥는 동안 그녀는 몇 차례 절정에 올랐죠. 마침내 그녀는 나를 일으켜 세워 다시 미친 듯 키스를 해대더군요.

그런 다음 그녀는 나에게 '바지를 벗으라'고 말하고 나를 콘크리트 바닥에 눕게 했죠. 그러고는 다리를 벌려 내 위에 올라타고는 카우걸처럼 엉덩이를 흔들어댔어요. 확실한 애인 관계가 아니면서 섹스를 할 때 콘돔을 쓰지 않은 것은 내 인생에서 그때 단 한 번이었습니다. 그러나 엑스터시에 올라탄데다가 이런 미녀가 내 위에서 마음 놓고 흔들어댄 것은 내 인생 최고의 섹스 경험이었죠. 그녀의 움직임은 너무 격렬하지 않았으며, 그저 엉덩이만 부드럽게 흔들었죠. 위에서 너무 빨라진다 싶으면 내가 살짝 밀어주곤 했습니다.

거의 한 시간가량 거사를 치르는데(걸리지 않은 게 놀라운 일이죠), 내 여자친구 애비가 계단 위에서 우리를 부르더군요. 애비는 우리를 완전히 볼 수는 없었지만, 우리가 아래서 뭘 하는지 아는 게 분명했죠. 애비는 애무하던 다른 친구가 집에 가야 한다고 해서 혼자 남았다고 하더군요. 애비는 그런 식으로 계속 종알거렸습니다. 평소 같았으면 상당히 기묘한 상황이지만, 엑스터시 덕에 우리는 아무렇지도 않았죠. 애비는 내려가도 좋으냐고 묻더군요. 나는 그녀의 친구가 대답하기 전에 좋다고 했습니다. 그녀의 친구는 미소만 짓고 있었기에 그녀 역시 애비가 와도 아무 문제가 없다고 여긴다는 걸 알았죠. 애비는 계단을 내려와 벽에 등을 기대고, 두 손을 자신의 바지 속에 넣고는 우리를 구경했습니다.

얼마 뒤 애비는 구경하기를 멈추고 눈을 감고 머리를 뒤로 젖혔습니다. 애비는 우리가 하는 소리를 듣는 게 굉장하다고 말하더군요. 우리는 상당히 조용했는데, 부드럽고 가는 신음소리와 살끼리 찰싹거리며 부딪치는 소리에 애비는 흥분이 된다고 했습니다. 애비는 계속 뭐라고 종알댔죠. 그녀는 엑시터시를 한 알 더 먹어 완전히 흥분 상태라고 하더군요. 나는 내 위의 여자와 애비를 번갈아보며 어느 쪽에 더 신경을 써야 하는지 알 수가 없더군요. 내 위에서 헐떡이는 여자를 봐야 하는지, 아니면 바지에 두 손을 넣고 자위하는 애비를 지켜봐야 하는지 정말 아리송했죠.

나는 자위를 하는 애비에게 바지를 벗으라고 말했죠. 그녀는 "왜?" 하고 묻더군요. 나는 내 위의 여자가 내 물건에 흠씬 빠져 있는 동안, 너의 조개를 보면 더욱 흥분이 될 거라고 대답했죠. 그러자 애비는 나를 노려보며 무서운 표정을 짓더군요. 화가 난 모양이라고 생각한 나는 곧바로 발기가 되었던 게 죽는 걸 느꼈습니다. 하지만 나는 쿨 하자고 결심하며 내가 지을 수 있는 가장 유혹적인 미소로 애비를 보았습니다. 그러자 애비는 살짝 미소를 짓더니 바지를 벗었습니다. 다시 내 물건은 밤새라도 끄떡없을 것처럼 딱딱해졌죠. 애비는 구두와 바지를 벗고 등을 벽에 기대고는 팬티 속에 두 손을 넣어 격하게 문질렀습니다. 물론 나는 그녀가 계속 팬티를 입고 있어 조개를 볼 수는 없었죠. 그렇지만 이런 행운에 더 보채는 것도 우스워 아무 말도 하지 않았죠.

그동안 내 위의 여자는 나 못지않게 뜨거운 눈길로 애비를 보았습니다. 물론 엉덩이는 여전히 흔들며 말이죠. 그러다가 그녀가 말했습니다. "팬티도 벗어, 애비!" 잠깐 두 여자는 눈길이 얽혔다가 마침내 애비가 팬티를 벗었죠. 그리고 애비는 우리가 있는 곳 맞은편의 계단 위로 올라가 계단에 그대로 걸터앉고는 등을 기대며 다리를 약 30센티미터 정도 앞으로 뻗어 벌려 나를 충격과 경악에 빠뜨렸죠. 위치를 그렇게 잡은 덕에 애비의 조개는 얼마든지 보라는 듯 그 은밀한 속살을 자랑했습니다. 이제 애비는 한 손 대신 두 손으로 대음순을 벌리고 손가락으로 클리토리스를 문지르며 처음에는 손가락 하나, 다음에 둘, 결국 세 개를 넣다 뺐다 했죠.

약 10분쯤 지나자 친구는 애비에게 우리 쪽으로 오라고 하고는 그동안 흠씬 젖은 애비의 손을 깨끗이 핥았습니다. 그사이 애비는 다른 손으로 조개를 문질렀죠. 나는 애비의 발목을 잡아끌어 내 머리 위에 다리를 벌리게 하고 앉으라고 했습니다.

이제 나는 애비의 그곳을 핥기 시작했죠. 애비와 친구는 서로 격렬한 키스를 나누었습니다. 놀랍게도 두 친구는 이제 위치를 바꾸더군요. 친구가 내 얼굴 위에 앉고, 애비는 내 물건을 집어넣었습니다. 얼마 뒤 상당히 거칠어지다가 내 얼굴 위의 여자가 절정에 올랐고, 그런 다음 애비와 내가 절정에 오르자, 여자는 한 번 더 오르가슴에 몸을 떨었습니다.

둘이 서로 키스를 하는 동안 나는 그냥 누워 있었죠. 마침내 둘은 일어나더니 다시금 위치를 바꾸어 애비는 나에게 키스를 하고, 친구는 내 물건을 깨끗이 핥았습니다. 내 물건이 끝나자 이번에는 애비에게 가서 일으켜 세우고는 벽에 기대게 한 다음, 애비의 그곳을 깨끗이 핥고 심지어 혀를 집어넣어 내가 남겨놓은 것까지 홀짝이며 맛보았습니다.

　이때 나는 다시 돌처럼 단단해졌고 더 하고 싶었지만, 애비의 친구는 가야 한다고 했죠. (…) 우리는 족히 두 시간은 넘게 일을 치렀더군요. 나는 여전히 사람들에게 걸리지 않은 게 놀랍기만 합니다.

　약 한 달 뒤 애비와 나는 함께 성병 검사를 받았습니다. 우리는 깨끗해서, 애비는 친구에게 검사받으라고 할 필요는 없었죠.

　이후로도 애비와 나는 약간 더 만났습니다. 그리고 우리는 기회가 있을 때마다 친구를 사랑 게임에 끌어들였죠. 하지만 우리의 관계는 여름방학까지 가지 못하고 끝났습니다. 친구가 모든 시험을 마치고 졸업했고, 석사학위를 하겠다고 다른 곳으로 떠났거든요.[22]

　이 노골적이고 상세한 체험담은 사회학이 흥미롭게 여기는 많은 요소를 담았다. 첫째로 주목할 점은 이 일화에 등장하는 인물 모두의 능숙한 성적 기교다. 세 사람은 저마다 자신과 타인의 성적 쾌락을 만들어주는 사회적 문법을 능숙하게 구사한다. 우리는 이 사건에서 능동과 수동을, 능력과 무능력을, 억제와 분출을 구분할 필요가 없다. 이전 장에서도 언급했듯, 섹스를 이처럼 능수능란하게 즐기는 기술은 상대적으로 새롭게 나타난 능력으로, 성과학자, 치료사의 상담, 소프트 혹은 하드 포르노그래피의 이미지 및 다양한 '성적 쾌락을 옹호하는 운동가'들(다양한 분파의 페미니스트나 성노동자를 지지하는 운동가) 덕에 정리되어 습득된 것이다.[23] 또 앞의 일화에 묘사된 상호작용은 개체일 뿐인 각자의 몸이 일종의 복잡한 오케스트라처럼 각각의 연주자들이 뒤얽힌 상황을 만들어 서로 만족을 얻고 또 만족시키려는 것을 목적으로 한다. 더 나아가 이 짤막한 일화는 서로 거의 알지 못하는 사람들이 오로지 쾌락을 위해 암묵적으로 게임 규칙에 합의했음도 보여준다. 게임 참가자들이 저마다 능수능란한 성적 기교를 발휘하는 것을 보라. 이들은 마치 각본에 따른 포르노 촬영 리허설이라도 하는 것처럼 능숙한 실력을 과시한다(아마도 이런 능력은 손쉽게 구할 수 있는 포르노로 배웠을 것이다).[24] 이 일화는 문화적으로 흔한 성적 판타지와 포르노그래피의 클리셰를 고스란히 보여주는 미장센, 곧 두 명의 여성이 한 남성을 상대로 섹스를 하면서 서로 앞다투어 남성에게 쾌락을 안기는 틀에 박힌 시나리오를 따른다. 그러나 이런 강한 시나리오 성격에도 이 일화는 서사 구조를 가졌거나 규범적이기보다는 시각적 효과에 치중한다. 그 섹슈얼리티는 공개적이고(클럽) 계획이 없고 즉흥적이며, 관습적 이분법을 넘어선다(은밀함/공개성, 동성애/이성애, 일대일/다자간). 장면은 상대적으로 평등주의적으로 보인다. 다시 말해서 남성의 쾌락을 여성의 그것에 비해 특별 취급하지 않는다. 사건의 근본적 동기는 모든 참가자가 오르가슴을 맛보려는 것이다. 이 일화에는 이런 동기가 규범처럼 숨어 있다. 이들이 보이는 성적 행태는 그 어떤 정치 이데올로기와도 전혀 상관없이 이분법적 대립을 뛰어넘는 방식으로 저마다 쾌락을 추구한다. 남성이든 여성이든 모든 몸은 생리적으로 기능하는 물질성으로서 쾌락의 원천인 동시에 대상이다. 이 물질성은 오르가슴을 느끼는 쾌락의 기능적 원천으로 젠더 차이를 넘어선다(물론 이 일화는 전통적인 남성 판타지와 고스란히 맞아떨어지기는 한다). 이 사건의 복수 참가자들은 성적 쾌락을 여러 갈래로 확산시킨다는 점에서 확산이라는 단어의 이중적 의미에 부합한다. 섹스는 배제하기보다는 포괄하면서 스스로 확장한다. 한 사람에게만 집중되지 않고, 두 사람 간의 특권화된 성적 교환이기보다는 확산적인 것이 되며 젠더 구별이 없는 genderless 분위기를 연출한다. 더 나아가 지금 이 사건은 두 사람이 은밀히 나누는 사랑이기보다는 공개적인 퍼포먼스다. 이런 공개성은 여러 관점에서 확인된다. 사건은 클럽 계단과 뒷방에서 벌어졌다. 그리고 전통적인 커플 간 관계를 연장하는 그룹의 눈앞에서 연출되었다. 나중에 이 일화는 생각할 수 있는 모든 물음에 최고의 답을 준다는 웹사이트 쿼라에 스토리 형태로 공개되었다. 본래 스토리의 서사 구조가 없는 사건임에도 대중을 의식하여 이런 각색이 이뤄졌다. 이런 관점에서 사건은 갈수록 인터넷이 섹슈얼리티를 공개적으로 만드는 행태를 고스란히 반영한다. 마지막으로, 이 점이 중요한데, 이들의 만남은 그 어떤 인생 스토리의 출발점이 아니다. 사건은 그저 개별적으로 끊어진 단편적인 에피소드다. 이런 식으로 불연속적인 일화가 이어질 수도 있지만, 그래도 어디까지나 이것은 스토리가 아니다. 운명적으로 만난 사랑이라거나 그 어떤 관계도 결코 시작되지 않는다. 캐주얼 섹스는 전통적인 이성애 관계에 내재하는 스토리의 서사적 연속성을 지워버린다. 캐주얼 섹스는 그저 일회적인 사건으로만 체험될 뿐이다. 그저 매력적이고 본능에 충실한 몸에만 매달리기 때문에 인격체끼리의 만남은 이뤄질 수 없다. 이렇게 볼 때 캐주얼 섹스는 인간의 독특함을 전혀 담아내지 못하는 추상적인 사회적 형식이다. 더 나아가 캐주얼 섹스는 상대의 존재가 지니는 유일무이함을 벗겨내 아예 말살한다. 뤼크 볼탕스키는 상대의 존재를 유일함으로 부각하는 것을 '유일화 과정'process of singularization이라 부르고, 이것이야말로 사회성의 본질이라고 강조했다.[25] 쾌락만 추구하는 섹스, 상대를 선택할 자유, 많은 파트너를 가지며 성적 경험을 축적하는 태도는 이성애 관계를 그 근본에서부터 바꿔놓았다. 동시에 이로써 문화의 틀 안에서 안정적 감정을 누리는 관계가 형성되고 지켜지는 경로도 변했다.

전통적 이성애 규범에 따른 섹스는 하나의 목적(결혼이나 사랑, 함께 사는 인생 또는 아이)을 추구하기에 서사 구조를 가진다.[26] 그러나 캐주얼 섹스는 이성애 규범의 서사 구조를 무너뜨린다.[27] 그 대신 캐주얼 섹스는 쾌락 경험의 축적에 매달리고, 결국 다른 사람이 매력적으로 평가하는 몸을 가졌다는 것은 매력적인 것으로서 오늘날 지위를 나타내게 되었다. 예를 들어 미국에서 폭발적 인기를 끈 드라마 시리즈《걸스》Girls의 각본을 쓰고 주연까지 맡았던 유명한 리나 더넘은 자신의 회고록『그런 여자 아니야』에서 청소년기와 성인 연령대로 진입하던 시기에 자신의 성적 경쟁력을 두고 고민했다는 이야기를 털어놓았다.[28] 더넘은 자신이 어른이 되어가는 과정을 어떻게든 처녀성을 잃어버리려는 반복된 시도의 연속이었으며, 참으로 오래 걸렸다고 묘사했다(드러내놓고 표현은 하지 않았지만 처녀 딱지를 떼지 못하는 것은 수치스러운 일이라는 암시가 행간마다 분명하게 읽힌다). 소년이든 소녀든 첫 경험을 한다는 것은 섹시함을 자랑하는 사회 계층으로 발돋움한다는 의미를 가진다. 이렇게 볼 때 캐주얼 섹스는 새로운 형태의 사회적 자본을 쌓는 한 방법이다. 섹스와 적극적인 성적 활동 그리고 성적 경쟁력은 사회적 신분의 새로운 상징이 되었으며, 해당 인물의 가치를 평가하는 기준이기도 했다. 요컨대 후크업, 원나이트 스탠드, 섹스 파티, 즉흥 섹스 등은 서로 기대를 가지지 않는 만남이다. 만남의 각 개인은 저마다 오로지 자신의 쾌락에만 관심을 쏟으며, 그 어떤 감정적 상호성이나 관계 또는 미래 계획을 전혀 기대하지 않는다. 모든 성적 만남은 오로지 쾌락만 노리며, 이로써 축적된 성적 경험은 사회적 신분을 높일 경쟁력을 키워준다.

몇몇 성자유주의자가 성매매를 해방된 쾌적한 섹스의 패러다임으로 여기는 것은 이런 맥락에서 볼 때 놀라운 일이 아니다. 성노동자의 권익 보호를 위해 활동하는 단체 '코요테' COYOTE(Call Off Your Old Tired Ethics)의 창설자인 마고 세인트 제임스는 이렇게 말한다. "나는 항상 창녀야말로 유일하게 해방된 여성이라고 여겨왔죠. 우리는 남자가 숱한 여자를 데리고 자듯, 우리도 수많은 남자를 데리고 잘 확실한 권리를 가진 유일한 직업을 가졌죠."[29] 이런 관점을 그대로 따른다면 해방된 섹슈얼리티와 젠더 평등은 많은 파트너와 '잠을 자는 것'으로 성취된다. 물론 그러자면 성적 활동을 일체의 감정, 도덕 관념, 사회의 규범과 완전히 분리하는 능력이 필요하다.[30] 노골적으로 욕구만 앞세우는 성적 만남은 그 어떤 기대도 만들어내지 않아야 성공적이다. 만남은 그 어느 쪽에서도 미래의 계획으로 엮으려는 의도를 가지지 않아야 하며, 그 어떤 방해도 받지 않고 서로 무심한 가운데 처음부터 거리를 확실히 두고 오로지 육체적 쾌락을 탐해야 한다. 이렇게 정의된 캐주얼 섹스는 서비스 교환과 다르지 않다. 일회적이며 익명으로 남는다는 조건 아래서 좋은 서비스를 주고받는다는 것은 상대를 유일화하지 않고 어떤 경우에도 서로 의무로 엮지 않아야 함을 뜻한다. 이런 의미에서 캐주얼 섹스는 카를 마르크스와 게오르크 지멜이 돈을 두고 말했던 추상적 형식과 조금도 다르지 않다. 돈은 상품을 교환할 수 있게 만든다는 점에서 추상적이다. 다시 말해서 돈은 상품이 구체적으로 무엇이든 전혀 상관없이 그 교환가치, 곧 화폐가치로 환산해낸다. 가격만으로는 그 상품이 어떤 것인지 전혀 알 수 없다는 점에서 돈은 추상적이다. 캐주얼 섹스 역시 인간을 상품 취급하며 오르가슴 쾌락이라는 교환가치로 바꾸어버린다. 바꾸어 말해서 캐주얼 섹스는 인간을 오르가슴 가치로 환산해 교환할 수 있게 해준다. 캐주얼 섹스는 인간을 단순히 쾌락 기능이라는 교환가치로 추상화한다.

캐주얼 섹스가 널리 퍼지게 되는 계기를 제공한 것은 평등주의라는 정치적 이상이다. 이런 사실과 무관하게 캐주얼 섹스는 학술 문헌이든 대중의 고정관념이든 항상 남성이 선호하는 섹슈얼리티로 취급되었다.[31] 사정이 이렇게 된 데에는 여러 이유가 있다.

첫째, 남성은 여성보다 더 많은 성적 자유를 누리며, 그래서 성적 영역에서 규범의 제한을 별로 받지 않는다. 성적 난잡함은 언제나 남성이 누리는 성적 권력의 상징이었던 반면, 여성의 그것은 자의적으로 해석되거나 도덕적 비난을 듣기 일쑤다. 둘째, 남성은 섹슈얼리티를 사회경제적 자원 획득을 위한 지렛대로 쓰도록 내몰리는 일이 거의 없다. 남성은 또 섹슈얼리티에 자신의 온전한 자아를 끌어들일 이유도 없다. 반대로 여성은 섹슈얼리티에 남성보다 훨씬 더 감정적으로 접근한다. 여성에게 섹슈얼리티는 다른 것, 곧 물질이나 사회적 자원과 교환하는 경제적 성격을 지니는 것이기 때문이다. 여성은 섹슈얼리티에 남성보다 훨씬 더 많은 것, 심지어 자신의 존재 자체를 건다. 셋째, 남성성은 거의 동어반복처럼 느껴지지만 많은 성적 파트너를 가지고 이를 자랑하는 능력으로 정의된다. 남성성을 집중적으로 연구했던 사회학자 로버트 코넬은 많은 남성이 "남성다움을 되도록 많은 여성과 잠자리를 하는 능력으로 여긴다"라고 주장했다.[32] '유혹 워크숍'(되도록 많은 섹스를 하는 법을 가르치는)을 찾는 남성을 연구한 레이철 오닐은 이 주장이 상당 부분 맞다고 확인해준다.[33] 마지막으로, 캐주얼 섹스는 거리 두기를 함축한다. 남성은 여성에게 일정 정도 거리를 유지함으로써 여성을 지배하는 권력을 확보하고 관리한다. 바로 그래서 캐주얼 섹스는 그 자체로 남성의 권력을 상징적으로 보여준다. 남성성의 이성이 경제, 정치, 사법 등 모든 영역에서 감정과 이성의 분리를 강조해왔듯, 남성성의 헤게모니는 감정과 섹슈얼리티를 줄기차게 분리하려고 시도했다.[34] 전형적인 남성성의 헤게모니는 캐주얼 섹스를 위한 만남을 축적하는 동시에 여성을 버리는 능력을 자랑해왔다(다음 장에서 보게 될 도널드 트럼프는 이런 남성성을 대표적으로 보여준다). 예를 들어 프랑스 파리의 재정학 교수 앙브루아즈(49세)는 자신이 이상적으로 여기는 여성을 이렇게 정의한다.

> 섹스를 하고 난 뒤 한밤중에 그대로 가버리는 여자는 없죠. 그런 기대는 접으세요. 가버리기만 한다면 얼마나 좋을까. 하지만 아니에요. 여자는 아침까지 남아 침대에서 애무를 즐기고 아침식사를 하고 싶어 합니다. 이런 제기랄. 이상적인 여성은 테이블 위에 짤막한 작별 쪽지를, 아주 좋았다고 적은 쪽지를 전화번호 없이 남기죠. 이런 게 이상적인 여성입니다.

역설적이게도 캐주얼 섹스는 자율성, 쾌락, 권력 그리고 거리 두기를 의미한다는 점에서 정확히 페미니즘 정치의 지표였다. 높은 대중적 인기를 누리는 라이프스타일 웹사이트 '리파이너리 29' Refinery 29의 게시판에서 어떤 여성은 캐주얼 섹스가 즐겁기만 하다고 털어놓았다.

> 나는 장기적인 관계는 물론이고 많은 원나이트도 즐겨봤죠. 둘 다 마음에 들어요. 고르는 맛이 있죠. 원나이트 스탠드는 마침 내가 원하는 것이 섹스인 덕에 신선한 힘과 함께 내가 아름답다는 느낌을 선물했죠. 원한 것은 아무 기대가 없는 섹스일 뿐이었으니까요. 그래서 (내 생각으로는) 그처럼 힘을 얻었나 봐요. 하지만 가장 최근의 원나이트 탓에 기분을 잡치고 말았어요! 그가 내 전화번호를 원하더군요. 나는 원나이트 이상은 원하지 않기로 하지 않았느냐고, 어차피 내 이름도 잊어버렸지 않았느냐고 쏘아붙

였죠.[35]

이런 묘사는 감정의 거리 두기와 기대 갖지 않음을 명확히 보여준다. 이 두 가지는 여성에게 힘과 자율성이라는 느낌을 채워주었다. 이 묘사는 어느 모로 보나 남성이 섹슈얼리티를 다루는 태도를 연상시킨다. 더 나아가 여성은 양쪽이 균형을 맞춘 거리 두기와 기대하지 않음으로써 남성과 대등하다는 느낌에 캐주얼 섹스를 만끽하고 있다는 추정이 얼마든지 가능하다. 역사적 견지에서 남성이 캐주얼 섹스를 특권화해온 것을 고려하면 여성이 평등을 달성하기 위해 똑같이 거리 두기를 주장했다는 점은 충분히 이해할 만하다.

캐주얼 섹스가 남성 형식의 섹스(문화적 정의)라는 가설을 확인해주는 또 다른 자료는 로라 해밀턴과 엘리자베스 암스트롱이 '여성과 캐주얼 섹스'라는 주제로 진행한 중요한 연구다(물론 이런 확인은 간접적이다). 여대생의 섹슈얼리티를 다룬 이 연구는 여성의 캐주얼 섹스가 결혼이라는 이상을 접고 직업적 경력을 쌓는 기회를 제공해주는 것이라고 밝힌다.[36] 오늘날 여대생은 결혼보다는 직업적 출세를 더 원한다. 바로 그래서 캐주얼 섹스는 취직 준비를 하면서도 이따금 욕구를 풀 수 있는 최적의 방법이다. 공부에 집중해 원하는 직업 경력을 쌓으려면 결혼은 상당한 부담을 주기 때문이다. 두 연구자가 '자기계발 의무'라 부른 것은 상당한 시간을 투자해야 하는 피곤한 고정 관계로부터 눈을 돌리게 만든다. 바로 그래서 해밀턴과 암스트롱은 캐주얼 섹스를 은근히 추천하는 투로 언급한다. 캐주얼 섹스는 젠더 평등을 가능하게 기능할 수 있기 때문이다(사랑에 빠져 결혼을 하고 아이를 키운다는 것은 일찌감치 출세 경로에서 배제됨을 뜻한다). 결국 캐주얼 섹스는 관계를 맺지 않으려는 시나리오다.[37] 캐주얼 섹스가 평등이라는 페미니즘의 정치 구호를 만족시킬 수 있는 이유[38]는 여성이 캐주얼 섹스를 통해 남성의 권력을 그대로 흉내 낼 수 있다는 데 있다. 캐주얼 섹스는 자율성을 키우며 거리를 두고 오로지 자신의 쾌락만 찾는 방법이고 남편과 가족을 돌볼 의무(여성 정체성의 전통적 핵심)를 지워준다. 여성은 시장 주체성을 추구한다. 여성에게 캐주얼 섹스는 거리 두기의 상호성을 통한 평등의 지표이다.

 그러나 이제 더 자세히 들여다볼 필요가 있다. 캐주얼 섹스는 여타의 만남과 확연히 다른 관계가 전혀 아니다. 오히려 캐주얼 섹스는 인간관계 전체가 공통으로 가지는 구조(특히 이성애 관계)를 고스란히 드러낸다. 어떻게 관계를 시작하는지, 관계 안에 무엇을 담을지, 또 어느 정도 오래갈지 하는 만남의 형식과 지속성은 캐주얼 섹스도 고스란히 품은 구조다. 바꿔 말해 캐주얼 섹스라고 해서 일회적인 일탈로만 바라볼 게 아니라, 인간관계라는 훨씬 더 큰 사회적 생태의 틀 안에서 관찰해야 우리는 캐주얼 섹스를 정확히 이해할 수 있다. 우리가 주목해야 하는 문제는 내가 『사랑은 왜 아픈가』에서 선택의 아키텍처와 생태라고 부른 것이다. 섹슈얼리티와 낭만적 선택의 문법, 인간이 관계를 시작하고 끝내는 방식, 서로 선택하거나 하지 않는 방식 등 이런 아키텍처와 생태를 면밀히 들여다보아야 우리는 사랑이라는 낭만적 만남이 직면한 위기의 원인을 정확히 짚어낼 수 있다.[39] 캐주얼 섹스를 오로지 쾌락에만 맞춰 분석하는 것은 마치 미국에서 시장을 지배하는 유통기업 월마트를 상품을 싸게 팔아 고객에게 주는 기쁨에 초점을 맞춰 분석하는 것이나 마찬가지다. 인간은 물론 할인된 가격에 쇼핑하는 것을 좋아한다. 그러나 고객의 이런 기쁨을 분석한다고 해서 월마트가 시장을 어떻게 지배하고 통제하는지 그 답을 알 수 있는 것은 아니다.

마찬가지로 캐주얼 섹스는 남성에게든 여성에게든 기쁨을 선물하지만, 쾌락에 초점을 맞추면 만남이 지니는 보편적 구조는 드러나지 않는다. 우리는 캐주얼 섹스를 이성애 관계라는 훨씬 더 폭넓은 사회적 생태를 배경으로 이해해야 한다. 그래야 서로의 자유의지로 시작한 관계가 왜 끝나는가라는 물음에 답을 얻을 수 있다. 지금부터 얘기할 테지만, 이러한 자유는 파트너 선택과 관계 형성의 과정에 근본적인 불확실성을 심어놓았다. 이 불확실성은 무엇보다도 남성이 자유를 앞세워 섹슈얼리티 시장을 장악하고 간접적 방식으로 교묘하게 권력을 행사함으로써 생겨난다.

캐주얼 섹스와 불확실성

불확실성은 불투명성을 말하는 게 아니다. 두 단어는 서로 관련되어 있지만, 단어라는 게 하나 이상의 의미를 가지는 경우가 많아서 단어를 쓰는 사람의 의도가 항상 투명하게 드러나지는 않는다. 불확실성과 관련한 정황은 흥미롭게 논의해볼 주제인 반면, 불투명한 정황은 일반적으로 불안감까지 일으키지는 않는다. 불확실성은 "관계를 맺고 당사자들이 서로 주고받는 행동의 토대가 무엇인지 애매할 때" 생겨나는 것이다.[40] 상황을 보는 관점과 해석이 서로 일치하지 않아 당사자들이 명확한 합의를 추구하는데도 행동 규칙이 모호할 때 불확실성은 직접적으로 심리적 결과를 초래한다. 수치심, 불편함, 난처함에서 두려움과 불안에 이르기까지 심리적 위축은 관계를 뒤흔든다. 실제로 불확실성은 불안감을 촉발한다. 그리고 이런 불안감을 놀이 즐기듯 유려하게 다루는 경우는 거의 없다. 『아프리카의 불확실성에 관한 민족지학』이라는 논문 모음집의 서문에서 두 편집자 엘리자베스 쿠퍼와 데이비드 프래튼은 불확실성이 가지는 감정적 내용을 상소한다. 쿠퍼와 프래튼은 불확실성을 "일상생활을 지탱하고 뒷받침하는 물질적 집합체를 통해 중개되는 불안, 언제든 상처받을 수 있다는 팽배한 감각의 경험, 희망, 가능성 (…) 그러한 감정의 구조"[41]라고 이해한다. 다양한 오르가슴의 경험이라는 표면 아래에는 근본적으로 불확실성을 다루느라 생겨나는 모순되고 혼란한 각종 사회적 경험이 들끓는다. 사람들은 대개 불확실성을 솜씨 좋게 이겨내며, 또 어떤 사람은 자기계발이라는 정글에서 불확실성을 다룰 방법을 배운다. 그러나 패배감에 낙심해 신음하는 사람도 적지 않다.

불확실한 프레임

어빙 고프먼은 인간이라는 생명체 사이에 이뤄지는 모든 상호작용이 일정한 프레임을 가진다고 본다. 그가 말하는 프레임이란 인간이 상호작용의 준거점이 되는 도식이나 모델을 찾아내 이를 정리하고 방향을 잡을 수 있게 해주는 사회화 과정이다. 이 과정을 겪으며 인간은 다양한 인지 작용을 배우고 습득해 상황을 지각하고 판단하는 데 활용한다.[42] 이전 장에서 살펴본 것처럼 섹슈얼리티가 자율적 행동 영역으로 발돋움한 발달의 중요한 결말은 현대의 이성애 관계가 더는 목적을 가지지 않으며, 명확한 프레임을 잃었다는 사실이다. 이성애 관계가 세 가지 행동 체제, 곧 결혼, 감정, 섹슈얼리티로 분산된 것을 익살맞지만 그 핵심을 잘 보여주는 다음의 사례는 관계의 프레임과 정의가 오늘날 불확실성에 사로잡혔음을 여실히 보여준다. 웹사이트 '뉴요커' New

Yorker에 올라온 동영상은 다섯 명의 젊은 여성이 나누는 익살스러운 대화 장면을 보여준다. 첫째 여성은 친구들에게 복잡한 상황을 해결할 충고를 간절히 부탁한다.

여성 1 애들아, 오늘 이렇게 모여줘 고마워. 아주 기묘한 상황이라서 너희의 판단과 경험 그리고 신중한 충고가 필요해. 간단하게 설명해볼게. 일주일 전에 내 괴짜 친구들이 생일 축하 술판을 벌였는데, 거기서 케빈 하퍼라는 남자를 만났어. 잠깐 대화를 나누었는데, 내 전화번호를 묻지는 않더라. 사흘 뒤에 그가 페이스북 친구 요청을 보내고는, 주말쯤 한잔하지 않겠느냐고 묻더라. 약속 장소에 가보니까 그는 친구들과 같이 있었어. 그 가운데 한 명은 여자야. 그녀는 나보다 예쁘기는 했지만, 뭐 대단히 예쁜 건 아니야. 친구들이 가고 우리는 둘이서 한잔했어. 키스는 안 했어. 오늘 우리가 풀어야 하는 물음은(음악을 꼈다), 이거 데이트야, 아니야?
여성 2 그가 너를 집으로 초대했어?
여성 1 아니, 하지만 그는 지금 실업자라 숙모 집에 산대.
여성 3 서로 만지기는 했어?
여성 1 세 잔째 마실 때 그의 손이 내 가슴을 스쳤어. 뭐 실수로 그런 거 같기도 하고.
여성 4 연애 거는 거 같아?
여성 1 그런 거 같아!
여성 2 술값은 그가 냈어?
여성 1 아니, 하지만 실업자라 돈이 없잖아, 안 그래?
여성 5 좋게 생각하지, 뭐. 다른 여자 이야기는 하디?
여성 1 아니….

여성 3 혹시… 게이?

여성 5 아닌데. 지금 페이스북하고 인스타그램 댓글 보니까 최소한 여자 친구가 두 명 있었어.

여성 3 뭐가 뭔지 모르겠다, 얘들아…. 키스를 안 했다고? 좋은 신호는 아니야.

여성 4 뭐 그럴 수도 있지. 그가 그냥 너무 긴장했을 수도 있잖아.

여성 2 말도 안 돼. 2009년 맷 와이즈먼하고 똑같아. 세 번 데이트에 키스 하지 않았다? 그걸 또 반복할 수는 없어.

여성 3 우리는 모두 맷 와이즈먼을 기억해, 그렇지 않아? 그는 자격이 없어! 왜 지금 그 얘기를 꺼내는 거야?

여성 2 경고 사인이 똑같잖아!

여성 3 오, 경고 사인! 네가 지금 맷 와이즈먼 얘기를 꺼내는 이유는 누구나 알아. 너는 그가 좋잖아! (모두 깔깔대고 웃는다.)

여성 5 얘들아! 제발! 집중 좀 하자. 지금 너무 중요한 이야기잖아!

여성 3 너 오늘 아침 그에게 연락했어?

여성 1 응, "안녕, 어제 저녁 즐거웠어" 하고 '윙크와 스마일'을 붙여 메시지를 보냈어. 그는 "좋아" 하고 답했고.

여성 4 이모티콘?

여성 1 아니.

여성 3 오….

여성 2 그가 너에게 '한잔하자'고 보낸 첫 페이스북 메시지에 쓴 표현이 '마시러 갈래'야, 아니면 '화끈하게 즐겨볼래'야?

여성 1 함께 마실까.

여성 4 어머, 어머, '함께 마실까'가 뭘 뜻하는지는 누구나 알지… 바에는 몇 시에 갔어?

여성 5   그날 비 왔어?

여성 3   네 주기는 언제였어?

여성 1   10시 반, 응 비 왔어, 배란 뒤 일주일.

여성 2   (계산하며) 그거 아슬아슬했네. (문자 메시지 수신음)

여성 1   그 남자야! "안녕, 어젯밤은 너만 아는 걸로 하자. 내 여자친구가 몰랐으면 해서. lol(Lots of Love)."

여성 5   여자친구가 아는 걸 원치 않는다고?

여성 4   그럼 분명히 데이트네!

여성 3   오, 주여! (웃음소리)[43]

이 일화가 익살맞은 이유는 단 하나다. 오늘날 많은 여성의 일상적 경험이 고스란히 반영된 전형적인 상황을 압축해 보여주기 때문이다. 여성과 그 친구들은 만남의 프레임이 불확실하기만 해서 그 의미를 어떻게 해석해야 좋을지 몰라 전전긍긍한다. 대화가 보여주듯 만남의 의미는 결국 남자가 결정한다. 이성애 관계가 섹슈얼리티와 감정과 결혼이라는 세 영역으로 쪼개졌기 때문에 만남의 프레임은 불확실하다. 세라 던이 쓴 대중적인 연애소설 『더 빅 러브』도 이런 불확실성을 잘 보여주는 사례다. 여주인공 앨리슨은 자신의 직장 사장 헨리와 두 차례 뜨거운 밤을 보낸다(남성 주인공도 여성 주인공도 직장 내에서 이런 관계를 가지는 것을 문제라고 보지 않는다). 이 만남 뒤 앨리슨은 헨리의 사무실로 찾아가 이렇게 묻는다.

"잠깐 우리 관계를 두고 이야기를 좀 나눌 수 있을까요?" 하고 내가 물

3. 혼란스러운 섹스   137

었다. (…)

"관계?" 헨리는 여전히 서류에서 눈을 떼지 않은 채 이렇게 반문했다.

"무슨 관계?"

"아시잖아요." 내가 말했다. "우리의."

헨리는 서류에서 고개를 들어 바라보았다.

"무슨 관계죠?" 내가 물었다.

"음, 우리가 관계를 가졌는지 잘 모르겠는데."

"그래요? 그럼 그걸 뭐라고 부르시겠어요?"

"모르겠는데. 전혀 생각해보지 않았어. 그게 이름을 필요로 하는 건지 모르겠군."

"우리는 네 번 잠을 잤잖아요." 내가 말했다.

(…)

"좋아요, 알았어요. 이제 답을 들었네요." 나는 이렇게 말하고 문으로 향했다.

"그게 무슨 답일까?" 헨리가 물었다.

"그냥 절 가지고 논 거네요. 됐어요, 완벽해요. 그냥 알고 싶었을 뿐이에요."

"나는 그렇게 말하고 싶지 않은데." 헨리가 말했다.

"그럼 뭐라고 부르실 건가요?"

(…) "즐거움이랄까. '가지고 논 것'과 관계의 중간쯤이겠지."⁴⁴

이 대화의 핵심은 관계의 이름을 찾는 것이다. 캐주얼 섹스도 안정적 관계도 아닌 어중간한 지점에서 어떤 미래를 생각할 수 있는지 여주인공은 알고 싶어 한다. 그러나 이런 만남을 특정할 이름은 없다. 여성은 남성이 어떤 의도와 감정을 가지는지 알 수 없는 불확실성에 사로잡혔기 때문이다. 이 여성이 방향을 잡을 수 있게 도울 유일한 요소는 남자의 의도와 감정이다. 그러나 남성도 자신이 무슨 의도를 가졌는지 알지 못한다. 그래서 그는 이 만남에 아무런 이름을 붙여줄 수 없다. 후크업, 원나이트 스탠드, 잠자리를 같이하는 친구 등등 캐주얼 섹스를 이르는 이름이 다양하다는 사실만 보아도 마땅한 이름을 찾기 힘들어하는 어려움은 고스란히 드러난다. 이 어려움은 당연하게 여겨지는 인간관계의 근본이 사라져버렸음을 의미한다. 없음에도 뭔가 막연하게 있으리라는 아리송함이 오늘날 모든 관계를 뒤덮는다. 더욱이 앞의 두 사례에서 보듯 캐주얼 섹스는 혼란만 만든 게 아니라, 대칭성 역시 사라지게 했다. 두 사례에서 프레임을 찾을 열쇠를 쥔 쪽은 남성이기 때문이다.

캐슬린 보글은 자신의 책 『후킹업』 Hooking up에서 캐주얼 섹스의 목적을 둘러싼 혼란스러움을 추적한다. 여성(그리고 남성)은 캐주얼 섹스가 매우 다양한 방향, 만남 전에는 전혀 예상하지 못한 방향으로 전개될 수 있다고 흔히 말한다. '처음 만나 성적 관계를 맺는 것' hooking up 은 이런 만남으로 이뤄지는 상호작용의 목적이 무엇이며, 어떤 프레임을 갖는지 전혀 알 수 없는 불확실성에 지배당한다. 캐주얼 섹스의 정의를 둘러싼 의견도 다양하다. 어떤 이들에게 이런 만남은 그저 키스만 하는 것인 반면, 다른 사람들에겐 성교 없이 오럴 섹스만 하는 것이다. 또 다른 이들은 잠재적 결혼 상대를 확인해보는 방법으로 캐주얼 섹스를 활용한다. 보글이 인터뷰한 여성의 대다수는 캐주얼 섹스가 어떤 결과를 낳을지 전혀 예상할 수 없었다고 털어놓았다. "캐주얼 섹스는 주사위 놀이예요."[45] 이런 불확실성은 틴더와 같은 새로운 데이트 앱의 개발로 훨씬 더 커지고 심각해졌다. '애스크멘'AskMen이라는 이름의 대중적인 인터넷 데이트 사이트는 '틴더 혁명'을 두고 다음과 같이 촌평하며 부러워한다.

틴더는 젊은이들에게 일종의 섹슈얼리티 서비스 상점이 되었다. 섹스 관계나 사랑의 짝 또는 그냥 누가 근처에 사는지 궁금한 젊은이들은 틴더만 들여다봐도 소기의 성과를 얻는다. 틴더의 인기에 비하면 온라인 데이트 사이트는 정말 보잘것없어지고 말았다. 틴더는 그만큼 잠재적 파트너를 찾는 효과적인 방법을 제공하기 때문이다. 통계에 따르면 오늘날 약 5천만 명의 사람들이 틴더를 이용한다. 이 앱의 운영자는 2012년에 서비스를 시작한 이래 80억 건의 '결합'이 이루어졌다고 자랑한다. 물론 이 결합이 실제로 만난 것인지, 아니면 다른 형태의 접속인지 하는 점은 분명하게 가늠할 수 없다. 틴더는 젊은이들이 항상 휴대하고 다니며 개인적인 '꿈의 파트너'를 찾거나, 아니면 그저 거리낌 없이 즐길 상대(캐주얼 섹스)를 검색하는 주요 수단으로 발돋움하면서 현재 데이트 세계의 대부분을 차지한다.[46]

틴더는 오로지 빠르게 섹스 상대를 찾거나, '꿈의 파트너'를 검색하는 두 극단 사이에 지극히 다양한 만남의 가능성을 열어놓았다. 이런 만남의 성격을 일일이 추적하는 일은 불가능하다. 이 사실은 내가 '프레임의 혼란'과 '프레임의 불확실성'이라고 부른 것이 실제로 심각한 지경에 이르렀다는 방증이다. 오늘날 사람들은 자신이 어떤 프레임 안에서 행동하고, 이 행동의 경과를 예측하고 그에 알맞은 도구상자를 찾아야 좋을지 몰라 더없이 어려워한다. 전통적인 구애와 배우자 찾기가 인지적 관점에서든 실제로든 촘촘하게 규정된 시나리오(청년이 젊은 여성의 집으로 그녀를 데리러 와서 춤을 추러 가거나 영화를 관람하고 다시 집까지 배웅해주고 키스를 하거나 포옹하는 시나리오)를 따른 반면, 오늘날 캐주얼 섹스는 애정 관계에서 이 시나리오의 성격을 지워버렸다. 구애라는 스토리의 결말을 장식하던 섹스는 이제 아예 처음 만나는 날부터 시작된다. 캐주얼 섹스의 이런 실태는 관계의 목적을 불투명하게 만들었다. 바꿔 말해서 관계가 아예 섹슈얼리티 중심으로 변모하면서 처음 만나 접점을 찾는 시도는 곧장 성적인 것이 되었다. 이 성적인 것은 관계의 끝일 수도, 아닐 수도 있다. 문화가 섹슈얼리티화하면서 섹슈얼리티는 일단 처음부터 상호작용으로 돌입하는 영역이 되었다. 남성과 여성은 미리 상대를 섹슈얼리티화한 연기자로 간주한다. 특히 남성이 여성을 성적 만족의 대상으로 바라볼 때가 그렇다.

라나는 39세의 이스라엘 여성으로 학교를 중퇴했으며, 그동안 비서로 일해왔다. 그녀는 결혼 생활을 8년 했으며, 두 아이를 가진 어머니다. 인터뷰 시점을 기준으로 5년 전에 이혼한 라나는 매력적이라는 말을 들을 만한 모든 특성을 갖추었다. 그녀는 남자들이 자신을 어떻게 대했는지 다음과 같이 묘사한다.

라나   저는 어려서는 아버지의, 결혼해서는 남편의 지배를 받았죠. 이제 저는 누구의 지배도 받지 않습니다. 남편은 무엇을 입어야 할지, 헤어스타일은 어때야 하는지, 내가 누구와 이야기를 나눠도 좋은지 늘 명령하곤 했어요. 이제는 누구도 그러지 않아요. 제 아버지는 마초, 모든 걸 자신이 통제해야 하는 마초였죠. 저는 매를 맞으며 자랐습니다. 결혼은 그런 집에서 빠져나오는 도피 수단이었어요. 그러나 남편은 아버지보다 더 나빴습니다.
질문자   최근 관계를 가졌던 남자의 예를 들어주실 수 있나요?

라나 저는 재키라는 남자를 만났는데, 친절하지 않고 늘 위협만 하기에 이내 깨졌어요. 그다음에는 카이를 만났죠. 저는 그가 무척 좋았어요. 상냥하고 귀여운 남자거든요. 우리는 틴더를 통해 만났죠. 아세요? 틴더는 섹스를 위한 사이트죠. 카이가 원하는 건 오로지 섹스였어요. 저는 그게 섹스 사이트라는 걸 몰랐어요. 저는 섹스보다 더 많은 것에 관심이 있었지만, 카이는 오로지 섹스만 원했어요. 저는 그게 섹스 사이트라는 걸 알고 너무나 창피했어요. 내가 마치 섹스만 원하는 걸로 카이가 믿었을 테니. 제가 섹스만 밝히는 여자로 알았을 거 아녜요. 어쨌거나 그는 가버렸어요. 다시는 전화하지 않더군요. 지금은 여자 친구가 소개해준 남자와 만나고 있어요. (…)

질문자 지금껏 남자들과 가졌던 관계에서 가장 큰 문제는 뭐였나요?

라나 그들은 여자를 섹스 상대로만 봐요. 섹스만 생각하는 것은 이 사람이 나하고 맞는지 묻는 것과 전혀 다르죠. 예를 들어 지금 만나는 새 남자는 저를 그의 부모에게 데려갔어요. 그는 나를 진지하게 여긴다는 것, 내가 섹스 상대인 것만은 아니라는 점을 보여주고 싶었나 봐요. 그러나 대다수 남자는 여자를 오로지 섹스 상대로만 보고, 또 그렇게 취급해요. 이런 남자들과는 도대체 어디 서 있는 것인지 절대 알 수 없어요. 대체 뭘 원하는지, 원하는 게 있기는 한 건지 알 수가 없죠. 많은 경우 오로지 섹스만 원하죠. 그렇지만 섹스만으로 인생을 사는 건 아니잖아요. 저는 항상 강한 여성이라는 이미지를 꾸미려 노력했어요. 제 자신의 주인이라고 할까. 저는 매우 독립적인 여자예요. 어떤 식으로든 통제하려는 남자는 두려워요. 알아요, 관계를 유지하려면 타협하고 많은 걸 포기하며 희생해야죠. 하지만 저는 의존적이 되는 게 싫어요. 그래서 저는 강한 이미지를 꾸미려 하고, 매우 자기방어적이죠. 홀로 있는 게 아무 문제가 되지 않는다는 강한 인상을 심어주려 노력하죠. 누군가 저를 원하는 사람은 저를 있는 그대로 받아들여야 해요. 나는 항상 남자들에게 이렇게 말해요. 나를 있는 그대로 받아들일 수 없다면, 나를 바꾸려 한다면, 너는 이미 패배자라고. 나는 전혀 문제없다고. 나를 원하지 않는 것은 너희 문제라고. 내 문제가 아니라고. 저는 잃는 것이 두려워 나를 바꾸어야 할 정도로 특별한 뭔가를 알지 못한다고 말해주죠(침묵). 어렸을 때 저는 제 자신이 다른 여자처럼 매력적이지 못하다고 생각했어요. 그렇지만 제 일자리가 저를 확 바꿔놓았어요. 저는 어떤 대학교에서 수석 비서로 일합니다. 학교에서 해나라는 친구를 만났죠. 그녀는 저에게 제 자신을 사랑하고, 제가 얼마나 가치 있는 존재인지 배우는 법을 가르쳐줬어요. 지금 생각해보면 어렸을 때 자존감이 매우 낮았죠. 저는 해나와 함께 긍정적 사고방식을 배우는 코스를 다녔어요. 이 배움이 저를 완전히 바꿔놓았어요. 이후 저는 이혼할 힘을 얻었죠. 그전에는 이혼은 꿈도 못 꿨어요. 홀로 남는 게 두려워서. 가족과 친구들의 비난이 두려워서. 그러나 지금 일자리에서 저는 많은 지원을 받았고, 일을 참 잘하며, 아름답고 매력적이라는 칭찬을 들었어요. 이런 칭찬이 많은 힘을 주었어요. 이제 저는 사람들이 저를 보고 뭐라 하든, 무슨 생각을 하든 개의치 않아요. 저는 자율적인 권한을 키우는 코스를 거쳤으니까요. 제 남자친구는 이렇게 말해요. "당신은 늘 더 강해지려 노력하는 거 같아." 맞아요. 저는 늘 더 강해질 필요가 있다고 생각해요.

라나의 이야기는 남성과의 관계를 특히 회의적으로 보는 그녀의 관점을 고스란히 드러낸다. 라나에게 관계는 예측 불가능한 것이다. 자신의 관계가 어떤 프레임을 가지는지 라나는 도무지 알 수가 없기 때문이다. 그녀의 관계를 불확실성으로 만드는 것은 자신을 오로지 섹스 상대로만 보는 남성의 이해관계다. 오로지 섹스만 원하는 남성을 보며 라나는 자신이 착취당한다고 느낀다. 남성은 그녀가 '어떤 인품의 사람'인지 전혀 관심을 가지지 않고 섹스만 탐하기 때문이다. 바로 이런 이유에서 라나는 칸트의 의심 섞인 눈길로 남성을 바라본다. 칸트는 상대방의 인격 전체를 소중히 여기고 결코 도구로 다루는 일이 없어야 한다고 강조했다. 라나의 눈에 오로지 '섹스만 원하는 남성의 태도'는 여성의 존재를 전인간적으로 인식하지 않고 도구로 보는 것이나 다름없다. 이로써 여성의 자존감은 끊임없이 위협을 받는다(라나는 이런 위협을 여자 친구와의 우정으로 이겨낸다).

이제 비르지니의 이야기를 들어보자. 57세의 이 프랑스 여성은 현재 이스라엘에 거주하며, 인터뷰 시점을 기준으로 12년 전에 이혼했다. 지금 비르지니는 확실한 배우자를 찾는다.

비르지니 남자와 여자는 원하는 게 달라요. 물론 일치하는 것이 아주 없지는 않겠죠. 그렇지만 관계를 시작하고 나면 서로 다른 걸 원한다는 느낌을 지울 수 없죠.
질문자 예를 들자면?
비르지니 좋아요, 예를 하나 들어드리죠. 저는 얼마 전 창의적 글쓰기라는 강좌에 새로 참가했어요. 그리고 강좌를 같이 듣는 젊은 남자가 한 명 있죠. 그 친구는 정말 젊어요, 스물세 살이니까. 그런데 지난주에 강좌가 끝난 뒤 우리는 커피를 한잔 마시면서 서로 대화를 약간 나누었어요. 어느 순간 그가 돌연 이런 말을 하더군요. "괜찮으시면 함께 자고 싶습니다." 나는 그를 인간적으로 좋아하기는 하지만, 그와 잠을 자고 싶은지는 분명하지 않다고 대답했죠. 나는 그를 좀 더 잘 알아야 하겠다고 말했어요. 내가 말을 마치자 그는 자리에서 일어나 자신이 마신 커피 값을 치르고는 가버렸죠. 그냥 간단히 사라졌어요. 나는 먼저 그러고 싶은지 명확히 했으면 좋겠다고 말했을 뿐인데. 그는 "좋아요, 굿 나이트" 하고는 가버리더군요. 나는 마치 그가 바닥에 버린 휴지 조각, 아무 짝에도 쓸모없는 쓰레기가 된 느낌이었습니다.

여성이 관계의 프레임을 바꾸자마자 남성은 자리에서 일어나 가버렸다. 이로 미루어볼 때 성적 관계로의 진입은 결코 간단치 않은 문제다. 여성은 캐주얼 섹스를 쾌락을 맛볼 기회로 여기고 자신감의 원천으로 바라보기는 하지만, 반대로 남성은 거부당할 위험을 감수해야 하기 때문이다. 앞의 사례에서 여성은 젊은 남성의 요구에 차분하면서도 이성적인 답변을 했음에도 거부당했다고 느끼는 남성의 반응에 당혹해한다(자신이 바닥에 버려진 휴지 조각처럼 느껴졌다고 했다).

내가 이야기를 나눠본 많은 여성은 섹슈얼리티가 인격체로 인정받을 가능성을 허문다는 의견을 보였다. 캐주얼 섹스는 만남을 일종의 제로섬 게임으로 만든다. 얻은 것과 잃은 것을 합산해 결국 제로가 되는 게임처럼 캐주얼 섹스는 성적 쾌락을 맛볼 이득을 주기는 하지만, 자존감을 무너뜨릴 위험을 감수하게 한다. 자존감이란 서로 존중하며 인정할 때 생겨난다. 전통적 가부장제 사회에서 여성의 가치는 그의 계급과 성적 미덕이 결정했다. 이 두 기준이 여전히 유효하기는 하지만 성적 자유의 체제에 이르러 여성의 가치는 어디서 찾아야 하는지 애매해지고 불확실해졌다. 섹슈얼리티의 자율화는 자아의 가치를 어디서 찾아야 하는지 알 수 없는 불확실성을 만들고 말았다. 감정의 소통 가능성도, 단순히 관계를 정의해보고 싶은 것도, 관계의 목적과 그

연속성도, 섹슈얼리티와 무관한 감정적 자아의 자격도 어떻게 정리해야 할지 불확실하다. 그래서 여성은 남성보다 훨씬 더 복잡한 속내를 가지고 캐주얼 섹스를 본다. 연구 결과가 확인해주듯 여대생은 캐주얼 섹스, 특히 만난 지 24시간도 안 되어 성행위를 하고 이후 더는 만남이 이뤄지지 않을 경우 엄청난 후회에 시달린다.[47] 관련 자료들[48]을 검토한 일레인 에시보와 게리 구트는 여성이 '후회'를 느낄 확률이 남성보다 훨씬 더 크다고 확인한다(남자는 성적 모험을 감행하지 않은 것을 후회할 따름이다). "여성은 남성보다 '후회나 실망'을 훨씬 더 느낀다. 원나이트 스탠드를 왜 자신이 감행했는지 스스로 캐물으며 여성은 수치심과 자기 회의에 사로잡힌다. 반대로 남성은 '만족감'을 느낀다."[49] 이런 정황은 캐주얼 섹스가 남성이 선호하는 것임을 아주 분명하게 확인해준다. 젠더에 따른 이런 차이는 레즈비언과 게이 사이에서도 고스란히 드러난다. 레즈비언 여성은 게이 성향의 남성에 비해 관계를 훨씬 더 중시한다.[50] 성경험이 전혀 없는 여성('처녀')이 첫 경험을 한 사례를 장기간에 걸쳐 조사한 캐서린 그렐로와 동료들은 흥미로운 확인을 했다. 낭만적 사랑을 선택한 성인 여성에 비해 캐주얼 섹스를 주로 즐긴 여성은 우울증을 앓거나 폭력행위의 희생자가 되거나 본인이 범죄를 저지르는 확률이 훨씬 더 높았다.[51] 그렐로가 참여한 다른 연구팀은 청소년의 우울증과 애정 관계를 다룬 논문에서 이렇게 썼다. "일시적 관계이거나 데이트 관계에서 성적 상호작용에 참여한 청소년기 여성은 성적 활동 이전과 이후 모두 우울 증상을 아주 심하게 보였다."[52] 다른 학자들 역시 캐주얼 섹스 경험을 한 여대생은 확실한 애인이 있는 여대생에 비해 열등한 자존감을 가지는 것을 밝혀냈다. 더욱 놀라운 사실은 이런 여대생은 성경험이 전혀 없는 여대생에 비해서도 열등감이 심했다는 점이다.[53] 연구는 또 캐주얼 섹스 때문에 죄책감을 느끼는 여대생은 불편함과 혼란을 겪는 나머지 자존감이 더욱 떨어지는 것을 확인했다.[54] 그러나 예상과 전혀 달라 더욱 놀라운 사실은 캐주얼 섹스가 여성의 자존감만 떨어뜨릴 것이라는 연구자의 전제와 다르게 남성의 자존감도 약해지는 것으로 나타났다는 점이다. 열등한 자존감과 캐주얼 섹스 사이의 상관관계를 보여주는 연구는 많다.[55] 이런 상관관계가 무엇을 의미하는지 학자들은 논란을 거듭하고 있지만, 아무튼 캐주얼 섹스가 여성의 자존감(많은 경우 남성의 그것도)을 떨어뜨리는 것은 분명한 사실이다. 남성이든 여성이든 섹슈얼리티가 쾌락과 지위 상승을 추구하는 새로운 형태의 사회 자본이 되었음에도, 어째서 캐주얼 섹스가 자존감을 떨어뜨리는지 참으로 흥미로운 대목이 아닐 수 없다. 여성의 섹슈얼리티는 사회적 관계에 '끼워 넣어지는' 것인 데 비해, 남성의 그것은 오히려 관계로부터 분리되기 십상이다. 심지어 남성의 섹슈얼리티는 '의미 없는 섹스'로 변한다고까지 말할 수 있다. 해밀턴과 암스트롱이 여성의 섹슈얼리티가 지니는 특징을 '관계적 의무'라고(비록 두 연구자가 이런 표현을 경험적으로 잘못된 것이며 규범적으로 바람직하지 않다고 보기는 했을지라도) 정리했던 점을 염두에 두자.[56]

　캐주얼 섹스로 인해 여성이 부정적 감정을 가진다는 사실은 섹스를 부끄러운 것으로 여기는 이중적 기준의 여전히 강력한 문화와 그 중압감이 원인일 수 있다. 반대로 남성에게는 그 어떤 상징적 처벌 없이 성적 모험을 감행하게 허락하는 것이 이런 문화다. 이런 해석의 주된 근거는 예나 지금이나 여전히 강력한 가부장제의 힘이다. 가부장제 문화는 여성과 남성에게 서로 다른 성규범을 강제한다. 남성은 더 큰 성적 자유를 누리는 반면, 여성은 온갖 성도덕의 규제를 받는다. 그러나 이런 해석은 쉽게 알 수 있는 결함을 가졌다. 남성의 섹슈얼리티를 기준으로 섹슈얼리티를 평가한다는 것이 그 결함이다. 앞서 내가 논증했듯, 실제로 캐주얼 섹스는 남성 중심의 섹슈얼리티 관점을 고스란히 따른다. 구속력을 가지는 관계를 맺지 않고 일정 정도 거리를 두는 섹스가 자유롭다는 주장은 암묵적으로 자유로운 섹슈얼리티와 거리를 두는 섹슈얼리티, 그리고 남성 섹슈얼리티와 자유로운 섹슈얼리티의 등가성을 지지한다. 마찬가지로 여성의 섹슈얼리티가 관계 진입을 주목적으로 한다는 '관계 중심'의 관점 역시 통념이 반영된 것이다. 여성은 섹슈얼리티를 경제 자원이나 사회적 지위와 맞바꾼다는 것이 이런 통념이다. 더욱이 사회적 생산의 측면에서 여성은 항상 돌봄의 역할을 강제받았다. 남성의 정체성은 출산과 돌봄을 애초부터 면제받는 것이었던 반면, 가부장제라는 사회 조직은 남성을 언제나 여성의 손길을 필요로 하는 돌봄의 대상으로 만들었다. 여성의 정체성과 그 사회경제적 지위는 언제나 결혼과 어머니 역할로 규정되었다.[57] 바로 그래서 여성의 섹슈얼리티는 남성의 그것보다 관계 중심적으로 해석될 수밖에 없었다. 여성에게 돌봄과 관계성은 혼연일체를 이룬 사회적 역할(예를 들어 어머니 역할)이자 동시에 경제적 지위(예를 들어 간병이나 양육)를 뜻한다. 바로 이런 역할과 지위가 여성의 감정-문화적 정체성이다. 이렇게 볼 때 관계성은 여성 섹슈얼리티의 중심이다. 그리고 이런 사실은 여성이 돌봄의 역할로 경제, 문화, 사회적 생산에서 정말 큰 몫을 하고 있음을 여실히 반영한다.[58] 이런 이유로 남성과 여성은 캐주얼 섹스를 서로 다르게 경험할 수밖에 없다. 여성이 가지는 죄책감과 열등한 자의식은 무릇 '여자는 감정과 관계를 돌보고 가꿔야 한다'는 전통적 관념 때문에 생겨난다.

거리 두기와 관계 중심 방식 간의 긴장을 잘 보여주는 인물이 클레르다. 52세로 프랑스의 한 견실한 기업 대표인 그녀는 세 자녀를 두었으며, 두 번의 안정적인 관계를 경험했다. 첫 번째 관계는 19년 만에 깨졌고, 두 번째는 3년 만에 끝났다고 그녀는 말했다. 클레르는 그동안 숱한 남자와 섹스를 했다고 털어놓았다.

클레르 지금 저는 잠자리 상대로 단 한 명의 남자만 있으면 돼요. 자주 할 필요도 없어요. 일주일에 한 번 정도만 해도 대단히 만족스럽죠.
질문자 한 남자와 일주일에 한 번 섹스를 원하신다고요?
클레르 아뇨, 물론 그런 말이 아니죠. 제가 원하는 것은 일종의 종합 세트예요. 사랑, 함께 살기. 그러나 일주일에 한 번이면 족한데도 참 어렵기만 하네요.
질문자 지금 표현하신 대로 종합 세트를 원하신다면, 왜 잠자리 상대가 필요하다고 말씀하시죠?
클레르 저는 섹스가 필요하니까요. 올바른 완전한 관계라면 얼마나 좋겠어요. 하지만 그게 안 된다면 저는 섹스만으로 만족해요.(웃음). 일주일에 한 번 안을 수 있는 남자가 있다는 게 중요하죠(침묵). 그 밖에 그들(남자)에게 압력을 주지 않아야 해요. '난 모든 걸 원해' 하는 인상을 주지 않아야 남자는 관계에 응해요. 조건 없이 아무런 토를 달지 않는 관계를 남자는 선택하죠. 기대가 없는 관계는 간편하고 다루기도 쉬우니까요. 남자는 기대를 가진 여자를 견디기 힘들어해요. 그럼 문제가 복잡해지죠. 기대를 가지면 실망할 뿐만 아니라, 쉽게 상처를 받아요. 결국 협상을 해야죠. 두 사람이 뭘 어떻게 해야 하는지 생각이 똑같을 수는 절대 없으니까요. 가장 확실한 방식은 아무 기대를 가지지 않고 섹스만 하는 거죠. 이런 섹스가 순전한 쾌락이기는 해요. 상대방의 감정적 부담을 어떻게 다뤄야 할까 수고하지 않아도 되고.

인터뷰 내용은 몇 가지 흥미로운 지점을 보여준다. 클레르는 섹슈얼리티를 남성과 부담 없이 즐길 영역으로 바라본다. 그녀에게 감정은 늘 변하는 불안정한 것이라 불확실성만 조장할 따름이다. 감정을 기대하는 관계는 실망만 부른다. 관계에 대한 불안을 만드는 것은 섹슈얼리티가 아니라 감정이다. 성적 관계는 당사자(특히 남자)의 자율성 요구를 위협하지 않기 때문이다.[59] 성적 관계의 규칙은 명확하고 간단한 반면, 감정적 관계의 규칙은 정하기 어려울 뿐 아니라 복잡하다. 클레르처럼 말솜씨가 뛰어나고 매력적인 여인이 관계에 가지는 기대를 오직 섹스의 결합에 포함시키는 자세는 매우 흥미로운데, 그 이유는 섹슈얼리티가 남성의 자율성 요구를 위협하지 않는다는 데 있다. 그녀는 성적 욕구가 주기적으로 만족될 수만 있다면 감정이 없는 관계라도 얼마든지 수용할 수 있다고 주장한다. 이로 미루어볼 때 섹슈얼리티는 감정적 관계보다 다루기 쉬운 상호작용의 영역이며, 감정적 관계보다 더 강력한 존재론적 현실이다. 여기서 섹슈얼리티는 불확실성을 초래하지 않는 반면, 전통적으로 의식을 구성하는 '요소', 곧 의도, 기대, 감정 등은 불확실성을 초래한다. 섹슈얼리티는 관계의 원천인 감정을 대체했다. 『베니티 페어』의 기사는 이런 사정을 다음과 같이 묘사한다.

예전에 인간은 주변, 곧 가족과 친구를 통해 짝을 찾았다. 그러나 오늘날 인터넷을 이용한 만남은 다른 모든 형태를 능가한다. (…) (영화) 《유브 갓 메일》You've Got Mail(1998)의 주인공들이 서로 마음에서 우러나와 주고받는 메일은 오늘날 데이트 앱에서 흔히 보는 메시지에 비하면 빅토리아 시대의 유물처럼 여겨질 정도다. "저는 '한번 할까?' 하는 메시지를 받았어요." 뉴올버니 남서부의 인디애나 대학교 4학년인 22세 여대생 제니퍼의 말이다. 그녀의 친구인 19세의 애슐리는 이렇게 덧붙였다. "또 이렇게 썼잖아. '이리 와서 내 얼굴 위에 앉아.'"[60]

섹슈얼리티 중심의 관점은 인간이 서로 나누는 상호작용을 해석하고 시작할 믿을 만한 토대이자 중심을 몸으로 인식한다.

캐주얼 섹스는 이런 관점의 전형이다. 학자들은 이런 섹슈얼리티 중심의 관점이 지니는 요소를 네 가지로 정리한다.[61] 첫째, 한 인간의 가치를 결정하는 유일한 요소는 성적 어필이다. 둘째, 성적 어필은 좁은 의미에서 몸의 매력이다. 셋째, 최소한 한 명의 파트너가 성적으로 대상화되어 있다(대상화). 넷째, 섹슈얼리티가 너무 만연한 나머지 사람들에게 강제력을 발휘한다.[62] 결국 섹슈얼리티 중심의 문화는 인간의 많은 또는 거의 모든 상호작용 그리고 많은 또는 거의 모든 사회 계층에 침투했다. 미국심리학회의 연구 그룹은 이런 과잉 섹슈얼리티가 상호성을 기반으로 삼는 건강한 섹슈얼리티와 정반대의 것이라고 본다. 그러나 이런 과잉 섹슈얼리티 문제를 보는 나의 관점은 다르다. 내가 보기에 과잉 섹슈얼리티가 만든 가장 큰 문제는 몸이 인간 상호작용의 주된 영역이 되었다는 것이다. 과잉 섹슈얼리티는 감정 표현과 교류를 하찮은 것으로 여기고 불확실하게 만들었다. 인간이 서로 상대를 알아가며 쌓는 신뢰의 원천은 감정이 아니라 몸이 되고 말았다. 인간이 사회적 인정을 받는 과정은 이로써 몸과 자아가 충돌하는 모순의 장이 되었다.

몸이 따로 분리되어 자율적인 것으로 여겨지기 때문에,[63] 몸에 기반한 인식론은 상호성을 중심으로 하는 사회성과 잘 조화되지 않는다.[64] 이를테면 프랑스 사회학자 피에르 부르디외는 선물을 주고받는 교류의 바탕에 깔린 것은 시간성과 미래를 향한 기대이며, 그러므로 상호성의 사회관계는 시간에 깊은 뿌리를 내리고 있음을 보여주었다.[65] 시간성과 미래는 상호성에 내재한다. 캐주얼 섹스는 정도의 차이는 있지만 직접 경험되는 것(두 몸은 동시에 또는 짧은 시간 간격을 두고 쾌락을 느낀다)이라서 미래와의 사회적 교류를 끊어놓는다. 다시 말해서 캐주얼 섹스는 상호성, 서사 구조가 있는 스토리, 기대, 미래에 대한 투사(선물에 감사하는 마음으로 응답하는 일은 항상 미래에 이뤄진다)에 기반을 두는 전통적인 사회성과 다르다. 전혀 모르는 타인과 상호작용을 하는 것은 전통적인 사회성과 다를 수밖에 없다. 타인과의 상호작용은 서로 주고받는 상호성을 필요로 하지 않는 시나리오에 따라 이뤄진다. 타인과의 즉흥적인 섹스는 서로 기대하는 일도 없으며, 협상의 여지도 갖지 않는다. 캐주얼 섹스는 상호작용의 불확실한 형태이다. 폭넓은 가능성의 스펙트럼을 허용하기 때문이다. 사회학과 경제학은 불확실성의 핵심을 기대의 부재, 더 정확히 말해서 기대를 만들어내고 상상하며 협상하는 과정의 부재로 본다.

 (불확실성은) 미래를 알 수 없어서, 기대가 충족될지 알 수 없어서 생겨나지만, 또한 현재에 기대를 만들어낼 수 없는 우리의 무능함 탓에 만들어진다. 기대를 만들어내는 것은 일반적으로 규범과 제도다. 규범과 제도는 애매하지 않고 명확한 생각과 기대를 키워준다. 물론 이런 명확한 생각과 기대에도 어느 정도 불확실성은 있을 수밖에 없다.[66]

캐주얼 섹스는 인간의 내면에 명확히 아로새겨진 규범의 핵심을 가지지 않아서 불확실성을 만들어낸다. 캐주얼 섹스는 분산된 제도라는 구조를 지닌 소비시장의 상품으로서 욕구의 즉흥적 만족을 위한 것이며, 일시적이고 덧없는 쾌락, 이내 진부해지는 쾌락을 만들어내기 때문에 불확실성을 낳는다. 또 캐주얼 섹스는 그때그때 가지를 뻗어나가듯 계속 상대를 바꾸어대기 때문에 관계라는 시나리오의 특성을 애초부터 가지지 않는다. 근대 이전의 애정 관계에서 여성과 남성의 역할은 결혼과 도덕의 정의에 따랐는 데 비해, 이제 섹슈얼리티는 소비시장이 주도하는 성적 정체성에 휘둘릴 뿐이다. 캐주얼 섹스는 거꾸로 된 사회적 시나리오, 곧 관계를 가지지 않음의 시나리오다.

지금까지의 논의를 요약해보자. 악셀 호네트의 용어를 빌려 이야기하자면, 남성은 자율성과 거리 둠과 축적이라는 양상으로 성적 자유를 만끽하는 반면,[67] 여성의 성적 자유는 겉으로는 자율성을 표방하는 것 같지만 여전히 관계 중심에서 벗어나지 못하는 양면성을 보인다. 이는 곧 여성은 상대방과 함께 공동의 감정적 목표를 이루려는 노력을 포기하지 않았음을 뜻한다. 여성에게 캐주얼 섹스는 몸의 자율성과 관계 지향성 간의 갈등을 일으키는 것인 데 비해, 남성에게 캐주얼 섹스는 성적 자본과 지위를 축적할 기회다. 예나 지금이나 여성이 사회에서 돌봄이라는 중요한 역할을 맡기 때문에 사회는 여성의 본질을 관계 지향적이라고 본다.[68] 반대로 남성에게 캐주얼 섹스는 남성성의 핵심 상징을 마음껏 누릴 방법이다. 권력, 거리 두기, 자율성 그리고 목적을 위해서라면 어떤 수단도 좋다는 자세로 남성은 자신의 욕구 충족에 골몰한다. 이런 의미에서 관계의 섹슈얼리티화는 관계 의무와 충돌하고, 성적 영역과 애정 관계의 사회적 구조에서 여성과 남성들을 서로 다른 자리에 위치시킨다.

관계의 불확실한 영토적 지리

섹슈얼리티화는 다른 방식으로도 혼란을 만들어낸다. 섹슈얼리티화는 성적 체험의 축적을 가능하게 하고 심지어 조장하기 때문에 관계 사이의 경계를 흐려놓는다. 관계를 맺는 근대의 방식은 관계 사이의 경계를 명확히 하는 것, 곧 서로 다른 관계를 언제 어떻게 시작하고 끝내는지 정의하는 능력의 함양이었다. 그러나 관계 축적에 치중하는 오늘날의 실태는 관계의 경계를 그리는 데 도움이 되는 감정적, 개념적 범주 정하기를 무척 어렵게 만든다. 예를 들어 오늘날 우리는 친구와 애인을 정확히 구분하지 못한다.

아르노는 63세로, 프랑스 정부에서 고위직 공무원을 지낸 인물이다. 그는 11년 전 이혼했으며, 두 아들을 두었고, 현재 인터넷의 데이트 포털을 이용한다.

아르노 저는 이혼하고 많은 관계를 가졌죠. 그 가운데 몇몇은 심지어 오래가기도 했지만, 이런저런 이유로 결국은 파국을 맞고 말았죠.
질문자 왜 그런지 아세요?
아르노 물론 알죠. 5분 뒤면, 이게 무슨 말인지 아실 거예요. 글자 그대로 5분은 아니지만, 정말 빨리 여자는 함께 살자고, 미래를 생각하자고, 관계를 진지하게 받아들이자고 보채죠. 저는 그럴 수가 없어요. 여자와 함께 있으면 기분이 좋아요. 그들을 좋아하고, 많은 경우 사랑하기도 했죠. 하지만 저는 자유를 포기할 수 없어요. 제 자유는 언제나 더 중요한 것이니까요.
질문자 그럼 만나는 여성과 캐주얼 섹스만 선호하시나요?

아르노 아니죠, 무슨 말씀을! 저는 캐주얼 섹스를 싫어합니다. 원나이트 스탠드를 혐오합니다. 저는 관계를 사랑합니다만, 관계를 둘러싼 어떤 소동도 원치 않습니다. 저는 현재에 살고 싶고, 제 파트너가 자유 시간에 뭘 하는지 알고 싶지 않습니다. 또 제가 무얼 하는지 그녀가 아는 것도 원치 않습니다. 우리의 성생활은 자유로워야 합니다. 서로 분리되어야죠.

질문자 그럼 구속력을 가지는 일대일 관계는 원하지 않는다고 이해해도 되나요?

아르노 예, 정확히 그렇죠. 왜 관계를 정의해야만 하나요? 왜 여성들은 '이 여행이 어디로 갈지' 알려는 욕구를 느낄까요? (그는 손가락으로 큰따옴표 표시를 했다.) 저는 관계의 방향을 알아야 할 필요가 전혀 없다고 봅니다. 우리는 서로 상대를 자유롭게 해야죠.

질문자 그럼 선생님이 원하는 관계는 분명한 목표가 없는 열린 관계네요.

아르노 정확합니다! 저를 아주 잘 이해하시는군요(웃음). 그렇죠. 관계는 순간의 쾌락에 봉사합니다. 그 이상을 넘어가면 안 되죠. 케 세라 세라 Que sera sera(될 대로 돼라). 미래, 관계의 정의, 아니죠, 아닙니다. 순간의 쾌락에서 다음 쾌락으로. 바로 그래서 저는 여성이 제 몸을 소유할 수 있다는 생각을 허튼소리로 여깁니다.

질문자 사랑, 필생의 사랑이라는 뜻에서 일부일처라는 관계는 선생님이 보기에 불합리한 것인가요?

아르노 사랑은 항상 끝나요. 저는 영원한 사랑을 했다는 사람을 알지 못합니다. 사랑은 언제나 끝나죠. 늘 새로운 욕망이 생기니까요. 새로운 육체를 탐색하고픈. 저는 그래서 이런 욕망 이상의 기대를 품지 말자는 교훈을 얻었죠. 저는 이런 교훈을 '정리'arrangement라고 부릅니다.

질문자 무슨 뜻인지 설명해주실 수 있나요?

아르노 앞서 이야기 드렸는데요(인터뷰 전에). 저는 동시에 여러 여성과 관계를 가졌습니다. 그들은 모두 저를 혼자 차지할 수 없다는 것을, 또는 저와 함께 살 수 없다는 것을 압니다. 저는 처음부터 그렇게 말합니다. 그러니까 누구에게도 거짓말을 하지 않습니다. 저는 이게 훨씬 더 편안합니다. 저는 그녀들 모두와 관계를 갖지만, 누구와도 특별히 연결되지는 않습니다.

질문자 그녀들 모두와?

아르노 예. 저는 누구도 특별히 선호하지 않습니다. 그녀들은 저마다 다른 매력을 가졌으니까요. 이건 관계를 가지는 매우 편안한 방식이죠. 제 철학은 할 수 있는 한, 쾌락을 주고받자입니다. 이건 아주 간단하고 편안한 생활방식이죠.

아르노는 이런 '부정적 자유'를 복음처럼 떠받들며 계속 이렇게 말했다. "저는 오로지 하나의 규칙만 중시합니다. 누구에게도 상처를 입히지 말자. 상처만 주지 않는다면, 나의 자유를 지키는 일은 무척 중요합니다." 아르노는 더는 바랄 수 없을 정도의 명확함으로 캐주얼 섹스가 장기적 관계에 미치는 영향을 보여준다. 캐주얼 섹스는 이성애 규범의 주된 특징, 곧 일부일처, 결혼의 목적, 가정 생활이라는 특성을 폐기시킨다. 오로지 중요한 것은 섹슈얼리티일 따름이다.

이런 사정을 잘 보여주는 예는 얼마든지 있다. 그 가운데 하나는 '러브색'LoveShack이라는 웹사이트에 어떤 여성이 올린 글이다. 이 이야기는 캐주얼 섹스가 낭만적 관계의 생태계를 흐려놓는 또 다른 방식을 보여준다.

저는 일주일 전에 어떤 남자랑 끝냈습니다. 우리는 4개월 동안 사귀었으며, 그는 자신의 선택지를 계속 열어놓기로 결심했다고 하더군요. 정말 끝내주는 건 우리가 그의 가족을 주말에 두 번이나 찾아간 사이임에도, 그가 일요일이면 하루 종일 '매치닷컴'match.com만 들여다보는 걸 제가 두 눈으로 똑똑히 본 거예요. 아무튼 2월 초부터 지금까지 이런 식으로 그와의 관계는 온탕과 냉탕을 오갔어요. 관계를 진전시키는 결정적 행보를 내딛는가 싶으면, 어느 틈엔가 그는 제자리로 돌아와 있더라고요. 한번은 그가 다른 여자와 만난다는 문자를 저에게 보냈기에 저도 문자를 보내며 대판 싸웠어요(그 여자가 누군지 저는 몰라요). 그런데 그 여자와도 끝났다고 하더군요. 그 여자는 그가 제대로 된 낭만적 관계를 원하는 거 같아 싫다고 했대요. 그는 저한테 그거 보라며, 진지한 관계를 원하지 않는다고 불평하는 사람은 저뿐이라고 말하더군요. 다른 여자는 그가 관계를 원하는 걸 분명히 느끼는데 왜 저만 못 느끼느냐고…. 그는 저에게 우리 관계가 '자라날' 기회를 주겠다고 하더군요. 제가 좋아서 관계를 키우도록 신경 쓰겠다면서요. 그러면서 뭐라고 했는지 아세요? 자신이 진짜 뭘 원하는지 자기도 확실하지 않대요.[69]

이 이야기는 관계의 불확실성으로 빚어진 감정의 혼란이 어떤 지경에 이르렀는지 아주 잘 보여주는 사례다. 남자와 헤어진 여성은 자신과 친구의 감정이 정확히 어떤 것인지 알 수 없어 힘겨워한다. 문화사회학은 전통적으로 인간은 전략적 행동을 한다는 전제를 연구의 출발점으로 삼았다.[70] 이런 전제에 비추어볼 때 이 사례는 여성이 관계를 어떤 행동 전략으로 다뤄야 할지 몰라 힘들어한다는 것을 뜻한다. 그녀는 남자친구가 원하는 게 대체 뭔지 몰라 혼란스럽다. 남자 역시 자신이 무얼 원하는지 명확히 알지 못한다. 남자는 여자 또는 자신이 만나는 다른 여자에게 무슨 느낌을 가지는지 분명하게 알지 못한다. 마찬가지로 여성 역시 남자 혹은 자신이 원하는 것을 알지 못한다. 이런 상태는 명확한 경계를 잃어버린 관계를 고스란히 보여준다. 지그문트 바우만은 이런 상태를 두고 '유동적'이라는 표현을 썼다.[71] 유동적 관계란 당사자들이 관계의 목적을 명확히 알지 못해 불확실성에 사로잡히는 것을 말한다. 열린 관계는 당사자가 상황 파악은 물론이고 어떻게 대처해야 할지 행동 수단을 찾지 못하는 혼란에 빠뜨린다. 관계 당사자들은 자신이 대체 어떤 행동 체제 안에서 움직여야 하는지 알지 못한다. 섹슈얼리티는 연속성과 끝없음의 상황에 놓여 있기 때문에 관계의 사회적 범주는 변형된다. 관계들은 겹치며 서로를 지워버린다. 관계가 이뤄지는 프레임이 불분명하기 때문에 당사자들이 서로 추구하는 목적은 애매하다. 이런 관계의 주체는 상대를 그 누구로도 대체할 수 없는 유일한 존재로 보지 못하며, 자신이 상대에게 유일한 존재로 아낌을 받는다고 느끼지 못한다.

다음의 사례는 벤이라는 남자가 러브색 사이트 포럼의 깨지거나 어렵기만 한 관계를 다루는 게시판에 올린 글이다.

2009년에서 2010년 사이에(나는 19세로 대학교 2학년이었고, 그녀는 15세로 중학교 3학년이었다) 우리는 일종의 열린 관계를 가졌다. 나는 우리 관계를 위해 많은 노력을 기울이지 않았으며, 그녀는 나에게 이도 저도 아닌 뒤섞인 감정을 보였다. 마치 내가 무언가 대단한 잘못이라도 한 것처럼…. 그녀는 항상 기분이 바뀌는 변덕스러움을 보여주었고, 그럴 때마다 나는 그녀의 마음을 차지하려 안간힘을 썼다. 나는 그녀에게 푹 빠졌기 때문이다. 다른 사람이 보면 내가 그녀에게 관계를 강제하는 것만 같았을 것이다. 언젠가 우리가 열린 관계를 끝내기로 했을 때 그녀는 자신을 따라다니는 남자들과 어울렸다. 속이 상했던 내가 돌아오라고 간청하자 그녀는 그제야 남자들에게 퇴짜를 놓았다. (…) 아마도 다시 마음을 사로잡으려는 나의 노력에 감동했던 모양이다. 아니면 돌아와야 한다는 강박감을 느꼈거나. 그러나 우리의 열린 관계가 다시 시작되었음에도 나는 별다른 노력을 기울이지 않았다. (…) 관계를 위해 항상 애쓰는 쪽은 그녀였다. (…) 나는 정말이지 노력하는 척 시늉만 했을 뿐이며, 큰 노력을 기울이지는 않았다. 나는 그녀를 언제나 사랑하기만 했을 뿐, 거의 아무것도 하지 않았다. 우리 집에 항상 먼저 찾아오는 쪽은 그녀였다. 그녀는 교회의 기도 모임에 나가자고 하면서 나에게 약속해달라고 했지만, 나는 항상 싫다고 했다. (…) 나는 그녀와의 관계가 기분 좋았고, 그녀가 나를 떠나는 일은 절대 없을 거라고 믿었기 때문에 우리 관계를 당연하게 여겼다. 내가 몰랐던 사실은 이 시점에 그녀가 나를 사랑하는 마음이 차츰 식고 있었다는 점이다. 이렇게 해서 결국 그녀는 그냥 간단하게 나를 더는 사랑하지 않게 되었다. (…) 내가 너무 게임에만 몰두하거나 다른 문제에만 신경 썼기 때문이다. (…) 하지만 그렇다 하더라도 우리는 잘 맞는 한 쌍이다. 우리는 다른 사람이 없을 때 키스를 하고 손을 잡으며, 거의 섹스를 할 지경까지 갔다. (…) 그러나 나는 섹스에는 정말이지 관심이 없었다. (…) 그래서 나는 그녀와 사귄 6년 동안 섹스를 단 한 번도 하지 않았다.

그러다가 그녀에게 구애를 하는 남자가 나타났다. 그는 나처럼 그녀에게 사귀자고 밀어붙였다. (…) 사실 그녀는 같은 반의 한 남자애에게 빠져 있었다. 구애를 한 남자는 같은 반 남자애의 친구였다. 그녀가 나를 찾아와 구애받은 이야기를 하기에 나는 절대 받아들이지 말라고 했다. 우리는 열린 관계를 가졌던 사이고, 언젠가 때가 오면 공식적인 커플이 되자고 나는 그녀를 설득했다. 그러나 당시 그녀가 그 남자를 계속 만나고 있다는 사실을 나는 짐작조차 하지 못했다. (…) 그놈은 나보다 더 여자에게 사랑스럽게 굴었으며, 나보다 훨씬 더 많이 문자를 보내고, 항상 전화를 해댔다. 나는 우리가 이미 키스를 하고 손을 잡았으며 앞날을 약속하지 않았느냐고 호소했지만, 그녀는 끝내 그와 사귀었다. (…) 그러니까 그녀가 나에게 보인 행동은 이미 남자를 받아들일 결심을 했으면서도 벌인 일종의 사기 행각이다. 나는 그런 사실을 몰랐으며, 3주 뒤에야 비로소 알았다. (…) 나는 그녀에게 돌아오라고 간청하며 매달렸지만, 그녀는 지금 관계에 만족한다고 말했다.[72]

「자살의 벼랑 끝에 서서」라는 제목을 단 이 남자의 글은 혼란스럽고 복잡한 관계의 속내를 고스란히 드러낸다. 이 묘사는 여자와의 관계가 오랜 세월을 거치며 빛이 바랬다가 다시 신선함을 회복하고, 다시금 신선함을 잃어가는 과정을 그려낸다. 관계는 열린 것에서 구속력을 가진 확실한 것으로, 확실한 것에서 다시 열린 것으로 끊임없이 변해간다. 바꿔 말해서 관계의 프레임을 지탱하는 능력은 성적 다양성과 개방성으로 위협을 받는 것처럼 보인다. 이 관계가 따를 명확한 문화적 시나리오는 존재하지 않는다. 오히려 관계는 그때그때 기분과 자의에 따라 흔들린다. 흥미로운 사실은 여성이 새 남자친구가 더 명확한 관계의 프레임을 제시하자 오랫동안 유지해온 관계를 끝냈다는 점이다.

성적 독점은 대다수 이성애자들에게 헌신적 관계의 지표로 남아 있지만, 이용 가능한 기술은 성적 독점의 시나리오를 지키기 어렵게 하고 그 시나리오의 적용에 관한 규칙을 알기 힘들게 한다. 32세의 프랑스 남자 로베르는 독신이자 자칭 뮤지션으로, 다음과 같은 말을 했다.

로베르 저는 언제나 동시에 다양한 '거래'를 하죠. 대개는 별 볼일 없이 끝나는 관계니까요. 분위기가 무르익기를 기다리기보다 새로운 걸 시작하는 편이 좋아요. 저는 항상 동시에 셋에서 네 명과 일을 벌입니다.
질문자 여자들도 그걸 알아요?
로베르 물론 모르죠. 왜 알아야 하죠? 이건 제 인생이에요. 저는 그녀들이 나와 함께 있지 않을 때 뭘 하는지 몰라요. 물어보지도 않고요. 여자들에게도 저는 똑같은 걸 기대합니다.

로베르는 성적 다양성을 당연한 것으로 여긴다. 그는 성적 자유를 사생활의 특권으로 여기며, 대부분의 관계가 '어차피 아무것도 아니다'라고 보기 때문이다. 캐주얼 섹스는 이처럼 상호 관계의 프레임과 목적을 불확실하게 만들었을 뿐만 아니라, 그 관계의 경계(어떻게 어디서 성적, 감정적 관계가 끝나고, 또 새로운 관계가 시작되어야 하는지)도 흐려놓았다.

확실성의 원천으로서의 섹슈얼리티

역설적이게도 육체의 자율성은 몸의 체험이 확실성의 원천이 되었음을 의미한다(사람들은 몸이 누리는 성적 체험이 무엇인지 확실히 안다). 반면 그런 체험과 관계된 감정은 불확실해졌다. 또는 감정은 몸의 신호에 충실해야 한다. 섹슈얼리티화는 몸을 쾌락의 생물학적 생리적 전체로 이해하고 개인적 특질의 중심에 놓았기 때문에 관계 맺기에 필요한 감정의 의미를 퇴색시켰다. 몸은 계속해서 상대가 누구인지 판단할 앎의 유일한 원천 혹은 신뢰할 만한 원천으로 격상된다. 이스라엘의 예술가로 56세의 페미니스트 레즈비언인 레나의 말을 들어보자.

레나   어떤 여자를 보고 매력을 느끼는 순간 저는 그녀와 잠자리를 가져야 해요. 레스토랑에서 식사하기, 술 한잔하기, 영화 보기 따위의 시시한 일은 하지 않아요. 가장 먼저 잠자리를 해봐야 해요. 저는 잠자리를 가지기 전에 먼저 그녀와의 관계가 저와 맞는지 묻지 않아요. 심지어 그녀와 관계를 원하는지 알기 위해서라도 먼저 잠자리를 해봐야 해요. 섹스 없이는 아무것도 알 수 없으니까.

34세로 이성애 성향의 이스라엘 여의사 아비바도 비슷한 말을 했다.

아비바   남자가 통과해야 하는 첫 번째 테스트는 잠자리죠. 우리가 성적으로 서로 잘 맞는지, 나를 어떻게 만져야 할지 잘 아는지, 제가 알아야만 본격적으로 관계가 시작될 수 있죠. 아니라면, 저는 관계를 맺을 수 없습니다.
질문자   다른 건 다 잘 맞아도 안 된다는 말씀이신가요?
아비바   그렇죠. 섹스가 맞지 않는데 무슨 관계예요? 성생활은 제게 너무도 중요합니다.

레나와 아비바는 타인을 알고 가까워지는 완전히 새로운 방식을 암시한다. 이 방식에서 섹슈얼리티는 상대방이 나의 짝으로 맞는지 판단하고 인식하는 잣대의 역할을 한다. 섹슈얼리티의 이런 인식론적 역할, 곧 상대방의 인격을 파악하고, 관계의 진실을 탐구해가는 역할은 관계의 섹슈얼리티화라는 역설을 초래하게 한다. 관계는 불확실성으로 점철되는 데 반해, 몸과 섹슈얼리티는 확실성의 원천이(잠재적 또는 실제 파트너의 깊은 자아를 아는 방식) 되었다. 불확실성은 관계의 프레임과 목적, 범주뿐만 아니라, 성적 매력과 섹슈얼리티가 사람에게 접근할 때 하는 역할에도 미친다. 몸과 섹슈얼리티는 새로운 관계 인식론의 저장소가 되었기 때문에 관계의 진실로서 기능한다. 하지만 홀로 행동의 감정적 전략을 만들지는 못한다.

전근대의 구애는 감정으로 시작해 섹스로 끝났다. 그리고 전근대의 섹스는 죄책감과 불안감을 불러일으킬 정도로 조심스러웠다. 그러나 현재의 관계는 (쾌락적) 섹스로 시작해 어디서부터 어떻게 감정을 가꿔야 할지 몰라 전전긍긍하며 관계를 두렵게만 여기는 불확실성과 씨름한다. 몸은 감정을 표현하는 무대로 기능해왔다("좋은 관계는 좋은 섹스로 표현된다"는 상투적 표현을 보라). 그러나 감정은 성적 상호작용과는 관계없는 것이 되었다.

불확실성과 부정적 사회성

내가 '부정적'이라는 단어를 쓰는 방식은 철학 전통에서 가장 흔히 보이는 용법과 다르다. 아도르노는 부정적 사고를 같은 것 가운데 다른 것을 골라내는 사고방식, 곧 특수함을 파악할 수 있게 도와주는 사고방식이지, 추상적 언어유희나 일삼는 도구적 이성에 사로잡히는 게 아니라고 보았다.[73] 내가 쓰는 '부정적'이라는 단어는 헤겔의 『정신현상학』을 해석해 대중적 인기를 끌었던 알렉상드르 코제브의 관점과도 다르다.

자기의식의 존재를 궁구하는 철학, 곧 인간 자신이 누구인지 성찰하는 철학은 인간이 자기 존재를 드러내려는 긍정적인, 남이 자신을 알아주길 바라는 수동적인 응시만이 아니라, 기존의 존재를 부정하려는 욕망, 곧 기존의 존재를 바꾸려는 행위의 욕망도 가진다고 본다. 인간의 자아는 욕망의 자아임에 틀림없다. 곧 적극적으로 행동하는 자아, 부정하는 자아, 기존의 존재를 바꾸어 파괴하고 새로운 존재를 만들어내고자 하는 자아가 인간의 자아다. 그러나 이제 욕망의 자아(이를테면 배가 고픈 인간의 자아)는 내용을 탐하는 '공허함', 곧 무엇인가로 자신을 가득 채우고자 하는 공허한 자아, (일단 채워진 것을) 비워내고자 하는 자아, 비워냄을 통해 생겨난 공허함을 자신이 아닌 다른 무엇으로 채우고자 하는 자아와 무엇이 다른가?[74]

자크 라캉은 충만함을 갈망하는 이런 공허한 자아, 기존의 것을 무너뜨리고 변화시키려는 이런 의미의 부정성을 근대 정신적 조류 전체의 공통점으로 보았으며, 결국 부정성은 욕망을 정의하게 되었다.[75] 이렇게 이해한 부정성은 타자의 인정을 갈망하는 주체성의 특징, 타자의 욕망을 갈망하는 주체성의 특징이지만, 타자에게 인정을 받았다거나 타자의 욕망을 충족했다고 해서 결코 만족해하지 않는다. 인간은 그 자체로 결코 온전히 소유할 수 없는 대상을 욕망한다. 또는 그러한 대상의 전유와 더불어 생겨나는 허무함과 공허함에 맞닥뜨릴 수밖에 없다. 이런 부정성은 타자의 욕망에 자기를 투사하여 펼친다는 점에서, 타자의 욕망을 흡수하고 그것과 투쟁한다는 점에서, 정체성(또는 정체성의 탐색)과 사회적 유대를 발생시킨다는 점에서 자아의 긍정적 운동이다.

내가 쓰는 '부정적 관계'라는 표현은 물론 헤겔의 그것과는 전혀 다른 의미를 지닌다. 내 논의의 맥락에서 '부정적'이란 개인이 욕망이라는 구조를 내면에 갖추었음에도 '그 어떤 관계도 원하지 않거나, 관계 맺을 능력이 없음'을 뜻한다. '부정적 관계'를 통해 자아는 인정받고 싶다는 인간 존재의 근본 욕망으로부터 단적으로 도피한다. 이 관계는 상대방의 주체성을 발견하고, 깨달으며, 상대를 나의 것으로 만들려는 시도를 일절 하지 않는다. 부정적 관계에서 타인은 인식의 대상이 아니라, 자기 표현의 수단이며, 나의 자율성을 확인하려는 도구에 지나지 않는다. 장폴 사르트르의 '무無'라는 개념은 실제로 나에게 타인의 존재가 아무 쓸모없음을 뜻한다(물론 사르트르는 이 개념으로 전혀 다른 일련의 문제를 다루었다). 실존주의 운동의 역사를 포괄적으로 다룬 대중적인 책을 쓴 세라 베이크웰은 사르트르의 '무'를 이렇게 설명한다.

> 이렇게 생각해보자. 그(사르트르)가 쓴 글은 다음과 같다. '나는 오후 4시에 친구 피에르와 어떤 카페에서 만나기로 약속했다. 15분 늦은 나는 가게 안을 둘러보았다. 피에르가 아직 있을까? 나는 손님들, 테이블, 거울 그리고 조명, 담배 연기로 가득한 카페 분위기, 찻잔이 달그락거리는 소리, 사람들이 대화를 나누느라 왁자지껄한 소음 따위만 감지했다.'[76]

이 장면은 인간의 의식 그 자체를 사로잡은 무엇인가를 묘사한다. 그 무엇, 곧 카페에 없는 피에르처럼 그 존재를 확인할 수 없는 타인의 부재와 그래서 아무 의미도 지니지 않는 주변 사람들이 시끌벅적 떠들며 담배 연기를 뿜어내는 분위기 따위로 '나의 의식'은 의미를 잃고 '무'가 되어버리고 만다. 부정적 관계는 이처럼 사람들, 찻잔과 테이블 같은 인공물 그리고 카페라는 공간이 어우러진 무의미함 속에서 자신에게 의미가 있는 누군가를 찾지만 발견하지 못하는 헛수고와 같다. 부정적 관계는 바로 이 부재함의 감정뿐만 아니라, 자기 의도와 욕망이 무엇인지 알지 못하는 애매함이기도 하다. 부정적 관계에서는 어떤 상위의 금지 명령 때문에 사랑이나 섹스를 자발적으로 포기하지 않는다(예를 들어 금욕을 실천하는 수도사는 자발적으로 포기한다). 부정적 관계는 내면에 새겨진 공허함 탓에 이를 채우려는 행동도 아니다(코제브와 라캉이 말하는 행동이 아니다). 오히려 부정적 관계는 다른 많은 사람들이 시끌벅적한 가운데 자신이 원하는 상대의 부재를 느끼는 것이며, 내가 정작 무얼 원하는지 그 의도를 알 수 없음을 자각하는 것이다.

내가 쓰는 '부정적'이라는 말의 또 다른 의미는 같은 철학 전통의 다른 용례, 하이데거가 『존재와 시간』에서 선보인 논의에서 유래한 것이다. 사르트르는 이 책을 꼼꼼히 읽고 깊은 영향을 받았다. 인간이 세계와 맺는 관계, 평소 아무 문제가 없는 것처럼 여기는 관계를 설명하기 위해 하이데거는 망치질을 예로 든다. 나는 망치를 들고 못을 박으면서 내가 지금 정확히 무엇을 하려고 이러는지 거의 의식하지 않는다. 그러나 망치를 헛쳐서 못의 머리를 잘못 때릴 때, 그 순간에야 퍼뜩 지금 무슨 일을 하고 있는지 의식한다. 이런 돌연한 의식으로 나는 나 자신을 전혀 새롭게 본다. "그냥 버릇처럼 손에 쥐고 그게 뭔지 정확히 의식하지 않다가, 돌연 확실히 존재하는 것으로 모습을 드러내는 이 생기 없는 대상을 우리는 화가 난 눈길로 노려본다." 베이크웰의 설명이다.[77] 이런 새로운 의미의 '부정'이 일어날 때 기존의 관계는 돌연 그 존재를 알리며 우리로 하여금 주목하도록 강제한다. 그저 당연한 것으로 여겨왔다가 돌연 주목을 끄는 이런 관계를 인간은 '화가 나서 노려본다'. 관계 당사자들은 대체 이 관계를 어찌해야 하는지 고민하고 격심한 말다툼을 벌이며 머리가 깨질 것처럼 아프다고 호소한다. 이처럼 부정적인 관계는 당연하게 여기던 행동과 느낌에 거리를 두고 바라보는 반성의 출발점이다.

'부정적 관계'는 두 가지 의미의 부정성을 지닌다. 첫째, 상황을 당연하게 여기고 대상을 알아보지 못하는 상태, 곧 대상의 부재를 암시한다. 둘째, 기존 관계에 뭔가 이상이 생겨 나타난다. 관계가 그 본래의 뜻에 충실하지 못하는 경우가 이에 해당한다. 부정적 관계의 목적은 애매하고, 불명료하고, 정해지지 않는다. 또는 다툼의 소지가 있다. 관계에의 참여와 이탈을 정하는 규칙은 없다. 다시 말해서 관계의 지속 여부는 오로지 당사자만이 결정할 수 있다. 관계는 아무런 처벌이 없거나, 거의 처벌받지 않고 망가질 수 있다. 관계를 당연하게 여기기 때문에 파트너를 주시하지 않는 첫째 형태의 부정적 관계는 빠르게 사라진다. 부정적 관계가 잠정적인 것으로 계약(이를테면 은행 창구 직원과 고객의 관계)했다는 사유로 깨지는 것이 아니다. 오히려 부정적 관계는 공유하는 의미의 프레임의 결여, 정해진 규칙의 결여, 관계의 무규범성 때문에 사라진다. 관계에 무엇인가 이상이 생겨나는 둘째 형태의 부정적 관계는 첫째에 비해 더 오래 지속될 수 있기는 하지만, 항상 그 불협화음을 노출한다.

분명히 해야 할 점은 '긍정적'과 '부정적'이 도덕적 의미를 지니지는 않는다는 사실이다. 이런 표현은 그저 사회관계가 어떻게 형성되었는지, 명확하게 정리된 문화적 시나리오(이를테면 교사, 부모 또는 남편은 무릇 이렇게 행동해야 마땅하다는 시나리오)에 따른 것인지, 아니면 (상대적으로) 시나리오가 부족하거나 규범이 애매한 방식(캐주얼 섹스처럼)으로 생겨났는지 하는 측면만 다룰 뿐이다.[78] '흐려짐' 또는 '불분명함'이라는 표현은 부정적 관계와 관련해 '불분명한 논리'와 같은 의미를 지닌다. 불분명한 부정적 관계는 규범의 문제가 확연한 대비를 이루는 쌍(규범에 맞다/규범에 어긋난다)으로 답을 얻는 게 아니라, 이 관계의 규칙 자체가 불투명해서 논란의 여지가 생긴다. 예를 들어 유대교에서 아내의 불륜은 오해의 소지가 없을 정도로 확실하게 규범적으로 정의되어 있다. 유부녀의 혼외정사는 엄격히 금지되며, 항상 무거운 처벌을 받는다(예를 들어 돌팔매질을 당한다). 이에 반해 남편의 불륜은 금지되기는 했지만, 이를 다루는 규범이 불투명해서 유부남이 유부녀와 불륜을 저지르는 경우는 많다. 더욱이 남성이 미혼모와 저지르는 불륜은, 물론 권하지는 않는다 할지라도, 무거운 처벌을 받지 않으며, 유대교 율법의 핵심 규범도 위협하지 않는 것으로 간주된다. 이처럼 남성의 불륜은 이를 다스릴 규범이 불분명한 반면, 여성의 불륜은 언제나 처벌을 받는 금지의 대상이다.

나는 사랑과 섹슈얼리티의 영역에서 일대 전환이 일어났다는 과감한 가설을 제기하고 싶다. 우리는 문화가 농밀한 상징과 도덕적 교훈으로 인간의 행동이 이러저러해야 한다고 인도해주던 시절을 더는 살지 않는다. 모름지기 바람직한 행동은 '열정'을 보이는 태도 또는 잘 준비된 행동 계획(이를테면 구애)을 가져야 한다고 우리를 안내해주던 시나리오는 사라지고, 오로지 자율성과 자유라는 가치만 중시하는 문화로 넘어온 것이 이런 일대 전환이다. 그러나 자율성과 자유는 상대적으로 허약한 규범, 서로 어떻게 관계를 꾸려가야 하는지 알 수 없게 만들어버린 애매한 규칙을 사생활은 물론이고 애정 영역에 이르기까지 강제했다(반대로 노동 영역에서 이런 규범과 규칙은 더욱 강해졌다). 규범이 사라짐으로써 이제 개인은 규칙을 저마다 만들어가며 즉흥적으로 행동한다.[79] 성적 결합의 행동을 지배하는 규범은 이제 불명확하다. 도덕적 시나리오를 더 이상 따르지 않을뿐더러 상호성의 규칙을 지키지 않는다 해도 사회적 처벌은 일어나지 않는다. 규범이 사라졌기 때문에 인간의 상호작용은 부적절한 행동을 적절한 그것과 구별하지 못한다. 부적절한 행동을 했다고 해서 처벌을 받는 일도 거의 없다. 촘촘한 규범을 사라지게 만든 것은 자유라는 가치의 실천이다. 그리고 자유의 실천은 자립, 자율성, 향락주의처럼 모두 현대인의 자아를 주도하는 어휘들을 부각시켰다.[80] 자유라는 긍정적 가치는 부정적 관계, 곧 규범이 불분명하고 혼란스러운 관계를 만들어낸다. 무어라 정의하기조차 힘들 정도로 혼란한 부정적 관계는 자율성을 강조해가며 관계로부터 빠져나가고 선택하지 않음을 개인의 자유로 강조한다. 울리히 벡과 엘리자베트 벡 게른스하임에게 '지극히 정상적 혼란인 사랑'은 긍정적 사회성의 원천, 곧 즉흥적으로 관계를 꾸리는 생산적 사회성의 원천인 반면, 내가 보는 이 혼란은 부정적 사회성의 원천, 곧 관계의 형성과 관리를 불확실하게 만들어버린 것에 불과하다.

우리는 이런 진단을 염두에 두고 문화를 지금까지와는 다르게 이해하려는 고민을 해야 한다. 전통적인 인류학과 사회학은 문화가 역할, 규범, 의례 그리고 사회적 시나리오를 통해 관계를 형성해낸다고 보았다. 이런 관점은 소속감, 정체성, 규제의 통제 또는 심지어 임기응변으로라도 규범을 지키려는 노력처럼 기존의 가치를 긍정하려는 것을 문화로 이해했다. 그러나 오늘날의 부정적 관계에서 개인은 불확실성으로 인해 어떻게 행동해야 할지, 이런 행동의 의미는 무엇인지 몰라 힘겨워한다. 그렇기에 문화는 갈수록 실용서 또는 자기계발서의 형태를 취한다. 사랑, 섹슈얼리티, 부모 노릇 등의 영역에서 자신의 행동을 비추어 판단할 문화의 도식이 거의 사라지다시피 한 탓에 여성이든 남성이든 대체 자신을 어떤 규칙과 규범에 맞추어야 할지 난감해하기 때문이다. 자기계발 문화와 심리학 상담은 관계의 효율적 관리를 위한 시나리오를 앞다투어 제시하지만, 그 내용은 질서를 갖춘 성숙한 관계와는 하등 상관이 없는, 그저 불확실성에 사로잡힌 사교술일 뿐이다.[81] 심리학이 말하는 자아 관리는 인간의 상호 관계에 널리 퍼진 불확실성의 관리일 따름이다. 이런 불확실성 속에서 성적 자유와 쾌락은 시장의 문법과 의미론에 충실하며, 개인은 이 시장에 나온 상품을 소비함으로써 불확실성을 심리적 확실성과 맞바꾼다.

*

1990년대 초 역사학자 켄 조윗은 임박한 사회 위기를 분석한 자신의 강연에서 새로운 사회 질서에 운을 맞추기 위해 성적 비유를 동원했다. 냉전 이후 새롭게 생겨난 사회 질서가 싱글 바의 질서를 닮았다는 것이 그 내용이다.

   서로 알지 못하는 사람들이 즐겨 찾는 바에 가서, 시쳇말대로 누군가 집으로 끌고 가 섹스를 하고 서로 이름도 기억하지 못한 채 다시는 보는 일이 없으며 새로운 사람을 만나러 또 바를 찾아간다. 이처럼 새로운 세계는 결속이 없는 세계다.[82]

이 아름다운 신세계는 "더 강한 네트워크를 자랑하지만, 결속력은 떨어진다"라고 이반 크라체프는 조윗에게 맞장구를 쳤다.[83] 작금의 정치와 사회 질서를 고스란히 반영하는 섹슈얼리티는 조직과 해체의 뒤

죽박죽을 그대로 반영한다. 더 정확히 말해서 캐주얼 섹스는 부정적 사회성의 패러다임이 되었다. '고전적 선택'이 상대를 비교해가며 부적절한 후보를 배제하고 대상을 단일화하는 과정인 반면, 비선택의 섹슈얼리티는 일종의 축적, 곧 저장하기(동시에 여러 파트너와 관계를 가지거나, 관계가 서로 겹치는 것)이거나 즐기고 난 뒤 성적 상대를 처분하는 것이다. 파트너의 풍부함과 교환 가능성이 비선택과 부정적 섹슈얼리티에 의해 지배받는 자유로운 섹슈얼리티의 두 가지 작동 방식이다.

프로이트에 따르면 쾌락은 자극을 다스릴 줄 알 때 생겨난다. 외부의 사건이 주는 자극을 이겨낼 수 없을 때, 자극이 자아의 해체를 위협할 때에는 고통만 분출된다. 캐주얼 섹스는 양측이 자율성을 가지고 자신을 통제하고 다스릴 줄 아는 한, 쾌락적 경험이다. 그러나 흔히 캐주얼 섹스는 두 파트너 가운데 최소한 어느 한쪽에게는 정반대의 경험, 곧 자아의 해체와 불확실성을 안겨준다. 이런 불확실성의 경험은 내가 '존재론적 불확실성'이라고 부른 것을 더욱 심화한다.

4

존재론적 불확실성의 부상

나는 누추한 구석에서 추한 이들을 위해 이 글을 쓴다. 불감증에 걸린 여자, 떡치고 나면 기분 나쁜 여자, 떡치고 싶지 않은 여자, 요컨대 끝내주는 여자를 찾는 시장에서 얼굴조차 내밀 수 없는 여자들…. 그런데 나도 한때는 그랬지. 동시에 나는 보호 본능이라면 코웃음부터 치는 남자, 기꺼이 보호자 역할을 하고는 싶지만 어떻게 하는지 모르는 남자, 야심이 없으며, 경쟁력도 없고, 잘하지 못하는 남자들을 위해서도 쓴다.
― 비르지니 데팡트

그동안 나는 당신 얼굴을 볼 수 있게 되었어. 사실 당신의 외모는 나에게 전혀 중요한 게 아니었어. 나에게는 오로지 당신의 말만이 중요해. (…) 당신이 하는 말이 나를 너무도 강하게 사로잡아 그제야 당신의 옷차림이 대단히 마음에 들더군.
― 프란츠 카프카

어떻게 하는지, 무엇을 원하는지는 더는 문제가 아니다. 문제는 오로지 무엇이 너를 만족시키는지 아는 것이다.
― 스탠리 카벨[1]

2017년에 일어난 하비 와인스타인 스캔들은 역사적 전환점 가운데 하나로 남을 것이다. 20년이 넘게 이 할리우드의 거물은 수백 명은 족히 될 여성을 상대로 성추행과 강간을 일삼았다. 더욱이 그의 동료, 조수, 직원은 이런 사실을 알면서도 묵인했다. 와인스타인 스캔들은 전 세계적으로 연쇄반응을 불러일으켰다. 수백만 명의 여성은 '해시태그 #미투'를 달아가며 저마다 자신이 당한 성추행이나 강간의 경험을 털어놓았다. 이로써 '미투 운동'은 페미니즘의 핵심 문제로 여론의 주목을 받았다. 그동안 조촐하기는 하지만 그래도 평등의 문제가 중요한 발전을 보여왔음에도 대체 어떻게 해서 남성이 여성을 지배하는 일이 이처럼 뿌리 깊고도 광범위하게 자행될 수 있었던 것일까?[2] 성적 지배는 물론 남성의 폭력이라는 형태로 나타나지만, 여성의 가치가 짓밟히는 과정은 애매하고 모호해 파악하기가 쉽지 않다. 나는 앞에서 논의해온 것에 이어 제4장에서는 어떻게 해서 여성의 가치가 성적으로 짓밟히는지 그 경제적이고 사회적이며 문화적인 측면을 자세히 들여다보고 그 안에 숨은 여성 억압 구조를 분명히 밝혀보고자 한다.

섹슈얼리티는 분명 우리 자신의 중요한 부분이다. 그리고 너무 오랫동안 종교와 가부장제의 억압을 받았다. 바로 그래서 전문가가 주의 깊게 관찰해야 그 속내를 드러내는 영혼의 비밀이 섹슈얼리티기도 하다. 이 모든 측면을 인정하더라도 한 가지만큼은 논란의 여지가 없는 사실이다. 오늘날 섹슈얼리티는 마치 컨베이어벨트에서 이뤄지는 생산 공정처럼 그칠 줄 모르고 새로운 소비 풍조와 기술 상품을 만들어 낸다. "섹슈얼리티를 둘러싼 인간의 상호작용은 경제의 일부가 되었다." 애덤 그린의 정확한 지적이다.[3] 프로이트가 무의식적 충동의 다발로 파악한 섹슈얼리티의 주체는 나중에 소비시장이 좋은 인생이라고 꾸며 보이는 사진, 가치, 스토리, 이상 등으로 마케팅되는 욕구로 변모했다. 무의식적 충동의 진실은 결국 소비시장이 선동하는 욕망이다.[4] 소비시장은 지난 10년 동안 무수히 많은 기술적 수단을 동원해가며 이런 마케팅의 효율을 끌어올렸다.[5] 소비시장과 기술이 섹슈얼리티의 주체를 장악하는 과정에서 성적인 몸은 경제적 잉여가치를 가지는 상품이 되었다. 이런 변모 과정은 대단히 역동적으로 이루어졌지만, 개념적으로 충분히 파악되지 못했다.

경제적 섹슈얼리티의 주체는 본래 근대의 주체다. 자유와 자율성의 주체는 희망과 욕망을 품음으로써 개성을 실현한다. 이를 위해 주체는 끊임없이 선택하며, 왕왕 선택하지 않음도 과시한다. 소비시장은 애정 문제를 둘러싼 선택과 비非선택의 문제를 집중적으로 공략해[6] 개인의 사생활 영역을 상품화했다.[7] 섹슈얼리티와 사랑을 소비와 기술의 아레나와 따로 분리해 생각하는 일은 실제로 불가능하다. 성적 욕망은 경제 가치를 만들어낸다. 상품은 성적 욕망의 자극과 밀접하게 관련되어 있기 때문이다. 섹슈얼리티와 경제가 결합한 형태는 이른바 '과잉 주체성' hyper-subjectivity 을 만들어낸다. '과잉 주체성'이라는 나의 표현은 욕망을 만족시키기 위해 적극적인 소비 활동을 벌이는 개인을 말한다. 과잉 주체성은 일종의 역설에 사로잡힌다. 욕망 만족을 위한 과도한 소비 활동은 존재론적 불확실성, 곧 자아의 본성이 무엇인지 알지 못하는 불확실성을 야기한다. 존재론적 불확실성은 세 가지 특징적 과정을 보여준다. 가치화 과정과 평가 과정 그리고 평가절하의 과정이다. 이 세 과정은 모두 여성을 지배하는 남성의 강력한 경제력과 상징적 권력을 확인해준다. 또한 이 세 과정은 경제와 인간의 인지능력과 문화가 서로 결합된 구조다. 그리고 자본주의와 애정 관계의 역사에서 이전에 볼 수 없던 새로운 국면을 연출한다.

가치는 대상 그 자체에 내재하는 게 아니라 사회적 관계의 산물이다.[8] 가치화는 경제적, 상징적 메커니즘을 통해 가치를 발생시키는 과정이다(가령 국립미술관에 작품이 전시되면 작품의 경제적 가치는 상승한다). 평가는 대상의 가치를 감정, 비교, 측정하는 행동이다.[9] 평가와 가치화는 함께하는 사회적 과정이다(예술품 수집가 또는 신용평가기관은 가치화와 평가의 과정에 함께 참여한다). 그리고 평가절하는 시장의 강력한 지배 세력의 발언과 같은 상징적 행위로 가치가 떨어지는 과정이다.[10] 또는 과잉생산으로 공급이 수요를 추월하면 상품 가치는 떨어진다. 가치화, 평가, 평가절하는 자본주의 문화가 주체성을 강화하거나 해체하는 과정과 밀접한 관련이 있다.[11] 이런 과정에서 소비시장과 인터넷 기술과 미디어 산업은 서로 영향을 주고받으며 경제의 요구를 중개하는 역할을 한다.

몸의 가치

사회심리학자 로이 바우마이스터와 인류학자이자 페미니스트인 파올라 타베트가 논증하듯, 여성은 자신이 사회경제적 권력을 가지지 못하는 모든 사회에서 섹슈얼리티를 남성의 권력과 교환한다.[12] 타베트는 이것을 두고 '경제적-성적 교환'economico-sexual exchange이라고 부른다. 남성이 대부분의 권력을 누리는 사회에서 여성은 다양한 반대급부를 받는다는 전제 아래 남성에게 성적 서비스를 제공한다. 보통 이 대가는 오랜 구애와 결혼 생활이지만, 데이트를 하며 주는 선물이거나 성매매의 경우처럼 돈이기도 하다.[13] 1970년대 이후 소비경제에서는 두 가지 결정적인 변화가 일어났다. 피임약 덕분에 남성은 실질적으로 거의 제한을 받지 않고 여성과 성적으로 접촉할 기회를 가졌다. 이제 남성은 별 수고를 하지 않아도 되었다. 결혼도, 많은 수고를 해야 하는 구애도 필요 없었으며 오로지 몇 번의 만남이면 충분히 가능했다.[14] 둘째 중요한 변화는 미디어 산업과 패션 업계가 앞다투어 여성의 몸을 섹슈얼리티화하여 상당한 경제적 가치를 만들어낸 것이다. 이런 가치의 혜택은 대개 남성이 누렸다(물론 오로지 남성만 누린 것은 아니다). 캐럴 페이트먼은 이 변화의 핵심을 이렇게 콕 짚어 표현했다. "여성의 몸으로 수백만 달러 규모의 거대한 교역이 생겨났다." (사실상 수십억 달러 규모라고 해도 좋지 않을까.[15]) 예전의 해방운동이 성적 자유를 본질적으로 자아의 비상업적, 비금전적 측면으로 이해한 반면, 이제 섹슈얼리티는 남성이 장악한 일련의 강력한 산업이 금전적으로 비금전적으로 잉여가치를 창출하는 원천이 되었다.

여성의 몸을 경제 가치로 환산하는 일은 그 몸을 시각적으로 처리하는 기술 덕분에 가능해졌다. 시각화한 매력의 새로운 표준은 확장된 네트워크를 통해 업계로 유포되었다. 20세기 초부터 패션과 화장품 산업 그리고 대중매체는 패션 감각을 자랑하는 아름다운 여성의 사진을 전례 없는 규모로 뿌려댔다.[16] 이 사진들은 매력의 새로운 표준, 계급에 기초한 복장 코드를 넘어 보편적 호소력이 있는 새로운 표준을 만들었다. 이런 표준이 작용하는 방식을 사회학자 애슐리 미어스는 '룩'look이라고 부른다. 룩은 패션 스타일, 카리스마, 몸매의 적절한 조합을 뜻한다.[17] 다시 말해서 룩은 이미지 경제를 순환하는 거래 가능한 자산이다. 개인의 몸은 요란한 다듬기를 거쳐 당당하게 거래되는 상품이 되었다. 대중은 이 이미지를 흉내 내며, 상품은 대중의 인기를 얻은 이미지를 다시 베껴낸다.

자아를 꾸며내고 드러내는 과정에는 언제나 시대의 지배적인 경제와 문화의 이해관계가 깔려 있다.[18] 성적 매력은 시각 미디어의 상징과 소비상품으로 몸을 직접 연출하는 새로운 방식이다. 섹시한 몸은 다시금 "인쇄 매체와 방송 미디어가 노골적으로 부추기는 섹슈얼리티 열광"의 핵심이다.[19] 이전 장에서 언급했던 앙브루아즈는 이런 사정을 아주 잘 표현했다.

앙브루아즈 친구들과 나는 자주 전화 통화를 하며 서로 이런 말을 합니다. "거리에 이렇게 끝내주는 여자가 많다니 놀라운 일이야. 믿기 힘든 엉덩이, 몸에 딱 맞게 입은 옷 또는 청바지, 눈을 의심하게 하는 가슴, 아무튼 보기만 해도 즐거워. 그리고 그녀들은 몸을 어떻게 보여줘야 하는지 아는 거 같아." 나는 이런 걸 거리의 좌절감이라고 불러요. 아세요, 이런 게 일상이 되었다니까요. 저녁에 집에 돌아와 이런 건 가능하지 않다고 생각을 하죠. 불가능하다고요. 이런 모든 성적 유혹… 아무튼 모두 끝내주는 여자들이죠. 말이 안 된다니까요.

발터 벤야민의 산책자는 도시의 거리를 산책하며 새로운 건축 디자인과 진열장뿐만 아니라 한껏 섹슈얼리티를 뽐내는 상품의 요란함에

넋을 잃는다.

처음으로 섹슈얼리티의 대상이 만들어내는 유혹 형식의 수백 가지 다른 형식을 동시에 그 대상에 반영되도록 한 것은 대중이었다. 더욱이 돈을 주고 구매할 수 있다는 점이 성적 자극이 되었다. 그리고 이 자극은 여성이 자신을 상품으로 강조하는 경우가 많을수록 그만큼 더 커진다. 거의 헐벗은 것만 같은 제복을 입은 여인들이 춤을 추는 무대를 상대로 이뤄진 뒤늦은 검열은 오히려 대중 상품을 대도시 시민의 에로틱한 소비의 대상으로 만들었다.[20]

벤야민이 날카롭게 짚어주듯, 섹슈얼리티의 대상은 소비문화 내에서 다양한 버전으로 순환하고, 이 소비문화는 상품의 판매와 홍보를 에로틱화한다. 앙브루아즈라는 현대의 산책자는 여성의 몸을 섹슈얼리티의 상품-스펙터클이자 소비 대상으로 바라보며 즐긴다.[21] 이 관찰자는 섹슈얼리티의 기호를 포함하는 시각적 표면으로서의 몸에 빠져들고, 도시 공적 공간의 지하를 낮게 흐르는 성적 욕망으로서 소비 영역을 경험한다.[22]

'섹시함'이라는 기준은 자아를 오로지 몸이라는 이미지로만 바라보며 섹슈얼리티를 상품 형태로 여기는 새로운 이데올로기의 결과이다. 섹시함의 생명력은 소비상품으로 유지된다. 성적인 몸을 드러내고 과시하며 강조하는 상품은 (욕망을 자극하는) 누드 사진, 소비욕을 자극하는 의류 등 다양하다. 섹시하다는 것은 특정한 종류의 옷(예를 들어 청바지)을 특정한 방식으로 입는 것(예를 들어 몸에 착 달라붙게 입는 것)을 뜻한다. 섹시함은 아름다움보다 훨씬 더 민주적이다. 섹시해지는 방법은 본래 아름답게 태어나지는 않았지만 섹시해 보이려 노력하는 훨씬 많은 사람들에게 활짝 열려 있기 때문이다. 다시 말해서 섹시함은 자기 연출의 결과이지, 타고난 아름다움이 아니다. 바로 그래서 섹시함은 소비를 자아 경험의 끊임없는 특징으로 만든다. 성적 매력은 소비상품과 소비 행태로 꾸며지는 퍼포먼스이기에 경제적 능력을 전제로 한다. 스포츠, 패션, 화장품, 의학, 약품을 소비함으로써 몸은 성적인 욕망을 자극하는 능력을 갖춘 표면이 되어 특정 대상을 소비하도록 부추긴다. 피에르 부르디외가 엑시스*라는 개념을 새롭게 제안하며 어떤 개인의 계급은 몸에 새겨진다고 했는데,[23] 미용·패션·스포츠·미디어 산업 등의 공생관계로 이뤄진 산업복합체는 계급 차이와 상대적으로 무관한 모델을 만들었다. 이 매력과 섹시함은 이 산업들과 연관된 새로운 사회적 그룹들을 통해 확산되었다. 업계의 디자이너, 스타일리스트, 모델, 배우, 사진작가, 여성잡지의 편집자, 화장품 업계 종사자, 미용사, 영화 제작자 등은 모두 시각적 효과를 그럴싸한 상품, 얼마든지 손질할 수 있는 상품으로 꾸며내어 판촉 활동을 벌인다.

   성적 응시는 대상과 인간을 각각 하나의 유일한 단위로 파악하면서 섹슈얼리티와 소비가 서로 이음새 하나 찾아볼 수 없이 매끄럽게 결합되도록 시각적 효과를 극대화하는 방법을 찾는다. 28세의 이스라엘 청년 유리는 이런 시각을 잘 보여주는 사례의 주인공이다. 그는 자신이 매력적이라고 여기는 여성을 두고 이렇게 말했다.

---

* hexis. 피에르 부르디외는 '아비투스' habitus 개념을 세분화해 '아비투스'를 통해 정신적 태도와 습속(예를 들어 예술 취향)을 나타낸 반면, '엑시스' hexis를 몸과 관련한 태도나 습속(몸짓, 표정, 자세)을 가리키는 것으로 썼다.

유리   저는 '펨' fem 스타일은 별로 좋아하지 않아요. 네일아트, 하이힐, 화장, 매우 신경을 쓴 옷차림 따위는 매력적이지 않아요. 그런 건 그냥 이미지처럼 보이거든요. 저는 캐주얼해 보이는 여자가 좋습니다. 꽉 끼는 청바지에 착 붙는 티셔츠 그리고 부츠. 저는 이런 여자가 섹시해요.

이런 묘사에서 보듯, 이 남자가 매력을 느끼는 성적 카테고리는 소비 대상과 이미지(조금씩 편차는 있겠지만)로 이뤄진 것이다. 이렇게 해서 성적 유형은 실제로 소비 취향의 문제와 동일시된다('펨' 스타일이란 소비 취향이다. 남성 동성애자 사이에서 이른바 '가죽 문화'가 성적 취향이자 소비 취향인 것과 같다). '여성성' femininity이나 '남성성' masculinity은 소비자 인지의 시각 논리에 따르는 소비의 서브스타일이다. 기 드보르는 스펙터클 사회는 단순히 이미지의 수집이 아니라, 이미지로 중개되는 사회적 관계를 우선시하는 사회라고 말한다.[24] 이미지로 중개되며 소비 취향을 우선시하는 사회의 특징은 그 어떤 것보다도 성적 관계에서 두드러진다. 성적 관계는 소비 대상에 의해 연출되고 스스로를 가리키는 개성의 이미지들이 사회적으로 결합해 보여주는 퍼포먼스이다. 성적 정체성은 일상의 경험을 소비 대상으로 멋들어지게 꾸밈으로써 형성된다.[25] 몸은 시각적, 미적 상품이 되었다.[26] 니콜라스 미르조에프는 시각 주체가 보는 이이자 보여지는 이이고 다른 이들이 응시하는 대상이라는 점을 정확히 상기시킨다. 시각적 섹슈얼리티의 주체는 타인과 시각적 표면으로 관계할 줄 아는 전문가다(상대방을 날씬함, 가슴 크기 또는 근육의 긴장도로 순식간에 평가한다). 동시에 시각적 섹슈얼리티의 주체는 상대방이 자신을 시각적으로 평가한다는 점을 잘 안다.[27] 헤겔이 인정이라고 부른 것,[28] 곧 두 주체가 만나 서로 상대를 인격적 존재로 존중하는 상호주체적 과정은 시각과 섹슈얼리티의 차원으로 옮겨졌다. 이 차원에서 인간은 관중인 동시에 배우다. 타인의 시선을 의식하는 것은 전통적인 인정, 곧 인격적 상징을 주고받는 인정의 과정과는 다르다. 시각적 섹슈얼리티는 미디어와 시장과 기술의 긴밀한 연결 고리에 뿌리를 내렸다. 몸의 표면과 그 '뜨거움'(섹시함)에 집중하는 시각적 섹슈얼리티의 인정 과정은 사실상 경제 권력과 관계 지배의 상징적 권력을 구사하는 남성의 손에 장악된다. 이런 권력으로 남성은 여성의 가치와 매력을 평가하고 정의한다.[29]

부자 남성의 이목을 사로잡으려 자신의 몸에 온통 신경을 집중하는 속내를 '슈거 베이비'Sugar Baby라는 이름의 블로그를 운영하는 여성은 다음과 같이 아주 잘 표현했다. 이 글은 많은 여성의 마음을 고스란히 대변한다.

> 아빠처럼 나이 많은 남자와도 정말 행복할 수 있을까? 예스, 예스, 예스다! 항상 정성 들여 꾸미고 멋지게 보여줌으로써 나는 아무것도 포기하지 않을래. 나는 옷을 사 모으고, 손톱과 발톱 관리를 받으며, 무엇보다도 쇼핑하는 게 너무 좋아. 나는 부자 남자를 만나는 보너스가 있든 없든 이 모든 것을 사랑해(물론 보너스 있는 편이 가장 좋아). 최대한 꾸민 외모는 나에게 자극을 줘. 나는 철저한 완벽주의자라 약간의 결점에도 만족할 수 없으니까. 나온 김에 말이지만, 나는 부자 남자와 결혼한다면 이 모든 것을 똑같이 계속할 거야. (…) 거리를 활보하는 여자를 봐, 예술 작품이잖아. 얼마나 많은 관리를 받는다고! 손톱, 발톱, 제모, 미백, 눈썹 뽑기 그리고 '쇼핑'! 이 모든 관리가 예술을 만들어. 예술은 너의 라이프스타일과 신분의 반영이야. 인생의 트로피를 들고 싶다면, 흔쾌히 지갑 열 각오를 해.[30]

아름다움과 성적 매력은 이 글이 분명히 보여주듯 남성의 눈에 의존하며, 이런 자기 연출을 위해 소비 영역에서 집중적인 투자를 한다. 투자의 결과물은 강력한 경제력을 가진 남성이 소비하는 이미지, 여성 자신이 아니라, 시장에서 상품으로 순환하는 여성의 이미지다. 이 '슈거 베이비'의 여주인공은 자신을 섹슈얼리티와 경제의 주체, 곧 자신의 가치를 스스로 생산하고 소비하는 주체임을 분명히 한다.

상징 가치와 경제 가치의 생산

소비문화는 섹슈얼리티의 존재론을 자아의 연극 무대로 바꾸어놓았다.[31] 이 연극 무대는 소비 대상에 의해 중개되는 시각적, 공적 퍼포먼스이다. 근대 시민사회는 원칙적으로 섹슈얼리티를 침실의 비밀로 취급한 데 비해, 오늘날 섹슈얼리티는 자아의 시각적 연출, 곧 영상 기술을 이용하는 소비 체제의 규칙을 따르는 연출이 되었다. 대니얼 멘덜슨이 쓴 글을 읽어보자. "내 동성애 친구들과 나는 리비도를 (…) 소비해야 하는 상품으로 보는 문화의 주민이다."[32] 여성성 역시 마찬가지로 시장의 연출이다. 이 시장은 남성이 통제하는 것으로, 남성의 응시에 의해 결정되고 남성에 의해 소비된다. 전통적으로 여성의 섹슈얼리티가 남성의 돈 혹은 권력과 교환되었다면,[33] 이제 현대 여성의 섹슈얼리티는 섹슈얼리티화한 여성의 몸이 있는 시장에 위치하고, 남성의 응시를 통해 끝없이 전유된다. 그런데 여성이 섹슈얼리티를 전시할 수 있는 것은 그들의 자유를 실천함으로써이다. 즉 여성의 몸의 성적 가치를 미적, 상징적, 경제적 퍼포먼스로 변환할 것을 요구하는 권력이 작용하는 것이다. 여성의 몸은 섹슈얼리티화했고 더 포괄적으로는 상품이 되었다. 이런 변화의 원인은 섹슈얼리티가 가진 상징적이고 경제적인 가치에 있다. 매력적인 몸은 소비문화의 주춧돌이자, 생산 영역에 활기를 불어넣고 자본을 만들어낸다.

이런 형태의 자본은 '기분 좋은' 용모 단정함, 곧 매력적인 외모를 기대하는 서비스 업계에 차고 넘쳐난다. 식당 종업원, 항공기 승무원, 광고 모델은 모두 매력적인 외모를 가져야 한다. 캐서린 하킴은 적잖은 논란을 불러일으킨 자신의 연구 논문에서 이 매력적 외모를 '에로틱 자본'이라고 불렀다.[34] 이런 의미에서 섹슈얼리티는 무형의 기술과 능력을 동원해 이루어지는 비물질적 노동의 산물이다.[35] 많은 경우 이런 기술과 능력은 직업의 위상을 결정하기도 한다. 애슐리 미어스는 "기업이 갈수록 용모 단정한 직원을 찾는다"라고 논평한다.[36] 일자리를 구할 때 매력적 외모가 중시되면서 일종의 자기 마케팅(자아 브랜드 제고), 곧 노동자가 자신을 능력과 매력의 유일한 조합을 자랑하는 인물로 의도적으로 연출하는 일을 쉽사리 찾아볼 수 있게 되었다. 실제로 "개인은 자신을 일종의 브랜드로 삼고, 그 가치를 끌어올리는 일을 비물질적 노동의 핵심으로 이해해 주목과 평판 그리고 잠재적 이득을 극대화하려 안간힘을 쓴다".[37]

섹슈얼리티화한 자아가 가치를 만들어내는 두 번째 방식은 미디어(시각적) 산업과 관련이 있다. 광고, 영화, 텔레비전 그리고 포르노 산업에 이르기까지 섹스와 섹슈얼리티는 이미지 형태로 집요하게 소비된다. 1950년대의 영화는 여성의 몸을 우아한 드레스로 치장해 감상하게 만든 반면, 1960년대 이후 영화에서 누드와 섹스 신은 갈수록 이상할 게 없는 묘사로 여겨졌다. 이런 추세는 더 나중에 방송으로도 고스란히 전파되었다. "1999년에 텔레비전 저녁 방송 프로그램의 3분의 2는 성적 콘텐츠를 담았다. 이는 전년도에 비해 12퍼센트 늘어난 것이다. 1990년대에 섹스가 솔깃한 관심을 끄는 것이었다면, 이후에는 도처에서 흔히 보는 것이 되었다."[38] 이런 성적 콘텐츠에서 여성이 남성과 비교가 안 될 정도로 노출이 심했다는 점에 놀랄 사람은 거의 없을 것이다.

이로써 확인할 수 있는 점은 성적 매력을 자랑하는 몸을 보여주는 사진과 영상의 소비가 20세기 동안 대폭 늘어났다는 사실이다. 이런 소비 증가는 여성을 노출하는 시각 미디어 업계의 매출을 그만큼 높여주었다. 우리가 간과하지 말아야 할 사실은 이런 시각 미디어 업계의 압도적 다수는 남성이 소유하고 통제한다는 점이다.[39] 『뉴욕타임스』의 칼럼니스트 모린 다우드의 촌평을 들어보자. "관람권의 절반을 여성이 구입하는데도 지난 10년 동안 상업적으로 성공을 거둔 영화 100편 가운데 여성이 감독을 맡은 것은 4퍼센트, 여성이 시나리오를 쓴 경우는 11퍼센트, 카메라맨 가운데 여성은 3퍼센트, 여성 제작자는 19퍼센트 그리고 여성 편집자는 14퍼센트 정도였다."[40]

여성의 몸을 가장 뻔뻔하게 상품화하는 포르노그래피는 생산이든 소비든 남성이 주도한다.[41] 헤더 러프와 킴 월런은 이렇게 말한다. "남성을 상대로 하는 포르노 잡지와 동영상은 수십억 달러의 매출을 자랑하는 산업인 반면, 여성을 위한 비견할 만한 상품은 찾아보기 어렵다. 매년 포르노 사이트를 찾는 4천만 명의 성인 고객 가운데 남성은 72퍼센트이며, 여성은 고작 28퍼센트다."[42] 포르노 산업은 이미 다른 분야에서 활발하게 거래되는 것, 곧 여성의 성적인 몸을 남성 응시의 소비를 위한 시각적 상품으로서 직간접적으로 증폭시킨다.

일단 시각적인 소비상품으로 변한 몸은 셋째 형태의 경제 가치도 만들어낸다. 이 경제 가치는 성적인 몸이 보여주는 퍼포먼스 능력으로 창출된다. 이 능력, 곧 '어떻게 오르가슴에 도달하는지', '그녀의 숨겨진 성감대는 어떻게 찾아내는지', '펠라티오 기술은 어떤 게 최고인지' 따위의 방법을 알려주겠다는 다양한 상품이 시장에 등장해 활발히 거래된다. 자기계발 도서, 심리학 상담과 치료, 제약 산업,[43] 성인용품, 성매매 그리고 동행 서비스(이런 서비스에는 갈수록 다양한 계층의 여성이 앞다투어 참여한다) 등의 시장은 수십조 달러라는 어마어마한 매출 규모를 달성한다.[44]

섹슈얼리티로 몸의 가치 상승이 일어나는 넷째 형태는 매력적인 몸매를 옷을 입었든 벗었든, 인터넷 플랫폼과 '소셜미디어'로 널리 퍼뜨리는 이른바 '유명세 경제' economy of reputation [45]다. 사진 유포로 이뤄지는 이 경제는 광고나 기업의 스폰서로 돈을 벌어들인다.[46] 예를 들어 미용 산업에 직접 종사하지 않는 여성은 이런 식으로 자신의 매력적인 몸매를 보여주는 동영상 블로그를 로레알 같은 대기업이 이용할 수 있게 해준다. 이런 블로그를 보며 잠재적 고객인 일반 여성은 이게 광고가 아니라고 착각하고 정보를 진지하게 받아들인다.[47] 인스타그램이나 다른 플랫폼에 포즈를 취하는 톱 모델은 단 하나의 포스팅만으로 몇십만 달러를 받는다.[48]

마지막으로 개인성의 성적인 시각화는 단기적 또는 장기적으로 성적 교류가 엄청 확장하는 시장에서 자본으로 전환될 수 있었다. 이런 변화 추세는 인터넷 기술의 발달 덕분에 빠르게 이루어진다('슈거 대디' 사이트는 '선물' 또는 '보통의 여가'라는 가면 아래서 중간 계층의 소프트한 성구매 형식을 조장한다). 섹슈얼리티 시장과 애인 구하기 시장 그리고 결혼 시장은 상업적 이득을 위한 것이냐 아니냐 하는 차이를 구별하기 힘들 정도로 다양한 형식을 가진다. 캐주얼 섹스, 후크업, 단기적이거나 장기적인 만남, 동거, 결혼 등의 시장은 가히 폭발적으로 성장한다. 성적 매력을 가꾸는 일은 경제적, 성적 시장에서 거래되는 자아-브랜드 형식을 구성한다. 그만큼 경제와 섹슈얼리티는 서로 밀접하게 결합하여 시장을 형성한다. '슈거 대디'와 '슈거 베이비'*를 서로 연결해주는 인터넷 데이트 사이트는 성적 만남이 갈수록 시장 형태를 취해가는 생생한 장면을 고스란히 보여준다. 시장 형태를 취한다는 표현은 시각적 자기 연출로 경쟁해가며 수요와 공급의 원리를 그대로 따른다는 뜻이다. 이런 포털 가운데 한 곳은 다음과 같은 문구를 내걸었다. "'슈거 대디 포 미' Sugar Daddy for Me는 2004년에 출시되었다. 슈거 대디가 찾는 모든 것, 젊고 아름다우며 기꺼이 즐거움을 주고자 하는 야심 찬 여성이 부유하고 관대히 돌볼 줄 아는 멘토를, 여성을 아끼는 동시에 망가뜨릴 줄 아는 멘토를 찾는다."[49] 여성은 자신의 얼굴과 몸을 공개 프로필과 함께 시장에 내놓는다. 말하자면 자신의 몸을 사진 파일로 변환해 거래되는 상품, 심지어 경매되는 상품으로 출시하는 것이 이런 인터넷 시장이다.[50] 가치를 창조하는 쪽(여성)과 가치를 소비하는 쪽(남성)이 시장 형태로 조직된 사회의 장에서 서로 만난다. 도널드 트럼프가 포르노 스타와 관계를 가졌다는 언론 보도 그리고 전직 모델과의 결혼은 어떻게 에로틱 자본이 서로 다른 사회적 장, 다시 말해 두 개의 서로 다른 시각 시장(포르노그래피와 모델) 즉 섹슈얼리티 시장과 결혼 시장에서 거래되

- '슈거 대디' Sugar Daddy와 '슈거 베이비' Sugar Baby는 대가를 받고 성관계를 하는 중년 남성과 젊은 여성을 이르는 표현이다.

는 상품이 되었는지 보여주는 아주 탁월한 사례다.

요약해보자. 여성의 몸이 가진 매력과 섹슈얼리티는 대체 가능한 상품이다. 몸을 아름답게 가꾸는 각종 소비재의 다채로운 팔레트로 여성은 자신의 외모를 가꾸고 다시금 다양한 소규모 시장에 '투자'해 자본을 형성한다. 이런 시장에서 돈의 순환은 섹슈얼리티와 성적 매력을 남성 응시를 위해 생산되는 실제 상품으로서의 여성성의 속성으로 만드는 상징 경제에 의해 지탱된다. 유튜브의 비디오 블로그, 포르노, 부자 남편, 화려한 외출과 쇼핑을 위해 지갑을 열어주는 '슈거 대디' 등은 이미지로서의 섹슈얼리티가 거래되는 상품이 되었음을 보여주는 실제 사례다. 이로써 우리는 성적 몸의 이미지가 내가 명명한 시각적 자본주의scopic capitalism를 만드는 데 본질적인 부분이 되어왔다고 말할 수 있다. 시각적 자본주의는 몸과 섹슈얼리티를 스펙터클로 전시해 다양한 시장에서 순환하는 이미지로 변형하여 경제적 가치를 지속적으로 창출한다. 몸은 그 시각적 효과로 소비의 장소가 되고, 소비 대상에 의해 만들어진다. 이렇게 생산된 이미지는 다양한 시각 관련 업계로 팔려 상품으로 순환한다. 이 시각적 효과는 노동의 생산 영역에서 자산으로 변환된다. 이것은 섹슈얼리티를 전문가 상담이라는 소비를 요구하는 일종의 능력의 형식으로 상정한다. 그리고 각종 미디어 기술을 통해 명성을 얻어내는 유명세 경제 내에서 순환할 수 있다. 결국 이 시각성은 이미지 속 연기자로 하여금 성적 영역에서 높은 지위를 차지할 수 있게 해준다. 시각적 자본주의는 이른바 '룩'을 개인의 투자로 조장해 돈과 섹슈얼리티의 네트워크로 유통한다. 우리는 글자 그대로 종횡으로 결합하는 다양한 시장의 네트워크를 목도한다. 이 시장의 네트워크는 성적인 몸과 성적 교환이 교차하면서 이뤄내는 것이다. 이러한 교차가 '시각적 시장'scopic markets을 만들어낸다. 시각적 시장의 가치는 경제적, 성적 시장에서 남성 응시에 의해 소비되도록 정해진 성적인 몸의 이미지의 가치화를 통해 창출된다. 성적으로 매력적인 몸을 강조해 아름다움의 시각적 아이콘과 소비 대상을 끊임없이 바꾸어버리는 연쇄 작업은 경제의 끊임없는 부추김과 지원을 받는다. 이 경제는 매력적인 몸을 가치의 원천으로 만든다. 남성 응시는 성적이고 미적인 잉여가치를 창조하는 중요한 도구이다. 인터넷 데이트 사이트와 소셜미디어로 구성되는 시각 체제는 하루가 다르게 성장하며, 개인으로 하여금 이상적 매력을 가진 자아를 연출하고 구경할 수 있게 한다. 이런 플랫폼은 몸의 마케팅화와 성적인 만남을 형식화한다.

가정 내 여성의 무보수 노동이 자본주의가 형성하고 발전하는 데 결정적 요인이었음을 페미니즘 이론은 분명히 알려주었다.[51] 소비자본주의는 여성을 다르게 이용한다. 소비자본주의는 성적 매력을 자랑하는 몸을 생산해 과시하는 노동을 하도록 여성을 내몬다. 산업자본주의의 시민사회에서 남성은 여성의 몸을 '결혼 또는 성구매의 목적으로' 구입하고자 했다.[52] 소비자본주의는 이를 변화시켰다. 섹슈얼리티를 조직화하는 사회경제적 구조는 여성의 몸을 더 이상 가정이 통제하는 게 아니라 상품화의 일반적인 과정을 겪는 것으로 만들었다. 이 상품화는 경제적, 성적 시장에서 그리고 성적, 결혼 시장에서 여성의 몸이 순환하도록 한다. 여성의 섹슈얼리티화한 몸을 전유하는 일은 마르크스가 말한 가치 몰수에 해당한다. 한 계급, 곧 남성이라는 계급이 다른 계급, 곧 여성이라는 계급의 몸이 가진 가치를 멋대로 착취하는 것이 바로 가치 몰수다. 이 가치 몰수는 현대 여성의 사회적 실존이 처한 역설적 특징을 설명한다. 페미니즘이 세력과 정당성을 확보했음에도 여성들은 성적 몸을 통해 다시금 경제적 지배를 받는 상황에 처해 있는 것이다.

평가

악셀 호네트는 인정이 두 가지 측면을 가진다고 논증한다. 첫째 측면은 다른 사람을 두 눈으로 보며 그 존재를 새겨두는 지각 차원의 인정이다. 둘째 측면인 상징적 인정은 그 사람의 사회적 신분과 가치를 알아보기 위해 필요한 작업을 하는 인정이다.[53] 호네트는 지각 인정이 상징적 인정보다 앞선다고 본다. 심지어 지각 인정은 상대의 신분과 가치를 인정하는 것의 전제 조건이다. 그러나 지각 인정이 단순한 지각 활동에 그치는 것은 아니다. 우리는 타인의 존재를 새기려고 도덕과 인지 수단을 동원한다. 그리고 이런 도덕과 인지 수단은 역사적으로 그때그때 달랐다. 개인성과 사회적 관계를 시각화하는 일은 새로운 이해와 지각의 방식을 수반한다. 이 방식은 인정에 심대한 영향을 끼친다. 평가는 인정의 지각 행동에 영향을 끼치는 이해의 한 방식이다.

상대의 가치를 평가하는 일은 갈수록 인간관계를 이루는 중요한 특징으로 자리 잡았다. 특히 교육제도와 기업은 인간이 서로 가치 평가하는 일을 시험으로 공식화했다.[54] 평가는 관료 조직에서 빼놓을 수 없는 부분이다. 특히 기업은 효율적 경영을 위해 직원의 실력과 생산 과정과 커뮤니케이션 구조를 끊임없이 평가하고 관리한다. 평가는 사회의 보편적 활동으로 발전했으며, 마찬가지로 미디어에도 영향을 미친다. 예를 들어 이른바 '리얼리티 쇼'는 이런 평가 과정과 결과를 현대 사회의 중요한 부분으로 대중에게 끊임없이 각인시킨다. 각종 소셜미디어가 '좋아요'와 '공유' 기능을 강조하는 이유도 달리 있는 게 아니다. 평가라는 사회적이며 기술적인 활동 기능을 갖추지 않은 소셜미디어는 생각하기도 힘들 지경이다. 인터넷 플랫폼에서 활발한 이런 평가는 학교와 기업에서도 확고한 부분으로 자리 잡았다. 평가는 개인이 행동의 방향을 정하는 중요한 기준이다. 가치를 매기는 이런 평가에서 개인은 평가 주체인 동시에 평가 대상이다. 이런 평가 구조와 같은 방식으로 개인은 특정 이미지의 소비자인 동시에 타인의 응시를 받는 이미지가 되었다. 개인성의 섹슈얼리티화는 만남을 시각적 평가의 퍼포먼스로 바꿔놓았다. 일련의 핵심 인지적 특성을 기반으로 이뤄지는 시각 평가는 관계를 맺을 것이냐 아니냐를 결정하는 기준이다.

시각화는 성급하고 즉각적인 평가를 자극한다. 시각 평가의 특징은 네 가지로 나눠볼 수 있다. 첫째, 시각 평가는 순식간에 대상을 파악하고 가치를 매긴다.[55] 인지심리학이 밝혀냈듯, 시각 평가는 '빠르고 간단한' 종류의 인지 작용이다. 시각 평가는 불과 몇 안 되는 정보를 바탕으로 어떤 대상의 선호도를 결정짓는다.[56] 빠르게 이뤄지는 시각 평가 때문에 개인은 관습적인 매력의 특징, 흔히 미디어 산업과 패션 업계가 선호하는 코드, 이를테면 드러난 가슴골, 잘록한 허리, 긴 다리, 금발, 매끈하고 부드러운 피부, 날씬함을 아름다운 이미지로 우선시하는 경향을 보인다. 시각 평가는 표준 모델과 매력 코드에 밀접한 것을 선호하며, 다른 것들은 무시하는 성향에서 자유로울 수 없다. 이로써 시각 평가는 무수히 많은 보통 사람을 매력이라고는 없는 인간으로 낙인찍는다.

둘째, 시각 평가의 속도는 성적 평가 역시 상호작용과는 상대적으로 거리가 먼 사회적 상호작용의 일방적 평가로 만들어버린다. 상징적 교환과 사회적 교환을 필요로 하는 인정과는 반대로 시각 평가는 어느 한쪽의 독단적 평가이기 때문이다. 평가하는 쪽의 시각은 오로지 자신의 의견만 고집하며 누가 매력적이며 누구는 그렇지 않은지 판단할 따름이다.

시각 평가의 셋째 특징은 다시금 그 속도와 연관된다. 순식간에 상대의 가치를 매기는 시각 평가는 언제나 이분법 논리를 따른다. 시각 평가를 하는 사람은 상대를 보며 그 또는 그녀가 '핫'한지 아닌지, 매력이 있는지 없는지부터 판단한다. 42세의 이스라엘 저널리스트 댄의 이야기를 들어보자. "저는 어떤 여자를 만나면 그녀와 키스하고 싶은지 아닌지 곧장 압니다." 이런 이분법적 분류는 다시금 인습적인 미디어 이미지를 근간으로 하는 평가이다. 이 이미지는 여성성을, 그리고 매우 드물기는 하지만 남성성 역시 성적 매력과 섹시함이라는 코드로 분류한다.

속도와 일방성과 이분법적 단순함이라는 시각 평가의 세 가지 특성은 개인성을 소비 가능한 이미지와 프로필로 바꿔주는 틴더 앱으로 고스란히 구현되었다. 실제로 틴더가 선보인 기술 혁신의 핵심은 속도와 이분법을 가능하게 만들어준 것이다(그 유명한 왼쪽 또는 오른쪽으로 쓸어 넘기기). 이로써 시각 평가의 넷째 특성, 곧 속도로 아주 많은 횟수의 상호작용이 가능하다는 특성이 실현되었다. 오른쪽이나 왼쪽으로 쓸어 넘기는 행동은 빠른 평가를 전제로 한다. 순전히 시각 이미지로만 빠르고 효율적으로 성적 욕망을 자극하는 상대를 찾는 일은 이 기술 덕에 쌍방향으로 이루어진다. 틴더는 시각 평가의 즉각적 특성을 강화한다. 강렬한 자극을 주는 핵심 이미지만으로 선택하는 평가는 명확한 결과물을 선물한다. '핫/노 핫.' 개인성은 몸이 되며, 몸은 움직이며 말을 하는 몸에서 정지한 상태의 이미지 또는 스냅 사진이 된다. 평가 자체는 말 그대로 인스턴트 결정이 되어 군더더기라고는 하나 없는 즉흥적 '예스' 또는 '노'라는 이분법적 답을 택한다. 이렇게 해서 성적 이미지와 기술의 시각화는 이음새 하나 찾아볼 수 없는 조화를 이룬다.

오스트리아 출신으로 마케팅 전문가인 바네사는 32세로 런던에 거주한다. 그녀는 성적 개인성의 시각화가 네트워크 기술과 잘 어우러진 사례를 보여준다.

바네사 베를린의 제 여자 친구들은 예전에는 틴더를 전혀 몰랐어요. 그러나 지금은 모두 틴더를 쓰죠.

질문자 본인도 쓰세요?

바네사 그야 물론이죠.

질문자 틴더의 전형적인 상호 만남이 어떻게 이뤄지는지 설명해주실 수 있나요?

바네사 먼저 프로필로 가요. 대다수의 사람들은 얼굴이 마음에 들지 않을 거예요. 왼쪽으로 쓸어 넘기는 것은 정말 재밌어요. 마초처럼 보이거나 거만하거나 멍청해 보이는 남자들의 얼굴을 날려버리는 것은 진짜 통쾌하거든요.

질문자 얼굴이 마음에 드는 경우도 많잖아요?

바네사 물론이죠.

질문자 그럼 어떻게 하나요?

바네사 오른쪽으로 쓸어 넘기죠. 상대도 오른쪽으로 쓸어 넘겼다면, 우리는 채팅을 하며 메시지를 주고받죠. 보통 대화는 빠르게 성적인 주제로 넘어가요.

질문자　예를 들자면? 괜찮다면 설명해주실 수 있나요?

바네사　그야 물론이죠! 대략 이런 식이에요. "안녕, 만나보고 싶어?" "응, 좋아." "지금 무슨 생각하는지 말해줄래?" 이런 물음에는 대개 섹스와 관련한 답을 하죠. "오, 흥분되는데. 나 지금 핫해졌어. 10분 뒤에 거기서(바의 이름) 만나지. 나 지금 정말 핫해." 더 달아오르게 만들고 싶다면 이렇게 덧붙이곤 하죠. "나 정말 잘 빨아."

질문자　그게 실제로 만나 서로 알기도 전에 나누는 대화라고요?

바네사　그럼요. 지극히 정상이에요. 그런 걸 이상하게 여기는 사람은 아무도 없어요. 바로 그래서 이런 식으로 만나는걸요.

틴더는 성적 주체를 이미지로 변환해 이분법적 시각 평가를 바탕으로 하는 상호작용, 곧 고르거나 버리거나, 오른쪽으로 또는 왼쪽으로 이미지 선택을 하는 상호작용의 기회를 부여한다. 성적 이미지는 다양한 기술 플랫폼과 소셜미디어를 떠돌며 평가받는다.[57] 그 좋은 예가 '섹스팅'sexting이다. 섹스팅은 자신의 성적 이미지를 메시지와 함께 발송하는 것으로, 널리 퍼진 커뮤니케이션 형태로 발전했는데(채팅 도중에 가슴을 노출하거나 성기 사진을 전송한다), 이런 식으로 섹슈얼리티와 시각성, 기술과 평가의 상호작용을 제시한다(이에 대해 아래에서 더 자세히 다룬다).

시각 평가의 보편화는 최적의 표준과 비교 과정을 만들어냈다. 이런 과정은 기업 경영의 현실을 연상시킨다.

벤치마킹은 부서나 조직의 작업 방식을 개선하기 위해 경영자가 쓰는 기술이다. (…) 이 기술은 두 가지 요소로 이뤄진다. 먼저 조직이 맡은 핵심

업무가 처리되는 효율성과 담당 직원의 실력을 측정하는 것이 그 하나다. 다른 하나는 개선되어야 할 분야를 확인하기 위해 다른 조직이 올린 최고의 성과와 비교하는 작업이다.[58]

벤치마킹은 의식적이든 무의식적이든 표준(실력이나 아름다움의 표준)과 관련해 비교하는 정신 자세를 요구한다(평가 대상을 최적화의 기대로 다른 것과 비교하는 일). 성적인 벤치마킹 역시 이용자가 자신의 프로필(직업적인 또는 개인적인 프로필)과 매력을 끌어올리려는 자기 현시의 노력에서 드러나듯 인터넷 문화로 증폭되었으며 제도로 자리를 잡았다. 바로 그래서 틴더는 이용자들로 하여금 매력 측정법으로 서로 짝을 찾을 수 있게 해주는 알고리즘을 이용한다. 이로써 매력적인 몸의 시각 시장을 알고리즘 계산으로 정제된 벤치마킹의 형식으로 제출한다.[59] 소셜네트워크에서 자기 현시의 주요한 방식인 시각화된 자아는 소셜미디어를 순환하는 동안, 『뉴요커』의 논평자 말을 그대로 빌리자면, "처벌을 할 만하게 이상화된 형식"이 되었다.[60] 내가 보기에는 성적인 몸을 평가하고 그에 상응하게 평가받을 수 있게 된 것이 섹스팅이 널리 퍼진 원인 가운데 하나다.

평가 인터뷰로서의 만남

시각 평가는 낭만적 만남에 만연해 있고, 그러한 만남의 전제 조건이다. 그러나 인간의 만남이 서로의 자아가 아니라 시장 브랜드로 꾸며진 자아의 만남이라는 사실, 곧 최고로 꾸민 외모를 중시하는 만남이라는 사실이 본래의 만남은 인격적 자질에 대한 비시각적 평가라는 점을 부정하지는 못한다. 인간은 만남을 통해 서로의 취향, 라이프스타일, 심리적 성향이 어울릴 수 있기를 희망하기 때문이다. 그러한 평가는 인터넷 데이트 사이트의 영향을 받아 인터뷰의 형식을 취한다. 그 인터뷰는 점점 시각적 상대에 대한 이분법적 평가 형식이 되었다.

61세의 프랑스 여성 카티아는 9년째 이혼 생활 중인데, 짝을 찾으려는 낭만적 만남의 어려움을 토로한다.

카티아   데이트를 할 때마다 '그가 짝일까, 아닐까?' 하는 끊임없는 물음으로 엄청난 압력을 받아요. 그리고 그가 짝이 아니라는 결정을 하려 안간힘을 쓰죠. 아주 사소한 결점만으로도 상대는 탈락이에요.
질문자   예를 들어 어떤 결점이죠?
카티아   결점이야 다양하죠. 이를테면 저녁 내내 자신의 이야기만 하면서 저와 관련한 것은 거의 묻지 않는 태도죠. 또는 별것도 아닌 걸 가지고 잔뜩 자랑을 늘어놓아요. "그걸 해낸 사람은 내가 최초라고." "그건 내가 제일 잘해." 그런 허풍쟁이나 마초와 만나는 것은 창피할 정도예요. 또는 술을 너무 많이 마신다거나, 음식을 두고 불평을 늘어놓거나, 내가 중요하게 생각하는 것, 이를테면 오페라를 두고 그런 것을 뭐 하러 보느냐고 해도 마찬가지죠. 그때마다 저는 점수를 매겨요, 합격 또는 불합격 하는 식으로. 아무튼 이런 만남은 엄청 힘들어요. (…) 옛날에는 안 그랬는데. 예를 들어 일 때문이거나 친구 소개로 만나는 남자는 차분하게 살필 기회가 많았죠. 젊었을 때는 주로 제 활동 범위 안에서, 대학교나 직장에서 남자를 사귀었어요. 그 남자, 필립이던가, 아무튼 그가 기억나네요. 처음에 그는 눈에 잘 띄지 않았어요. 그는 약간 수줍음을 탔고, 평균적인 외모라 남의 이목을 사로잡는 유형은 아니었죠. 그런데 어느 날인가, 우리가 벌써 몇 달째 알고 지냈을 때인데, 친구들과 저녁을 먹는 자리에서 그가 우스갯소리를 하는 거예요. 돌연 이 남자가 달리 보이더군요. 저는 '와우, 농담도 할 줄 아네' 하고 생각하고 그에게 관심을 가지기 시작했어요. 우리는 2년을 만났죠. 혹시 《브리짓 존스》를 보셨나요? 그 영화 말이에요.

질문자 그럼요, 책도 읽었는데요.

카티아 저는 책은 안 읽었지만, 그래요, 분명 예술적인 걸작은 아니죠. 하지만 저는 이 영화가 정말로 좋아요, 세 편 모두. 그들은 처음에는 서로 좋아하지 않았지만, 20년 또는 아마도 10년 동안 길을 오가며 마주치다가 처음에는 통하지 않았던 것이 두 번째 기회에 불꽃이 튀는 경험을 하죠. 그들은 서로 충분하게 기회를 주었어요. 그들은 생활권이 같았으니까요. 그들은 실수를 하고, 실수를 바로잡아가며 서로 예전에는 보지 못했던 것을 발견하죠. 그들은 서로 알아가는 과정을 서두르지 않아요. 천천히 서로 충분한 시간을 가지죠. 아무튼 '만나자마자 단번에 결정을 내리고 후다닥 해치우는 방식'은 아니죠.

카티아의 이야기는 세월의 흐름과 함께 짝을 고르는 평가 방식에 어떤 변화가 일어났는지를 대단히 압축적으로 보여준다. 카티아가 젊었던 시절에 자신에게 맞는 짝을 고르는 일은 충분한 시간을 두고 서로를 알아가는 과정이었다. 물론 짝을 고른다는 것은 예나 지금이나 부정적 평가 방식의 성격이 짙다. 후보 가운데 부적절한 인물을 골라내 탈락시키는 부정적 평가 방식의 결과는 통계적으로 '예스'보다는 '노'일 때가 더 많다. 그러나 같은 '노'라는 결과라 할지라도 예전의 평가는 충분한 시간을 두고 이루어졌다. 오늘날은 다르다. 기업에서는 일반적인 인터뷰(면접) 형식이 낭만적 만남에 깊이 침투해 있다. 또 다른 예는 런던과 취리히를 오가며 투자회사에서 일하는 44세의 경영인 랠프다. 그는 본격적인 인터뷰에 앞서 나눈 대화에서 함께 가정을 꾸릴 여성을 10년 동안 찾았지만 허사였다고 털어놓았다. 그의 말을 들어보자.

랠프 저는 20년이 넘게 여자들을 만나보았습니다. 제가 처음으로 여자를 찾았을 때는 이십대 중반이었죠. 그동안 뭔가 변화가 일어났어요. 저는 이 변화를 아주 분명하게 봅니다. 제가 나이를 먹어 그런 게 아니라, 변화는 분명 있어요.

질문자 어떤 변화인지 설명해주실 수 있나요?

랠프 여자의 주의를 끌기가 무척 어려워요. 오늘날 여자들은 스마트폰이나 페이스북 또는 인스타그램에 빠져 있죠. 사람들이 그들에게 뭐라고 말하는지 온통 관심이 쏠려 있어요. 그들은 끊임없이 메일을 확인합니다. 제가 스무 살 시절 데이트를 할 때는 전혀 그렇지 않았거든요. 오늘날 저는 여자들이 데이트를 하면서도 뭔가 다른 생각에 빠져 있다는 인상을 강하게 받아요. 만남에 집중하지 않더군요. 상대방에게 집중하는 걸 무척 힘들어합니다. 아마도 제 선택에 문제가 있지 싶지만, 아무튼 결혼 시장에 나오는 여자들이 그래요. 아뇨, 제 선택이 문제가 아니라, 이건 일반적인 현상인 거 같아요.

(인터뷰의 끝부분에서)

제가 마지막으로 만났던 여자는 마이애미가 어디 있는지 모르더군요. 그녀는 로스앤젤레스가 마이애미보다 유럽과 더 가깝대요. 나 참 기가 막혀서. 그런 사람에게는 시간도 아까워요. 그걸로 끝이죠. 단 1초 만에. 참을 수가 없거든요. 틴더에 다른 여자들이 수백 명도 넘게 나를 기다리는데 왜 그런 여자를 만납니까.

만남을 가능케 하는 기술을 통해 열린 시장에서 구조화된 개방적 섹슈얼리티는 사람들을 평가하는 데 문제를 일으킨다. 기술 덕분에 잠재적 파트너의 과잉 공급이 빚어지면서 평가는 되도록 부적격 후보를 효율적으로 걸러내야 하는 '인터뷰'의 성격을 띤다. 이런 인터뷰는 잠재적 파트너를 그 사회적 맥락에서 분리시키기 때문에 상대의 가치를 추상적 맥락에서 이해하게 만든다. 이 추상적 맥락은 자체로 추상적 상품 형식을 취한다. 더 나아가 평가하는 본인조차 추상적이게 된다(법인이 추상적 공간인 것과 마찬가지로 카페, 바, 레스토랑은 표준화된 추상적 소비 공간이다). 만남에서 서로 품는 물음 역시 표준화된 테스트의 형태를 띤다. 카티아와 랠프에게 만남은 합격 여부를 가리는 시험과 같은 인터뷰다. 질문을 하는 인터뷰어는 자신이 무엇을 선호하는지 항상 분명하게 아는 것은 아닌 반면, 자신이 원하지 않는 게 무엇인지는 매우 정확히 안다. 이런 상황에서 시험은 쉽사리 '불합격'이라는 판정을 내린다. 이로써 인터뷰어인 그들은 선택하지 않음으로써 개인적으로 선호하는 것을 표현한다. 이런 표현은 틴더에서 왼쪽으로 쓸어 넘기는 것과 같다.

소비 평가

성적, 낭만적 거래는 그에 앞서는 소비 행위를 전제로 하며 소비 환경이 갖춰질 때 일어난다. 이런 거래에서 개인은 소비자의 입장이 되어 파트너를 평가한다. 20세기에 사랑이라는 감정과 관계에서 일어난 가장 심오한 변화, 사회학이 가장 중요하다고 여기는 변화는 낭만적 관계가 소비 취향과 떼려야 뗄 수 없이 결합하게 된 것이다. 20세기가 시작하면서 전통적인 동반자적 결혼은 이제 함께 소비 여가를 공유하는 결혼으로 대체되었다.[61] 데이트는 직접적으로 소비 영역 안에서, 소비 영역을 통해 이루어진다. 레스토랑, 바, 영화관, 관광지, 클럽 등은 서로 만나 즐기는 가장 중요한 장소로 발전했다.[62] 오늘날의 데이트와 사랑을 아이러니하게 조명한 『뉴요커』의 칼럼은 사랑과 여가 영역과 소비 취향 사이의 관계를 다음과 같이 묘사한다.

> 한동안 레스토랑과 바에서 만났지만, 오늘 너희는 집에서 데이트를 즐기며 함께 요리하기로 했다. 다시 말해서 너희가 직접 만드는 요리의 비밀 재료는 사랑이다. 멋진 일이다. 또 다른 중요한 재료는 함께 요리를 하며 작은 깜짝 공격으로 맛보는 짜릿한 쾌감이며, 상점에서 모차렐라를 구입하며 그 포장에 인상주의 화가의 그림이 그려졌는지 확인하는 일이다.[63]

이 칼럼이 의도한 익살은 현대의 데이트를 이루는 근본 요소들을 이해하는 사람에게만 통한다. 오늘날 데이트는 레스토랑 또는 바 같은 상업 공간에서 이뤄지며, 같은 치즈를 좋아하는 비슷한 소비 취향(요리와 맞는 치즈)과 함께 치즈 포장에 그려진 작품을 알아볼 줄 아는 교양(인상주의 화가)을 공유한다. 『뉴욕타임스』의 어느 유명한 칼럼은 인간이 서로 사랑에 빠지는 무수한 방식을 묘사하며 이런 물음을 던진다. '당신이 사랑에 빠졌다는 걸 어떻게 아는가?' 다음은 그 답 가운데 하나다.

> 사랑에 빠졌다는 것은 꿈에 그리던 사람을 만났다는 감정이다. 36세의 폴 러스트는 아이오와주의 르마스에서 십대 시절을 보낸 작가이자 넷플릭스 시리즈 《러브》의 감독이며 제작자로, 자신처럼 언더그라운드 펑크록을 좋아하며 '예술가 정신'을 가진 여성을 만나기를 꿈꿔왔다. (…) 몇 년 뒤 로스

앤젤레스의 어느 생일 파티에서 낯선 사람들의 분위기에 주눅이 든 그가 주방 한구석에 쭈그리고 있는데 38세의 레슬리 아펀이 그의 눈길을 사로잡았다. HBO의 시리즈 《걸스》의 작가인 그녀는 뉴욕에서 왔다. 곧장 두 사람은 대화를 나눴다. 그녀는 펑크록을 좋아했다. 그리고 그녀는 작가였다. 그녀는 믿기 어려울 정도로 똑똑했고 아름다웠다.[64]

이 묘사에서 주목할 점은 '펑크록'의 의미, 곧 음악 취향을 꿈의 대상으로 꼽아온 개인의 특성으로 강조하고 있다는 사실이다. 다시 말해서 사랑에 빠지는 일의 핵심은 소비 평가다. 20세기 초부터, 더욱 결정적으로는 1970년대 이후부터 함께 여가 활동을 즐기며 문화 취향을 공유하는 능력은 짝을 이루는 데 결정적 요소로 자리 잡았다. 같은 취향을 소비한다는 경험이 친밀감을 키워주기 때문이다. 짝을 이루는 과정과 그 욕망은 소비 취향과 소비 평가를 구조화한다. 소비 평가는 상대방이 내가 찾던 바로 그 인물이라는 유일함의 감정을 심화했다. 다음의 사례는 소비 평가가 관계에 어떻게 영향을 주는지 보여주는 것으로, 취향이 달라 관계가 틀어진 반대의 경우다. 50세의 독일 여성인 티나 레즈비언으로, 자신의 마지막 관계를 두고 이런 이야기를 들려주었다.

티나　　저는 만성 소화장애를 앓습니다. 이게 뭔지 아세요?
질문자　글루텐에 심한 알레르기 반응을 일으키는 자가면역질환이죠.
티나　　맞아요. 저는 글루텐을 어떤 형태로든 섭취할 수가 없어요. 아주 미량이라도 안 되죠. 그런데 그녀(티나의 전 여자친구)는 자신이 즐기는 음식을 내가 먹을 수 없다고 매우 힘들어했어요. 자기가 좋아하는 걸 내가 맛도 못 본다고 얼마나 징징대던지. 그래도 그녀의 음식 취향을 공유할 수 없는 걸 어떡하겠어요.

티나의 전 여자친구는 자신의 식습관을 고집하면서, 티나가 음식 취향을 공유할 수 없는 것을 두고 불평을 해댔다. 반대의 사례이기는 하지만 소비 평가가 애정 문제에 큰 영향을 준다는 점을 티나의 경우는 분명히 보여준다. 소비 취향의 공유는 친밀성을 만들어주는 감정과 감각의 플랫폼으로 기능한다. 오늘날 관계는 공통의 취미, 식습관, 와인 취향, 여행, 스포츠, 문화 소비를 중시하기에 소비 습관을 평가 대상으로 삼는다. 여가 활동을 같이 즐길 수 없다거나 동일한 대상을 소비할 수 없는 어려움은 친밀성과 그에 따르는 욕망을 조정하는 데 어려움을 겪게 한다. 이 경우에서 보듯 상품은 관계를 맺고 지속하게 해주는, 그러나 또한 관계를 무너뜨리고 해체하게 만드는 '이행 대상' transitional object의 역할을 한다. 이행 대상은 정신분석학자 도널드 위니콧이 만들어낸 개념으로,[65] 외부 세계와 내적 자아 사이의 경계를 구성하고, 자율성과 타자에 대한 애착, 즉 개성의 표현과 타자에 대한 애착의 과정에 참여하는 기반을 조율한다. 몸과 개성과 취향은 끊임없는 평가의 대상이며, 관계를 만들고 허무는 이행 대상이다.

성적 평가절하

페미니스트 역사학자인 앨리스 에컬스는 제2차 여성해방운동의 주목표를 "남성의 가치를 높게 보고 여성의 가치는 깎아내리는 문화"에 대항할 전략을 세우는 것으로 보았다.[66] 그러나 여성은 경제와 정치의 몇몇 영역에서 자기 목소리를 내는 데 성공하기는 했지만(물론 아직 낮은 수준이지만), 섹슈얼리티와 낭만의 영역에서는 여전히 심각할 정도의 평가절하에 시달린다.[67] 성적 문제를 경제와 연관하는 많은 페미니스트와 학자들은 실제로 그런 평가절하가 일어나고 있음을 확인한다. 이들은 남성이 더 이상 섹스를 위해 많은 것을 지불하지 않아도 된다는 사실만으로 섹스가 '값싼 것'이 되었다고 분석한다.[68] 마크 레그너러스는 세 가지 특징적인 기술 성과의 결과로 섹스에 비용이 들지 않게 되었다고 진단한다. "첫째, 광범위한 피임약 사용과 이로 인해 생겨난 태도, 곧 섹스는 '자연적으로' 재생산과 별 관련이 없다는 관점. 둘째, 대량으로 생산되는 고품질 포르노. 셋째, 온라인 데이트 서비스의 출현과 발달"이 그 세 가지 특징이다. 레그너러스는 이 세 가지를 완곡하게 "가격 억제 요인"이라고 부른다. 이 세 가지 요인이 서로 결합하여 데이트와 섹스의 비용과 가치 그리고 쉽사리 추정할 수 있듯, 여성의 가치를 떨어뜨린다.[69]

그렇지만 이 설명은 남성이 비용을 지불하지 않으면서도 소중히 여기는 많은 활동(예배 참석, 자원봉사, 해변 산책 등)이 있다는 사실을 편리하게 무시한다. 바로 그래서 남성이 '더는 비용을 지불하지 않는다는 점'으로 인해 여성과의 섹스(나아가 여성 자신)가 평가절하되는 아무런 또는 납득할 만한 근거를 제시하지 않는다. 비용이 들지 않는 섹스가 여성의 평가절하를 함축한다는 주장은 좀 더 정확한 설명을 필요로 한다. 어떤 여성 심리학자는 자신이 개설한 '데이트 중독 치료' 프로그램을 광고하면서 내가 염두에 둔 여성의 평가절하를, 물론 그녀 자신은 평가절하라는 현상을 알지 못한 채로, 이렇게 설명한다.

오늘날 데이트(짝찾기)는, 여러 증상이 증명하듯, 어딘가 고장이 났다. 아래의 묘사 가운데 자신과 맞는 게 무엇인지 생각해보기 바란다.

당신에게 큰 관심을 보이는 남자를 알게 되었으나, 곧바로 그의 관심이 식어버린다. 그리고 나타났을 때와 마찬가지로 그는 순식간에 당신의 인생에서 사라졌다. 또는 어떤 희망을 품기가 두렵다. 이내 다시 실망을 맛보기가 싫기 때문이다. 파티에서 알게 된 남자와 '케미'가 잘 맞는 거 같아 기분이 좋았다. 그러나 남자는 가까이 다가오려는 시도를 전혀 하지 않는다. 혹시 그가 보낸 신호를 잘못 이해한 건 아닐까 싶어 당신은 걱정이 된다. 또는 나중에 그 남자가 이미 다른 여자와 만나고 있는 걸 알게 될까 당신은 두렵다. 그렇다면 그는 도대체 왜 수작을 건 것일까? 혹시 본능 탓에 남자를 너무 쉽게 믿었나? '온라인으로 알게 된' 남자와 며칠째 집중적으로 메시지를 주고받았다. 그와 첫 현실 만남을 하러 가는 길, 흥분으로 가슴이 터질 것만 같다. 그러나 현실은 전혀 달랐다. 이 남자는 온라인에서 자신을 소개한 그런 남자가 전혀 아니었다. 연락처라고 준 것은 아예 존재하지 않는다. 당신은 또 헛된 희망을 품은 꼴이 되었다. 그러다가 실제로 어떤 남자와 사귀게 되었는데 처음 다툼이 일어나서 무섭게, 또는 당신이 뭔가 확실한 것을 이야기하기 무섭게, 그는 거리를 두기 시작한다. 괜히 그런 말을 했다 싶어 후회하며, 이번에도 완전히 그르친 것일까 자문하지만 속만 상할 뿐, 나아지는 것은 없다.

이런 현상은 당신에게만 일어나는 거 같지만 실상은 매우 널리 퍼진 것이다. 겉보기로 농밀하기만 했던 관계가 아무런 또는 거의 사전 경고 없이 물거품이 되는 일은 흔히 보는 지극히 정상적인 것이 되었다. 나는 이런 일이 섬뜩할 정도로 자주 일어난다는 점을 나의 싱글 여성 고객들에게서 경험했다. 분명한 사실은 오늘날 데이트는 제대로 실현되지 않는다는 것이다. 데이트는 제멋

대로인 '자의적인 체계'로 넘어갔다. '확실한 관계'를 맺기에는 너무 아플 정도로 부적절한 체계가 오늘날의 데이트다.[70]

여성의 몸을 두고 빈정대는 굴욕적인 농담, 살짝 뚱뚱한 여성에게 안기는 모멸감, 동년배나 연상의 여성 폄하하기, 노골적으로 젊은 여성 편애하기, 몸매로 여성의 순위 매기기, 데이트 강간, 무차별적인 성적 파트너의 축적을 통한 지위 탐색, 미모와 날씬함을 기준으로 삼는 가치 위계질서 따위는 여성의 몸과 자아를 평가절하하는 남성의 아주 널리 퍼진 판에 박힌 전략이다. 그러나 짝을 찾으려면 어쩔 수 없이 감당해야 하는 위험 요소로 이런 전략을 간주하는 태도야말로 여성에게 커다란 심리적 부담을 안기는 주범이다. 흔히 이른바 '자기계발서'나 심리 상담으로 이런 부담을 이겨내려 하지만 여성은 그때마다 환멸만 맛볼 따름이다. 성적 만남은 가치를 폄하하는 충격적인 경험을 낳기 일쑤다. 많은 또는 대다수의 사람들이 짝찾기를 행복하게 끝낸다고 해도, 이런 평가절하가 성생활에 내재하는 요소가 되었다는 사실은 부정되지 않는다.

비판적 페미니즘 이론은 여성의 가치를 떨어뜨린 주된 요인을 '대상화'와 '섹슈얼리티화'라는 개념으로 압축해 설명한다. 린다 스몰랙과 세라 머넨은 이렇게 썼다.

> 섹슈얼리티화는 다양한 형태로 폭넓은 영향력을 행사하며 섹시하다는 것이 보상을 얻게끔 유도한다. 반대로 섹시함이라는 기준을 따르지 않으면 처벌을 받거나 최소한 기회를 거의 얻지 못하게 한다.[71]

그러나 이런 정의는 대상화가 쾌락의 감각과 권력 그리고 주체성을 제공한다는 점을 간과한다. 대상화는 여성으로 하여금 자신의 몸을 가지고 경제적 가치와 상징적 가치를 만들 수 있게 해주기 때문이다. 스몰랙과 머넨은 섹슈얼리티화의 경제적 토대를 무시했기 때문에 여성이 자신의 몸을 상품으로 삼는 대상화에 숨은 여성의 자발적 참여를 읽어내지 못했다. 여성의 대상화를 잘못된 의식으로만 간주하는 바람에 대상화 안에 내재한 (상징적이고 경제적인) 가치화를 간과했다. 더욱이 남성이 여성을 평가절하하는 다양한 과정 사이의 차이가 충분히 검토되지 않았다. 어떤 과정은 남성이 여성을 폄하함으로써 지위를 구축하는 방식과 연관되는 한편, 거대한 섹슈얼리티 시장 때문에 가치를 알아보기 힘든 인지적 어려움으로 의지와 상관없이 일어나는 경우도 있다. 아무튼 섹슈얼리티 그 자체만으로 평가절하가 일어나는 것은 아니다. 오히려 지배를 과시하는 무대로 섹슈얼리티를 활용하려는 남성이 통제하는 시장이 이런 평가절하를 조장한다. 내가 섹슈얼리티의 상품화와 문화의 포르노화[72]를 비판적으로 보는 결정적인 이유는 (섹슈얼리티) 시장의 보이지 않는 손, 남성의 손이 여성을 통제하는 수단으로 상품화와 포르노를 활용한다는 점에 있다.

섹슈얼리티 시장의 남성 통제는 누가 보아도 하나 그 이상의 방식으로 분명하다(또 숨겨져 있다). 첫째, 앞에서 이미 살펴보았듯 대부분의 시각적 섹슈얼리티 산업을 좌우하는 손은 남성의 것이다. 이는 곧 여성의 어떤 것이 가치가 있는지 결정하는 쪽은 남성임을 의미한다. 남성이 여성의 무엇을 높이 평가하느냐에 따라 여성은 자신을 평가한다. 하버드 대학의 경제학자 샌딜 멀레이너선은 이렇게 썼다. "어떤 연구는 남성이 자신보다 더 똑똑하고 야심 있는 여성과 만날 확률은 아주 낮다는 결론을 내렸다."[73] 이 논평은 같은 남성이 자신보다 훨씬 더 성적으로 매력적인 여성과 데이트하는 것을 싫어하지 않을 거라고 보충되어야 마땅하다. 여성이 가진 성적 매력은 남성이 간접적으로 자신의 경제적이고 상징적인 지배력을 과시할 일종의 도구이기 때문이다. 둘째, 남성은 자신보다 훨씬 더 젊은 여성을 선호한다는 점에서 볼 수 있듯, 여성의 매력을 정하는 기준을 통제한다. 반대로 남성의 젊은 나이는 그 매력을 정하는 꼭 필요한 기준이 아니다. 여성은 매력과 아름다움의 표준을 정하는 이데올로기와 시각과 경제의 도구를 활용하지 못한다. 반대로 남성의 매력은 사회에서 그가 차지하는 위치를 고스란히 반영하며, 특히 사회적 지위와 재산으로 결정된다.[74] 이런 사실은 다시금 남성의 매력이 여성의 그것에 비해 훨씬 더 지속적인 권력을 발휘함을 뜻한다.[75] 높은 수입과 교육 수준을 자랑하는 남성이 섹슈얼리티의 장에서 더 높은 위치를 차지한다는 사실은 남성에게 세 가지 대단한 강점을 선물한다. 첫째, 남성의 성적 권력은 여성의 그것처럼 빨리 늙지 않는다. 아니, 오히려 세월과 함께 더 커진다. 둘째, 남성은 동년배든 훨씬 더 젊은 여성이든 접근할 수 있기 때문에 더 많은 잠재적 파트너를 놓고 고를 수 있다.[76] 셋째, 더욱 결정적인 사실은 남성의 섹슈얼리티 목표와 사회경제적 목표는 상당 부분 겹치며, 심지어 매우 밀접하게 연관된다는 점이다. 남성의 성적 권력은 곧 남성의 사회적 권력과 다르지 않거나 심지어 서로 강화해준다. 반면 여성의 성적 위치와 사회적 위치는 서로 매우 심한 갈등을 일으킨다.

노화로서의 아름다움

대상화 또는 물화는 다양한 의미를 가진다. 타인을 물건 취급한다는 것은 내가 그 사람의 가치를 정함으로써 나의 권력 통제 아래 두겠다는 태도를 뜻한다. 다시 말해서 상대방을 나의 시선과 나의 확인에 의존하게 만드는 것, 이게 바로 대상화다. 섹슈얼리티화로 인해 다른 쪽의 가치를 결정할 권력을 어느 한쪽이 갖게 되기 때문에 대상화는 사실상 종속관계를 낳는다.

섹슈얼리티화는 여성으로 하여금 섹시한 외모가 남성의 마음에 들기 위해 중요할 뿐만 아니라 거의 모든 영역에서 성공적인 인생을 살아갈 비결이라는 확신을 키우게 한다. 이런 확신이야말로 성적 응시를 내면화하는 태도, 곧 스스로 자신을 물화하는 태도를 이해할 수 있는 열쇠다.[77]

거의 모든 도덕철학자들은 인간의 자기 대상화를 자아의 도덕적 가치가 떨어져서 나타나는 현상으로 이해한다. 철학자 아비샤이 마갈릿과 마사 누스바움은 대상화를 상대방의 가치를 무시하고 약화하는 관계에서 나타나는 현상으로 이해했다. 상대의 가치를 무시하는 원인은 외모를 문제 삼는다든지, 자신보다 열등한 가치를 가지는 것(예를 들어 동물)으로 다루거나, 성적 목적으로 몸에만 집중하는 태도다.[78] 대상화의 둘째 의미는 자아의 상품화와 직접적으로 관련된다. 이 의미의 대상화는 우리가 타인과 우리 자신을 몸과 시각적 외모로 바라볼 뿐만 아니라 우리 몸을 시장에서 경쟁하는 상품으로 취급함을 함축한다. 이렇게 본 몸은 측정되고 등급이 매겨지고 그에 맞는 가격이 정해지는 대상이다. 이로써 나타나는 대상화의 셋째 의미는 몸을 상품 취급하는 남성의 시선을 고스란히 여성 자신 안에 새김으로써 개인성을 그 전체로 이해하지 못하는, 말 그대로 몸의 물화다. 비판적 페미니스트들은

바로 이 셋째 의미를 특히 심각하게 받아들인다.[79]

이런 견해는 내가 보기에 자기 대상화의 좀 더 중요한 측면을 놓쳤다. 곧 자기 대상화는 자신의 가치를 보는 다양한 형태의 불확실성을 빚어내 자기를 폄하하는 경험을 낳는다. 대다수 여성에게 성적 가치의 생산은 사실상 실현되지 않은 채 남기 때문이다. 마르크스주의 사회학은 어떤 상품의 가치가 구체적인 사회관계로 실현될 때, 예를 들어 판매나 교환이 이뤄질 때에야 비로소 완전히 실현된다고 보았다. 그러나 여성이 생산하는 가치는 섹슈얼리티 또는 경제 시장에서 완전히 실현되지 못한다.[80] 그 좋은 예는 어떤 특정한 자리에 채용되거나 관계를 추구하기에 '너무 늙었다'고 여성에게 들이대는 잣대다. 여성에게 성적 가치화는 흔히 별 쓸모없이 생산된 자본으로 기능한다. 그 가치는 그만큼 수익을 내기가 불확실하거나 작은 이득을 가져다줄 뿐이다. 반대로 남성의 매력은 훨씬 더 오래가는 유효 기간을 자랑하며, 그들의 사회적 가치와도 맞아떨어진다. 그래서 남성은 성적, 사회적 일치 속에서 훨씬 더 안정적인 자아의 형식을 만들어낸다.

더욱이 시각 평가는 신뢰도가 떨어지기 때문에 존재론적 불확실성이 발생한다. 학계의 연구에 따르면 시각적 매력 또는 시각적 자극을 기초로 형성된 의견은 시간의 흐름과 더불어 빠르게 변한다. 예를 들어 안경을 쓴 사람이 안경을 쓰지 않은 사람에 비해 더 지적으로 보이는 효과는 15초를 넘기지 못한다. 안경 쓴 사람을 더 오래 보고 있으면 이런 차이는 사라진다.[81] 시각 평가는 근본적으로 신뢰성이 떨어진다. 앙브루아즈는 자신의 실패한 결혼을 두고 다음과 같은 말을 했다.

질문자　왜 이혼했다고 생각하세요?

앙브루아즈　제가 아름다운 여자를 좋아해서요.

질문자　아름다운 여자가 좋다고요? 무슨 뜻인지 잘 모르겠네요. 아름다운 여자와 바람을 피운 일이 많으세요?

앙브루아즈　아뇨, 전혀 그렇지 않아요. 제 말은 전처가 정말 예뻐서, 미치도록 예뻐서 결혼했다는 뜻입니다. 저는 그녀와 외출하는 걸 무척 즐겼죠. 사람들이 그녀의 얼굴을 훔쳐보는 게, 내가 이렇게 예쁜 여자를 아내로 삼았다는 걸 사람들이 알아보는 게 저는 무척 뿌듯했거든요. 그런데 말이죠, 예쁘다는 게 성격이 좋다는 보증은 결코 아니에요. 그녀는 성격이 정말 고약했어요. 제가 그녀의 몸매와 얼굴을 아무리 사랑해도 결국에는 성격 때문에 충돌이 일어나더군요. 다시는 같은 실수를 되풀이하고 싶지 않아요. 미모와 좋은 인성이 함께할 거라는 내 생각 말이에요. 그래도 아름다운 여자를 거부하기는 여전히 힘들군요.

남성의 상징적인 성적 자본은 성적으로 매력적인 여성을 자신이 소유하고 있음을 과시하는 능력이다. 그러나 이 사례에서 보듯, 남성의 이런 능력은 이내 다른 평가 방식(이를테면 그녀의 '성격')과 충돌한다. 결국 남성은 아름다움을 기준으로 한 선택이 신뢰할 만한 것이 아님을 깨닫고 후회한다.

더욱이 시각 평가는 이분법 구조를 가진다(매력적/비매력적). 이런 평가는 다른 사람을 쉽사리 거부할 수 있게 만든다. 『뉴욕타임스』가 선정한 베스트셀러 『너새니얼 P의 사랑 이야기』의 주인공은 중요한 관계를 맺게 되는 여성을 처음 만나고는 이런 상념에 빠진다.

해나가 훨씬 더 매력적이었더라면 틀림없이 그는 그녀가 자신의 관심에 맞

는 유일한 현실적 후보라는 점이 분명해진 그날 저녁 이전에 그녀를 더 주의해서 보았을 것이다.[82]

소설의 스토리가 진행되면서 해나는 매우 지적이며 너그럽고 섬세한 감각을 갖춘, 주관이 분명한 여성임이 드러난다. 그러나 '분명히 핫하지' 않다는 이유로, 미디어가 중개해준 섹시함의 기호들, 관습적 섹시함이 부족하다는 이유로, 너새니얼은 그녀를 쉽게 거부할 뻔했다. 이런 이분법 구조는 시각성에서 본질적이며 기술 속에 코드화되었다. 결국 시각적 자본주의 안에서 성적 가치는 '핫/노 핫'이라는 이분법 논리에 따르는 가시적 사건이라는 점이 분명하게 드러난다.[83] 이러한 가시성은 거부당하는 잦은 경험과 더불어 자기 현시의 사소한 이유 때문에 남들을 거부하는 사회적 스킬을 습득함을 내포한다. 바꿔 말하면 시각적 자본주의는 다른 사람을 빠르게 거부하고 버리는 풍조를 만든다. 다른 사람을 매력이 없는 진부한 인물이라고 거부하는 태도는 소비 대상을 가지고 다른 사람의 섹시함을 평가하는 소비만능주의도 조장한다. 이를테면 프랑스의 연극 무대 예술가인 37세의 베레니스는 이런 경험을 털어놓았다.

베레니스 이혼한 뒤 몇 명의 남자와 만나봤어요. 그런데 정말이지 어렵더군요. 남자 탓만으로 돌리기는 그렇고, 내 문제가 커요.
질문자   뭐가 그리 어렵던가요?
베레니스 별거 아닌 사소한 문제로 제 기분이 엉망이 되고 말아요.
질문자   예를 들자면?
베레니스 어떤 남자와 세 번째 데이트를 했을 때죠. 처음 두 번 만났을 때는 그가 마음에 들었어요. 그런데 그날은 하필이면 그 망할 창피한 싸구려 셔츠를 입었더라고요. 그건 스타일이 있는 작업복도 아니고, 뭐랄까 아마도 그의 할아버지가 1940년대에 중고 의류 가게에서 구입했을 법한 셔츠였죠. 저는 이 남자가 도대체 기본적인 취향도 없나, 아니면 나를 무시해서 그러나 무척 기분이 나빴죠. 아무튼 그는 저와는 다른 세상에 사는 사람처럼 보였어요. 바로 그 셔츠 한 장 때문에 저는 그에게 느끼던 매력을 완전히 잃었죠. 제 말은, 정확히 셔츠 때문만은 아니지만, 어쨌거나 혼란스러웠다는 뜻이죠. 다시 감정을 되살리려 분투했지만 허사였어요. 그걸 말로 하기도 이상했지만, 정말 그 셔츠는 분위기 킬러였죠.

이 경우는 성적 매력이 소비 아이템과 연관되었음을 분명하게 보여준다. 설레던 만남은 잘못된 '룩' 또는 차림새로 순식간에 자극을 잃었다. 어느 모로 보나 현실의 인간을 유명 스타의 이미지와 그 소비상품에 맞추려는 강박이 실망의 주된 원인이다. 시각 평가는 인간성을 그 소비상품과 하나로 꿰어서 보는 소비 취향과 감정 성향의 일치를 요구한다. 소비 대상은 거부감을 일으키는 주요한 요인이다.

또 다른 사례는 48세의 아주 매력적인 프랑스 여성 클로딘이다. 그녀는 최근 남자친구와의 끝난 관계를 다음과 같이 묘사한다.

클로딘 언젠가 그가 이른 아침에 저를 찾아왔어요. 여행에서 돌아오는 길이라더군요. 초인종을 누르는데, 저는 아직 양치질을 하지 않았고 옷도 여전히 잠옷이었죠. 물론 화장도 하지 않았고 머리도 매만지지 않았어요. 그는 들어오더니 묘한 표정을 짓더군요. 그가 물었죠. "무슨 일 있어? 혹시 아파? 괜찮은 거야? 평소와 완전히 다르게 보여."

질문자 그래, 뭐라고 답하셨어요?

클로딘 저는 그를 안아주었죠. 키스를 해줄 거라 생각했는데 안 하더군요. 그래서 이런 물음이 떠올랐어요. '내가 늙어 수슴이 자글자글해져도 이 남자가 나를 사랑해줄까?'

이 두 사례는 인간의 매력이 시각적 효과, 즉 매력을 가능하게 만들어준 꾸밈이 사라짐으로써 쉽게 흔들릴 수 있음을 보여준다. 소비 대상이 매력의 배경이 되어버린 탓에 상품은 인간의 됨됨이와 동일시된다. 이로써 상품과 인격체는 이음새 하나 찾아볼 수 없이 연결된다. 인간은 사물로 평가(절하)된다.

결국 시각적 매력과 연관된 경계 전체는 패션과 젊음을 매력과 동일시하는 '룩'의 끊임없는 갱신에 의존한다(노화 방지 산업, 화학산업이든 성형외과든, 이런 산업이 놀라울 정도로 번성하는 이유가 달리 있는 게 아니다).[84] 성적 자본의 가치 체계에서 정상의 자리는 젊은 여성이 차지한다. 거대 경제 자본을 차지한 남성이 젊은 여성을 선호하기 때문이다(도널드 트럼프 미국 대통령이야말로 이런 시장 논리를 대표하는 사례다).[85] 그러나 다른 형태의 사회 자본과 비교할 때 젊음은 노화라는 자연 과정과 피할 수 없이 맞닥뜨린다. 패션 산업에서 23세의 모델은 늙었다는 취급을 받는다.[86] 이런 사실은 섹슈얼리티라는 장에 노화의 구조(그리고 늙어감을 두렵게 보는 태도)가 내재해 있음을 웅변한다. 자본주의 경제가 이런 먹잇감을 놓칠 리 없다. 경제는 상품 소비를 통해 젊음과 매력, 요컨대 젊은 매력을 끊임없이 다듬고 가꾸도록 부추긴다.[87]

다음은 시각 평가에 내재하는 노화에 대한 불안을 보여주는 충격적 사례다. 34세의 프랑스 여성 테리는 학교를 중퇴하고 택시 기사로

일한다. 그녀는 자녀를 두지 않았다.

질문자   남자친구 있어요?
테리   제 머리가 보이세요? 무슨 색이죠?
질문자   빨강이네요.
테리   맞아요, 빨강이에요. 제가 원래 빨간 머리는 아니에요. 염색했죠. 왜 염색하는지 아세요?
질문자   아뇨.
테리   남자가 저를 버리고 떠났을 때 밤새 흰머리가 자랐더군요. 그는 제 돈을 전부 가지고 떠났어요. 그냥 그렇게 간단히. 한밤중에 사라졌죠. 그게 1년 반 전이에요. 저는 그걸 잊을 수가 없어요. 참을 수가 없어요. 내내 울기만 했죠. 정말 참을 수가 없어요.
질문자   무얼 참을 수 없다는 말씀이시죠?
테리   저는 제가 마땅히 해야 하는 일을 하지 않았어요.
질문자   예를 들자면 어떤 걸요? 무엇을 했어야 마땅하다는 거죠? 괜찮으시면 말씀해주실 수 있나요?
테리   저는 제 몸을 충분히 관리하지 않았어요. 그를 위해 제 몸을 가꾸지 않았어요. 다른 여자처럼 손톱 관리도 안 했고, 늘 운동화를 신고 청바지만 입었어요. 저는 일을 해야 했고, 일할 때 그게 편했으니까요. 그런데 그는 제가 선머슴처럼 보였나 봐요. 제가 충분히 여성스럽지 않았나 봐요. 예쁜 옷을 입고, 화장도 하고 머리도 했어야 하는데. 제가 무슨 말을 하는지 아시겠어요?
질문자   예, 무슨 말씀인지 알아요. 그렇지만 많은 남자들이 당신을 보고 예쁘다고 할 게 틀림없어요.

테리   그냥 친절한 마음에서 하는 말씀인 거 알아요. (울음을 터뜨린다.) 저는 제가 예쁘다고 생각하지 않아요. 그를 미친 듯이 사랑했는데, 그에게 내가 가진 돈 전부를 주었는데. 이제 사람들이 와서 제 가구를 들어낼 거예요. 그 남자 때문에 빚을 졌거든요. 하지만 저는 여전히 모든 게 제 잘못이라는 느낌을 지울 수가 없어요.

질문자   그렇게 느끼신다니 안타깝네요. 왜 당신의 실수라고 생각하시죠?

테리   쉽사리 바로잡을 수 있었으니까요. 그가 원하는 것을 주는 게 어렵지 않았으니까요. 그가 원하는 여자처럼 꾸미는 게 쉬우니까요. 그런데 저는 그러지 않았어요.

이 여성이 여성적 매력의 표준 아이콘처럼 자신을 꾸미지 않았다는 자책은, 심지어 남자가 그녀의 '돈을 모두 빼앗아갔음'에도 오히려 자신을 질책하는 태도는 그만큼 남성 응시를 여성이 내면화했다는 증거다. 이런 남성 응시는 미적 벤치마킹을 이용하여 여성을 부정적으로 평가한다. 아이콘적 평가는, 테리의 예가 시사해주듯, 낭만적 관계를 지속적으로 지배하는 특징이다. (특히 여성) 파트너는 성적 외양으로 끊임없이 판단된다. 67세로 이미 38년 동안 오랜 결혼 생활을 해온 오스트리아 여성 율리아는 주로 무엇 때문에 부부싸움을 하느냐는 질문에 이렇게 답했다.

율리아   남편은 항상 제가 체중에 충분히 신경 쓰지 않는다고 비난해요. 우리는 그것 때문에 늘 싸우죠. 하지만 아세요? 저는 평생 다이어트를 해왔거든요. 게오르크는 정말이지 조금이라도 살찐 여자를 싫어해요. 그래서 저는 평생 제 몸에 신경 썼답니다. 하지만 저도 다이어트가 좋아요. 비록 그를 위해 하는 다이어트고 이 문제로 싸우기는 하지만, 저도 다이어트를 즐겨요. 다이어트는 제가 매력적으로 남게 해주니까요.

안정적으로 결혼 생활을 하는 여성일지라도 성적 벤치마킹은 이성애 관계를 항상 따라다니는 부수 현상인 탓에 평가절하의 위협을 받는다. 대규모로 폭넓게 이뤄진 한 연구가 다음과 같은 역설을 밝혀냈다. 여성이 자신의 성적 매력을 가꾸면 가꿀수록, 그녀가 몸과 자신에 만족할 확률은 그만큼 더 떨어진다.[88] 사람들은 타인은 물론이고 자기 자신을 상대로도 성적 벤치마킹을 하기에 바쁘다. 아름다움이라는 표준에 맞추어 끊임없이 자신을 비교 평가하기 때문이다. 그래서 남녀 모두 또는 대다수 여성은 섹슈얼리티 시장에서 가치와 가치화를 만들고 유지하기가 어렵다. 이 어려움은 자기 개념에 관한 불확실성을 자아내는 가치를 만든다는 것이다.[89] 어떤 여성 필자는 이 문제에 다음과 같은 논평을 했다. "여성이 자신의 몸에 품는 증오는 일상적인 현상이라, 이런 증오가 우리의 자존감에 얼마나 깊은 상처를 안기는지 우리는 잘 알아보지 못한다."[90] 섹슈얼리티화한 몸은 완벽한 몸과 마음이라는 이상에 비추어 혹시 다른 사람들이 가치를 깎아내리는 것은 아닌지 하는 염려와 예상으로 자신에게 상처를 안기는 주된 원인이다.[91]

남성이 여성을 외모로 평가하는 것은 남성들이 섹슈얼리티의 장에서 서로 치열한 경쟁을 벌이며 다른 남성들에게 평가받기 때문이다. 이런 사정을 잘 보여주는 사례는 47세의 프랑스 남성 아당이다. 대형 제약회사에서 연구팀을 이끌고 있는 아당은 3년째 한 여성과 사귀고 있다. 그는 그녀에게 충실하지만, 예전 결혼 생활에서 얻은 두 자녀와 자신의 친구들에게 그녀를 소개하지는 않는다. 왜 그런지 그가 이유를 털어놓았다.

질문자 왜 그녀를 안 보여주세요?
아당 제 대답을 들으면 충격 받으실 게 분명한데요.
질문자 해보세요. 저는 쉽게 충격 받지 않아요.
아당 우리는 '오케이 큐피드'OK Cupid라는 웹사이트를 통해 만났죠. 처음에는 이런 식으로 만나는 게 어떨지 확신이 서지 않아 망설였어요. 그런데 그녀의 사진을 보고 생각이 바뀌었어요. 정말, 정말이지 예쁘더군요. 물라토인 게 이국적인 매력을 자랑했고, 예쁜 얼굴, 날씬한 몸, 예술가, 재기 넘치는 교양미까지 나무랄 데가 없었어요. 하지만 실제로 만나보니 완전히 달랐어요. 약간 오동통했고, 예쁘기는 한데 대단한 미모는 아니더군요. 저는 곧바로 계산을 하고 나가려다가, 감정에 상처를 주는 건 아닐까 하는 생각에 예의상 눌러앉았죠. 이야기를 나눴는데 놀랍게도 제가 그녀와의 대화를 즐기더라고요. 그녀는 똑똑했고 재치가 넘쳐 아주 편하게 대화를 나눌 수 있었죠. 기분이 좋았어요. 두 번째, 세 번째 만남을 가졌는데, 어느덧 관계를 가졌어요. 실제로 아주 멋진 섹스였죠. 그렇지만 그녀를 친구들에게 보여줄 자신은 없어요. 그냥 할 수가 없어요.
질문자 왜 그런지 말씀해주실 수 있나요?
아당 저는 항상 예쁜 여자만 만나왔죠. 저한테는 다른 남자들이 제가 누구와 있는지 보고 판단하는 게 무척 중요해요. 예쁘기는 하지만 살찐 여자친구를 다른 사람들에게 보여주기는 힘들어요. 그럼 마치 제가 어떤 식으로든 실패한 남자처럼 보일 테니까요.

앙브루아즈와 마찬가지로 아당은 '남성이 여성의 성적 매력을 사회적이고 상징적인 자본으로 여기는 태도'를 고스란히 드러낸다. 이런 남성은 매력적인 여성을 차지하려는 투쟁의 아레나에서 다른 남성의 평가하는 시선을 의식한다. 남성은 다른 남성의 시각으로 여성을 본다. 이들에게 섹슈얼리티는 사회적 가치(남성의 가치)의 지표이기 때문이다. 아당이 자신의 여자친구에게 편하고 좋은 감정을 느끼며 '멋진 섹스'를 한다고 여기면서도 다른 남성의 시선과 평가를 의식한다는 사실은 놀랍기만 하다. 아당의 이런 심리는 시각적 평가 시장이 대단히 상징적인 힘을 발휘하며, 다른 형태의 평가를 무력하게 한다는 점을 여실히 보여준다. 여성 몸의 평가절하는 바로 여성의 몸이 남성의 경쟁 지대 안에 있기 때문에 일어난다. 남성은 그들이 성적으로 소유한 여성을 통해 다른 남성들에 의해 평가된다.

구분을 통한 평가절하

시각적 평가절하의 또 다른 형태는 몸을 성적 특징으로 구분하는 것이다. 시각적 섹슈얼리티화는 가치와 감정과 목표를 하나로 엮어내는 중심인 자아를 섹슈얼리티와 분리하고, 에로틱한 신체 부위에 초점을 맞추는 능력이다. 자아를 성적 기관으로 구분하는 것은 몸을 성적 특징으로 지각하는 새로운 방식을 이끌어낸다.

실험 대상을 그림으로 보여주는 매혹적인 한 인지 실험에서 연구자들은 사람들이 대상을 전체적으로 볼 때 그 대상이 물구나무서기 하듯 거꾸로 뒤집혀 있으면 잘 알아보지 못하고 기억하기 어렵지만, 반대로 대상을 다양한 요소의 집합으로 볼 때, 즉 분석적으로 관찰할 때는 그 대상이 똑바로 서 있든 거꾸로 뒤집혀 있든 알아보고 기억하는 데 아무런 어려움을 겪지 않는다는 사실을 알아냈다. 이 연구 결과를 토대로 학자들은 여성의 경우 똑바로 서 있든 거꾸로 서 있든 사람들이 차이를 느끼지 못하고 알아보는 반면, 남성이 거꾸로 서 있는 경우 누구인지 잘 알아보지 못하는 것을 확인했다. 결국 학사들은 여성은 애초부터 다양한 신체 부위의 집합으로 인지되고(대상 친화적 인식), 남성은 전체로서 인지된다는(인격 친화적 인식) 가설을 세웠다.[92] 이런 추정은 물론 가설이기는 하지만, 경험으로 검증된 자료를 담았다는 점에서 상당한 설득력을 가진다. 또 섹슈얼리티화가 여성의 몸 가운데 에로틱한 부분을 구분해 집중하도록 영향을 끼쳤다는 경험적 확인을 연구 결과는 제공한다. 이런 구분은 남성이 여성을 슬그머니 훔쳐보는 시선의 확연한 특징으로 남성의 여성관을 대변한다(남성은 여성을 '가슴'이나 '엉덩이' 또는 '다리'로 본다). 또 구분의 시각은 기술 문화 전반에서 사진과 이미지로 순환하는 상품으로 욕구를 충족시킨다.

26세의 영국 여성 앤지는 영화 조감독이자 시나리오 작가로 활동하며 베를린에 거주한다.

질문자 남자친구 있어요?

앤지 방금 전에 한 친구와 끝냈어요. 한동안은 없이 지낼 거 같네요. 다시 틴더에 들어가 두리번거리고 싶지 않거든요.

질문자 왜 그렇죠?

앤지 거기 들어가면 그들이 물건 사진을 보내니까요. 또 그걸 보면 입맛 떨어져요.

질문자 뭘 보낸다고요?

앤지 물건 사진요. 그게 뭔지 모르세요?

질문자 뭘 말하는지 분명하지 않네요.

앤지   (웃음을 터뜨리며) 그들이 성기 사진을 보낸다고요.

질문자 아니, 접속이 이뤄진 남자들이 당신에게 얼굴도 없이 페니스 사진을, 제 말은 서로 얼굴을 보고 선택한 다음에 페니스 사진을 보낸다고요?

앤지   맞아요. 오로지 물건만. 요즘 사람들은 이런 식으로 데이트해요.

질문자 오늘날 사람들이 그런 식으로 데이트를 한다고요?

앤지   완벽해요. 틴더 시대로 오신 것을 환영합니다.

질문자 그리고 당신은 그게 마음에 들지 않고요?

앤지   네. 아주 신물 나요.

질문자 왜 그런지 말해줄 수 있어요?

앤지   이런 말을 하는 게 쿨하지는 않아요. 하지만 오로지 물건 크기로만 상대를 고르는 게 역겨워졌어요. 마치 성기 말고는 아무것도 없는 거 같잖아요. 그래서 짜증 나요. 저는 남자들이 고르는 여자이기는 하지만, 페니스의 크기나 형태만으로 상대를 선택한다는 게 남자에게 굴욕을 당하는 거 같아요. 알아요, 페미니스트는 그런 걸 신경 쓰지 않아야죠. 하지만 그래도 짜증 나요. 굴욕적이기도 하고. 정확히 왜 그런지는 잘 모르겠어요.

앞서 언급한 '섹스팅'은 오로지 성기와 그 특징에 집중하는 것이다. 이런 풍조에서는 몸을 하나의 전체로 파악하는 것은 물론이고 상대를 인격체로 보는 일도 없다. 몸의 시각화와 섹슈얼리티화는 몸을 자아와 분리해, 짧고 즉흥적인 응시의 대상으로 만든다. 이런 만남의 목적은 오로지 성기끼리의 상호작용이다. 앤지가 말하는 남성은 여성의 몸뿐 아니라 자신의 몸도 구분할 수 있다는 신호를 보낸다. 이 신호는 자신이 어디까지나 신체기관의 다발일 뿐임을 강조한다. 앤지는 이런 신호를 받아들이는 자신의 반응을 어찌 해석해야 좋을지 몰라 주춤거린다. '페미니즘'은 그녀에게 쿨하게 굴라고(거리를 두라고) 하지만, 이런 쿨함의 명령은 성기의 과시가 '역겹다'는 앤지의 감정과 충돌을 일으킨다. 로절린드 길은 그러한 자기 섹슈얼리티화를 예전 형태의 성적 물화와 구분하는 날카로운 통찰력을 보인다. 자기 섹슈얼리티화는 여성이 어떤 반응을 보일지 "충분한 정보를 가지고 게임을 즐기는" 페미니즘에 대한 남성의 반응이라는 것이다. 여성은 남성성의 코드로 무장하고 권력을 행사하는 듯한 느낌을 받지만 이는 다시 남성에게 봉사하는 것이 된다.[93] 결국 우리는, 아마도 이 점이 가장 흥미로운 측면인데, 이런 상호작용에서 누가 주체이고 누가 대상인지 알 수 없다. 남성과 그의 물건이 자율적인 주체일까? 아니면 남성과 그의 물건은 인격체와 분리되어 여성이 성적 쾌락을 위해 쓰는 대상일까? 도대체 페니스는 물화를 시키는 것인가, 당하는 것인가? 무어라 말하기 어려운 문제다. 페니스는 주체인 동시에 대상이기 때문이다. 남성이 페니스 사진을 보여주는 태도는 잠재적 파트너인 여성을 어떤 이미지로 보는지 그 속내를 고스란히 드러낸다. 남성의 눈에 파트너인 여성은 가슴과 엉덩이와 다리와 그곳일 따름이다. 페니스 사진은 남성이 여성을 더 강력한 힘을 가진 종류의 상호작용으로 초대하는 것이다. 남성이 더 강력한 힘을 가지는 이유는 간단하다. 남성은 관계를 가지면서 동시에 거리를 두는 능력을 자랑하기 때문이다. 그렇지만 이런 식으로 거리를 두는 것은 여성도 거리 두는 능력을 키우는 반응을 보이게 한다.

자아의 시각화 그리고 이와 결합된 새로운 가시 체제는 자아를 몇 개의 조각으로 구분하고 이런 '조각'을 시장에 내놓는다는 점에서 물화 과정이다. 이미지와 영상을 중시하는 시장에서는 경쟁하는 성기들이 아주 빠른 속도의 평가로 소비된다. 섹슈얼리티화는 인간의 몸을 가슴과 엉덩이와 다리와 그곳 등으로 나누면서 개인을 다른 종류의 사회적 정체성과 완전히 분리한다. 시각적 구분은 몸과 자아가 서로 떨어져 이중성을 이루는 것을 고스란히 반영하는 동시에 강화한다. 인격체라는 정체성을 잃어버리고 물화하는 이런 과정이 섹스팅 풍조의 핵심이다. 캐시 마르티네즈-프라더와 도나 밴디버는 미국 남부에 있는 중간 정도 규모의 대학교 신입생을 상대로 조사를 벌여 '설문조사 참가자의 3분의 1이 고등학교 시절 스마트폰으로 자신의 섹스팅 이미지를 전송한 적이 있음'을 확인했다.[94] 머레이 리Murray Lee와 그의 동료들은 시드니의 다양한 교육기관에서 젊은이(18~20세)를 상대로 설문조사를 했는데, 응답자의 47퍼센트가 섹스팅을 한다는 답을 얻어냈다.[95] 섹슈얼리티, 시각성, 기술이 뒤섞인 섹스팅은 몸을 몇 개의 신체기관으로 구분한다. 이런 구분은 신체의 몇몇 부위가 신체 전체 또는 인격체처럼 특별하거나 유일한 성격을 가지지 않았기 때문에 평가절하를 가능하게 한다. 정확히 이런 이유로 법학자 리처드 포스너는 몸을 파는 시장은 허용될 수 없지만, 신체기관 시장(이를테면 신장)은 허용될 수 있다는 논리를 펼친다.[96]

실제로 신체기관은 인격체라기보다는 상품에 가깝다. 신체기관은 몸 안에서 감정이나 영혼을 가지는 자아와 분리해서 지각될 수 있으며, 또 대체 가능해 교환될 수 있기 때문이다. 캐럴 페이트먼의 말을 들어보자. "몸과 자아 사이에는 통합적 맥락이 존재한다. 몸과 자아는 동일하지는 않지만, 자아를 몸과 분리해서 생각할 수는 없다."[97]

한스 요나스는 근대 이전의 기술과 근대의 기술을 구분한다.[98] 요나스는 근대 기술의 특징을 무엇보다도 수단과 목적 사이의 관계로 규정한다. 수단과 목적은 예전처럼 직선으로 이어지는 관계, 다시 말해서 목적을 고려해 수단을 만들어내는 관계가 아니라, 순환적인 관계를 이룬다. 거꾸로 "새로운 기술이 새로운 목적을 만들어내거나 창조하거나 심지어 간단하게 목적의 실현 가능성을 제시함으로써 새로운 목적을 강제할 수 있다(…). 기술은 그 기술 자체의 목적을 포함해 인간이 원하는 목적을 확장한다."[99] 실제로 기술은 새로운 성적인 목적을 추가했는데, 성의 상품화와 몸을 구분하는 프로세스 그리고 신체기관의 미디어 순환을 증폭한다.

이 모든 논의를 종합해볼 때 섹슈얼리티화와 인정은 도덕적 스펙트럼에서 양 극단을 이룬다는 결론이 나온다. 인정은 상대방을 온전한 인격체로, 상대의 목적과 가치를 존중하면서 서로 주고받는 상호성의 관계를 맺는 능력을 뜻한다.[100] 평가는 미리 정해진 잣대로 상대방의 가치를 재려 하는 것이다. 인정과 가치 평가는 두 가지 전혀 다른 인지적 태도다. 가치 평가가 갈수록 인정을 압도한다는 사실은 내가 '선택하지 않음'이라 부른 사회 현상이 자주 일어날 수밖에 없는 원인이다. 대개의 경우 평가는 거부를 수반할 때가 많기 때문이다.

악셀 호네트는 자신의 '태너 강의'*에서 인간이 상대를 물건 취급하는 물화는 인정과 인지 사이에 벌어지는 복잡한 상호작용의 결과라고 설명했다.[101] 호네트는 물화가 인정을 망각시킨다는 심오한 통찰을 제시한다. 호네트는 상대방의 가치를 정하는 인지가 어떻게 인정을 망각시키는가라는 물음을 집중적으로 다룬다. 인지보다 앞서 일어나는 인정을 인지는 어떻게 망각으로 이끄는가? 다시 말해서 우리가 지각하

• Tanner Lectures on Human Values. 미국의 철학자이자 자선가인 오버트 태너 Obert Tanner(1904~1993)가 설립한 재단이 주최하는 강의 시리즈.

는 것 그리고 우리가 지각하는 방식은 왜 타인의 존재 또는 그의 인간성을 적절하게 새기지 못하게 만들까? 섹슈얼리티 시장은 그런 망각의 강력한 사례를 제공한다. 호네트는 인정이라는 선행하는 의식이 어떻게 우리 시야에서 사라지는지 설명하기 위해 주의력이 무엇인지, 특히 주의력 감소가 가지는 의미를 집중해서 조명한다. 나는 호네트의 입장에서 더 나아가 시각에 좌우되는 주의력이 전체적인 주의력 감소를 낳는다는 점, 특히 시각적 대상이 상품 형태를 취할 때 주의력은 빠르게 흐려진다는 점을 주장하고자 한다. 다시 말해서 시각을 자극하는 상품이 넘쳐나며 이런 상품이 우리의 주의력을 사로잡기 위해 경쟁하고 그 시각적 특성을 과시함으로써 서로 쉽게 대체될 수 있을 때 우리는 이내 흥미를 잃고 만다. 바로 이 지점에서 우리는 호네트의 표현을 빌려 인지적 물화를 이야기할 수 있다. "우리 사회의 환경은 자폐증 아이의 인지 세계와 마찬가지로 오로지 모든 것이 시각적 자극을 주는 대상으로만 이뤄졌을 뿐, 그 어떤 심적인 자극 또는 감정을 불러일으키지 못한다."[102] 거대 시장에서 이미지로 순환하는 몸에 대한 시각적 평가는 그 낮은 주의력으로 인해 평가절하를 수반한다.

취향의 개선을 통한 평가절하

피에르 부르디외를 비롯해 그의 수많은 후계자들이 펼친 취향의 사회학이 근간으로 삼는 논제는 취향이 안정적일 뿐만 아니라 자아의 핵심을 이룬다는 것이다. 취향은 바로 개인의 선택 결정과 사회적 생활의 궤적 그리고 정체성을 조화롭게 조직해내는 매트릭스다.[103] 취향은 개인의 계급과 인생을 살며 획득한 기질의 체계적 사용, 곧 '아비투스 habitus'를 통해 타고난 본성처럼 새겨진다. 취향은 개인 정체성의 깊은 뿌리이자 오래 지속되는 핵심이 된다. 취향은 주로 선택과 가치 평가를 통해 드러난다. 부르디외는 선택과 가치 평가를 취향의 자연적 결과물로 보았다.[104] 부르디외의 관점을 따른다면 관계는 서로 공동의 취향을 가꾸어가는 것으로, 계급 아비투스라는 강력한 결정 요인을 뿌리로 가지는 탓에 매우 좁은 범위에 국한될 수밖에 없다. 따라서 부르디외가 해석한 취향은 소비문화와 섹슈얼리티 문화가 선택만이 아니라 선택하지 않음 혹은 처리이기도 하다는 사실을 담아내지 못한다. 예전에 했던 선택을 없었던 것으로 처리하는 형태의 부정적 선택은 내가 취향의 개선이라고 부른 것의 일부이면서, 취향의 개선이 무엇을 뜻하는지 압축해서 드러낸다.

    취향의 개선은 아비투스의 안정성을 무너뜨려 선택에 역동성을 불어넣음으로써 관계를 근본적으로 불안정하게 만든다. 욕구가 일정 정도 채워지면 잠잠해지는 안정성을 보이는 것과는 반대로, 취향은 계속 섬세하게 다듬어지며 더 나은 것을 요구하는 특성이기에 취향의 개선은 불안정할 수밖에 없다.[105] 아비투스는 사회의 굳어진 결정 요인에 영향을 받는 주체를 전제하는 반면, 취향의 개선은 끊임없이 변하는 선호도의 불안정성을 수반하기 때문에 개인은 예전에 자신이 한 선택을 불만족스러워한다. 관계에서도 정확히 이런 역동성이 작용한다. 성적 주체가 파트너를 자신의 변하는 취향에 맞추어야 할 소비 대상으로 바라보거나, 또는 소비 취향의 개선이 취향을 바꾸지 않는 파트너를 처리하도록 만들기 때문이다.

    52세의 알렉산더는 유대인 혈통으로 영국에서 일하는 회계 책임자다. 그는 27세에 이혼해 그 후 다시 결혼하지 않았다.

알렉산더 제가 무척 후회하는 단 한 가지 일은 20년 전에 알았던 여자와 결혼하지 않은 것입니다.

질문자 어떤 점을 후회하세요?

알렉산더 당시 그녀는 신을 믿지 않았고, 저는 신앙에 푹 빠져 있었거든요. 그때만 해도 저는 종교 문제가 중요하지 않다는 점을 깨닫지 못했어요. 저는 신을 믿는 새로운 생활에 완전히 몰두했으니까요. 종교 문제가 대단히 중요한 줄만 알았죠. 그래서 저는 종교 문제로 우리가 다투는 일이 많을 거라고 생각했습니다. 그래서 결국 결혼하지 않기로 결심했죠. 결혼 생활이 제대로 되지 않을 거라고 믿었으니까요. 그러나 그런 결심이야말로 실수였습니다. 오늘날 종교는 아무 문제가 되지 않는데, 당시에는 이런 사실을 몰랐죠.

알렉산더는 소비 영역의 언어를 감정 영역으로 교묘하게 옮겨놓는다. 그 결과 소비 중심 라이프스타일을 감정적 결속과 동일시한다. 그는 배우자 선택이라는 문제를 소비 선택의 인식론, 다시 말해서 취향과 주체성이 무엇인지 인식하고 키우며 이에 맞는 소비 생활을 하는 일로 이해한다. 계속 다듬어져 개선되는 과정을 거치며 그의 취향은 자신이 누구인지 하는 정체성을 바꿔놓았다. 그 결과 예전에는 자신과 맞지 않는다고 여겼던 여성을 이제 새로운 취향으로 바라보며 옛날에 선택하지 않은 것을 후회한다. 알렉산더의 과거 결정, 곧 한 여성과 결혼하지 않기로 선택한 결정은 애덤 필립스와 레오 버사니의 도발적인 주장이 담은 내용을 선명하게 보여준다. "누군가 원하는 것을 안다는 것은 폭력에 대한 선동이다."[106] 관계의 인식론은 문화적 취향, 취미, 소비 생활을 둘러싸고 형성되기 때문에, 관계는 선호하는 소비 행위로서,

라이프스타일의 선택으로서 평가된다. 라이프스타일과 취미와 취향은 함께 어우러져 가치 평가의 도식을 가동하도록 선동한다. 대부분의 경우 이런 평가는 자신의 취향 매트릭스와 맞지 않는 인물을 평가절하하고 선택하지 않게 해 타인을 그만큼 쉽게 단념하게 한다. "내 취향이 아니야." 그러므로 사람을 버리는 일은 끊임없이 취향을 개선하는 일에 있어서 본질적이다. 취향이 소비상품과 파트너 선택에 관여하는 한 말이다.

평가 기준의 변화

시각, 개성, 소비의 가치 평가를 통해 이뤄지는 짝짓기 과정은 많은 사람들이 치열하게 경쟁하는 시장을 형성한다. 이런 경쟁은 당연히 비교라는 인지 행위를 요구한다. 비교는 짝을 찾는 과정의 가장 중요한 인지 행위는 아니라 할지라도 중요한 것 가운데 하나다. 비교와 선택은 개인의 판단이 무엇을 기준으로 삼느냐에 따라 달라진다. 판단의 근거가 되는 준거점은 타인의 가치 평가에 심대한 영향을 미친다.

상품이 고객의 시선을 끌기 위해서는 실질적 가치뿐만 아니라 상징적 가치도 갖추어야 한다. 상징적 가치는 이 상품이 다른 상품들과 견주어지는 방식이 무엇이냐에 따라 정해진다. 사회학자 옌스 베케르트와 파트리크 아스퍼스는 이렇게 말한다. "어떤 것을 평가한다는 행위는 측정과 비교를 전제로, 곧 일종의 기준값이 되는 척도를 전제로 하고 이뤄진다."[107] 인지심리학 연구는 어떤 대상의 평가, 곧 이 대상이 얼마나 많은 가치를 가지는가 하는 판단이 어떤 준거점을 선택하느냐에 따라 놀라울 정도로 달라지는 것을 확인했다. 시카고 대학교의 두 심리학자 크리스토퍼 시와 자오 장은 평가가 일어나는 과정과, 이 평가와 의사 결정 간의 관계를 연구했다. 이들은 평가 과정에서 사람들이 다양한 조건을 두고 고민하는지, 아니면 한 가지 조건만 가지고 집중하는지에 따라 평가와 결정이 달라지는 것을 증명했다. 연구자들은 여러 조건의 선택지를 놓고 평가하는 첫째 유형을 '합동 평가 모드'joint evaluation mode, 단 하나의 조건을 가지고 평가하는 둘째 유형을 '단일 평가 모드'single evaluation mode라고 각각 불렀다. 다양한 대상을 앞에 두고 평가할 때 사람들은 그 차이점을 주목한다. 그러나 단일 평가 모드에서는 하나의 대상에만 집중하며 자신이 좋아하거나 아름답다고 여기는 특성에 비추어 그 대상을 평가한다. 오로지 하나의 대상을 놓고 집중하는 모습은 경매장의 분위기와 딱 맞아떨어진다.[108] 비교를 해야 하는 합동 평가의 경우 사람들은 어떤 특정 대상을 선택했을 때 얻는 것과 잃는 것을 저울질해가며 고민에 빠진다. 단일 평가에서 사람들은 그런 계산 없이 오로지 대상에만 집중한다. 요컨대 슈퍼마켓 진열대에 놓인 상품과 경매장에 나온 상품을 우리는 전혀 다르게 평가한다. 우리는 경매장에 매물로 나온 것을 더 큰 가치가 있다고 보는 반면, 슈퍼마켓의 상품은 그 가치를 높게 매기지 않는다. 평가가 비교라는 인지 과정을 촉발했느냐 아니냐의 차이가 이런 결과를 만든다. 다시금 강조하자면 여러 대상을 두고 비교할 때 가치 평가는 더 어려워진다. 더 정확히 말하자면 이 대상들은 가치를 잃는다. 인터넷에 떠도는 다음의 우스꽝스럽지만 지극히 현실적인 사례는 비교가 가치를 떨어뜨린다는 점을 명백히 보여준다.

자메이카 여자는 스탠퍼드 대학에서 문학 박사 과정을 밟는다. 데이트 한 번(커피숍). 문제: 그녀는 내가 평생 겪은 'B급 엉덩이들'에 비해 너무 똑똑하다.

베트남 여인은 치과 대학에 다닌다. 데이트 두 번(커피숍, 크레이프 레스토랑에서 식사). 문제: 매력적이기는 한데 그녀가 유부남과 놀아난 적이 있다는 사실을 나는 이겨낼 수 없다. 윽, 토 나온다.

캅카스 출신 여대생은 아시아 남자를 선호하는 거 같다. 데이트 한 번(커피숍). 문제: 그녀는 양성애자야. 흠, 생각해보니 뭐가 문제지?

그리고 정신과 의학을 공부하는 아프리카계 미국 여성. 그녀는 반짝이는 눈에 귀여운 몸매를 가졌다. 데이트 두 번(커피숍, 내 방에서 비디오). 문제: 말수가 적은 사람은 짜증 나. 특히 조용한 정신과 의학 전공 여대생은. 나를 분석하는 거야? 뭘 봤을까? 알고 싶지 않아.[109]

이 조롱에 가까운 품평은 평가의 기준을 그때마다 바꾸어갈 때 '맞는 짝'을 찾는 일이 얼마나 어려운지 잘 보여준다. 더욱이 여러 기준을 잣대로 들이대는 평가는 어느 한 개인의 가치를 측정하기 어렵게 할 뿐만 아니라, 궁극적으로 다른 개인의 가치를 깎아내린다. 비슷한 가치를 가지는 여러 대상을 앞에 놓고 비교하는 시장 상황에서 어떤 한 대상의 가치를 어떻게 정할 수 있는지 우리는 실제로 그 방법을 알지 못한다. 더욱이 사회학자 애슐리 미어스가 모델 업계에 비추어 분명하게 확인했듯이, 대다수 문화권에서 어떤 모델, 예술 작품 또는 배우의 가치나 가격이 정해지는 과정은 뭐가 뭔지 모를 정도로 불분명하다. "가격 형성의 문제는 예를 들어 창작 행위를 하는 사람이나, 여하튼 비물질적 재화를 다루는 모든 시장의 종사자에게는 심각한 딜레마다. 이

딜레마는 사람들이 원하는 것이 무엇인지 예측하기 힘든 불확실성의 문제다."[110]

근대 이전에 낭만적 관계를 위해 평가를 시도하는 사람은 비유하자면 경매에 참여한 고객과 다르지 않다. 그는 몇 안 되는 조건을 가지고 선택과 결정을 해야 한다. 오늘날 낭만적 관계와 성적 만남은 선택의 명확한 준거점을 가지지 않으며, 무엇을 원하는지 정확히 알지 못하는 탓에 슈퍼마켓에서 물건을 고르는 것과 다르지 않다. 낭만적 관계와 성생활이 소비시장과 맞물린 결과는 가치의 디플레이션deflation이다. 시장 상황에서 만나는 성적 주체들은 감정의 디플레이션에 직면할 수밖에 없다. 감정의 디플레이션은 경제의 디플레이션과 매우 비슷한 양상을 보인다. 상품의 가격이나 가치는 경쟁 압력 또는 효율성 제고로 절감된 생산비로 인해 떨어질 수밖에 없다. 성적 자유, 피임약, 여성 몸의 성적 이미지로의 변환, 인터넷 기술 등은 섹슈얼리티 과잉과 경쟁을 격화시켰다. 또 이로 인해 남성은 효율적으로 성적 파트너를 찾을 수 있게 되었다. 이는 곧 남성에게 성적 상호작용에 드는 비용이 현저히 낮아졌음을 뜻한다. 주로 남성에 장악된 시각산업은 어마어마한 경제적 잉여가치를 얻어냈다. 그리고 계속되는 섹슈얼리티를 경험할 수 있는 지위를 남성들이 갖도록 정당화했다. 여성 몸의 가치는 섹슈얼리티 시장에서 하락하거나 아예 무가치해지는 결과가 빚어진다. 여성의 몸은 글자 그대로 가치로 여길 수 없는 대상이 된다. 성적 만남이 시장 형태를 취한다는 사실 그리고 시각적 경제 시장에 의해 주도된다는 사실은 가치를 정립하는 것 또는 가치를 안정적으로 유지하는 것을 어렵게 만든다.

희소성이 가치 평가 과정에 미치는 영향을 감안해 우리는 이런 사정을 달리 표현할 수도 있다. 시나 아이엔가와 마크 레퍼는 실험을 통해 가치 평가에 희소성이 영향을 주는 과정을 조명했다(실험의 본래 목적은 달랐다).[111] 연구자들은 참가자를 두 그룹으로 나누어 다양한 종류의 초콜릿을 평가하게 했다. 한 그룹은 여러 종류의 초콜릿을 평가하라는 과제를 받은 반면, 다른 그룹은 그저 몇 개만 놓고 평가해야 했다. 평가가 끝나면 참가자들은 수고했다고 주는 두 가지 선물 가운데 하나만, 곧 돈(5달러)이나 초콜릿(5달러에 해당하는 초콜릿)을 골라 받았다. 결과는 놀라웠다. 그저 몇 개만 놓고 평가한 둘째 그룹은 거의 대다수가 실험 참가 보수로 돈 대신 초콜릿을 골랐다. 이 결과는 대상이 줄어들수록 평가는 좋은 쪽으로 나온다는 점을 명확히 보여준다. 또는 뒤집어 말하면 과잉은 평가절하를 유도한다. 대상이든 사람이든 넘쳐나는 과잉 상황에서는 쉽게 다른 대상이나 사람으로 대체할 수 있기 때문이다. 상품의 사용가치보다는 교환가치가 더 중시된다는 마르크스의 진단과 꼭 맞게 많은 종류의 초콜릿은 얼마든지 다른 것으로 교환될 수 있기 때문에 그 추상적인 화폐가치를 잃는다. 성적 대상의 가치를 매기는 문제도 마찬가지다. 상대를 평가절하시키는 주된 요인은 섹슈얼리티의 과잉이다. 자본주의 생산자는 사회적으로 구체화할 수 있는 가치를 생산하는 반면,[112] 여성이 생산하고 창조하는 성적 가치는 소비문화로 인해 대개 그 가치를 부분적으로 실현하거나 전혀 실현하지 못한다. 몸의 상품화가 성적 선택의 과잉을 초래하기 때문에 몸은 그 본래의 가치를 잃는다. 우리는 상품으로서의 몸을 별다른 수고를 들이지 않아도 얼마든지 다른 것으로 대체할 수 있기 때문이다. 또는 몸의 성적 가치가 빠르게 소비되기 때문이기도 하다. 여성의 섹슈얼리티 자본은 남성의 그것에 비해 그 사회적 가치를 보존하기가 훨씬 더 힘들다는 문제에 직면한다. 남성의 가치는 지속되는 자산적 특성을 가지기 때문에 나빠지기보다는 오히려 시간이 흐르며 증가한다. 바꿔 말해서 섹슈얼리티와 소비의 전체 시스템은 남성의 가치가 안정적이며 시간의 흐름과 더불어 증가하는 데 반해, 여성은 상징적이고 경제적인 가치를 안정적으로 유지하기 힘들다는 대비 구도를 기초로 삼아 형성된다.

마르크스는 이윤율의 저하가 노동의 가치를 감소시킨다고 보았다.[113] 같은 방식으로 우리는 여성 몸의 상징적이고 경제적인 가치가 나이듦에 따라 저하한다고 말할 수 있다. 여성의 섹슈얼리티화한 몸은 그 자체로 상품으로 유통되며, 평가의 대상이면서 평가절하의 위험을 감수한다. 데이비드 하비는 자본주의의 특징을 "본래 생산 설비, 돈, 노동력의 가치를 떨어뜨리는 것, 포괄적으로 상품 가치를 감소시키는 것"이라고 보았다.[114] 평가절하는 자본주의에 내재하는 본질이다. 평가절하는 소비시장에서 다시 채워져야 하는 새로운 가치를 창출할 수 있게 하기 때문이다. 성적 취향과 몸은 소비경제 안에서 빠르고 폭넓게 유통되며 순환한다. 그래서 취향과 몸은 빠른 속도로 그 자극을 잃고 권태를 자아내는 구식이 되고 만다. 경제적 생산성을 유지하기 위해서 시장은 취향과 몸을 주기적으로 업데이트해야 한다. 성적 만남과 낭만적 만남은 소비시장을 통해 중개되는 것으로 그치지 않고, 그 자체로 시장의 특성을 취한다. 다른 몸과 끊임없이 경쟁을 벌여야 하기 때문에 마찬가지로 끊임없는 관리와 혁신, 자기 마케팅(셀프 브랜딩)은 불가피하다. 몸은 상품으로서 평가와 벤치마킹에 참여하지만 자신의 상징적 가치가 어떻게 되는지 알 수 없는 불확실성에 시달린다. 섹슈얼리티와 소비 취향이 만드는 가치는 평가, 비교, 벤치마킹, 평가절하라는 조건 속에서 끊임없이 소멸될 위험에 처한다.

아담 아르비드손은 지식과 정보의 광범위하고도 편리한 활용성이 경제 거래의 핵심을 바꾸었다고 진단한다. 이런 활용성 덕분에 상품 생산은 '공유재'commons, 공유하는 자원이 되었다는 것이 그의 논지다.[115] 자본주의는 더 이상 상품 생산에 그치는 게 아니라, 상품의 독특함을 부각해야 하는 문제에 직면한다('혁신'과 '브랜드 제고'는 상품을 유일함의 형식으로 만들어주는 방법이다). 마찬가지로 섹슈얼리티 역시 시장의 형성으로 편리하게 활용할 수 있게 되면서 독특함을 찾아내야(또는 발명해야) 하는 문제가 대두한다. 말하자면 우리가 '사랑에 빠졌다' 또는 '사랑한다'고 하는 감정으로 옮겨질 수 있는 독특함을 갖춘 상품이 시장에서 가치를 가질 수 있다. 사람들이 유일성을 찾고자 집착하게 되는 것들이 여기에 해당한다. 관계의 섹슈얼리티화는 결국 성적 선택의 과잉을 초래했으며, 평가의 기준을 바꾸어놓았다. 그 결과 개인은 가치를 가늠하며 주체가 가진 유일함을 알아볼 능력을 키우지 못하는 어려움에 빠진다. 그렇기 때문에 현대인의 자아는 인지와 감정을 집중해가며 타인을 유일한 존재로 인정하고 장기적 전망을 가지는 관계를 꾸리기 어려워한다. 현대 자본주의와 결혼 시장의 비교는 더욱 깊게 들어갈 수 있다. 경제 시장은 어떤 상품의 진짜 가격을 알 수 없다는 불확실성에 지배된다. 신자유주의 이론가들은 이런 가격 불확실성의 문제에 맞서 오로지 자유 시장만이 공급과 수요로 진짜 가격을 정할 수 있다는 논리를 펴곤 한다.[116] 그러나 섹슈얼리티 시장의 사례가 시사하듯, 시장이라는 형태는 가치의 본성과 안정성에 대해 불확실성을 증가시킨다. 성적 선택의 과잉은 평가 과정을 가동해 상대를 온전한 인격체로 인정할 능력, 특히 유일한 존재로 바라볼 능력[117]을 지워버린다. 인정이 이뤄지는 과정을 힘들어하고 받아들이지 않으려 하기 때문에 우리는 존재론적 불확실성에 사로잡힌다. 존재론적 불확실성이란 상징적이고 경제적인 가치는 물론이고 결국 상호 관계를 이루는 자아의 본질이 무엇인지 알 수 없어 불안에 빠지는 것을 의미한다.

주체의 혼란스러운 지위

섹슈얼리티화를 긍정적으로 바라보는 관점, 곧 물화라는 진단을 거부하는 관점도 존재한다. 이 관점은 앞서 살펴본 여러 가지 폐해, 이를테면 평가절하와 불확실성을 바람직하지는 않지만 더 많은 자유를 누리기 위해서는 피할 수 없이 치러야 하는 대가로 간주한다. 앞에서 언급했던 미국심리학회의 보고서[118]가 보여준 섹슈얼리티화의 부정적 이해(제3장)와 관련해 어떤 심리학자는 이런 주장을 펼친다. "그런 부정적 견해는 섹스, 섹슈얼리티화 또는 심지어 물화가 개인 스스로 통제할 수 있는 것이며, 오히려 긍정적으로 작용해 개인의 자존감을 키워주거나 쾌락을 더 끌어올릴 수 있다는 점은 전혀 고려하지 않았다."[119]

페미니즘 연구자 사이의 논쟁은 섹슈얼리티 주체의 지위가 얼마나 깊은 혼란에 빠졌는지를 여실히 보여준다. (여성) 성적 행위자는 섹슈얼리티의 대상인가, 주체인가? 정확히 이 물음이 성적 자유를 비판하는 쪽과 찬성하는 쪽을 가르는 핵심 쟁점이다. 내가 보기에 이 물음의 명확한 답을 찾기가 어려운 이유는 물화 자체가 변화한다는 사실과 관련이 있다. 물화는, 내가 이 장의 서두에서 이야기했듯, 주체화 또는 '과잉 주체성' hyper-subjectivity의 형식을 취한다.[120] 이 과잉 주체성은 역설적이게도 주체의 지위가 정확히 무엇인지 가늠하지 못하는 근본적인 불확실성에 기초해 있다.

마리는 26세로 이탈리아의 예술 아카데미에서 몇 달째 미술을 공부하는 프랑스 여성이다.

질문자　남자친구 있어요?

마리　좋은 질문이네요! 저는 파리에 남자친구가 있죠. 아니 있었죠. 그러나 내가 여기로(이탈리아로) 오면서 "눈에서 멀어지면 마음도 멀어지는구나" 하고 느꼈어요. 틴더에 접속했죠. 저는 그 앱을 폰에 깔아두었거든요. 그러자… 3주 만에 남자친구를 찾았어요. 아니, 찾은 거 같아요. 그는 캐나다 출신이죠. 그도 교환학생 프로그램으로 왔더군요. 그래서 저는 프랑스 남자친구와 끝냈어요. 물론 이 관계를 계속 유지해야 하지 않을까 하는 생각도 없지는 않았어요. 그런데 그가 여기로 나를 찾아오겠다고 하더라고요. 그래서 더 복잡해지느니 끝내야겠다고 결심했어요.

질문자　틴더를 항상 이용해요?

마리　예, 그럼요. 저는 혼자 있는 게 싫어요. 어디에 있든 사람들과 만나는 게 좋죠. 혼자 외톨이로 지내는 것은 정말 힘들어요. 아니, 다르게 말해볼게요. 누군가와 같이 있는 게 훨씬 더 멋져요.

질문자　당신의 프랑스 남자친구는 끝내자니까 놀라던가요?

마리　아뇨. 놀랐을 거라고 생각하지 않아요. 그도 똑같이 했을걸요. 우리 각자는 상황에 따라 서로에게 맞는 기회가 있다면 그에 맞추어야 한다는 점을 명확히 이해해요. 그건 굳이 말하지 않아도 서로 아는 일이죠. 어쨌거나 함께 있을 때 같이 살자든가, 이거야말로 운명의 사랑이야 하는 느낌은 없었어요. 그와 끝내기로 결심하니까 오히려 홀가분하더군요. 저는 그와 함께 있을 때 마치 고깃덩어리나 그 비슷한 취급을 받는다고 느꼈으니까요.

질문자 '고깃덩어리'라는 게 무슨 말이죠?

마리 그는 대단히 다정한 남자는 아니에요. 어느 모로 보나 오로지 섹스만 원했죠. 저는 다른 게 더 좋았음에도 섹스에 맞춰주는 법을 그럭저럭 익혔어요. 사실 제가 원하는 게 정확히 뭔지도 잘 몰랐고요. 아마 저도 섹스는 원한 거 같아요. 그럼에도 섹스를 할 때마다 고깃덩어리가 된 거 같더 군요. 우리 관계가 규칙적으로 섹스만 해서 그런 느낌을 받았나 봐요. 그러나 고깃덩어리가 된 거 같다는 느낌은 피할 수 없었죠. 아무 감정이 생기지 않아요. 그냥 섹스죠.

질문자 그럼 새 남자친구는요? 그와는 다른가요?

마리 예, 다르다고 느껴요. 우리는 이야기를 해요(웃음). 그는 전 여자친구와의 문제를 제게 털어놓죠. 그녀에게 여전히 묶인 느낌을 받는다고 하더군요. 그런 말을 들으면 짜증이 나서 많은 경우 거리감이 생겨요. 서로 다투어서 헤어지기는 했지만, 일종의 의무감이 크다나요. 기분이 좋지는 않지만, 그래도 그와 있으면 고깃덩어리라는 느낌은 받지 않아요. 우리는 대화를 많이 하고, 함께 일도 꾸미며 서로에게 가지는 관심이 커요. 그렇지만 제가 이곳을 떠나면 이 관계도 끝날 거예요. 우리는 그걸 잘 알죠. 그도 나도 낯선 곳에 있어서 외롭다고 느껴 함께 있는 거니까요. 걱정 없어요. 틴더가 있잖아요! (웃음 그리고 틴더 광고 수신음.)

질문자 서로 그렇게 말했나요?

마리 아뇨, 아니에요. 이 문제는 제 전 남자친구와 같아요. 앞으로 무슨 일이 일어날지 서로 말할 필요는 없죠. 우리는 지금의 관계가 이곳 생활을 위한 거라는 걸 잘 알아요. 섹스가 필요해서(섹스 상실 때문에만) 그런 것만은 아니에요.

이 젊은 여인은 감정으로 충만한 관계가 어떤 모습이어야 하는지 잘 안다. 그러나 남자와의 상호작용이라는 장에서 자신도 섹스를 선호하기 때문에 '고깃덩어리' 취급당하는 걸 감수한다. 그녀는 놈의 언어로 관계에 진입하고, 몸을 성기능과 동일시하며 그래서 그 어떤 내재적인 도덕적 또는 감정적 의미를 가지지 못하는 인식론을 따른다. 이런 식으로 관계를 꾸려가며 그녀는 자신을 자유로운 주체로 경험한다. 이 자유는 섹슈얼리티화가 감정의 요구를 부당한 것으로 만들어 이 여성에게 남성이 주도하는 성적 관계에 자신을 맞추도록 강제한다는 점에서 참으로 기묘한 자유다. 여성은 자신을 대상으로서 의도성을 가지지 않는 성적인 몸, 곧 고깃덩어리로 취급받기를 자처한다. 이 여성 주체는 혼란스러운 지위를 가진다. 그녀는 자신의 고유한 감정 목표를 부정하고, '고깃덩어리' 취급을 수용한다. 그녀는 자신이 물화의 제물이 되었다고 느끼면서, 역으로 자신의 남자친구를 물화해 성적 욕구를 충족하기 위한 도구로 삼는다. 그녀는 대상 취급을 받으며 맛보았던 권력 상실을 이렇게 상쇄한다. 서로 상대를 자신의 성적 욕구 해결을 위한 도구로 활용함으로써 감정과 도덕이 서로 맞물려 빚어내는 긴장 관계는 평가절하와 더불어 권력의 감각이라는 참으로 기이한 상호작용을 가능하게 한다.[121] 이것은 마치 상대를 평가절하하거나 도구로 다루는 것이 권력을 회복해주는 것 같은 느낌 때문에 일어난다. 따라서 물화는 섹슈얼리티 문화의 은밀하게 숨은 논리가 아니다. 물화는 자신의 쾌락을 만족시키기 위해 타인을 도구로 씀으로써 남성과 여성에게 권력의 감각을 느끼게 해준다. 남성이든 여성이든 타인을 대상화하는 능력은 거대 섹스산업에 의해 널리 상업화되었고 많은 페미니즘 유파에 의해 다소 정도의 차이는 있을지라도 지지를 받고 있는데, 이런 능력이 쾌락과 권력과 거리 두기라는 주체화로서 정립될 수 있기 때문이다.[122] 투자 회사에서 전략 컨설턴트로 일하는 52세의 프랑스 남성 스테판은 (자신의 틴더 이용을 두고) 이런 말을 했다.

스테판 왼쪽으로 오른쪽으로 쓸어 넘기는 일이 매우 신나더군요. 권력이라는 느낌이 이런 거구나 싶어요. 저는 틴더 개발자들이 이런 감정을 주려 작업한다고 생각합니다. 자신의 낭만적 운명을 좌우할 전능함을 맛보게 해주는 감정입니다. 물론 일상에서는 맛볼 수 없는 감정이죠.

이 묘사에서 주체는 감정적으로 거리를 두는 태도로 타인을 물화하면서, 소비자의 입장으로 선택하거나 하지 않을 수 있다는 가능성으로 권력을 맛보는 것처럼 보인다. 선택과 비선택을 통해 섹슈얼리티 영역은 확실하게 도구적 이성의 규제를 받게 되었다.[123] 섹슈얼리티화에 기반한 자기 물화가 자아를 몸으로부터 분리하여 자신의 가치뿐만 아니라 자신의 욕망에 대한 불확실성에 사로잡히게 한다는 점은 2011년 제작된 스티브 매퀸 감독의 영화 《셰임》이 잘 보여준다. 이 영화는 자아가 감정과 섹슈얼리티의 두 가지 경로로 분열하는 모습을 다룬 음울하고 스타일리시한 성찰이다.

주인공 브랜던은 섹스 중독자다. 그는 틈만 나면 포르노그래피를 소비하고, 주기적으로 돈을 주고 성노동자를 사며, 하룻밤을 보낼 여자를 찾는다. 그는 직장 여성 동료를 알게 되어 그녀를 좋아한다. 영화는 이 만남이 브랜던에게 의미로 충만한 관계를 꾸려갈 기회임을 분명히 한다. 그러나 두 사람이 함께 잠자리를 가졌을 때 브랜던은 발기가 되지 않는다. 여성 동료가 가버리고 난 뒤에 그는 성노동자와 격렬하게 섹스를 한다. 이런 식으로 브랜던의 감정과 섹슈얼리티는 서로 전혀 다른 길을 가며, 더 이상 서로 연결될 수 없다는 안타까움을 관객은 절절히 목도한다. 브랜던은 기술과 시각성(인터넷에 넘쳐나는 포르노) 그리고 빠르게 바꾸어대는 익명의 파트너로 몸을 유일한 행동의 원천으로 만들며, 우리가 전통적으로 욕망과 자아와 감정으로 이해하는 것과의 연결을 적극적으로 해체하는 새로운 섹슈얼리티 체제에 속하게 된다. 브랜던이 이 스토리의 '주체'인가 하는 물음에 답을 찾기는 매우 어렵다. 그의 몸은 자신의 감정적 자유의지로부터 떨어져나가 자율성을 획득한 것처럼 보이기 때문이다. 또 그는 타인을 주체로서 만날 능력이 없다. 그는 여성을 오로지 성적 대상으로 볼 뿐, 주체인 여성과 상호작용을 할 수 없기 때문이다. 몸과 자아가 분리되고 타인을 주체로 인정할 수 없는 인간이 어느 정도 주체일 수 있을까 하는 물음의 답은 매우 불분명하다. 우리는 브랜던이 전형적인 현대의 주체와 마찬가지로 자아 확인과 과잉 주체성의 중독적 형식으로서 섹슈얼리티 소비의 강력한 시각 체제를 경험한다고 말할 수 있다. 이처럼 중독을 부르는 자기 긍정은 동시에 선택하지 않음의 반복적 경험이다. 이런 선택하지 않음은 매우 폭넓고 다양한 제도적 도움을 받는다. 그 몇 가지만 꼽아보자면 기술, 시각 체제, 값싼 성노동 등이 있다. 반대로 감정은 외적 제도의 지지를 거의 혹은 전혀 받지 못한다. 이런 제도적 지지를 앤 스와이들러는 '행동 계획'이라고 부른다.[124] 기술에 기초한 섹슈얼리티 소비는 오늘날 고도로 제도화한 행동의 영역이다. 이 영역에서는 무엇보다도 남성이 포르노와 성노동을 왕성하게 소비하면서 자아의 분열을 겪는다. 성적 자아와 기술적 자아 그리고 소비 자아가 하나의 강력한 매트릭스를 이루면서 감정적 자아를 상대적으로 별개의 것으로 분리한다. 이런 과정의 중심에 선 자아는 물화하는 주체인 동시에 물화의 대상이다.

여성의 성적 체험도 못지않게 혼란한 분열상을 보인다. 섹슈얼리티가 이른바 '걸 파워'Girl Power를 과시하는 아레나로 부상하면서, 여성은 섹슈얼리티를 자율성의 원천으로 경험하고 남성을 다스리는 성적 권력의 느낌을 즐긴다. 그러나 성적 만남은 예나 지금이나 여성의 자존감을 위협하는 요인들로 가득하다. 물화와 인정을 분명하게 구별하는 것은 실제 불가능하다. 여성이 가지는 상징적 가치의 상당 부분은 성적 어필과 성적 능력으로 규정되기 때문이다. 과잉 주체성은 물화 과정(자신이든 타인이든)과 맞물려 있다. 과잉 주체성과 물화는 주체의 지위를 둘러싼 뿌리 깊은 존재론적 불확실성을 수반한다. 섹슈얼리티의 주체는 누구인가? 섹슈얼리티의 주체는 무엇인가? 그 또는 그녀는 주체를 욕망하는가, 대상을 욕망하는가? 답하기 어려운 문제다.

존재론적 불확실성은 다수의 요소들이 맞물려 결정된다. 그 요소들은 다양한 장소들과 섹슈얼리티, 감정, 소비 라이프스타일에 존재하는 욕망의 파편이다. 개성을 돋보이게 가꾸고 자극적인 시각 효과로 연출하며, 표준으로 삼은 아름다움을 벤치마킹하면서 다른 사람들과 치열한 경쟁을 벌여야 하는 곳이 섹슈얼리티 시장이다. 결국 몸은 몇 개의 영역으로 구획되어 성적 평가의 대상이 된다(섹시함을 기준으로 몸을 나누다 보니 성적 만남은 자아는 물론이고 몸 전체와도 유리된다). 이런 사정은 여성으로 하여금 안정적 자존감을 키우기 어렵게 만든다.

자신의 가치와 욕망의 본성을 둘러싼 존재론적 불확실성은 우리가 자연과 맺는 관계 그리고 다른 인간 존재(섹슈얼리티의 대상으로 물화한 타인)와 맺는 관계 사이에 어떤 유사성이 있는지를 살펴보면 더 깊게 이해할 수 있다. 자연을 대상으로 지배하려는 욕구든 상대를 내 뜻대로 좌우하려는 욕구든 이 두 경우 모두 하이데거가 '기술이라는 문제'에서 '예비 자원'이라고 부른 것을 주목해야 한다.[125] 예비 자원이라는 개념은 타인과 자연을 우리의 욕구 만족을 위해 필요할 때마다 끌어다 쓰는 태도, 곧 세계를 자신의 욕구 만족 대상으로 보는 태도를 의미한다. 하이데거의 이 개념은 페미니즘에 그대로 적용해 쓸 수 있다. 피임약, 소비문화에서 섹슈얼리티의 제도화 그리고 빠른 속도를 자랑하는 인터넷 기술은 함께 얽혀 인간, 특히 여성을 다른 사람, 무엇보다도 남성의 욕구 충족을 위한 예비 자원으로 만들어버렸다. 예비 자원으로서의 활용성은 대상은 물론이고 주체까지도 뿌리부터 위협한다고 하이데거는 주장한다. 대상은 우리의 목적을 거부할 능력을 상실한다. 대상이 없는 세계, 곧 대상이 우리의 욕망에 저항하지 않는 세계는 우리의 주체성의 구조 자체를 위협한다. 우리는 관계에 일반화된 섹슈얼리티화가 인간을, 특히 여성을 예비 자원으로 만들고 있는 것은 아닌지 자문해야 한다.[126] 바로 이런 대상과 주체의 관계 구조가 주체의 본질을 통째로 변화시키고, 존재론적 불확실성을 주체의 핵심, 특히 여성 주체의 핵심으로 만든다. 존재론적 불확실성은 가치의 감각과 정체성을 유지하고 타인의 응시와 성적 전유 그리고 무엇보다도 섹스를 통한 도구화에 맞서 '저항'하기 어려워지기 때문에 생겨난다.

*

가치화, 곧 타인에 대한 시각적 평가를 위해 만들어지는 경제 및 섹슈얼리티 시장에서 주체적, 경제적 가치를 창출하는 과정은 역설적이게도 바로 이 평가의 메커니즘을 통해 여성에 대한 평가절하의 과정을 설명해준다. 우리는 비교를 위해 다른 형태의 성적 평가를 끌어옴으로써 이런 여성의 평가절하 과정을 명확히 살필 수 있다. 귀족 출신으로 버지니아 울프를 열렬히 사랑했던 시인 빅토리아(비타) 색빌웨스트는 이 유명한 여성 작가를 두 번째 만나고 나서 다음과 같이 묘사하였다.

> 그녀는 전혀 꾸미지 않았다. 장식품이라고는 하나도 없었다. 옷차림새는 끔찍할 정도였다. 처음에는 그녀를 보며 참 볼품없다고 생각했지만, 점차 일종의 정신적 아름다움이 피어오르며 지켜보는 것만으로도 매력이 느껴졌다.[127]

빅토리아의 시각적 평가는 많은 다른 시각 평가 시장의 그것과는 다르다. 그녀의 시각적 평가는 이분법을 따르지 않는다. 다시 말해서 그녀는 '끔찍한 것'과 호소력을 가지는 매력을 한눈에 알아본다. 옷이나 장식품 같은 소비 대상은 버지니아가 얼마나 매력적인지 결정하는 데 아무런 영향을 미치지 않는다. 실제로 버지니아는 '끔찍한 차림새'를 보여준다. 이 평가는 성급하지 않으며 그 어떤 벤치마킹도 시도하지 않는다. 시간이 흐르면서 평가는 자연스럽게 인정의 과정으로 넘어간다. 빅토리아는 버지니아를 보며 정신적 아름다움을 인정한다. 그녀의 인정은 서로 경쟁하는 매력적인 몸들의 시장이라는 시각에서 비롯되지 않는다. 그녀는 버지니아의 유일한 특성을 발견한다. 이런 평가는 어렵지 않게 가치를 만들어낸다.

오늘날의 시각적 시장은 평가와 평가절하의 강력한 메커니즘을 포함한다. 아마도 이런 강력한 활용 방식을 가장 잘 보여주는 곳은 이성애 시장일 것이다. 두 가지 사례만 보아도 이런 사정은 충분히 드러난다. 첫째는 유명한 프랑스 작가 비르지니 데팡트의 사례다. 레즈비언으로 변모한 그녀는 이성애를 이렇게 바라본다.

> 사랑을 보는 나의 관점은 변하지 않았지만, 세계를 보는 관점은 분명 크게 변했다. 레즈비언으로 살아간다는 것은 매우 유쾌한 경험이다. 여성성에 대해 덜 고민한다. 남자의 마음을 사로잡으려 안간힘을 쓰지 않아도 되니까. 내 나이를 두고 걱정하지 않아도 좋다. 이성애였을 때는 나이를 먹는 것이 무척 힘들었다. 여자끼리도 유혹을 하며, 훨씬 더 깔끔하고 멋지다. 사십대를 넘겼다고 해서 무시당하거나 퇴짜를 맞는 일은 없다.[128]

데팡트는 이성애에서 동성애의 변화를 설명하며 어느 모로 보나 물화(대상화)에 시달리지 않는다는 점, 남성의 응시와 그 평가에 의존하지 않아도 좋다는 점, 이로써 소비시장의 강력한 마수로부터 벗어날 수 있어 좋다는 점을 거론한다. 둘째 사례는 어떤 무슬림 여인이 데팡트와 비슷한 이유로 서구의 섹슈얼리티를 거부하며 자신의 블로그에 쓴 글이다.

> 서구식 복장을 하고 외출하면 남자들은 나를 무슨 물건 보듯 한다. 어느새 나도 모르게 신문에 나오는 모델과 나 자신을 비교하지만, 물론 나는 그 근처에도 가지 못한다. 나이를 먹어갈수록 항상 이처럼 꾸민 모습을 보여주어야 한다는 사실이 피곤하기만 하다. 히잡을 쓰거나 차도르를 입고 나가면 사람들은 나를 물건이 아니라 개인으로 대해준다. 그럴 때는 존중받는 느낌이 든다. 베일로 가려야만.[129]

나는 레즈비언이나 이슬람의 섹슈얼리티가 이성애라는 규범의 압박에 대한 유일한 해결책이라고 말하려는 게 아니다. 오히려 나는 이성애라는 규범에 등을 돌린 여성의 증언과 무슬림 여성의 경험담을 통해 남성 지배와 소비 문화 사이의 연관을 강조하고 싶었을 따름이다. 남성 지배와 소비 문화는 서로 먹잇감을 주고받으며 분류와 사회적 가치와 상징적 지배의 새로운 형식을 만든다.

성적 물화는 페미니스트들이 오히려 여성도 권력을 표현하고 실제 행사할 수 있는 측면을 가졌다는 이유로 뜨겁게 토론을 벌이는 주제다. 그러나 물화의 본래 문제는 다른 측면에서 접근해야 보인다. 섹슈얼리티화는 물론 권력 확보를 가능하게 해주기는 하지만 **동시에 물화의 경험이기도 하기 때문에, 자아와 그 가치를 둘러싼 깊은 존재론적 불확실성을 불러일으킨다.** 섹슈얼리티화가 권력의 감각을 느끼게 해주는 것은 가치화라는 메커니즘을 촉발하기 때문이다. 그러나 가치화는 주체화와 대상화가 서로 맞물려 혼재하는 통에 존재론적 불확실성을 야기한다. 자아는 몸, 신체기관 그리고 소비 대상과 소비 행위와 성적 상호작용을 만드는 맥락 사이에서 갈등하며 파편으로 분열한다. 시각 평가는 지속적이지 않고 변덕스러우며 소비 취향은 계속 바뀐다. 매력적인 몸과 자본주의 상품은 구조적 노화에 기반한다. 자아는 끊임없이 평가된다. 그리고 자아와 타인의 가치는 불확실하다. 그렇기 때문에 많은 여성들이 이성애 시장을 고통스럽게 경험하는 것은 놀라운 일이 전혀 아니다. 2017년에 일어난 '#미투 운동'은 여성이 폭력에 속절없이 노출되어 있다는 사실뿐만 아니라, 광범위하게 퍼진, 겉으로 잘 드러나지 않는 평가절하로 고통받고 있었다는 점에서 전 세계 여론에 커다란 충격을 안겼다. 미투 운동이 혼란을 겪지 않은 것은 아니다. 범죄와 추행과 사소할 수 있는 행동을 구별하지 않고 똑같이 비난하는 문제를 겪은 것이다. 그러나 여성이 섹슈얼리티 영역에서 습관적이고 일상적으로 평가절하당하는 방식이 무수하다는 점에서 운동은 대중의 강력한 반응을 이끌어냈다. 가부장적 상징 폭력의 이런 형태들은 내가 일관되게 시각적 자본주의라 부른 경제와 문화의 구조 안에 깊은 뿌리를 드리운 탓에 대단히 집요하며 쉽게 되살아난다.

5

한계가 많은 자유

사랑하는 사람에게 상처를 줄까 봐 나는 두렵다.
특히 내가 지켜주어야 할 의무를 가진 사람에게 상처를 입히는 것이.
— 앤서니 트롤럽

그들은 서로 사랑했지만,
누구도 고백하지 않았네.
그들은 서로 적대적으로 보았음에도
사랑으로 죽음도 불사할 정도였지.

결국 그들은 헤어졌으며 그리고
그저 이따금씩 꿈속에서만 보았지.
그들은 이미 오래전에 죽었다네.
다만 자신이 알지 못할 뿐.
— 하인리히 하이네[1]

음악가 로베르트 슈만은 비크 가문과 오랫동안 알고 지냈다. 유명한 작곡가 슈만은 클라라 비크와 사랑에 빠져 클라라의 아버지에게 결혼 허락을 구했다. 아버지가 거절하자 로베르트와 클라라는 라이프치히 고등법원에 결혼을 인정해달라는 청원을 올렸다. 1년여의 어려운 법정투쟁 끝에 법관은 1840년 8월 1일 결혼해도 좋다는 판결을 내렸다. 두 사람은 1840년 9월 12일에 결혼했다.[2] 아버지의 거부는 당시 풍습에서 유별난 게 아니었다. 자신의 감정에 충실하게 결정하고 행동하는 자유는 당시 자연스러운 것도 당연한 것도 아니었다. 헤겔은 감정의 자유를 옹호했다. 감정의 자유를 옹호하는 태도는 마음이 이끄는 대로 결혼하는 것을 개인의 보장된 권리로 여기는 관점을 뜻한다. 물론 이 문제를 다룬 헤겔의 본래 관심은 양심의 자유가 가지는 논리적 바탕을 더욱 섬세하게 다듬는 것이었다. 윤리적으로 타당한 결혼, 곧 인격체로서의 두 인간이 어깨를 나란히 하는 결혼은 두 사람이 각자의 의지와 자유를 바탕으로 서로 상대의 온전한 인격체에 헌신하는 것이어야 한다고 헤겔은 누누이 강조했다.[3] 헤겔이 간곡하게 자유를 소중히 여기자고 호소했음에도 아버지나 가족, 법정 그리고 공동체는 개인적으로 짝을 선택하는 일을 거부하기를 계속했다. 1831년 11월 헤겔이 사망한 이후에도 오랫동안 자신의 감정에 충실한 결혼을 할 권리는 사회적으로 격렬한 논란을 부르는 주제였다. 개인이 자유의지에 따라 짝을 택하는 결혼은 시민사회와 사생활 방면에서 정치 영역의 언론 자유만큼이나 까다로운 문제였다.

악셀 호네트는 사생활은 물론이고 공공의 영역에서도 똑같이 중요한 의미를 가지는 것으로 본 헤겔의 자유 개념을 따르며 더욱 섬세하게 다듬었다. 호네트는 제도나 풍습은 자유를 어느 정도 실현해주느냐에 따라 그 정당성을 확보한다고 보았다. 결혼, 가족, 사랑처럼 개인의 사적인 측면이 강조되는 영역에서 자유의 실현은 정치 영역 못지않게 중요한 의미를 가진다고 강조한다.[4] 호네트는 자유를 크게 두 종류로 구분한다. 우선 소극적이며 반성적인 자유다(제2장의 논의를 볼 것). 개인은 이 자유 덕에 자신의 정체성과 목표에 집중해 원하는 것을 추구한다. 이 자유로 타인에게 해를 입히지 않는 한, 개인은 누구에게도 자신의 행동을 해명할 의무를 가지지 않는다. 반대로 사회적 자유는 개인을 소통이 필요한 행동의 영역으로 직접 되돌려놓는다.[5] 사회적 자유는 인간에게 서로 인정하는 자세로 만날 것을 요구한다. 다시 말해서 사회적 자유 안에서 우리 인간은 닫힌 모나드*일 수 없으며, 서로 소통해야 하는 상호주체적 태도를 가져야 한다. 이로써 사회적 자유는 자유주의 철학이 봉착한 딜레마를 넘어선다. 자유주의 철학은 개인의 자율성을 강조하느라 개인이 서로 충돌할 때 이를 어떻게 조정해야 하는지 그 상호성의 문제를 해결하지 못했다. 사랑은 이런 사회적 자유를 필요로 하는 영역이다. 서로 인정하는 관계를 바람직한 사랑의 모습으로 보는 견해는 우리 문화의 다양한 분야가 규범으로 강조하는 것이다. '자유 안에서 사랑하기' Loving in Freedom라는 이름의 인터넷 사이

---

* monad. 무엇으로도 나눌 수 없는 궁극적인 실체를 말한다.

트에 올라온 다음의 글을 읽어보자. "우리의 이상적인 사랑은 양측이 완전히 자유로운 선택, 자발적인 헌신을 바탕으로 원할 때마다 새롭게 활기를 불어넣으려 노력하는 것이다."[6]

이런 자유 개념의 기초를 이루는 것은 정치와 경제 영역의 자유주의가 표방하는 도덕의 근본 원칙, 곧 계약주의다. 계약은 관계 당사자가 서로 상대의 자유를 존중한다는 선포의 의미를 가진다. 각자 자신의 목표를 상대방에게 명확히 밝히고 확인을 받는 계약의 성립으로 관계가 시작된다. 물론 계약이 사회적 자유를 취하는 유일한 형식은 아니다. 하지만 사회적 자유가 지배적인 형태인 것만큼은 분명하다. 캐럴 페이트먼은 이미 고전의 반열에 올라선 자신의 책 『성적 계약』에서 계약을 두고 이런 논평을 한다. "계약 이론은 아주 탁월한 해방 이론이다. 계약 이론은 근대라는 시대가 표방한 근본 원리인 자유를 누구나 누릴 수 있는 보편적 가치가 될 수 있도록 약속해주기 때문이다."[7]

그러나 이런 주장을 경험적으로 검증하려고 하면 소극적이고 반성적인 자유, 곧 개인이 반성을 통해 자신의 목표를 분명히 하려는 자유가 사실상 문화의 지배적인 축으로 자리 잡은 게 아닐까 하는 문제에 직면한다. 다시 말해서 계약을 통해 개인이 상호주체적 관계를 맺는 사회적 자유는 반성적 자유 때문에 실현되기 힘들다. 반성적 자유는 개인으로 하여금 자신이 무엇을 원하는지 정확하게 규정하는 것을 선호하게 만든다. 반성적 자유는 개인이 선호하는 것을 합리성의 주축으로 삼아, 욕구 충족이라는 실리적인 원칙에 충실한 관계에 치중하게 한다. 반대로 소극적 자유는 상대의 자유를 의식하고 조심하지만 사회관계를 맺을 그 어떤 절차도 정하지 못하며, 서로 어떤 의무를 지켜야 하는지 협의할 엄두도 내지 못하게 한다. 내가 이 책에서 일관되게 논증하듯이, 반성적 자유도 소극적 자유도 감정적, 성적 계약을 맺게 하지 못한다.

경제 문제에 초점을 맞추는 사회철학인 계약주의는 자유의지, 곧 개인이 자신의 목표와 선호하는 것을 중심으로 관계를 맺을지 말지 결정하는 자유의지를 전제하는 이론이다. 시민사회는 물론이고 개인의 사적인 관계까지 이 계약주의라는 이론이 팽배해 있다. 다시금 캐럴 페이트먼은 다음과 같은 논평, 정확히 헤겔과 관련해 이런 논평을 했다. "(사회) 관계와 생활은 어떤 하나의 계약으로 이뤄지는 게 아니라, 본래 일련의 끝없이 이어지는 개별 계약으로 이루어진다."[8] 이런 식으로 결국 애정 관계는 두 의지 사이의 계약으로 간주된다. 애정 관계를 계약으로 보는 견해는 그동안 관련 법들의 제정으로 갈수록 힘을 얻어 개인의 자유로운 동의 또는 자발적인 동의를 두 인간 사이의 교류와 행동의 핵심으로 만들었다. 다시 말해서 정당한 관계는 자유로운 두 개인이 맺는 계약이다.[9]

계약 이론은 결혼과 애정 생활의 규제를 결정적으로 주도하는 사회철학으로 발전했다. 1960년대까지 지구상의 대다수 국가는 오로지 '귀책사유에 따른 이혼'만 인정했다. 부부 가운데 어느 한쪽이 '결혼이라는 계약에 위반하는 행동'을 했다는 증명이 있을 경우에만 법원은 이혼을 판결했다. 1970년대 초부터 많은 국가는 '당사자 쌍방의 책임을 묻지 않는 이혼'을 도입했다. 부부 가운데 어느 한쪽이 더는 결혼 생활을 지속할 수 없다는 간단한 의사 표시만으로 이혼이 가능해졌다.[10] 이런 변화에는 '동의'가 가지는 법적이고 도덕적으로 성숙한 의미가 들어 있다. 다시 말해서 관계를 유지하려면 부부 당사자의 동의라는 적극적인 의지가 필요하다. 이런 변화와 나란히 입법은 '동의'의 차원을 성적 상호작용의 새로운 필수적인 법적, 도덕적 전제 조건으로 끌어올렸다. 계약 관계, 곧 당사자 양측의 자유의지에 기초하는 관계는 애정 관계를 둘러싼 논의를 이끄는 상징적 비유가 되었다. 사랑, 결혼 그리고 섹스는 양측이 동의하고 이런 계약을 충실히 지키는 한에서만 정당하다.

 앤서니 기든스는 이런 사정을 이론으로 담아낸 책 『친밀성의 구조 변동. 현대 사회의 성, 사랑, 에로티시즘』을 출간했다. 이 유명한 책은 현대의 애정을 계약으로 정의한다. 순수 관계라는 기든스의 개념은 "아무런 계산 없이 그 자체로 맺어지는 관계"를 의미한다. "관계는 당사자 양측이 편안하게 느끼는 것이 분명한 한에서 지속된다는 조건으로 이루어지는 상대방과의 결합이다."[11] 기든스는 전체의 사회관계를 보다 더 포괄적으로 민주화하는 흐름의 일부로 계약주의를 보았다. 비록 계약주의로 치러야 하는 대가가 존재론적 불확실성이라는 점, 이 불확실성이 '순수 관계', 곧 두 사람의 의지로 떠받들어지는 관계 위에 먹구름을 드리운다는 점은 기든스도 정확히 읽어냈다. 그러나 내가 앞에서 이미 논의했듯, 기든스는 계약주의가 촉발하는 존재론적 불확실성이라는 문제를 너무 쉽게 다루었다. 그는 법률 용어의 의미를 심도 있게 다듬지 않고 애정 영역에 그대로 적용해도 좋은지 하는 물음을 제기하지 않았다. 닐 그로스와 솔런 시먼스가 지적하듯, 순수 관계에서 의무는 '자의적 개념'이다. 성적, 감정적 계약은 상대가 자신의 욕구를 만족시키는 한에서, 이 욕구가 언제라도 변할 수 있다는 것을 온전히 의식하는 상황에서 유지될 수 있다. "만약 파트너가 중시하는 가치, 관심 또는 파트너의 정체성이 서로 보완하는 방식으로 변화하기 시작하지 않는다면, 관계는 그 존재 근거를 잃고 해체된다."[12] 자유를 중시하는 현대의 애정 관계가 안고 있는 근본적 문제는 이렇다. 법과 학문의 영역에서 제도화된 완벽한 사회적 형식으로서의 계약이 애정과 상호 주체성이라는 본질을 위협하지 않고 실제로 인간관계에 그대로 적용될 수 있을까? 캐럴 페이트먼은 사회 계약과 성적 계약이 서로 전혀 다른 것이라는 점을 적확한 근거로 제시한다.[13] 사회 계약은 남성에게 자유를 선물하는 반면, 성적 계약은 여성의 의존성을 계속 심화한다. 기든스는 성적 계약을 맺을 때 남성과 여성의 입장과 위치가 전혀 다르다는 점을 완전히 무시하고, 남녀를 동등한 자격을 가진 계약 당사자로 전제했다. 더욱이 기든스의 이론은 즉각적이고 가상적인 커뮤니케이션이라는 기술이 널리 퍼지기 전에 만들어졌기 때문에 이 기술이 계약 자체를 해체한다는 점을 예견하지 못했다. 그러나 이런 기술은 전통적인 문화의 조건, 곧 의지의 안정성을 약화하거나 아예 무시한다. 결국 기든스의 이론은 신자유주의가 새롭게 힘을 얻으면서 특정 유형의 의지, 곧 기업가 의지를 전면에 내세우기 전에 제시되었다는 한계를 가진다.[14] 기업가 의지는 일자리에서든 일반적인 인간관계에서든 자신의 가치를 스스로 만들고 혼자 힘으로 안정적으로 유지하는 것을 말한다. 가치의 창조와 안정적 유지라는 과정은 계약을 맺고 지킬 가능성을 약화한다. 성적, 감정적 계약을 맺으려 시도하는 자아는 상대방이 무슨 의도를 가졌는지 평가하고 자신이 겪을 위험을 계산하는 일에 매달릴 수밖에 없다.

무엇에 동의?

계약은 관계 당사자가 관계를 시작하거나 끝낼 자유를 묘사하는 비유라고 할 수 있다. 이 비유는 그동안 감정 영역까지 포괄할 정도로 확장되어 쓰여왔다. 오늘날 파트너들은 계약 조건을 명확히 정하며, 심지어 실제로 계약서에 서명하기도 한다. 예를 들어 『뉴욕타임스』의 인기 높은 칼럼 「모던 러브」는 새로운 관계의 모델을 이렇게 이해한다.

> 몇 달 전 남자친구와 나는 맥주 두 잔을 따라놓고 랩톱을 켰다. 우리의 '관계 계약' 조건을 검토할 시간이다.
> 조건을 바꿀 필요가 있을까? 마크와 나는 몇몇 항목을 살피고 두 가지 작은 교환 거래를 하기로 결정했다. 내가 화요일마다 개를 데리고 산책을 나가는 대신, 그는 토요일 산책을 맡았다. 나는 주방을, 그는 욕실을 각각 청소하기로 했다.
> '마크와 맨디의 관계 계약'의 최신 수정본은 네 쪽짜리 문서다. 종이의 한쪽 면에 프린트한 네 장의 계약서에 우리는 날짜를 적고 서명을 했다. 계약의 유효 기간은 정확히 열두 달이다. 유효 기간이 지나면 우리는 계약서를 검토해 수정한다. 우리는 이미 두 번 수정을 했다. 이 계약서는 섹스에서 과제 분담, 돈 문제 그리고 미래에 이르기까지 아주 상세한 내용을 담았다. 나는 이렇게 하는 것이 마음에 든다. 물론 관계 계약서를 쓴다는 것이 계산적이라거나 낭만과는 거리가 먼 것으로 느껴질 수 있다. 그러나 모든 관계는 계약이다. 우리는 다만 더 공개적으로 조건을 다룰 뿐이다. 문서화한 계약은 사랑이 우리에게 우연하게 일어나는 것이 아니라는 점을 상기시킨다. 사랑은 함께 만들어가는 것이다. 머리를 맞대고 계약서를 쓰는 일이 무엇보다도 우리를 함께 묶어주었다.[15]

필자 자신의 경험을 담은 이 보고서는 계약주의를 인생을 지혜롭게 꾸려가는 이상적 형식으로 묘사한다. 또 역할과 의무와 권리를 명확히 정의해주는 실질적 해결책이 계약이기도 하다. 계약에 참여하는 당사자는 계약을 맺거나 해지할 자유를 가진다는 점에서 평등하다. 그리고 계약은 관계를 이용가치의 다발로 바꾸어놓는다는 점에서 실리적이다. 주체가 만족하지 못하는 계약은 해지되어야 하기 때문이다.

  물론 계약은 서명자가 알고 했든 모르고 했든 다양한 형식의 동의를 포함한다. 계약이라는 개념은 서로 계약을 맺고자 하는 두 개의 의지가 서로 다른 목표를 가진다는 사실을 전제할 때 비로소 성립한다. 특히 이성애 관계는 계약의 이런 본성을 잘 드러낸다. 그래서 페이트먼은 여성은 성적 계약을 맺으며 남성에게 종속될 수밖에 없다고 보았다.[16] 이런 종속은 성적, 감정적 계약을 맺는 과정에서 남성과 여성이 각자의 애착과 욕망을 서로 다르게 형성하는 방식 때문에 생겨난다. 베스트셀러 소설을 영화화해 성공을 거둔 로맨틱 코미디 《프렌즈 위드 베네핏》Friends with Benefits(2011)에서 남자 주인공 딜런 하퍼(저스틴 팀버레이크 분)와 여자 주인공 제이미 렐리스(밀라 쿠니스 분)는 둘 다 전 애인과 쓰라린 이별을 맛본 뒤에 서로 만난다. 이내 친구가 된 두 사람의 우정은 기회가 주어질 때마다 섹스를 하는 계약 관계로 발전한다. 조건은 감정이 없는, 또는 감정적 결속을 요구함이 없는 섹스만 한다는 것이다. 줄거리는 으레 그러하듯 제이미는 딜런에게 감정을 키워가는 반면, 딜런은 감정적 영역으로 자신을 끌어들이려는 제이미의 시도에 저항한다는 진부한 내용이다. 두 사람은 아무런 의무가 없는 순전한 성적 관계에 처음에는 만족하지만, 점차 여성의 감정은 섹스에 제한된 계약을 깬다. 이런 진부한 스토리, 그러나 실제 사회 현실을 고스란히 반영한 스토리에서 남성은 관계에 전념하기를 기피하는 반면, 여성은 섹슈얼리티와 감정 사이에 명확한 경계를 정하지 못하는 무능력 또는 의지 부족을 보여준다. 이 로맨틱 코미디는 아무튼 현대의 섹슈얼리티와 낭만적 관계의 핵심 모티브를 계약으로 그려낸다. 같은 해에 출간된 전 세계적 베스트셀러 『그레이의 50가지 그림자』도 마찬가지다. 본래 3부작인 이 소설의 첫 권은 강력하고 매력적인 남자 크리스천 그레이가 아직 처녀인 여대생 아나스타샤 스틸에게 제안하는 성적 계약을 다룬다. 이 성적 계약은 글자 그대로 사도마조히즘의 조건을 내건다. 아나스타샤는 결국 계약을 거부한다. 그리고 독자는 그녀가 크리스천에게 깊은 사랑을 느낀다는 상세한 묘사를 읽는 반면, 크리스천의 감정은 전혀 알려지지 않은 채로 남는다. 오로지 명확한 것은 그의 성적 의지일 뿐이다. 《프렌즈 위드 베네핏》과 『그레이의 50가지 그림자』(마찬가지로 영화로 만들어졌다)는 캐주얼 섹스와 감정 사이의 경계를 명확히 하는 태도를 요구한다. 그리고 결국 이런 계약을 깨고 오로지 성적 관계만이 아니라 감정적 관계를 함께 원하는 쪽은 여성이다.

　감정은 본래부터 계약의 대상으로 적절히 다루어질 수 없다. 그래서 성적, 감정적 계약은 애초부터 숱한 난제와 불확실성을 가질 수밖에 없다. 순수 관계는 당사자의 뜻대로 해체할 수 있는 결속인 반면, 경제와 법 영역의 계약은 구속력을 가지며, 계약 파기는 그에 따른 처벌을 부른다. 경제 또는 법의 성격을 가지는 계약은 그 조건의 충족과 의무 이행을 요구하는 반면, 성적 계약은 본래 강제적 성격을 가질 수 없다. 관계를 뜻대로 시작하고 끝낼 자유는 불확실성의 조건을 만든다. 이것이 바로 사람들이 어떻게 그처럼 빨리 관계를 끝내는가에 대한 답이다. 결국 계약이라는 비유는 법칙이나 제한 또는 처벌을 알지 못하는 자유로우며 열린 성적 시장의 관계가 어떤 형태를 취해야 하는지 답을 주기에 적절치 않다. 클리퍼드 기어츠의 유명한 표현 그대로 우리는 계약이라는 비유, 애정 관계를 형성하고 방향을 제시해주어야 하는 계약이라는 비유가 관계의 매우 가난한 모델인 동시에 관계에 전혀 바람직하지 않은 것이라고 말할 수 있다. 계약이라는 비유는 관계가 어떻게 형성되는지 말해주지 못하며, 또 관계가 꾸려져야 할 방향을 제시하는 좋은 모델도 아니다.[17]

혼란스러운 의지

관계의 섹슈얼리티화는 본성상 몸 사이의 관계다. 성적 만남을 인지하는 우리의 태도가 몸을 규제하는 다른 윤리, 곧 의학 윤리와 매우 유사하다는 점은 몸 사이의 관계라는 관점을 유념하면 놀라운 일이 전혀 아니다. 의학 윤리는 성적 윤리와 마찬가지로 관계의 양측, 의학의 경우에는 환자와 의사 사이에 이루어지는 상호작용의 중심에 동의를 놓는다. 성적 윤리든 의학 윤리든 몸은 그 주인이 명확히 인지하고 동의하지 않고는 타인이 만지거나 건드리거나 심지어 침투해서는 절대 안 되는 것으로 이해되었다. 동의는 의학의 치료 계약과 성적 계약의 철학적이자 법적인 전제 조건이다. 동의는 그 자체가 계약이 아니며, 계약이 이뤄질 전제 조건이다. 계약을 성립시킬 조건인 동의는 당사자 주체가 자신의 몸을 타인이 접촉해도 좋으며, 쾌락이나 고통을 느끼게 하는 것을 용인함을 뜻한다. 물론 의학 윤리와 성적 윤리 사이에는 중요한 차이가 있다. 의사와 환자는 동일한 목표, 환자의 건강이라는 목표를 가지는 반면, 섹슈얼리티 영역에서 두 개의 몸은 저마다 독자적인 의지를 가진다. 이 의지들은 서로 합치할 수 있지만, 반드시 합치해야 하는 것은 아니다. 나는 키스하는 것에 동의하지만, 성관계는 거부할 수 있다. 또는 관계 초기에 성관계에 동의할 수 있지만, 원나이트 스탠드는 싫다고 명확히 밝힐 수 있다. 섹슈얼리티 영역에서 두 의지가 이처럼 편차를 보일 수 있다는 바로 이 사실로 성적 관계의 동의는 의학 윤리의 그것과 다르다. 이런 차이 때문에 섹슈얼리티 영역의 동의는 대다수 다른 영역의 동의에 비해 그 연결의 끈이 훨씬 더 가늘다. 유명한 작가 로라 세션스 스텝은 이른바 '회색 강간'*이라는 주제로 쓴 자신의 글에서 동의 여부와 관련해 시사점이 많은 예를 들었다.

얼리셔는 같은 과 남학생 케빈에게 여대생 클럽이 주최하는 종강 파티에 동행해주는 '플라토닉 데이트'를 부탁했다. 두 사람은 일단 친구들과 저녁식사를 하고 파티장으로 갔다. 그녀는 꽤 많이 마시기는 했지만, 시쳇말로 꼭지가 돌지는 않은 것으로 기억했다. 춤을 추고 난 뒤 두 사람은 케빈의 방으로 갔으며, 그는 얼리셔의 몸을 주물러대기 시작했다. 그녀는 섹스는 하고 싶지 않다고 말했으며, 그는 알았다고 했다. 그러나 몇 분 뒤 그는 그녀를 소파에 눕히고 올라탔다. "안 돼, 멈춰." 그녀는 낮은 목소리로 말했다. 나중에 그녀는 자신이 너무 나직하게 말했다고 후회했다. 그는 그녀의 말을 무시하고 무작정 밀고 들어왔다. 얼리셔는 몸이 경련을 일으키며 굳어지는 바람에 어서 끝나기만을 기다렸다. 행위 이후 그는 잠이 들었으며, 그녀는 자신의 기숙사로 돌아왔다. "무엇을 해야 좋을지, 누구와 상의해야 할지, 혹시 내 잘못은 아닌지 몰라 무척 더러운 기분이었다." 케빈과의 섹스를

• gray rape. 동의 여부가 불분명한 성관계를 이르는 표현.

원하지 않았기 때문에 강간을 당했다는 느낌으로 괴로웠지만, 그녀는 다른 사람도 그렇게 받아들일지 확신할 수 없었다.[18]

나는 "다른 사람도 그렇게 받아들일지"라는 표현을 강조했다. 이 표현에서 분명하게 드러나듯 실제로 강간당한 이 여성은 자신이 거부를 명확히 했는지 확신이 서지 않는다는 이유로 남성의 폭력을 어찌 평가해야 좋을지 어려워한다. 이런 어려움은 섹슈얼리티화가 성적 의지를 당연한 것으로 전제하기 때문에 생기고 자신(그리고 상대방)에게 섹스를 하지 않겠다는 의지를 분명히 하는 것을 혼란스럽게 만든다. 오늘날 강간은 분명 형사처벌의 대상으로 일반 대중이 심각하게 받아들이는 범죄다. 그러나 섹슈얼리티화는 인간을 오로지 성적 의지를 가진 존재로 바라본다. 섹슈얼리티화는 가치의 기준을 섹시함과 성적 퍼포먼스에 두면서, 섹스를 하지 않으려는 의지를 본인에게든 상대방에게든 부자연스러운 태도이며 똑똑하지 않은 선택이라고 몰아붙인다. 얼리셔가 자신의 동의를 위반한 케빈의 행위를 평가하는 데 겪는 어려움은 섹슈얼리티화가 중시하는 경쟁과 남성의 성적 권력을 자연스러운 것으로 여기는 통념 때문에 자신의 의지가 정확히 무엇인지 혼란에 빠져 생겨난 것이다. 동의는 압력을 견뎌내는 의지를 전제로 한다. 가치를 오로지 섹슈얼리티 중심으로 평가하는 문화의 만연한 압력, 남성의 성적 권력을 자연스럽게 여기는 통념은 섹스를 하지 않겠다는 의지를 부자연스럽거나 매력적이지 않은 것으로 무시한다(이는 여성뿐 아니라 남성도 겪는 압력이다). 섹스가 만남의 목적이며 감정적 의미는 전혀 가지지 않거나 아주 사소할 뿐이고 인격체와 완전히 분리되어 생각되는 것이라면, 한마디로 섹스가 서로 주고받는 상호성이라는 구조를 가지지 않는다면, 동의는 그저 '즉석적인 것'이다. 이런 동의는 요청을 받고 그 반응으로 주어지는 것이 아니라, 아예 당연하게 전제하고 들어가는 것이다. 이런 동의는 내면의 저 깊은 자아와 전혀 관련을 가지지 않는다. 캐주얼 섹스의 문화적 정의 그대로 쉽고, 쿨하고, 감정적으로 거리를 두고, 분명한 정의의 프레임이 없고 성적 권력과 퍼포먼스를 강조하는 캐주얼 섹스는 동의를 '진지하지 않은 것'으로 만든다. 즉 불안정한 것으로 상정한다. 또한 이런 동의는 여성의 의지를 그들 스스로에게 혼란스러운 것으로 만든다. 여성은 섹슈얼리티화의 요구에 맞춰 언제라도 기꺼이 할 수 있다는 자세를 보여주어야 한다는 압력을 받기 때문이다. 어렵게 쟁취해낸 성적 자유는 압박감을 주는 규범이 되고 말았다.

성적 동의는 몸과 관련한 것이기 때문에 관계의 감정 차원을 회피한다. 감정 관계에서 '어떤 경우에 동의가 필요한가?' 하는 물음은 성적 관계의 경우보다 그 답을 찾기가 복잡하다. 성적 관계에서 '마조히즘 성향의 여성이 무엇을 위해 동의하는가'의 답이야 분명하다. 그러나 관계에 불만을 가졌거나 심지어 학대받는 여성이 무엇 때문에 남성의 요구에 동의하는지, 아무튼 동의한다는 전제 아래서, 그 분명한 답을 찾는 것은 어려운 일이다. 남성과 여성은 성적 영역에서 서로 다른 위치를 점하기 때문에 성적 계약과 감정적 계약도 서로 다르게 맺을 수밖에 없다. 네덜란드 출신으로 파리에서 건축학을 전공하는 28세의 카롤리너는 성적 영역에서 남성과 여성의 위치가 다름을 보여주는 결정적인 사례를 제공한다.

질문자 남자친구 있어요?
카롤리너 있었죠. 뭐라고 말해야 하나요, 두 달 전까지 '세미 보이프렌드'라고 할까요.

질문자　(웃음) 왜 '세미 보이프렌드'라고 불러요? 멀리 떨어져 살았어요?

카롤리너　뭐랄까요, 함께 있으면서 농시에 떨어져 있는 거죠.

질문자　그게 무슨 말이에요?

카롤리너　저는 그를 좋아했어요, 그것도 매우. 그러나 우리 사이에는 오랫동안 아무 일도 일어나지 않았죠. 같이 어울리기는 하는데 아무 일도 일어나지 않더군요. 그런데 어느 날 밤 드디어 일이 터졌어요. 나는 파티가 끝난 뒤에 그의 방으로 올라갔죠. 함께 술을 마셨어요. 그리고 했죠. 저는 벌써 오래전부터 그와 하고 싶었어요. 그렇지만 그는 거의 기계적으로 행위를 하더군요. 그냥 내가 거기 있어서 같이 잔다 하는 느낌이 확 오더라고요. 밤이 늦었고 여자가 옆에 있으니 기회를 놓칠 수 없다는 티가 났어요. 남자는 여자와 잘 기회를 놓칠 수 없잖아요. 나는 정말 오랫동안 그와 섹스하는 걸 꿈꿔왔는데. 그 뒤로도 몇 번 같이 잤어요. 언제더라, 아마도 관계를 시작하고 한두 달 지났을 때 그가 저한테 이런 말을 하더군요. "저기 말이야, 나는 우리가 어떻게 해야 좋을지 모르겠어. 나는 내가 섹스를 넘어선 진지한 관계를 원하는지 아닌지 잘 모르겠어." 그리고 이런 말도 하더군요. "너를 이용하고 싶지는 않아." 그래서 저는 괜찮다고, 그냥 이대로가 뭐 어떠냐고, 내가 너를 섹스에 이용한다고 눙쳤죠. 저는 쿨하고 싶었거든요. 항상 어떤 기대를 품는 그런 여자로 보이기는 싫어요. 저는 그가 정말 좋아요. 이런 식으로라도 계속 만나고 싶었고, 서로 대칭적인 관계를 유지하고 싶었죠. 그러나 제 안의 또 다른 내가 시간이 가면 그도 변할 거라고 희망했나 봐요. 섹스가 좋으면 그는 나를 떠나려 하지 않겠지 하는 식으로. 한동안 그렇게 지냈어요. 족히 석 달은 된 거 같아요. 그러다가 언제던가 그가 자신의 새 아파트 집들이 파티를 했는데, 저는 초대하지 않았어요. 나중에 그의 사진 폴더를 보고 파티를 했다는 걸 알았죠. 사람들이 포즈를 잡고 함께 사진을 찍었더군요. 저는 정말 큰 상처를 받았어요. 바닥이 무너지는 거 같더군요. 왜 나는 초대하지 않았느냐고 그에게 따지자 그는 놀라며 가까운 친구들끼리 한 작은 파티였다고 했어요. 우리 관계가 그런 거 아니었냐고, 자신은 항상 분명하게 처신했는데 이제 와서 왜 그러느냐고, 자신이 오해 살 행동은 하지 않았다고 그는 말했어요. 우리는 그냥 섹스만 하기로 한 거 아니었냐고, 이제 와서 죄책감이라도 가지라는 거냐고 그가 따지더군요. 저는 정말이지 혼란스러웠어요. 그의 말이 맞을 수 있다는 생각이 들더군요. 순전히 섹스만 하기로 동의했으니까 그 이상은 기대하지 말았어야 했나 봐요. 그 후 얼마 뒤 저는 그와 다시 만나지 않았어요. 어느 정도 시간이 지나니까 본격적으로 화가 나더군요. 빌어먹을 계약에 동의한 나 자신이 정말 한심하고 짜증스러웠어요. 그의 태도는 항상 분명했음에도 이용당했다는 느낌에 괴로웠어요. 물론 지금 생각해보면 모든 게 제 머릿속에서만 일어난 거예요. 우리 관계는 그저 섹스였죠.

질문자 왜 이용당했다고 느끼세요?

카롤리너 제 안의 무엇인가가 희망을 포기하지 않아서요. 언젠가 그가 나에게 빠지리라고 간절히 소망해서요. 누군가와 규칙적으로 만나고, 섹스를 하며, 함께 요리를 하고, 아침에 일어나 마주 보며 웃는다면, 시간이 가면서 자연스레 애정을 느끼는 게 아닌가요?

이 사례는 계약과 동의가 애정 생활을 어떻게 규제하는지 그 근본적 특징을 잘 드러낸다. 남성과 여성은 외견상 오로지 섹스만 하는 관계에 동의했다. 그리고 이런 성적 관계는 본격적인 애정 관계에 미치지 못하는 열등한 것이다. 그러나 두 사람은 저마다 다른 방식으로 이런 관계에 동의했다. 여성은 섹스가 사랑의 전주곡이라고 믿고 관계에 동의했다. '쿨함'과 '거리 두기'는 어떻게든 관계를 일구어내려는 여성의 노력의 전략적 표현이다. 그녀는 자신의 감정적 목표와 남자의 주저하는 태도 사이에서 빚어지는 갈등을 어떻게든 감내하려 안간힘을 썼다. 남자는 자신의 의도를 제한함으로써, 곧 유일하게 원하는 것은 섹스일 뿐임을 강조하면서 이런 조건으로 자신의 부족한 감정을 정당화하려 했다.

순전히 몸으로 이뤄지는 접촉의 영역을 벗어나자마자 동의의 범주는 관계의 가장 중요한 측면이 계약이라는 형태에 담길 수 없다는 사실을 은폐한다. 이 사례는 감정과 관련해 동의가 얼마나 빈약한 범주인지 잘 보여준다. 감정이라는 것은 계약이라는 형태 안에 온전히 담길 수가 없기 때문이다. 동의의 윤리는 당사자의 의지를 강조하고 심지어 의지에 주목할 것을 강조한다. 그러나 동의의 윤리는 의지라는 것이 변덕스럽고 혼란스러우며 압력을 받고 내적으로 갈등하는(그렇게 될 수 있는) 특정한 조건에 놓여 있다는 사실을 무시한다.

감정적 관계를 계약으로 담아내기 힘들다는 사실은 새로운 관계 형식을 이끌어왔다. 카롤리너가 묘사한 것처럼 감정을 거부당하거나 적절히 계약으로 담아낼 수 없다는 어려움 탓에 생겨난 새로운 관계를 미국 사람들은 '시추에이션십'situationship이라 부른다.[19] 어떤 블로그는 「당신이 '시추에이션십'에 빠졌다는 아홉 가지 신호」라는 제목의 글에서 이 새로운 관계 형식을 다음처럼 정의한다.

이런 상황을 대체 무어라 불러야 좋을지 사람들은 전혀 알지 못한다. 누군가에게 서로 소개하거나 그저 언급하려 할 때 이런 상황은 난감하기만 하다. 친구라 불러야 좋을지조차 우리는 확신하지 못한다. 결과적으로 관계를 설명할 단어를 찾느라 당신은 머뭇거리거나 허공만 응시할 따름이다. "내 말은, 우리가 진짜… 그러니까 실제 친구는 아니야. 하지만 그저 섹스만 하는 사이인 것도 아니야. (…) 내가 말하고 싶은 것은 우리가 분명 서로 돌보고 존중하기는 해. (…) 우리는 그냥 천천히 알아가는 사이지." 경우에 따라서는 당사자가 애매함에 시달린 나머지 이렇게 자문하기도 한다. "우리는 앞으로 뭐가 되려는 걸까?" 양쪽 모두 현재 상황이 어떻든 간에 같은 상황에 있는 것처럼 가장할 것이다.[20]

시추에이션십은 당사자들이 암묵적으로든 명시적으로든 관계를 맺고 있지 않다는 데 이견이 없는 관계를 말한다. 당사자들은 미래에 대한 기대를 전혀 혹은 조금밖에 가지지 않는다. 이들은 이런 애매한 관계를 공개적으로 인정하는 일이 절대 없다. 약속 같은 것을 하지 않으며, 그저 현재를 살아가면서 필요할 때면(항상은 아니다) 서로 성적 욕구를 만족시켜주는 것이 시추에이션십이다. 카롤리너는 자신의 파트너와는 다르게 시추에이션십에 빠졌다. 또 그녀는 자신의 이런 상황을 명확히 인식하지 못한다. 캐주얼 섹스의 변종이랄 수 있는 시추에이션십은 그저 막연하게 시간을 연장하는 형식, 다시 말해서 그냥 이런 식으로 지속되겠지 하는 만남일 따름이다. 시추에이션십은 최소한 어느 한쪽이 감정적 목표를 가지지 않거나 미래에 대한 기대를 완전히 거부한다는 점 또는 목표도 기대도 가지지 않는다는 점에서 '관계가 아닌 관계'다. 이런 식으로 만남은 막연하게 '지속된다'. 시추에이션십은 만남의 그 어떤 성과도 보지 못하며, 서사성도 전혀 가지지 않는다. 그 계약의 성격은 양측이 이것은 관계가 아니라고 합의했다는 점이다. 바로 그래서 내 용어대로 관계가 아닌 관계, 곧 부정적 관계는 어느 한쪽이 언제라도 일방적으로 끝낼 수 있는 것이다. 바꿔 말하면 시추에이션십은 모순되거나 혼란스러운 의지에 기초하는 감정적 계약의 한 예다. 심지어 관계를 맺지 않겠다는 의지에 기초한 것이 시추에이션십이다. 당사자들은 관계를 갖지 않겠다는 데 합의하거나 긍정적 관계와 부정적 관계 사이의 불확실한 회색 지대에 위치한 관계를 갖는 데 합의한다.

변덕스러운 감정

감정과 섹슈얼리티 시장은 민족, 종교 또는 인종을 가리지 않고 모든 사회 계층의 구성원에게 열려 있다. 이 시장 안에서는 사회적 강자와 사회적 약자가, 아름다운 사람과 매력 없는 사람이, 교양을 갖춘 사람과 배우지 못한 사람이, 부자와 가난한 자가 뒤섞인다. 섹슈얼리티 시장은 경쟁이 심하기 때문에 자아의 가치를 둘러싼 깊은 불안감을 불러일으킨다. 매력이든 사회적 신분이든 자아의 가치를 가늠하는 척도로 경쟁해야 한다는 점을 개인은 명확히 안다. 레이철 오닐이 자신의 책 『유혹』을 쓰기 위해 인터뷰한 남자들은 자신의 가치와, 그들이 아주 매력적이라고 여기는 유형의 여성이 가지는 가치 사이에 벌어진 편차를 명확히 의식했다. 그래서 이 남자들은 두 가지 전략을 구사했다. 일단 기회가 있을 때마다 여자와 잠을 잤다. 반대로 너무 매력적이라 자신에게 기회가 올 것 같지 않은 여자를 열망하며 어떻게든 만날 기회를 노렸다. 오닐은 이 두 번째 전략을 의미심장하게도 '출세 지향적 전략'이라고 불렀다. 남성은 만나기가 쉽지 않은 여성일수록 그만큼 더 강렬히 열망한다.[21] 이처럼 감정적, 성적 주체는 자신과 맞지 않을지도 모르는 이상형을 더욱 열망한다. 이런 열망은 경제 영역과 마찬가지로 관계에 있어 자기 위치의 감각을 어지럽히는 상상적 핵심이 된다. 남성은 더 뛰어난 가치를 자랑하는 파트너를 열망한다. 여기서 더 중요한 사실은 성적 행위자가 그러한 파트너에 대한 열망이 자신들과 부합하지 않는다는 것을 알고 있다는 점이다. 하지만 계약 의지, 곧 계약을 맺으려는 의지가 자신의 감정과 열망을 조정할 수 있도록 한다. 인터넷 데이트 사이트 '이하모니' eHarmony는 이런 맥락에서 한 여성 이용자의 질문에 다음과 같은 촌평을 달았다.

"그는 정말 멋진 남자예요." 버네사가 말했다. "하지만 벤과 제가 맞는 짝인지는 잘 모르겠어요. 관계를 끝낼까 생각 중인데, 그래도 어떤 게 최선인지 모르겠어요. 어떻게 결정해야 할까요?"
'당신의 물음은 많은 싱글을 괴롭히는 것이죠. 내 파트너와 관계를 끝내야 할까, 아니면 더 지속하는 게 좋을까? 보통 이런 문제에는 확실한 답이 없죠. 오랫동안 씨름해야만 명확한 답을 찾을 수 있습니다.' 그러나 관계의 장기적 전망을 불안하게 만드는 신호인 것만큼은 분명합니다.[22]

버네사의 물음은 감정의 혼란과 불명확함 또는 자신이 추구하는 이상형과 감정을 일치시킬 수 없는 어려움을 고스란히 보여준다. 불투명한 감정은 이중의 불확실성을 가져온다. 감정은 쌍방향의 소통으로 상호적 성격이 강하기 때문에 타인의 감정에 반응하면서 상대의 감정을 해석하는 데 어려움을 겪으면 자신의 안정적인 감정을 키우기가 무척 어려워진다.

엘사는 프랑스와 이스라엘 혈통을 가진 59세의 여성으로 이혼했으며 이스라엘에 거주한다. 그녀는 이런 이중의 불확실성을 다음과 같이 적확하게 표현한다.

엘사   저는 5년 전에 이혼했어요. 그런데 24년간의 결혼 생활 동안 남녀가 만나는 방식이 이처럼 많이 변했는지 몰랐네요. 요즘은 누군가와 관계를 가진다는 것이 정말 어려워요.

질문자   왜 그런지 말씀해주실 수 있나요? 뭐가 변했나요?

엘사   제 생각에는 상대방이 무얼 원하는지, 심지어 자기 자신이 원하는 게 무엇인지도 모르는 것 같아요. 모든 것이 환상적일 정도로 매끄럽다가도 갑자기 사소한 이유로 관계가 틀어져버려요. 어떤 남자와는 스토리가 아주 근사했죠. 그는 예의범절을 정확히 지켜가며 구애를 했어요. 아주 멋지고 자극적이더군요. 그런데 어느 날 정치 이야기를 나눴는데, 휴, 그는 내 의견을 전혀 좋아하지 않았어요. 저에게 너무 좌파 냄새가 난대요. 그는 사업가로 자신이 이룩한 것에 자부심이 대단했죠. 제가 분배 문제를 거론하며 부유세를 도입해야 한다고 말하자 그는 길길이 뛰더군요. 그러고는 그냥 가버렸어요. 인사말도 없이 간단하게. 그런 다음 다른 남자가 나타났죠. 처음에 그는 저에게 홀딱 반해서 미친 듯이 메일을 보내고 아주 사치스러운 선물 공세를 펼치더군요. 그런데 갑자기 연락이 끊겼어요. 저는 용기를 내서 왜 그러느냐고 물어봤죠. 그는 내가 자신의 옷차림새를 비판해서 기분이 나빠졌다더군요. 그는 끔찍할 정도로 옷을 보수적으로 입어요. 저는 그가 좀 화사한 옷차림을 하도록 이야기한 것뿐인데. "이 정장이 당신에게 더 잘 맞는 것 같지 않아? 아무튼 지금 입고 있는 것보다 훨씬 더 나아 보여." 그저 이 정도로 말했을 뿐인데 그는 비판받았다고 느꼈나 봐요. 요즘은 자존심에 약간 생채기만 나도 모든 것이 무너져요. 물론 저한테도 문제가 있어요. 지금 만나는 남자는 어딘지 모르게 좀 기이했고, 저를 그다지 존중하지도 않았죠. 신뢰감을 가지기 힘든 상대였어요. 그래서 저는 제 자신 안으로 움츠러들어서 이런 남자에게는 시간을 내줄 가치도 없다고 생각했죠. 그런데 시작 단계가 지나가자, 곧 더는 눈 안에 있는 별을 찾지 않고 현실을 직시하게 되자 그의 진짜 사람됨이 보이기 시작하더군요. 그제야 제가 정말 무엇을 느끼며 어떤 것을 원하는지 알기가 무척 어렵구나 하는 생각을 했어요.

질문자 그게 무슨 뜻이죠?

엘사 그냥 대단히 혼란스러워요. 그 남자가 좋을 때도 많지만, 그렇지 않을 때도 많아요. 제가 기대한 행동을 그가 하면 좋아요. 그렇지 않으면 싫고요. 제 느낌으로는 남자들도 마찬가지겠죠. 아무튼 저는 이런 불확실성이 싫어요. 불확실하고 불안할 때는 엄청 먹어대거든요. 그러나 남자들이 저에게 친절하면, 저는 그들이 좋아요. 어떻게 해야 안정적인 감정을 키울 수 있는지 정말 모르겠어요.

질문자 어떤 남자가 당신을 좋아하는지 아닌지 어떻게 알아보나요?

엘사 그게 문제예요. 저는 모르겠어요. 어떤 때는 좋아하는 거 같다가도, 이건 아닌데 하는 생각을 지울 수 없어요. 제가 보기에는 남자들이 오락가락하는 거 같아요. 저처럼. 결혼 생활이 그리울 때가 있어요. 그 분명함이 그리워요. 결혼 생활이 비참할 수는 있지만, 그래도 최소한 무엇을 가졌는지는 분명히 알잖아요.

질문자 왜죠? 왜 무얼 가졌는지 모른다는 거죠? 무엇을 모르는 거죠?

엘사 우리가 겪는 상황이 다른 사람에게 어떤 의미를 가지는지 알 수 없으니까요. 심지어 자신에게 무슨 의미인지조차 모르죠. 앞에서 언급했던 그 사업가는 매일 저녁 저를 찾아왔죠. 저녁식사를 하자거나 술을 마시자거나 아무튼 그는 정말 저에게 푹 빠진 거 같았어요. 그랬는데 아무 사전 경고 없이 그냥 사라졌죠. 나를 사랑하기는 하는데 정치적인 의견 차이로 갑자기 내가 아무것도 아니라니, 믿을 수 있나요? 분명 그는 이 모든 것에 별 의미를 두지 않은 게 아닐까요? 아니면 어떤 시점에서는 중요했는데, 더는 중요하지 않다? 지금 만나는 남자는 약속을 깨기 일쑤고, 너무 늦게 오거나, 전화를 해야만 하는 상황임에도 하지 않아요. 그런데 그는 만남을 깨지는 않아요. 우리는 몇 차례 다투기도 했는데, 그런 걸 보면 그는 정말 나를 마음에 두고 있는 거 같기는 해요. 결론적으로는 모르겠어요. 그가 나를 원하는지 아닌지, 뭐가 중요하고 중요하지 않은지 저는 모르겠어요. 도대체 만남이라는 거에 아무 규칙이 없어진 것 같은 느낌이에요. 뭐는 되고 뭐는 안 되는지, 남자가 하거나 하지 않는 행동의 의미는 무엇인지 알기가 대단히 어려워요. 일이 바빠서 전화하지 않은 걸까요? 혹시 밀당을 하려고? 사실 내가 그렇게 좋지는 않은데 그냥 즐기기만 하려고? 아, 이 모든 것이 가능해요. 저는 '아, 이거로구나' 하고 확실히 알았다는 느낌을 가지는 지점에 이르러본 적이 없어요. 이게 문제였으며, 어떻게 해야 이 문제를 풀 수 있는지 확실하게 깨달아본 적이 없어요.

엘사는 계약을 맺는 어려움을 토로한다. 사람들은 관계를 맺기 위한 규칙을 세울 때 자신의 자존감을 지키거나 끌어올려주는 쪽으로 끊임없이 협상을 하려 하기 때문이다. "개인이 사회적 상황에서 상대의 태도를 살피고 예측하며 설명할 능력과 관련해 불확실성이 빚어지기 때문에"[23] 엘사는 엄청난 불안에 시달린다. 자신의 감정도 상대의 감정도 정확히 해석할 수가 없어서 생기는 이런 불안은 의례와 규범이 사라졌기 때문에 주체로 하여금 스스로 팔을 걷어붙이고 상대방의 의도를 해독할 수단과 길을 찾게끔 만든다. 상대에게 어떻게 접근할 것인지, 불확실성을 다스릴 전략은 무엇인지 가늠해야 분명하고 안정적인 감정이 키워진다. 그러나 해석 자체가 어려운 탓에 불확실성은 메타 감정meta-emotions, 감정에 대한 감정을 불러온다. 메타 감정은 두 개인이 함께 어울리는 과정을 혼란스러운 동시에 고도로 반성적이게 만드는 주요 원인이다. 주체는 자신이 가지는 감정의 흐름과 강도를 의식적으로 감시함으로써 그 과정을 통제하고자 한다. 상대방의 의도가 불투명하고 해석하기 어려워서 관계는 처음부터 자꾸 돌아보게 만드는 반성적인 것일 수밖에 없다. 이 두 가지 차원, 곧 감정과 메타 감정이 관계 맺는 일을 대단히 힘들게 한다. 다음은 이런 사정을 보여주는 또 다른 예다. 타마르는 32세의 이스라엘 여성으로 하이테크 기업에서 일하면서 대학교에서 인문학을 공부하는 학생이다.

타마르 여자 친구 가운데 한 명이 전화를 걸어와 이렇게 말하더군요. "어떤 남자를 알게 되었는데 최고야. 친구 소개로 알게 되었어. 그런데 이틀이 지나도 문자 메시지가 없네. 요즘 매우 바쁘다고는 했어. 너는 어떻게 생각해? 내가 볼 때는 그가 마음이 있어 구애를 할 거 같아. 내 직감이 그렇거든. 하지만 확실하지는 않아." 저는 친구에게 이렇게 대답했죠. "불확실한 게 싫거든 그에게 물어봐. 그와 약속을 잡아. 그냥 지나가는 것처럼 메시지를 보내봐. 나는 불확실한 게 너무 싫어." 친구는 이렇게 대꾸하더군요. "나는 '아무렇지 않게 지나가는 것처럼 하는 메시지' 보내는 게 싫어. 내가 이 세상에서 가장 여유 있는 여자라 할지라도 그런 건 못 해. 어떻게 여자가 먼저 연락을 해. 그가 '얘기 좀 나눕시다' 하고 작업을 걸어왔다면 연락도 그가 먼저 해야 하는 거 아냐." 하지만 저는 달라요. 저는 불확실한 게 너무 싫어요. 분명하게 알아야만 하죠. 저라면 먼저 메시지를 보낼 거예요. 여자가 먼저 쓰든 아니든 그런 건 문제가 되지 않아요. 그러자 친구는 또 이렇게 말했죠. "윽! 정말 짜증 난다. 그가 나를 자유롭게 풀어주어야 해. 그럼, 그럼. 아니, 아니다. 내가 그에게서 자유롭게 풀려나야 해. 아무튼 그가 먼저 나한테 문자 메시지를 보내야만 해." (타마르는 다시금 자신의 시점으로 이야기했다.) 저는 그가 먼저 메시지를 보내느냐 따위로 씨름하고 싶지 않아요. 확실하게 알아야만 직성이 풀리죠. (…) 저는 데이트를 많이 해보았지만, 도대체 언제 데이트가 좋은지 나쁜지 전혀 확실하지 않아요. 많은 경우 괜찮은 데이트였다 하다가도 집에 돌아와 이렇게 자문하죠. '정말 좋았나?' 제 친구들도 대개 불확실성에 시달려요. 저는 직감 능력이 매우 뛰어나요. 그런데도 뭐가 뭔지 모르겠어요. 저는 텔아비브에 사는데, 이곳 사람들은 저마다 흘금거리며 잠자리 상대를 찾죠. 모두가 원나이트 스탠드를 원해요. 이곳은 그래서 전체적으로 매우 싸구려라는 인상이 짙어요. 텔아비브 시민은 그저 수많은 사람들 가운데 한 명일 뿐이죠. 정말 그런 느낌이 든다니까요. 몇 시간 동안 문자 메시지를 주고받노라면 결국 원하는 것이 원나이트예요. 저는 남자들과 (이 문제를 놓고) 이야기해보았는데, 제 감으로는 남자들이 얼마든지 여자를 선택할 수 있어요. 매우 빠르게 예쁘고 똑똑한 다른 여자를 만날 수 있는데 특정 여성에게 매달릴 이유가 없죠. 저처럼 느끼는 여자들, 이런 분위기는 싸구려라는 느낌을 가지는 여자들이 갈수록 늘어나는 거 같아요.

질문자 당신 마음에 드는 남자를 만났다고 가정하면요?

타마르 어떻게요?

질문자 어떤 식으로든 당신 마음에 드는 쪽으로.

타마르 친구를 통해 소개받는 쪽이 쉬워요.

질문자 뭐가 그렇게 복잡한지 설명해주실 수 있나요?

타마르 과잉 공급이죠. 선택할 수 있는 경우가 너무 많아요. 그 밖에도 요즘 만남은 구속력을 가지지 않아요. '나는 내가 원하는 대로 할 수 있어.' 누구나 이렇게 생각하는 거 같아요. 친구를 통해 만나면 구속력이 생기죠. 남자가 훨씬 더 신중해지거든요. 친구를 통하지 않으면 자신이 원하는 대로 해도 된다고 생각하죠.

타마르와 그녀의 친구들은 엘사와 나이 차이가 많이 나는데도 같은 경험을 했다. 이들은 모두 상대를 신뢰할 만한 규칙이 불투명하며 상대의 의도를 가늠할 수 없는 상황을 묘사한다. 이런 상황에서 여성은 자신의 처지를 끊임없이 곱씹는 반성과 상대의 의도를 감시하려는 요구에 시달린다. 특히 자신의 욕망을 표현할 때 결정권이 남성의 손에 있다는 점을 의식하며 몹시 위축된 태도를 보인다. 남성이 언제라도 관계를 포기할 수 있다는 점, 또 실제로 포기하는 경우가 많다는 사실이 여성을 위축시키는 결정적 요인이다. 더 나아가 타마르와 여자 친구 사이의 대화는 여성이 자존심을 꺾고라도 '먼저 전화를 해야 좋을까?' 하는 물음에 매달리게 한다. 여성의 이런 고민은 섹슈얼리티 영역이 얼마나 권력 투쟁으로 얼룩졌는지를 잘 보여준다. 불확실성은 관계의 시작 단계에서 특히 큰 괴로움을 준다. 관계가 본격적인 궤도에 오르기도 전에 좌초하는 게 아닐까 하는 불안감이 큰 탓이다. 지나치게 많은 관심도, 너무 적은 관심도 곤란하다. 지나친 관심은 매달리는 게 아닐까 하는 인상을 심어줄 수 있다. 너무 적은 관심은 관계의 본격적인 출발을 어렵게 만든다. 전화를 걸까 말까, 관심을 보일까 말까, 아무튼 '어찌해야 좋을지 모르겠다'는 불안은 사회가 강제한 결과다. 개인은 관계를 맺으려 시도하면서 서로 모순되는 희망과 도덕적 가치, 관계 안에서 순환하는 희망과 도덕 규칙을 조화시켜야 한다는 강제를 사회로부터 받는다. 희망은 상대가 자신의 가치를 인정해주었으면 하는 것이다. 또 자신이 스스로 감정 표현을 자제하고 있음도 상대가 알아주었으면 하고 희망한다. 특히 관계 초기에 이 관계를 간절히 원한다는 '없어 보이는 태도'를 절대 보이지 않으려 한다. 약한 모습을 보이면 협상에서 불리한 위치에 처할까 두렵기 때문이다. 내면의 이런 명령이 감정적 계약을 맺는 데 필요한 의지를 키우기 어렵게 만든다. 또는 관심과 신뢰 혹은 관심이나 신뢰를 보여주는 데 필요한 상징적 작업을 할 수 없게 한다. 성적-낭만적 상호작용은 이로써 다음과 같은 역설에 휘말린다. 관계를 맺기 위해서는 감정적으로 거리를 두어야 자신의 자율성과 가치를 인정받는다는 것이 그 역설이다. 그러나 그런 거리 두기는 흔히 상대의 자기 보호 전략을 흉내 내는 것에 지나지 않는다. 이 문제의 적절한 예는 59세의 장피에르가 보여준다. 그는 파트너를 찾으면서 겪은 어려움을 털어놓은 뒤에 25세와 30세의 두 딸 이야기를 들려주었다.

장피에르 둘 다 남자친구가 없어요. 도무지 사귀지를 못해요. 대개 한두 번 또는 더 자주 만나고, 어떤 남자는 몇 주 가는 거 같더니 그 이상은 아니에요. 두 딸이 하는 말은 똑같아요. 너무 복잡하대요. 도대체 만남의 규칙이라는 게 뭔지 모르겠다는군요. 딸아이들은 남자가 주도권을 가지고 시작해주길 바라요. 자신이 먼저 사귀자고는 절대 못 한대요. 그러나 세 번 이상 문자 메시지를 보내는 남자는 끝장이에요. 첫 번째는 좋다더군요. 두 번째는 그런대로 괜찮고. 그러나 세 번째는 남자가 그만큼 매달리는 거라나요. 그럼 끝이죠. 그의 숙명이에요. 남자들만 복잡한 게 아니에요. 딸들도 복잡하더라고요. 걔들은 이 엉망진창에서 빠져나갈 방향을 페미니즘에서 찾으려 해요.

질문자 페미니즘에서 어떻게요?

장피에르 딸들은 남자의 태도를 성급하게 권력 시위로 받아들이더군요. 딸들은 자신이 무기력하거나 통제당한다는 느낌을 받지 않으려 매우 예민해요. 하지만 그러면서도 남자가 먼저 시작해주기를 바라죠. 그건 모순이잖아요. 딸들도 이게 모순이라는 걸 의식하지만, 바꾸려 하지는 않아요. 다르게 행동하면 남자와 관계 맺을 기회가 파괴된다고 말하더군요. 중요한 것은 절박하게 매달리는 모습을 보이지 않는 거라나요.

가부장제는 지금도 여전히 널리 퍼져 있는 지배 형태인데, 페미니즘은 그 가부장제 아래 이성애 관계에 다채로운 뉘앙스로 깊은 영향을 미쳤다. 특히 남성과 여성이 자신을 바라보는 태도 그리고 서로 이해하는 방식은 페미니즘으로 말미암아 몰라볼 정도로 달라졌다. 무엇보다도 페미니즘은 선택하지 않음이라는 심리적 작동 방식이 형성되는 데 기여했다. 이미 논의했듯 페미니즘은 처음부터 자율성과 평등이라는 이상을 추구했다. 이런 관점에서 페미니즘은 여성으로 하여금, 장피에르가 증언하듯, 남성이 권력을 행사하는 게 아닌지 '경계'하게 만들었다. 여성은 남성의 태도를 보며 권력을 행사하려는 것은 아닌지, 여성을 평가절하하는 것은 아닌지 예의 주시한다. 남성의 그런 태도는 상호성 부족(요리는 여성만 하는 것이라든지, 여성보다 전화를 거는 일이 드물다든지), 성적 공격성(여성에게 힘을 행사한다), 감정적 거리 두기(좀체 속내를 털어놓지 않으며, 문자 메시지에 늦게 답한다) 또는 관계를 위해 개인적 관심을 포기하지 않으려는 이기심을 보여준다. 페미니즘은 남성의 숨겨진 지배욕을 검증하고, 남성과 여성의 역할 분담을 평등화한다는 점에서 여성의 품위를 높여주며, 자존감을 지킬 방벽을 쌓아순다. 앞서 살펴본 것처럼 시장 상황에서 가치는 근본적으로 불확실하기 때문에 부단히 방어되어야 한다. 장피에르는 자신의 두 딸이 지나친 관심을 보이는 남자들을 거부한다고 말했다. 남자가 보이는 지나친 관심은 그만큼 없어 보이며 절박하다는 것으로 해석되기 때문이다. 자율성을 최우선 가치로 삼는 문화에서 상대에게 매달리는 태도는 경멸의 대상이다. 이런 사정은 자율성과 감정의 거리 두기 사이의 경계가 아주 모호하기 때문에 더욱 복잡해진다. 상대방의 감정이 자율성을 지키려는 것인지, 아니면 거리를 두기 위한 선택인지 알아볼 수 없는 불확실성은 언제라도 생길 수 있다(심지어 자신의 감정도 마찬가지다). 장피에르의 사례는 관계 형성에 두 가지 결정적인 사회심리적 과정이 일어남을 암시한다. 그 하나는 상대의 심리적, 성적, 사회적 가치를 평가하는 것이다(필요에 따라 행동하는 것은 아닌가? 이득의 여부에 따라 행동하는 것은 아닌가?). 다른 하나는 자신의 온전함과 가치가 상처받거나 훼손되는 일이 없도록 하는 자기 보호 과정이다. 두 과정은 서로 대립하는 명령을 다루어야 한다. 하나는 자율성의 명령(자신과 상대방의 자율성)이고, 다른 하나는 결합의 표현이다. 그 결과는 성적 행위자들이 자신의 감정을 스스로 감독해야 한다는 것이다. 인터뷰이들이 언급했던 메커니즘, 이를테면 '감정 숨기기', '자기 방어', '자기 보호', '안전한 지반 위에서 감정 확신하기' 또는 '고통 피하기' 등이 자율성을 지키면서도 결합을 놓지 않으려는 메커니즘이다. 이런 방법은 감정의 상처를 피함으로써 자존감과 자율성을 지키기 위해 당사자가 감정의 흐름을 조종하는 능력을 나타낸다. 이런 식으로 당사자는 관계를 시작할 때 상대를 평가하고 자신이 어떤 위험에 노출되는지 계산하는 심리적 전략을 구사한다. 이 위험이 어느 정도 자신의 감정을 보여주고 '열지' 쉽사리 결정하지 못하게 하는 것이다.

상대의 (무)관심을 살피는 눈길에 따라다니는 것은 항상 자신의 자존감에 초점을 맞추는 태도다. 좋은 자존감이야말로 좋은 관계를 맺을 믿을 만한 바탕이기 때문이다. 그래서 예를 들어 강력한 영향력을 자랑하는 잡지『사이콜로지 투데이』는 나쁜 또는 유해한 관계를 알아볼 특징의 목록을 공개했다. 이 목록에서 선두 자리를 차지하는 특징은 이렇다. "당신의 몸에 대해 편안하게 느끼도록 파트너가 배려해주지 않는다. 가령 그들이 당신의 머리에 새치가 있다고 지적하거나, 겨드랑이 피부가 축 처졌다고 빈정댄다." 또 이런 것도 있다. "당신은 관계 이전보다 자신에게 더 큰 불만을 가진다. 자신감이 떨어지며, 자신이 가진 긍정적인 특성이 잘 떠오르지 않는다."[24] 관계가 불확실해지고, 여성이 남성의 권력 과시를 경계, 그것도 과민하게 경계하기에 이르게 될 때 여성의 자아는 자신의 감정을 정리하기 시작하면서 상처받은 자존감으로 괴로워한다. 이쯤 되면 자아는 파트너의 무관심 또는 감정적인 거리 두기에 극도로 예민하게 반응하면서 자아를 위협하는 관계로부터 빠져나갈 문화와 심리의 기술을 찾아내거나 키우려 안간힘을 쓴다. 불확실성이 지배하는 상황에서 남성과 여성은 어느 한쪽으로 기우는 비대칭적 관계를 피하고자 자신의 풍부한 감정의 흐름을 드러내지 않고 통제하는 법을 익힌다.

상대방의 태도로 야기되는 불확실성 때문에 상대가 보내는 감정 신호의 해독은 투쟁적인 성격을 띤다. 나에게 상대의 의도는 상실이나 상처받음의 위험을 뜻할 수 있기 때문이다. 상대의 감정이 불확실한 한에서, 당사자는 확실한 감각을 얻어내기 위해 자신의 감정에 충실할 수밖에 없다. 자아는 상대의 행동을 자신의 주체성으로 해석하는 법을 배운다. '나는 대체 상대의 행동에 어떤 감정을 가져야 할까?' 이 물음 이야말로 자존감을 지켜가며 자기 감정을 형성하고 타인에게 보여주는 데 핵심적 역할을 한다. 이처럼 자신의 자존감에 초점을 맞추는 태도는 다시금 관계가 갈등으로 얼룩질 위험을 높인다. 다음의 두 가지 사례는 상대의 행동을 존중하기보다 자신의 감정에 집중하는, 섬세하게 다듬어진 자기 방어 방식을 보여준다.

24세의 라파엘은 철학을 전공하는 이스라엘 대학생으로, 직장을 다니며 공부하는 청년이다.

질문자 여자친구 있어요?

라파엘 솔직히 말해서 최근에 어떤 여자와 끝냈어요.

질문자 왜 헤어졌는지 말해줘도 괜찮겠어요?

라파엘 저는 아주 힘든 하루를 보냈죠. 직장에서 상사와 말다툼을 해서 스트레스가 엄청났거든요. 저녁에 대개 그랬듯 그녀와 통화를 하며 오늘 아주 힘들었다고 말했죠. 그러자 그녀는 자신이 보낸 하루를 이야기했어요. 그러나 저는 평소처럼 집중해서 들을 수가 없더라고요. 아무튼 그렇게 통화를 끝냈어요. 그런데 30분 뒤에 그녀가 다시 전화를 걸어와 자기 말을 귀 기울여 듣지 않았다며 화가 난다고 하더군요. 아 참, 그녀는 임상심리학을 전공하죠. 심리와 관련한 문제라면 엄청 진지해요. 저와 통화를 끝낸 뒤 그녀가 혼잣말로 무어라 했을지 짐작이 가고도 남아요. (여자 목소리를 흉내 내며) "맙소사, 그가 내 말을 허투루 듣네." (빈정댐이 가득한 말투다.) 아니, 이게 말이 돼요? 저는 이렇게 생각했죠. '제기랄, 두 번 데이트를 했고, 내가 그처럼 힘든 하루를 보냈는데, 자기 말을 귀담아듣지 않았다고 불평을 해?' 저는 그녀의 태도가 대단히 부적절하다고 여겼죠. 두 번 데이트를 한 사이에 그런 불평은 말이 안 되잖아요. 그래서 바로 끝냈습니다.

이 남성과 여성은 저마다 상대에게 예민한 반응을 보였다. 여성은 남성이 자신을 충분히 존중해주지 않는다고 화를 냈다. 남성은 그녀가 자신의 자율성을 위협한다고 보았다. 두 사람은 모두 자신의 자아가 상대방의 자기주장으로 위협받는다고 느껴 예민한 반응을 보였다. 자기주장과 자존감의 방어는 일종의 제로섬게임으로 변모하고 만다. 두 자아 사이에 벌어지는 투쟁은 어느 한쪽의 가치가 다른 쪽의 가치를 갉아먹는다는 인상을 준다.

사례를 하나 더 살펴보자. 다니엘라는 37세의 컴퓨터그래픽 디자이너로 하이테크 기업에서 일한다.

질문자   인터넷 데이트 사이트에서 남자들의 프로필을 보고 만나고 싶은 남자를 고를 때 어떻게 하세요?
다니엘라   물론 가장 먼저 외모를 보죠. 남자는 잘생겨야죠. 아니, 아니다, 반드시 잘생겨야 하는 건 아니지만, 제가 매력적으로 여기는 뭔가를 가져야 해요. 교육 수준도 봐야 하고, 프로필을 얼마나 재미있게 썼는지도 중요하죠. 서로 대화를 나누게 되면 그가 충분히 빨리 대답을 하는지, 의미 있는 문자 메시지를 쓰는지, 목소리는 근사한지 하는 따위를 주목해야죠. 어제 인터넷 사이트에서 만나 대화를 나눈 남자는 멋진 외모에 아주 기분 좋은 목소리를 가졌더군요. 지적인 분위기가 풍겨났어요. 그런데 말하는 것이 어딘지 모르게 불편하더군요. 10분 뒤 그가 말했어요. "미안, 가야 해요, 사진을 보내주세요!"(저는 사이트에 사진을 올려놓지 않았거든요.) "메시지 보내주세요." 하지만 저는 메시지를 보내지 않았어요. 재료는 다 준비된 거 같은데 요리를 안 한 셈이죠. 그가 충분히 멋져 보이지 않았거든요. 대화를 끝낸 다음 감이 좋지 않으면 그걸로 끝이에요. 더 대화하고 싶은 생각이 사라지거든요. 남자에게 좋은 기분을 받는 것이 중요해요. 좋은 감이 없으면 자유롭다는 느낌을 가지기가 힘들어요. 아니, 제 말은 그래도 많은 경우 대화를 이어간다는 뜻이죠. 하지만 늘 조심합니다.

질문자   그럼 이미 관계를 맺었다 하더라도 느낌이 좋지 않으면 관계를 끝내실 거예요?

다니엘라   당연히 아니죠. 음, 말씀처럼 기계적으로 끝내지는 않아요. 제 말은 상대가 무슨 생각을 하는지 알아내야만 한다는 거예요. 아마도 제가 뭘 오해했을 수도 있잖아요. 그러나 전체적으로 볼 때, 특히 시작 단계에는 제 자신이 멋지게 받아들이기 힘든 많은 일이 있죠. 남자의 태도가 어딘지 모르게 이중적이라거나 감정적으로 가까이 하기 힘들다면, 심지어 내가 특별한 사람이며, 그가 나를 만난 것이 행운이라는 느낌을 받지 못하면 끝낼 이유는 충분하죠. 남자를 통해 저 자신을 느끼는 것이 정말 중요해요. 그래야 남자에게 기회를 주죠. 그런데 곰곰이 생각해보면 바로 그래서 제가 아직도 싱글로 남은 거 같아요(웃음).

이 사례가 분명하게 보여주는 것처럼 자존감(좋은 기분)의 위협은 관계의 회피 내지 끝냄을 이끌어온다. 낭만적 관계에서 자아는 자신의 가치를 안정적으로 지켜주거나 심지어 끌어올려줄 상대의 능력을 끊임없이 저울질한다. 자존감 보호의 전략 가운데 하나는 선택하지 않음, (잠재적) 관계의 끝냄이다. 자아는 항상 자신의 가치를 인정받지 못하는 게 아닐까 두려워한다. 아무튼 이런 염려는 늘 상존한다. 바꿔 말해서 관계를 회피하거나 끝내는 행동은 여성이 자신의 가치를 보장받고 잠재적인 평가절하를 예방하려는 과시적 전략이다. 사랑 문제의 전문가를 자처하며 연애에 필요한 모든 충고를 해주겠다는 이른바 '사랑 코치' 로리 레이예는 다음과 같은 기본 규칙을 추천한다.

남자가 '당신에게 빠졌는지' 또는 '당신에게 무얼 느끼는지' 확실하지 않다고 말하면, 달아나라. 남자가 당신을 사랑하기는 하는데 진지한 관계인지 아직 잘 모르겠다고 하는 말은 실제로는 '감정을 확신할 수 없다'는 뜻이다. 남자가 자신의 '감정을 확신할 수 없다'는 말은 관계로부터 도망가겠다는 신호다.[25]

관계가 롤러코스터를 타는 것처럼 변덕을 부리는 것은 자아가 받는 상징적 위협을 인지하는 데 따른 반응과 역반응의 결과다. 심리 치료와 대중문화로 인기를 얻은 치료 상담은 어떤 형식이든 대부분의 심리 치료가 자존감의 강화를 목표로 한다는 점에서 관계 회피와 도피를 부추긴다. 앞서 만나본 적 있는 엘사의 말을 들어보자.

엘사   제가 좋아했던 남자와 데이트를 한 적이 있어요. 오랫동안 이런 남자는 좋아하지 않았는데, 그때 생각하니 괜찮다 싶더라고요. 그러나 서너 달 만나고 나자, 왜 그런지는 모르겠는데, 그가 어째 좀 시들해하는 거 같더라고요. 뭐라고 말해야 할까, 아무튼 예전처럼 열광적이지 않았어요. 저를 기쁘게 해주려고 주의하는 거 같지 않고, 약속 장소에 늦게 나타났으며, 전화하겠다고 하고는 감감무소식일 때가 잦아졌어요. 글을 쓰느라 혼자 있고 싶었다고 하더라고요. 좀 이상하다 싶었어요. 어쩨 좀 불안해지더군요. 참다못해 한마디 했죠. 요즘 이상하다고. 그러자 남자는 글 때문에 골치가 아팠다고 그냥 굴하게 넘길 수 있었을 텐데 몹시 기분 상해하더라고요. 그런 그를 보며 저는 더욱 화가 났어요. 그래서 대중적인 심리학 책이 하는 충고대로 다 해봤어요. 저는 그에게 단도직입적으로 요즘 기분이 좋지 않다고(그의 행동 때문에), 나를 생각해서라도 좀 다르게 행동할 수 없느냐고 따졌죠. 그러나 그는 더 방어적이 되어서는, 저의 요구나 비판을 기분 나쁘게 받아들였어요. 그래서 저는, 이 남자가 좋기는 하지만, 이대로는 안 되겠다 싶었죠. 아세요, 저는 심리 치료에서 이런 걸 배웠어요. 예전에는 관계가 이상하고 기분이 나쁠 때마다 시간이 지나면 괜찮아지겠지 하고 넘어갔어요. 그러나 한번 틀어진 관계는 기다린다고 달라지지 않아요. 심리 치료를 받고 나서 이제 더는 기다리지 않아요. 좋지 않은 기분이 들면 관계를 바로 끝내죠.

엘사의 이야기는 지금까지 우리가 청취한 다른 여성들의 사례와 일치한다. 남성의 애매모호한 태도는 그의 의도를 해석하려는 여성의 능력을 위협한다. 해석의 이런 어려움은 불확실성을 야기하며, 더더욱 상대의 행동과 의도를 알아보기 힘들게 만든다. '불확실성'은 다시금 관계 당사자로 하여금 방어 전략을 고민하게 한다. 그리고 이런 방어 전략에 상대방은 자아의 중요한 측면을 보호하려고 대응 전략을 찾는다. 불확실성 때문에 빚어지는 이런 공방은 자존감과 그 대안들(이를테면 자부심, 자기애, 자아 수용)의 개선을 목적으로 하는 엘사의 심리 치료로 더욱 심해진다. 그러므로 우리는 자존감의 보호가 사실상 교묘하게 방어 전략을 키운다는 결론을 내릴 수 있다. 자신이나 상대가 무엇을 원하는지 불투명하고 모순되거나 애매하게 보일 경우 선택할 그럴싸한 전략은 상대를 떠나는 것이다. 바꿔 말해서 신뢰할 만한 관계의 규칙이 없어서 감정의 혼란이 빚어질 때, 곧 계약을 맺기 위해서는 아직 많은 행보가 필요하다고 보일 때 구사되는 전략이 출구 전략인 것이다. 선택하지 않음이라는 선택은 자아를 위협하는 관계를 버림으로써 자아의 가치를 지키려는 전략이다. 자아 가치의 방어는 이런 식으로 투쟁 논리를 이끌어내, 자신의 가치를 확보하거나 지키는 데 가장 합목적적인 방법으로 '탈출'을 선택한다.

앞에서 언급한 사례들은 그 공통점을 잘 보여준다. 오늘날 개인은 두 개의 서로 대립하는 감정 논리에 사로잡혔다. 한편으로 화답을 받지 못하고 그래서 상처를 받을 것 같은 행동은 아예 하지 않음으로써 당사자는 자존감을 지키려 한다. 다른 한편으로 관계 형성의 결정적 요소로 감정을 솔직하게 드러내 보이는 행동을 중시한다. 불확실성은 이 두 논리 사이에 어느 정도 균형을 이루는 것이 어려워 빚어지는 결과다. 앤 스와이들러는 두 논리 사이에 균형을 이루는 것을 '행동의 일관성 전략'이라 부른다.[26]

낭만적 관계의 당사자들이 키워야 하는 심리 자원은 온통 불확실성으로 얼룩진 금융 환경에서 자신이 투자한 가치의 위험과 수익을 계산해야 하는 경제 주체의 노력을 연상케 한다. 고전적 자본주의를 화폐와 상품의 직접 교환(교역과 생산)이라고 정의할 때, 가치와 수익은 경제 금융화의 격랑 속에서 갈수록 불확실해지고 말았다. 경제 주체들은 현재 이뤄지는 투자의 미래 위험을 예측하기 위해 수학적 도구를 개발해냈다. 카린 크노르 체티나가 말했듯이, 그런 사고 형식은 '희망과 장래성의 평가'에 기반해 있다.[27] 위험의 추측과 평가는 오늘날 중요한 경제

활동이 되었으며.[28] 현대인은 이에 대처하는 똑같은 정신적 자세로 관계를 맺고 꾸려간다. 위험 관리가 금융경제 영역에서 핵심적 위치를 차지한 것처럼 위험의 평가와 관리는 관계 형성에도 핵심 요소가 되었다. 우리는 많은 관계가 직접적인 화폐 교환과 같아졌다고 말할 수 있다. 전통적 구애가 상호성이라는 확고한 규칙을 중심으로 이루어졌다면, 오늘날의 관계는 불확실한 전망을 계산하고 이에 대응하려는 전략을 전면에 내세운다.

관계를 맺고자 노력하는 여성은 위험 요소를 평가하려 시도하지만, 사실상 인지심리학이 '무의식적 목적 갈등'이라 부르는 상황에 시달린다. 이것은 자신이 추구하는 목적과 합치할 수 없는 성격의 전략을 구사하는 것이다. 그러나 여성은 목적과 전략 사이의 이런 갈등을 제한된 인지능력 때문에 온전히 의식하지 못한다. 설혹 의식했다 할지라도 의식적 또는 무의식적 목적 갈등은 결정이나 선택을 '어렵고 불안하게' 만든다. '일관성 없는 행동 의도'와 '일관성 없는 정서적 경향'은 이렇게 해서 생겨난다.[29] 바꿔 말해서 오늘날의 관계에는 대립되는 갈등이 끼어든다. 예를 들어 자율성과 자존감을 지키고자 하는 목적은 타인과의 결합을 희망하는 목적과 갈등을 빚는다. 인지심리학자 탈리 클라이만과 란 하신은 이렇게 썼다.

두 가지(또는 그 이상) 목적이 서로 첨예하게 부딪치는 갈등은 흔히 아슬아슬한 결정을 만들어낸다. 이는 대안이 겉보기에 매우 비슷한 실리를 가져다줄 것 같아 계속 아쉬움을 품는 결정이다. 비유적으로 말하자면 결정의 천칭은 어느 한쪽으로 확 기울어지지 않고 균형을 이룰 것처럼 아슬아슬해서 보는 사람으로 하여금 쉽사리 결정하지 못하게 한다. 정확히 이런

경우에 주변의 부수적 요소(그리고 정말 중요하지 않은 요소)가 결정을 뒤흔드는 역할을 한다.[30]

다양한 선택지를 놓고 고민하며 합치될 수 없는 목적들에 직면한 사람은 결정을 내리기 위해 어처구니없게도 부수적이거나 자의적인 또는 정말 아무것도 아닌 디테일에 매달린다. 관계를 지속시키기보다 걸핏하면 깨는 경향은 바로 이런 이유로 나타난다. 나는 당사자들이 목적 갈등의 경우 관계를 깨는 쪽에 더 쏠린다고 주장하고자 한다. 자존감과 자율성 그리고 결속 욕망 사이에 갈등이 빚어질 때 가장 간단한 해결책은 관계를 깨는 것이다. 자율성과 결합이 모순을 빚는 경우 당사자는 별것 아닌 일을 트집 잡아 관계로부터 빠져나갈 전략을 구사한다. 두 인지심리학자 클라이만과 하신은 정확히 이런 현상을 예측했다. 어떤 인터넷 사이트에서 '골 21' Goal 21이라는 별명을 쓰는 남성 이용자가 한 말을 들어보자.

나와 전 여자친구는 두 달 전에 끝냈다. 내 실수는 '그녀가 나를 너무 사랑하게 만든 것'이다. 속이거나 한 일은 전혀 없다. 그냥 '그날이 재수 없는 날이라 그녀와 끝냈다'. 다음 날 나는 그녀에게 전화를 걸어 미안하다고 사과했지만, 그녀는 내가 헤어지자고 한 직후 외출을 해서 다른 남자와 키스했다고 말했다. 나는 한 대 얻어맞은 것처럼 충격을 받았지만, 그녀의 솔직함을 존중했다.[31]

이 사례에서 여자의 사랑은 남자의 자율성을 위협한다. 그러나 남자의 자율성은 그 자신의 결합 욕구와 충돌한다. 이런 목적 갈등을 의식하고 어떤 식으로든 풀려고 노력하는 대신 남자는 관계를 끝내고는 자신이 왜 끝냈는지 그 '원인'을 모른다. "그날이 재수 없는 날이라 그녀와 끝냈다"라는 남자의 말을 우리는 인지심리학이 말하는 무의식직 목적 갈등에서 당사자가 갈등과 복잡함으로부터 빠져나가는 출구 전략으로 이해할 수 있다. 빠져나감과 관계를 끝냄은 무의식적 목적 갈등의 해결책 그리고 자신의 자율성과 자존감을 지키고 싶다는 필요성을 위한 해결책이다.

의견을 말하기보다 탈출을

관계를 맺을 자유는 관계를 끝낼 자유를 수반한다. 실제로 관계로부터 벗어나는 탈출은 계약의 자유가 허용하는 특권이다. 구동독의 반체제 인사 볼프 비어만은 1965년에 이런 글을 썼다. "나는 자유롭게 떠날 수 있는 것만 사랑할 수 있다."[32] 이렇게 이해되는 자유는 사랑과 결혼에서 자유를 존중할 것을 강조한 헤겔의 관점과는 다르다. 실제로 이 철학자는 거침없이 결혼 생활을 깰 개인의 자유를 엄격히 비판했다. 헤겔은 교회나 법원 같은 높은 윤리적 권위를 가진 제도만이 이혼 문제를 결정할 수 있다고 보았다(이혼 문제를 다룬 제6장을 참조할 것). 헤겔과 비어만이 이해하는 자유의 차이를 볼 때 역사적으로 자유, 계약, 결혼, 사랑과 같은 문화적 개념은 상당히 발전했다. 곧 개인의 자유의사에 따라 관계를 맺을 수 있어야 함을 강조했던 자유 개념은 그 본질적 측면에서 관계를 떠날 자유를 강조하는 것에 방점을 찍는다. 관계에 등을 돌리는 것, 더욱이 내키는 대로 관계를 끝낼 수 있다는 것은 성적 계약에서 빠지지 않고 등장하는 부분이 되었다. 그러나 관계로부터의 탈출이 계약에 명시된 것이라고 한다면, 관계를 맺고 꾸려가기 전 그리고 관계 중에 관계 자체에 대한 인식은 크게 변화할 것이다. 그리고 관계를 맺을 가능성을 크게 훼손할 것이다.

관계가 어떤 지점에 이르러 깨지는 일은 오늘날 일상이 되고 말았다. 그래서 대다수는 아니라 할지라도 많은 관계를 그 끝을 피할 수 없는 것으로 당연시 여기는 풍조가 생겨났다. 특히 최근 들어 분명해졌듯, 인터넷 데이트라는 아름다운 신세계에서 이런 풍조는 더할 수 없이 두드러진다. 만나기로 하고 나타나지 않거나, 아무 설명도 없이 교류를 끝내거나, 아무런 응답이 없거나, 설명이 있든 없든 돌연 이별을 통보하는 행태가 이런 풍조를 잘 보여준다. 나와 대화를 나누었던 많은 사람, 특히 여성, 물론 여성만 그런 것은 아니지만, 많은 여성에게 관계의 이런 돌연한 단절은 일상적인 특징이 되었다. 41세의 영국인 교사 로스는 이런 이야기를 들려주었다.

로스　지난주에 저는 어떤 여성과 전화 통화를 했습니다. 프로필이 아주 멋진 여성이었죠. 우리는 대화를 나누었습니다. 아주 산뜻한 분위기의 대화였죠. 그녀는 매일 50킬로미터 정도를 자전거를 타고 (런던) 시내는 물론이고 교외도 달린다고 하더군요. 또 안전모는 쓰지 않는다고 했습니다. 제가 안전모를 써야만 한다고 세 번째로 그 근거를 납득시키려 하자 그녀가 돌연 제 말을 끊었습니다. "미안해요, 가야 해서요." 그리고 그녀는 나중에, 아마도 문자 메시지였던 것으로 기억하는데, 이렇게 알려왔습니다. "우리는 맞지 않는 거 같네요."

현대인은 자신의 자아를 소비 취향뿐만 아니라, 심리적 정체성 꾸미기로도 가꾼다. 그래서 현대인은 아주 섬세한 스타일 변화에도 민감하게 반응한다. 이런 민감함 낯에 관세를 성급하게 거부하는 일은 심심찮게 일어난다. 매우 드문 예외가 있기는 하지만 대다수의 사람들은 결혼을 했든 아니든, 확실한 관계를 맺었든 아니든, 혹은 관계 초기이든 아니든, 인생을 살며 이별이나 거부를 체험한다. 그런 파국은 로스의 경우처럼 사소한 의견 차이 탓에 빚어지거나 아주 큰 원인 때문이기도 하다. 이별은 돌연 일방적으로 통보하는 경우도, 상호 합의 아래 이뤄지는 경우도 있다. 흥미로운 점은 계약이라는 형태로 약속된 교류, 경제적 성격을 가지거나 다른 종류의 것이거나, 교류를 일방적으로 깨는 행위는 계약 파기라는 형태를 나타내기 때문에 (경우에 따라 미리 정해진) 처벌을 받는 반면, 이미 맺어진 성적, 낭만적 관계 또는 두 경우 모두에서 빠져나오는 사람은 그 어떤 상징적 비용을 치르지 않으며, 오명을 뒤집어쓰는 일도 드물게 겪는다는 사실이다. 이런 사정을 상징적으로 보여주는 것이 대중문화에서 널리 논의되는 '고스팅' ghosting이라는 풍조다. 신문 기사 한 편을 인용해보자.

고스팅이란 무엇인가?

고스트라는 단어는 일반적으로 영화 《식스 센스》에서 브루스 윌리스와 함께 죽은 사람을 보는 소년 콜을, 또는 1990년 데미 무어와 패트릭 스웨이지가 주연한 영화 《고스트》(국내 개봉 제목은 《사랑과 영혼》 - 옮긴이)를 연상시키는 것으로, 갑자기 일체의 연락을 끊거나 예전 파트너의 연락 시도를 무시하며 낭만적 관계를 끝내는 행동을 나타내는 동사로 쓰인다.

누가 그런 걸 하는가?

이 단어는 이미 여론조사 기관의 사전에 등재되었다. 2014년 10월 '유거브YouGov/『허핑턴포스트』'가 1천 명의 성인을 대상으로 공동 실시한 설문조사에서 미국인의 11퍼센트가 이미 누군가를 '고스팅'했다는 결과가 밝혀졌다. 패션 잡지 『엘르』의 좀 더 편안한 분위기의 설문조사는 185명의 조사 대상자 가운데 남성의 16.7퍼센트가, 여성은 24.2퍼센트가 살면서 언젠가 '유령'이 되어본 적이 있다고 답한 것으로 확인했다. 이런 행태가 기술의 출현으로 널리 퍼지게 된 것인지 하는 문제는 논란의 여지가 있다. 그러나 큰 상처를 안기는 행태라는 점만큼은 분명하다. 사랑하는 사람이 당신을 무시하고 다른 사람과 애정을 나누는 장면을 목격하는 일은 오늘날 얼마든지 벌어질 수 있기 때문이다. 틴더나 그라인더˚와 같은 앱의 출현 그리고 글자 그대로 모퉁이만 돌면 누군가 새로운 상대를 만날 수 있다는 기대는 확실히 고스팅에 힘을 실어주었다.[33]

언제라도 성적, 낭만적 관계로부터 빠져나가는 고스팅은 자유의 특권이다. 이 특별한 형태의 탈출에 대해 사람들은 설명할 의무를 가지지 않으며, 상대의 체면을 세워줄 노력도 하지 않는다. 실제로 고스팅은 관계의 탈출에서 흔히 보는 평범한 일이자, 사람들이 갈수록 관계로부터 도망가는 이유를 설명할 의무를 느끼지 않는다는 사실을 고스란히 보여주는 표현이다. 52세의 이스라엘 여성 세라는 자신의 여자친구가 고스팅하는 바람에 자존감에 상처를 받은 경험을 쓰라리게 호소했다.

• Grindr. 게이와 양성애자 남성을 위한 만남 주선 앱이다.

세라   우리는 1년쯤, 아니, 벌써 1년 반 동안 관계를 맺었죠. 그런데 돌연 그녀가 문자 메시지를 보내, 끝이라고, 우리 관계를 끝내겠다고 하더군요. 그냥 문자로 말이죠. 당장 전화를 걸었죠. 그러나 받지 않더군요. 어떻게 나에게 이런 식으로 끝을 내나 굴욕감을 이길 수가 없었어요. 저와 이야기 하는 수고조차 하지 않으려 하더군요. 여러 차례 전화를 걸었지만 그녀는 받지 않았습니다. 심지어 그녀가 모르는 번호로 전화를 해도 안 받더군요. 저는 아픔과 굴욕감에 어쩔 줄을 몰랐어요. 그런데 둘이 함께 알던 다른 친구를 통해 그녀가 누군가와 사귀게 되었다는 이야기를 들었어요. 그녀는 저에게 그런 사실을 알려줄 예의조차 지키지 않았어요. (나와 인터뷰한 다른 사람들도 고스팅당한 경험을 털어놓았다. 이 사례는 여성만 다루었지만, 고스팅은 남성과 여성 모두에게 벌어지는 일이다.)

사랑과 관계를 통제하는 거의 유일한 도덕 담론인 동의는 감정이 변하기 무섭게 관계에 등을 돌리는 것을 정당화하는 논리가 되어버린다. "이제 더는 끌리지 않아" 또는 "다른 사람이 생겼어" 하는 말로 예전의 동의를 간단하게 폐기하는 태도는 심지어 상대에게 해명하려는 수고조차 하지 않는다. 계약을 맺는 감정의 자유의 두드러진 특징은 실제로 해명이라는 정당화의 제도를 회피한다는 점이다.[34] 물론 해명을 하는 사람이 없는 것은 아니나, 이를 의무로 여기는 사람은 갈수록 줄어든다.

관계 탈출이라는 현상은 워낙 널리 퍼진 나머지 관계를 형성하고 꾸리는 전체 방식에 도미노 효과를 미친다. 48세의 타라는 스칸디나비아 반도 출신의 화학 교수로 자신의 인터넷 데이트 경험을 들려주려고 나에게 메일을 보내왔다. 그녀는 독특한 비유를 써서 자신의 경험을 묘사했다.

타라   한번 이렇게 생각해봤어요. 바버라 킹솔버 Barbara Kingsolver의 소설 『비행 행동』Flight Behavior에는 여주인공이 남편과 함께 모든 상품을 1달러에 파는 잡화점에서 쇼핑하는 장면이 나옵니다. 모든 것이 먼 나라에서 대량으로 생산된 싸구려죠. 고객은 물건을 집어들고 살펴보고는 관심을 잃거나 실망해서 다시 진열대에 던져버리죠. 이들은 무엇인가 원합니다. 이런 욕구는 당연한 것이에요. 그렇지만 고객은 자신이 무얼 원하는지 모르고, 진열된 상품 가운데 필요로 하는 것도 없지만, 그래도 쇼핑은 합니다. 싸니까.
저는 이 대목을 읽으며 데이트 상대를 고르는 인터넷 행태를 떠올렸죠. (…) 파트너 찾기는 전적으로 개인이 자신의 욕구를 만족시키고 정체성을 향상시키려 선택하는 노력이 되었죠. 새 옷을 사는 것과 약간 닮았다고 할까요.
제가 보기에 이런 '패스트 로맨스'(패스트 푸드, 패스트 패션처럼)을 만든 원흉은 온라인 데이트입니다. 이런 현상은 궁극적인 소외죠. '상품'은 넘쳐나고 쉽게 고를 수 있어 사람들은 감정적으로 많은 투자를 하지 않습니다. 이런 현상은 인간관계에도 그대로 번져, 실제 인생에서 누군가 만나면 새 옷을 사듯 '맞는지 입어보고', 아무 해명 없이 진열대에 다시 던져버리죠. 이런 행태가 특히 아프고 혼란스러워요. 예전에는 확실한 해명과 함께 매듭을 짓는 게 예의였잖아요. 왜 관심이나 감정이 식었는지, 또는 왜 자신과 맞지 않는다고 결심했는지 설명을 해야 하는 것이 정상 아닌가요. '패스트 러브'는 그 로맨스가 얼마나 뜨겁고 간절했는지와 상관없이 다시 던져버리는 것을 당연한 것, 선택하기 쉬운 결정으로 여깁니다. 많은 사람들이 '쇼핑' 하듯 '데이트'를 하죠. 낭만적 관계 또는 성적 관계라는 싸구려 글로벌 시장의 까다로운 소비자가 보여주는 모습이에요. 이것이야말로 궁극적인 상품화죠.

이 여성은 관계를 끝내는 사람이 상징적이거나 도덕적인 그 어떤 대가도 치르지 않고 임의대로 행동하는 작금의 현실을 아플 정도로 정확히 표현한다. 그래서 타라는, 그녀의 비유에 충실하자면, '맞는지 입어보고 진열대에 다시 던져버리는' 일회용 상품이 되기 싫다는 감정을 절절히 토로한다. 이런 식의 버림은 자아와 그 자존감을 겨눈 공격이다.

독일의 성과학자 폴크마르 지구슈가 주장하듯,[35] 성적 자유는 의무감을 희석시켰다. 이런 사정이 가장 확실하게 드러나는 경우는 바로 관계의 끝냄이다. 관계 탈출 문화의 공통된 특징은 도덕적 의무감의 약화다. 그리고 이런 약화가 가장 분명하게 나타나는 곳은 바로 성적 영역이다. 부부 갈등 상담사이자 중매 전문으로 일하는 헬렌 첸은 자신의 책 『사랑 매뉴얼을 잊는 것이 관계를 지속시킨다』에서 관계의 85퍼센트가 파국을 맞는다고 주장한다.[36] 학술적이지 않은 이런 통계를 무조건 신뢰할 수는 없지만, 그래도 짝짓기 과정의 현재 추세가 가지는 본질적 측면은 충분히 드러난다. 오늘날 대다수의 성인(청년도 마찬가지로)은 이별을 주도했든 이별을 당했든 관계의 파국을 거듭해서 경험한다.

앨버트 허시먼은 자신의 책 『출구, 목소리 그리고 충성』에서 고객이 상품에 불만을 표하는 두 가지 방식을 구별했다.[37] 하나는 상품을 구매하지 않고 상점을 박차고 나가는, 말 그대로 '출구'exit다. 다른 하나는 상품에 '의견 개진', 곧 목소리를 높이거나 다른 수단으로 불만을 표시하는 것이다. 그러나 애정 관계든 경제 교류든 갈수록 출구가 더 선호되는 선택지다. 왜 그럴까? 나는 출구가 의견 개진보다 선호되는 이유로, 출구는 계약 위반에 따른 규범적 처벌을 받지 않는다는 점, 선택할 수 있는 대안이 많다는 점(다른 상점 또는 잠재적 파트너들) 그리고 의견 개진은 출구보다 자율성이나 자존감을 더 위협할 수 있다는 점을 꼽고자 한다. 관계의 경우, 출구가 의견 개진보다 훨씬 더 강한 매력을 자랑한다. 의견을 주고받으며 다투는 일은 성가실 뿐만 아니라, 자아의 의존성과 허약함이 노출될 수 있기 때문이다. 반대로 출구는 자아의 의지가 강력하게 밀어붙이는 힘을 보여주는 과시적 행동이 될 수 있다. 출구는 선택하지 않음, 경우에 따라서는 자아의 안정성을 위협하는 관계로부터 빠져나가려는 선택의 강력한 형식이다. 그런 출구는 때때로 의식적 결정의 결과이고 때때로 준(準)의식적 결정의 결과다. 목적 갈등에 사로잡히거나 자율성이나 자존감을 방어하려고 할 때 이런 결과가 나타나는 것이다.

그동안 우리는 이별을 후기 근대의 주체가 가지는 근본적 특권으로 바라보면서 관계를 맺고 끝내는 것은 어디까지나 주체의 자유에 맡겨야 할 문제로 간주했다. 자유를 중심으로 논의가 이뤄지다 보니 우리는 거듭되는 이별 그리고 이에 따른 실망이 자아와 관계 맺음의 가능성에 어떤 영향을 끼치는지 그 결과를 살펴볼 여유를 가지지 못했다. 이별에서 특히 두드러지는 측면은 두 가지다. 첫째는 도덕적 책임감을 알지 못하며, 그래서 이별이라는 사회 현상은 상대적으로 그 규범이 '공허하다'는 것이다. 둘째는 이별이 상처, 우리가 '감정의 상처'라 부르는 피해를 부른다는 점이다. 이별은 갈라서고자 하는 사람에게는 대개 비용과 수고가 거의 들지 않는 반면, 피해자에게는 상당한 해를 입힐 수 있다. 성적 자유라는 이상은 무엇보다도 성적 억압과 남성 중심의 지배를 거부하는 반응으로 나타났다. 그러나 이 이상은 이제 이별의 자유로 지배당하는 문화에서 부정적 영향을 주고 있다. 우리는 거듭되는 또는 잦은 이별의 경험이 안정적 자존감을 지키고 지속적이며 의미 충만한 관계를 맺을 가능성에 '어느 정도 해를 끼치는가' 하는 문제의 연구를 소홀히 해왔다. 관련 연구는 이별하고 나서 흔히 생각하는 것처럼 시간이 흐르면 그 상처가 치유된다는 관점이 사실과 거리가 멀다고 확인해준다.

낭만적 관계의 해체는 경험적으로 몸과 마음의 다양한 부정적 반응을 불러온다. 불안, 우울증, 정신병리적 증상, 외로움, 면역력 저하, 치명적이거나 덜 치명적인 신체 질환 또는 자살이나 살인이라는 직접 사망에 따른 기대수명의 단축 등이 그런 반응이다.[38]

이별 문제를 전문으로 다루는 심리학자가 흔히 입에 올리는 표현은 울화, 분노, 불안, 우울, 절망, 슬픔, 혼란, 버려짐의 두려움 등이다. 이별이 자살의 위험을 높인다는 점은 데이터로도 입증되었다. 이혼한 사람들이 결혼 생활을 하는 사람들에 비해 자살의 위험이 월등히 더 높았다.

이혼한 사람과 이별한 사람은 결혼한 사람에 비해 거의 두 배 더 높은 확률로 자살한다(상대적 위험도 relative risk =2.08, 95퍼센트 신뢰 구간 confidence intervals[95% CI] 1.58, 2.72). 홀로 살거나 사별한 경우 자살 위험에 의미 있는 차이는 나타나지 않았다. 성별로 구분해본 통계 데이터는 이혼한 남성의 자살 위험이 결혼한 남성에 비해 두 배가 넘는 것으로 확인해준다(RR=2.38, CI 1.77, 3.20). 그러나 여성의 경우 혼인 여부에 따른 카테고리는 자살 위험에서 통계적으로 의미 있는 차이를 나타내지 않았다.[39] (아마도 여성은 관계가 불확실하며 끝날 수 있다는 것을 당연하게 여기기 때문일 것이다.)

또 다른 연구는 이별이 남성이든 여성이든 다른 혼인관계에 있는 사람들보다 자살 위험을 최소한 네 배는 높인다고 확인해준다.[40] 다시금 다른 연구자들은 이별의 가장 큰 후유증을 명료한 자아 개념의 상실, 곧 정체성 감각의 상실이라고 지적한다.[41] 이별의 후유증을 보여주는 통계가 어떻든 간에 한 가지만큼은 분명하다. 관계의 파국은 당사자의 심리에 위중한 타격을 입힌다. 그동안 지나친 섹슈얼리티화, 감정적으로 변덕스러운 문화는 이런 경험을 당연한 것으로 여기게 했다. 이별이 자살의 위험을 높이고, 새로운 관계를 맺고자 하는 희망을 퇴색시키며, 단기 또는 장기적인 우울증을 부르고, 자아의 자존감에 심각한 타격을 입힌다면, 우리는 이별이라는 문제를 놓고 동의의 한계가 무엇인지 묻지 않을 수 없다. 동의의 효력은 어디까지이고, 동의를 깰 때 생겨나는 문제들의 책임 소재를 분명히 하는, 관계의 가이드라인 역할을 할 철학이 절실히 요구되는 지점이다. 법학자이자 법철학 교수인 로빈 웨스트는 문제의 핵심을 간단명료하게 정리한다. "동의하지 않은 거래, 이를테면 강간, 절도, 노예는 동의가 없기 때문에 나쁘다. 동의하지 않은 거래는 섹스, 재산 또는 노동 같은 동의하는 거래가 지닌 가치, 타당성, 좋음을 내포하지 않는다. 그렇다면 (동의로 성립한) 관계가 나쁜 데에는 의심할 것 없이 다른 이유가 있어야 한다."[42]

당연한 것으로 예상할 정도로 일상화한 이별은 그 도덕적 평가를 위한 기준을 혼란스럽고 불분명하게 만드는 결과를 초래한다. 정확히 언제든 관계를 빠져나갈 자유 때문에 이별을 당한 당사자는 어떤 도덕에 의지해 자신을 추슬러야 하는지 알지 못한다. 다음은 이별을 도덕적 언어로 표현하는 어려움에 시달리는 사례다.

> 나는 여전히 그것(이별)을 어떻게 이겨내야 할지 배워야 한다. 정말 힘들다. 그는 내가 사귄 첫 남자다. 그는 여전히 주말이면 나와 은밀한 시간을 보내고 싶어 하지만, 평소에는 나를 아주 무섭게 대한다. 나를 윽박지르려고 끔찍한 말을 거침없이 한다. 그는 다른 여자에게 수작을 걸면서도 늘 나를 통제하려 든다. 학교에서 그가 다른 여자와 시시덕거리는 꼴을 보면서 나는 그가 시간을 같이 보내는 사람이 내가 아니라는 사실을 곱씹어야 했다. 이따금 그냥 관계를 포기할까 생각하지만, 좀 더 노력하면 관계를 구할 수 있지 않을까, 그래서 나중에 후회하는 것은 아닐까 두렵기만 하다. 내가 포기하기 시작하면, 그리고 그가 정말 우리 사이가 더 나아지길 원한다면, 나를 이대로 가게 내버려두지는 않겠지.[43]

이 젊은 여성은 자신을 이끌어줄 분명한 규범을 전혀 알지 못한다. 남자친구가 '무섭게' 구는데도 그녀는 그가 보이는 행동의 도덕적 의미를 어찌 판단해야 좋을지 실마리를 잡지 못한다. 그래서 도덕의 언어 대신 감정으로 불안을 털어놓는다. 오로지 주체 중심으로 경험을 바라보는 자유주의는 실제로 자신의 감정은 물론이고 상대방의 감정과 행동이 어떤 도덕적 의미를 가지는지 알지 못하는 깊은 불확실성을 초래했다. 포기했다가 후회할 거 같다? 단호하자? 사랑을 위해 싸울까? 남자친구를 경멸할까? 개인은, 이 젊은 여성뿐만 아니라 성인도 마찬가지로, 이런 물음을 분명한 도덕적 원칙 또는 가이드라인 없이 자신의 힘으로 풀어야 한다. 섹슈얼리티가 도덕 문화에 깊은 뿌리를 드리운 작금의 이런 상황은 도덕으로 행동 지침이 결정되던 문화와 선명한 대비를 이룬다. 철학자 아비샤이 마갈릿은 다음과 같이 썼다.

> 자유주의 도덕은 성도덕을 도덕의 따로 떨어진 독립된 분야로 인정하지 않았다. 자유주의 도덕은 인생에 섹스의 의미가 크다는 것, 또 섹스가 착취와 지배에 무방비로 노출될 수 있음을 인정한다. 그런 만큼 섹슈얼리티가 일반적인 도덕 원칙을 적용해야 하는 민감한 영역임은 자유주의도 인정한다. 그러나 자유주의는 음식물 섭취가 독자적 원칙을 가지는 도덕 영역이 아니듯, 섹슈얼리티 역시 독립적 도덕 영역이 아니라고 강조한다. 사실상 음식물 섭취의 도덕이 없는 것처럼 성도덕의 여지도 없다고 자유주의는 본다.[44]

섹슈얼리티를 도덕과 따로 분리하는 관점에서 나오는 분명한 하나의 결론은 법철학자 앨런 워트하이머가 '경험 능력의 손상'이라고 부른 것이다. 이것은 경험을 할 수 있는 능력에 가해지는 손상의 한 종류다.[45] 오늘날 사회의 주도적 규범은 성적 관계에서 빚어지는 실망과 환멸에 원인을 제공한 쪽에 상당히 관대하다. 더불어 이별도 별 문제 될 것이 없다는 식으로 바라보는 태도가 흔하다. 심지어 이별을 부추기기도 한다. 이별은 도덕적으로 무해하거나 더 간단하게 도덕 영역과 무관한 것이 된다. 하지만 인생을 살며 거듭되는 이별은 상대방에게 가하는 피해와 고통에 무관심하게 만들어 경험 능력을 손상시킨다. 또는 비슷한 경험을 한 사례에 의지해 극복의 길을 찾을 수 있다는 믿음을 흐리게 해 이별을 당한 피해자의 감정은 균형을 잃는다.

알렉산더는 58세의 영국인 회계사로 29세에 결혼했다가 33세에 이혼한 남성이다. 그는 자신의 경험을 이렇게 묘사한다.

알렉산더 저는 처음부터 우리가 서로 맞지 않는다는 점을 알았습니다.
질문자 처음부터 아셨다고요?
알렉산더 예. 심지어 결혼 전부터 알았죠. 우리는 기질이 너무 달라 서로 맞지 않는 것이 분명했습니다.
질문자 이혼이 아프셨나요?
알렉산더 아뇨, 별로요. 아마도 제가 이혼을 원했기 때문인가 봐요. 앞서 말했던 여자, 이혼한 뒤에 알게 된 여자와의 이별이 훨씬 더 아팠습니다. 저는 그녀에게 빠졌거든요. 그녀를 몹시 사랑했습니다. 그러나 알고 지낸 지 1년이 지나자 그녀가 헤어지자고 하더군요(침묵). 그 이별을 생각할 때마다 드는 생각은 그때 아픔으로 제 인생이 엉망이 된 거 같다는 거죠.
질문자 어떻게요?
알렉산더 그때 아픔이 너무 커서 저는 마음의 문을 완전히 닫아버렸죠. 제 안의 무엇인가가 저를 위축시켰거든요. 저는 여자를 상대로 마음을 열 수가 없습니다. 아마도 그래서 이혼한 지 20년이 넘도록 아직 싱글인가 봐요. 저는 제 자신을 더는 열 수 없습니다. 그 이후로는. 그 이별 때문에 트라우마를 입었다고 말할 수도 있죠. 당신과 이야기를 나누는 지금도 왜 제가 그런 이별을 당해야 했는지 모르겠습니다.

67세의 프랑스인 저널리스트 크릴도 자신의 첫 이별 경험을 비슷하게 털어놓았다.

크릴 젊었을 때 두 여자에게 버림받았죠. 저마다 이유는 있었어요. 그리고 저마다 너무 갑작스럽게 이별을 선언했죠. 저는 사랑했기에 지속적인 트라우마를 입었다고 생각합니다. 다시는 사랑에 빠질 수 없더군요. 더는 어떤 여자도 믿을 수 없었습니다. 저는 여자들과 매우 편안한 관계를 가지기는 하지만, 절대 사랑은 하지 않아요. 그래서 저는 동시에 여러 관계를 가지는 것이 위로가 됩니다. 여러 관계를 동시에 가지면 그렇게 상처 받을 일은 없으니까요.

이 두 사례는 이별이 미래를 신뢰하는 능력을 손상시키며, 자아를 감싸고 보호해줄 심리와 감정의 구조를 무너뜨린다는 것을 여실히 보여준다.

경제 영역에서 관계를 깨는 출구 전략은 시장의 양측, 곧 판매자와 고객이 서로 거래하는 가장 중요한 방식이 되었다. 생산 측면에서 기업은 자국의 공장을 폐쇄하고 노동자를 해고한 후 생산 기지를 외국으로 옮긴다. 소비 측면에서 볼 때 대형 상점은 개인적 친분과 충성심을 토대로 고객과 관계를 맺지 않는다. 오히려 가장 저렴한 조건을 찾는 소비자를 의식해 주기적으로 바겐세일을 함으로써 출구 전략을 쓴다. 앨버트 허시먼이 적시하듯, 경제학의 기본 전제는 기업의 과실과 손실은 신경 쓸 필요가 없다는 것이다. "기업이 경쟁에서 밀리면, 다른 기업(무엇보다도 신생 기업)이 시장점유율과 생산요소를 넘겨받아 결과적으로 전체 자원이 더 잘 분배되기 때문이다."[46] 이별을 심드렁하게 보는 도덕적 무관심은 경제의 이런 맹목적 효율과 비슷한 논리를 따르는 것처럼 보인다. 이별은 개인의 삶의 질을 최대화하려는 목표를 가지기 때문에, 개인의 퍼포먼스를 개선하는 방법으로 일반적으로 인식되며('경험의 축적',

'오로지 자아의 욕구에 충실하게 파트너를 바꾸어대는 편력', '자신에게 더 잘 맞는 파트너 선택'), 자신이 가진 자원을 할당하는 더 나은 방식으로('더 나은 파트너 선택') 인식된다. 경제와 섹슈얼리티의 영역에서 효율성, 비용 그리고 수익이라는 바로 이 개념들이 계약을 파기하게 만든다. 리처드 세넷은 자신의 책 『새로운 자본주의의 문화』에서 이렇게 썼다.

어떤 기업의 역동적인 회장은 최근 직원들에게 과거의 업적에 기대어 자리를 지킬 생각은 꿈에도 하지 말라고 일갈했다. (…) 조직에서 살아남으려면 과거의 경험을 뛰어넘는 개인의 능력 계발이 꼭 필요하다고도 했다. 이런 능력 계발 요구는 자신이 가진 것을 지키려 노력하기보다는 아직 온전히 쓸 수 있는 옛 물건을 던져버리고 늘 새로운 것을 찾는 소비자의 열망과 매우 흡사하다.[47]

관계를 끝내는 것은 감정의 요구와 라이프스타일 취향에 맞는 파트너에 대한 가능성 또는 현실적 차원에 의해 사람들이 빨리 구식이 되고 대체되는 문화의 부분이다. 이별을 하고 새로운 만남으로 나아가는 행보는 경제 영역과 마찬가지로 과거를 잊으라고 요구한다. 심지어 이런 요구는 끊임없는 업데이트로 자신을 계발하고 새로운 경험을 시도하며 미지의 지평을 열어가는 자세가 필수라고 강조한다. 이런 요구를 만족시키기 위해 개인은 어떤 사람이 상대가 되든 그 특성에 맞춰야 하고, 불확실성을 견디면서 그때그때 자아를 보호할 방어 전략을 바꾸고 새롭게 짜야 한다. 빠른 속도로 바뀌는 파트너는 단기적 관점으로 투자할 줄 아는 능력, 시간을 조금도 허비하지 않고 생산 라인을 갈아타는 것처럼 관계의 가치를 두고 머릿속 계산기를 빠르게 두드리는 능력이 갖춰져야만 감당이 된다. 리처드 세넷은 계속해서 끊임없이 관계를 바꾸어가는 능력은 '소유욕'과는 정반대의 자세를 가져야 가능하다고 강조한다. 무척 흥미롭게도 경제 영역의 소유욕과 섹슈얼리티 영역의 그것은 매우 닮은 모습을 보여준다. 심지어 자본주의의 '창조적 파괴'[48]라는 조지프 슘페터의 유명한 표현은 소유보다 경기순환을 위해 자기 파괴를 거듭한다는 의미에서 경제보다는 부정적 선택을 하는 감정의 움직임을 더 잘 이해하는 데 적합한 게 아닐까 하는 생각이 들게 만든다.

리처드 세넷은 자본주의의 영향으로 빚어진 두 가지 결과, 우리의 연구에 특히 중요한 함의를 가지는 결과를 강조한다. 하나는 제도를 믿고 따르는 충성심의 감소이며, 다른 하나는 신뢰의 상실이다. 사람들은 시장이라는 제도에 충성심을 가지지 못하기 때문에 불확실성과 어려움에 대응하기 위해 오로지 자기 자신에게 의존하는 자영업자로 변모한다. 모든 것을 스스로 해결해야 하는 이런 과정을 세넷은 '기업의 구조조정'이라 부른다.[49] 구조조정은 효율적인 생산을 위해 관리직을 줄이고 정리하며 관리에 꼭 필요한 업무는 아웃소싱하는 방식을 뜻한다. 이런 방식은 섹슈얼리티와 낭만적 관계를 꾸려가는 방식과 놀라울 정도로 닮았다. 이 관계에서도 개인은 모든 것을 자영업자처럼 스스로 알아서 해결해야 하기 때문이다. 어떻게 해야 똑똑하게 관계를 맺고 꾸려갈지, 어찌 해야 원하는 상대를 사로잡아 '거래를 맺을지' 개인은 오로지 자기 자신에게 의존할 뿐이다. 예를 들어 동시에 여러 명과 관계를 맺는 '폴리아모리'polyamory야말로 그런 기업가적 전략을 잘 보여준다. 이 전략을 통해 개인은 자신의 다른 '자아들'과 그 '욕구'를 각기 다른 상대에게 아웃소싱한다. 대중에게 잘 알려진 성 치료사 에스더 페럴은 고정적인 파트너와의 관계만으로 표현될 수 없는 자아의 현현으로서 '파트너에게 저지르는 부정'이라고 비난할 일만은 아니라며 폴리아모리를 찬성한다.[50] 개인은 파트너를 찾는 일에서 자신의 사업가적 솜씨, 곧 비용과 위험을 평가하는 솜씨를 발휘하면서 자신의 가치를 안전하게 지키고 자산을 여러 관계에 동시에 투자하려 하기 때문에, 신뢰는 정말이지 획득하기 어려운 것이 된다.

제니퍼 실바가 성인으로 올라서는 문턱에 있는 젊은 노동자 계층을 상대로 조사한 연구 결과도 신뢰가 사라진 현실을 잘 보여준다. 불확실한 취업 전망 탓에 젊은이들은 성인의 전통적 특징, 이를테면 결혼 문제에서 방향성을 잃고 혼란에 빠진 모습을 보여준다.

지난 10년 넘게 이뤄진 학술 연구가 보여주듯, 성인의 전통적 특징, 곧 부모의 집에서 독립하기, 학업 완수, 경제적 독립의 획득, 결혼, 출산 등은 20세기 후반 들어 계속 미뤄지고 불규칙해졌으며, 그리하여 결심을 되돌리거나 심지어 포기하게 되었다.[51]

실바가 연구한 젊은 노동자 계층은 불확실성과 불안이 지배하는 말 그대로 카오스의 인생을 살았다. 이런 진단이 다른 계층에도 적용되는지, 그렇다면 어느 정도로 적용되는지에 대해 그녀의 연구는 아무런 암시를 주지 않지만, 인생의 이런 혼란은 대다수 사회 계층에 비록 형식과 정도의 차이는 있을지라도 그대로 나타난다.

신뢰와 불확실성

경제 영역의 계약이 신뢰를 만들어낸다면,[52] 낭만적 관계의 영역에서 계약은 신뢰를 무너뜨린다. 경제학자 프랭크 나이트는 잘 알려졌듯 위험과 불확실성을 구별했다.[53] 나이트는 위험을 계산 가능한 것으로, 불확실성을 그렇지 않은 것으로 보았다.[54] 예를 들어 위험은 통계를 통해 평가할 수 있다. 하지만 불확실성은 근본적으로 알 수 없는 것, 파악하기 어려운 것이다. 경제 영역에서 위험을 낮출 방법과 도구는 속속 개발되었다. 그 좋은 예가 파생 상품이다. 파생 상품을 구매한다는 것은 시장의 위험과 불확실성에 대항할 수단을 구입함을 뜻한다. 그러나 낭만이나 섹슈얼리티 영역 또는 낭만과 섹슈얼리티 영역에서 파생 상품은 생겨날 수 없다. 이런 관계는 안정성을 보장해줄 보험이나 재정 도구가 없음에도 불확실성에 대처할 기업가의 감정적 태도를 요구한다. 감정의 불확실성을 다루는 데에는 일련의 감정과 경제 전략이 구사될 수 있기는 하다. 이를테면 보상이 확실하지 않은데도 투자를 감행하거나, 보상이 불확실할 때 투자를 빠르게 회수하거나, 요구가 지나치게 높을 때 출구 전략을 고민하거나, 손실의 위험을 경계하고 자신의 감정을 보호하는 보험 형태의 방어 전략 등이 그것이다. 그러나 이런 모든 전략은 신뢰 형성이라는 근본적인 어려움에 직면한다.

앞서 언급했던, 현대의 자본주의를 연구한 책에서 리처드 세넷은 공식적 신뢰와 비공식적 신뢰를 구별한다.

공식적 신뢰는 계약을 체결하는 양측 당사자가 계약의 통상적 규칙을 준수한다고 믿는 것을 뜻한다. 비공식적 신뢰는 위기가 닥쳤을 때 누구를 믿으면 되는지 아는 것, 특히 압력이 심할 때 누구를 믿어야 할지 아는 것이다. 누가 중압감에 무너지고, 누가 이를 이겨내고 도와줄까?[55]

옛날, 근대 이전의 구애는 공식적 신뢰는 물론이고 비공식적 신뢰도 만들어낼 수 있었다. 의무를 지키지 않을 경우 치러야 하는 대가가 너무 컸기 때문이다(약속과 의무를 지키지 않는 태도는 당사자의 평판에 심각한 타격을 주었다). 또 가족과 친척이라는 사회적 인맥도 짝을 찾는 과정에 함께 참여해 일종의 보증 역할을 했다. 다비트 하스와 포레스트 데저란은 피터 블라우의 이론에 기초해 신뢰를 "상대방이 의무를 다하고 상호 관계에서 자기의 역할을 다하리라는 한 사람에 대한 믿음"으로 정의한다.[56] 그러나 상대방이 의무를 다해주리라 기대하는 믿음은 불확실성이 죄수의 딜레마를 만들어내는 탓에 심각할 정도로 불편한 것이 되고 말았다. 누구든 자신의 자존감을 방어하고자 하는 심리는 일반적이다. 솔직한 속내를 털어놓았다가 다치는 것은 아닐까 하는 불안감도 마찬가지다. 이 두 심리를 당연한 것으로 전제할 때 상대가 협력해주리라는 믿음은 오로지 상대방이 반대급부를 제공하는 것(받은 만큼 준다는 반응)을 확인해야 성립한다. 그러나 죄수의 딜레마가 보여주듯 쌍방이 서로 차단된 불확실한 상황에서 신뢰는 무너진다. 하스와 데저란의 논의는 계속 이어진다. "신뢰는 관계에 있어 쌍방이 계속해서 투자를 늘려가면서, 그리고 파트너 서로에게 신용을 입증하면서 단계적으로 형성된다."[57] 신뢰가 계산적이고 합리적으로 선택된다고 보는 이론의 모델이 바탕에 깔고 있는 전제는 신뢰가 일반적으로 상호 호혜를 거듭하면서 형성된다는 것이다. 사람은 상대가 신뢰를 베풀 때 그를 신뢰한다.[58] "베이즈 확률론*"에 따르면 상대방이 긍정적인 행동을 할 때마다 그 사람의 신뢰도는 높아지지만, 관계를 지속해갈수록 긍정적 행동이 신뢰에 미치는 영향은 줄어든다."[59] 반복되는 주고받음을 통해 단계적으로 키워지는 신뢰는 상대의 태도를 평가하기 어렵고 관계를 맺는 것이 혼란스럽거나 애매하면 심한 제한을 받을 수밖에 없다. 상대가 언제라도 관계로부터 빠져나가는 것은 아닐까 당사자는 노심초사하기 때문이다. 결국 자기 방어와 보호의 전략만이 선택지로 남는다. 앨빈 굴드너는 사회적 교류가 실제로 상호 호혜라는 규범 아래서만 가능하다고 논증했다.[60] 개인은 자신이 상대에게 베푸는 것에 상대가 상응하는 답을 해주기를 기대하기 때문이다. 그러나 즉각적 만남이 만연한 성적 교류는 상호성의 기대를 약화시킨다. 자유라는 규범이 '응답 여부, 얼마나 어떻게 응답할지' 정립하기 어렵게 만들기 때문이다.

언제라도 관계로부터 빠져나갈 자유는 미래를 문제로 만든다. 미래를 떠올리는 능력은 신뢰와 밀접하게 연관되기 때문이다. 언제라도 빠져나가는 게 아닐까 걱정이 되는 사람을 상대로 신뢰는 키워지지 않는다. 한 연구는 죄수의 딜레마 게임에서 게임이 끝나고 나면 서로 협력해야 한다는 말을 들은 사람들 사이에 신뢰가 강해지는 것을 밝혀냈다.[61] 바꾸어 말해서 미래를 기대할 수 있을 때 협력과 신뢰 경향이 강해진다. 또 신뢰는 합리적 계산이 아니라, 게임 참가자 가운데 최소한 어느 한쪽이 위험을 감당하려는 각오를 가져야 키워진다.[62] 경영 이론가 로저 메이어와 제임스 데이비스와 데이비드 슈어먼이 쓴 인상적인 논문

• Bayesian probability. 영국의 수학자 토머스 베이즈Thomas Bayes(1701~1761)의 이름을 딴 확률 이론. 본문은 한계효용체감의 법칙처럼 어느 정도 신뢰가 쌓이고 나면 긍정적 행동이 미치는 영향이 크지 않다는 설명이다.

은 신뢰를 "서로를 위해 기꺼이 상처받을 각오"라고 정의한다. 다시 말해서 자아가 상처를 받을 각오가 되어 있을 때 신뢰가 가장 잘 형성된다.[63] 이렇게 볼 때 자존감을 지키려는 욕구는 위험을 꺼리게 만들이 신뢰를 키우지 못하게 한다.[64] 디에고 감베타가 정리하듯, 신뢰는 미래의 이익을 계산적으로 따지는 것이기보다 기꺼이 손해 볼 각오를 하는 것을 말한다.[65] 그러나 자아를 지배하는 자율성은 상처를 입거나 손해 보는 것을 궁핍한 사람의 저자세로 경솔하게 해석한다. 그리고 현대의 감정 문법은 없어 보이는 이런 저자세를 금기시한다.

옛날에는 위험을 누가 감당할 것인지 문화적으로 정해져 있었다.[66] 근대 이전의 구애는 남성에게 위험을 감당하라는 문화적 역할을 맡겼다. 이로써 누가 감정적 상처를 받게 되는지도 처음부터 정해져 있었다. 이런 분명한 구조 덕에 계속해서 신뢰를 쌓아가는 관계의 시작이 가능했다. 감정의 위험을 남성이 감당한다는 것은 분명 가부장제의 특징이다. 이런 특권에 힘입어 남성은 확실하게 권력을 행사했다. 의례화한 구애를 떠받들어주던 가부장제가 사라지면서 이제 누가 위험을 감당할까 하는 물음의 답은 더는 문화적 시나리오에 규정되지 않게 되었고, 완전히 열린, 쟁점에 따라 협상해야 하는 것이 되었다. 니클라스 루만은 신뢰의 주된 기능은 사회의 복잡성을 줄여주는 것이라고 보았다.[67] 신뢰가 없다면 사회생활은 말 그대로 "혼란이자 꼼짝 못 하게 마비시키는 불안의 연속"일 뿐이다.[68] 이런 의미에서 신뢰는 예측 가능하며 질서 있고 덜 복잡한 관계를 형성하는 데 도움을 준다. 반면 현대의 관계는 무질서하고, 불안감으로 가득 차 있다. 사정이 이렇게 된 원인은 신뢰를 형성하는 구조가 붕괴했다는 데 있다.

신뢰의 부족 또는 소멸은 사랑의 두 가지 문화적 특징이 어떻게 사라졌는지 설명해준다. 사랑의 중요한 두 가지 특징은 서사성과 이상화다. 신뢰는 러브스토리를 써내려갈 기본 바탕이다. 신뢰는 감정과 관계를 설득력 있는 행동, 미래 지향적 행동으로 꾸려갈 수 있게 해준다. 신뢰의 부족은 서사를 잘라버린다. 이어지는 다음 장면이 왜 그래야 하는지 전혀 설득력이 없어 뜬금없어진다. 따라서 신뢰의 부족은 미래를 블로킹한다. 리처드 세넷은 노동 문제에서도 놀라울 정도로 비슷한 현상이 나타나는 것을 확인했다. 직장인의 행동을 분석한 세넷은 직장인은 나이를 먹어갈수록 전략적이고 목적 지향적으로 행동하는 데 비해, 젊은 직원들은 목적에 대해 불분명한 태도를 보이는 것을 확인했다. 젊은이들은 "직장 내의 승진이나 장기적 전망보다는 단기적 안목으로 눈앞의 기회를 잡으려 주력"하면서 "유연하고 현재 지향적 모델"을 선호했다.[69] 젊은이들은 미래를 설득력 있는 방식으로 꾸려갈 어려움에 직면해 승진이나 경력이라는 '커리어'보다는 당장 실질적 보수를 받을 수 있는 일련의 '프로젝트'를 더 선호한다. 커리어가 특정 업무의 숙련도를 취득해 효율적으로 일하면서 조직 내 위계질서 사다리를 타고 올라가는 것인 반면, 프로젝트는 처음부터 목표를 분명히 설정하지 않고 다양한 경로를 실험해가며 위험성이 높은 과제를 수행하는 것으로 정의된다. 프로젝트 완수를 위해 개인은 유연하고 자율적이며 창의성을 발휘해야 한다.[70] 지금까지 살펴보았듯 오늘날 낭만적, 성적 관계 역시 프로젝트와 비슷한 경로를 걷는다. 관계가 한 단계에서 다음 단계로 이르는 경로는 명확한 목적을 가지지 않으며, 의례처럼 따르기만 하면 되는 내재적 구조도 없다. 오늘날의 만남은 일련의 프로젝트처럼 잠정적 성격의 경험만으로 이뤄진다. 그래서 러브스토리는 갈수록 서사 구조를 잃고, 다 그게 그거 같은 '애드호크*'한 특성을 가진다.[71] 즉흥적 순발

력에 의존하는 만남이 무슨 이야깃거리를 가질까. 오늘날의 만남은 의식적인 결정도, 목적 지향적 행동도, 사랑을 선언하는 의지도 없는 것이 되었다.[72]

리처드는 62세의 미국 학자로 26년 동안 어떤 남성 작가와 관계를 맺어왔다. 그는 반평생을 반려자가 되어준 작가와의 만남을 이렇게 들려주었다.

리처드 저는 당시 정말이지 많은 사람들과 잠을 잤습니다. 동시에 네다섯 명과 관계를 가졌습니다. 저는 어느 작가와도 잠을 잤죠. 우리는 여행을 함께하기로 결심했습니다. 미국을 가로지르는 여행이었습니다. 그런데 이 여행을 하는 동안 우리는 단 한 차례도 다투지 않았어요. 여행을 하면 인간은 정말 서로 잘 알게 되죠. 여행을 하며 다투지 않다니. 여행을 마치고 저는 이렇게 말했죠. "음… 편한데." 마음이 아주 가볍고 편안하더군요. 그래서 우리는 그냥 같이 살기로 했습니다. 그게 벌써 26년이 됐군요.

이 동성애 남자는 왕성한 성생활을 하며, 파트너를 얼마든지 바꿀 수 있다고 본다. 그는 다투지 않고 효과적으로 여행 경험을 공유하며 어느 작가와 관계를 맺었다. 이런 관계는 상대를 내 사람으로 만들겠다는 의지나 명확한 감정으로 이뤄진 결정의 산물이 아니다. 그냥 '물 흐르듯' 편안하니까 맺는 실리적이고 실용적인 관계다. 그는 자신의 감

- ad hoc. 라틴어 표현으로 '즉흥적 방편'을 뜻하는 말이다. 그저 즐기기 위해 만나면서 이런 본래 목적을 숨기고 도덕적으로 비난받지 않을 구실을 계속 끌어대는 태도를 압축한 표현이다.

정과 상대방의 감정을 토대로 관계를 결정하지 않았다. 목적을 이루고자 하는 의지가 관계를 '진전시킨 것'이 아니라, 당사자들이 함께 여행을 하며 느낀 편안함이 관계를 이끈 주된 동기였다. 이런 동기는 감정을 주고받는 게 아니기에 스토리의 서사 구조를 가지지 않는, 그냥 '흐름'이다. 반대로 '첫눈에 반하는 사랑'은 스토리의 서사 구조를 가진다. 이런 사랑에서 성적 욕망은 미래를 함께 꾸려가려는 발판 구실을 하는 것일 뿐, 그 자체가 목적이 아니다. 그리고 이런 사랑은 촘촘하게 짜인 감정의 서사를 만든다.

신뢰의 부족이 초래하는 둘째 중요한 결말은, 앞서도 말했듯, 이상화를 어렵게 한다는 점이다. 사랑은 전통적으로 상대를 이상적 존재로 떠받들었다. 그러나 신뢰가 부족하기 때문에 자신의 가치가 상대방보다 뒤떨어진다거나 불확실하다고 느끼는 경우 이상화는 당사자의 가치를 위협하는 것으로 작용할 수 있다. 샌드라 머레이와 존 홈스와 데일 그리핀은 "인간은 관계를 가지면서 편안하게 느끼고 안정적 감정을 누리기 위해서 일정 정도 환상을 가져야 한다"라고 주장했다.[73] 그러나 현실은 정반대다. 상대방을 보며 환상을 품는 능력은 관계를 얼마나 안정적으로 느끼느냐에 따라 좌우된다. 최소한 관계가 불확실성에 시달린다는 느낌이 없어야 인간은 상대에게 환상을 품는다. '긍정적 환상'은 갈등과 실망과 부족한 자신감과 자기 방어 전략을 이겨낼 수 있게 해주기 때문에 관계를 맺고 꾸리는 데 결정적 역할을 한다. 반대로 신뢰의 부족은 '부정적 환상'에 의해 키워진다. 부정적 환상이란 관계가 끝날지도 모른다는 예상이다.

*

　사랑에 빠진다는 것, 구애, 짝을 선택하고 함께 살려는 결단, 이 모든 것은 자유의 제도화로 근본부터 바뀌었다. 심지어 그러한 자유는 근대성이 형성하는 동안 만들어진 결혼과 애정 생활에 대한 계약의 자유마저 약화시켰다. 이번 장에서는 계약이라는 비유가 현재의 성적, 감정적 자유가 보이는 실상을 담아내기에는 턱없이 부족한 일련의 근거들을 차례로 살펴보았다. 첫째, 계약이라는 비유는 여성과 남성이 성적 계약을 매우 불평등한 방식으로 맺는다는 사실을 은폐한다. 계약으로 감정적 관계를 맺으려 할 때, 남성은 감정적으로 거리를 두며, 여성은 이런 행태에 상처를 받는다. 둘째, 성적 결합에 있어 유일하게 정당한 근거는 감정적, 성적 매력이지만, 이런 매력은 계약이라는 형태에 적절히 담길 수 없다. 셋째, 성적, 감정적 계약은 언제라도 어느 일방이 해지할 수 있다. 넷째, 자존감을 지켜야 하는 필요성이 계약 체결을 어렵게 할 수 있다. 다섯째, 감정적, 성적 계약은 거의 혹은 심지어 전혀 처벌을 받지 않고도 얼마든지 파기될 수 있다. 그러나 이별은 당사자의 자존감에 지속적인 위협을 가해 충분히 이해할 수 있는 상처를 입힌다. 여섯째, 애정 관계의 내용은 대부분 계약 형태에 담길 수 없다. 그렇기 때문에 계약이 그 끝을 예상하고 감시하는 방향으로 맺어질 수밖에 없다. 따라서 계약은 애초부터 애정 관계에 불신을 끌어들인다. 당사자는 위험 요소를 계산하고 이를 피하는 전략을 구상하면서 예방 차원에서 관계의 파국을 대비한다.
　리처드 세넷은 시간제로 일하는 임시직 노동자가 처음에는 자신이 누리는 유목민적 자유를 즐기지만, 이내 자신의 불안정한 위치에 염증을 느끼고 무엇보다도 안정적인 일자리를 갈망한다고 확인한다. "이들은 지속적인 채용을 원한다. 시간이 흐를수록 사람들은 개인적인 이동성보다는 사회 구조에 안정적으로 참여하는 것을 중시한다."[74] 얼마든지 자유롭게 움직일 수 있고 언제라도 계약에서 빠져나갈 자유가 넘쳐나는 사회는 오히려 지속적이고도 안정적인 구조를 갈망한다. 이런 사회에서는 불확실성을 역으로 이용할 줄 아는 사업가, 측정값으로 특정할 수 없어 미리부터 알 수 없는 불확실성이 초래할 위험을 두려워하지 않고 시장에 뛰어드는 사업가만이 이득을 볼 수 있다.[75] 경제 생활에서는 불확실성에 맞서고 위험을 두려워하지 않는 사람이 승리를 맛본다. 애정 생활에서 성공적인 사업가는 애초부터 불확실성에 별로 시달리지 않는 사람(이미 사회와 경제의 많은 자산을 소유한 사람)이거나, 손실과 불확실성에 대한 거부감을 이겨낸 사람이다.

6

부정적 관계로서의 헤어짐

'아니!'라는 말은 인간이 가진 어휘 가운데 가장 강력한 단어다.
— 옥타비아 스펜서

그녀의 상처받기 쉬운 성격은 아무도 걱정하지 않았다. 에밀리는 어떻게 자신의 문을 닫을 수 있는지 가르쳐준 치료 덕분에 여전히 뒤처지지 않고 도전 중이다. (…) 그녀는 자신을 변호할 필요가 없으며, 더더욱 죄책감을 느끼지 않아도 된다.
— 비르지니 데팡트[1]

유명한 정신분석학자 스티븐 미첼은 자신의 책 『정신분석학의 관계적 개념』에서 심리의 작용을 설명하기 위해 '페넬로페의 베틀'을 끌어온다.

페넬로페가 낮 시간에 열심히 옷감 짜는 일을 하는 것이 분명한 목적을 가졌듯, 우리는 목적을 향해 나아가는 일직선으로 일상생활을 경험한다. 우리는 우리 자신을 어떤 식으로든 드러내고자 각자의 자리에서 자신의 목표를 위해 열심히 일한다. 그러나 페넬로페가 밤이면 낮에 힘들여 짠 옷감을 풀어헤치듯, 우리는 무의식적으로 낮의 노력에 대항하는 일을 함으로써 균형을 잡아주고, 우리가 의도하는 목적을 복잡하게 만들고, 우리가 맞서 싸워야 할 강제와 장애물을 찾아서 만들어낸다.[2]

미첼의 비유는 강력하지만 최소한 두 가지 중요한 측면에서 틀렸다. 우선 페넬로페는 낮에 짠 옷감을 밤에 풀어헤칠 때 자신이 무슨 일을 하는지 정확히 알았다. 페넬로페는 오디세우스의 귀환을 기다리면서 구혼자들에게 거리를 두기 위해 그렇게 한 것이다. 오디세우스의 아버지 라에르테스에게 입힐 수의를 다 짤 때까지는 재혼할 수 없다고 둘러대며 구혼자들을 물리치려는 것이 페넬로페의 의도였다. 한밤중에 낮에 짠 수의를 풀어헤치는 것은 의도를 가진 꾀였다. 이렇게 함으로써 페넬로페는 오디세우스에게 정절을 지키며, 끈질기게 구애하는 남자들을 상대로 자신을 지킬 수 있었다. 미첼은 우리가 스스로 짠 옷감을 풀어헤칠 때에는 그럴 만한 충분한 의도를 가진다는 점, 이렇게 함으로써 우리는 온전한 의지로 타인으로부터 거리를 두고 관계를 지키려 한다는 점을 읽어내지 못했다. 둘째로 미첼은 우리가 밝은 대낮에는 '분명한 목표'를 가지면서, 어두운 밤, 곧 무의식 속에서는 목표를 위해 노력한 성과를 일부러 허문다고 전제하는 실수를 저질렀다. 미첼의 논리대로라면 우리가 힘들여 짠 옷감을 풀어헤치게 만드는 유일한 요인은 우리의 무의식적 심리다. 그러나 미첼은 옷감을 풀어헤치고 헐벗은 채 추위에 떨면서도 '왜 우리는 견뎌내는가' 하는 물음을 제기하지 않았다. 심리에 그 책임을 묻기보다는 오히려 이렇게 행동하게 만드는 사회 질서를 살폈어야 함에도 미첼은 그러지 않았다.

　미첼의 관점은 심리학자들에게 공통적인 것이다. 심리학자는 소명에 의해서건 직업적이건 근대 자아의 제도적 이중 구조에 대해 의식하지 못하고 있다. 근대 자아는 자율성을 갖고자 하는 자본주의적 명령과 항구적인 일부일처의 결합이라는 낭만적 환상 사이의 제도적 이중 구조에 사로잡혀 있는 것이다. 힘들여 짠 옷으로서의 관계를 다시 헝클어뜨리는 행동은 아마도 우리가 알지 못하며 통제할 수 없는 사회의 어떤 힘 때문에 생겨나는 게 아닐까? 지금까지 프레임의 혼란, 존재론적 불확실성 또는 신뢰의 부족 때문에 관계를 맺지 못하는 어려움을 다루었다면, 제6장에서는 이미 맺어진 관계 안에서 사랑이 식어가다가 끝나는 과정을 좀 더 면밀하게 다뤄보고자 한다.

20세기가 보여준 중요한 발달 가운데 하나는 이혼으로 인한 가족 관계의 변화다. 오늘날 이혼은 결혼 생활에서 얼마든지 벌어질 수 있는 당연한 일로 간주된다. 사회학이 이혼에 특히 관심을 가지는 이유는 근대 이전에서 근대를 거쳐 오늘날에 이르기까지 사회의 가장 중요한 제도, 곧 가족 제도에 이혼이 결정적 변화를 가져왔다는 데 있다. 가족이라는 제도는 생물학적 재생산을 보장하고, 섹슈얼리티와 연결되고, 사회적 재생산과 사회적 이동성에 있어 중요하다. 가족은 무엇보다도 재산의 축적과 세습에 기여했다. 선택을 되돌리는 이혼이라는 행동은 우리가 이 책에서 내내 다뤄온 사회 문화의 중요한 측면을 변화시켰다. 무엇보다도 이 변화는 재생산적인 것에서 즐길 수 있는 섹슈얼리티로의 탈바꿈이었다. 또 가족의 재산 축적이라는 경제적 구조는 소비 중심의 구조로 바뀌었다. 소비문화는 자아 구성에 중요한 역할을 하면서, 의무로 여겨지던 결혼을 자유로운 선택 결정에 기초한 계약 형태로 바꾸었다. 이혼은 선택하지 않음 내지는 선택 포기의 가장 두드러진 형식이다. 사랑이 식거나 완전히 끝나버린 것을 가장 강력하게 말해주는 형식이 이혼이다. 이혼은 선택하지 않음의 다른 형식과 마찬가지로, 내가 이 책에서 분석하는 사회적 힘이 낳은 직접적 결과다.

지금까지 앞에서 관찰한 부정적 관계는 얼핏 보기에 이혼과는 전혀 다른 경우인 것처럼 보인다. 부정적 관계는 관계의 끝냄이 빠르게 이뤄지고 비교적 별 힘이 들지 않으며 끝냄의 가능성이 상존하는 반면, 이혼은 매우 수고로운 관계의 해체, 공식적 관계의 고도로 제도화한 해체다. 이혼을 부르는 사랑의 끝은 다른 형식의 사랑하지 않음과 견주어 옷감을 풀어헤치는 일 또는 천에 구멍이 난 것이라고 비유할 수 있다. 이에 비해 다른 형태의 사랑하지 않음은 실을 손에 쥐고 천을 짤 능력이 없거나 짜고 싶은 의지가 빈곤한 것이다.

이혼은 제도화한 관계를 끝내려는 적극적 선택을 의미한다. 이런 관점에서 이혼은 제3장과 제4장과 제5장에서 묘사한 '갈팡질팡하는 형식의 선택하지 않음'과 확실히 다르다. 이혼(또는 헤어짐)은 거의 언제나 의식적으로 오랫동안 고민해가며 내리는 결정인 반면, 갈팡질팡하는 선택하지 않음은 당사자가 명확한 의지를 가지지 않고 목적이 분명해지리라는 희망도 없는 탓에 걸핏하면 갈라서자고 하는 변덕처럼 보인다. 이혼은 그 어떤 정당한 사유 없이 돌연 찾아오는 형태(제5장에서 살펴본 탈출)인 경우는 드물다. 오히려 사람들은 이혼의 경우 항상 근거를 제시한다. 그리고 이혼은 제도와 절차라는 맥락을 통해 이뤄진다. 이혼은 법적 심판을 요구하며, 경제적 처벌과 함께 논의된다. 그래서 이혼은 쌍방이 논쟁을 벌이는 대상, 심지어 치열한 공방을 벌이는 대상이다. 이혼은 재산과 법의 문제를 끌어들인다는 점에서 다른 형태의 선택하지 않음과 확실한 차이를 보인다. 이혼과 캐주얼 섹스는 관계 탈출이라는 형식의 스펙트럼에서 완전한 대척점에 서 있지만, 나는 우리의 논의를 마감하는 제6장에서 서둘러 상대에게서 등을 돌리게 하는 많은 사회적 힘이 이혼(또는 헤어짐)이라는 수고로운 과정에도 그대로 작용한다고 주장하고자 한다. 이 두 가지 관계 탈출의 형식이 그렇다고 같다거나 비슷하다는 말은 아니다. 그 어떤 처벌도 없이 빠르게 관계를 정리하는 일은 오래 고민한 끝에 많은 비용을 들여야 하는 이혼과는 분명 다른 심리를 나타낸다. 손쉬운 관계 정리는 상호작용의 애매한 규칙이라는 맥락에서 일어나는 반면, 이혼은 법이라는 고도로 제도화한 과정을 거친다. 그렇지만 두 가지 모두 구애, 친밀성, 섹슈얼리티, 가족, 결혼이 겪는 동일한 구조 변화에 대한 반응이다. 이런 의미에서 사회적 관계를 형성하는 과정은 관계를 유지하는 일과 마찬가지로 똑같은 사회적 압력을 받는다고 말할 수 있다. 관계가 어떤 프레임을 가져야 하는지 알 수 없는 혼란, 평가절하, 방어적인 자율성, 위협받는 자존감, 신뢰의 부족은 사랑이 식어가며 끝나는 과정이 보여주는 요소들이다. 이런 과정의 궁극적 표현, 그 정점이 이혼이다.

사랑의 끝

결혼은 감정적 이상인 낭만적 사랑과 밀접하게 결합된 제도다(2013년 동성애 남성을 상대로 실시한 설문조사의 결과, 84퍼센트가 놀랍게도 사랑을 위해 결혼이라는 공식적인 결합을 원한다는 입장을 보였다).[3] 사랑이라는 감정의 이상은 '뜨거운 상징'으로 개인의 인생사를 짜나가는 씨실과 날실 역할을 하며 서사 구조를 긴밀하게 직조한다.[4] 로런 벌랜트는 이렇게 썼다.

> 욕망이 무한하게 보이는 형태를 취한다 할지라도 인생의 판타지와 기대를 지배하는 시나리오는 하나다. 이 시나리오에서 어린 시절의 욕망은 점차 친밀성과 혈통의 연속성이라는 제도로 이뤄지는 사랑의 갈망으로 무르익는다. 끊어지지 않고 이어지는 친족관계라는 틀 안에 담긴 역사적 과거는 사랑을 통해 미래와 연결된다. 미국은 이런 시나리오를 합법적인 것이자 아름다운 이상으로 선호한다. 물론 이런 이상은 미국뿐 아니라 많은 다른 나라에서도 인정받는 것이다. 인생이 베풀어주는 꿈 가운데 고전적 러브

스토리를 원하는 갈망은 다양한 사회 계층을 뛰어넘어 수많은 인생의 장에서 상당히 강력한 힘을 자랑한다.[5]

러브스토리는 감정의 판타지다. 다시 말해서 러브스토리는 특정 감정이 늘 우리와 함께하기를 기대하는 판타지다. 우리는 러브스토리를 갈망하며 이 특별한 감정의 내용이 강하고도 지속적으로 표현될 수 있기를 바란다. 이 판타지는 근대의 사랑과 결혼을 떠받드는 초석이다. 판타지는 우리가 일상생활에서 만들고 재생산하는 실천과 감정이라는 천을 직조한다. 사랑이 식어가다 끝나는 것은 이런 감정의 직조가 더는 일어나지 않게 되는 과정이다. 당사자는 사랑이라는 감정과 일상생활의 되풀이가 더 이상 오버랩될 수 없음을 인지한다. 감정과 일상의 이런 해체는 어떻게 일어날까? 낭만적 판타지라는 감정의 시나리오가 찢어지고 관계를 가꾸던 일상에 새로운 감정이 고개를 드는 일은 무엇 때문일까? 어떤 새로운 사건과 깨달음이 끼어들어 낭만적 감정이라는 판타지가 사그라지는 것일까? 아무튼 이 새로운 사건과 깨달음은 현재 관계의 의미, 실제든 상상적 이미지든, 이런 의미를 의문시한다. 내가 '해제'라고 부르는 이런 현상은 '현실'이 발휘하는 힘 때문에 촉발되는 경험이다. 상대의 인간 됨됨이의 '현실', 곧 실제 모습을 깨달았다거나, 상대가 불륜을 저질러 신뢰를 깨뜨렸다거나, 성격 차이를 더는 견디기 힘들다거나 하는 현실의 힘은 관계를 뿌리부터 뒤흔든다. 내가 지금부터 보여주려는 것은 파트너들이 감정 결속의 저항하기 힘든 결함으로 경험하는 현실의 힘이다. 일상생활이라는 차원 아래 잠복해서 눈치채지 못하는 사이에 커져가는 이 힘에는 경제와 문화와 사회를 아우르는 다양한 과정들이 있다. 이를테면 현실의 자율적인 존재론적 영역으로 변모하는 섹슈얼리티, 자아와 정체성을 형성하는 소비 영역의 역할 또는 자존감과 자율성을 방어하려는 행동이나 평가 방식을 까다롭게 정한 나머지 평가절하를 야기하여 빚어지는 갈등의 과정 등 다양하다. 오해와 갈등은 당사자들이 매우 명확한 감정의 시나리오, 곧 어떤 맥락에서 무슨 감정이 어떻게 표현되어야 하는지 꼼꼼히 정한 시나리오로 인해 생겨나기도 한다. 이 책에 기록된 이런 모든 과정은 안정적인 관계에도 숨은 형태로 압력을 가한다. 사랑이 식어 끝나는 과정은 당사자들이 의식하지 못하는 가운데 이런 압력과 씨름하며 일어난다. 그 압력은 본성상 규범적이고 경제적, 사회적이다.

이혼 그리고 감정 영역에서 여성의 위치

사회학자들은 이혼을 사랑이 식어가는 감정적 과정의 결과물이 아니라 그 자체의 별도 현상, 결혼 생활의 종결로 연구해왔다(감정적 과정으로 볼 때 이혼과 이별은 비슷한 현상으로 잘 구분되지 않았기 때문이다). 사회학자가 주로 관심을 갖는 문제는 이런 것이다. 누가 왜 이혼하며, 이혼으로 빚어지는 결과는 무엇인가?[6] 이혼을 하는 흔한 이유로는 실직, 알코올의존증, 경제적 어려움, 자녀 출산과 관련한 문제, 불평등하게 분배된 가사 노동, 불륜 및 여성의 취직 등이다. 이혼의 원인을 분석하면서 사회학자들은 여성의 높아진 취업률과 남성의 고용 불안정성이 가지는 압도적 의미를 이혼 증가의 주된 원인으로 꼽았다.[7]
이혼을 문화적 요인에 따라 변화하는 현상으로 관찰할 때 특히 두드러지는 점은 두 가지다. 1940년대만 하더라도 이혼의 이유로 제시된 것은 '객관적'이었다. 이를테면 지나친 음주나 부부관계의 명확한 방치가 이혼 사유로 꼽혔다. 1970년대 이후부터 이혼 사유는 갈수록 더 '추상적이고 정서적'이 되었나.[8] 나시 말해서 주관석 삼성, 이를테면 '괴리감이 커진다'거나 '갈수록 거리감을 느낀다'거나 '사랑받는다는 느낌이 없다'는 것이 이혼의 주된 사유로 등장했다.[9] 2014년 '문화와 가족 연구를 위한 오스틴 연구소'Austin Institute for the Study of Culture and Family가 자금을 지원해 이뤄진 '미국의 관계 조사'에서 응답자들은 부정不貞(37퍼센트), 배우자의 욕구 무시(32퍼센트), 배우자 때문에 생기는 피로감 증대(30퍼센트), 배우자의 미성숙함(30퍼센트), 감정적 추행(24퍼센트), 음주(23퍼센트) 등을 이혼 사유로 꼽았다. 음주 문제를 제외하면 모두 감정적 성격을 가지는 것으로 볼 때 결혼 생활에서 감정이 매우 중시되며 이혼으로 직결되는 요인임을 잘 알 수 있다.

사회학자 스티브 러글스는 이런 말을 했다. "과거(에서) 결혼은 개인의 행복을 최대한 끌어올리려는 합리적 계산보다는 사회 규범에 더 큰 지배를 받았다."[10] 실제 그렇다.

남성과 여성이 결혼 생활의 실패와 이혼 사유로 가장 자주 언급하는 것은 떨어져 지내는 생활의 증대, 친밀감 상실, 사랑받고 소중히 여겨지지 못한다는 느낌, 성생활을 둘러싼 갈등 및 라이프스타일과 가치를 보는 시각의 엄청난 차이 등이다. 자녀를 두고 벌어지는 갈등, 술이나 담배 같은 중독 물질의 오용, 폭력 등은 이혼 사유로 훨씬 더 적게 거론되었다.[11]

호주에서 이혼한 남녀를 대상으로 실시한 조사에 따르면 "응답자의 71퍼센트가 감정 문제를 결혼 실패의 주된 원인으로 느꼈다". 사람들은 감정 문제를 관계 안에서 벌어지는 잘못(폭력과 음주를 포함해)과 외적 부담(이를테면 경제 문제)보다 더 심각하게 여겼다.[12] 1980년대 중반부터는 성적, 감정적 문제를 이혼의 수긍할 수 있으며 절박한 사유 또는 수긍할 수 있거나 절박한 사유로 받아들이는 경향이 이전 10년보다 한층 더 분명해졌다. 오늘날 감정은 결혼과 이혼의 핵심, 곧 관계를 맺거나 끝내는 '주된 원인'이다.

 감정 문제와 더불어 그에 못지않게 놀라운 둘째 사실은 미국, 유럽, 호주에서 이혼을 주도하는 쪽이 여성이라는 점이다.[13] 이 점은 여성의 취업이 이혼의 기회를 증가시킨다는 발견과 궤를 같이한다. 앤드루 철린은 "20세기의 이 주제(이혼)를 다뤄본 거의 모든 저명한 학자들은 여성의 생업 활동 증가가 갖는 의미를 주목한다"라고 썼다.[14] 여성 경제력의 상대적 증대는 여성이 감정적 사유로 이혼을 주도한다는 사실과 어떤 식으로든 연관된 것으로 보인다. 달리 표현하자면 여성은 어느 정도 경제적 독립을 이루면서 감정을 더욱 중시하게 되었다. 마이클 로젠펠드는 이런 변화의 핵심을 다음과 같이 정리한다. "젠더와 결혼 그리고 인생 이력이 보여주는 한 가지 역설은 젊은 싱글 여성이 남성보다 결혼과 관계를 더 강하게 열망하는 반면, 기혼 여성은 기혼 남성에 비해 결혼 생활에 덜 만족하는 것으로 보인다는 점이다."[15] 여성은 이혼을 하면 남성보다 경제적으로 더 잃을 게 많으며(비록 여성은 예전보다 보수를 더 많이 받는 노동을 하지만, 여성 대다수에게 이혼은 경제적으로 심각한 위협이다),[16] 또 남성보다 대안이 더 적기는 하지만(여성은 남성보다 재혼하는 비율이 낮다), 그래도 이혼을 주도하는 쪽은 여성이다. 따라서 이른바 '기회 이론'*은

---

* opportunity theory. 사회가 인정하는 목표를 성취할 수 있는 기회가 제한되었을 때

오로지 경제적 독립이 특정한 감정을 전경화시키는 범위에서만 이혼을 설명한다. 결국 이 특정한 감정은 이혼 사유로서 경험된다.

앞에서 지금껏 해온 논의를 통해 확인한 사실, 곧 여성은 관계를 갈망한다는 점, 여성이 먼저 이혼을 시도한다는 점, 그리고 이런 관계 맺음과 끝냄에서 여성은 남성보다 감정을 더 중시한다는 점 등을 종합할 때 여성은 남성과 다르게 성적 계약을 맺으며, 결혼도 다르게 경험하고, 이혼도 다른 관점에서 이해한다는 점이 분명해진다. 여성은 결혼과 이혼 두 경우 모두 감정을 중시하며, 감정을 기초로 행동하고, 감정을 적극적으로 보살핀다. 그러므로 우리는 마이클 로젠펠드가 이야기한 역설을 쉽사리 해결할 수 있다. 다만 감정 영역에서 여성이 남성보다 훨씬 더 예민하며, 이런 감정적 요구 때문에 관계를 맺거나 끝낸다는 점을 유념해야 한다.

결혼(또는 인생의 동반자 관계)에 종지부를 찍게 만드는 원인이 매우 폭넓고 다양함에도 그 가운데 일부만 거론한다는 점을 충분히 알면서도 나는 여성이 결혼 생활을 하는 데 감정 존재론을 기반으로 삼는다고 주장하고자 한다. 다시 말해서 여성에게 결혼은 '진정한 감정', '진정한 감정적 욕구'가 표현되고 교환되는 것이어야 한다. 남성과 여성은 섹슈얼리티라는 영역에 접근하는 방식이 다른 것과 마찬가지로 감정 영역 역시 서로 다르게 접근하며, 그 안에서 서로 다른 위치를 점유한다. 섹슈얼리티가 남성의 신분을 과시하는 영역으로 구성된 것과 마찬가

사회가 용납하지 않는 방법으로 일탈행위를 저지를 기회가 커진다는 이론. 이혼의 경우에 적용하면 이혼이 사회 규범과 반목함에도 불만 표출을 위해 이혼을 감행한다는 것이다.

지로, 감정과 그 관리는 여성의 정체성을 구현하는 데 결정적 역할을 한다. 남성은 성적 자본의 축적을 추구하면서 자신의 신분을 과시하는 반면, 여성은 감정을 전략 수단으로 삼아 행동하며 자신의 사회생활 능력을 증명하려 한다. 이런 감정 위주의 태도로 여성은 관계를 맺고 안정적으로 관리하며 감정의 요구가 충족되지 않을 때는 관계를 정리하려 한다. 일각에서 주장하는 화성에서 온 남자, 금성에서 온 여자 하는 식의 논리는 갈수록 대중적 인기를 누린다. 심지어 학술 서적까지 이런 관점을 거들기도 한다. 남성은 합리적으로 문제를 해결하려는 반면, 여성은 감정에 치우친 나머지 둘 사이에는 애초부터 소통이 어렵다는 것이 이런 주장의 핵심이다. 이를 뒷받침하려 심지어 남성과 여성은 두뇌 구조가 다르다는 설명까지 따라붙었다.[17] 그러나 신경과학의 새로운 연구 성과가 확인해주듯, 이른바 '감정 두뇌'와 관련해 남성과 여성 사이에 하드웨어적 차이는 존재하지 않는다. 여성이 자기 정체성을 감정 세계의 관리인으로 보는 것은 생물학적 본성이 아니라 특정 사회적 역할을 주입하는 사회화 과정 때문이다. 실제로 감정 영역에서 여성이 차지하는 위치는 경제든 사회적 역할이든 돌봄의 역할에 제한된다(아이는 물론이고 다른 남성과 여성까지 이 돌봄의 대상이다). 다시 말해서 여성은 이런 역할과 위치, 곧 관계의 관리에 충실하도록 자신을 맞추라는 요구를 받아왔다.[18]

여성은 결혼을 단순한 경제적 공동체라는 의미를 벗어나 감정을 조직하고 관리하는 제도로 재정의하는 데 핵심적 역할을 했다.[19] 여성은 순수하게 감정 조직으로 정의된 제도의 책임 관리인으로 가족 구성원의 감정을 보살핌으로써 이상적 애정의 실현에 힘쓴다. 결혼은 감정의 제도로 자리 잡았기 때문에 더 불확실해졌다. 결혼은 사적/공적 구별에 따라 광범위하게 퍼져 있는 명확한 젠더 역할에 덜 귀속되었고,[20] 개인의 감정 표현에 더욱 강하게 의지하는 제도가 되었다. 결혼이 감정의 제도로 변화한 것은 다시금 남성과 여성으로 하여금 감정과 관련해 서로 다른 위치와 입장을 갖도록 만들었다. 결혼 유무와 상관없이 1,003명의 젊은 성인을 표본집단으로 하여 실시한 대규모 설문조사에서 80퍼센트 이상의 여성은 가족을 부양하는 능력보다 깊은 감정을 잘 드러낼 줄 아는 능력이 남편의 조건이라고 답했다.[21] 감정적 친밀성은 대다수 여성이 결혼에서 가장 중요하게 여기는 기준이다. 감정적 친밀성 그 자체는 제도를 허무는 힘을 가진 것으로 입증되었다. 감정적 친밀성은 결혼 생활이 사회적으로 정해진 경로보다는 심리적 경로를 따르게, 다시 말해서 사회적 규범과 역할보다는 개인의 기질을 중시하도록 만들기 때문이다. 결혼사회학자 앤드루 철린은 이렇게 썼다. "개인의 선택과 자기계발은 결혼 생활을 구성하는 데 큰 역할을 한다."[22] 친밀성은 두 개인이 서로 감정을 드러내고 공유하려는 마음가짐에 달린 문제다. 따라서 결혼은 개인적 기질과 밀접하게 관련될 수밖에 없다. 바로 이런 측면 때문에 감정을 표현하고 조절할 줄 알게 해준다는 치료 담론이 애정 관계의 형성과 통제에 강력한 영향력을 미친다.

이별의 서사 구조

이 책의 앞 장들에서 묘사했던 사랑의 부재와 끝남의 형태와는 다르게 이혼은 이 결정을 자기 자신은 물론이고 주변에 납득시키기 위해 필요한 모든 근거를 끌어다대는 길고 지루한 과정이다. 의식적으로 내리는 결정인 이혼은 서사 구조를 가진다. 당사자는 자신의 결정이나 배우자의 결정을 일반적으로 회고적으로 설명하려 시도한다. 사랑이 식어가는 과정은 무수히 많은 사건을 필요로 한다. 이 사건들은 서사와 근거들을 통해 인지되고 함께 연결된다. 뤼크 볼탕스키와 로랑 테브노가 '정당화 체제'라 부른 이것은[23] 개인으로 하여금 행동과 감정의 개인적 동기는 물론이고 보편적 성격의 규범을 통해 결정을 정당화하게 만든다. 이 정당화 체제는 알프레트 슈츠Alfred Schütz의 표현을 빌리자면 '설명 때문에'(행동의 동기)와 '설명하기 위하여'(이루고자 하는 목표를 위한 행동의 설명)로 이루어진다.

사랑에 빠지는 서사와는 전혀 다르게 사랑이 끝나는 서사가 보여주는 최소한의 공통점은 갑자기 깨닫는 통찰, 문득 현실의 새로운 측면을 읽어내고 포착하는 계시의 성격을 가진다. 이런 적절한 예로 영국의 철학자 버트런드 러셀과 그의 첫째 아내 앨리사 피어솔 스미스Alyssa Pearsall Smith(앨리스Alys)의 경우를 들 수 있다. "나는 어느 날 오후 자전거를 타고 시골길을 달리다가 문득 앨리스를 더는 사랑하지 않음을 깨달았다. 나는 이 순간까지만 하더라도 앨리스를 향한 나의 사랑이 식어가고 있음을 전혀 감지하지 못했다."[24] 두 사람은 1911년에 결혼했으며, 1921년에 이혼했다. 러셀은 사랑의 끝남을 갑작스러운 깨달음으로 묘사한다. 또 다른 예는 내가 인터뷰한 사람 가운데 있는데, 64세의 이스라엘 문학평론가 다니엘이 들려준 이혼 이야기는 다음과 같다.

다니엘 저는 그 일(그녀와 이혼하기로 한 결정)이 어떻게 시작되었는지 생생하게 기억합니다. 제가 설거지를 하고 있는데 그녀가 와서 뭐라고 하더군요. 그게 무슨 말이었는지는 기억이 나지 않아요. 그 순간, 처음으로 저는 접시를 닦으며 이렇게 중얼거렸죠. "더는 할 수 없어." 그게 우리 관계의 끝이었어요. 이 말을 중얼거린 순간 저는 더는 머무를 수 없었습니다. 견딜 수 없었어요.

이런 계시의 서사는 또 다른 누군가와 사랑에 빠지거나 배우자의 새로운 어떤 면모를 알게 되는 돌연한 사건의 형태를 취한다. 나와 인터뷰를 나눈 사람들의 대다수는 배우자를 보는 관점에 무언가가 변한 순간을 두고 '전환점'이라는 표현을 썼다. 가시적이거나 가시적이지 않은 사건으로 촉발되는 (감정적인) 전환점의 주제는 오늘날 많은 문학 작품과 영화가 즐겨 다루는 소재다. 예를 들어 스웨덴의 영화감독 루벤 외스틀룬드Ruben Östlund가 2014년에 발표한 영화 《포스 마쥬어》Force Majeure는 눈사태가 일어나자 아내와 아이들을 버려두고 혼자 피하려던 남편 때문에 생겨난 부부 사이의 균열을 이야기한다. 이 사건은 아내가 남편이 본래 어떤 사람인지 새롭게 볼 수 있는 관점을 통해 부부 사이의 단절이 일어나는 전환점을 나타낸다. (영화에서 부부는 파국을 택하지는 않았다.)

서사의 둘째 형태는 자잘한 사건과 일상의 갈등이 쌓여가며 점차 애정이라는 옷감, 그동안 힘들여 짠 옷감이 찢어지는 것이다. 아비샤이 마갈릿은 '부식'이라는 표현을 쓴다. 일상의 소소하고 진부한 갈등이 옷감을 이루는 실밥을 좀먹어 마침내 터지게 만든다는 점에서 부식은 적절한 비유다. 별것 아닌 사건들이 쌓여가다 더는 돌이킬 수 없는 지점에 이른다. 이 지점에서 나와 인터뷰를 나눈 사람들은 흔히 "더는 할 수 없어"라고 말했다. 이런 서사에서 인간은 사실과 행동과 말 또는 몸짓을 속에 쌓아놓고 '더는 통하지 않는다'는 확인의 증거로 삼는다. 소설가 필립 로스와 결혼했던 유명한 여배우 클레어 블룸은 남편이 이혼하고 싶다고 선포하던 순간을 이렇게 회상했다.

"왜 그렇게 나한테 화를 내?" 나는 침착한 태도를 유지하려 노력했다. 이후 두 시간 동안 필립은 거의 숨도 쉬지 않는 사람처럼 말했다. 내가 워낙 낮은 목소리로 차근차근 말해서 그는 당황한 거 같았다. 나는 의도적으로 그렇게 이야기했다. 나는 레스토랑에서 끊임없이 시계를 보아가며 이따금 콧노래를 부르는 등 튀는 행동을 했다. 그러다가 갑자기 그가 아픔을 호소하는 바람에 어쩌면 좋을지 몰라 공황 상태에 빠졌다. 우리는 심장절개 수술을 전문으로 하는 병원에 도착해 입원 수속을 밟으려 했다. 그런데 간호사를 찾을 수 없었다. 남편은 복도를 이리저리 뛰어다닌 끝에 간호사를 찾아냈다. (…) 나는 그가 싫어하는데도 오페라에 끌고 다녔다. (…) 아무튼 싫어하는데도 밀어붙인 일이 많았다.[25]

이 묘사에서 드러나는 불평은 화를 돋우고 짜증나게 하고 또는 서로 충돌을 야기하는 존재와 행동이 반복되는 방식의 형태를 취한다. 이런 유형의 서사는 마치 물이 방울방울 떨어지다가 항아리를 채우고 넘쳐흐르는 것과 같은 결말을 보여준다. 어떻게든 관계를 유지하려 안간힘을 쓰다가 더는 아무것도 할 수 없는 지경에 이르고 마는 것이 관계의 파국이다. 이 과정에서 자아는 매일 의견 차이로 생겨나는 갈등을 버티다가 결국은 참을 수 없는 지경에 이르고 만다. 어쨌거나 이런 갈등의 축적은 관계의 '좋은 측면'을 압도한다. 규칙적으로 의견 충돌과 다툼이 벌어지다 보면 당사자들은 관계의 파국이 상대방 또는 양쪽 모두의 잘못으로 불가피하다는 '증거'를 모아 서사를 만든다.

셋째는 아마도 가장 흥미로운 서사 구조일 텐데, 특정 사건, 행동, 발언으로 당사자가 '미시적 트라우마'를 입는 것이다. 다시 말해서 상대방의 처신이나 발언으로 당사자는 자신의 도덕적 신념이 무너져, 다소 차이는 있겠지만 일대 충격을 받아 더는 헤어 나오지 못한다. 트라우마 사건은 성적 문제든 감정의 문제든 신뢰의 파기를 초래하며, 치유할 수 없는 또는 없던 일로 되돌리기 힘든 상처를 남긴다. 이런 사건은 자존감과 존엄성의 감각에 대한 강력한 공격으로 경험된다. 다음은 45세의 프랑스인 여교사 이렌이 겪은 트라우마다. 내가 인터뷰한 사례 가운데 이렌은 이런 서사 구조의 1차적 특징을 보여준다.

이렌 아마도 그때가 그를 향한 사랑이 멈춘 순간이었던 거 같아요. 어쨌거나 내가 몹시 아팠는데도 남편은 중요한 고객과의 약속을 깰 수 없다며 저를 응급실로 데려가지 않았어요. 이후 몇 년 동안 도저히 그 일을 잊을 수가 없더군요. 저에게 중요한 상황에서 남편이 곁을 지키지 않을 때마다 저는 홀로 버려지고 기만당한 느낌에 괴로웠고, 고객과의 약속을 깰 수 없다며 나를 외롭게 병원에 버려둔 순간이 떠올랐죠. 돌아보면 정말이지 용서가 되지 않아요. 12년 동안, 아니 그 일이 우리가 결혼하고 4년째에 벌어졌으니, 8년 동안 저는 상처받은 느낌에 괴로워하면서도 남편에게는 이야기를 하지 않았어요. 그가 알았다거나 짐작한 것 같지는 않아요. 하지만 저는 그를 용서할 수 없어요. 다시는 예전처럼 믿을 수가 없더라고요.

이 사례는 단 하나의 사건이 돌이킬 수 없는 신뢰 훼손을 부른 경우다. 하나의 미시적 트라우마가 나중에 벌어진 모든 사건을 해석하는 프레임이 되었다. 47세로 미국에서 태어나 지금은 이스라엘에서 살고 있는 리베카의 말을 들어보자.

리베카 그는 저보다 열다섯 살 연상이고, 앞선 두 번의 결혼에서 세 아이를 가졌죠. 4년 동안 함께 살다 보니 저는 슬그머니 제 아이가 가지고 싶어졌어요. 하지만 그는 원하지 않았죠. 세 명을 키우느라 지쳤다면서 아이는 더 가지고 싶지 않다고 하더군요. 그는 제가 정자은행이나 그 비슷한 방법으로 아이를 가진다면 반대는 하지 않겠지만, 다시 아이를 돌보는 노릇은 하지 않겠다고 못을 박더군요. 저는 정자은행을 통해 임신을 했어요. 그런데 이 무슨 운명의 장난인지, 남편은 아기를 너무너무 예뻐했어요. 그러나 그가 처음부터 저하고는 아기를 갖지 않으려 한 것을 용서할 수가 없어요. 우리의 아이는 원치 않는다는 거잖아요. 그래서 저를 정자은행에 가도록 내버려두고. 이처럼 중요한 문제에 그가 저를 속였다는 느낌으로 분통이 터졌어요. 비록 그가 결국 아버지 역할을 흔쾌히 받아들이기로 했지만, 그가 처음부터 제 아기를 원하지 않았다는 사실을 저는 용서할 수 없어요.

이 두 사례는 트라우마 서사가 '속았다'거나 '실망했다'고 느끼는 자아의 핵심에서 촉발되었음을 보여준다. 두 경우 모두에서 당사자인 여성은 '공격받았다'고 느낀다.

이 세 가지 서사 형식, 곧 문득 깨닫는 계시와 불쾌한 경험의 축적과 트라우마는 당사자가 스스로 감정적 결속이 풀어지는 과정을 회고적으로 재구성하고 설명함으로써 세 가지 감정적 서사 구조를 구성하게 된다. 이 세 가지 서사 구조는 자아가 관계로부터 탈피하려는 결정을 내리기까지의 과정을 떠받드는 근본적 동기를 보여준다. 절대적 소속감을 제공하던 '농밀한 관계'는 이런 동기들로 차츰 힘을 잃고 약해지다가 결국 파국을 맞는다.[26] 지금 내가 보여주고 싶은 것은 이 감정의 서사들이 사회적 힘에 구체적인 형태를 부여한다는 점이다.

물론 이 이혼의 서사 유형이 이혼 사유를 다 망라하는 것은 아니다. 또 이혼이 연인 사이의 헤어짐보다 훨씬 더 험악하고, 보다 더 강렬한 감정을 자극한다는 점을 부인하는 것도 아니다. 내가 관심을 가지는 문제는 관계 초기에 미치는 문화의 영향력과, 이미 제도로 자리 잡은 관계에 끼어드는 문화의 영향력 사이에 어떤 연속성이 있다는 것이다. 요점은 애정 관계를 맺고 관리하는 일이 사회의 보편적 생태계의 부분이라는 것이다. 이 사회적 생태계는 개인에게 책임을 지우고 몇몇 사회적 제약을 혼자서 감당하게 강제한다. 이런 제약의 예는 섹슈얼리티가 자율적 행동의 장이어야 한다는 요구, 심리적 자아와 소비자로 부단히 자신을 계발해가며 평가와 가치화와 평가절하에 시달려야 하는 현실, 자율성과 의존성 사이에서 흔들리는 무의식적 목적 갈등, 자존감이 받는 위협 등이다. 이것들은 예전에 헌신과 열정을 그 특징으로 했던 감정인 사랑을 무너뜨린 핵심 모티브다.

섹슈얼리티: 거대한 분리

이혼 통계에 따르면 섹슈얼리티는 이혼의 주요 원인 가운데 하나다. 배우자의 불륜이나 부부가 더는 섹스를 하지 않는 것이 그 대표적인 경우다.[27] 주디스 스테이시의 고전적 결혼 연구는 근대의 가족 제도가 동시에 두 가지 혜택을 제공했다고 밝혔다. 부부가 서로 돌봐주는 것이 그 하나이며, 성적 욕망에 대한 것이 다른 하나다. 스테이시는 근대의 결혼을 일종의 '두루 통용되도록 만든' 제도라 부르면서, 일부일처의 결혼, 동반자적 결혼이 이끄는 긴장 관계를 분석했다.[28] 스테이시는 우리가 성적 욕망을 위해 힘든 가정 생활의 욕구를 견뎌낸다고 보았다. 그러나 이 분석은 섹슈얼리티가 가정 생활을 방해하고 그래서 부부가 갈등하게 되는 미세한 감정적 역동을 주목하지 않는다.

우리는 앞에서 섹슈얼리티가 감정 영역으로부터 자율적이 되는 여러 사례를 살펴보았다. 다른 한편으로 섹슈얼리티는 애정의 본성과 강렬함이 표현되는 감정 존재론의 무대이기도 하다. 섹슈얼리티화한 몸은 행동의 자율적 영역이자, 가장 깊고 진실한 감정의 저장소가 되고, 쾌락과 친밀성과 웰빙의 지점이 되었다. 그러한 몸은 성적 상호작용과 쾌락의 모델에 따라야 하는 관계의 적법성의 기준을 바꾸었다.

오렐리는 45세의 프랑스 여성으로 12년간의 결혼 생활을 접고 이혼했다.

질문자 더는 함께할 수 없다는 게 분명해진 순간이나 사건이 있었나요?
오렐리 제가 보기에 그런 순간은 여러 차례 체외수정을 했을 때 찾아온 거 같아요. 제 몸은 의사의 실험 대상이었죠. 그때부터 남편은 저를 성적인 몸을 가진 여자로 보지 않았어요. 저 역시도 제 몸을 그렇게 보기 힘들었고요. 하지만 저는 아기만큼은 정말 가지고 싶었죠. 아무튼 우리 부부는 더는 잠을 같이 자지 않았어요. 의사가 내 몸을 다루는 걸 본 남편은 제 벗은 몸을 봐도 흥분이 되지 않는다고 하더군요. 그런 식으로 2~3년이 흘렀죠. 우리는 왜 섹스를 더는 하지 않는지 서로 이야기를 나눴어요. 남편은 의사의 시술을 받는 내 몸을 보고 난 뒤부터는 그냥 섹스 생각이 나지 않는대요. 온갖 화학물질과 주삿바늘로 범벅이 된 실험 대상과 무슨 섹스를 하느냐면서요. 2년이 넘게 같이 잠을 자지 않다 보니 저는 상처를 받아 다투기 시작했어요. 예전에는 단 한 번도 다툰 적이 없는 우리는 이렇게 해서 갈라시게 되었죠. 지금 생각하면 당연한 결과였던 거 같아요: 왜 우리가 그랬는지 저는 잘 모르겠어요. 제 생각에는, 아니 이건 분명한 건데요. 그가 나를 더는 욕망하지 않는다는 사실에 내가 굴욕감을 느낀 거죠. 그리고 섹스가 멈추자 관계의 존재 이유가 없어졌다고 할까요. 그렇지만 지금은 문제를 다르게 봐요.

질문자 어떻게 다르게요?

오렐리 요즘이야 방법이 얼마든지 있잖아요. 심지어 누군가와 오래 함께 살다 보면 어떤 형태로든 타협을 봐야만 해요. 제 말은 그가 나를 욕망하지 않는다고 해서 상처받을 일이 아니라는 거죠.

이 이야기에서 몸은 의료 기술의 대상이 되자마자 성적 매력을 잃는 것으로 간주된다. 몸이 더는 성적 대상이 아니게 되자, 욕망은 멈춘다. 욕망의 멈춤은 다시금 여성으로 하여금 자신이 더는 성적 욕망을 받을 만한 몸의 소유자가 아니라는 관점에서 자존감에 상처를 입힌다 (오렐리는 이런 관점을 나중에 반성하고 바로잡는다).[29] 섹슈얼리티가 실제로 자아정체성을 경험하는 중요한 차원으로 발전했다고 한다면, 자신이 성적 욕망을 불러일으킬 만한 매력을 가졌는지 확신하지 못하는 불확실성은 자존감에 상처를 입히기 때문에 관계 전체를 흔드는 문제가 된다. 제3장과 제4장에서 보았듯, 섹슈얼리티화는 감정과 몸을 따로 분리하고 몸에 자율성을 부여한다. 이런 식으로 자아를 분열시키고, 두 가지 서로 다르고 독립적인 그리고 때로는 심지어 경쟁하는 자존감의 형태를 만든다. 감정과 몸의 이런 분리는 관계를 시작하는 단계는 물론이고 놀랍게도 안정적인 부부 관계에서도 일어난다. 61세의 프랑스 여성인 폴라는 35년간의 결혼 생활 끝에 최근 이혼했으며, 부부 관계가 끝난 이유를 다음과 같이 설명했다.

폴라   그가 피트니스 센터에 등록했을 때 시작된 거 같아요. 아마도 6~7년 전이던가? 그는 운동을 하러 다니기 시작했죠. 그리고 먹는 것에도 신경 쓰기 시작하더군요. 남편은 다이어트는 하지 않았지만, 음식에 많은 신경을 썼어요. 실제로 체중이 줄더군요. 그는 날씬해졌죠. 그런데 말이죠, 놀랍게도 날씬해진 그때부터 그의 사람됨도 변하기 시작했어요. 그의 태도는, 음, 뭐라고 말해야 좋을까, 더 당당하고 자신감에 넘쳤어요. 저는 돌연 제가 늙었다는 느낌이 들었죠. 그는 나를 늙고 매력 없는 여자로 만들어버렸어요. 저는 남편보다 두 살 연상이기는 하지만, 예전에 그와 살면서 나이를 느껴본 적은 한 번도 없거든요. 그러다가, 1년 뒤인가, 그가 첫 바람을 피웠죠. 그 후로 숱하게도 바람을 피웠어요. 전부 젊은 여자였죠. 그는 마치 다시 십대가 된 거 같았어요. 그는 저에게 사랑이 식은 것은 결코 아니라고 하더군요. 그렇지만 여자들 만나는 거는 어쩔 수가 없대요. 짜릿함이 너무 강하다나요. 마침내 저는 참을 수가 없더군요. 그래서 이혼했어요.

이 이야기는 남성의 몸이 변한 경우를 들려준다. 남성은 체중 감량에 성공하면서 성적 매력을 회복했다. 남성의 몸은 독립적 주체로 섹슈얼리티 시장에 나섰다. 몸은 새로운 성적 행동 능력을 얻어 성적 대상, 곧 젊은 여성들을 찾았다. 제4장에서 확인했던 진단과 일치하는 정황이다. 몸의 변화는 새로운 형태의 주체성을 이끌어냈다. 그리고 이 새로운 주체성은 그의 결혼 생활에 영향을 미쳤는데, 아내가 그를 그리고 그녀 자신을 지각하는 방식에 영향을 미쳤다. 더불어 그가 그 자신을 지각하는 방식, 그리고 그녀에 대한 그의 인식을 그녀가 지각하는 방식에 영향을 미쳤다. 이 과정은 결국 부부 사이의 성적 권력의 균형을 변형시켰다. 새롭게 섹슈얼리티화한 몸은 마치 독자적 의지를 가진 것처럼 행동하면서 감정을 쇠퇴시켰다. 앞서 살펴본 오렐리의 경우처럼 몸은 자율적 전체로서 행동한다. 폴라의 남편이 섹슈얼리티를 얻은 반면, 오렐리의 몸은 섹슈얼리티를 잃었다. 두 경우 모두 이런 과정은 주체의 의지와 통제력을 벗어난 것으로 보인다. 말하자면 이들의 몸은 자율적으로 행동하면서 감정적 결합에 심각한 위해를 가한다.

내가 이 연구를 위해 인터뷰한 이혼했거나 헤어진 경험을 한 24명의 사람들 가운데 압도적 다수는 '섹스가 없어진 것'을 심각한 변화의 조짐 또는 원인으로 꼽았다. 섹슈얼리티는 애정의 서사와 이별의 서사를 조직하는 강력한 방식이다. 관계 초기에 섹슈얼리티화는 인격과 몸을 분리한다. 그러나 안정적 관계로 접어들자마자 섹슈얼리티는 감정의 보금자리로 바뀐다. 좋은 섹슈얼리티가 좋은 감정 관계를 반영하는 반면, 나쁜 섹슈얼리티는 허약한 감정 결속의 징후로 여겨진다. 사람들은 관계와 감정의 현실을 자신의 섹슈얼리티와 성적 욕망의 현실을 통해 이해한다. 예를 들어 조너선 사프란 포어의 소설 『내가 여기 있나이다』는 섬세한 심리 묘사로 사랑이 식어가는 과정을, 그리고 이를 깨닫는 주인공의 자세를 이야기한다. 이 소설의 화자는 커플이 함께 짜나가는 사랑이라는 이름의 옷감을 풀어헤치는 결정적 역할을 하는 것이 성적 욕망이라고 말한다. "열정을 드러낼 줄 모르는 줄리아 때문에 제이콥은 도대체 그녀가 자신을 원하기는 할까 하는 의문을 품는다. 그리고 그는 자신이 그냥 멍청하게 서 있는 것은 아닐까 하는 불안감이 커진다. 그로 인해 줄리아의 손과 그의 몸 사이의 거리는 갈수록 멀어진다. 더욱이 그는 이 문제를 거론하려면 어떤 말이 적당할지 몰라 답답하기만 하다."[30] 섹슈얼리티는 자아가 자신의 가치(원해지느냐, 그렇지 않느냐)를 느낄 수 있는 경험의 영역이다. 그리고 감정이 객관적이고 감지할 수 있는 실존을 확보할 수 있는 영역이다. 46세의 방송 드라마 작가인 프랑스인 베르나르는 11년 동안 동거했던 여성과 헤어진 이유를 다음과 같이 설명한다.

> 베르나르 저는 파트너 D에게 오르가슴을 느끼게 해주지 못해 그녀와 헤어졌습니다. 그녀는 저하고는 오르가슴을 느끼지 못했습니다. 그녀는 스스로 그것을 할 때에만 오르가슴을 느끼더군요. 저는 그녀에게 절정을 느끼게 해줄 수 없었어요. 정말이지 속이 쓰렸어요. 그러다가 A라는 여자를 알게 되었는데, 그녀는 저와 할 때 클라이맥스를 느끼더군요. 저는 D에게 미안했고, 그녀와 맞지 않는다는 것을 깨달았습니다. 그래서 그녀를 떠났죠. 저는 그녀에게 당신과 더는 섹스를 할 수 없다고 말했습니다.

베르나르는 자신의 성적 능력이 부족한 게 아닐까 괴로워한다. 파트너가 스스로 만족감을 얻는 것을 더 선호하는 태도에 힘들어한다. 성적 능력과 성적 매력의 대상으로서 욕망을 불러일으키는 것은 자아를 떠받드는 자존감의 중요한 원천이다. 이런 능력의 부재는 즉각 자아의 존재감을 위협한다. 관계 초기에 이런 능력은 일종의 초석이며, 계속해서 관계에 영향을 미친다. 몸은 늙거나 성적 자극에 둔감해지기 때문에, 또 성적 능력이 부족하다거나 욕망을 느끼지 못할 수 있기 때문에 섹슈얼리티는 감정적 결속을 깨는 쐐기 노릇을 하며, 관계를 맺는 자아의 본성에 대한 불확실성을 불러일으킨다. 더구나 일부일처제의 규범은 감정과 섹슈얼리티를 일치시키도록 요구하는 강력한 영향력을 행사한다. 이로써 감정과 섹슈얼리티는 자주 갈등을 겪으며 그 둘의 조화는 어려워진다. 독일 여성 잔드라는 49세의 학자로 21년 동안 동거해온 여성과 몇 년 전에 결혼식을 올렸다. 잔드라는 자신이 겪는 결혼생활의 위기를 다음과 같이 털어놓았다.

잔드라 얼마 전 그녀가 우리의 성생활이 만족스럽지 않다고 불평하더군요. 좋은 적이 없었대요. 아마도 맞을 거예요. 우리는 서로 모든 면에서 환상적인 짝이죠. 지적, 감정적으로 잘 맞으며, 정신적 조화도 좋아요. 우리는 함께 깔깔대며 웃을 정도로 서로 잘 이해하지만, 섹스는 좋지 않아요. 그래서 작년에 그녀는 애인을 한 명 만들겠다고 하더군요. 인터넷을 통해 적절한 상대 여성을 찾았다며, 일주일에 한 번 그녀와 잠을 자겠다고 말했죠. 그 이상은 아니라며, 이대로 행복하다고도 했죠. 그러나 그녀의 통보는 정말 파괴적이었어요. 이로 말미암아 저는 어린 시절에 품었던 악동 기질이 되살아났어요. 저는 그녀의 메일을 훔쳐보았죠. 그녀가 길길이 뛰더라고요. 강간당한 느낌이래요. 강간은 그녀가 정말 싫어하는 주제죠. 그래서 우리는 지금 정말 어려워요. 헤어질 거 같아요.

앞서 살펴본 인터뷰와 마찬가지로 이 경우도 섹슈얼리티가 불안과 불확실성을 촉발한 나머지 잔드라는 파트너의 메일을 몰래 읽는다. 성적으로 불만족스러운 관계를 관계 외부에서 해결하려는 자세는 감정과 섹스가 조화되어야 한다는 기대에 심각한 부담을 안긴다. 그러나 사람들에게는 대안적 관계의 경로를 창조하는 감정으로부터 독립된 성적인 몸을 경험할 수 있는 많은 방법이 있다. 이 대안적 관계의 경로는 때때로 갈등을 경험하게 하고 몸과 감정의 관계를 조정하도록 만든다.

제5장에서 읽었던 메일의 주인인 48세의 스칸디나비아 출신 화학 교수 타라는 오랜 세월 동안 한 남자와 동거했다. 타라는 그가 감정적 학대를 하곤 했지만 섹스만큼은 좋았다고 털어놓았다. 그녀는 남자와 헤어지고 오랫동안 외롭게 지내며 짝을 찾다가, 그녀의 말을 그대로 빌리자면 '기적적인 남자'를 만났다.

타라 저는 정말이지 놀랍고 뛰어나며 말을 아주 잘하는 남자를 만났어요. 그는 저와 있는 걸 아주 좋아하고, 매우 '진지하죠'. 우리는 항상 이야기를 나눠요. 일주일에 하루도 빠지지 않죠. 우리는 서로 숨 가쁠 정도로 자극하고 탐색해요. 만나고 두 주가 채 되지 않았음에도 벌써 그를 사랑하는 저 자신을 발견했죠. 그러나 섹스는, 제 말은 침대뿐만 아니라 넓은 의미에서, 에로스라는 전체 측면은… 모르겠어요. 그는 남녀 사이가 완전히 평등해야 한다고 믿는 남자죠. 서로 아끼는 애정이 충만해야 하고, 공격성이나 긴장이나 거리 두기는 안 된다고 말해요. 그는 우리가 사랑을 나눌 때마다 모든 떨림을 두고 이야기하고 싶어 해요. "지금 어땠어?" 그는 심리치료사예요. (…) 그는 사랑과 섹스를 페미니즘과 심리 치료의 관점에서 봐요. 섹스를 하며 꼬치꼬치 캐묻고 대화를 해야 한다니 소름 끼쳐요. 저는 그에게 문제를 너무 진지하고 심각하게 보지 말라고 부탁했어요. 무슨 말인지 알아듣는 거 같더라고요. 저는 그가 혹시… '거세한 게(표현 그대로임!) 아닐까?' 두려워요. 그는 자신의 성적 취향, 아니 인생 전체를 바꿀 엄두를 내지 못해요. 저는 육즙이 자르르 흐르는 스테이크 같은 섹스에서 아기가 먹는 이유식처럼 보이는 섹스로 돌아가고 싶지 않아요. 이게 지금 우리 상황이에요.

이 사례는 섹슈얼리티가 다른 행동 영역으로부터 떨어져 나와 자율성을 획득해 그 자체로 문명의 굴레를 벗어던지고 야성의 거친 자극을 추구하는 것으로 다루는 근대 문학의 토포스topos를 고스란히 담아낸다.[31] 타라의 기적과도 같은 남자는 안타깝게도 짜릿한 성적 흥분은 전혀 주지 못한다. 그녀의 남자친구는 '모든 것', 곧 능수능란한 말주변, 풍부한 표현력, 뛰어난 소통 능력, 다정다감한 친화력을 가졌음에도 과거 타라의 섹스 경험, 짜릿하고 야성적인 경험에 비추어 자극이라고는 없는 숙맥으로 평가될 뿐이다. '길들여지지 않은' 또는 날것의 섹슈얼리티는 타라에게 자아의 가장 깊고 진정한 층을 드러내주는 것이라 그녀가 절대 포기할 수 없는 관계 선택의 기준이다. 정확히 이런 이유로 타라는 이 '기적적인 남자'와 헤어진다(나중에 그녀가 메일로 알려왔다). 감정적 학대를 일삼는 경우든 기적적인 남자의 경우든 섹슈얼리티는 감정의 영역으로부터 독립한 자율적인 것이다. 섹슈얼리티는 감정적 학대를 받는 관계가 좋았고, 기적적인 남자와는 지루하다. 다시금 몸은 자아와 감정적 관계와는 전혀 다른 존재적 위상을 가진다. 섹슈얼리티와 몸의 자율화는 감정적 결합과 종종 충돌한다. 감정과 섹슈얼리티라는 경험의 카테고리는 서로 경쟁하기 때문이다.

섹슈얼리티가 사랑이 식어가는 감정적 과정을 촉발하는 둘째 방식은 성적 대상을 달리 찾을 대안적 가능성과 기회가 엄청나게 늘어났다는 정황 때문에 생겨난다. 1987년 제프리 심슨이 120명의 젊은이를 상대로 조사한 결과에 따르면 대안을 찾을 가능성은 관계의 안정성을 현저히 떨어뜨린다. 대안으로 삼을 기회가 많으면 많을수록 본래 관계의 안정성은 떨어진다.[32] 실제로 섹슈얼리티의 열린 장은 대안적인 (놓쳐버린) 성적 가능성에 대한 정신적 지도地圖를 제공한다. 성적인 몸을 얼마든지 이용할 수 있다는 가능성과 짜릿한 섹슈얼리티의 가능성은 가정 바깥에서 성적 에너지를 발산할 수 있게 하기 때문에 결혼 생활을 지속적으로 위협한다. 56세의 이스라엘 남성 길이 이런 사례에 해당한다. 비정부기구를 이끄는 한 단체의 장인 길은 인터뷰 시점을 기준으로 이혼한 지 10년이 되었다.

길　　저는 실제 이혼하기 이미 오래전에 감정상으로 이혼을 했습니다 (침묵).
질문자　무슨 일로 이혼하셨어요? 말씀해주실 수 있나요?
길　　시작은 제가 동료 여성과 사랑에 빠지면서였죠. 당시 저는 결혼 생활 9년차였어요. 그런데 이 여자를 사랑하게 됐어요. 대단히 강렬한 사랑이었죠. 저는 이 사실을 숨길 수가 없어서 아내에게 이야기했습니다. 아내는 놀랍게도 잘 이겨내더군요. 처음에는 충격을 받았지만, 가정만큼은 구하고 싶다고 했죠. 사실 아내가 저보다 더 침착했습니다. 직장 동료와 사랑에 빠지고 나서 저는 아내를 예전처럼 사랑할 수 없어 괴로웠거든요.
질문자　왜 그런지 말씀해주실 수 있나요?
길　　뭐랄까요, 저는 열정이라는 완전히 새로운 세계를 발견했죠. 예전에는 이런 세계가 있는지조차 몰랐어요. 저는 이 여자를 보기만 해도 흥분이 되었고, 강렬한 욕망을 느꼈죠. 이런 경험을 하자 결혼 생활을 더는 예전처럼 할 수가 없더군요. 저는 아내를 사랑해요. 그렇지만 이런 식은 아니죠. 뜨거운 열정을 맛본 이후부터 예전의 뜨뜻미지근한 편안함으로 돌아가기는 싫더군요. 그때부터 계속 내리막길이었죠.

이 이야기에는 감정이 분출한다. 성적 관계의 대안이 제공되면서 이 남자의 정신세계는 새로운 인지 공간을 얻는다. 이 대안의 성적 관계는 결혼 생활이 주는 감정적으로 편안한, 그러나 틀에 박힌 느낌을 의문시하게 만든다. 애덤 필립스는 이렇게 썼다. "나를 더 많이 사랑하고, 더 잘 이해하며, 성적으로 더 생생한 느낌을 줄 사람은 언제나 있다. 이 말은 일부일처제를 찬성하는 쪽이 내세우는 가장 좋은 정당화다. 그리고 동시에 불륜을 합리화하는 최선의 논리이기도 하다."[33] 성적 행위자는 이제 공공의 공간과 일터에서 그들의 정서적, 성적 에너지를 주위 사람들에게로 투영한다. 정서적, 성적 에너지는 다양한 사회 공간과 장소에서 익명의 타인을 향하게 된다. 바꿔 말해서 성적 에너지는 가정이라는 공간의 안팎에서 폭넓게 분산되어 순환한다. 몸은 항상적인 성적 이용 가능성의 상태에 놓였다. 이러한 이용 가능성은 친밀한 애정 관계에 여전히 만연된 성적 독점의 규범을 약화시킨다. 자본주의의 노동 영역과 소비 영역은 섹슈얼리티를 스펙터클로 만들었다. 그리고 섹슈얼리티는 가능성이 있는 구경꾼과 수취인의 끊임없는 흐름 속에서 파편화한다. 따라서 이 자본주의 노동 영역과 소비 영역은 수많은 가능성 있는 타인들 사이에 섹슈얼리티를 퍼뜨리게 되었다. 지난 10년 동안 오십대 연령층에서 이혼율이 세 배나 더 높아진 원인도 아마 이런 풍조에서 찾아야 할 것이다. 이혼율의 상승은 사람들이 모든 혹은 대부분의 연령대에서 스스로를 성적 존재로 상상할 수 있게 되었을 뿐만 아니라, 성적 가능성에 대한 기대치가 그만큼 높아진 것이 원인일 것이다. "1990년에 오십대 이상 연령층에서 이혼한 사람은 열 명 가운데 한 명꼴이었다. 그런데 2011년 통계청의 '미국 공동체 조사'American Community Survey는 역시 오십대 이상 연령층에서 지난 12개월로 시점을 국한할 때 이혼했다고 밝힌 사람이 28퍼센트(네 명 가운데 한 명꼴이거나 그 이상)에 달한다고 발표했다."[34]

결혼의 역사를 연구하는 스테퍼니 쿤츠는 이런 '중년의 이혼 혁명'의 원인을 두 번, 심지어 세 번 결혼하는 사람이 많아진 것에서 찾았다(이것은 통계적으로 이혼을 더 쉽게 만든 사실이다). 또 베이비붐 세대가 더 쉽게 이혼을 하는 경향에서 찾았다.[35] 그러나 나는 반대로 인터넷 데이트 사이트의 출현이 이런 변화를 촉발했다는 가설을 제시하고자 한다. 인터넷은 전통적으로 사회적 인맥을 확장할 기회가 적었던 연령대 그룹에게 다른 사람과 사귈 가능성을 열어주었다. 오십대 이상에게도 자신의 성적 욕구에 충실하게 새로운 성적 파트너를 찾을 수 있는 바로 이런 가능성이야말로 성적 자아가 지금껏 알지 못하던 차원을 열어주었다.

결국 섹슈얼리티는 안정적 관계를 방해한다. 자본주의 노동 영역이 성적 욕동에 영향력을 행사하기 때문이다. 이런 사실을 보여주는 연구는 많다. 그 가운데 하나는 프랑스 노동부 산하의 연구소 '테크놀로지아'Technologia가 정부의 위탁을 받아 진행한 연구로, 지나친 노동으로 생겨나는 스트레스와 번아웃이 사람을 과민하게 만든다는 결론이다. 그리고 쾌락을 경험하는 데 어려움을 겪는 쾌락불감증anhedonia의 원인도 스트레스와 번아웃으로 밝혀졌다.[36] 이 연구는 중간 관리자 직급 가운데 70퍼센트가 스트레스로 성생활에 부정적 영향을 받았음을 확인했다. 바꿔 말하면 갈수록 까다로워지는 자본주의의 기업 및 조직의 요구에 맞추느라 피할 수 없는 스트레스는 소비자본주의가 권장하는 것, 바로 섹슈얼리티를 약화시킨다. 소비자본주의는 섹슈얼리티야말로 자아의 핵심이 표현되는 경험의 영역이라고 부추기지 않았던가. 자본주의의 이런 자기모순을 보여주는 또 다른 간접적인 정황은 경제 영역의 변화, 곧 직원에게 더 높은 실력을 요구하면서도 그의 미래는 불확실하게 만드는 변화가 성적 활동에 영향을 미친다는 점이다.「미국의 관계」Relationships in America라는 제목의 설문조사 보고서는 다음과 같이 썼다.

    1994년 인간의 섹슈얼리티를 다룬 기념비적 연구 논문에서 에드워드 라우만Edward Laumann과 그의 동료들은 18세에서 59세 사이의 사람들 가운데 결혼한 남성의 1.3퍼센트와 결혼한 여성의 2.6퍼센트가 지난 한 해 동안 섹스를 전혀 하지 않은 것으로 밝혀냈다. 20년 뒤에 「미국의 관계」가 20년 전과 동일한 연령층을 상대로 벌인 조사는 결혼한 남성의 4.9퍼센트와 결혼한 여성의 6.5퍼센트가 배우자와 마지막으로 섹스를 한 게 1년이 넘었음을 확인했다. 비록 조사 방식에 약간의 차이가 있기는 했지만, 지난 20년 동안 결혼 생활에서 성적 무기력이 늘어난 것만큼은 확실해 보인다. 1989년부터 주기적으로 같은 물음을 제기한 「일반 사회 조사」General Social Survey 역시 이런 흐름을 확인해준다.[37]

    이 보고서를 쓴 학자들은 이런 흐름의 원인을 '습관화'로 추정했다. 그러나 습관화는 충분한 설명으로 보기 어렵다. 습관화는 수십 년 전이나 오늘이나 마찬가지로 문제여서 성생활의 문제를 설명하지 못한다. 나는 오히려 노동 영역의 변화, 이를테면 늘어난 스트레스, 길어진 근무 시간, 일자리를 둘러싼 불안정성 등이 성적 활동성을 감소시키는 데 결정적 역할을 했다고 본다. 앞서 살펴본 캐주얼 섹스의 경우도 마찬가지다. 충동적인 캐주얼 섹스는 경제 영역의 이런 변화로 인해 사람들이 선호하는 것이다. 나의 이런 관점을 (간접적으로) 확인해주는 연구 결과는 많다. 로라 해밀턴과 엘리자베스 암스트롱이 실시한 설문조사에서 젊은 여성들은 만성적인 시간 부족 때문에 캐주얼 섹스를 선호한다고 응답했다. 안정적 관계는 '너무 많은 시간'이 필요해서 버겁다고 했다. 차라리 이런 시간을 투자해 시장에서 자신의 경쟁력을 높이는 쪽이 낫다고도 했다.[38] 이 젊은 여성들에게 시간은 경제적으로나 사회적으로 진일보할 수 있게 해주는 상품이다. 이런 사실은 정확히 섹슈얼리티와 시간이 그 주인의 온전한 주목과 집중을 받기 위해 서로 치열하게 경쟁함을 뜻한다. 섹슈얼리티와 시간이 경쟁하는 상황은 캐주얼 및 안정적 섹슈얼리티의 맥락 모두에 해당한다. 중산층과 노동자 계층의 결혼 생활을 다룬 앨리슨 푸의 중요한 연구 『회전초 사회』The Tumbleweed Society도 이런 사실을 확인해준다. 비록 기혼자들의 섹슈얼리티를 다룬 것은 아니지만, 그래도 푸의 연구는 일자리를 둘러싼 불안정성(불확실한 시간 계획, 잦은 이직과 실직, 직업을 잃을 수 있는 위험)이 부부의 애정 관계를 힘들게 하며, 약화시킨다고 결론지었다.[39] 다양한 형태의 노동 부담(경쟁 시장과 갈수록 늘어나는 노동 영역의 요구 조건)은 성적 활동의 형태와 밀도에 직접적으로 영향을 미친다. 결론은 이렇다. 부부의 가정 생활에는 관계 일반에서 보는 것과 똑같은 모순이 내재해 있다. 섹슈얼리티와 감정은 서로 분리되어 각각의 길을 간다. 그러나 감정은 섹슈얼리티를 통해서만 확인과 만족을 얻는다. 섹슈얼리티가 줄어들거나, 그것을 바깥에서 찾거나, 또는 부재할 때 정확히 감정, 곧 관계를 애초에 형성시킨 감정은 의문에 부쳐진다. 이런 모순이 불확실성과 갈등과 긴장을 빚어내 배우자들로 하여금 자신이 맺은 관계의 감정적 서사에 회의를 느끼게 하고 그것을 바꾸려는 시도를 하게끔 강제한다. 사랑의 끝남은 감정과 성적인 몸, 곧 감정과 섹슈얼리티를 조화롭게 일치시키지 못해 시작된다.

소비 대상: 이행 대상에서 출구 대상으로

제4장에서 논의했듯, 섹슈얼리티와 감정적 주체는 소비 대상을 이용해 주체성을 형성한다. 다시 말해서 자아와 애정 생활을 공공에게 보여주기 위해 소비 대상을 이용한다. 소비 대상과 취향의 세계는 긴장과 갈등과 분열로 얼룩지게 마련이다. 43세의 영국인 경제학자 선힐의 예를 살펴보자.

선힐   이혼을 한 뒤에 저는 숱한 데이트를 했죠. 휴, 정말 많은 여자들이 었어요. 맞는 짝을 고르는 일은 무척 어려웠죠. 처음에는 좋은 인상을 받았지만, 결국 언제나 문제가 있는 것이 밝혀지더군요. 제가 진짜 홀딱 반한 여자는 단 한 명이에요. 우리는 3년 동안 함께 살았죠. 저는 그녀를 몹시 좋아했어요. 그녀를 진지하게 생각했으며, 우리는 거의 결혼한 거나 다를 것 없었죠. 그런데 그녀는 아주 기묘한 식습관을 가졌더군요. 글루텐도 설탕도 양배추도 콩도 바나나도, 아무튼 기본적으로 아무것도 안 먹어요. 함께 요리하는 것은 결코 간단한 문제가 아니었습니다. 저는 요리가 이처럼 고통스러운 줄은 처음 알았어요. 처음에는 그녀의 요구를 존중했죠. 그러다가 도저히 참을 수가 없어 왜 특정 음식에 그처럼 과민하게 반응하는 거냐고 물었더니 그녀는 화를 내더군요. 그러다가 그녀가 위산 역류 때문에 의사에게 간 적이 있어요. 그녀의 설명을 들은 의사는 어떤 돌팔이에게 그런 이야기를 들었느냐며, 완전히 돌팔이에게 돈을 날렸다고 하더군요. 제대로 된 검진 한 번 안 받았고, 진단도 받은 적이 없으며, 글루텐 과민증이라고 확인도 되지 않았는데, 자가 진단이라도 한 거냐고 의사는 힐난하더군요. 엉뚱한 소리에 너무 돈을 많이 썼다고도 했죠. 그때 저는 그녀 옆에서 의사가 하는 말을 들으며 정말이지 묘한 기분이 들었어요. 갑자기 그녀를 사랑했던 마음이 싹 사라지는 거예요. 실제로 그 자리에서 당장. 그녀와 늘 같은 문제로 다툰 게 억울하기도 하고.

질문자 　뭐가 억울해요?

선힐 　그녀는 노골적으로 과학을 무시했거든요. 저는 과학을 존중합니다. 과학은 그녀가 엉뚱한 미신에 사로잡힌 걸 분명히 보여줬죠. 그 순간 그녀를 향한 제 믿음이 무너졌습니다. 저는 그녀를 더는 진지하게 받아줄 수 없었죠. 의사의 말을 무시하고 가진 돈을 몽땅 엉뚱한 식습관과 돌팔이에게 허비한다면 저는 그녀를 존중할 수 없죠.

이 남자는 소비 취향의 다름('돌팔이')과 소비하지 않음('글루텐' 따위)을 관계 정리의 계기로 꼽는다. 이런 차이와 이질감으로 관계를 이어갈 수 없는 계시(또는 전환점)를 얻었다고 그는 설명한다. 남자는 전 여자친구의 소비 취향을 자동으로 평가해 자신의 사랑이 끝났다고 선포한다("그녀의 소비 취향은 과학을 존중하지 않으며, 나는 이런 태도를 높이 평가할 수 없다"). 학자인 그에게 과학은 자기 주체성의 핵심을 이루는 것이다. 소비 대상과 생활은 커플의 애정을 객관적 세계와 연결해주는 고리이기에 소비 취향이 다르면 공통의 활동에서 두 사람의 감정을 조화시키지 못한다. 조너선 사프란 포어의 반자전적 소설의 화자이자 남자 주인공 역시 소비 대상과 취향이 두 사람을 가깝게 해주거나 분리하는 역할을 한다고 증언한다. 제이콥은 아내가 사고 싶어 하는 브로치를 두고 이런 상념에 빠진다.

그게 예뻐? 그건 위험한데. 사람들이 그런 브로치를 달고 싶어 할까? 진부한 디자인이잖아. 그냥 보석함에 처박혀 있다가 아들의 신부에게 가보랍시고 물려주었다가 여전히 보석함을 벗어나지 못하고 나중에 다시금 후손에게 떠넘겨지는 것은 아닐까? 750달러라는 가격이 적당해? 액수야 문제가 아니지만 나중에 꺼내서 사람들에게 자랑하다가 망신만 당하는 게 아닐까. 뻗은 팔이 구부린 팔보다 더 잘 부러지잖아.[40]

이 묘사에서 브로치는 대상이 관계를 담아내고 표현하는 섬세하면서도 미묘한 방식을 고스란히 압축해 보여준다.

취향은 대상과 활동이라는 공통의 세계를 둘러싼 두 사람의 주체성을 조화시키고, 일들이 이루어지는 방식의 초점이 됨으로써 결혼 생활에서 일반적 역할을 수행한다. 커플을 다룬 매력적인 연구에서 프랑스의 사회학자 장클로드 카우프만 Jean-Claude Kaufmann은 '아가스망' agacement, 곧 '짜증'이라는 단어를 쓴다.[41] 그는 일상에서 커플을 정말로 짜증 나게 하는 것이 무엇인지 상세하게 확인한다. 짜증의 원인을 탐색하면서 카우프만은 가정의 소소한 일상이 상당한 짜증을 낳을 수 있다는 결론을 내린다(그러나 그는 이런 사실을 이론의 차원으로 다루지는 않았다). 그가 든 사례 가운데 하나는 식탁의 스타일이다. 그가 인터뷰한 여성은 남편이 식탁 스타일을 두고 툴툴거리는 바람에 대판 싸웠다고 한다.[42] 그러나 카우프만은 이런 짜증을 빚어낸 역사와 문화적 배경은 다루지 않았다. 내가 보기에 짜증은 20세기, 특히 20세기 후반 형성된 소비 주체를 그 근원으로 이해해야 하는 것이다. 이 주체는 소비 대상을 가지고, 또 대상의 형식을 중시해가며 자신의 취향과 개성을 표현한다. 이런 배경에서 볼 때 대상은 감정이 만나는 장소이자 감정의 차이를 빚어내는 플랫폼이다. 자아가 갈수록 정체성을 소비 취향으로 정의해야 하는 강제를 받는 상황에서 소비 취향과 대상은 그만큼 더 까다로운 문제가 된다. 『르몽드』Le Monde가 운영하는 블로그에 이름을 밝히지 않은 한 사람의 글이 올라왔다. 가구업체 이케아는 '왜 커플의 긴장과 다툼을 조장하는가' 하는 글이었다. 그곳에서 구입한 가구들을 집 안에서 어떻게 조합하고 배열할 것인지 그 가능성이 헤아릴 수 없을 정도로 많기에 이를 둘러싼 다툼은 피할 수 없다. '어떤 것을 소비할 것인가' 하는 결정의 거대한 스펙트럼과, 이 결정으로 선택된 대상의 무수한 조합 가능성은 매우 독특한 취향이 생겨날 수 있는 유리한 환경을 만든다. 제4장에서 살펴본 것처럼 취향의 역동성은 곧 주체화의 역동성이다. 자아는 취향을 키우면서 자기 존재의 유일함을 경험한다. 남과 다른 취향을 키울수록 그만큼 더 자아는 존재감을 과시한다. 그렇게 하여 자아는 갈수록 유연성을 잃고 자신의 독특한 취향을 고집한다. 결국 커플을 이루는 두 자아는 서로 긴장 관계를 빚으며 충돌할 수밖에 없다. 이케아 카탈로그는 이런 사정을 간파하고 아예 소파를 두 개 사라고 유혹함으로써 이득을 올리려 시도한다. 두 개의 소파를 가지면 저마다 취향을 만족시킬 수 있을 거라는 광고 카피와 함께. "모든 것은 타협의 문제다. 당신은 부드러운 소파가 좋고, 남편은 단단한 것을 선호한다. 두 개의 소파와 함께라면 당신 부부는 늘 행복할 수 있다."[43] 대상의 선택뿐 아니라 그것을 다루고 쓰는 것까지 짜증의 원인이 된다. 카우프만은 '상징으로서의 치약', 곧 치약 튜브가 어떻게 사람들의 크고 작은 짜증을 유발하는지 이야기한다(뚜껑을 어떻게 닫으며, 치약은 어디에 어떻게 놓는지, 어떻게 눌러 짜는지 하는 따위). 주체는 자아 감각을 대상과 연결하고, 그 소비 실천은 두 주체가 만나고 교류하고 결속하는 플랫폼 역할을 하기 때문에 상품은 끊임없이 싸증을 유발한다. 상품은 사람들이 서로 감정을 맞추며 관계를 맺으려 할 때 서로의 접점 역할을 하는 이행 대상이라는 점에서 관계를 반복적으로 또는 심지어 거의 매일 긴장으로 몰아넣는다(제4장의 논의를 참조할 것). 상품의 소비 취향은 자신을 어떻게 정의하느냐의 문제이기 때문에 커플 쌍방의 감정은 일상의 사소한 것을 두고도 긴장을 빚으며 다투게 된다. 일상의 사소한 것이 자아의 깊은 내면을 건드리는 일은 이렇게 해서 벌어진다. 60세의 어떤 여성은 12년 만의 결혼 생활 끝에 남편이 이혼하자고 선언하던 순간을 다음과 같이 회상했다(두 사람 다 세 번째 결혼이었다). "(그가 말하기를) 우리는 같은 취미를 가지지 않아서 힘들대요. 그는 캠핑이 좋은데 저는 박물관을 좋아한다나요." 대상의 세계는 전통적으로 당연히 그 주인의 성격을 반영한다고 여겨졌으며, 의식하지 못하는 가운데 인간의 행동을 지탱해주기 때문에, 소비 실천과 문화는 대상을 자아의 적극적 표현으로 받아들인다. 그래서 대상은 두 주체 사이를 매개하면서 그 관계를 구성해 보여주는 일종의 '행위자'actant 역할을 한다. 나는 '행위자'라는 단어를 내러톨로지narratology(서사학), 곧 이야기 구조를 연구하는 학문이 쓰는 의미에서 차용했다. 내러톨로지에서 말하는 행위자는 스토리가 앞으로 나아가도록 이끄는 구성 요소를 뜻한다(행위자는 반드시 인간이어야 하는 게 아니며, 얼마든지 대상일 수도 있다).[44] 행위자로서, 대상과 소비 방식은 관계의 두 축, 곧 두 주체가 서로 맞지 않는다고 비난을 일삼는 무대가 될 수 있다.

50세의 이스라엘 변호사 다비드가 하는 말을 들어보자.

다비드 예, 맞아요. 실제로 그녀를 사랑하길 멈춘 순간이 있었죠. 그렇지만 그 순간에 이르는 것은 천천히 이뤄진 과정이죠. 이 과정을 거치며 저는 '우리 둘이 정말 생각이 다르구나' 하고 느낀 때가 많아요. 전처는 매우 비싼 값을 치러야 하는 스포츠클럽 회원권을 구입하고 그곳에 단 한 번도 가지 않았어요. 그래서 말했죠. "해약해. 그리고 가고 싶을 때마다 이용권을 구입하면 되잖아. 그게 더 싸잖아." 그러나 전처는 제 제안을 거부하고 평소처럼 화를 내더군요. 자신이 원하는 것은 그곳을 가든 말든 회원권이라면서요. 아무튼 그 여자는 모든 게 그런 식이에요. 항상 자신이 모든 선택권을 가져야 한다고 믿죠. 이혼하고 나서 지금 생각해보면 그녀가 저와 이혼한 이유도 알 거 같아요. 그녀는 이혼하면 모든 선택권이 열린다고 믿은 게 분명해요. 하지만 그렇지 않죠. 그녀는 여전히 그 모든 선택권을 끌어안고 혼자예요.

다비드와 그의 전처는 소비를 서로 다르게 이해한다. 그녀는 '회원권'을 원하고 있지만, 다비드는 실제 이용하는 것에만 소비를 국한하길 바라고 있다. 쓰지 않는 회원권은 이 부부의 지속적인 악감정과 이혼의 상징이다. 다비드가 이야기하는 서사에서 선택권을 갖길 원하는 전처의 소비 주체성은 사랑이 끝나가는 서사를 이끌고 나아가는 '행위자' 역할을 한다.

소비 대상을 관계의 스토리를 이끄는 행위자로 만드는 경향은 현대인이 자신의 소비 주체성을 끊임없이 혁신하고 개선하는 만큼이나 애정 관계에 널리 퍼져 있다. 상품을 소비하는 실천이 자아의 서사를 이루는 핵심이 되었기 때문이다. 자아가 자신의 소비 취향을 혁신하고 다듬어가는 과정을 우리는 제4장에서 '개선'이라고 불렀다. 그리고 이런 개선은 배우자와 맺은 '계약'과 더불어 배우자의 가치를 위협한다. 독일의 역사학자인 크리스타(55세)의 말을 들어보자.

크리스타 저는 남편과 13년간 결혼 생활을 했습니다. 우리는 연애결혼을 했죠. 남편의 직업은 큐레이터였고, 저는 남편이 하는 일에 매우 큰 관심을 가졌습니다. 우리는 아이를 둘 가졌죠. 우리는 예술과 회화 그리고 건축을 두고 많은 이야기를 나누었습니다. 그러나 언제부터인가 그는 더 공부하지 않더군요. 저는 관련 서적을 계속 읽고, 새로운 것에 관심을 가지고 배웠는데, 그는 옛 모습 그대로예요. 이혼하고 10년이 지났는데도 그는 조금도 변하지 않았어요. 그는 더 성장하지 않네요.

'성장'이라는 개념은 문화적 능력으로 통합될 새로운 대상과 지식의 형식들을 끊임없이 흡수하는 주체성의 형식을 전제한다. 그러나 크리스타가 말하는 성장은 소비문화를 지배하는 색다름과 혁신의 논리를 따를 뿐이다. 개인이 이런 '개선'과 혁신을 도모하지 못하는 한 배우자는 서로를 평가하게 되고, 결국 관계는 파국을 맞는다. 두 주체의 만남에서 소비 대상과 실천은 플랫폼으로 기능을 하면서 관계를 이끄는 '행위자'로서의 성격을 갖는다. 주체가 새로운 취향을 키움으로써 개선을 이룬다고 해도 관계는 위협을 받는다. 이런 변화가 실제로 소비와 관련한 것임에도 당사자들은 서로 감정의 소통에 문제가 있다고 여기기 때문이다. 소비 대상은 자아 감각을 구조화하고 시간의 흐름과 더불어 변화시키기 때문에 감정이 형성되는 방식을 해체할 수 있다. 소비 취향의 개선은 분리를 부추기는 행위자로 작용하고, 분리의 감각을 외면화하고 객관화하는 연결 고리로 보인다.

자율성과 결합: 힘겨운 커플

제5장에서 나는 자율성과 결합 사이에 빚어지는 긴장을 상세히 분석했다. 심리학자들은 이런 긴장을 인간의 마음에 내재하는 것으로 이해한다. 그러나 이 긴장은 자아가 가지는 보편적 본성이라 할지라도, 문화에 따라 다른 형태를 취한다. 오늘날의 자본주의 사회에서 자율성과 결합 간의 긴장은 자본주의 노동 영역과 가족 사이의 분리를 광범위하게 제도화했다. 이 분리는 남성성을 표시하는 자율성과 여성성을 표시하는 결합으로서 젠더 정체성의 분리를 재생산한다. 자본주의 시장은 자율성을 독립과 창의성과 철두철미한 개인의 목표와 관심, 곧 타인의 목표와 관심으로부터 분리된 목표와 관심의 충실한 추구로 실현될 수 있는 것이라고 강조한다. 다른 한편으로 결합을 강조하는 제도는 가족이다. 가족이라는 결합은 근본적으로 감정적 결합이다.

남성의 이런 자율성을 잘 보여주는 예는 화려한 여성 편력을 자랑하는 어떤 독신 남자의 멋진 신세계를 다룬 한 편의 기사다. "(그의) 전 여자친구들은 주로 스포츠를 관람하고 콘서트와 술집에 가는 그의 생활 방식을 두고 불평했다."[45] 기사는 이 남자가 결국 항상 여자에게 버림을 받았다고 썼다. 이 남자처럼 내키는 대로 사는 자율적 생활 방식은 커플 사이에 갈등을 빚는 원천이다.

마크는 62세의 미국인 경영자로 이스라엘의 한 하이테크 기업에서 일한다.

마크   첫 번째 아내와 나는 그녀의 조울증 때문에 이혼했습니다. 그녀는 발작적으로 화를 내기 일쑤였죠. 닥치는 대로 물건을 저에게 집어던지기도 했습니다. 소리를 지르고, 저와 아이들에게 심술을 부려댔죠. 오래 걸린, 정말 힘든 이혼이었죠. 대체 이게 무슨 일일까 파악하기까지 꽤 시간이 걸렸습니다. 이혼하고도 다시 관계를 가지고 싶다는 생각이 들 때까지는 적잖은 시간이 걸렸죠. 그런데 어떤 여자가 눈에 들어오더군요. 결혼 생활을 하면서 오가다 몇 번 본 적이 있는 여자였죠. 저는 그녀에게 홀딱 반했지만, 어찌 접근해야 좋을지 몰라 망설였어요. 우리는 동네에서 오가며 몇 차례 마주쳤지만, 오랫동안 아무 일도 일어나지 않았죠. 그런데 돌연 어떤 계기로 우리는 만나기 시작했어요. 저는 그야말로 사랑에 푹 빠졌죠. 저는 성급하게 같이 살지 않겠느냐고 물었습니다. 그리고 함께 살았죠. 그게 7년인가, 8년 정도일까? 하지만 우리는 해내지 못했어요(침묵). 처음에 그녀는 정말 다정했죠. 그러나 끊임없이 사랑한다고 말해달라고 보채더군요. 문자 메시지에 빨리 대답하지 않거나, 첫 키스 기념일을 잊어버렸다거나, 아무튼 제가 어떤 것을 주목하지 못하면 그녀는 모욕하는 거냐며 화를 냈습니다. 정말이지 기대가 많은 여자였지만, 저는 도대체 어떻게 해야 좋을지 몰라 난감했어요. 그냥 짜증스러웠죠. 갈수록 그녀와 대화가 줄어들었어요. 저는 사무실에서 혼자 시간을 보내거나 친구들과 어울렸죠. 결국 그녀와 더는 함께 살 수 없다는 결론을 내렸습니다. 처음에는 그토록 좋아했는데, 정말 괴롭고 힘들더군요. 좋은 관계를 유지했던 건 아마도 3~4년 정도 되는 거 같아요. 어째서 이렇게 변했는지 모르겠습니다. 대체 무슨 일이 일어난 건지도. 깨닫지 못하는 사이에 이렇게 변해버린 것은 참 묘한 일이죠. 인생은 그저 싸움과 실망의 연속인가 싶은 생각마저 들더군요. 갈수록 덜 행복해지거나 생동감이 줄어드는 것만 같아 안타까워요. 그냥 이런 인생에 맞춰야 하는 건지. 그녀가 변한 건가요? 아니면 내가? 언제부터인가 왜 내가 그녀를 실망시켰다고 나 자신이 생각하는지 잘 모르겠어요. 그녀의 요구를 충실히 들어주지 못한 건 인정해요. 하지만 그녀의 눈빛에서 보이는 실망감과 상처받은 마음을 (더는) 견딜 수가 없었어요.

이 이야기에서 마크와 그의 동거녀는 '전형적' 남성성과 여성성의 차이를 보여준다. 여자는 오롯이 관계에 집중하기를 바라는 반면, 마크는 관계보다는 자신이 하는 일에 집중할 수 있는 환경을 원한다. 다시 말해서 그와 그녀는 자존감을 서로 다르게 해석하고 추구한다.[46] 직장에서 남성 권력은 차별 철폐 정책과 동등한 임금 체계로 제어되는 반면, 사적 영역에서 남성 권력은 관계에서 자율성을 행사하는 데 의문을 제시함으로써 제어되었다. 자율성은 사회적 책임과 의무에 반대하는 자아를 긍정하는 것으로 정의된다. 마크의 동거녀는 감정에 집중하는 관계를 원하기에 이런 감정적 시나리오에 따른 표현을 남자에게 요구한 것이다. 마크는 동거녀의 요구를 진정한 자아와 자율성을 위협하고 가로막는 의무로 여기고 관계를 부담스러워한다. 철학자 마크 파이퍼는 자율성을 다음처럼 정의한다. "가장 일반적인 형태의 자율성은 자아의 지배 또는 스스로 결정할 권리를 뜻한다. 그래서 자율적인 인간은 자신이 이해하는 자아상에 비추어 효율적으로 자신을 다스릴 줄 아는 사람이다. 이는 곧 자신의 참된 또는 진정한 자아를 표현할 줄 아는 것이 자율성임을 뜻한다."[47]

자율성이라는 이상은 자신이 가장 중요하게 여기는 것을 표현하는 인생을 살도록 요구한다.[48] 남성의 사회적 능력은 자율성을 과시하는 것으로 표현되는 반면, 여성의 사회적 능력은 돌봄의 윤리를 실천하는 것, 곧 감정의 집중적 교류 속에서 표현된다. 자율성과 결합이라는 남성과 여성의 각기 다른 이상이 서로 합치하기 힘들 정도로 엇갈리는 이유는 이처럼 각기 다른 사회적 능력을 표현한다는 데 있다.

미국의 한 대학교에 재직하고 있는 물리학자 리처드는 자율성과 결합의 갈등을 잘 보여주는 사례를 제공한다. 오십대 초반인 그는 최근 재혼했다.

리처드 두 번째라고 해서 첫 번째보다 쉬운 게 아니더군요. 당시에도 우리는 다퉜고, 지금도 다툽니다.
질문자 무엇 때문에 다투는지 말씀해주실 수 있나요?
리처드 당시에요? 아니면 지금요?
질문자 예를 들어 당시에는 무엇 때문에 다퉜죠?
리처드 전처는 늘 제가 그녀의 욕구를 존중하지 않는다고 말했죠. 제가 그녀가 원하는 바와는 다른 어떤 것을 원하거나 한다고 느낀대요. 어쨌거나 제가 자기 욕구를 존중하지 않는 게 분명하대요. 시간이 갈수록 더욱 더 자기 욕구를 존중해야 하는데 그렇지 않다나요. 임신했을 때, 그녀가 직장에서 근무할 때, 실직했을 때, 장모님이 돌아가셨을 때 제가 충분히 돌봐주지 않아 억울하대요. 아무튼 늘 문제는 그녀의 욕구였죠. 어떤 식으로든 제가 불충분했다고 비난하더군요. 정말이지 돌아버리는 줄 알았어요. 저는 꾹 참고 내가 다른 욕구를 가진다는 사실이 당신의 욕구를 존중하지 않는 것을 뜻하는 게 아니라고, 내가 항상 당신의 욕구에 맞춰야 하는 것은 아니지 않느냐고 설명했죠. 그러나 그녀는 그렇게 보지 않았어요. 진짜 어렵더군요. 저는 결혼해서 가정을 가진 게 좋았어요. 그러나 어떻게 늘 여자의 욕구에만 맞추죠? 언제부터인가 지긋지긋하고 더는 참을 수가 없어, 제가 떠났습니다. 이렇게 해서 우리는 둘 다 평화로워졌다고 저는 믿어요.

떠남으로써 리처드는 위협받는 자율성을 방어하려 들었다. 내가 뽑은 사례가 온전한 대표성을 가진다고 보기는 어렵다 할지라도 남성이 '의견'을 제기하기보다 '떠남'을 더 선호한다는 관찰은 흥미롭다. 남성은 번거로운 감정적 협상을 벌이느니 배우자를 떠나는 편을 택한다. 자기 욕구를 표현하는 '의견'은 문화적으로 취약성을 드러내고 자아와 자율성을 위협하는 것으로 여겨진다. 우리의 논의가 주목해야 할 중요한 것은 남성의 자율성이 일련의 사회적 기능과, 남성의 정체성에 결정적 역할을 하는 사회적 능력으로 이뤄진다는 점이다. 자율성을 개인이 가지는 심리적 특성으로 보아서는 안 된다. 자율성은 무엇보다도 자기 능력을 실제 쓰고, 이 행위를 통해 자신이 가진 도덕적 정체성을 보여줌으로써 타인에게 인정받아야 하는 것이다. 다음의 사례는 도덕의 두 가지 가치가 서로 충돌하며 빚는 갈등을 보여준다. 앞에서 이미 살핀 적 있는 고위 공직자 출신인 아르노는 자신이 겪은 이혼을 이야기했다.

아르노 저는 전립선암이 4기로 접어들었다는 진단을 받고 이혼했습니다. 이런 변화에 아내는 무척 안타깝다며 동정심을 보이더군요. 그녀의 동정심에 저는 본능적으로 거부감이 들었습니다. 예전에는 서로 잡아먹을 것처럼 싸우기만 했는데 돌연 그처럼 내 걱정을 한다는 걸, 모르겠어요, 이런 돌연한 변화를 어떻게 받아들여야 하는지. 갑자기 상냥하게 동정심을 보이는 게 야릇하기만 하더군요. 아세요? 그건 저에게 너무 지나쳤어요. 그 동정심 때문에 오히려 기분만 더 나빠졌죠. 저는 그저 홀로 있고 싶었을 뿐입니다. 그런 동정심은 견딜 수 없었어요. 우리가 예전에 금슬 좋은 부부는 아니었잖아요. 우리는 오래전부터 멀어진 사이였습니다. 암이 결정을 신속하게 내리게 해주었죠. 우리는 얼마 뒤 이혼했습니다.

분명 아르노의 전처가 보인 근심과 배려, 곧 돌봄이라는 윤리의 표현은 그의 자율적 감정과 충돌하여 아르노로 하여금 병을 홀로 견디는 쪽을 택하게 만들었다.

자율성과 배려는 자아의 도덕심이 똑같이 중시하는 이상이다. 52세의 이스라엘 여성 나오미는 정치 컨설턴트로 활동하며 18년 동안 결혼생활을 했다. 그녀는 나무랄 데 없는 결혼 생활, 아기를 출산하기 전까지는 심지어 좋은 결혼 생활이었다고 말했다. 그러나 아기를 낳았을 때 그녀는 '이게 아니구나' 하고 깨달았다고 한다.

질문자 왜 그렇게 생각이 바뀌었어요?
나오미 남편은 배우자라고 할 수 있는 사람이 전혀 아니었어요. 그는 오로지 일, 일, 일뿐이었죠. 아기를 키우는 것이나 가정을 꾸리려는 노력에 전혀 도움을 주지 않았어요. 그가 할 수 있는 유일한 것은 오직 일이었죠. 저는 그가 배우자일 수 없음을 깨달았어요. 모든 걸 저 혼자 해결해야 한다는 점도.
질문자 모든 걸 홀로 해결해야 한다고요?
나오미 음, 독신이라는 느낌은 아니에요. 외로움이랄까, 화가 나고 슬프고 심지어 배신감마저 들더라고요. 무슨 말인지 아시죠? 결혼 전에 우리는 친구였어요. 모든 걸 함께했죠. 그렇지 않았다면 저마다 자유를 가지고 자신이 하고 싶은 걸 하겠다는 의식이 있었겠죠. 그러나 아이들이 생기면서 저는 애들을 돌봐야 했어요. 모든 일을 저 혼자 처리해야 했고요. 그는 전 세계를 누비는 자유를 누리는데, 저는 집에서 아이들과 씨름해야 했죠. 이건 정말 배신이라는 느낌이 강했어요.

나오미의 사례가 보여주듯 감정적 친밀함이야말로 관계를 유지시키는 도덕적 정당성이다. 그녀는 아이 돌보기를 남편과 함께 나누어야 한다는 것을 감정의 규범으로 여겼다. 그러나 이런 규범은 생업 활동에서 자율성을 누려야 하는 남편의 처지를 곤란하게 만든다. 자본주의 기업이 직원의 시간을 거침없이 끌어다 쓰기 때문에 나오미는 남편에게 불만을 가질 수밖에 없었다. 그리고 시간 부족으로 남편은 가정에서 돌봄 역할을 수행할 수 없었다. 이런 정황은 다시금 관계를 최우선으로 여겨야 한다는 나오미의 도덕적 감정에 상처를 주었다. 이 부부의 갈등은 일터가 요구하는 자율성과 가족이 필요로 하는 돌봄이라는 두 가지 도덕적 관점의 차이로 생긴 것이다. 서로 다른 도덕적 관점은 다시금 각자 자존감을 정의하는 데 영향을 미친다.

감정 존재론과 결속력 없는 감정 계약

자본주의 경제 체제에서 욕구는 통상 폭발적으로 증가한다. 정확히 말해서 소비자본주의는 욕구, 진짜든 가짜든 욕구를 늘리고 퍼뜨림으로써 기능한다. 우리는 흔히 욕구라고 하면 물질적 성격을 가지는 것, 이를테면 기술 도구나 자동차를 가지고 싶은 희망을 생각한다. 그러나 1960년대 이후 자본주의의 두드러지는 특징은 갈수록 심리와 감정의 욕구를 조장하고 이에 맞춘 상품을 제공해왔다는 점이다. 소비경제가 주체성의 가장 깊숙한 구석까지 파고들면서 자본주의는 특이하게도 감정 상품(내가 '이모디티' emodity라 부른 것)[49]을 출시했다. 감정 상품은 일종의 서비스 상품으로 구매자의 감정 상태를 바꾸고 개선한다고 하는, 말하자면 감정 화장이다. 자본주의는 여성과 남성으로 하여금 스스로를 감정의 다발로 이해하고, 그 최고치를 이끌어내는 것이 중요하다고 각인시킨다. 우리는 관계를 형성할 뿐만 아니라 다듬고 개선하기 위해 감정 상품을 소비하기 때문에 관계야말로 감정 상품의 가장 중요한 수요자다. 비유하자면 관계는 활시위처럼 당겨지는 욕구를 따르기에 급급하다. 욕구라는 이름의 활시위는 갈수록 더 강하게 당겨진다. 현대의 자아는 스스로를 '진행 중인 작업', 곧 끊임없이 자신을 연마하며 실력을 향상해야 하는 미완의 프로젝트로 이해한다. 현대의 자아는 오로지 한 가지 길, 자아 완성과 욕구 충족이라는 앞으로 나아가야 하는 길만 알기 때문이다. 거꾸로 욕구 불만은 감정적 거리를 느끼게 하는 감정적 기반이다. "진정한 거리는 가까움이다. 지상에 더 이상 집을 가질 수 없는 지하의 욕구에 대한 부끄러움을 극복하고자 하는 무능."[50] 소비문화에서 욕구의 증가는 욕구가 많아졌다는 것을 의미할 뿐만 아니라, 그 강렬함과 특별함을 늘려가며 자아의 토대를 형성한다는 것을 뜻한다. 욕구의 이런 증가를 촉발한 것은 치료 담론과 이를 적용한 각종 상담이다. 치료와 상담은 감정적 욕구를 표현하고 이를 협상의 대상으로 만드는 기술을 제공한다.

특히 여성이 치료를 적극적으로 받아들이는 이유는 여러 가지다. 여성은 주로 돌봄을 제공하는 역할을 맡는다. 그만큼 여성은 '심리 문제'에 맞닥뜨릴 수밖에 없어 이를 해결할 전문적 도움을 기대한다. 결혼 문제 상담이든 관계 일반을 둘러싼 고민 상담이든 여성은 학술적 근거를 가진 전문가를 쉽게 찾는다. 심리 기술은 마치 뭔가 다른 방법으로 '돌봄'을 해결해줄 것 같다. 더욱이 여성은 남성보다 더 세심하고 정확하게 자아를 살피고 관계에 더 많은 신경을 쓰기 때문에 '치료'의 주된 고객이자 환자이며 소비자다. 여성은 심리와 관계 능력을 개선함으로써 자아를 감독하는 방법으로 치료를 원한다. 이렇게 볼 때 치료는 이중성을 가지는 사회 현상이다. 우선 치료는 자기 자신을 관찰하고 다른 사람을 돌보도록 일깨운다는 점에서 여성으로 하여금 주체성을 다스릴 수 있게 돕는다. 그러나 다른 한편으로 여성에게 자신과 타인의 감정을 주목하는 능력으로 정의된 사회적 능력(여성의 성적 역할)을 통해 감정으로 표현되는 관계에 충실하게끔 강제한다. 결혼(또는 어떤 형태로든 고정된 관계) 생활에서 자아와 관계를 감독해야 한다는 여성의 역할은 그러므로 성적 차별의 전형적 측면으로 이해될 수밖에 없다.

제4장에서 언급했던 베레니스는 자신의 이혼을 이렇게 이야기한다.

베레니스 이혼하게 만든 사건이 있느냐고 물으셨는데, 저에게 이혼은 매우 오래 걸린 과정입니다. 단 한 가지만의 문제가 아니죠. 여러 문제가 얽혀 있어요. 하지만 그래도 생각해보니 그와 나 사이가 결정적으로 멀어지게 된 문제가 하나 있군요. 몇 년 전, 연극 일을 시작하기 오래전에 저는 작품을 그리려고 아틀리에를 빌리고 싶었죠. 비용은 우리가 그럭저럭 해결할 수 있을 거 같더라고요. 물론 몇 가지 희생을 전제로. 하지만 그는 안 된다고 하더군요. 너무 비싸다는 거예요. 봉급으로 전체 식구가 먹고살기 어려운 건 맞아요. 그래도 반론을 했더니 그는 기분이 나빴던 모양이에요. 저는 홀로 버려진 느낌이었어요. 우리가 감당할 수 있는지 그가 알아보려는 시도조차 하지 않는다는 느낌을 받았죠. 이 아틀리에는 저의 발전에 중요했어요. 그는 제 발전에는 관심이 없어 보였어요. 무슨 대단한 출세를 말하는 게 아니에요. 저는 그림을 그리고 싶다는 또는 작품을 하고 싶다는 열망을 누를 수가 없었죠. 이후 저는 예전처럼 그를 사랑할 수가 없었어요. 저에게 정말 중요한 것을 도와주지 않았다는 느낌 때문에.

베레니스의 감정 욕구는 아틀리에라는 구체적 근거를 가진다. 그녀는 작품 활동을 통해 계속 자신을 발전시켜야 한다고 믿는다. 이런 믿음은 다시금 감정과 물질의 성격을 가지는 새로운 욕구를 키워 본래의 계약, 곧 결혼 생활의 토대인 조건(남편은 돈을 벌어 가족을 먹여 살리고, 아내는 자녀와 집을 돌본다)을 바꾸었다. 아틀리에 임대를 거부한 남편의 태도는 베레니스에게 관계의 전환점을 이룬 감정적 사건이다. 그녀는 이 전환점을 감정 존재론으로, 곧 그녀가 중요하다고 여기는 일련의 감정 욕구에 비추어 해석하고 반응한다. 그녀의 당시 남편은 아내의 욕망과 욕구와 취향의 발달을 무시하고 배려하지 않았다. 그래서 베레니스는 그의 거부로 촉발된 일련의 새로운 감정에 비추어 관계를 문제 삼고, 새롭게 평가했다.

자기 욕구를 실현시키는 의지의 개선은 두 가지 강력한 문화의 힘, 곧 소비와 치료가 만드는 결과물이다. 소비와 치료(치료는 비물질적 감정 상품, 곧 무형의 감정 상품이다)는 특히 여성을 주요 고객층으로 삼아 이들의 적극적 활동을 유도하는 문화의 강력한 두 가지 장이다. 소비문화와 치료는 주체, 특히 여성 주체로 하여금 자신의 의지와 욕구에 집중하도록 부추긴다. 자아는 자기 감정의 표현을 선호하는 쪽에 치중하기에 갈수록 유별나고 고집스러워진다. 함께 감정을 나누는 경험으로 관계를 이해하기보다 서로 다른 욕구와 욕망을 가진 의지들이 협상하는 것으로 보는 관점은 이렇게 생겨난다. 다시금 사프란 포어의 글을 인용해보자. "줄리아와 제이콥의 가정 생활은 끝없이 협상을 벌이며, 그때마다 자잘한 수정을 가하는 과정이라는 특징을 보여주었다."[51]

다양한 심리학파의 이론을 조합한 치료 기술은 그런 협상과 수정을 위한 주된 문화적 도구다. 치료는 애정 관계에 세 가지 영향을 미쳤다. 아마도 가장 중요한 첫째 영향은 자존감을 자각하는 의식을 각성시키고 고양시킨 것이다. 치료는 자존감이 위협받을 때 화를 내는 것이 정당한 반응이며, 감정을 주고받을 때 자존감을 지키는 기술을 제공한다(적극적 자세를 보여라, 불안해하지 마라, 자신을 사랑하라 등). 심리학자들의 주도 아래 부부 사이에도 화가 날 때는 거침없이 표현하는 것이 좋으며 또 마땅히 그래야 한다는 주장은 일종의 정설로 자리를 잡았다. 프란체스카 캔시언과 스티븐 고든이 논증하듯, 20세기를 거치는 동안 사랑을 자아실현으로 보는 규범과 부부 사이에도 분노를 표현할 줄 알아야 한다는 규범이 나란히 제시되었다. 이런 양상은 사회가 바라보는 사랑이 역설적이게도 그만큼 자존감을 위협해 분노로 얼룩져 있음을 암시한다.[52] 치료로 말미암아 생겨난 둘째 변화는 심리학이 각각의 감정에 이름을 붙이기 시작하면서 감정의 주체가 그동안 자신이 품어온, 억눌러 왔든 표출했든, 감정을 의식하게 되었다는 점이다("나는 오랫동안 남편에게 무어라 말해야 좋을지 모를 감정을 품어왔는데, 이제 보니 그게 화야"). 의식 속에서 감정이 명료해지고 중요해지면서 감정은 개인 간의 요구와 협상의 대상이 되었다("화를 달래줄 방법을 찾아봐").

보스턴 출신으로 63세의 심리치료사인 헬레나는 남편과 감정적으로 거리가 멀어지면서 맞게 된 결혼의 위기를 다음과 같이 묘사한다.

헬레나 그건(감정적으로 거리가 멀어진 것) 제가 새 치료를 시작하면서 처음으로 느꼈던 거 같아요. 예전에도 많은 치료를 해봤죠. 그러나 새 치료는 훨씬 더 효과적이었어요. 제가 저의 자아를 더 잘 의식하자, 그동안 내내

억눌러온 감정들이 떠오르더라고요. 이 치료 덕분에 저는 우울함을 덜 느꼈지만, 그 대신 화가 치밀었어요. 그동안 제가 가졌지만 만족하지 못했던 욕구들이 느껴지기 시작했거든요.

이스라엘의 의료 공학자 다니엘라(49세) 역시 비슷한 이야기를 들려준다.

다니엘라 저는 늘 그가 나와 함께 있지 않구나 하는 느낌을 가졌어요. 그는 저와 제가 세상을 이해하는 방식을 지지하지 않았죠. 전체적으로 제 편을 들어준 적이 없어요. 그렇지만 결혼 생활은 그럭저럭 유지했죠. 제 말은 우리가 가족과 친구들을 가졌다는 거예요. 우리는 함께 여행도 곧잘 했어요. 별 문제가 없는 것처럼 보였죠. 그러나 언제부턴가 저는 치료를 받고 싶어졌어요. 아마 5~6년 전쯤. 이따금 이상하게 두렵다는 생각이 저를 공격했거든요. 치료를 받으며 차츰 우리 부부 관계가 제 불안의 원인이라는 사실을 깨닫기 시작했어요. 실제로 남편에게 충분한 지원을 받지 못한다고 느꼈으니까요. 하지만 치료를 받으며 변했어요. 더는 제가 원하는 방식으로 지원받지 못하는 걸 참지 않겠다고 결심했죠. 그러다 드디어 결심을 했어요. 아마도 딸이 요리를 배우러 스위스로 갔을 때였던 거 같아요. 저는 이대로 머무르지 않겠다고 결심했죠. 우리 관계가 저에게 너무 큰 희생을 요구한다고 느꼈으니까요.

헬레나와 다니엘라의 묘사에서 치료는 '억눌러온' 욕구와 감정을 수면 위로 끌어올리는 직접적 효과를 낸다. 치료는 이런 욕구와 감정에 이름을 붙여주고 이 이름이 붙여진 감정들을 결혼 생활의 어려움을 회고적으로 감각하게 하는 서사로 통합시키는 프레임을 제공한다. 치료는 반성적이지 않았던 감정 과정에 기반한 관계를 반성적이고 의식적인 관계로 바꾸어놓는다. 치료 상담을 받는 동안 구체적인 이름을 얻은 감정들은 자아의 중요한 측면으로 부각된다. 가족사회학자 올리 벤저민은 이렇게 썼다. "여성운동과 특히 이 운동이 전문 치료 직업군에 불러일으킨 반향은 일종의 전환점을 만들어냈다. (…) 개인 상담과 가족 상담과 부부 상담은 주변 사람들을 의식하고 돌보던 생활을 포기하고 자기계발과 자기주장을 하도록 지원하기 시작했다."[53] 치료의 영향을 받아 헬레나와 다니엘라는 새로운 차원의 자존감을 키우면서 부부생활의 암묵적 규칙을 문제 삼기 시작했다. 치료의 목적은 자아를 강화해 자아의 존엄을 키우는 것, 나는 이것을 '과잉 존엄'hyper-dignified이라고 부르고 싶은데, 자존감을 더없이 강조하는 것이다. 이런 과잉 존엄의 자아는 어떤 상처를 받았는지 부단히 주의하기 때문에 자동으로 방어 전략을 앞세우기 마련이다. 이런 과정을 더욱 분명하게 보여주는 사례는 이스라엘의 박사과정 학생 다나(46세)의 경우다.

질문자　왜 이혼하셨는지 말씀해주실 수 있나요?
다나　행복하지가 않았어요. 저는 오랜 세월 행복하지 않았습니다. 우리는 치료를 받으러 갔죠. 그와 치료를 받으러 가기란 쉬운 일이 아니었지만, 결국 갔죠. 약간 도움이 되기는 했지만 불행하다는 느낌은 여전해서 계속 치료를 받았죠. 저는 6년 동안 치료를 받았어요. 그리고 이 치료는 실제로 저를, 결혼을 보는 저의 감각을 바꾸어놓았죠. 그 덕에 많은 것을 이해할 수 있었어요.
질문자　어떻게요? 무슨 변화였는지 말씀해주실 수 있나요?

다나   물론이죠. 저는 제 자신이 누구인지 명확한 의식을 가지지 못했어요. 일상에서 내려야 하는 결정에 남편에게 매우 의존하는 편이었죠. 그러다 보니 저만의 의견이라는 것을 가시시 않았쇼. 이제는 의견이 생겼어요. 그렇지만 의견을 말하기는 두려웠죠. 다툴까 봐 두려운 나머지 남편이 하고 싶어 하는 대로 내버려뒀어요. 그가 모든 결정을 했죠. 치료사는 욕구와 의견을 가지는 게 지극히 정상이라고 격려해주었어요. 하지만 제 의견을 말하면서부터 남편이 제 말을 귀담아듣지 않는 것을 깨달았죠. 그에게 저는 그저 아무 말 하지 않고 늘 다소곳하게 행동하는 아내였죠. 옛날의 저처럼. 제가 변하자 남편은 '새로운 나'를 어찌 다뤄야 할지 몰라 당황하더군요. 저는 그에게 그냥 수동적이고 묵묵히 따르기만 하는 아내여야 했어요. 그래서 내면으로 도피해 의미 있는 반응 자체를 하지 않았어요. 언제 또는 어떻게 확실한 변화가 일어났는지는 말씀드릴 수가 없네요. 그냥 일어났어요. 제 안에서 뭔가 들끓는 것을 느꼈죠. 제가 저 자신이기가 두려울 때 저는 남편을 사랑할 수 있었어요. 그러나 이제 두려움을 내려놓자 그를 향한 제 사랑은 아무 내용이 없는 게 되고 말았죠.

이 이야기에서 치료는 페미니즘이 강조하는 주체성이라는 의미에서 새로운 자아를 형성시켰다. 다나는 두려움이라는 무의식적 감정을 의식의 차원으로 끌어올림으로써 새로운 자아에 눈떴다. 새로운 자아는 관계의 틀을 바꾸고, 자존감을 새로운 차원으로 끌어올렸으며, 결혼 생활을 새롭게 평가할 수단을 제공했다. 이 여성은 욕구와 의지를 키움으로써 남편으로부터의 독립성을 획득했다. 그리고 이런 독립성은 '존중해달라는 요구를 하게 된다. 감정을 재정의하는 이 작업은 의지를 상당히 바꿔놓는다. 이런 과정은 시장의 중심에 있는 의지의 개선이 애초 관계를 맺을 당시의 계약을 약화시키는 방식을 잘 보여준다.

감정 능력 그리고 관계 형성 과정에서 여성의 위치

섹슈얼리티, 얼마든지 다른 대안을 택할 수 있다는 의식, 소비 취향과 치유를 통한 의지의 개선, 자율성과 결합 사이에 빚어지는 갈등, 다른 사람을 통해 자존감을 확인받고자 하는 궁색한 욕구, 이것들은 새로운 불확실성을 만들면서 이미 맺어진 관계에 사랑의 끝남이라는 과정을 시작하게 만든다. 섹슈얼리티화, 소비 취향으로 인해 계속 달라지는 평가, 결속과 자율성 사이의 갈등 그리고 자존감을 지키고자 하는 절박함은 내가 이번 장에서 논의한 감정 존재론으로 촉발되어 일어나는 현상이다. 감정 존재론은 돌봄 윤리의 핵심에 있는 사회적 능력의 형식이기 때문에 여성들이 관계를 평가하고 비판하기 위해 감정 존재론을 더 많이 이용하기 쉽다. 남성과 여성의 성적 차이와 성정체성은 의심의 여지 없이 섹슈얼리티와 감정의 장에서 남성과 여성이 서로 다른 위치를 차지하게끔 한다. 그리고 이 다른 위치는 부부 생활에 고스란히 반영된다. 더욱이 자본주의 사회에서 여성의 위치는 이중성을 띨 수밖에 없다. 우선 여성은 남성 응시로 등급이 매겨지고 소비되는 섹슈얼리티의 대상이다. 다른 한편으로 여성은 돌봄의 역할을 하면서 감정 영역을 책임진다. 한마디로 여성은 감정과 섹슈얼리티 두 가지를 동시에 감당해야 한다. 여성은 이 두 위치 사이를 오가며 어느 쪽도 소홀하지 않으려 애쓰다 보니 고달플 수밖에 없다. 또는 여성은 남성과의 관계에서 감정과 섹슈얼리티를 번갈아가며 이용해야 관계를 유지할 수 있다.

내가 인터뷰 대상으로 꼽은 이혼한 사람들이 일반적 결론을 추론하기에 너무 작은 규모이지만, 이혼한 남성보다 이혼한 여성이 이혼을 선택한 근거로 돌연한 깨달음을 제시한 경우가 훨씬 적다는 점은 주목할 만하다. 여성은 깨달음보다는 누적된 감정 또는 화답받지 못한 감정으로 생긴 트라우마를 주로 이야기했다. 감정 누적과 트라우마는 무엇보다도 시간의 흐름에 따른 이야기 형식을 취한다. 누적이든 트라우마든 이혼하게 만드는 원인은 시간의 흐름과 더불어 커지기 때문이다. 그리고 원인은 주로 감정 존재론의 형식을 취했다. 다시 말해서 여성의 내면 안에 존재하는 감정이 결국 이혼의 원인으로 작용한다. 이런 관찰은 이번 장의 서두에서 요약했던 이혼 연구 결과와 일치한다.

여성은 감정 존재론을 다양한 방식으로 이용한다. 여성은 관계의 상호작용에서 자신의 고유한 감정을 정확히 주목한다. 또 상대방의 감정도 주목한다. 여성은 빠르게 스쳐지나가며 바뀌는 분위기도 섬세하게 구분하며 감정에 일일이 이름을 붙인다. 여성은 어떤 감정을 기대하는지 그 표준을 정한다. 자신이 어떤 감정적 욕구를 가지는지 암시하기도 한다. 여성은 고도로 시나리오화된 친밀성의 모델을 유지한다. 결국 여성은 상호작용에서 감정의 강도와 표현을 재설정하고 감독하며 통제하려고 한다. 앨리 혹실드는 여성의 이런 노력을 '감정 노동'이라고 불렀다.[54] 감정 존재론은 요구를 하고, 특별한 형태의 능력을 과시하며, 기대를 표현하고, 상호작용을 위한 사회적 시나리오를 제공하는 기반이 된다. 일단 감정이 명명되고, 감독되고, 문화적 모델과 이상으로 이용되면, 이 감정은 '견고한 사실'이자 실체가 된다. 심리적 프레임은 감정에 프레임과 구조를 주는 자아 서사와 자아 목적을 제공하는 경향이 있다.

그래서 여성은 자신의 감정을 현실과 자아정체성과 사회적 능력을 떠받드는 강력한 기반으로 경험한다. 다음 두 여성의 사례는 두 사람이 비록 나이 차가 크기는 하지만 감정 존재론에 호소하는 방식만큼은 특이할 정도로 비슷함을 보여준다. 에블린은 31세의 프랑스 학자로 남자친구와 8년 동안 동거하다가 헤어졌다.

에블린 왜 우리가 헤어졌느냐고요? 그와 어떤 게 맞지 않아 그런 건 아니에요. 그는 멋진 남자죠. 실제로 누구라도 사랑할 만한 남자예요. 어떤 여자든 그를 원할걸요. 그가 지금 저의 가장 친한 여자 친구 가운데 한 명과 함께 사는 건 놀라운 일이 아니죠. 하지만 저는 그가 나를 잘 이해해준다는 느낌을 가질 수 없었어요. 그는 저를 사랑했고 아껴주었습니다. 하지만 그는 저를 올바로 보지 못했어요. 저를 비밀로 가득한, 복잡한 여자로 보았죠. 그가 이해하지 못하는 방식으로 제가 반응하면 그는 항상 이렇게 말했어요. "당신 참 재밌는 사람이야." 하지만 그건 제가 필요로 하는 이해가 아니에요. 제 욕구는 그가 저를 있는 그대로의 모습으로 이해해주는 것이었죠. 저는 비밀이 가득한, 어두운 여자이고 싶지 않아요. 저는 그저 이해받고 싶었을 뿐입니다.

앞서 언급했던 63세의 미국 여성 헬레나 역시 에블린과 비슷한 울림을 주는 말을 했다. 헬레나가 '35년의 결혼 생활 끝에 찾아온 위기'를 이야기했을 때, 나는 이유를 물었다.

헬레나 토머스(그녀의 남편)는 저를 사랑했어요. 그 나름의 방식으로 저를 사랑했고, 심지어 저는 그가 저를 매우 사랑한다고 믿었죠. 하지만 저는 그가 저를 정말 아껴준다는 또는 저를 있는 그대로 사랑해준다는 느낌을 받을 수 없었죠.

질문자 예를 들어 말씀해주실 수 있나요?

헬레나 아주 오래전에, 아마도 20년은 된 거 같습니다만, 저는 사람들 앞에서 연설을 한 적이 있어요. 연설이 끝나자 그는 제가 언급한 사건의 날짜를 잘못 말했다고 지적하더군요. 실제보다 5년 뒤 시점으로 말했다는 거예요. 그는 연설 자체가 어땠는지 아무 말도 하지 않았어요. 그저 제가 실수를 저질렀다는 것만 꼬집었죠. 뭐 놀랍지는 않았어요. 그냥 그런가 보다 했죠. 또는 제가 새 옷을 사면 곧장 이렇게 물었죠. "그거 얼마야?" 또는 생일에 선물이라고 준 게 정말 보잘것없었어요. 제가 필요로 하거나 좋아하는 게 아니었죠. 정말이지 그가 저를 무시하는 게 아닌지 의문이 들었어요. 그는 제 취향을 몰라요. 제 간절한 욕구에 어떻게 반응해야 좋을지 모르더라고요.

에블린도 헬레나도 감정적 욕구를 알아주고 맞추어주길 바라는 명확한 감정 존재론을 드러낸다. 자신을 있는 그대로 '보아주고', 이해하며 자존감을 확인받고 싶어 하는 열망이 이런 감정 존재론이다. 이런 열망이 자아의 내면 깊숙이 숨겨져 있으며 다양한 형태를 취하기에 알아보기가 쉽지 않다는 것은 분명하다. 수고로운 과정을 거치면서 감정을 진단하고 협상해야 이런 열망에 반응할 수 있다. 이런 욕구는 돌봄의 윤리로 이어지고, 따라서 도덕적 요구라는 고압적인 성격을 가진다.

대다수 페미니즘 여성 철학자들은 돌봄의 윤리가 여성이 자율성을 가지지 못하게 하는 원인이라고 비판했다. 여성이 자신의 목적을 추구하고 존엄함이라는 자기 정의의 감각으로 행동하지 못하게 만드는 원인이 돌봄 윤리라는 비판이다. 그러나 돌봄 윤리의 바탕이 감정 존재론일 때 돌봄 윤리는 반대의 효과를 나타낸다. 자아 인식과 자아 관리라는 치료 기술과 결합된 돌봄 윤리는 감정 능력의 감각을 통해 존엄과 진정성을 강화시킨다. 다시 말해서 돌봄 윤리는 여성의 자존감과 자율성을 장려한다. 감정을 통해 자존감을 지키는 것은 관계에서 여성의 자기 표현과 자아 관리에 중요한 것이 되었다. 다음의 연구도 이런 사실을 확인해준다.

'사랑받지 못한다는 느낌'은 여성들이 자주 표현하는 불만이라고 두 편의 연구가 밝혀냈다(「캘리포니아 이혼 연구」California Divorce Study는 여성의 67퍼센트, 「이혼 중재 프로젝트」Divorce Mediation Project(DMP)는 75퍼센트라고 밝혔다). 배우자에게 홀대받는다는 감수성은 지난 15년 동안 꾸준히 증가했다. 「캘리포니아 이혼 연구」는 여성 세 명 가운데 한 명꼴로, 「이혼 중재 프로젝트」는 59퍼센트의 여성이 이런 느낌을 가진다는 조사 결과를 내놓았다.[55]

현대의 낭만적 사랑이 보이는 새로운 면모 가운데 크게 의미 있는 것 중 하나는 자존감 확보를 위해 관계가 적극 활용된다는 점이다. 자신의 가치를 방어하는 일은 감정을 최우선으로 고려해야 하는 문제가 되었다. 그러므로 관계와 감정 교류를 평가하는 내면의 잣대는 상대가 자존감을 얼마나 중시해주는가 하는 것이다. 관계는 감정이라는 자아, 곧 심리적 자아를 중심으로 유지된다. 관계 당사자들은 서로 어떤 감정을 촉발하는지 유념해야 한다. 심리적 자아는 일련의 메타 감정의 규범에 의존한다. 메타 감정의 규범이란 감정에 대한 규범, 이를테면 다음과 같은 것이다. "내게 죄책감을 느끼게 할 권리가 당신에게는 없어." 또는 이런 것도 있다. "지금 내가 나 자신을 못마땅하게 느낀다면, 이제는 관계를 끝내야 할 때야." 관계를 자아의 감정 중심으로 꾸리는 이런 관점은 역설적이게도 감정적 갈등이 종종 다루기 힘든 것이 된 이유이기도 하다. 개인, 특히 여성은 치료, 아주 일반적으로는 이른바 자기계발 문화를 통해 자신만의 독특한 감정 규범성을 키운다. 이렇게 개인에게 초점을 맞춘 감정, 다른 사람과의 차이를 강조하는 감정이 관계를 평가하는 기준이 되었다. 개인은 이 기준으로 관계를 평가하며, 결국 자신의 감정이 오롯이 살아나지 않는다는 이유로 관계를 정리하기도 한다.

나는 '몸과 섹슈얼리티가 안정적 관계의 토대가 될 수 있을까', 곧 '관계를 맺고 평가하는 잣대로 기능할 수 있을까' 하는 물음을 지속적으로 제기했다. 그러나 감정 역시 관계를 지속적으로 이끌어가기에는 불안한 기반이다. 철학자 해리 프랭크퍼트는 이렇게 썼다. "우리 자신이 누구인지 말해주는 사실은 의심으로 무너지는 관계를 구해줄 확실한 저항력을 발휘하지 못한다. 우리 인간은 실제로 이해하기 어려운 존재다. 인간의 본성은 불안정하기로 악명이 높으며, 자연의 다른 어떤 사물과 비교해도 뿌리가 튼튼하지 못하다."[56] 감정 존재론은 관계를 맺는 데 따른 어려움을 적절히 해결할 수 없다. 감정은 본래 변화무쌍한 것이어서 실체를 파악하기가 어렵기 때문이다. 대개 감정은 관계를 매끄럽게 유지하기 위해, 곧 상대의 비위를 맞추기 위해서 입 밖으로 표현되는 일이 드물다. 그래도 감정에 주목하면 관계는 더 자의식적이 된다.[57] 상호작용의 어느 한 차원에 초점을 맞추면 다른 차원은 무시된다. 그러므로 감정에 이름을 붙여준다는 것은 이 감정을 견고한 유사 사실이나 사건으로 변화시키는 문화적 행동이다. '감정 표현'(윌리엄 레디 William Reddy의 개념을 그대로 빌려 쓰자면 '이모티브'emotive)은 상호작용을 형성하고 변화시키기도 한다. 이 상호작용에서 감정이 표현되고 감정적 요구는 자기 기반과 정당성과 타당성을 갖는다. 이를테면 우리는 이런 식의 주장을 흔히 듣는다. "네가 나를 별로 신경 써주지 않는 거 같아 기분이 나빠." "내가 사랑받길 원하는 만큼 사랑받지 못하는 거 같아." 이런 말들은 감정을 사건과 사실로 만든다. 사건이나 사실이 된 감정은 인지되고 논의되고 교류되어야 한다. 이것은 자아로 하여금 그 무의식적 습관을 바꾸도록 이끌고 있다.

　프랑스의 금융 전문가 크리스티앙 월터Christian Walter는 '욕구의 양량적 이론'을 이야기한다. 이 이론은 개인이 어떤 결정을 내리기에 앞서 자신이 무슨 욕구를 가졌는지 잘 알지 못한다고 강조한다. 또는 욕구가 모순된 내용을 가지거나, 불분명한 경향을 가진다고 지적한다. 이런 관점에서 본다면 주체는 선택이나 결정을 함으로써 비로소 자신이 무엇을 선호하는지 깨닫는다. 이 이론은 선택과 결정이 자아와 심리의 구성 요소에 의한 게 아니라, 관계의 상호작용 속에서 나타나는 것임을 보여준다. 다시 말해서 선택과 결정은 주체가 선호하는 것을 표현하고 발견하는 바로 그 순간에 그것을 공식화하는 역동적 과정의 산물이다. 이것은 경제학이 말하는 합리적 주체 또는 심리적 관점과는 거리가 멀다. 이 심리적 관점에 따르면 주체는 느낌이라는 단순한 정황에 의해 타당성이 보장되는 욕구와 선호를 발견하게 된다. 크리스티앙 월터는 실제로 우리 주체가 스스로 어떤 욕구를 가졌는지 미리 알지 못한다고 강조한다. 이 논리에 비추어 우리는 욕구가 미리 정해진 것이 아니며, 감정 존재론을 통해, 곧 심리적 담론과 서사를 통해 비로소 모습을 드러낸다고 말할 수 있다.

*

이번 장에서 논의한 내용 가운데 아마도 가장 중요한 주장은 이런 것이다. 이별에 선행해 일어나는 사랑의 식어감, 그래서 결국 이별을 낳는 사랑의 끝남 과정은 관계를 부정적으로 만들어 결속력을 풀어버리는 다양한 사회적 힘이 작용한 결과라는 것이다. 이런 사회적 힘은 사람들을 전도된 자기장, 곧 사람들을 서로 결속하는 게 아니라 분리하는 장으로 몰아넣는다.

이번 장에서 선보인 논의들은 '사랑의 끝남' 과정 대부분에서 주체가 자신의 가치를 확보하려 홀로 투쟁하도록 버려진 것은 자본주의 사회 때문이라는 논제로 귀결된다. 가치는 서로 다른 네 가지 무대에서 성립된다. 바로 섹슈얼리티화, 소비 대상과 소비 실천, 관계로부터 탈출함으로써 자율성을 긍정하는 능력, 감정 존재론이다. 그리고 가치는 가정 내에서 사랑이 식어가는 그 방식에 의해 끊임없이 의문에 부쳐진다. 그러나 또한 관계를 시작하고 떠나는 행위는 강제적으로, 끊임없이 일어난다. 이로써 자존감은 갈수록 제로섬 구조에 포획된다. 결국 자아는 섹슈얼리티와 욕망과 소비 정체성과 감정적 확실성을 만족시키기 위해 또 다른 상대에게 깊이 의존할 수밖에 없다. 친밀성과 결혼은 서로 상대의 자유를 제한하는 것으로 체험된다. 그래서 얻어지는 놀라운 결과는 이별이나 이혼이 다시금 자유를 회복하는 통로가 된다는 점이다. 대다수 인생에서 가장 아픈 경험 가운데 하나인 이별 또는 이혼은 결국 자유를 되찾을 탈출구가 된다. 예를 들어 작가 니콜 크라우스는 조너선 사프란 포어와 이혼한 것을 두고 이런 생각을 했다고 한 기사가 밝혔다.

크라우스가 『어두운 숲』Forest Dark 을 쓰면서부터 가장 천착하는 관심사는 자유의 문제다. 그녀는 최근 4년 동안 자유를 전혀 다르게 이해하게 되었다고 말한다. 그녀는 자신이 이혼할 수 있다는 것을 깨달은 순간을 두고 다음과 같이 말했다. "이혼할 수 있음을 깨달은 순간 나는 내 아이들에게 두 가지 교훈 가운데 하나만큼은 확실히 가르쳐야겠다고 결심했다. 하나는 누군가에게 상처를 주기보다는 관계를 지키는 것이 중요하다는 교훈이다. 둘째는 자유와 행복과 보다 더 큰 자존감을 위해 인생을 살아가는 본보기를 보여주자는 교훈이다. 의문의 여지가 없이 나는 둘째 교훈을 택하련다. 나는 이것을 명백히 아이들에게 보여주고 싶다."[58]

여기서 이혼은 많은 사람이 겪는 고통스러운 경험이 아니다. 오히려 이혼은 자유의 화려한 신호탄이다. 이 자유는 현대의 기술과 치료와 소비라는 제도가 우리를 위해 공들여 만들어준 것이다. 말 잘하는 이 자유 앞에서 우리는 할 말을 잃는다.

에필로그

부정적 관계와 섹스의 나비 정치

사람들은 '절대적'이라고 여기는 것을 설명하려는 다른 사람들을 좋아하지 않는다. 그러나 나는 아는 편이 낫다고 생각한다. 사람들이 사실주의를 그처럼 견디기 힘들어하는 것은 참 묘한 일이다. 근본적으로 사회학은 우리가 지혜라 부르는 것과 아주 가깝다. 사회학은 신비화를 믿지 말라고 가르친다. 나는 진실의 기적에 경탄하고자 모든 거짓 마법으로부터 해방되길 원한다. 진실은 깨지기 쉽기에 그만큼 소중하다는 것을 새기면서.
— 피에르 부르디외

나는 정신에 상복을 입혀 그 모든 슬픔에 떨게 하리니, 이는 곧 편안한 치료가 아니라, 불로 지지며 칼로 헤집는 치유를 위함이라.
— 세네카[1]

미셸 우엘벡은 떠들썩한 논란을 부른 작품 『복종』(2015)에서 자애로운 얼굴을 한 이슬람주의자가 대통령으로 선출되는 가까운 미래의 프랑스를 그린다. 이런 집단적 변화는 19세기 문학을 전공한 문학평론가 프랑수아라는 인물이 보여주는 도덕적 복종으로 묘사된다. 프랑수아는 이슬람교로 개종할지, 아니면 따분하기는 하지만 쾌락을 탐닉하는 프랑스의 세속적 정체성을 유지할지 고민한다. 이슬람교로의 개종은 직업적 출세, 더 많은 돈과 합법적인 폴리가미, 곧 여러 명의 성적 파트너를 누리는 생활을 약속해준다. 둘째 선택지는 이따금 캐주얼 섹스나 구속력 없는 섹스를 하며 계속해서 지루한 실존에 시달리는 생활을 지속하는 것을 뜻한다. 결국 그는 마지못해 '복종'(이슬람교로의 개종)을 택한다. 순종적 여자가 살림과 성적 서비스를 해줄 것이라는 유혹에 끌린 나머지 프랑수아는 복종을 택했다. 이런 설정으로 우엘벡은 전작 소설인 『투쟁 영역의 확장』(1994)과 『소립자』(1998)의 주제를 다시 손질해 매듭짓는다. 『투쟁 영역의 확장』은 갈수록 경쟁이 치열해지는 섹슈얼리티 시장에서 버틸 수가 없는 나머지 자살을 택하는 남자(주인공)의 이야기다. 『소립자』는 1968년 이후의 시절에서 섹스를 통해 광적으로 진정성을 추구한 결과, 형이상학적 공허함과 맞닥뜨리고 마는 과정을 묘사한다. 결국 이 소설은 인체 복제를 통해 섹슈얼리티라는 끝없이 고통만 안기는 비극으로부터 해방된 인간이라는 비전을 공허함의 해결책으로 제시한다. 이 세 작품 모두에서 섹슈얼리티는 현대 사회의 주요한 특징으로 실존적 혼돈을 빚는 주요 원인이다. 또 섹슈얼리티는 정치적 불만과 문화의 변혁을 부르는 원인이기도 하다. 헨리 제임스와 오노레 드 발자크 또는 에밀 졸라의 소설이 근대 이전의 위계질서 중심 사회가 교환과 돈이 지배하는 세상으로 바뀌는 거대한 변혁을 조명했다면, 이야기꾼 우엘벡은 사회가 성적 자유로 지배되는 세상으로 변화하는 과정을 추적한다. 소비뿐 아니라 사회 관계와 정치 역시 섹슈얼리티로 물들여진 나머지 '고전적 사회 질서'는 혼란에 빠지고 만다. 더 나아가 우엘벡의 허구적 우주에서 서구 문명의 미래(그리고 종말)는 섹슈얼리티의 (탈)규제에 달려 있다.

*

사회가 안고 있는 주된 문제들에 비해 캐주얼 섹스와 관계의 섹슈얼리티화는 부수적 문제로 여겨질 수 있다(오로지 '경제' 또는 '정치'의 차원에서 볼 때 이 문제들은 '중요하게' 여겨지는 것처럼 보인다). 그러나 현실에서 캐주얼 섹스와 관계의 섹슈얼리티화는 경제와 인구 변동, 정치 그리고 사회 정체성 등 특히 현대 사회가 고민하는 문제들에서 중요한 역할을 한다. 그 근거는, 현상학 철학자들과 페미니즘 학자들이 일치하는 의견을 보이듯, 몸이 (사회적) 실존의 결정적 차원을 이룬다는 사실이다.[2] 시몬 드 보부아르는 이런 맥락을 현상학의 전통으로 적확하게 짚어냈다. "우리 몸은 나무나 바위처럼 세상에 그냥 주어진 것이 아니다. 몸은 세계 안에서 살아간다. 몸은 세계를 가지는 우리 모두의 보편적 방식이다. 몸이 우리의 실존을 이루는 외적 조건이라는 말이 아니다. 우리의 실존은 몸으로 비로소 실현된다."³ 몸은 사회적 실존이 실현되는 장소다. 섹슈얼리티화한 몸이 소비자본주의의 핵심, 친밀성과 결혼 생활의 핵심이라는 점에서 경제학자, 철학자, 정치적 결정권자는 이런 사실을 주목해야 마땅하다. 심지어 몸은 성적인 관계에서조차 (역설적이게도) 실존의 바탕이다. 나는 이 문제에서 캐서린 매키넌이 '나비 정치'라고 표현한 개념을 그대로 따르고자 한다. 미시적인 작은 변화가 커다란 변화를 불러올 수 있다는 뜻의 나비 정치는 한 마리 나비의 날갯짓이 몇 주 뒤 지구 반대편에 엄청난 기후변화를 촉발한다는 카오스 이론(이른바 '나비 효과')을 그대로 차용한 것이다.⁴ 분명 이 책은 섹슈얼리티의 나비 효과를 다루었다. 그저 단발성으로 스쳐지나갈 뿐인 현상, 무엇 때문에 그런지 파악하기 힘든 현상은 가족과 경제에 엄청난 변화를 야기했다.

에리히 프롬은 고전적 연구 『자유로부터의 도피』에서 긍정적 자유와 부정적 자유를 대비한다. "자유는 그(인간)에게 독립성과 합리성을 가져다주기는 했지만, 그를 고립시켜 무기력함에 빠뜨리고 불안에 떨게 만들었다."⁵ 프롬은 자유가 사회적 심리에 깊은 영향을 주었다고 본다. 자유는 모든 것을 스스로 해결해야 한다는 점에서 불안감을 불러일으킨다. 왜 그처럼 많은 사람이 전체주의 정권에(또는 여성 혐오 이데올로기와 가족의 가치 등등) 자유를 떠넘기는 편을 택했는지 그 이유는 이 불안감이 설명한다. 그러나 프롬은 자유에 대한 불안감이 자아실현이라는 명령이 직접적으로 불러온 결과라는 점은 읽지 못했다. 아마도 프롬은 본격적인 소비자본주의를 겪지 못했기 때문에 이런 사실을 파악할 수 없었을 것이다. 불안이라는 자유의 부정적 특성과 자아실현이라는 자유의 긍정적 특성은 서로 무관한 것이 아니다. 긍정적 자유와 부정적 자유는 대립을 형성하는 것이 결코 아니며, 오히려 서로 떼려야 뗄 수 없이 결합된다. 자유라는 규범이 이처럼 혼란에 빠져 양면성을 가진 현상이 되고 만 것은 정치사회의 운동이 자유를 이데올로기의 플래카드로 내걸었기 때문이다. 자유는 민주주의 사회를 추구하는 정치운동의 구호였을 뿐만 아니라, 동시에 자신의 본능에 솔직하자는 쾌락주의 윤리의 이데올로기이기도 했다. 더욱이, 이 책이 강조해왔듯, 자유는 시각적 자본주의, 곧 몸을 오로지 섹슈얼리티의 대상으로 보는 시각산업이 내세운 자기 합리화 논리이기도 하다. 시각적 자본주의는 서구 사회의 구성원들로 하여금 자유를 구체적이고 생생한 현실로 만드는 이미지와 스토리를 조직화하는 지배적 프레임이 되었다. 그래서 이 책은 좋은 인생에 대한 정의와 개인의 프로젝트를 실현하는 자유의 규범적 이상이 소비시장과 기술에 의해 만들어지는 부정적 관계로 변형되고 말았음을 줄기차게 논증했다. 이 논증은 부정적 관계와 시각적 자본주의 사이의 밀접한 연관성의 입증을 통해 주로 이루어졌다. 나는 지금부터 이런 연관성을 다시금 정리하고 확인하고자 한다.

첫째 연관성은 만남이 이루어지는 사회적 틀인 시장의 형성이 보여준다. 시장은 수요와 공급이 결정한다. 전통적 결혼에서 남성과 여성은 (다소 정도의 차이는 있지만 같은 계급 내에서) 재산과 행복의 최대치를 이끌어 내려는 관점에서 짝을 이룬 데 비해, 오늘날 섹슈얼리티 시장에서 남성과 여성은 성적 자본과 경제, 쾌락 또는 감정적 목적에 따라 짝을 이룬다. 섹슈얼리티 시장의 남성과 여성은 서로 다른 사회 그룹 출신이거나 문화, 종교, 인종 또는 사회적으로 서로 다른 배경을 가지고 비대칭적 교환, 이를테면 미모 대 사회적 지위의 교환을 한다.

자본주의와 부정적 관계 사이의 둘째 연관성은 마찬가지로 시장의 특성에서 비롯된다. 서로 알지 못하는 타인들이 교환 거래를 하는 시장처럼 남성과 여성은 낯선 타인으로 만나 캐주얼 섹스라는 거래를 하며 욕구를 만족시키려 한다. 그래서 부정적 관계는 소비 행위와 그 쾌락적 전제를 그대로 흉내 낸다(소비문화 역시 캐주얼 섹스를 그대로 흉내 낸다).

셋째 연관성은 시각적 자본주의가 조종하는 섹슈얼리티는 남성과 여성에게 서로 다른 형태의 경제와 사회적 가치를 만들어낸다는 점이다. 소비시장의 상품을 통해 여성은 경제적 가치와 성적 가치를 생산하고자 자신의 몸을 꾸미는 데 비해, 남성은 여성의 이런 가치를 남성끼리 경쟁하는 아레나에서 지위를 나타내는 표지로 소비한다.

부정적 관계와 자본주의 사이에 성립하는 넷째 연관성은 거래되는 가치의 불확실성을 만들어내는 정황이다. 시각적 자본주의가 자아의 가치를 빠르게 소진하며 노후하게 만드는 만큼 개인은 물론이고 타인의 가치에 대한 불확실성은 도처에서 쉽게 볼 수 있다. 주체는 가치를 겨눈 위협을 방어하기 위한 전략을 찾으려고 할 수밖에 없다. 주체의 가치('자존감', '자기애' 그리고 '자신감' 등)에 대한 수요는 증가한다.

마지막으로 다섯째 연관성은 감정 계약을 맺고 이를 이행하는 데 따르는 어려움이다. 혁신과 지리적 이동성, 수익성 높은 새 영역에서 이뤄지는 투자 및 생산 라인과 노동 인력의 유연성 등으로 오늘날 기업은 그 어떤 의무도 회피하려 든다. 경제의 이런 현실은 개인에게도 고스란히 반영된다. 이것들은 내가 부정적 관계라고 부른 것의 배경을 이룬다. 자본주의 시장의 특성과 소비 실천 그리고 일자리 현실은 애정 관계와 섹슈얼리티와 가정에 고스란히 반영된다. 아니, 더 나아가 자본주의 논리가 아예 모든 것을 지배한다. 부정적 관계는 무엇보다도 두 가지 두드러진 특징을 보여준다. 우선 부정적 관계는 무엇보다도 애매하다(내가 원하는 게 무엇인지, 이 관계 안에서 나는 누구이고자 하는지, 확실한 말을 할 수가 없다). 그리고 부정적 관계는 내가 해결할 수 없는 문제를 안고 있게 마련이다. 이 책이 담은 주장 가운데 아마도 가장 중요한 것은 사회의 영향력과 경제의 힘으로 조정된 특징 형태의 부정적 기류가 관계의 형성을 저해하며, 기존에 성립한 관계의 해체를 결정한다는 사실이다(여러 불확실성에 비추어 '결정'이라는 단어가 적절치 않아 보이기는 한다). 시각적 자본주의는 자존감에 지속적으로 영향을 미친다. 자본주의는 불확실성이 빚어질 화근을 새롭게 심었으며, 새로운 형태의 사회적 위계질서를 만들었다. 자본주의는 인정을 주고받는 전통적 방식을 뒤흔들었다. 사람들이 타인의 눈을 통해 가치를 확인받고 싶어 하는 인정, 특히 여성이 남성의 눈으로 확인받고 싶어 하는 인정은 예나 지금이나 구도는 마찬가지이면서도 여성이 남성에게 매달려야 하는 의존성을 더욱 키웠다. 여성의 사회생활은 여전히 남성의 손으로 통제되고 조직된다. 신자유주의의 보호 아래 형성된 시각적 자본주의는 경제와 섹스가 밀접하게 결합되고 상호작용하는 형태의 자아를 창조한다.

  이렇게 생겨난 새로운 감정 구조는 경제와 섹슈얼리티 영역을 넘나들며 이 두 영역을 잇는 일련의 특징을 가진 낭만적 자아와 성적 자아의 핵심을 이루었다. 유연성(여러 명의 파트너를 자유롭게 오가며 경험을 축적하고 동시에 다양한 목적을 추구하는 멀티태스킹 능력), 위험과 실패와 거부에 굴하지 않는 탄력성 그리고 언제든 가능한 배신(좀 더 수익성이 좋은 '기업'에 투자하는 주주와 마찬가지로 언제든 조건이 더 좋은 쪽을 선택하는 연인들)이 그 특징이다. 오늘날 성적 주체는 경제 주체와 마찬가지로 경쟁을 명확히 의식하고 행동한다. 이런 개인은 오로지 믿을 것은 자신밖에 없다는 자세로 주변을 불확실하게 여기며 자신의 능력에만 기대는 독선가다. 만연한 불확실성은 결국 경쟁과 신뢰 훼손의 다른 이름이다. 결과적으로 섹슈얼리티화한 개인은 자존감을 방어하고, 불안감을 줄이며, 대중에게 자신을 과시할 능력(감정적 퍼포먼스)과 불확실한 미래에 투자할 능력을 키우려 안간힘을 쓴다. 이에 발맞추어 자기계발과 심리와 각종 종교와 영성 수련(명상, 각종 힐링 프로그램)은 맞춤한 상품을 내놓으며 하루가 다르게 팽창하는 시장을 형성한다.

이런 새로운 상황이 섹슈얼리티와 애정에 무엇을 의미하는지는 불투명하다. 오늘날 남성과 여성이 섹슈얼리티의 아레나에서 예전보다 더 큰 자유를 누리며, 가정에서 어느 정도 평등을 이루고 성적 쾌락을 좋은 인생의 한 측면으로 당당하게 인정할 수 있게 된 것은 의심할 것 없이 자유라는 이상이 가져다준 선물이다. 또 성적 해방이 남성과 여성의 성적 차별을 어느 정도 해소한 것도 분명한 사실이다. 요컨대 성적 자유는 섹슈얼리티에서 이분법적 젠더 역할을 약화시켰으며, 욕망을 억제하고 금지하던 풍조를 약화시켰다. 그러나 자유는 지나치게 포괄적인 개념이어서 그 저변에 흐르는 많은 지류의 논리들이 가진 차이를 정확히 드러내지 못한다. 더욱이 시각적 자본주의가 그 목적과 이해관계에 따라 자유를 이용했기 때문에 오히려 자유는 불평등을 심화했다. 젠더 불평등처럼 시각적 자본주의 이전에 이미 있던 불평등뿐만 아니라, 시각적 자본주의 때문에 새롭게 생긴 불평등까지 등장했다. 옛 것이든 새것이든 불평등은 본래의 순수한 자유라는 이상을 무색하게 할 정도의 불안을 초래하기에 충분히 악영향을 미친다.

2018년 우엘벡의 소설 세계를 연상케 하는 기묘한 새로운 테러가 우리를 경악에 빠뜨렸다. 이 테러는 종교도 정치도 아닌, 섹슈얼리티가 그 원인이었다. 4월 23일 토론토에서 알렉 미나시안이라는 젊은 남자가 차를 타고 인도로 돌진해 열 명을 살해했다. 그 가운데 여덟 명은 여성이었다.[6] 미나시안이 어느 정도의 정신질환을 앓았는지는 불분명하다. 그러나 논란의 여지가 없는 사실은 그가 '인셀'[*]이라는 폭력적 이데올로기의 추종자라는 것이다. 인셀은, 그들의 관점에서는, 남성이 여성으로부터 주목을 받고 섹스를 할 자격을 가졌음에도, 여성이 다른 남성을 선호하는 바람에 섹스와 주목을 거부당하고 있다며 여성을 혐오하는 남성들의 온라인 커뮤니티다.

인셀이라는 단어는 비극적이면서 역설적이게도 전혀 다른 기원을 가진다. 이 단어는 대략 20년 전 앨러나라는 여성이 자신의 비자발적 금욕을 언급하면서 그때까지 성관계를 가져보지 못한 사람들과 동병상련의 마음을 나누자는 뜻에서 인터넷 공동체를 만들자고 제의했을 때 처음 쓴 것이다.[7] 그런데 세상에 두 개의 계급(채드chads와 스테이시stacys), 곧 성적으로 매력적일 뿐만 아니라 서로에게 성적 매력을 느끼는 남성과 여성만 존재한다며 여성 혐오를 나타내는 인셀에 의해 이 말이 되살아났다.[**] 많은 이들이 '인셀'이라는 현상을 두고 도덕적 분노를 표출했다(또는 표출해야 마땅하다). 그러나 더욱 흥미롭고 생산적인 것은 이런 현상이 일어나게끔 만든 사회적 조건이 무엇인지 이해하는 일이다.

인셀은 시각적 자본주의가 만들어낸 새로운 사회의 위계질서로, 섹슈얼리티에 대한 관점이 어떻게 극단적으로 변형되고 혼란스러워졌는지 잘 보여준다는 점에서 사회학의 흥미로운 연구 대상이다. 인셀은 섹

- [*] involuntary celibates(Incels). 애인이나 성적 파트너를 찾지 못한 사람들이 스스로를 정의하는 개념이자, 그러한 온라인 하위문화의 멤버를 뜻하는 말이다.
- [**] 인셀은 성적 매력을 자랑하는 여성을 스테이시Stacy, 평범한 매력의 여성을 베키Becky라 부른다. 채드Chad는 근육질로서 많은 성적 파트너를 가진 남자를 이르는 별명이다.

슈얼리티가 사회적 지위와 좋은 인생, 그리고 규범적 남성성을 부여한다고 여긴다. 그리고 자신들은 사회 질서로부터 배제되었다고 생각한다. 여성 혐오든 아니든 인셀은 섹슈얼리티와 애정을 신분의 상징으로 삼았다. 또 심지어 사회적 소속감을 뜻하는 새로운 사회 질서의 (폭력적) 표현이다. 섹슈얼리티와 애정 생활로부터 배제된 사람은, 20여 년 전 우엘벡의 『투쟁 영역의 확장』이 이미 그려보였듯, 사회적 실존을 거부당한다. 어떤 사람에게는 섹슈얼리티가 자유를 만끽하는 무대인 반면, 성적 문제 때문에 '비자발적으로'(그리고 강제된 형식으로) 굴욕과 따돌림을 겪는 사람이 엄연히 존재한다는 사실은 이런 새로운 사회 질서의 폭력적 양상을 고스란히 드러낸다. 이렇게 볼 때 인셀이라는 현상은 전통적(폭력적)인 가부장제와, 빠른 속도를 자랑하는 기술과 시각성을 앞세운 자본주의 사이의 단층선에 위치한다고 말할 수 있다. 자본주의는 새로운 사회 질서와 특권층을 만들어내는데, 이 과정에서 자유와 자율성과 해방이라는 가치를 구실로 내세워 여성을 지배하는 낡은 형식을 변형해 강화시킨다.

사회적 위계질서나 문화적 위계질서와 마찬가지로 성적 위계질서 역시 '구별'의 과정을 통해 유지된다. 부르디외는 구별을 가령 우리가 다른 그룹의 구성원의 취향을 깎아내리고 그들이 우리와 다르다고 규정하며 우리의 취향을 긍정하는 정신적 구조화 과정이라고 설명한다.[8] 이런 논리에 비추어 낭만적 정체성과 성적 지위를 구성하는 핵심을 '성적 구별'이라고 부를 수 있다. 구별은 타인을 거부함으로써 생겨난다 (그리고 타인에게 거부당하는 경우도 마찬가지다). 성적 구별이 계급 구별과 다른 점은 이렇다. 계급은 가치와 가치 차이를 정립할 수 있는 능력을 기반으로 하는 반면, 성적 구별은 성적 대상의 가치를 적절하게 정립하기 위해 고군분투한다. 계급 구별이 문화 대상과 소비 실천에 대한 것이라면, 성적 구별은 직접 사람을 겨눠 그의 자존감에 영향을 미친다. '비자발적 금욕'이라는 표현은 부정적 성적 구별, 특히 거의 습관처럼 타인을 거부하는 자유의 행사를 의미한다. 이 자유로 인해 성적으로 거부당하는 일상적 경험으로 괴로워하는 그룹이 생겨난다. 자신이 이 그룹에 속한다고 믿는 사람은 끊임없는 자기 평가절하에 시달린다.

감정적으로 '거부당함'과 '성적 욕망의 대상이 되지 못함'이 새로운 사회적 경험은 아니다. 과거에도 종종 구애는 거부당했으며, 많은 남성과 여성은 응답받지 못하는 사랑에 괴로워했다. 남성이든 여성이든 배신당할 수 있으며, 실제로 빈번히 배신당한다. 거부당한다는 경험은 그 자체로 볼 때 전혀 새롭지 않다. 그러나 이런 경험은 오늘날 대다수는 아니라 할지라도 많은 사람의 성생활과 애정 생활의 피할 수 없는 부분으로 엄청난 충격을 안기는 것이다. 가령 백인 우월주의는 이주민 문제뿐만 아니라, 남성과 여성의 관계의 변화에 대한 반응이기도 하다.

남성 쪽 '인셀'에 상응하는 여성 쪽의 반응은 '백인 우월주의 가정주부'다.[9] 백인 우월주의 가정주부는 성적 자유는 물론이고 여성의 성적 대상화도 거부한다. 이들은 전통적인 젠더 역할, 곧 남성은 생계를 책임지고 여성은 살림을 맡는 모델을 되살려야 한다고 주장하며, 가족의 가치를 중시한다. 백인 우월주의 가정주부의 성적 자유와 평등에 대한 거부는 겉으로 잘 드러나지 않고 또 별로 논의되지도 않지만 백인 우월주의를 떠받드는 중요한 역할을 한다.[10] 실제로 시각적 자본주의는 성적 자본을 가진 사람과 그렇지 못한 사람 사이의 성적 불평등을 조장한다. 그리고 새로운 형태의 불확실성을 만들어내면서 특히 여성을 평가절하한다. 이런 불확실성과 여성에 대한 평가절하는 사회적 결속에 무시하지 못할 파급 효과를 미친다. 여성 정체성에 대한 섹슈얼리티화는 사회와 경제 권력의 재분배를 실현해주지 않는다. 오히려 여성에 대한 남성의 성적 권력을 강화했다. 여성 정체성에 대한 섹슈얼리티화는 가부장제를 더 매력적으로 보이게 한다. 시각적 자본주의는 걸핏하면 자유를 말하며 남성의 여성 지배를 심화했다. 자본주의의 교묘한 자유 논리 때문에 사회는 불안을 경험하면서 오히려 페미니즘에 반발하는 반동적 반응이 나타난다. 자유가 널리 퍼질수록 불확실성과 평가절하 그리고 무가치성을 더 많이 경험하게 만들었다.

*

내가 이 책에서 시도한 철학적이고 사회학적인 분석은 명확한 규범 원리를 규정하려는 것이 아니다. 오히려 현실에 숨은 애매함과 모순을 찾아내고자 하는 의도를 가진다. 애매모호함은 우리의 경험이 가진 가장 어려운 측면이다. 무어라 말해야 좋을지 모르는 애매모호함을 분명히 밝히는 일은 대단히 어렵기 때문이다. 사회학의 과제는 이런 애매모호함을 철학의 도움을 받아 찾아내고 토론의 단상에 세우는 것이다. 악셀 호네트의 책을 논평하면서 철학자 조엘 앤더슨은 호네트의 핵심 논제는 '의미론적 과잉'의 아이디어를 통해 사회 현상을 분석하는 일이라고 밝혔다. "의미와 중요성의 '과잉'은 우리가 지금 완전히 파악하고 그 진면목을 알아보며 정확히 표현할 수 있는 것을 넘어선 애매모호함이다. (…) 우리가 처음 받는 느낌, 전통이라는 이름으로 치장한 뭐가 뭔지 모를 것, 좀 더 일반적으로는 논란의 대상과 해결할 수 없는 난제와의 씨름에서 비판 이론은 풀어야 할 많은 연구 과제를 혁신적으로 발

견한다."¹¹

오늘날의 자유는 애매모호함의 수많은 지대를 만든다. 이 책이 묘사한 많은 불확실성의 경험이 그런 시대의 년년이다. 불확실성의 경험은 신중한 작업을 통해서만 이해될 수 있는 대상이다. 이런 해명 작업을 위해 이 책은 조건반사적인 자유의 찬성이나 반대를 거부하고 오로지 주어진 현상의 분석에 진력했다. 또 이런 경험의 해명을 위해 흔히 쓰는 역량 강화나 트라우마 같은 심리학 용어도 사용하지 않았다. 이 책은 감정 영역을 지배하는 심리학의 인식론적 제국주의에 반기를 들려는 시도다. 사회학은 심리학 못지않게 우리의 사생활을 이루는 혼란한 경험을 분명하게 밝히는 데 기여한다. 실제로 사회학은 근대적 주체성이 갖는 함정, 교착 상태, 모순을 이해하는 데 심리학보다 훨씬 더 잘 준비되어 있다.

관념론 철학이 품었던 중요한 의문은 외부 세계로부터 주어지는 무수히 많은 느낌과 감각적 인상을 가지고 주체는 어떻게 하나의 통일체를 만들어내는가 하는 것이다. 의식 속으로 들어오는 무수히 많은 외적 영향은 저마다 제각각이어서 뭐가 뭔지 혼란스럽다. 저마다 다르게 주어지는 이런 감각적 인상, 이를테면 빨갛고 광택이 나고 표면이 차가우며 맛은 시원한 저마다 다른 느낌과 자극을 한 알의 사과라고 통일할 수 있으려면 이런 통일성은 인간의 의식이라는 주체가 만들어내는 것일 수밖에 없다. 헤겔은 이런 통찰을 더 발전시켰다. 자아는 대립과 갈등과 모순과 내적 분열과 분리를 만들면서 통일성을 추구한다. 헤겔은 이런 능력을 '부정'否定(negation)이라고 불렀다.¹² 부정의 작업을 통해 자아는 통일체를 만들면서 부정을 부정하는 능력을 키운다. 로버트 피핀의 말을 그대로 인용하자면, 의식은 "항상 자신의 개념 활동을 해명하려는 일에 몰두한다. 이런 작업은 자신의 의견이 맞음을 확인하고 판단과 꼭 필요한 인식을 이루어낸다. 그러나 이런 작업은 잠재적으로 '자신의 의견을 부정하는 것'이라고 할 수도 있다. 의식은 자신이 해명하려 노력한 결과물이 맞지 않을 수도 있다는 것을 알기 때문이다".[13] 헤겔에게 모순은 새로운 면모를 확인해준다는 점에서 긍정적이고 생산적이다. 이렇게 볼 때 모순은 인정의 과정 안에서도 중요한 역할을 한다. 의식이 자신 안에 내재한 모순을 해결할 때 인정이 이뤄지기 때문이다.

그렇지만 이 책에 기록된 섹슈얼리티와 경제의 자아는 일관성을 가진 통일체를 찾아보기 어려울 정도로 분열과 부정을 일삼는다. 이런 분열과 부정은 인정의 과정에서 좀체 '해소'되지 않는다. 섹슈얼리티와 경제의 자아는 해결되지 않는 모순, 분열, 이를테면 섹슈얼리티와 감정 사이의 분열, 남성 정체성과 여성 정체성 사이의 분열로 부정의 부정으로 나아가지 못하고 부정으로만 남는다. 인정에 대한 욕구와 자율성에 대한 욕구는 합치될 수 없는 분열이다. 페미니즘이 말하는 평등은 남성의 손에 장악된 자본주의 산업이 만드는 시각성의 지배를 받는 자아와 충돌한다. 이 모든 모순들은 자아가 섹슈얼리티에 종속된 결과다. 이 섹슈얼리티는 시각적 자본주의가 조작하고 지배하는 것이다. 그래서 모순들은 정확히 극복될 수 없거나 부정이 부정으로 지양되지 못하고 모순으로 남는다.

주체가 해결되지 않는 모순과 씨름해야 하는 사회 환경에서 인정의 과정, 곧 주체와 주체가 서로 부정을 극복하는 과정은 일어날 수 없다. 이런 확인은 그동안 고전으로 자리 잡은 나오미 울프의 '아름다움에 대한 연구'가 내린 진단과도 일치한다. "감정적으로 불안정한 관계, 높은 이혼율 그리고 대다수 인구가 섹슈얼리티 시장으로 내몰린다는 사실은 소비경제의 비즈니스에 좋은 징조다. 아름다움의 포르노그래피는 오늘날의 섹슈얼리티를 잔인하고 지루하게 만들기에 열중한다. 거울의 표면 같은 깊이밖에 가지지 못하는 이런 섹슈얼리티는 남성에게든 여성에게든 전혀 에로틱하지 않다."[14]

시장, 곧 자유의 제도인 시장은 개인에게 소비적이고 기술적인 궤도를 걷도록 강제한다. 이 궤도는 행동을 계산적으로 만들 뿐만 아니라, 상호작용의 규칙과 본성, 자신과 타인에 대한 가치에 대하여 계속되는 불확실성을 만든다. 이런 불확실성은 다시금 다른 감정 상품에 눈을 돌리게 한다. 이로써 자아와 관계를 최적화할 수 있다는 상품의 무한한 시장이 열린다.

이 책을 읽는 여성 독자는 아마도 너무 과장하는 게 아닐까 자문할 것이다. 위로라고는 찾아볼 수 없는 암울함을 건강한 리얼리즘이라고 착각하는 게 아닐까 하고도. 애정 생활의 형태가 변했다는 점은 어차피 우리의 현실에서 분명하게 드러난다. 그리고 자유가 위험과 불확실성을 수반한다고 해서 추구할 만한 가치가 줄어드는 것도 아니다. 우리 가운데 대다수가 짝을 이루어 살거나 적어도 그렇게 살기를 갈망한다는 사실도 변하지 않는다. 심지어 오늘날 세 쌍의 부부 가운데 한 쌍은 온라인을 통해 만났다는 통계가 위로를 주기도 한다.[15] 이런 모든 측면을 고려할 때 기술과 시장이 내가 묘사한 것처럼 불행하기만 한 현상은 아닐 수 있다.

그렇지만 그런 논증은 '결혼'과 '커플됨'이라는 신중한 선택을 유일하게 중요한 분석 대상으로 삼은 것에 지나지 않는다. 그런 논증은 낭만적 경험과 성적 경험 자체의 본성이 결혼 이전과 이후 그리고 결혼 생활 바깥에서 어떻게 변화해왔는지 이해하려 노력하지 않았다. 이 책은 결혼이나 안정적 관계의 미래를 염려해 쓴 것이 아니다. 또 의심할 것 없이 반론이라는 인상을 심어주기에 충분할지라도 캐주얼 섹스를 못마땅하게 여기는 반론으로 쓰인 것도 아니다. 짜릿하고 심지어 행복한 기분을 주는 형태의 캐주얼 섹스는 자아의 확인과 발현의 원천이기도 하다. 나는 이 책에서 캐주얼 섹스 또는 장기적 관계를 찬성하거나 반대하려는 의도를 가지지 않았다. 오히려 성적 파트너를 만나는 일이 자본주의로 인해 자아와 자존감과 관계 맺음의 규칙을 어떻게 변형해왔는지 그 다양한 방식을 묘사하고 싶었을 따름이다. 이 새로운 형태의 자본주의는 애정 관계의 생태를 바꾸어 여성으로 하여금 쓰라린 굴종을 맛보게 만들었다. 거부와 상처, 환멸, 사랑을 끝내거나 사랑하지 못하게 만드는 어지러울 정도의 현상은 심리 치료라는 거대 경제와 문화적 시스템으로 순환되고 있다. 이것이 자본주의가 만드는 유일한 영향은 아니지만, 대단히 중요한 영향인 것만큼은 사실이다.

   계급투쟁에 초점을 맞춘 마르크스주의든 환경 적응을 강조하는 기능주의든 대다수의 사회 분석은 사회가 그 구성원에게 능력을 발휘할 도구를 제공한다고 전제한다. 내가 이 책에서 선보인 종류의 비판은 그런 전제와 작별하고, 프로이트가 『문명 속의 불만』에서 행한 사회학적 비판과 보조를 맞추었다.[16] 이 유명한 저서에서 프로이트는 문명이 개인에게 리비도 본능을 억압하고 근대 주체의 정신 생활이 지나칠 정도로 죄책감을 느끼게 한다는 점에서 너무 높은 대가를 요구한다고 주장한다. 이런 주장의 정확한 논지는 근대성의 특징을 개인의 심리 구조와 이 심리를 겨눈 사회의 요구 사이에 불거진 불일치로 보는 것이다. 프로이트의 이런 비판은 흥미로운 관점을 제공한다. 이 관점은 명확한 규범으로부터 출발하지 않으며, 사회 구조와 심리 구조 사이의 조화를 문제 삼는다. 비슷한 맥락으로 나는 시각적 자본주의가 섹슈얼리티 및 낭만적 주체에게 너무 큰 대가를 치르도록 요구한다고 본다. 이러한 자본주의는 오늘날 이 주체의 목표와 이상과 불화한다. 인간의 내면 생활이 자기 검토와 자기 생성적 욕망으로 다스리기에는 너무 복잡하다는 점을 파고들어, 자본주의는 온갖 기술과 상품으로 이를 해결할 수 있다며 큰 대가를 요구한다. 섹슈얼리티 시장은 경쟁이 치열하고 불가피하게 배제감을 불러일으키며 성적 굴욕감이라는 사회적 경험을 하게 하기 때문에 너무 부담이 크다.

자아와 자기를 향한 성찰이 약속과 분명함의 믿을 만한 원천이 아니라면, 자유만으로 사회성은 생겨나지 않는다. 오히려 자유는 사회적 행위자에게 매우 큰 심리적 대가를 요구한다. 사회적 연대감 또는 호네트의 의미심장한 표현대로 사회적 자유를 만들기 위해 필요한 것은 의례다. 의례는 공통의 감정적 포커스를 창조한다. 이런 감정적 포커스는 자기를 향한 성찰 또는 욕망의 자기 생성과 자기 감시를 요구하지 않는다. 그러나 사회성의 의례는 대부분 사라지고 그 자리에 불확실성이 들어섰다. 이런 불확실성은 심리의 포괄적 자기 관리를 요구한다. 이것은 사회 질서를 초월하는 능력을 통해서 또는 '영웅적' 개념으로 더 이상 정의될 수 없는 욕망의 커다란 변화를 의미한다. 섹스와 사랑은 더 이상 자아가 사회에 맞서는 무대가 아니다. 섹슈얼리티와 애정은 오히려 경제적 자아가 욕망을 해소하는 경연장이 되었다. 섹슈얼리티와 애정은 개인과 사회가 창의적 긴장을 빚는 원천을 더 이상 형성하지 못한다. 어빙 하우의 말은 전적으로 옳다.

전체주의 사회에는 국가와 가족 사이의 깊은 갈등이 불가피하게 생겨난다. 국가는 국민들에게 절대적 충성을 요구하고, 가족을 그런 충성의 결정적 경쟁자로 여기기 때문이다. (…) 정치에 관심을 가지든 아니든 사람들에게 가족은 인간적 가치의 마지막 피난처가 되었다. 그렇기에 전체주의에서 가족이라는 '보수적 제도'의 방어는 대단히 전복적인 행동이 되었다.[17]

하우는 사회, 곧 경제와 정치가 은밀한 방식으로 가족과 섹슈얼리티와 사랑을 시장으로 내몬다는 것을 짐작조차 할 수 없던 시절에 전체주의 사회를 경고하였다. 가족은 '인간적 가치의 마지막 피난처' 역할을 더는 맡을 수 없다. 섹슈얼리티와 사랑은 소비자본주의가 끊임없이 재생산을 거듭하는 더할 수 없이 맞춤한 영역으로 전락했다. 물론 소비자본주의는 자립과 자율성이라는 간판을 계속 섬세하게 다듬는 형태로 자본의 논리를 정당화한다. 프랑스의 정신분석학자 샤를 멜망Charles Melman은 자신의 책 『중력 없는 남자』L'homme sans gravité(2005)에서 현대 사회는 욕망에서 향락으로 이동했다고 주장한다. 욕망은 결핍과 금지에 의해 통제되는 데 비해, 향락은 풍부하게 존재하는 대상들에 대한 즉각적 만족을 찾으려는 제한받지 않는 욕구와 관련되어 있다. 향락은 소비사회가 선보이는 욕망의 진정한 형태다. 소비사회에서는 대상, 정동, 그리고 성적 만족이 자아의 도덕적 핵심을 대체한다. 그러나 향락은 상호작용과 사랑, 그리고 연대감의 대상을 찾지도, 구성하지도 못한다.

이 책은 가족이라는 가치, 공동체 또는 자유의 제한으로 돌아가자고 요구하지 않는다. 물론 페미니즘과 종교가 행하는 자유 비판은 진지하게 받아들여야 한다. 자유가 우리의 상상력과 행동의 영역을 시각적 자본주의의 촉수에 떠넘겼다는 지적은 전적으로 옳기 때문이다. 사정이 이런 지경에 이르기까지 심리산업이 적극적으로 거들었다. 심리산업은 시각적 자본주의가 만드는 수많은 감성석, 성신적 파괴가 일어나는 데 일조했다. 자유가 무엇인가를 의미한다면, 분명 이 자유는 우리를 구속하고 눈을 가리는 보이지 않는 힘에 대한 지식을 포함해야 한다.

감사의 말

20년 동안 사랑이라는 현상을 연구해온 끝에 나는 시녀처럼 사랑을 늘 따라다니는 '사랑의 끝남'에 관심을 가지기 시작했다. 언제 그랬느냐는 듯 식어버려 '끝나는 사랑'도 과정이며, 사건이자 감정이다. '사랑의 끝남'은 사랑처럼 가슴 뛰는 주제는 아니다. 그렇지만 이 책이 보여주었듯 사랑의 끝남은 사회의 힘이 우리의 영혼에 날카롭고도 깊은 상처를 안기는 것이다.

이 힘의 본성이 무엇인지 고찰하는 데 나를 도와준 사람은 많다. 시기적으로 가장 먼저 도움을 준 사람은 독일의 사회학자 스벤 힐렌캄프 Sven Hillenkamp다. 그는 나의 놀라운 토론 파트너였다. 스벤이 보는 부정적 근대성이라는 개념은 나의 부정적 관계라는 개념과 일치하지 않는 점이 많기는 했지만, 그의 재기발랄한 지성은 나의 생각이 더욱 깊은 울림을 낼 수 있게 했다.

많은 사람들이 이 텍스트가 더 잘 쓰일 수 있게 도왔다. 히브리 대학교의 대니얼 길런Daniel Gilon은 지칠 줄 모르는 에너지와 꼼꼼함과 철저함과 섬세함으로 이 책의 수준을 적잖이 끌어올려주었다. 오리 슈워츠Ori Schwarz와 샤이 드로미Shai Dromi와 데이나 캐플런Dana Kaplan은 원고를 읽고 예리한 촌평을 해주면서 필요한 참고문헌이 무엇인지 알려주었다. 비어트리스 스메들리Beatrice Smedley와의 우정은 오랜 시간 동안 이 책의 주제를 놓고 흥금 없는 대화를 나눌 수 있게 해주었다.

그녀의 우정과 이 책에 보인 반응은 나의 정신과 영혼을 키운 자양분이다. 대프나 조엘Daphna Joel의 비판은 때로 아팠지만, 언제나 큰 도움을 주었다. 대프나는 원고를 읽었을 뿐만 아니라, 나의 생각과 글을 더 잘 다듬어주었다. 그녀의 굽힐 줄 모르는 철저함과 더욱 명확할 것을 고집하는 태도에 깊은 감사를 보낸다.

예일과 케임브리지와 뉴욕, 프린스턴 그리고 예루살렘 히브리 대학교의 학생들과 교수들에게 감사를 드린다. 이들 모두는 내가 더 정확히 성찰하도록 자극했다.

편집자 에바 길머Eva Gilmer와 번역가 미하엘 아드리안Michael Adrian은 세심한 편집과 탁월한 번역으로 이 책에 기여했다. 이들은 디테일을 정확히 주목하면서도 건물 전체가 든든한 기반 위에 설 수 있게 하는 건축가와 다르지 않다.

이 책을 쓰는 프로젝트가 완성될 수 있게 커다란 도움을 베푼 훔볼트 재단에 깊은 감사를 드린다.

마지막으로 그리고 아주 특별하게 나는 공식적이든 비공식적이든 인터뷰를 통해 자신의 인생 이야기를 들려준 남성과 여성분들에게 고맙다는 인사를 전한다. 이들은 나를 도와 무질서한 인생이 차츰 질서 잡힌 인생이 되게 했다.

앞에서 거명한 모든 이들은 나로 하여금 학문에 매진하며 지성을 다듬어가는 인생이 함께 힘을 모아야 가능한 것이며, 독방에 틀어박혀 글을 쓴다 할지라도 서로 허심탄회하게 대화를 나누지 않고는 좋은 결실을 맺을 수 없음을 상기시켜주었다. 이 모든 분들에게 깊은 감사를 드린다.

주

1 프롤로그. '선택'에서 '선택하지 않음'으로

1. 마크 퀸의 인용문은 다음 자료에서 발췌했음. 「마크 퀸, 아티스트이자 사회적 기록자로서의 발전」Evolving as an Artist and Social Chronicler, 출전:『뉴욕타임스』The New York Times, 2015년 8월 13일, http://www.nytimes.com/2015/08/14/arts/marc-quinn-evolving-as-an-artist-and-social-chronicler.html?_r=o, 마지막으로 열어본 날짜: 2018년 5월 14일. 압드 알 말리크의 말은 다음 노래에서 인용함. 〈세제르Césaire(우지다를 경유해 브라자빌로Brazzaville via Oujda)〉, https://genius.com/Abd-al-malik-cesaire-brazzaville-via-oujda-lyrics, 마지막으로 열어본 날짜: 2018년 5월 14일. 스베틀라나 알렉시예비치의 인용문은 다음 자료에서 발췌함. 『세컨드 핸드 타임. 사회주의의 잔재 위에서 살아가는 인생』Secondhand-Zeit. Leben auf den Trümmern des Sozialismus(Ganna-Maria Braungard 번역, Berlin, 2015, 13쪽). 조지 오웰 인용문의 출처:「당신의 코앞에서」In Front of Your Nose(1946),『에세이, 모든 이의 도서관』Essays, Everyman's Library, New York/London, 2002, 1043쪽.
2. 플라톤의 형상 이론과 관련한 토론은 다음 자료를 참조할 것. Russell M. Dancy,『플라톤의 형상 개요』Plato's Introduction of Forms, Cambridge, New York, 2004. 다음 자료도 볼 것. Gail Fine,『플라톤의 지식과 형상에 대하여. 에세이 선집』Plato on Knowledge and Forms. Selected Essays, Oxford, 2003.
3. Émile Durkheim,『자살론』Der Selbstmord(1897), Sebastian & Hanne Herkommer 공역, Frankfurt/M., 1995.
4. Wendell Bell,「아노미, 사회적 고립 그리고 계급 구조」Anomie, Social Isolation, and the Class Structure, 출전:『Sociometry』, 통권 20, 2호(1957), 105~116쪽. Claude Fischer,「도시의 소외와 아노미에 관하여. 무력함

과 사회적 고립」On Urban Alienations and Anomie. Powerlessness and Social Isolation, 출전: 『American Sociological Review』, 통권 38, 3호(1973), 311~326쪽. Robert Putnam, 『나 홀로 볼링. 미국 공동체의 붕괴와 부활』Bowling Alone. The Collapse and Revival of American Community, New York, 2001. Frank Louis Rusciano, 「'홀로 서핑하기.' 인터넷 커뮤니티, 여론, 아노미 그리고 시민 참여 간의 관계」'Surfing Alone.' The Relationships among Internet Communities, Public Opinion, Anomie, and Civic Participation, 출전: 『Studies in Sociology of Science』, 통권 5, 3호(2014), 1~8쪽. Melvin Seeman, 「소외의 의미에 대하여」On the Meaning of Alienation, 출전: 『American Sociological Review』, 통권 24, 6호(1959), 783~791쪽. Bryan Turner, 「사회 자본, 불평등과 건강. 뒤르켐주의의 부활」Social Capital, Inequality and Health. The Durkheimian Revival, 출전: 『Social Theory & Health』, 통권 1, 1호(2003), 4~20쪽.
5. Leslie C. Bell, 『얻기 어려운. 이십대 여성과 성적 자유의 역설』Hard to Get. Twenty-Something Women and the Paradox of Sexual Freedom, Berkeley, 2013.
6. Pierre Bourdieu, 『섬세한 차이. 사회적 판단력 비판』Die feinen Unterschiede. Kritik der gesellschaftlichen Urteilskraft(1979), Bernd Schwibs & Achim Russer 번역, Frankfurt/M., 1993. Mary Douglas & Baron Isherwood, 『상품의 세계. 소비의 인류학에 대하여』The World of Goods. Towards an Anthropology of Consumption(1979), New York, 2002. Mike Featherstone, 『소비문화와 포스트모더니즘』Consumer Culture and Postmodernism, London, 2007. Eva Illouz, 『낭만적 유토피아 소비하기』Consuming the Romantic Utopia: Love and the Cultural Contradictions of Capitalism, University of California Press, 1997. 동일 저자, 『감정 자본주의』Cold Intimacies: The Making of Emotional Capitalism, Polity Press, Oxford/Malden, 2007. Arlie Russell Hochschild, 『구매한 마음. 감정의 상업화』Das gekaufte Herz. Die Kommerzialisierung der Gefühle(1983), Ernst von Kardorff 번역 및 편집, Frankfurt/M., New York, 2006. 동일 저자, 『사생활의 상업화. 가정과 일터의 기록』The Commercialization of Intimate Life. Notes from Home and Work, Berkeley, 2003. Axel Honneth, 「조직된 자아실현. 개인화의 역설」Organisierte Selbstverwirklichung. Paradoxien der Individualisierung, 출전: 동일 저자(편집), 『성년의 해방. 현재 자본주의의 역설』Befreiung aus der Mündigkeit. Paradoxien des ge-

genwärtigen Kapitalismus, Frankfurt/M., New York, 2002, 141~158쪽. Micki McGee, 『자기계발 주식회사. 미국 생활의 분장 문화』Self-Help, Inc. Makeover Culture in American Life, New York, 2005. Ann Swidler, 『사랑의 말. 문화는 어떻게 문제가 되는가』Talk of Love. How Culture Matters, Chicago, 2003.
7. Milton Friedman, 『자본주의와 자유』Capitalism and Freedom, Chicago University Press, Chicago, 1962. Friedrich Hayek, 『노예의 길』The Road to Serfdom, 1944. Karl Polanyi, 『거대한 전환』The Great Transformation, 1944.
8. 비어트리스 스메들리Beatrice Smedley는 인도의 러브스토리는 물론이고 중국의 경우도 종교적 가치로 물들여지지 않았다고 나에게 개인적으로 암시해준 바 있다(인도에서 약 4세기 또는 5세기에 칼리다사Kālidāsa가 썼다는 『샤쿤탈라』Śakuntala나 『카마수트라』 그리고 중국의 이어李漁가 쓴 『육포단』肉蒲團이 그 좋은 예다). 11세기 일본의 무라사키 시키부紫式部가 쓴 『겐지 이야기』源氏物語도 종교와는 거리가 멀다. 마찬가지로 서구에서도 기독교 전통만 중시한 것은 아니며, 연애문학에는 비종교적인 전통이 도도한 흐름을 이루곤 했다. 예를 들어 사포, 카툴루스, 오비디우스, 피에르 드 롱사르, 페트라르카는 고전적 전설에서 소재를 취하곤 했다.
9. Howard R. Bloch, 『중세의 여성 혐오와 서구의 낭만적 사랑이라는 발명』 Medieval Misogyny and the Invention of Western Romantic Love, Chicago, 1992. Karen Lystra, 『마음의 탐색. 여성, 남성 그리고 19세기 미국의 낭만적 사랑』Searching the Heart. Women, Men, and Romantic Love in Nineteenth-Century America, New York, 1989. Steven Seidman, 『낭만적 갈망. 미국의 사랑, 1830~1980』Romantic Longings. Love in America, 1830~1980, New York, 1991. Irving Singer, 『사랑의 본성 3권: 현대 세계』The Nature of Love, Vol. 3: The Modern World, Chicago, 1989.
10. 서양과 동양의 문화적 발달의 차이를 다룬 막스 베버Max Weber의 연구는 기묘하게도 개인주의를 다루지 않는다. Max Weber, 『세계종교의 경제윤리. 유교와 도교. 글 모음 1915~1920』Die Wirtschaftsethik der Weltreligionen. Konfuzianismus und Taoismus. Schriften 1915~1920, 전집, 제1권/19, Tübingen, 1991.
11. 스테퍼니 쿤츠Stephanie Coontz, 『결혼의 역사. 복종에서 친밀성으로, 또는 사랑은 어떻게 결혼을 정복했나』Marriage, A History. From Obedience to Intimacy, or How Love Conquered Marriage, 2006.

12. 울리히 벡Ulrich Beck & 엘리자베트 벡 게른스하임Elisabeth Beck-Gernsheim, 『사랑은 지독한, 그러나 너무나 정상적인 혼란』Das ganz normale Chaos der Liebe, Frankfurt/M., 1990. 동일 저자, 『개인화. 제도화한 개인주의와 그 사회적 정치적 귀결』Individualization. Institutionalized Individualism and Its Social and Political Consequences, London, 2001. Coontz, 『결혼의 역사』. 헬가 디트마르Helga Dittmar, 『소비문화, 정체성과 웰빙. '좋은 인생'과 '완벽한 몸'의 탐색』Consumer Culture, Identity and Well-Being. The Search for the "Good Life" and the "Body Perfect", Psychology Press, 2007. 앤서니 기든스Anthony Giddens, 『현대성과 자아정체성. 후기 근대의 자아와 사회』Modernity and Self-Identity. Self and Society in Late Modern Age』, Cambridge, 1991. 동일 저자, 『친밀성의 구조 변동. 현대 사회의 성, 사랑, 에로티시즘』The Transformation of Intimacy. Sexuality, Love, and Eroticism in Modern Societies, Stanford University Press, 1992. 제이슨 휴즈Jason Hughes, 「감정 지능. 엘리아스, 푸코, 그리고 반성적 감정 자아」Emotional Intelligence. Elias, Foucault, and the Reflexive Emotional Self, 『Foucault Studies』, 8호(2010년 2월), 28~52쪽. 앨런 헌트Alan Hunt, 「문명화 과정과 감정 생활. 현대 감정의 농밀화와 공동화」The Civilizing Process and Emotional Life. The Intensification and Hollowing Out of Contemporary Emotions, 출전: 데일 스펜서Dale Spencer, 케빈 월비Kevin Walby , 앨런 헌트Alan Hunt(공동 편집), 『감정 문제. 감정의 관계적 접근』Emotions Matter. A Relational Approach to Emotions, Toronto, Buffalo, London, 2012, 137~160쪽. 메리 홈스Mary Holmes, 「성찰의 감정화」The Emotionalization of Reflexivity, 출전: 『Sociology』, 통권 44, 1호(2010), 139~154쪽. 리처드 세넷Richard Sennett, 『공인의 몰락』The Fall of Public Man, Cambridge University Press, 1977. 로런스 스톤Lawrence Stone, 『잉글랜드의 가족과 섹스와 결혼, 1500~1800』The Family, Sex and Marriage in England 1500~1800, London, 1982.
13. 제럴드 앨런 코헨Gerald Allan Cohen, 『자기 소유, 자유와 평등』Self-ownership, Freedom, and Equality, Cambridge: Cambridge University Press, 1995, 12쪽.
14. Anthony Giddens, 『현대성과 자아정체성』, 『친밀성의 구조 변동』.
15. Axel Honneth, 『인정투쟁. 사회적 갈등의 도덕 문법』Kampf um Anerkennung. Zur moralischen Grammatik sozialer Konflikte(1992), Frankfurt/

M., 2003.
16. Camille Paglia, 『섹스, 예술 그리고 미국 문화』Sex, Art and American Culture, Vintage, 1992.
17. George G. Brenkert, 「마르크스 이론에서의 자유와 사유재산」Freedom and Private Property in Marx, 출전: 『Philosophy & Public Affairs』, 2호, 8권(1979), 22~147쪽. Émile Durkheim, 「종교 생활의 원초적 형태」The Elementary Forms of the Religious Life, New York, 1995(1912). 동일 저자, 「도덕 교육」Moral Education, New York, 1961(1925). 동일 저자, 『뒤르켐이 보는 정치와 국가』Durkheim on Politics and the State(Anthony Giddens 편집, W. D. Halls 번역), Stanford University Press, 1986. 동일 저자, 『자살론. 사회학 연구』Suicide: A Study in Sociology(John A Spaulding and George Simpson 번역), New York, 1997(1897). Anthony Giddens, 『자본주의와 현대사회이론. 마르크스, 뒤르켐 그리고 막스 베버 글쓰기의 분석』Capitalism and Modern Social Theory. An Analysis of the Writings of Marx, Durkheim and Max Weber, Cambridge University Press, 1971. Karl Marx, 『정치경제학 비판 요강』Grundrisse der Kritik der politischen Ökonomie(1857/58), Marx-Engels-Werke (MEW), 42권, Berlin, 1983, 47~768쪽. 동일 저자, 『1844년 경제학 철학 초고』Ökonomisch-philosophische Manuskripte aus dem Jahre 1844, 세 번째 원고, "돈"Geld, MEW, 40권, Berlin, 2012, 562~567쪽. 동일 저자, 『자유무역의 문제에 관한 연설』Rede über die Frage des Freihandels(1848), MEW, 4권, Berlin, 1990, 444~458쪽. 동일 저자 & Friedrich Engels, 『독일 이데올로기』Die deutsche Ideologie(1845/46), MEW, 3권, Berlin, 1983, 9~530쪽. 동일 저자, 『공산당 선언』Manifest der Kommunistischen Partei(1848), MEW, 4권, Berlin, 1990, 459~493쪽. Georg Simmel, 「근대의 개인주의」Der Individualismus der modernen Zeit, 출전: 동일 저자, 『유고집. 학교 교육』Postume Veröffentlichungen. Schulpädagogik, 전집판, 20권, Frankfurt/M., 2004, 249~258쪽. 동일 저자, 「타자에 관한 담론」Exkurs über den Fremden, 출전: 동일 저자, 『사회학. 사회화 형식의 연구』Soziologie. Untersuchungen über die Formen der Vergesellschaftung(1908), 전집판, 11권, Frankfurt/M., 1992, 764~771쪽. Max Weber, 『독일 동엘베 지역의 농부 상황』Die Lage der Landarbeiter im ostelbischen Deutschland(1892), 전집판, 1권, Tübingen, 1984. 동일 저자, 『프로테스탄트 윤리와 자본주의 정신. 프로테스탄트 종파와 자본주의 정신.

글모음 1904~1920』Die protestantische Ethik und der Geist des Kapitalismus. Die protestantischen Sekten und der Geist des Kapitalismus. Schriften 1904~1920, 전집판, 1권/18, Tübingen, 2016. 동일 저자, 『경제와 사회』Wirtschaft und Gesellschaft, Johannes Winckelmann 편집, 제5판, Tübingen, 1972.
18. Axel Honneth, 『자유의 권리. 민주주의 윤리의 개요』Das Recht der Freiheit. Grundriß einer demokratischen Sittlichkeit, Berlin, 2011.
19. Wendy Brown, 『상처의 국가. 후기 근대성의 권력과 자유』States of Injury. Power and Freedom in Late Modernity, Princeton, 1995, 5쪽.
20. David Bloor, 『지식과 사회적 형상화』Knowledge and Social Imagery, London, 1976.
21. Richard A. Posner, 『섹스와 이성』Sex and Reason, Cambridge, MA., 1994.
22. 다음 자료를 참조할 것. Robin West, 「섹스, 이성 그리고 불합리의 취향」 Sex, Reason, and a Taste for the Absurd, Georgetown Public Law and Legal Theory Research Paper No. 11~76(1993), 다음 인터넷 주소를 참조할 것. https://scholarship.law.georgetown.edu/cgi/viewcontent.cgi?referer=https://www.google.com/&httpsredir=&article=1658&context=-facpub, 마지막으로 열어본 날짜: 2018년 5월 14일.
23. Lila Abu-Lughod, 「무슬림 여성은 정말로 저축이 필요하나? 문화 상대주의와 그 밖에 대한 인류학적 성찰」Do Muslim Women Really Need Saving? Anthropological Reflections on Cultural Relativism and Its Others, 출전: 『American Anthropologist』, 통권 104, 3호(2002), 783~790쪽. 특히 785쪽을 볼 것. Saba Mahmood, 『경건함의 정치. 이슬람의 부활과 페미니스트 주체』Politics of Piety. The Islamic Revival and the Feminist Subject, Princeton, 2011.
24. Michel Foucault, 『감시와 처벌. 감옥의 탄생』Discipline and Punish. The Birth of the Prison(원제: Surveiller et Punir, La Naissance de la Prison, 1975), 1977, Alan Sheridan 번역, New York, 1977.
25. Michel Foucault, 『안전, 영역, 인구. 콜레주드프랑스 강연 1977~1978』 Security, Territory, Population. Lectures at the Collège de France 1977~1978(Arnold I. Davidson 편집, Graham Burchell 번역), New York, 2007. Foucault, 『자아와 타자에 대한 통치. 콜레주드프랑스 강연 1982~1983』The Government of Self and Others. Lectures at the

Collège de France 1982~1983(Arnold I. Davidson 편집, Graham Burchell 번역), New York, 2010.
26. Nikolas Rose, 『우리 자아의 발명. 심리학, 권력 그리고 개인 특성』Inventing our Selves. Psychology, Power, and Personhood, Cambridge, 1998. 동일 저자, 『자유의 권력. 정치사상의 재구성』Powers of Freedom. Reframing Political Thought, Cambridge, 1999.
27. Deborah L. Tolman, 『욕망의 딜레마. 섹슈얼리티에 대한 십대 소녀들의 말』Dilemmas of Desire. Teenage Girls Talk about Sexuality, Cambridge, MA., 2002, 5쪽 이하.
28. Wendy Brown의 책 『상처의 국가』States of Injury 20쪽에서 재인용.
29. 이 문제를 살피는 데에는 『섹스 전쟁』이라는 제목의 글 모음집이 특히 도움을 준다. 이 책은 미국에서 성적 권리가 어떻게 확장되었는지 그 기록들을 모은 것이다. 이 책이 분명히 하듯 부부 관계의 평등, 재생산 권리 및 출산 통제 같은 문제에서 그동안 괄목할 만한 발전이 이루어졌다. 그러나 여전히 많은 분야, 이를테면 성범죄자 리스트나 에이즈 환자에 대한 차별 또는 성노동의 처벌 등은 예나 지금이나 국가가 통제한다. David M. Halperin & Trevor Hoppe(공동 편집), 『섹스 전쟁』The War on Sex, Durham, London, 2017.
30. 이런 주제를 철저히 다룬 자료에는 다음의 것들이 있다. Dana Kaplan, 『레크리에이션 섹슈얼리티, 음식 그리고 새 시대정신. 중산층 특징에 관한 문화사회학』Recreational Sexuality, Food, and New Age Spirituality. A Cultural Sociology of Middle-Class Distinctions, 박사학위논문, Hebrew University, Jerusalem, 2014. 동일 저자, 「이스라엘의 성해방과 창의 계급」Sexual Liberation and the Creative Class in Israel, 출전: Steven Seidman, Nancy Fisher & Chet Meeks(공동 편집), 『새로운 섹슈얼리티 연구 소개』Introducing the New Sexuality Studies(제3판), London, 2016(2011). Volker Woltersdorff, 「불안정한 섹슈얼리티의 역설. 신자유주의 아래의 성적 하위문화」Paradoxes of Precarious Sexualities. Sexual Subcultures under Neo-Liberalism, 출전: 『Cultural Studies』, 통권 25, 2호(2011), 164~182쪽.
31. 현대의 동성애는 성적 자유의 역사적 성취이자 도덕적 완성이다. 고대 그리스의 동성애와 반대로 현대의 동성애는 불평등을 만들어 자연적인 것이라고 하지 않기 때문이다(고대 그리스에서와 같이 남자가 노예나 젊은 남자를 상대로 권력을 과시하는 동성애와 현대의 동성애는 확연히 다르다).

32. Paglia, 『섹스, 예술 그리고 미국 문화』Sex, Art and American Culture, 7쪽.
33. 위와 같은 곳.
34. Jeffrey Weeks, 『발명된 도덕. 불확실성 시대의 성적 가치』Invented Moralities. Sexual Values in an Age of Uncertainty, New York, 1995.
35. 위의 책, 29쪽. 그러나 이런 주장은 중국과 같은 사회보다는 서구 사회에 더 잘 들어맞는다.
36. 수요와 공급의 구조는 이성애 관계 못지않게 동성애 관계에서도 볼 수 있다.
37. Leo Tolstoy, 『전쟁과 평화』War and Peace (George Gibian 번역), W.W. Norton, 1966(1896), 24쪽.
38. 다음 자료에서 인용함. Mark Granovetter, 「경제 행위와 사회 구조. 뿌리내림의 문제」Economic Action and Social Structure. The Problem of Embeddedness, 출전: 『American Journal of Sociology』, 통권 91, 3호 (1985), 481~510쪽. 인용문은 458쪽.
39. Sven Hillenkamp, 『사랑의 종말. 무한한 자유 시대의 감정』Das Ende der Liebe. Gefühle im Zeitalter unendlicher Freiheit, Stuttgart, 2009. Giddens, 『Modernity and Self-Identity』. Ian Greener, 「영국 보건 정책에 나타난 선택의 역사에 대하여」Towards a History of Choice in UK Health Policy, 출전: 『Sociology of Health & Illness』, 통권 31, 3호, 309~324쪽. Renata Salecl, 「선택의 사회」Society of Choice, 출전: 『Differences』, 통권 20, 1호, 157~180쪽. 동일 저자, 「선택 독재 시대의 자아」Self in Times of Tyranny of Choice, 출전: 『FKW//Zeitschrift für Geschlechterforschung und visuelle Kultur』, 50호(2010), 10~23쪽. 동일 저자, 『선택의 독재』The Tyranny of Choice, 2011(한국어판 제목 『선택이라는 이데올로기』).
40. Stephenie Meyer, 「자주 묻는 질문: 브레이킹 던」Frequently Asked Questions: Breaking Dawn, http://stepheniemeyer.com/the-books/breaking-dawn/frequently-asked-questions-breaking-dawn. 마지막으로 열어 본 날짜: 2018년 5월 14일.
41. 주 39에 언급된 자료를 볼 것.
42. Günther Anders, 「자유의 병리학. 비정체성에 관한 에세이」Pathologie de la liberté. Essai sur la non-identification, 출전: 『Recherches Philosophiques』, 6호(1936/37), 32~57쪽. 다음 자료도 볼 것. Eric S. Nelson, 「자유에 반대하다. 아도르노와 레비나스와 자유의 병리학」Against Liberty. Adorno, Levinas and the Pathologies of Freedom, 출전: 『Theo-

ria』, 통권 131, 59호(2012), 64~83쪽.
43. 다음 자료를 참조할 것. Manuel Castells, 「네트워크와 자아. 정보 사회의 비판 이론을 위한 작업 노트」The Net and the Self. Working Notes for a Critical Theory of the Informational Society, 출전: 『Critique of Anthropology』, 통권 16, 1호(1996), 9~38쪽.
44. Eva Illouz, 『사랑은 왜 아픈가』Warum Liebe weh tut, Berlin, 2011.
45. Wolfgang Streeck, 「현대 자본주의를 어떻게 연구할 것인가?」How to Study Contemporary Capitalism?, 출전: 『European Journal of Sociology/Europäisches Archiv für Soziologie』, 통권 53, 1호(2012), 1~28쪽.
46. 다음 자료들을 참조할 것. Peter Brooks & Horst Zank, 「손실 혐오 태도」Loss Averse Behavior, 출전: 『Journal of Risk and Uncertainty』, 통권 31, 3호(2005), 301~325쪽. Matthew Rabin, 「심리학과 경제학」Psychology and Economics, 출전: 『Journal of Economic Literature』, 통권 36, 1호 (1998), 11~46쪽. Colin F. Camerer, 「현장의 전망 이론. 장으로부터 얻은 증거」Prospect Theory in the Wild. Evidence from the Field, 출전: Daniel Kahneman & Amos Tversky(공동 편집), 『선택, 가치 그리고 프레임』Choices, Values, and Frames, Cambridge, 2000, 288~300쪽.
47. http://www.economist.com/news/asia/21706321-most-japanesewant-be-married-are-finding-it-hard-i-dont, 마지막으로 열어본 날짜: 2018년 5월 14일.
48. 다음 자료는 미국 통계청의 자료를 토대로 작성된 것이다. Daniel Bachman & Akrur Barua, 「독신 가구. 미국 가정 생활의 변화를 보는 또 다른 관점」Single-Person Households. Another Look at the Changing American Family(2015, http://dupress.deloitte.com/dup-us-en/economy/behind-the-numbers/single-person-households-and-changing-american-family.html, 마지막으로 열어본 날짜: 2018년 5월 14일. "1960년에서 2014년 사이에 처음 결혼하는 남성의 연령은 22.8세에서 29.3세로, 여성은 20.3세에서 27세로 각각 높아졌다(US Census Bureau, 「가족과 동거 형태: 결혼 상태」Families and Living Arrangements: Marital Status, 2015년 10월 21일, https://www.census.gov/hhes/families/data/marital.html). 이 시기에 전체 가구의 비중에서 독신 가구는 27.7퍼센트였던 것이 두 배로 늘어났다. 가구당 평균 식구 수는 3.33명에서 2.54명으로 줄어들었다(US Census Bureau, 「가족과 동거 형태: 가구」Families and Living Arrangements: Households, 2015년 10월 21일, https://www.census.gov/hhes/

families/data/households.html). (…) 1999년에서 2014년 사이에 독신 가구의 수는 2660만에서 대략 3420만으로 늘어났다. 이는 매년 평균 1.7퍼센트의 상승률에 해당하는 증가 추세다. 이 시기 전체 가구는 1.1퍼센트 줄어들었다. 전체 가구에 비추어 독신 가구는 2퍼센트 이상 늘었다. (…) 조사는 2030년에 이르면 대략 4140만 독신 가구가 있을 것으로 전망했다. 2015년과 2030년을 기준으로 매년 1.1퍼센트 증가하리라는 전망이다."

49. W. Bradford Wilcox, 「이혼의 진화」The Evolution of Divorce(2009년 가을), 출전:『National Affairs』, 34호(2018년 겨울), http://nationalaffairs.com/publications/detail/the-evolution-of-divorce, 마지막으로 열어본 날짜: 2018년 5월 14일.

50. '수입과 프로그램 참여에 관한 조사'로 확인된 수치를 바탕으로 밀러가 확인한 것이다. 이혼율은 1970년대와 1980년대 초에 정점을 찍은 이후 1990년대에 결혼한 사람들에게서 다시 낮아졌다. Claire Cain Miller, 「이혼의 급증은 꺾였지만, 신화는 살아 있다」The Divorce Surge is Over, but the Myth Lives On, 출전: 『The New York Times』, 2014년 12월 4일, http://www.nytimes.com/2014/12/02/upshot/the-divorce-surge-is-over-but-the-myth-lives-on.html, 마지막으로 열어본 날짜: 2018년 5월 14일.

51. Charlotte Lytton, 「나는 나와 결혼했다. 왜 갈수록 더 많은 여성은 자신과 결혼하는 선택을 할까?」I Me Wed. Why Are More Women Choosing to Marry Themselves?, 출전:『The Telegraph』, 2017년 9월 28일, http://www.telegraph.co.uk/women/life/women-choosing-marry, 마지막으로 열어본 날짜: 2018년 5월 14일.

52. Anna Goldfarb, 「우정을 어떻게 유지할까」How to Maintain Friendships, 출전:『The New York Times』, 2018년 1월 18일. https://www.nytimes.com/2018/01/18/smarter-living/how-to-maintain-friends.html, 마지막으로 열어본 날짜: 2018년 5월 14일. 골드파브는 위의 인용문에서 다음 출전을 밝힌다. G. Oscar Anderson, 「장년층의 외로움. 40+ 성인을 상대로 한 국가 조사」Loneliness Among Older Adults. A National Survey of Adults 40+, Washington, D.C., AARP Research, 2010년 9월, https://doi.org/10.26419/res.00064.001, 마지막으로 열어본 날짜: 2018년 5월 14일. American Psychological Association, 「나는 외롭게 죽을 수 있다」So Lonely I Could Die, 2017년 8월 4일. https://www.apa.org/news/press/releases/2017/08/lonely-die.aspx, 마지막으로 열어본 날짜: 2018년 5월 14일. Jane E. Brody, 「외로움이 건강에 미치는 놀라운 효과」The Sur-

prising Effects of Loneliness on Health, 출전: 『The New York Times』, 2017년 12월 11일. https://www.nytimes.com/2017/12/11/well/mind/how-loneliness-affects-our-health.html?_r=0, 마지막으로 열어본 날짜: 2018년 5월 14일.

53. 나는 몇몇 설문 대상자를 눈덩이 표집snowball sampling이라는 방법으로 선발해 카페에서 인터뷰를 했다. 다른 경우는 나에게 자신의 경험을 털어놓은 지인과 나눈 인터뷰다. 모든 이름은 익명 처리를 했다. 혹시라도 인터뷰에 응한 사람이 누구인지 드러날까를 염려한 나는 상대의 여러 특징을 바꾸었다(이를테면 전문직 종사자라 누구인지 추적이 가능한 경우에는 교육 수준과 재산 정도에 맞는 허구적인 명칭을 덧붙였다). 인터뷰 대상은 주로 이성애 취향의 남성과 여성이었지만, 동성애자의 경우에도 이성애 커플에게서 볼 수 있는 경향이 아주 잘 반영된 인물은 대상에 포함했다. 이렇게 해서 뽑은 표본 가운데 24명은 이혼한 사람들이다. 일시적인 관계를 맺고 있는 사람들도 있었고, 그렇지 않은 사람들도 있었다. 인터뷰에 응한 사람들 가운데 여성은 47명이며, 남성은 45명이다. 나는 신뢰감 있는 인터뷰를 위해 녹음기를 쓰지 않았으며 따로 기록도 남기지 않았다. 대화는 기억을 살려 재구성했다. 어쨌거나 이렇게 해야 인터뷰에 응한 사람이 부담감을 덜 받으리라고 나는 여겼다. 물론 때때로 핵심 내용은 대화 도중에 체크했다. 이런 방법은 민족지학 연구에서 흔히 쓰는 것이다. 인터뷰 시간은 짧은 것은 30분, 가장 길었던 것은 1시간 반 정도 걸렸다.

54. Lauren Berlant, 「천천히 죽음(주권, 비만, 측면 기관)」Slow Death(Sovereignty, Obesity, Lateral Agency), 출전: 『Critical Inquiry』, 통권 33, 4호 (2007), 754~780쪽.

2 전前근대의 구애, 사회적 확실성 그리고 부정적 관계의 발생

1. 『더 리얼리스트』The Realist와 나눈 인터뷰, 40호, 1962년 12월, 15쪽. 다음 자료에서 인용함. Charles I. Glicksberg, 『현대 미국 문학의 성혁명』The Sexual Revolution in Modern American Literature, The Hague, 1971, 4쪽.
2. Anthony Trollope, 『어느 늙은 남자의 사랑』An Old Man's Love(1884), Oxford, 1951, 33쪽.
3. Charles Horton Cooley, 『인간 본성과 사회 질서』Human Nature and the

Social Order(1884), New Brunswick, London, 1992, 184쪽. David D. Franks & Viktor Gecas,「쿨리의 자아 이론에 나타난 자율성과 순응. 거울에 비친 자아와 그 너머」Autonomy and Conformity in Cooley's Self-Theory. The Looking-Glass Self and Beyond, 출전:『Symbolic Interaction』, 통권 15, 1호(1992), 49~68쪽. George H. Mead,「미국 사회사상에 대한 쿨리의 기여」Cooley's Contribution to American Social Thought, 출전:『American Sociological Review』, 통권 35, 5호(1930), 693~706쪽. 동일 저자,『마음, 자아 그리고 사회』Mind, Self and Society, Chicago, University of Chicago Press, 1934. J. Sidney Shrauger & Thomas J. Schoeneman,「자아 개념에 대한 상징적 상호작용의 관점. 어두운 곳에서 거울 보기」Symbolic Interactionist View of Self-Concept. Through the Looking Glass Darkly, 출전:『Psychological Bulletin』, 통권 86, 3호, 549~573쪽. Dianne M. Tice,「자아 개념 변화와 자아 현시. 거울로 자아 보기는 거울 확대다」Self-Concept Change and Self-Presentation. The Looking Glass Self is Also a Magnifying Glass, 출전:『Journal of Personality and Social Psychology』, 통권 63, 3호(1992), 435~451쪽.

4. Émile Durkheim,『자살론』Suicide. A Study in Sociology, New York, 1997(1897).
5. 쾌락에 탐닉하는 미혼 남성이라는 새로운 사회적 유형이 등장한 때는 19세기 말이다. 귀스타브 플로베르, 샤를 보들레르, 마르셀 프루스트 그리고 나중에는 슈테판 츠바이크와 이렌 네미롭스키는 이런 새로운 유형의 인물을 집중적으로 다루었다. 문학이 다룬 이 새로운 사회적 유형의 남성은 결혼을 하려는 의지가 턱없이 부족한 특징을 공통으로 보인다. 이로써 이들은 예나 지금이나 경제적으로든 사회적으로든 신분 상승을 꾀할 특별한 기회를 피한다.
6. Durkheim,『Suicide』, 311쪽 이하.
7. Véronique Mottier,『섹슈얼리티. 간략한 소개』Sexuality. A Very Short Introduction, Oxford University Press, 2008, 5쪽.
8. 다음 자료를 참조할 것. William E. Mann,「아우구스티누스가 보는 악함과 원죄」Augustine on Evil and Original Sin, 출전: Eleonore Stump & Norman Kretzmann (편집),『아우구스티누스를 연구하는 케임브리지 학자들』The Cambridge Companion to Augustine, Cambridge, 2001, 40~48쪽. Marjorie Hewitt Suchocki,『폭력으로의 추락. 관계 신학이 보는 원죄』The Fall to Violence. Original Sin in Relational Theology, New York, 1994.

9. John Giles Milhaven, 「토마스 아퀴나스가 보는 성적 쾌락」Thomas Aquinas on Sexual Pleasure, 출전: 『The Journal of Religious Ethics』, 5호, 2권(1977), 157~181쪽.
10. 13세기의 아우구스티누스라 할 수 있는 토마스 아퀴나스는 오로지 종족 번식의 목적으로만 섹스를 해야 하며, 쾌락을 탐하는 섹스는 허락될 수 없다고 보았다. 아퀴나스는 부부의 섹스를 인정했지만, 부부 사이라 할지라도 쾌락을 탐하는 섹스는 무척 못마땅하게 여겼다. 주 9의 자료를 볼 것.
11. Jack Goody, 『유럽의 가족과 결혼의 발달』The Development of the Family and Marriage in Europe, Cambridge University Press, 1983. Philip Lyndon Reynolds, 『서구 교회의 결혼. 초기 교부 기독교와 중세 초기 동안에 이뤄진 결혼의 기독교화』Marriage in the Western Church. The Christianization of Marriage during the Patristic and Early Medieval Periods, Leiden, 1994.
12. Faramerz Dabhoiwala, 「성욕과 해방」Lust and Liberty, 출전: 『Past & Present』, 207호, 1권(2010), 89~179쪽. 본문의 인용문은 90쪽.
13. Richard Godbeer, 『초기 미국의 성혁명』Sexual Revolution in Early America, Baltimore, London, 2002, 10쪽 이하.
14. 위의 책, 3쪽.
15. Dabhoiwala, 「Lust and Liberty」, 90쪽.
16. 서구 사회의 성풍습을 전반적으로 정리한 자료는 다음을 볼 것. Richard A. Posner, 『Sex and Reason』, Cambridge, MA., 1994, 37~65쪽.
17. Immanuel Kant, 칸트 전집, 학술판, 27권, 『도덕 철학 강의』Vorlesungen über Moralphilosophie, 전반부, Berlin, 1974, 384쪽.
18. Ann Heilmann, 「모나 케어드(1854~1932). 거친 여성, 신여성 그리고 초기 급진적 페미니스트의 결혼과 모성 비판」Mona Caird(1854~1932). Wild Woman, New Woman, and Early Radical Feminist Critic of Marriage and Motherhood, 출전: 『Women's History Review』, 5호, 1권(1996), 67~95쪽. Joanne E. Passet, 『성급진주의자 그리고 여성의 평등을 찾아서』 Sex Radicals and the Quest for Women's Equality, Urbana, Chicago, 2003.
19. 중세 프랑스의 사랑과 구애와 섹슈얼리티에 대해서는 다음 자료를 참조할 것. E. Jane Burns, 『정중한 사랑의 실체. 옷을 통해 중세 프랑스 문화 읽기』 Courtly Love Undressed. Reading Through Clothes in Medieval French Culture, Philadelphia, 2005. Laurie A. Finke, 「중세 프랑스 문학의 섹슈

얼리티. '따로 떨어져 우리는 하나다」Sexuality in Medieval French Literature. 'Séparés, on est ensemble', 출전: Vern L. Bullough & James A. Brundage(공동 편집), 『중세 섹슈얼리티 핸드북』Handbook of Medieval Sexuality, New York, London, 1996, 345~368쪽. Simon Gaunt, 『중세 프랑스와 프로방스어 구애 문학의 사랑과 죽음. 사랑의 순교자들』Love and Death in Medieval French and Occitan Courtly Literature. Martyrs to Love, Oxford, 2006. Robert W. Hanning, 「크레티앵 드 트루아와 마리 드 프랑스의 특별한 사례로 본 12세기의 사랑과 권력」Love and Power in the Twelfth Century, with Special Reference to Chrétien de Troyes and Marie de France, 출전: Robert R. Edwards & Stephen Spector(공동 편집), 『오래된 춤. 중세 세계의 사랑, 우정, 섹스 그리고 결혼』The Olde Daunce. Love, Friendship, Sex, and Marriage in the Medieval World, Albany, 1991, 87~103쪽.

20. 단테와 페트라르카처럼 유명한 중세 사랑의 예들은 남성이 여성의 사망 이후에도 오랫동안 그녀를 사랑하며, 시로써 섬기는 것을 보여준다. 마치 구애가 다른 사람과 실제로 나누는 상호 행동이 아니라 사랑의 독백을 위한 의례처럼 여겨지는 이런 사례는 종교에서 기도를 올리는 것과 같은 감정을 연기한다.

21. 캐서린 베이츠는 이렇게 묘사한다. "'궁정예절'이 구애의 기술에 적절한 표현인 이유는 간단하다. 인간이 이성의 마음을 사로잡으려는 과정은 전술과 전략이 구사되어야 하는 고도로 복잡한 것이기 때문이다. 남성과 여성은 서로 멀리 떨어져서 긴장된 태도로 관찰하는 탓에 소통이 무척 어렵다. 노르베르트 엘리아스Norbert Elias는 감정과 애정의 태도가 이처럼 변화한 것을 보편적인 '문명화 과정'의 직접적인 귀결로 간주한다. 이 문명화 과정은 중세의 중앙집권에서 볼 수 있듯, 군주가 자신의 독점 권력을 지키고자 신하와 종복이 감정이나 격정을 자발적으로 드러내는 것을 최소화하려는 시도에서 시작되었다. 개인은 '문명화'한 사회 태도라는 규범에 맞춰 자신의 욕망을 항상 최소한으로 줄이고 고상하게 표현하려는 강박을 받는다." Catherine Bates, 『엘리자베스 시대 언어와 문학에서의 구애의 수사학』The Rhetoric of Courtship in Elizabethan Language and Literature, Cambridge, 1992, 11쪽.

22. 자세한 구애 역사는 다음 자료를 참조할 것. Bates, 『The Rhetoric of Courtship in Elizabethan Language and Literature』. 동일 저자, 『구애와 예의. 엘리자베스 시대의 예절 언어와 문학의 연구』Courtship and Court-

liness. Studies in Elizabethan Courtly Language and Literature, 박사학위 논문, Oxford University, 1989. Ilona Bell, 『엘리자베스 시대의 여성과 구애 시』Elizabethan Women and the Poetry of Courtship, Cambridge, 1998. Ellen K. Rothman, 『소유와 마음. 미국의 구애의 역사』Hands and Hearts. A History of Courtship in America, New York, 1984.
23. Niklas Luhmann, 『열정으로서의 사랑. 친밀성의 코드화』Liebe als Passion. Zur Codierung von Intimität, Frankfurt/M., 1982, 98쪽.
24. 다음 자료를 볼 것. John D'Emilio & Estelle B. Freedman, 『친밀성의 문제. 미국의 섹슈얼리티 역사』Intimate Matters. A History of Sexuality in America, Chicago, London, 1998.
25. 바로 그래서 돈 후안은 17세기의 종교 도덕을 위반한 죄인, 곧 여성들을 유혹한 죄인으로 신의 처벌을 받아 마땅했다. 구애의 도덕 규칙을 깨는 행위는 사회와 도덕을 배신함을 뜻했다.
26. Lawrence Stone, 『불확실한 유대. 잉글랜드의 결혼, 1660~1753』Uncertain Unions. Marriage in England, 1660~1753, Oxford, New York, 1992, 8쪽.
27. Anthony Giddens, 『현대성과 자아정체성. 후기 근대의 자아와 사회』 Modernity and Self-Identity. Self and Society in Late Modern Age, Cambridge, 1991.
28. Luhmann, 『열정으로서의 사랑』Liebe als Passion. 동일 저자, 『사회 체계. 보편 이론의 요강』Soziale Systeme. Grundriß einer allgemeinen Theorie, Frankfurt/M., 1984.
29. Niklas Luhmann, 『사랑. 연습』Liebe. Eine Übung(1969), Frankfurt/M., 2008, 17쪽 이하.
30. Denise Haunani Solomon & Leanne K. Knobloch, 「관계 불확실성, 파트너 간섭 그리고 데이트 관계의 친밀성」Relationship Uncertainty, Partner Interference, and Intimacy within Dating Relationships, 출전: 『Journal of Social and Personal Relationships』, 통권 18, 6호(2001), 804~820쪽. 본문 인용문은 805쪽.
31. Jens Zinn, 「불확실성」Uncertainty, 출전: George Ritzer(편집), 『Blackwell Encyclopedia of Sociology』(2007), 다음 인터넷 주소를 볼 것, http://www.blackwellreference.com/public/tocnode?id=g9781405124331_chunk_g9781405124331_ss1-1#citation, 마지막으로 열어본 날짜: 2018년 5월 15일.

32. 다음 자료를 참조할 것. Anthony Fletcher, 「근대 초기 잉글랜드의 남성다움, 남성의 몸, 구애와 가정」Manhood, the Male Body, Courtship and the Household in Early Modern England, 출전: 『History』, 통권 84, 275호 (1999), 419~436쪽. Marie H. Loughlin, 『하이메뉴틱스. 초기 근대 단계의 처녀성 해석』Hymeneutics. Interpreting Virginity on the Early Modern Stage, Lewisburg, London, 1997. Kim M. Phillips & Barry Reay, 『섹슈얼리티 이전의 섹스. 근대 이전의 역사』Sex Before Sexuality. A Premodern History, Cambridge, 2011. Ulrike Strasser, 『처녀성의 상태. 근대 초 가톨릭 국가의 젠더, 종교 그리고 정치』State of Virginity. Gender, Religion, and Politics in an Early Modern Catholic State, Ann Arbor, 2004.
33. 다음 자료에서 인용함. Carol Diethe, 『해방을 향하여. 19세기 독일 여성 작가들』Towards Emancipation. German Women Writers of the Nineteenth Century, New York/Oxford, 1998, 55쪽(이 인용문의 독일어 원문은 다음 자료에서 인용함. Adele Schopenhauer, 『일기』Tagebücher, 2권, Leipzig, 1909, 20쪽).
34. Godbeer, 『Sexual Revolution in Early America』, 3쪽.
35. Thomas E. Buckley(편집), 「사랑해서 결혼할 수 없다면」If You Love that Lady Don't Marry Her, 출전: 『샐리 맥도웰과 존 밀러의 구애 편지들 1854~1856』The Courtship Letters of Sally McDowell and John Miller, Columbia, University of Missouri Press, 2000, 6쪽(강조 표시는 내가 한 것임).
36. 조지 허버트 파머George Herbert Palmer(1842~1933)는 미국 하버드 대학의 학자이자 번역가로 수많은 고전, 특히 『오디세우스』(1884)를 영어로 옮겼다. 앨리스 프리먼Alice Freeman(1855~1902)은 미국의 교육학자로 19세기 신여성의 모델이 된 인물이다. 여성이 더 높은 교육을 받을 수 있어야 한다고 주장한 그녀는 웰슬리 칼리지의 총장을 지내다 1887년에 파머와 결혼했다. 앨리스는 시카고 대학교 학장을 지내기도 했다.
37. 다음 자료에서 인용함. M. A. DeWolfe Howe, 「아카데미의 구애. 앨리스 프리먼 파머와 조지 허버트 파머의 편지들」An Academic Courtship. Letters of Alice Freeman Palmer and George Herbert Palmer, 출전: 『The New England Quarterly』, 통권 14, 1호(1941), 153~155쪽.
38. 다음 자료에서 인용함. John Mullan, 「제인 오스틴의 소설에 나타난 구애, 사랑 그리고 결혼. 문학의 발견: 낭만파와 빅토리아 시대의 사람들」Courtship, Love and Marriage in Jane Austen's Novels. Discovering Litera-

ture: Romantics and Victorians, 출전: 『British Library』, 2017년 5월 15일, http://www.bl.uk/romantics-and-victorians/articles/courtship-love-and-marriage-in-jane-austens-novels#, 마지막으로 열어본 날짜: 2017년 6월 21일.
39. Marilyn Ferris Motz,「'당신은 나의 마지막 사랑'. 1892년 텍사스 농촌 커플의 구애와 재혼」'Thou Art My Last Love'. The Courtship and Remarriage of a Rural Texas Couple in 1892, 출전: 『The Southwestern Historical Quarterly』, 통권 93, 4호(1990), 457~474쪽. 본문의 인용문은 457쪽.
40. John R. Gillis, 『더 낫게, 더 못하게. 영국의 결혼, 1600년에서 현재까지』 For Better, for Worse. British Marriages, 1600 to the Present, New York, 1985, 33쪽.
41. 위와 같음.
42. 위와 같음.
43. 위의 책, 33쪽 이하.
44. Richard Bulcroft, Kris Bulcroft, Karen Bradley & Carl Simpson,「낭만적 관계의 위험 관리와 생산. 포스트모던 역설」The Management and Production of Risk in Romantic Relationships. A Postmodern Paradox, 출전: 『Journal of Family History』, 통권 25, 1호(2000), 63~92쪽. 본문의 인용문은 69쪽.
45. James H. S. Bossard,「결혼 선택의 요소인 주거지 인접도」Residential Propinquity as a Factor in Marriage Selection, 출전: 『American Journal of Sociology』, 통권 38, 2호(1932), 219~224쪽.
46. Gustave Flaubert, 『마담 보바리』Madame Bovary(1856), Margaret Mauldon 번역, Oxford University Press, 2004, 23~24쪽.
47. 위의 책, 24쪽.
48. Bulcroft 외,「The Management and Production of Risk in Romantic Relationships. A Postmodern Paradox」, 69쪽. 다음 자료도 볼 것. Gillis, 『For Better, for Worse. British Marriages, 1600 to the Present』.
49. 다음 자료에서 인용함. Carol Berkin, 『남북전쟁의 아내들. 앤젤리나 그림케 웰드, 베리나 하월 데이비스 그리고 줄리아 덴트 그랜트의 인생과 시대』 Civil War Wives. The Lives and Times of Angelina Grimké Weld, Varina Howell Davis, and Julia Dent Grant, New York, 2009, 58쪽.
50. Robert K. Nelson,「섹스의 망각. 앤젤리나 그림케와 시어도어 드와이트 웰드의 구애 편지에 담긴 헌신과 욕망」The Forgetfulness of Sex. Devotion

and Desire in the Courtship Letters of Angelina Grimké and Theodore Dwight Weld, 출전: 『Journal of Social History』, 통권 37, 3호(2004), 663~679쪽. 본문의 인용문은 670쪽.
51. 위의 글, 671쪽(강조 표시는 내가 한 것임).
52. Buckley(편집), 「If You Love that Lady Don't Marry Her」, 15쪽(강조 표시는 내가 한 것임).
53. Darlene Clark Hine & Earnestine L. Jenkins(공동 편집), 『남자다움의 문제. 미국 흑인 남성의 역사와 남성성 읽기. 제2권: 19세기. 해방에서 짐 크로까지』A Question of Manhood. A Reader in U.S. Black Men's History and Masculinity, Volume 2: The 19th Century. From Emancipation to Jim Crow, Bloomington, Indianapolis, 2001, 234쪽.
54. Anthony Trollope, 『클래버링 가문』The Claverings(1867), 2008, 120쪽.
55. Émile Durkheim, 『종교 생활의 원초적 형태』Elementary Forms of the Religious Life(1912), New York, Free Press, 1912.
56. 위의 책 참조. 다음 자료도 볼 것. Douglas A. Marshall, 「행동, 소유 그리고 믿음. 의례 생활의 이론」Behavior, Belonging and Belief. A Theory of Ritual Practice, 출전: 『Sociological Theory』, 통권 20, 3호(2002), 360~380쪽.
57. Joel Robbins, 「의례 소통과 언어 이데올로기. 라파포트 의례 이론의 독해와 부분적 재구성」Ritual Communication and Linguistic Ideology. A Reading and Partial Reformulation of Rappaport's Theory of Ritual, 출전: 『Current Anthropology』, 통권 42, 5호(2001), 591~614쪽. 본문 인용문은 592쪽.
58. Marshall, 「Behavior, Belonging and Belief」.
59. 「역사와의 대화—마이클 왈저와 해리 크라이슬러」Conversations with History–Harry Kreisler with Michael Walzer, Institute of International Studies at the University of California, Berkeley, 2013년 11월 12일. https://conversations.berkeley.edu/walzer_2013, 마지막으로 열어본 날짜: 2018년 5월 15일.
60. Luhmann, 『Soziale Systeme』, 동일 저자, 『사회의 사회』Die Gesellschaft der Gesellschaft, Frankfurt/M., 1997.
61. Åsa Boholm, 「위험의 문화적 본성. 불확실성의 인류학이 있을 수 있을까?」The Cultural Nature of Risk. Can There Be an Anthropology of Uncertainty?, 출전: 『Ethnos』, 통권 68, 2호(2003), 159~178쪽. Niklas

Luhmann, 『신뢰. 사회의 복잡성을 줄여주는 원리』Vertrauen. Ein Mechanismus der Reduktion sozialer Komplexität(1968), Konstanz, München, 2014. 동일 저자, 『권력』Macht(1975), Konstanz, München, 2012.
62. Mottier, 『Sexuality』, 1쪽.
63. 여러 정치 체제와 섹스 사이의 관계를 탁월하게 분석한 자료는 다음의 것이다. Dagmar Herzog, 『파시즘 이후의 섹스. 20세기 독일의 기억과 도덕』Sex after Fascism. Memory and Morality in Twentieth-century Germany, Princeton University Press, 2007.
64. Michel Foucault, 『성의 역사. 입문』The History of Sexuality. An Introduction(1976), 1권 (Robert Hurley 번역), New York, Vintage, 1990. James O'Higgins & Michel Foucault, 「2부. 성적 선택, 성적 행동. 미셸 푸코와의 인터뷰」Sexual Choice, Sexual Act. An Interview with Michel Foucault, 출전: 『Salmagundi』, 58/59, 10-24, 1982. 자유(그리고 진리)를 보는 푸코의 관점을 다룬 토론은 다음 자료를 볼 것. Charles Taylor, 「푸코가 보는 자유와 진리」Foucault on Freedom and Truth, 출전: 『Political Theory』, 통권 12, 2호(1984) 152~183쪽.
65. Dabhoiwala, 「Lust and Liberty」, 92쪽.
66. Samuel D. Warren & Louis D. Brandeis, 「The Right to Privacy」, 출전: 『Harvard Law Review』, 통권 4, 5호(1890), 193~220쪽.
67. Mary Beth Oliver & Janet Shibley Hyde, 「섹슈얼리티에서의 젠더 차이. 메타 분석」Gender Differences in Sexuality. A Meta-Analysis, 출전: 『Psychological Bulletin』, 통권 114, 1호(1993), 29~51쪽. Mottier, 『Sexuality』.
68. Lisa Wade, 『미국의 후크업. 캠퍼스에서의 새로운 성문화』American Hookup. The New Culture of Sex on Campus, New York, 2017, 57쪽.
69. 다음 자료들을 참조할 것. Mari Jo Buhle, 『페미니즘과 그 불만. 정신분석학과의 1세기에 걸친 다툼』Feminism and its Discontents. A Century of Struggle with Psychoanalysis, Cambridge, MA., London, 2009. Thea Cacchioni, 「성적 일탈, 재생산 그리고 기능의 의학화」The Medicalization of Sexual Deviance, Reproduction, and Functioning, 출전: John De Lamater & Rebecca F. Plante (공동 편집), 『섹슈얼리티 사회학 핸드북』Handbook of the Sociology of Sexualities, 2015, 435~452쪽. Eva Illouz, 『현대 영혼의 구출: 치료, 감정 그리고 자기계발 문화』Saving the modern soul: Therapy, emotions, and the culture of self-help, University of California Press, 2008. Janice M. Irvine, 『욕망의 무질서. 현대 미국 성과

학이 다루는 섹슈얼리티와 젠더』Disorders of Desire. Sexuality and Gender in Modern American Sexology, Philadelphia, 2005. Jeffrey Weeks, 『섹슈얼리티와 그 불만. 의미, 신화 그리고 현대 섹슈얼리티』Sexuality and its Discontents. Meanings, Myths, and Modern Sexualities(1985), New York, 2002.

70. T. J. Jackson Lears, 『은혜의 장소는 없다. 반근대주의와 미국 문화의 변형, 1880~1920』No Place of Grace. Antimodernism and the Transformation of American Culture, 1880~1920, Chicago, London, 1981. Lawrence Birken, 『소비 욕망. 성과학과 풍요 문화의 부상, 1871~1914』Consuming Desire. Sexual Science and the Emergence of a Culture of Abundance, 1871~1914, Ithaca, London, 1988.

71. David Allyn, 『사랑하라, 전쟁이 아니라. 성혁명: 제약받지 않음의 역사』 Make Love, Not War. The Sexual Revolution: An Unfettered History, Abingdon, New York, 2016. Feona Attwood & Clarissa Smith, 「레저 섹스. 더 많은 섹스! 더 나은 섹스! 섹스는 좆나 멋지다! 섹스, 섹스, 섹스, 섹스」Leisure Sex. More Sex! Better Sex! Sex is Fucking Brilliant! Sex, Sex, Sex, SEX, 출전: Tony Blackshaw (Hg.), 『Routledge Handbook of Leisure Studies』, New York, 2013, 325~336쪽. 다음 자료도 볼 것. Jay A. Mancini & Dennis K. Orthner, 「중산층 남편과 아내들의 레크리에이션 섹슈얼리티 선호」Recreational Sexuality Preferences among Middle-Class Husbands and Wives, 출전: 『Journal of Sex Research』, 통권 14, 2호 (1978), 96~106쪽. Edward O. Laumann, John H. Gagnon, Robert T. Michael & Stuart Michaels, 『섹슈얼리티의 사회적 조직. 미국의 성풍습』 The Social Organization of Sexuality. Sexual Practices in the United States, Chicago, London, 1994.

72. Glicksberg, 『성혁명』Sexual Revolution, 동일 저자, 「성혁명과 현대 드라마」The Sexual Revolution and the Modern Drama, 출전: 동일 저자, 『현대 영국 문학의 성혁명』The Sexual Revolution in Modern English Literature, The Hague, 1973, 43~70쪽.

73. 유럽의 성혁명을 분석한 자료에는 다음의 것이 있다. Dagmar Herzog, 『유럽의 섹슈얼리티. 20세기 역사』Sexuality in Europe. A Twentieth-Century History, Cambridge, New York, 2011, 제4장.

74. John Levi Martin, 「성혁명의 구조화」Structuring the Sexual Revolution, 출전: 『Theory and Society』, 통권 25, 1호(1996), 105~151쪽.

75. Richard Dyer, 『천상의 몸. 영화 스타와 사회』Heavenly Bodies. Film Stars and Society, Abingdon, New York, 2004.
76. 다음 자료를 참조할 것. Elizabeth Goren, 「기술과 관련된 미국의 사랑. 20세기에 걸친 섹슈얼리티와 자아의 변형」America's Love Affair with Technology. The Transformation of Sexuality and the Self over the 20th Century, 출전: 『Psychoanalytic Psychology』, 통권 20, 3호(2003), 487~508쪽. Brian McNair, 『스트립쇼 문화. 섹스, 미디어 그리고 욕망의 민주화』Striptease Culture. Sex, Media and the Democratization of Desire, London, New York, 2002.
77. 다음 자료를 참조할 것. Heather Addison, 「할리우드, 소비문화와 '몸매 가꾸기'의 부상」Hollywood, Consumer Culture and the Rise of 'Body Shaping', 출전: David Desser & Garth S. Jowett(공동 편집), 『할리우드 쇼핑을 가다』Hollywood Goes Shopping, Minneapolis/London, 2000, 3~33쪽. Mike Featherstone, 「소비문화의 몸」The Body in Consumer Culture(1982), 출전: Jessica R. Johnston(편집), 『맥락으로 본 미국적 몸. 선집』The American Body in Context. An Anthology, Wilmington, 2001, 79~102쪽. Valerie Steele, 『패션과 에로티시즘. 빅토리아 시대에서 재즈 시대까지 여성적 아름다움의 이상』Fashion and Eroticism. Ideals of Feminine Beauty from the Victorian Era to the Jazz Age, New York, 1985. Elizabeth Wilson, 『꿈속에서 꾸미기. 패션과 현대성』Adorned in Dreams: Fashion and modernity. IB Tauris, 2003(1985).
78. 다음 자료를 볼 것. Peter Biskind, 『이지 라이더스 레이징 불스: 어떻게 섹스-마약-로큰롤 세대는 할리우드를 구했나』Easy Riders Raging Bulls: How the Sex-Drugs-And Rock'N Roll Generation Saved Hollywood, Simon & Schuster, 1999. Thomas Doherty, 『프리-코드 할리우드. 미국 영화의 섹스, 부도덕, 반란, 1930~1934』Pre-Code Hollywood. Sex, Immorality, and Insurrection in American Cinema, 1930~1934, Columbia University Press, 1999. Juliann Sivulka, 『드라마, 섹스 그리고 담배. 미국 광고의 문화사』Soap, Sex, and Cigarettes. A Cultural History of American Advertising, Boston, 2011.
79. 다음 원고에서 인용함. Esteban Buch, 「음악이 사랑을 만든다. 성생활의 사운드트랙 연구」La Musique Fait L'amour. Une Enquête sur la Bande-son de la Vie Sexuelle, 출간 준비 중, 7쪽.
80. Eva Illouz(편집), 『상품으로서의 감정』Emotions as Commodities, Rout-

ledge, 2018.
81. Wolfgang Streeck,「고객으로서의 시민. 소비정치의 고찰」Bürger als Kunden. Überlegungen zur neuen Politik des Konsums, 출전: Heinz Bude & Philipp Staab(공동 편집),『자본주의와 불평등. 새로운 배척』Kapitalismus und Ungleichheit. Die neuen Verwerfungen, Frankfurt/M., New York, 2016, 261~284쪽. 본문 인용문은 268쪽.
82. 다음 자료들을 참조할 것. Stuart Hall,『혁신에 이르는 어려운 길. 대처주의와 좌파의 위기』The Hard Road to Renewal. Thatcherism and the Crisis of the Left, London, 1988. Thomas Frank,『쿨함의 정복. 비즈니스 문화, 반문화 그리고 힙소비주의의 부상』The Conquest of Cool. Business Culture, Counterculture, and the Rise of Hip Consumerism, Chicago, London, 1997.
83. Susie Bright,『완전한 노출. 성적 창의성과 에로틱 표현의 개방』Full Exposure. Opening Up to Sexual Creativity and Erotic Expression, San Francisco, New York, 2009, 52쪽 이하.
84. Bright,『Full Exposure』, 6쪽(강조 표시는 내가 한 것임).
85. Mottier,『Sexuality』, 44쪽.
86. Stephen Garton,『섹슈얼리티의 역사. 고대에서 성혁명까지』Histories of Sexuality. Antiquity to Sexual Revolution, Abingdon, New York, 2004, 210쪽.
87. Kate Millett,『성정치』Sexual Politics, New York, Doubleday Publishers, 1970.
88. 다음 자료에서 인용함. Micaela Di Leonardo & Roger Lancaster,「젠더, 섹슈얼리티, 정치경제학」Gender, Sexuality, Political Economy, 출전:『New Politics』, 통권 6, 1호(1996), 29~43쪽. 인용문은 35쪽.
89. Dagmar Herzog,「인류의 놀라운 갈망」What Incredible Yearnings Human Beings Have, 출전:『Contemporary European History』, 통권 22, 2호(2013), 303~317쪽. 슈타르케 본인의 발언이 담긴 자료는 다음의 것이다. Kurt Starke(Uta Kolano와 나눈 대화),「…어떤 낭만적 이상」…ein romantisches Ideal, 출전: Uta Kolano,『나체의 동쪽』Nackter Osten, Frankfurt/Oder, 1995, 103쪽 이하.
90. Robert Sherwin & Sherry Corbett,「캠퍼스의 성적 규범과 데이트 관계. 트렌드 분석」Campus Sexual Norms and Dating Relationships. A Trend Analysis, 출전:『Journal of Sex Research』, 총권 21, 3호(1985), 본문의 인

용문은 265쪽.
91. Paula England, Emily Fitzgibbons Shafer & Alison C. K. Fogarty, 「오늘날 대학 캠퍼스의 후크업과 낭만적 관계의 형성」Hooking Up and Forming Romantic Relationships on Today's College Campuses, 출전: Michael S. Kimmel & Amy Aronson(공동 편집), 『젠더화된 사회 읽기』The Gendered Society Reader, New York, 2008, 531~593쪽. 베이비붐 세대는 미국은 1940년대 중반에, 독일은 1950년대 중반에 시작되었다.
92. Vanessa Friedman, 「포스트 와인스타인 세계의 핀업 사진」Pinups in the Post-Weinstein World, 출전: 『The New York Times』, 2017년 11월 27일. https://www.nytimes.com/2017/11/27/style/victorias-secret-fashion-show-love-adventweinstein.html?emc=eta1&_r=0, 마지막으로 열어 본 날짜: 2018년 5월 15일.
93. 이 문제를 다룬 다음의 탁월한 자료를 볼 것. Rosalind Gill, 『젠더와 미디어』Gender and the Media, Cambridge, Malden, 2007. Angela McRobbie, 『페미니즘의 여파. 젠더, 문화 그리고 사회 변화』The Aftermath of Feminism. Gender, Culture and Social Change, London, 2009.
94. 낭만적 만남을 이렇게 보는 관점의 논리는 다음 자료를 볼 것. Eva Illouz, 「낭만적 네트워크」Romantische Netze, 출전: 동일 저자, 『감정자본주의』Gefühle in Zeiten des Kapitalismus. Frankfurter Adorno-Vorlesungen, 2004, Martin Hartmann 번역, 2007, 115~168쪽.
95. 다음 자료를 참조할 것. Gill, 『Gender and the Media』. Catharine A. MacKinnon, 『변형되지 않은 페미니즘. 삶과 법의 담론』Feminism Unmodified. Discourses on Life and Law, Cambridge, MA., London, 1987. Naomi Wolf, 『아름다움이라는 신화. 아름다움의 이미지는 어떻게 여성을 억압하나』The Beauty Myth: How Images of Beauty are Used Against Women, Random House, 2013.
96. Barbara A. Brown, Thomas I. Emerson, Gail Falk & Ann & E. Freedman, 「평등권의 수정. 여성을 위한 평등권의 헌법적 근거」The Equal Rights Amendment. A Constitutional Basis for Equal Rights for Women, 출전: 『The Yale Law Journal』, 통권 80, 5호(1971), 871~985쪽. Nicola Lacey, 「페미니스트 법 이론과 여성의 권리」Feminist Legal Theories and the Rights of Women, 출전: Karen Knop(편집), 『젠더와 인권. 유럽 법 아카데미 강좌 모음』Gender and Human Rights. Collected Courses of the Academy of European Law(XII/2), Oxford, 2004, 13~56쪽. Diane Rich-

ardson, 「성적 시민권 구성. 성적 권리를 이론화하기」Constructing Sexual Citizenship. Theorizing Sexual Rights, 출전: 『Critical Social Policy』, 통권 20, 1호(2000), 105~135쪽.
97. Ester Boserup, 『경제 개발에서 여성이 맡은 역할』Woman's Role in Economic Development, Earthscan, 2007. Dereck H. C. Chen, 「젠더 평등과 경제 개발. 정보와 통신 기술의 역할」Gender Equality and Economic Development. The Role for Information and Communication Technologies, 출전: 『World Bank Policy Research Working Paper』, 3285, Washington, 2004. Matthias Doepke, Michèle Tertilt & Alessandra Voena, 「경제와 여성 권리 정치」The Economics and Politics of Women's Rights, 출전: 『Annual Review of Economics』, 통권 4(2012), 339~372쪽. Esther Duflo, 「여성의 권한과 경제 개발」Women Empowerment and Economic Development, 출전: 『Journal of Economic Literature』, 통권 50, 4호(2012), 1051~1079쪽. Ronald F. Inglehart, 「1970년에서 2006년까지 서구 대중 사이에서 변화하는 가치」Changing Values among Western Publics from 1970 to 2006, 출전: 『West European Politics』, 통권 31, 1/2호(2008), 130~146쪽.
98. Robert G. Dunn, 「정체성, 상품화 그리고 소비문화」Identity, Commodification, and Consumer Culture, 출전: Joseph E. Davis(편집), 『정체성과 사회 변화』Identity and Social Change, New York, 2000, 109~134쪽. Yiannis Gabriel & Tim Lang, 『관리할 수 없는 소비자』The Unmanageable Consumer(1995), London, 2015. Margaret K. Hogg & Paul C. N. Michell, 「정체성, 자아 그리고 소비. 개념적 프레임워크」Identity, Self and Consumption. A Conceptual Framework, 출전: 『Journal of Marketing Management』, 통권 12, 7호(1996), 629~644쪽. Alan Tomlinson(편집), 『소비, 정체성 그리고 스타일. 마케팅, 의미와 쾌락의 패키지』Consumption, Identity and Style. Marketing, Meanings, and the Packaging of Pleasure, London, New York, 2006.
99. Axel Honneth, 『자유의 권리. 민주주의 윤리의 개요』Das Recht der Freiheit. Grundriß einer demokratischen Sittlichkeit, Berlin, 2011.
100. Peter Brown, 「로마. 섹스와 자유」Rome. Sex & Freedom, 출전: 『The New York Review of Books』, 2013년 12월 9일, http://www.nybooks.com/articles/2013/12/19/rome-sex-freedom, 마지막으로 열어본 날짜: 2018년 5월 15일.

101. Hauzel Kamkhenthang, 『성姓. 인도와 버마의 종족 관계』The Paite. A Transborder Tribe of India and Burma, Delhi, 1988, 161쪽.
102. Marshall Sahlins, 『무엇이 친족이고, 아닌가』What Kinship Is-And Is Not, Chicago, London, 2013, 2쪽.
103. Enric Porqueres i Gené & Jérôme Wilgaux, 「근친상간, 전형, 유전자 그리고 친족」Incest, Embodiment, Genes and Kinship, 출전: Jeanette Edwards & Carles Salazar(공동 편집), 『생명공학 시대의 유럽의 친족』European Kinship in the Age of Biotechnology, New York, Oxford, 2009, 112~127쪽. 본문 인용문은 122쪽(강조 표시는 내가 한 것임).
104. 위의 글, 123쪽.
105. Barry Reay, 「문란한 친밀성. 미국의 캐주얼 섹스 역사를 다시 생각하기」Promiscuous Intimacies. Rethinking the History of American Casual Sex, 출전: 『Journal of Historical Sociology』, 통권 27, 1호(2014), 1~24쪽. 본문 인용문은 5쪽. 레이가 언급한 마틴 킹 화이트의 자료는 다음과 같다. 『데이트, 짝짓기 그리고 결혼』Dating, Mating, and Marriage, New York, 1990, 22~24쪽.
106. Wendy D. Manning, Jessica A. Cohen & Pamela J. Smock, 「동거를 보는 데이트 커플의 관점에서 낭만적 파트너, 가족 그리고 동료 네트워크의 역할」The Role of Romantic Partners, Family, and Peer Networks in Dating Couples' Views about Cohabitation, 출전: 『Journal of Adolescent Research』, 통권 26, 1호, 2011, 115~149쪽. 본문과 관련된 내용은 116쪽. 이 연구 논문은 미국에서 결혼하는 평균 연령이 역사적으로 최고점을 찍었던 것(남성 27.6세, 여성 25.9세)으로 미루어 젊은이들이 혼전관계를 가질 시간이 그만큼 늘어난 것으로 봐야 한다고 결론지었다. 1992년 14세에서 22세까지의 남녀 8,450명을 상대로 한 설문조사는 어려서 첫 경험을 할수록 여성이든 남성이든 지난 석 달 동안 두 명 이상의 성적 파트너를 가질 확률이 높은 것을 밝혀냈다. 반면 결혼한 경우에 이 확률은 낮았다. 또 21세 여성의 31.1퍼센트와 22세 남성의 45퍼센트는 이미 여섯 명이나 그 이상의 성적 파트너를 가졌다고 했다. 다음 자료도 볼 것. John S. Santelli, Nancy D. Brener, Richard Lowry, Amita Bhatt & Laurie S. Zabin, 「미국 청소년과 젊은 성인 사이 다수의 성적 파트너」Multiple Sexual Partners Among US Adolescents and Young Adults, 출전: 『Family Planning Perspectives』, 통권 30, 6호(1998), 271~275쪽. 본문의 논의와 관련한 내용은 271쪽. 루만의 고전적인 연구도 1963년에서 1974년 사이에 출생한 남성의 20.9퍼센트와

여성의 8.2퍼센트는 결혼 전에 다섯 명 이상의 성적 파트너를 가졌던 것으로 밝혀냈다. Laumann 외, 『Social Organization of Sexuality』, 208쪽.
107. 다음 자료를 볼 것. Luc Boltanski & Laurent Thévenot, 『정당화에 관하여. 가치의 경제』On Justification. Economies of Worth, Princeton University Press, 2006.
108. 위의 책, 39쪽과 444쪽.
109. Gayle S. Rubin, 『일탈. 게일 루빈 읽기』Deviations. A Gayle Rubin Reader, Durham, London, 2011, 154쪽.

3 혼란스러운 섹스

1. Irène Némirovsky, 『오해』The Misunderstanding(1926), London, Vintage, 2013, 17쪽.
2. 다음 자료를 참조할 것. Drucilla Cornell, 『자유의 중심에서. 페미니즘, 섹스 그리고 평등』At the Heart of Freedom. Feminism, Sex, and Equality, Princeton, 1998. Naomi B. McCormick, 『성의 구원. 여성의 성적 권리와 쾌락의 긍정』Sexual Salvation. Affirming Women's Sexual Rights and Pleasures, Westport, 1994. Diane Richardson, 「성적 시민권의 구성. 성적 권리를 이론화하기」Constructing Sexual Citizenship. Theorizing Sexual Rights, 출전: 『Critical Social Policy』, 통권 20, 1호(2000), 105~135쪽. Steven Seidman, 「오염된 동성애에서 평범한 게이까지. 미국의 성적 규제 패턴의 변화」From the Polluted Homosexual to the Normal Gay. Changing Patterns of Sexual Regulation in America, 출전: Chrys Ingraham(편집), 『똑바로 생각하기. 권력, 약속 그리고 이성애의 역설』Thinking Straight. The Power, the Promise, and the Paradox of Heterosexuality, New York, Abingdon, 2005, 39~61쪽.
3. 성생활이 몸과 정신의 건강에 미치는 의미를 강조하는 건강한 섹스의 다양한 정의를 다룬 자료에는 다음의 것이 있다. Weston M. Edwards & Eli Coleman, 「성적 건강의 정의. 기술적 전망」Defining Sexual Health. A Descriptive Overview, 출전: 『Archives of Sexual Behavior』, 통권 33, 3호(2004), 189~195쪽.
4. 예를 들어 다음 자료를 볼 것. Ruth Colker, 「페미니즘, 섹슈얼리티 그리고 진정성」Feminism, Sexuality and Authenticity, 출전: Martha Albertson

Fineman & Nancy Sweet Thomadsen(편집), 『법의 경계. 페미니즘과 법이론』At the Boundaries of Law. Feminism and Legal Theory, Abingdon, New York, 2013, 135~148쪽. Fiona Handyside, 「진정성, 고백 그리고 여성의 섹슈얼리티. 브리짓에서 비치까지」Authenticity, Confession and Female Sexuality. From Bridget to Bitchy, 출전: 『Psychology & Sexuality』, 통권 3, 1호(2012), 41~53쪽.
5. 다음 자료를 볼 것. Friedrich Engels, 『가족, 사유재산 그리고 국가의 기원. 루이스 모건의 연구에 이어』Der Ursprung der Familie, des Privateigentums und des Staats. Im Anschluß an Lewis H. Morgans Forschungen(1884), 마르크스-엥겔스 전집, 21권, Berlin, 1975, 25~173쪽. Chris Freeman & Luc Soete, 『산업 혁신의 경제』The Economics of Industrial Innovation, Abingdon, 1997.
6. Gilles Deleuze, 「통제 사회에 대한 후기」Postscript on the Societies of Control, 출전: 『October』, 통권 59(1992년 겨울호), 3~7권, 6쪽.
7. 위의 글, 6쪽. 다음 글도 볼 것. Nicholas Thoburn, 『들뢰즈, 마르크스 그리고 정치』Deleuze, Marx and Politics, London, New York, 2003, 96쪽.
8. Richard Godbeer, 『조기 미국의 성혁명』Sexual Revolution in Early America, Baltimore, London, 2002.
9. Erica Jong, 『비행공포』Fear of Flying, New York, Signet, 1974.
10. 다음 자료들을 참조할 것. Justin R. Garcia, Chris Reiber, Sean G. Massey & Ann M. Merriwether, 「후크업 문화. 리뷰」Sexual Hookup Culture. A Review, 출전: 『Review of General Psychology』, 통권 16, 2호(2012), 161~176쪽. Lisa Wade, 『American Hookup. The New Culture of Sex on Campus』, New York, 2017. Jocelyn J. Wentland & Elke Reissing, 「캐주얼 섹스 관계. 원나이트 스탠드, 꼬시기, 퍽 버디, 잠자리를 같이하는 친구에 대한 정의 알아보기」Casual Sexual Relationships. Identifying Definitions for One Night Stands, Booty Calls, Fuck Buddies, and Friends with Benefits, 출전: 『The Canadian Journal of Human Sexuality』, 통권 23, 3호(2014), 167~177쪽. Angela D. Weaver, Kelly L. MacKeigan & Hugh A. MacDonald, 「잠자리를 같이하는 친구 관계에서 젊은 성인의 경험과 지각. 질적 연구」Experiences and Perceptions of Young Adults in Friends with Benefits Relationships. A Qualitative Study, 출전: 『The Canadian Journal of Human Sexuality』, 통권 20, 1/2호(2011), 41~53쪽.
11. Barry Reay, 「Promiscuous Intimacies. Rethinking the History of Amer-

ican Casual Sex」, 출전:『Journal of Historical Sociology』, 통권 27, 1호(2014), 1~24쪽. 본문 인용문은 13쪽.
12. Nancy Jo Sales,「'틴더'와 데이트 묵시록의 서막」Tinder and the Dawn of the Dating Apocalypse,『Vanity Fair』, 2015년 9월호, http://www.vanityfair.com/culture/2015/08/tinder-hook-up-culture-end-of-dating, 마지막으로 열어본 날짜: 2018년 5월 23일.
13. Kathleen A. Bogle,「대학 내 데이트에서 후크업으로의 전환. 학자들이 놓친 것」The Shift from Dating to Hooking Up in College. What Scholars Have Missed, 출전:『Sociology Compass』, 통권 1, 2호(2007), 775~778쪽. 동일 저자,『후크업. 캠퍼스의 섹스, 데이트 그리고 관계』Hooking Up. Sex, Dating, and Relationships on Campus, New York/London, 2008. Christopher R. Browning & Matisa Olinger-Wilbon,「이웃 구조, 사회 조직 그리고 단기 성파트너 관계의 수」Neighborhood Structure, Social Organization, and Number of Short-Term Sexual Partnerships, 출전:『Journal of Marriage and Family』, 통권 65, 3호(2003), 730~774쪽. Paula England & Jonathan Bearak,「미국 대학생들 사이에서 캐주얼 섹스를 보는 태도의 성적 이중적 표준과 젠더 차이」The Sexual Double Standard and Gender Differences in Attitudes toward Casual Sex among US University Students, 출전:『Demographic Research』, 통권 30, 46호(2014), 1327~1338쪽. Edward O. Laumann, John H. Gagnon, Robert T. Michael & Stuart Michaels,『섹슈얼리티의 사회 조직화. 미국의 성풍습』The Social Organization of Sexuality. Sexual Practices in the United States, Chicago, London, 1994. Edward O. Laumann, Anthony Paik & Raymond C. Rosen,「미국의 성기능 장애. 확산과 예측 변수」Sexual Dysfunction in the United States. Prevalence and Predictors, 출전:『JAMA』, 통권 281, 6호(1999), 537~544쪽.
14. Leslie C. Bell,『얻기 어려운. 이십대 여성과 성적 자유의 역설』Hard to Get. Twenty-Something Women and the Paradox of Sexual Freedom, Berkeley, 2013, 4쪽.
15. 대중적 인기를 끈 TV시리즈《크레이지 엑스걸프렌드》Crazy Ex-Girlfriend는 서로 이름도 모르고 하는 섹스를 심지어 노래로 패러디한다. '알지 못하는 타인과의 섹스'Sex with a Stranger(시즌 1, 4회, 2015), https://www.youtube.com/watch?v=iH3FPrI_Cuw, 마지막으로 열어본 날짜: 2018년 5월 23일.

16. Wade, 『American Hookup』, 33쪽.
17. 이미 1903년에 독일의 사회학자이자 철학자인 게오르크 지멜은 넘쳐나는 자극과 부족한 신뢰야말로 대도시 시민의 특징이라고 지적했다. 이런 특징은 주변 환경에 무관심한 탓에 결국 소외를 부른다. Georg Simmel, 「대도시와 정신 생활」Die Großstädte und das Geistesleben, 출전: 동일 저자, 『에세이와 논문 1901~1908』Aufsätze und Abhandlungen 1901~1908, 일곱 권의 전집판 1권, Frankfurt/M., 1995, 116~131쪽.
18. Daniel Mendelsohn, 『규정하기 힘든 포옹. 욕망과 정체성의 수수께끼』The Elusive Embrace. Desire and the Riddle of Identity, New York, 2000, 87쪽 이하.
19. Natalie Kitroeff, 「후크업, 여전히 불평등이 지배한다」In Hookups, Inequality Still Reigns, 출전: 『The New York Times』, 2013년 11월 11일, http://mobile.nytimes.com/blogs/well/2013/11/11/women-find-orgasms-elusive-in-hookups, 마지막으로 열어본 날짜: 2018년 5월 23일.
20. Wade, 『American Hookup』, 167쪽.
21. 다음 자료에서 인용함. Reay, 「Promiscuous Intimacies」, 12쪽.
22. 「완전한 타인과 섹스를 해본 적이 있나요? 해보았다면 당신의 스토리는?」, Quora, 2014년 6월 5일. https://www.quora.com/Have-you-ever-had-sex-with-a-complete-stranger-Whatsyour-story, 마지막으로 열어본 날짜: 2018년 5월 23일.
23. 다음 글을 참조할 것. Kath Albury, 「포르노와 성교육. 성교육으로서의 포르노」Porn and Sex Education, Porn as Sex Education, 출전: 『Porn Studies』, 통권 1, 1/2호(2014), 172~181쪽. Nicola M. Döring, 「인터넷이 섹슈얼리티에 미치는 영향. 15년 연구의 비판적 리뷰」The Internet's Impact on Sexuality. A Critical Review of 15 Years of Research, 출전: 『Computers in Human Behavior』, 통권 25, 5호(2009), 1089~1101쪽. Panteá Farvid & Virginia Braun, 「'대담한 여성'과 '퍼포먼스하는 남성'. 이성애 캐주얼 섹스 어드바이스와 젠더화된 주체성의 (재)구성」The 'Sassy Woman' and the 'Performing Man'. Heterosexual Casual Sex Advice and the (Re)constitution of Gendered Subjectivities, 출전: 『Feminist Media Studies』, 통권 14, 1호(2014), 118~134쪽. Alain Giami & Patrick de Colomby, 「프랑스의 전문 분야로서 성과학」Sexology as a Profession in France, 출전: 『Archives of Sexual Behavior』, 통권 32, 4호(2003), 371~379쪽. Julia Hirst, 「성적 능력의 개발? 효과적인 섹슈얼리티 및 관계 교육의 제공을 위한 전

략 탐색」Developing Sexual Competence? Exploring Strategies for the Provision of Effective Sexualities and Relationships Education, 출전: 『Sex Education』, 통권 8, 4호(2008), 399~413쪽. Brian McNair, 『스트립쇼 문화. 섹스, 미디어 그리고 욕망의 민주화』Striptease Culture. Sex, Media and the Democratization of Desire, London, New York, 2002. Ross Morrow, 「성기능 장애의 성과학적 구성」The Sexological Construction of Sexual Dysfunction, 출전: 『The Australian and New Zealand Journal of Sociology』, 통권 30, 1호(1994), 20~35쪽.

24. Monique Mulholland, 「포르노가 이성애를 만날 때. 이성애 규범과 주류의 포르노화」When Porno Meets Hetero. SEXPO, Heteronormativity and the Pornification of the Mainstream, 출전: 『Australian Feminist Studies』, 통권 26, 67호(2011), 119~135쪽. 동일 저자, 『젊은이들과 포르노그래피. 포르노화 협상』Young People and Pornography. Negotiating Pornification, New York, 2013. McNair, 『Striptease Culture』.

25. Luc Boltanski, 『태아의 조건. 발생과 낙태의 사회학』The Foetal Condition. A Sociology of Engendering and Abortion, John Wiley & Sons, 2013, 28~29쪽.

26. 다음 자료를 참조할 것. Barbara Critchlow Leigh, 「섹스를 하고 회피하는 이유. 젠더, 성적 지향성 그리고 성적 행동과의 관계」Reasons for Having and Avoiding Sex. Gender, Sexual Orientation, and Relationship to Sexual Behavior, 출전: 『Journal of Sex Research』, 통권 26, 2호(1989), 199~209쪽. Cindy M. Meston & David M. Buss, 「왜 인간은 섹스를 할까」Why Humans Have Sex, 출전: 『Archives of Sexual Behavior』, 통권 36, 4호(2007), 477~507쪽.

27. 반대로 게이의 캐주얼 섹스는 명확한, 곧 혼란스럽지 않은 문화의 틀 안에서 서로 교류를 나누며, 서로의 성정체성을 존중하고 권력의 균형을 맞추려 노력한다. 이런 이유에서 동성애의 캐주얼 섹스는 이성애의 그것에 비해 두려운 상황을 거의 만들지 않는다.

28. Lena Dunham, 『그런 여자 아니야』Not that Kind of Girl. A Young Woman Tells You what She's "learned", Random House, 2014.

29. 다음 자료에서 인용함. Elizabeth Bernstein, 『일시적으로 당신의 애인. 친밀성, 진정성 그리고 섹스의 거래』Temporarily Yours. Intimacy, Authenticity, and the Commerce of Sex, Chicago, 2007, 11~12쪽.

30. 다음 자료는 그 비슷한 논리를 선보인다. Virginie Despentes, 『킹콩 이론』

King Kong théorie, Grasset, 2006.
31. Russell D. Clark, 「캐주얼 섹스 참여에 있어 젠더 차이에 대한 에이즈의 영향」The Impact of AIDS on Gender Differences in Willingness to Engage in Casual Sex, 출전: 『Journal of Applied Social Psychology』, 통권 20, 9호(1990), 771~782쪽. Catherine M. Grello, Deborah P. Welsh & Melinda S. Harper, 「결속하는 끈이 없다. 대학생 캐주얼 섹스의 본성」 No Strings Attached. The Nature of Casual Sex in College Students, 출전: 『Journal of Sex Research』, 통권 43, 3호(2006), 255~267쪽. 본문과 관련한 내용은 255쪽. Edward S. Herold & Dawn-Marie K. Mewhinney, 「캐주얼 섹스와 에이즈 예방에서 젠더 차이. 데이트 바의 조사」Gender Differences in Casual Sex and AIDS Prevention. A Survey of Dating Bars, 출전: 『Journal of Sex Research』, 통권 30, 1호(1993), 36~42쪽. Eleanor Maticka-Tyndale, Edward S. Herold & Dawn Mewhinney, 「봄 방학 기간의 캐주얼 섹스. 캐나다 학생들의 의도와 행동」Casual Sex on Spring Break. Intentions and Behaviors of Canadian Students, 출전: 『Journal of Sex Research』, 통권 35, 3호(1998), 254~264쪽. Jennifer L. Petersen & Janet Shibley Hyde, 「섹슈얼리티의 젠더 차이 연구에 대한 메타분석 리뷰, 1993~2007」A Meta-Analytic Review of Research on Gender Differences in Sexuality, 1993~2007, 출전: 『Psychological Bulletin』, 통권 136, 1호(2010), 21~38쪽.
32. Robert William Connell, 『남성과 소년』The Men and the Boys, Berkeley, Los Angeles, 2000, 120쪽. 인용문은 다음 자료에서 따옴. Rachel O'Neill, 『유혹. 남성, 남성성 그리고 중개된 친밀성』Seduction. Men, Masculinity, and Mediated Intimacy, Cambridge, 2018, 83쪽.
33. O'Neill, 『Seduction』.
34. 위의 책을 볼 것.
35. 「실제 여성들과의 원나이트 스탠드」Real Women One Night Stands, 『Refinery 29』(2017), http://www.refinery29.com/one-night-stand, 마지막으로 열어본 날짜: 2017년 4월 21일.
36. Laura Hamilton & Elizabeth A. Armstrong, 「젊은 성년의 젠더화된 섹슈얼리티. 이중 결합과 결함 조건」Gendered Sexuality in Young Adulthood. Double Binds and Flawed Options, 출전: 『Gender & Society』, 통권 23, 5호(2009), 589~616쪽. 저자들은 특히 다음의 사실을 의미심장하게 확인한다(593쪽 이하). "오늘날 미국의 젊은이는 여성이든 남성이든 결혼해서

가정을 꾸리는 일을 이십대 중반 혹은 심지어 삼십대 초반으로 미루고 교육과 직업에 집중한다. 우리는 이런 태도를 자기계발의 의무라 부르려 한다. (…) 이 의무감은 혼전 성관계를 했다고 해서 반드시 결혼해야 한다는 생각을 부정한다. 사기계발은 시간과 에너지가 늘기 때문에 부부 생활은 생각만 해도 '피곤하다'고 여겨진다. (…) 반대로 원나이트 스탠드는 자신을 계발하는 투자를 소홀히 하지 않고도 성적 쾌락을 맛볼 수 있게 해준다. 그래서 캐주얼 섹스는 결혼하기 전에 알맞은 일종의 실험으로 갈수록 여겨진다. 이런 논리에 가장 중요한 문제는 몸과 감정의 보호다. 이런 보호를 확보하려는 전략은 점점 치밀해지고 섬세해진다. (…) 단기적인 성적 파트너를 제공하는 섹슈얼리티 시장, 특히 대학 캠퍼스에서 이런 시장이 활발히 발달하는 이유가 바로 여기에 있다.

37. Marina Epstein, Jerel P. Calzo, Andrew P. Smiler & L. Monique Ward, 「'애무부터 섹스까지의 모든 것'. 후크업과 잠자리를 같이하는 친구 각본에 대한 남성의 협상」'Anything From Making Out to Having Sex'. Men's Negotiations of Hooking Up and Friends With Benefits Scripts, 출전: 『Journal of Sex Research』, 통권 46, 5호(2009), 414~424쪽.

38. 다음 자료를 참조할 것. Melanie A. Beres & Panteá Farvid, 「성윤리와 이성애 캐주얼 섹스에 대한 젊은 여성들의 해명」Sexual Ethics and Young Women's Accounts of Heterosexual Casual Sex, 출전: 『Sexualities』, 통권 13, 3호(2010), 377~393쪽. Lisa Duggan & Nan D. Hunter, 『섹스 전쟁. 성적 이견과 정치 문화』Sex Wars. Sexual Dissent and Political Culture, New York, Abingdon, 2006. Elisa Glick, 「섹스 긍정. 페미니즘, 퀴어 이론 그리고 위반의 정치」Sex Positive. Feminism, Queer Theory, and the Politics of Transgression, 출전: 『Feminist Review』, 통권 64, 1호(2000), 19~45쪽. Marcelle Karp & Debbie Stoller (공동 편집), 『새 여성 질서를 위한 버스트 가이드』The BUST Guide to the New Girl Order, New York, 1999(특히 제3부 「섹스와 여성을 생각하기」Sex and the Thinking Girl, 75~124쪽. Angela McRobbie, 「톱 걸? 젊은 여성과 포스트 페미니스트의 성적 계약」Top Girls? Young Women and the Post-Feminist Sexual Contract, 출전: 『Cultural Studies』, 통권 21, 4/5호(2007), 718~737쪽. Lynne Segal, 『스트레이트 섹스. 쾌락 정치를 다시 생각하다』Straight Sex. Rethinking the Politics of Pleasure, Berkeley, Los Angeles, 1994. Kate Taylor, 「캠퍼스의 섹스. 그녀도 놀 수 있어」Sex on Campus. She Can Play That Game, Too, 출전: 『The New York Times』, 2013년 7월 12일,

http://www.nytimes.com/2013/07/14/fashion/sex-on-campus-she-can-play-that-game-too.html?pagewanted=1&_r=1, 마지막으로 열어본 날짜: 2018년 5월 23일.
39. Eva Illouz, 『사랑은 왜 아픈가』.
40. François Berthomé, Julien Bonhomme & Grégory Delaplace, 「서문. 불확실성 키우기」Preface. Cultivating Uncertainty, 출전: 『HAU. Journal of Ethnographic Theory』, 통권 2, 2호(2012), 129~137쪽. 본문 인용문은 129쪽.
41. Elizabeth Cooper & David Pratten (공동 편집), 『Ethnographies of Uncertainty in Africa』, Basingstoke, New York, 2014, 1쪽.
42. Erving Goffman, 『프레임 분석: 경험 조직화에 관한 에세이』Frame Analysis: An Essay on the Organization of Experience, Harvard University Press, 1974.
43. Hallie Cantor, 〈그건 데이트였나?〉Was It a Date?, 《The New Yorker Videos》, 2016년 5월 1일, http://video.newyorker.com/watch/shorts-murmurs-was-it-a-date, 마지막으로 열어본 날짜: 2018년 5월 23일.
44. Sarah Dunn, 『더 빅 러브』The Big Love, Little Brown and Company, 2004, 102~104쪽.
45. Bogle, 『Hooking Up』, 39쪽.
46. Madeleine Holden, 「'틴더'로 데이트하기. '틴더' 매치를 이루는 확실한 가이드」Dating with Tinder. Your Definitive Guide to Getting all the Tinder Matches, AskMen, 일자 표기 없음, https://uk.askmen.com/dating/curtsmith/dating-with-tinder.html, 마지막으로 열어본 날짜: 2018년 5월 23일(강조 표시는 내가 한 것임).
47. Elaine M. Eshbaugh & Gary Gute, 「후크업과 여대생들의 성적 후회」 Hookups and Sexual Regret Among College Women, 출전: 『The Journal of Social Psychology』, 통권 148, 1호(2008), 77~90쪽.
48. Elizabeth L. Paul, Brian McManus & Allison Hayes, 「'후크업'. 대학생들의 자발적 익명의 성적 경험의 특징과 상관관계」'Hookups'. Characteristics and Correlates of College Students' Spontaneous and Anonymous Sexual Experiences, 출전: 『Journal of Sex Research』, 통권 37, 1호(2000), 76~88쪽. Elizabeth L. Paul & Kristen A. Hayes, 「'캐주얼' 섹스의 피해자. 대학생 후크업 현상의 질적 탐구」The Casualties of 'Casual' Sex. A Qualitative Exploration of the Phenomenology of College Students'

Hookups, 출전: 『Journal of Social and Personal Relationships』, 통권 19, 5호(2002), 639~661쪽. Neal J. Roese, Ginger L. Pennington, Jill Coleman, Maria Janicki, Norman P. Li & Douglas T. Kenrick, 「후회에 있어서의 성차. 사랑을 위한 모든 것인가, 쾌락을 위한 약간인가?」Sex Differences in Regret. All for Love or Some for Lust?, 출전: 『Personality and Social Psychology Bulletin』, 통권 32, 6호(2006), 770~780쪽.
49. Eshbaugh & Gute, 「Hookups and Sexual Regret Among College Women」, 78쪽.
50. 남성과 여성의 섹슈얼리티 차이를 조망한 자료에서 레티티아 앤 페플로는 다음과 같이 썼다. "레즈비언은 이성애 여성과 마찬가지로 동성애나 이성애 취향의 남성보다 관계를 무시하고 벌이는 캐주얼 섹스를 용납하지 못한다. 레즈비언의 성적 판타지 역시 동성애나 이성애 남성의 그것에 비해 더 낭만적이고 개인적이다. (…) 확실한 관계가 있더라도 동성애 남성은 레즈비언이나 이성애 여성에 비해 관계를 벗어나 캐주얼 섹스를 자주 감행한다." Letitia Anne Peplau, 「인간의 섹슈얼리티. 남성과 여성은 어떻게 다른가?」 Human Sexuality. How Do Men and Women Differ?, 출전: 『Current Directions in Psychological Science』, 통권 12, 2호(2003), 37~40쪽. 본문 인용문은 38쪽.
51. Catherine M. Grello, Deborah P. Welsh, Melinda S. Harper & Joseph W. Dickson, 「데이트와 성적 관계 궤적과 청소년기의 역할」Dating and Sexual Relationship Trajectories and Adolescent Functioning, 출전: 『Adolescent & Family Health』, 통권 3, 3호(2003), 103~112쪽.
52. Deborah P. Welsh, Catherine M. Grello & Melinda S. Harper, 「사랑이 아플 때. 우울증과 청소년의 낭만적 관계」When Love Hurts. Depression and Adolescent Romantic Relationships, 출전: Paul Florsheim(편집), 『청소년의 낭만적 관계와 성적 행동. 이론, 연구 그리고 실제 영향』Adolescent Romantic Relations and Sexual Behavior. Theory, Research, and Practical Implications, Mahwah, 2003, 185~212쪽. 본문 인용문은 197쪽.
53. Elizabeth L. Paul 외, 「'Hookups'」.
54. 위의 글, 85쪽.
55. 예를 들어 다음의 자료가 있다. Amy L. Gentzler & Kathryn A. Kerns, 「불안정한 애착과 성적 경험의 관련성」Associations between Insecure Attachment and Sexual Experiences, 출전: 『Personal Relationships』, 통권 11, 2호(2004), 249~265쪽. Elizabeth L. Paul 외, 「'Hookups'」. Anthony

Walsh, 「자존감과 성적 행동. 젠더 차이 연구」Self-Esteem and Sexual Behavior. Exploring Gender Differences, 출전: 『Sex Roles』, 통권 25, 7호 (1991), 441~450쪽.

56. Hamilton & Armstrong, 「Gendered Sexuality in Young Adulthood」, 593쪽.

57. 다음 자료를 볼 것. Michele Hoffnung, 「모든 것을 원하다. 대학 교육을 받은 여성이 이십대 동안 그리는 경력, 결혼 그리고 모성」Wanting it All. Career, Marriage, and Motherhood During College-Educated Women's 20s, 출전: 『Sex Roles』, 통권 50, 9/10호(2004), 711~723쪽. Eva Illouz, 『Cold Intimacies: The Making of Emotional Capitalism』, Polity, 2007. Heather A. K. Jacques & H. Lorraine Radtke, 「선택에 의해 제한되는. 결혼과 모성 담론과 협상하는 젊은 여성」Constrained by Choice. Young Women Negotiate the Discourses of Marriage and Motherhood, 출전: 『Feminism & Psychology』, 통권 22, 4호(2012), 443~461쪽. Allan G. Johnson, 『젠더 매듭. 가부장제 유산의 해결』The Gender Knot. Unraveling Our Patriarchal Legacy, Philadelphia, 2005. Dennis K. Mumby, 「남성의 조직화. 일자리에서의 권력, 담론 그리고 남성성의 사회적 구성」Organizing Men. Power, Discourse, and the Social Construction of Masculinity(s) in the Workplace, 출전: 『Communication Theory』, 통권 8, 2호(1998), 164~183쪽. Ann Shola Orloff, 「젠더와 시민권의 사회적 권리. 젠더 관계와 복지국가의 비교 분석」Gender and the Social Rights of Citizenship. The Comparative Analysis of Gender Relations and Welfare States, 출전: 『American Sociological Review』, 통권 58, 3호(1993), 303~328쪽.

58. Gaëlle Ferrant, Luca Maria Pesando & Keiko Nowacka, 「보수를 받지 않는 돌봄 노동. 노동 결과물의 젠더 격차 분석에서 빠져 있는 고리」Unpaid Care Work. The Missing Link in the Analysis of Gender Gaps in Labour Outcomes, 『Issues Paper』, OECD Development Centre(2014년 12월). Nancy Folbre, 「돌봄 측정. 젠더, 권한 부여, 돌봄 경제」Measuring Care. Gender, Empowerment, and the Care Economy, 출전: 『Journal of Human Development』, 통권 7, 2호(2006), 183~199쪽. Hoffnung, 「Wanting it All」. Jacques & Radtke, 「Constrained by Choice」. Julia McQuillan, Arthur L. Greil, Karina M. Shreffler & Veronica Tichenor, 「현대 미국 여성의 모성의 중요성」The Importance of Motherhood Among

Women in the Contemporary United States, 출전: 『Gender & Society』, 통권 22, 4호(2008), 477~496쪽. Madonna Harrington Meyer(편집), 『돌봄, 젠더, 노동 그리고 복지국가』Care Work, Gender, Labor, and the Welfare State, New York, London, 2002. Fiona Robinson, 「노동권 너머, 글로벌 경제에서 돌봄과 여성 노동의 윤리」Beyond Labour Rights. The Ethics of Care and Women's Work in the Global Economy, 출전: 『International Feminist Journal of Politics』, 통권 8, 3호(2006), 321~342쪽. Liana C. Sayer, 「젠더, 시간 그리고 불평등. 여성과 남성의 임금 노동, 무보수 노동과 자유 시간」Gender, Time and Inequality. Trends in Women's and Men's Paid Work, Unpaid Work and Free Time, 출전: 『Social Forces』, 통권 84, 1호(2005), 285~303쪽. Linda Thompson & Alexis J. Walker, 「가족에서의 젠더. 결혼과 노동과 부모다움에서의 여성과 남성」Gender in Families. Women and Men in Marriage, Work, and Parenthood, 출전: 『Journal of Marriage and Family』, 통권 51, 4호(1989), 845~871쪽.

59. Wade, 『American Hookup. The New Culture of Sex on Campus』. 대학교의 캐주얼 섹스를 연구한 이 책 역시 비슷한 논증을 펼친다.
60. Sales, 「Tinder and the Dawn of the Dating Apocalypse」.
61. 나는 미국심리학회American Psychological Association(APA)의 연구 자료를 참조했다. American Psychological Association Task Force on the Sexualization of Girls, 「어린 여성들의 섹슈얼리티화에 대한 APA 태스크포스 보고서」Report of the APA Task Force on the Sexualization of Girls(2007), 1쪽, http://www.apa.org/pi/women/programs/girls/report-full.pdf, 마지막으로 열어본 날짜: 2018년 5월 23일.
62. 'APA'의 정의는 현재 섹슈얼리티화에 대한 토론의 근본 토대를 제공한다. Linda Hatch, 「The American Psychological Association Task Force on the Sexualization of Girls. A Review, Update and Commentary」, 출전: 『Sexual Addiction & Compulsivity』, 통권 18, 4호(2011), 195~211쪽. Linda Smolak, Sarah K. Murnen & Taryn A. Myers, 「자아의 섹슈얼리티화. '섹시함'을 두고 여성과 남성 대학생들은 무엇을 생각하고 행동하나」Sexualizing the Self. What College Women and Men Think About and Do to Be 'Sexy', 출전: 『Psychology of Women Quarterly』, 통권 38, 3호(2014), 379~397쪽.
63. Gerald Dworkin, 『자율성의 이론과 실제』The Theory and Practice of Autonomy, Cambridge, 1988. Jerome B. Schneewind, 『자율성의 발명. 현

대 도덕 철학의 역사』The Invention of Autonomy. A History of Modern Moral Philosophy, Cambridge, 1998. 또한 제2장도 참조할 것.
64. Marcel Mauss & Wilfred Douglas Halls, 『선물. 고대 사회의 교환의 형식과 합리성』The Gift. The Form and Reason for Exchange in Archaic Societies, W.W. Norton & Company, 2000(1925).
65. 부르디외의 선물 이론을 비판적으로 살핀 자료는 다음의 것이다. Ilana F. Silber, 「선물 이론에 대한 부르디외의 선물. 공인되지 않은 궤적」Bourdieu's Gift to Gift Theory. An Unacknowledged Trajectory, 출전: 『Sociological Theory』, 통권 27, 2호(2009), 173~190쪽.
66. Jens Zinn, 「불확실성」Uncertainty, 출전: George Ritzer(편집), 『Blackwell Encyclopedia of Sociology』, 2007, http://www.blackwellreference.com/public/tocnode?id=g9781405124331_chunk_g978140512433127_ss1-1#citation, 마지막으로 열어본 날짜: 2017년 4월 26일.
67. Axel Honneth, 『비규정성의 아픔. 헤겔 법철학의 재활성화』Leiden an Unbestimmtheit. Eine Reaktualisierung der Hegelschen Rechtsphilosophie, Stuttgart, 2001. 동일 저자, 『자유의 권리. 민주주의 윤리의 개요』Das Recht der Freiheit. Grundriß einer demokratischen Sittlichkeit, Berlin, 2011.
68. Ferrant 외, 「Unpaid Care Work」. Folbre, 「Measuring Care」. Meyer(편집), 『Care Work』. Robinson, 「Beyond Labour Rights」. Sayer, 「Gender, Time and Inequality」.
69. SiaLv82, 「그의 선택지를 열어놓기」Keeping His Options Open, LoveShack.org, 2016년 3월 13일, http://www.loveshack.org/forums/breaking-up-reconciliation-coping/breaks-breaking-up/573363-keeping-his-optionsopen, 마지막으로 열어본 날짜: 2018년 5월 23일.
70. Pierre Bourdieu, 『사회적 재생산의 전략으로서의 결혼 전략』Marriage Strategies as Strategies of Social Reproduction(1972), Johns Hopkins University, 1976. 동일 저자, 『실천 이론의 윤곽』Outline of a Theory of Practice, 16권, Cambridge University Press, 1977. Pierre Lamaison, 「규칙에서 전략으로. 피에르 부르디외와의 인터뷰」From Rules to Strategies. An Interview with Pierre Bourdieu, 출전: 『Cultural Anthropology』, 통권 1, 1호(1986), 110~120쪽. Ann Swidler, 「행동하는 문화. 상징과 전략」 Culture in Action. Symbols and Strategies, 출전: 『American Sociological Review』, 통권 51, 2호(1986), 273~286쪽. 동일 저자, 『사랑의 말. 문화

는 어떻게 문제가 되는가』Talk of Love. How Culture Matters, Chicago, 2003.
71. Zygmunt Bauman, 『액체근대』Liquid Modernity. John Wiley & Sons, 2013(2000). 동일 저자, 『리퀴드 러브. 인간 결속의 허약함에 대하여』Liquid Love. On the Frailty of Human Bonds. John Wiley & Sons, 2013(2003). 동일 저자, 『유동적 인생』Liquid Life, Polity, 2005.
72. Venn, 「자살의 벼랑 끝에 서서」On the Verge of Killing Myself, loveshack. org Community Forums, 2016년 2월 26일, http://www.loveshack.org/forums/breaking-up-reconciliation-coping/breaks-breaking-up/571318-verge-killing-myself, 마지막으로 열어본 날짜: 2018년 5월 23일.
73. Theodor W. Adorno, 『부정변증법』Negative Dialektik, Frankfurt/M., 1988.
74. Alexandre Kojève, 『헤겔 독해 입문』Introduction to the Reading of Hegel, Cornell University, 1980, 38쪽.
75. 다음 자료를 볼 것. Jacques Lacan, 「프로이트 무의식에서 주체의 전복과 욕망의 변증법」The Subversion of the Subject and the Dialectic of Desire in the Freudian Unconscious, 205~235쪽, 출전: 『헤겔과 현대 대륙 철학』Hegel and Contemporary Continental Philosophy, Dennis King Keenan 편집. SUNY, 2004.
76. Sarah Bakewell, 『실존주의 카페에서. 자유, 존재 그리고 살구 칵테일』At the Existentialist Café: Freedom, Being and Apricot Cocktails, London, Chatto and Windus, 2016, 153쪽.
77. 위의 책, 69쪽. 베이크웰은 하이데거의 말투를 그대로 따라 이렇게 설명한다. "하이데거는 이런 불분명한 의식 상태를 '손에 쥔 것의 그저 있음'이라고 부른다."
78. '긍정적 관계'는 도덕적 비난과 사회적 불평등에 기반해 있다는 점에서 부정적 관계보다 실제 도덕적으로 더 부정적이다.
79. Ulrich Beck & Elisabeth Beck-Gernsheim, 『Das ganz normale Chaos der Liebe』, Frankfurt/M., 1990.
80. 미셸 푸코는 자유와 자율성과 자립 그리고 향락주의라는 개념이 '자아 통치'를 위한 감시 체제를 세우고, 이 체제가 확산될 거라고 확신한 반면, 앤서니 기든스와 울리히 벡 그리고 엘리자베트 벡 게른스하임은 이런 개념을 관계의 민주화가 이뤄질 전조로 보았다. Michel Foucault, 『Discipline and Punish』. 다음 자료도 참조할 것. Johanna Oksala, 『자유에 대한 푸코의 이

론』Foucault on Freedom, Cambridge, New York, 2005. Anthony Giddens, 『The Transformation of Intimacy』.
81. 다음의 탁월한 자료를 볼 것. Rosalind Gill, 『젠더와 미디어』Gender and the Media, Cambridge, Malden, 2007.
82. 다음 자료에서 인용함. Ivan Krastev, 『유럽 이후』After Europe, Philadelphia, University of Pennsylvania Press, 2017, 24쪽. Harry Kreisler, 「개인, 카리스마 그리고 레닌주의자의 멸종. 케네스 조윗과의 대화」The Individual, Charisma, and the Leninist Extinction. A Conversation with Kenneth Jowitt, 출전: 『역사와의 대화』Conversations with History, Institute of International Studies, UC Berkeley, 2000, http://globetrotter.berkeley.edu/people/Jowitt/jowitt-con5.html, 마지막으로 열어본 날짜: 2018년 5월 23일.
83. Ivan Krastev, 「대중 독재의 길로 가는가?」Auf dem Weg in die Mehrheitsdiktatur?, 출전: Heinrich Geiselberger(편집), 『Die große Regression. Eine internationale Debatte über die geistige Situation der Zeit』, Berlin, 2017, 117~134쪽. 본문 인용문은 123쪽.

4   존재론적 불확실성의 부상

1. Virginie Despentes, 『킹콩 이론』King Kong Théorie, Grasset, 2006. Franz Kafka, 『밀레나에게 보낸 편지』Briefe an Milena, Frankfurt/M., 2015, 65쪽 이하. Stanley Cavell, 『우리는 말하는 것을 고스란히 보여줘야 하나? 에세이집』Must We Mean What We Say? A Book of Essays, New York, 1969, 201쪽.
2. 섹슈얼리티와 폭력이 어떻게 얽혔는지 다룬 연구는 너무 많아 일일이 소개할 수 없다. 그래서 대표적 연구만 언급하겠다. Catharine A. MacKinnon, 『오로지 말뿐이다』Only Words, Harvard University Press, 1993.
3. Adam Isaiah Green, 「공동 성생활의 사회학에 대하여」Toward a Sociology of Collective Sexual Life, 출전: 동일 저자(편집), 『성적 영역. 공동 성생활의 사회학에 대하여』Sexual Fields. Toward a Sociology of Collective Sexual Life, Chicago, London, 1~24쪽, 본문 인용문은 15쪽.
4. Michel Foucault, 『성의 역사』Histoire de la Sexualite, Paris, Editions Gallimard, 1976(1권), 1984(2권), 1984(3권).

5. T. J. Jackson Lears,『우아함이 설 곳이 없다. 안티모더니즘과 미국 문화의 변형 1880~1920』No Place of Grace. Antimodernism and the Transformation of American Culture 1880~1920, Chicago, London, 1981. Naomi Wolf,『아름다움이라는 신화. 아름다움의 이미지는 어떻게 여성을 억압하나』The Beauty Myth. How Images of Beauty are Used Against Women, Random House, 2013.
6. Lauren Berlant & Michael Warner,「공공의 섹스」Sex in Public, 출전:『Critical Inquiry』, 통권 24, 2호(1998), 547~566쪽. Lauren Gail Berlant (편집),『친밀성』Intimacy, Chicago, London, 2000. 동일 저자,『잔인한 낙관주의』Cruel Optimism, Durham, 2011.
7. Michael J. Sandel,『돈으로 살 수 없는 것들. 시장의 도덕적 한계』What Money Can't Buy. The Moral Limits of Markets, Macmillan, 2012.
8. Karl Marx,『자본론. 정치경제비판』Das Kapital. Kritik der politischen Ökonomie, 1권(1867), Marx-Engels-Werke, 23권, Berlin, 2001(1부. 상품과 화폐, 1장. 상품, 3절. 가치 형태 또는 교환가치, 62~85쪽). 다음 자료도 볼 것. Arun Bose,「마르크스가 보는 가치, 자본 그리고 착취」Marx on Value, Capital, and Exploitation, 출전:『History of Political Economy』, 통권 3, 2호(1971), 298~334쪽.
9. Michèle Lamont,「가치화와 평가의 비교사회학에 대하여」Toward a Comparative Sociology of Valuation and Evaluation, 출전:『Annual Review of Sociology』, 통권 38(2012). Luc Boltanski & Ève Chiapello,「자본주의의 새로운 정신」The New Spirit of Capitalism, 출전:『International Journal of Politics, Culture, and Society』, 통권 18, 3/4호(2005), 161~188쪽.
10. 조지 소로스George Soros가 1992년 9월 영국 파운드의 신뢰성이 떨어진다는 발언을 해서 환율을 떨어뜨린 사건을 생각해보라. 다음 자료를 참조할 것. Steve Schaefer,「포브스 플래시백. 어떻게 조지 소로스는 영국 파운드의 가치를 떨어뜨렸으며, 왜 헤지펀드는 유로화를 공격할 수 없었나」Forbes Flashback. How George Soros Broke The British Pound And Why Hedge Funds Probably Can't Crack The Euro,『Forbes』, 2015년 7월 7일. https://www.forbes.com/sites/steveschaefer/2015/07/07/forbes-flashback-george-soros-british-pound-euro-ecb/#668029186131. 마지막으로 열어본 날짜: 2018년 5월 23일.
11. 이 문제는 악셀 호네트의 규범적 역설이라는 개념을 참조해야 이해할 수 있다. Martin Hartmann & Axel Honneth,「자본주의의 역설. 연구 프로그램」

Paradoxien des Kapitalismus. Ein Untersuchungsprogramm, 출전: 『Berliner Debatte Initial』, 통권 15, 1호(2004), 4~17쪽. Axel Honneth, 「조직된 자아실현. 산업화의 역설」Organisierte Selbstverwirklichung. Paradoxien der Individualisierung, 출전: 동일 저자(편집), 『피보호자의 해방. 현재 자본주의의 역설』Befreiung aus der Mündigkeit. Paradoxien des gegenwärtigen Kapitalismus, Frankfurt/M., New York, 2002, 141~158쪽. 동일 저자, 「노동과 인정. 새 규정의 시도」Arbeit und Anerkennung. Versuch einer Neubestimmung, 출전: 『Deutsche Zeitschrift für Philosophie』, 통권 56, 3호(2008), 327~341쪽.
12. Roy F. Baumeister & Kathleen D. Vohs, 「성 경제학. 이성애 상호작용에서 사회적 교환을 위한 여성의 자원인 섹스」Sexual Economics. Sex as Female Resource for Social Exchange in Heterosexual Interactions, 출전: 『Personality and Social Psychology Review』, 통권 8, 4호(2004), 339~363쪽. Paola Tabet, 『거대한 사기. 여성의 섹슈얼리티와 경제적-성적 교환』La Grande Arnaque. Sexualité des Femmes et échange économico-sexuel, Paris, 2004. 동일 저자, 「유리를 통하여. 성적-경제적 교환」Through the Looking-Glass. Sexual-Economic Exchange, 출전: Françoise Grange Omokaro & Fenneke Reysoo(편집), 『멋, 수표, 충격. 몸과 현대의 사랑 전략의 거래』Chic, chèque, choc. Transactions autour des corps et stratégies amoureuses contemporaines, Genf, 2016, 39~51쪽.
13. Baumeister & Vohs, 「Sexual Economics」. Denise Brennan, 『사랑은 무엇을 얻나? 초국가적 욕망과 도미니카공화국의 섹스 관광』What's Love Got to Do with it? Transnational Desires and Sex Tourism in the Dominican Republic, Durham, London, 2004. Carol E. Kaufman & Stavros E. Stavrou, 「'버스 요금 부탁해요'. 남아프리카 도시 젊은이들의 섹스와 선물 경제학」'Bus Fare Please'. The Economics of Sex and Gifts among Young People in Urban South Africa, 출전: 『Culture, Health & Sexuality』, 통권 6, 5호(2004), 377~391쪽.
14. Mark Regnerus, 『싸구려 섹스. 남성, 결혼, 일부일처제의 변형』Cheap Sex. The Transformation of Men, Marriage, and Monogamy, New York, 2017.
15. Carole Pateman, 「성매매가 뭐가 나빠?」What's Wrong With Prostitution?, 출전: 『Women's Studies Quarterly』, 통권 27, 1/2호(1999),

53~64쪽, 본문 인용문은 53쪽.
16. Kathy Peiss, 『병에 담긴 희망. 미국 뷰티 문화의 형성』Hope in a Jar. The Making of America's Beauty Culture, Philadelphia, 2011. Naomi Wolf, 『The Beauty Myth』.
17. Ashley Mears, 『당신의 아름다움은 얼마입니까. 패션 모델이 말하는 아름다움의 가격』Pricing Beauty. The Making of a Fashion Model, Berkeley, Los Angeles, 2011.
18. Alison Hearn, 「느낌의 구조화. 웹 2.0. 온라인 랭킹과 순위 그리고 디지털 '평판' 경제」Structuring Feeling. Web 2.0, Online Ranking and Rating, and the Digital 'Reputation' Economy, 출전: 『Ephemera. Theory & Politics in Organization』, 통권 10, 3/4호(2010), 421~438쪽. 다음 자료도 참조할 것. Warren Susman, 『역사로서의 문화. 20세기 미국 사회의 변형』 Culture as History. The Transformation of American Society in the 20th Century, New York, 1984.
19. Feona Attwood, 「섹스 업. 문화의 섹슈얼리티화를 이론화하기」Sexed Up. Theorizing the Sexualization of Culture, 출전: 『Sexualities』, 통권 9, 1호 (2006), 77~94쪽, 본문 인용문은 82쪽.
20. Walter Benjamin, 『아케이드 프로젝트』Das Passagenwerk, Rolf Tiedemann 편집, Frankfurt/M., 1983, 1권, 427쪽.
21. Colin Campbell, 『낭만적 윤리와 현대 소비주의의 정신』The Romantic Ethic and the Spirit of Modern Consumerism, New York, 1987. Eva Illouz, 「감정, 상상 그리고 소비. 새로운 연구 의제」Emotions, Imagination and Consumption. A New Research Agenda, 출전: 『Journal of Consumer Culture』, 통권 9, 3호(2009), 377~413쪽.
22. Rosalind Gill, 『Gender and the Media』.
23. Pierre Bourdieu, 『언어와 상징권력』Language and Symbolic Power. Cambridge, Massachusetts, Harvard University Press, 1991.
24. Guy Debord, 『스펙터클의 사회』Society of the Spectacle(1967), Bread and Circuses Publishing, 2012.
25. 예를 들어보자. "퀴어 정체성의 가시화는 소비문화의 스타일과 패션으로 새롭게 꾸며졌다. 퀴어 라이프스타일과 소비자본주의 사이의 결합이 너무 강한 나머지 (…) 퀴어 이론 자체는 일상생활을 멋들어지게 꾸미는 것의 일부로 이해되어야 한다." Lisa Adkins, 「섹슈얼리티와 경제. 역사화 대 해체」Sexuality and the Economy. Historicisation vs. Deconstruction, 출전: 『Austra-

lian Feminist Studies』, 통권 17, 37호(2002), 31~41쪽. 인용문은 33쪽. 다음 자료도 볼 것. Beverley Skeggs, 『계급과 젠더의 형식화. 존중받기』Formations of Class and Gender. Becoming Respectable, London, 1997.
26. Feona Attwood, 「'가슴과 엉덩이와 포르노와 싸움'. 남성 잡지에 나타난 남성의 이성애」'Tits and Ass and Porn and Fighting'. Male Heterosexuality in Magazines for Men, 출전: 『International Journal of Cultural Studies』, 통권 8, 1호(2005), 83~100쪽. Samantha Holland & Feona Attwood, 「6인치 힐 위에서 균형 잡기. 폴 댄스의 주류화」Keeping Fit in Six Inch Heels. The Mainstreaming of Pole Dancing, 출전: Feona Attwood(편집), 『주류화하는 섹스. 서구 문화의 섹슈얼리티화』Mainstreaming Sex. The Sexualization of Western Culture, London, 2009, 165~181쪽.
27. Nicholas Mirzoeff, 『시각 문화 입문』An Introduction to Visual Culture, London, New York, 1999.
28. Robert R. Williams, 『헤겔의 인정 윤리』Hegel's Ethics of Recognition, Berkeley, Los Angeles, 1997.
29. 다음 자료들을 볼 것. Holland & Attwood, 「Keeping Fit in Six Inch Heels」. Annabelle Mooney, 「소년은 소년이고자 한다. 남성 잡지와 포르노의 표준화」Boys Will Be Boys. Men's Magazines and the Normalization of Pornography, 출전: 『Feminist Media Studies』, 통권 8, 3호(2008), 247~265쪽. Laramie D. Taylor, 「그에 관한 모든 것. 미국 남성 잡지의 섹스에 대한 글」All for Him. Articles About Sex in American Lad Magazines, 출전: 『Sex Roles』, 통권 52, 제3호(2005), 153~163쪽.
30. Wannabe Sugarbaby, 「금 채굴」Gold Digging, 2004년 9월 19일, http://spoilmedaddy.blogspot.co.il/search?updated-min=2004-01-01-T00:00:-05&updated-max=2005-01-01T00:00:00-05&maxresults=17. 마지막으로 열어본 날짜: 2018년 5월 23일.
31. Adkins, 「Sexuality and the Economy」.
32. Daniel Mendelsohn, 『규정하기 힘든 포옹. 욕망과 정체성의 수수께끼』The Elusive Embrace. Desire and the Riddle of Identity, New York, 2000, 103쪽.
33. Baumeister & Vohs, 「Sexual Economics」.
34. Catherine Hakim, 「Erotic Capital」, 출전: 『European Sociological Review』, 통권 26, 5호(2010), 499~518쪽.
35. Michael Hardt & Antonio Negri, 『다중. 제국 시대의 전쟁과 민주주의』

Multitude. War and Democracy in the Age of Empire, London, Hamish Hamilton, 2005. Rosalind Gill & Andy Pratt,「사회적 공장에서? 비물질적 노동, 불안정성과 문화적 작업」In the Social Factory? Immaterial Labour, Precariousness and Cultural Work, 출전: 『Theory, Culture & Society』, 통권 25, 7/8호(2008), 1~30쪽.
36. Mears, 『Pricing Beauty』, 75쪽.
37. Hearn,「Structuring Feeling」, 427쪽.
38. Laura Marsh,「찰리 되기」Being Charlie, 출전: 『The New York Review of Books』, 2018년 4월 5일, http://www.nybooks.com/articles/2018/04/05/naughty-nineties–being-charlie/?utm_medium=email&utm_campaign=NYR%20Hamlet%20slavery%201990s&utm_content=NYR%20Hamlet%20slavery%201990s+CID_721fe596a7310f.9af4b7318b9d925f.5&utm_source=Newsletter, 마지막으로 열어본 날짜: 2018년 5월 23일.
39. 몇 가지만 예를 들어보겠다. 미디어 기업의 상황은 이렇다(2017년 말 기준). 미국의 다국적 미디어 기업 '21세기 폭스'의 대표이사와 회장은 모두 남성이다. 미국 영화 스튜디오, 프로덕션 및 배급사인 '컬럼비아 픽처스 인더스트리스'(오늘날 '소니'의 소유)의 회장도 남성이다. 미국의 미디어 회사 '메트로골드윈메이어', 영화 스튜디오 '파라마운트 픽처스', 다국적 미디어 및 엔터테인먼트 회사 '타임 워너' 등의 회장도 모두 남성이다. 미국의 다국적 미디어 대기업 'NBC 유니버설'의 부회장 겸 대표이사도 남성이다. 패션 기업의 상황도 마찬가지다(2017년 말 기준). 유럽의 다국적 럭셔리 제품 기업 'LVMH'의 회장과 전무이사도 남성이다. 국제 럭셔리 패션 그룹 '케링'의 회장 겸 대표이사 역시 남성이다. 다수의 럭셔리 패션 브랜드를 소유한 기업 '리치몬트'의 회장 역시 남성이다. 패션과 향수 브랜드를 갖춘 기업 '푸이그'의 회장도 남성이다. 다국적 패션 브랜드 'OTB'(Only The Brave)의 모회사 사장과 회장도 남성이다. 2015년 제시카 아사프는 '로레알', '레블론', '에스티로더', 'OPI 네일 폴리시' 그리고 'MAC 화장품'과 같은 기업의 사장도 모두 남성이라고 설명했다(Jessica Assaf,「왜 남자들이 미용산업을 이끌까?」Why Do Men Run the Beauty Industry?, 『Beauty Lies Truth』, 2015년 2월 9일, http://www.beautyliestruth.com/blog/2015/2/why-domen-run-the-beauty-industry, 마지막으로 열어본 날짜: 2018년 5월 23일). 광고산업의 경우도 마찬가지다. 알리 하난은 『가디언』에 이와 관련한 취재 기사에서 이렇게 정리했다. "2008년 전 세계적으로 모든 광고 제작

자 가운데 오로지 3.6퍼센트만이 여성이다. 이후 이 비율은 11퍼센트로 세 배 늘어나기는 했다. 런던의 경우 14퍼센트인 것으로 조사되기는 했지만, 여전히 충격적일 정도로 낮은 수준이다. 어떤 설문조사가 여성 소비자의 91퍼센트가 광고에 불만을 가진 것으로 밝혀낸 점은 놀라운 일이 아니다. 열 명 가운데 일곱 명의 여성은 더 나아가 광고에서 '소외'됨을 느낀다고 말했다. 광고 제작과 그 결과물은 압도적일 정도로 남성이 지배한다. (…) 15년 동안 광고 제작자로 일했던 경험으로 나는 이런 현실을 잘 알고 있다. 이 시기 광고 제작에 참여하는 여성의 낮은 비율은 전혀 변하지 않았다. 내가 아는 유명한 여성 광고 제작자는 손가락으로 꼽을 정도다"(Ali Hanan, 「광고산업이 여성들을 좌절시키는 방법을 보여주는 다섯 가지 사실」Five Facts that Show How the Advertising Industry Fails Women, 출전: 『The Guardian』, 2016년 2월 3일, https://www.theguardian.com/women-in-leadership/2016/feb/03/how-advertisingindustry-fails-women, 마지막으로 열어본 날짜: 2018년 5월 23일). 애비 댄은 같은 논조로 2016년 『포브스』에 게재한 기사에서 뉴욕 매디슨애비뉴에 위치한 광고회사 가운데 광고 지출 금액의 75퍼센트를 관리하는 여섯 개의 지주회사에 여성 경영자는 단 한 명도 없다고 확인해준다. "JWT(James Walter Thompson) 회사에서 재직 중인 오로지 단 한 명의 여성 타마라 잉그램Tamara Ingram만이 15개의 글로벌 네트워크 가운데 하나를 이끌 뿐이다"(Avi Dan, 「여성은 왜 자신의 광고 에이전시를 시작하지 않을까?」Why Aren't Women Starting Their Own Ad Agencies?, 출전: 『Forbes』, 2016년 6월 1일, https://www.forbes.com/sites/avidan/2016/06/01/why-arent-women-starting-their-own-ad-agencies/#17b684981b98, 마지막으로 열어본 날짜: 2018년 5월 23일).

40. Maureen Dowd, 「우리의 괴물을 끌어내리기」Bringing Down Our Monsters, 출전: 『The New York Times』, 2017년 12월 16일. https://www.nytimes.com/2017/12/16/opinion/sunday/sexual-harassment-salma-hayek.html. 마지막으로 열어본 날짜: 2018년 5월 23일.

41. 생산의 경우 대중을 상대로 포르노 웹사이트를 소유하고 운영하는 마인드긱 MindGeek의 소유주와 운영자는 모두 남성이다. 인터넷 최대의 포르노 사이트 '폰허브'Pornhub(마인드긱 소유)의 운영 담당 부사장과 제품 개발 부사장, 개발 책임자 그리고 커뮤니티 코디네이터는 한 명도 빠짐없이 모두 남성이다.

42. Heather A. Rupp & Kim Wallen, 「시각적 성적 자극에 대한 반응의 성차. 리뷰」Sex Differences in Response to Visual Sexual Stimuli. A Review,

출전: 『Archives of Sexual Behavior』, 통권 37, 2호(2008), 206~218쪽. 본문 인용문은 206쪽.
43. 통계 포털 '스태티스타'Statista는 지난 10년 동안 매년 제약회사 화이자가 비아그라로 15억 달러 이상의 매출을 기록했으며, 2012년에는 심지어 20억 달러 이상의 매출을 올렸다고 밝혔다(Statista, 「2003~2017년 화이자 비아그라의 전 세계적 수익」Worldwide Revenue of Pfizer's Viagra from 2003 to 2017, https://www.statista.com/statistics/264827/pfizers-worldwide-viagra-revenue-since-2003, 마지막으로 열어본 날짜: 2018년 5월 23일). 비즈니스 컨설턴트 전문 기업 그랜드 뷰 리서치는 심지어 발기부전의 전 세계적 시장의 규모가 2022년 32억 달러에 이를 것으로 전망했다(Grand View Research, 「발기부전 치료약 시장 가치는 2022년에 32억 달러에 이른다」Erectile Dysfunction Drugs Market Worth $3.2 Billion by 2022, 2016년 7월, https://www.grandviewresearch.com/press-release/globalerectile-dysfunction-drugs-market, 마지막으로 열어본 날짜: 2018년 5월 23일).
44. 『워싱턴 포스트』에 에밀리 배저가 쓴 기사는 이런 활동의 경제 규모를 알려준다. "도시 연구자들은 2007년 애틀랜타의 불법 섹스 경제, 성매매, 동행 서비스, 모호한 마사지 살롱 등을 모두 포함한 불법 섹스 경제의 전체 규모가 2억 9천만 달러에 이르는 것으로 평가했다. 마이애미의 경우는 2억 500만 달러다(불법 마약 시장의 두 배에 달하는 규모다). 워싱턴은 1억 300만 달러다."(Emily Badger, 「우리는 그 어느 때보다도 성매매 경제를 더 잘 안다」We Now Know More About the Economics of Prostitution Than Ever, 출전: 『The Washington Post』, 2014년 3월 12일, https://www.washingtonpost.com/news/wonk/wp/2014/03/12/we-nowknow-more-about-the-economics-of-prostitution-than-ever/?utm_term=.22c20bb8e508, 마지막으로 열어본 날짜: 2018년 5월 23일).
45. Ori Schwarz, 「우정, 가슴 그리고 카탈로그 논리에 대하여. 자본 교환의 수단으로서의 온라인 자화상」On Friendship, Boobs and the Logic of the Catalogue. Online Self-Portraits as a Means for the Exchange of Capital, 출전: 『Convergence』, 통권 16, 2호(2010), 163~183쪽.
46. Jessica Ringrose, Laura Harvey, Rosalind Gill & Sonia Livingstone, 「십대 소녀들, 성적 이중 잣대와 섹스팅」Teen Girls, Sexual Double Standards and Sexting, 출전: 『Feminist Theory』, 통권 14, 3호(2013), 305~323쪽.

47. Kelly Bryant,「유튜브와 로레알 파리가 미용 블로거 학교를 시작한다」 YouTube and L'Oreal Paris Are Launching a Beauty Vlogger School, 『Instyle』, 2016년 4월 21일, http://www.instyle.com/beauty/youtube-and-loreal-paris-are-launching-beautyvlogger-school, 마지막으로 열어본 날짜: 2018년 5월 23일. Eva Wiseman,「조명, 카메라, 립스틱. 미용 블로거가 화장산업의 얼굴을 바꾼다」Lights, Camera, Lipstick. Beauty Vloggers are Changing the Face of the Make-up Industry, 출전: 『The Guardian』, 2014년 7월 20일, https://www.theguardian.com/fashion/2014/jul/20/beauty-bloggers-changing-makeup-industry, 마지막으로 열어본 날짜: 2018년 5월 23일.「로레알 미용 톱 블로거와 함께 일할 새로운 방식을 찾다」L'Oreal Finds a New Way of Working with Top Beauty Vloggers, 『Think with Google』, 2015년 2월, https://www.thinkwithgoogle.com/intl/en-gb/advertising-channels/video/loreal-finds-a-new-way-of-working-with-top-beauty-vloggers, 마지막으로 열어본 날짜: 2018년 5월 23일.

48. "기업은 자사의 제품이 담긴 단 한 장의 사진에 몇백 달러를, 더 오랜 기간에 걸친 다양한 포스팅의 마케팅 캠페인에는 몇천 달러를 지불한다." Ross Logan,「인스타그램 모델. 나는 나흘에 걸친 작업보다 셀피를 담은 하나의 포스팅으로 더 많은 돈을 번다」Instagram Model, I Make More Money from Posting a Single Selfie than Doing Four Days' Work, 출전: 『Mirror』, 2015년 10월 4일, https://www.mirror.co.uk/news/world-news/instagram-model-make-more-money-6569572, 마지막으로 열어본 날짜: 2018년 5월 23일.

49. 다음 사이트에서 인용함. http://www.sugardaddysite.org, 마지막으로 열어본 날짜: 2018년 5월 23일.

50. 실제로 많은 포털은 '슈거 베이비'를 상품으로 내놓고 '슈거 대디'로 하여금 가장 매력적인 몸을 구매하는 경쟁을 벌이게 한다. 이를테면 '당신의 가격은?'WhatsYourPrice.com이라는 노골적인 제목의 포털은 앞서 인용했던 포털과 마찬가지로 이런 문구를 내걸었다. "(우리는) 성공한 통 큰 남성을 상대로 매력적인 여성과의 데이트를 제공한다. (…) 과정은 간단하다. 여성은 자신의 최소 가격을 사이트에 올린다. 통 큰 남성은 경쟁을 통해 가격을 제안한다. 최고가를 부른 남성이 아가씨와 약속을 잡는다. 물론 조건은 단 하나다. 남성은 자신이 부른 가격을 지불해야 한다." http://www.sugardaddysite.org/whats-your-price.html, 마지막으로 열어본 날짜: 2018년 5월

23일.
51. Ann Ferguson, Rosemary Hennessy & Mechthild Nagel, 「계급과 노동에 대한 페미니스트의 관점」Feminist Perspectives on Class and Work, 출전: Edward N. Zalta(편집), 『스탠퍼드 철학 백과사전』The Stanford Encyclopedia of Philosophy(2004, 2018), https://plato.stanford.edu/archives/spr2018/entries/feminism-class, 마지막으로 열어본 날짜: 2018년 5월 23일. Catherine Hoskyns & Shirin M. Rai, 「글로벌 정치경제의 재구성. 여성의 무보수 노동」Recasting the Global Political Economy. Counting Women's Unpaid Work, 출전: 『New Political Economy』, 통권 22, 3호(2007), 297~317쪽. Ann Shola Orloff, 「젠더와 시민권의 사회적 권리. 젠더 관계와 복지국가의 비교 분석」Gender and the Social Rights of Citizenship. The Comparative Analysis of Gender Relations and Welfare States, 출전: 『American Sociological Review』, 통권 58, 3호(1993), 303~328쪽. Carole Pateman, 『성적 계약』The Sexual Contract, Stanford, 1988. Marilyn Waring & Gloria Steinem, 『여성이 고려된다면. 새로운 페미니스트 경제학』If Women Counted. A New Feminist Economics, San Francisco, 1988. Lise Vogel, 『마르크스주의와 여성의 억압. 통합 이론에 대하여』Marxism and the Oppression of Women: Toward a Unitary Theory, Brill, 2013.
52. Pateman, 『The Sexual Contract』, 17쪽.
53. Axel Honneth, 「비가시성. '인정'의 인식론에 대하여」Invisibility. On the Epistemology of 'Recognition', 출전: 『Supplements of the Aristotelian Society』, 통권 75, 1호(2001), 111~126쪽. 동일 저자, 『비가시성. 상호주체성 이론의 단계들』Unsichtbarkeit. Stationen einer Theorie der Intersubjektivität, Frankfurt/M., 2003. 다음 자료도 볼 것. James Jardine, 「슈타인과 호네트가 보는 공감과 감정적 인정」Stein and Honneth on Empathy and Emotional Recognition, 출전: 『Human Studies』, 통권 38, 4호(2015), 567~589쪽.
54. Luc Boltanski & Laurent Thévenot, 「사회적 공간에서 길 찾기. 게임에 기초한 연구」Finding One's Way in Social Space. A Study Based on Games, 출전: 『Social Science Information』, 통권 22, 4/5호(1983), 631~680쪽. 동일 저자, 「도덕적 기대의 실재. 상황 판단의 사회학」The Reality of Moral Expectations. A Sociology of Situated Judgement, 출전: 『Philosophical Explorations』, 통권 3, 3호(2000), 208~231쪽. Annick

Bourguignon & Eve Chiapello, 「퍼포먼스 평가 체계의 역동성에서 비판의 역할」The Role of Criticism in the Dynamics of Performance Evaluation Systems, 출전: 『Critical Perspectives on Accounting』, 통권 16, 6호(2005), 665~700쪽. Peter Dahler-Larsen, 『평가 사회』The Evaluation Society, Stanford, 2011. Lamont, 「가치화와 평가의 비교사회학에 대하여」Toward a Comparative Sociology of Valuation and Evaluation. Peter Wagner, 「정당화 이후. 평가의 레퍼토리와 근대성의 사회학」After Justification. Repertoires of Evaluation and the Sociology of Modernity, 출전: 『European Journal of Social Theory』, 통권 2, 3호(1999), 341~357쪽.

55. 예를 들어 다음 자료를 볼 것. Simon Thorpe, Denis Fize & Catherine Marlot, 「인간의 시각 체계의 과정의 속도」Speed of Processing in the Human Visual System, 출전: 『Nature』, 통권 381, 6582호(1996), 520~522쪽. Holle Kirchner & Simon J. Thorpe, 「깜빡이는 눈 운동으로 초고속 대상 탐색. 시각 과정 속도 재고」Ultra-rapid Object Detection with Saccadic Eye Movements. Visual Processing Speed Revisited, 출전: 『Vision Research』, 통권 46, 11호(2006), 1762~1776쪽.

56. Juliet A. Conlin, 「둘러보기. 빠르고 간단한 내비게이션 결정」Getting Around. Making Fast and Frugal Navigation Decisions, 출전: 『Progress in Brain Research』, 통권 174(2009), 109~117쪽. Pierre Jacob & Marc Jeannerod, 『보는 방식. 시각 인지의 영역과 한계』Ways of Seeing. The Scope and Limits of Visual Cognition, Oxford, New York, 2003. Daniel Kahneman, 『생각하기, 빠르고 느리게』Thinking, Fast and Slow, Macmillan, 2011(한국어판 제목『생각에 관한 생각』).

57. Ringrose 외, 「Teen Girls, Sexual Double Standards and Sexting」.

58. Matt Hill, Leon Mann & Alexander J. Wearing, 「태도, 주관적 규범의 효과와 벤치마킹 의도의 자기 효능. 벤치마킹 경험을 가진 경영자와 경험이 없는 경영자 사이의 비교」The Effects of Attitude, Subjective Norm and Self-Efficacy on Intention to Benchmark. A Comparison between Managers with Experience and No Experience in Benchmarking, 출전: 『Journal of Organizational Behavior』, 통권 17, 4호(1996), 313~327쪽, 본문 인용문은 314쪽. 저자들은 다음 자료도 추천한다. C. J. McNair & Kathleen H. J. Leibfried, 『벤치마킹. 꾸준한 개선의 도구』Benchmarking. A Tool for Continuous Improvement, New York, 1992.

59. Rhiannon Williams, 「어떻게 틴더는 은밀한 '선호도 점수'로 이용자의 순

위를 매기나」How Tinder Ranks Its Users with a Secret 'Desirability Score', 출전: 『Telegraph』, 2016년 1월 12일, http://www.telegraph.co.uk/technology/news/12094539/How-Tinder-ranks-its-users-with-a-secret-desirability-score.html, 마지막으로 열어본 날짜: 2018년 5월 23일.
60. Alexandra Schwartz, 「십대 소녀들은 거울을 볼 때 무엇을 볼까」What Teen-Age Girls See When They Look in the Mirror, 출전: 『The New Yorker』, 2017년 5월 7일, https://www.newyorker.com/culture/photo-booth/what-teen-age-girls-see-when-they-look-in-the-mirror, 마지막으로 열어본 날짜: 2018년 5월 23일.
61. Beth L. Bailey, 『전면 현관에서 뒷좌석으로. 20세기 미국의 구애』From Front Porch to Back Seat. Courtship in Twentieth-Century America, Baltimore/London, 1989. Eva Illouz, 『낭만적 유토피아 소비하기』Consuming the Romantic Utopia. Steven Mintz & Susan Kellogg, 『가정 혁명. 미국 가족 생활의 사회사』Domestic Revolutions. A Social History of American Family Life, New York, 1989.
62. Bailey, 『From Front Porch to Back Seat』. John D'Emilio & Estelle B. Freedman, 『친밀성의 문제. 미국의 섹슈얼리티 역사』Intimate Matters. A History of Sexuality in America, Chicago, London, 1988. Paula S. Fass, 『저주받은 사람들과 아름다운 사람들. 1920년대 미국의 젊음』The Damned and the Beautiful. American Youth in the 1920's, New York, 1979. Illouz, 『Der Konsum der Romantik』.
63. Jason Hayes, 「실패한 관계의 여섯 개 피자」The Six Pizzas of Your Failed Relationship, 출전: 『The New Yorker』, 2017년 3월 7일, https://www.newyorker.com/humor/daily-shouts/the-six-pizzas-of-your-failed-relationship, 마지막으로 열어본 날짜: 2018년 5월 23일.
64. Brooke Lea Foster, 「When You Know It's Love. A Vision Out of Your Dreams」, 출전: 『The New York Times』, 2017년 5월 9일, https://www.nytimes.com/2017/05/09/fashion/weddings/when-you-know-its-love-paul-rust-lesley-arfin-dreams.html?emc=edit_tnt_20170509&nlid=47676527&tntemail0=y&_r=0, 마지막으로 열어본 날짜: 2018년 5월 23일(강조 표시는 내가 한 것임).
65. Donald Winnicott, 「이행 대상과 이행 현상」Transitional Objects and Transitional Phenomena. A Study of the First Not-Me, 출전: 『International Journal of Psycho-Analysis』, 34호(1953), 89~97쪽.

66. 다음 자료에서 인용함. Micaela di Leonardo,「백인 인종, 정체성 정치 그리고 아기 곰 의자」White Ethnicities, Identity Politics, and Baby Bear's Chair, 출전:『Social Text』, 41호(1994), 165~191쪽, 본문 인용문은 178쪽. Alice Echols,『건방지도록 나쁘게. 1967~1975년 미국의 급진적 페미니즘』Daring to Be Bad. Radical Feminism in America 1967~1975, Minneapolis, 1989, 6쪽.
67. Illouz,『사랑은 왜 아픈가』.
68. Regnerus,『Cheap Sex』.
69. 위의 책, 11쪽.
70. Randi Gunther,「쳇바퀴를 돌리지 마세요. 인생의 사랑을 찾는 방법을 알려드립니다」Stop Spinning Your Wheels. Here's How to Finally Find the Love of Your Life, 출전:『Catch Him and Keep Him.com』, 2017년 10월 28일, https://www.dontpayfull.com/at/catchhimandkeephim.com/newsletter/date-works-1299332, 마지막으로 열어본 날짜: 2018년 5월 23일(강조 표시는 내가 한 것임).
71. Linda Smolak & Sarah K. Murnen,「자기 대상화의 주요한 선행 사건으로서의 소녀와 여성의 섹슈얼리티화」The Sexualization of Girls and Women as a Primary Antecedent of Self-Objectification, 출전: Rachel M. Calogero, Stacey Tantleff-Dunn & J. Kevin Thompson(편집),『여성의 자기 대상화. 원인, 결과 그리고 대응책』Self-Objectification in Women. Causes, Consequences, and Counteractions, Washington, D.C., 2011, 53~75쪽, 본문 인용문은 54쪽.
72. 포르노를 비판하는 유용한 자료에는 다음의 것이 있다. Clarissa Smith,「포르노그래피화」Pornographication. A Discourse for all Seasons, 출전:『International Journal of Media & Cultural Politics』, 통권 6, 1호(2010), 103~108쪽. 포르노를 고발하는 자료로는 다음을 볼 것. Ariel Levy,『여성 우월주의자 돼지들. 여성과 외설적 문화의 부상』Female Chauvinist Pigs. Women and the Rise of Raunch Culture, New York, 2005.
73. Sendhil Mullainathan,「여성에게 부과하는 숨겨진 세금」The Hidden Taxes on Women, 출전:『The New York Times』, 2018년 3월 2일, https://www.nytimes.com/2018/03/02/business/women-hidden-taxes.html, 마지막으로 열어본 날짜: 2018년 5월 23일.
74. Francine D. Blau,『젠더, 불평등 그리고 임금』Gender, Inequality, and Wages, Oxford, 2016. Herminia Ibarra, Nancy M. Carter & Christine

Silva, 「왜 남자는 여전히 여자보다 더 승진이 빠를까」Why Men Still Get More Promotions than Women, 출전: 『Harvard Business Review』, 통권 88, 9호(2010), 80~85쪽. Cecilia L. Ridgeway, 『젠더 프레임. 젠더 불평등은 어떻게 현대 세계에 존속하는가』Framed by Gender. How Gender Inequality Persists in the Modern World, New York, 2011. OECD 자료는 다음 것을 참조할 것. OECD, 「젠더 임금 격차(지표)」Gender Wage Gaps(Indicators)(2017), 디지털 문서 식별자: 10.1787/7cee77aa-en, https://data.oecd.org/earnwage/gender-wage-gap.htm, 마지막으로 열어본 날짜: 2018년 5월 23일. 미국의 자료는 다음을 볼 것. International Labour Organization, 「젠더 불평등과 미국 노동력에서의 여성」Gender Inequality and Women in the US Labor Force, http://www.ilo.org/washington/areas/gender-equality-in-the-workplace/WCMS_159496/lang–en/index.htm, 마지막으로 열어본 날짜: 2018년 5월 23일.

75. 레이철 오닐은 유혹 워크숍을 통해 인터뷰한 남성들이 여성의 매력 조건으로 꼽는 외모를 두고 정작 여성은 그리 중요하게 여기지 않는다는 점을 인정했다고 밝혔다. Rachel O'Neill, 『유혹. 남성, 남성성 그리고 중개된 친밀성』Seduction. Men, Masculinity, and Mediated Intimacy, Cambridge, 2018.
76. Illouz, 『사랑은 왜 아픈가』, 77쪽.
77. Calogero 외(편집), 『Self-Objectification in Women』, 53쪽 이하.
78. Avishai Margalit, 『품위 있는 사회』The Decent Society, Harvard University Press, 1998, 100~112쪽. Martha C. Nussbaum, 「대상화」Objectification, 출전: 『Philosophy & Public Affairs』, 통권 24, 4호(1995), 249~291쪽. 다음 자료도 볼 것. Kasey Lynn Morris & Jamie Goldenberg, 「여성, 대상 그리고 동물. 섹스와 아름다움에 기초한 대상화의 분화」Women, Objects, and Animals. Differentiating Between Sex- and Beauty-based Objectification, 출전: 『Revue Internationale de Psychologie Sociale』, 통권 28, 1호(2015), 15~38쪽. Steve Loughnan & Maria Giuseppina Pacilli, 「타인을 성적 대상으로 보기(그리고 취급하기). 성적 대상화의 보다 완전한 매핑을 위하여」Seeing (and Treating) Others as Sexual Objects. Toward a More Complete Mapping of Sexual Objectification, 출전: 『TPM: Testing, Psychometrics, Methodology in Applied Psychology』, 통권 21, 3호(2014), 309~325쪽.
79. Barbara L. Fredrickson & Tomi-Ann Roberts, 「대상화 이론. 여성의 인생

체험과 정신 건강 리스크에 대하여」Objectification Theory. Toward Understanding Women's Lived Experiences and Mental Health Risks, 출전: 『Psychology of Women Quarterly』, 통권 21, 2호(1997), 173~206쪽. Bonnie Moradi & Yu-Ping Huang, 「대상화 이론과 여성 심리학. 발전과 미래 방향의 10년」Objectification Theory and Psychology of Women. A Decade of Advances and Future Directions, 출전: 『Psychology of Women Quarterly』, 통권 32, 4호(2008), 377~398쪽. Dawn M. Szymanski, Lauren B. Moffitt & Erika R. Carr, 「여성의 성적 대상화. 이론과 연구의 발달」Sexual Objectification of Women. Advances to Theory and Research 1ψ7, 출전: 『The Counseling Psychologist』, 통권 39, 1호 (2011), 6~38쪽. 다음 자료도 볼 것. Rachel M. Calogero, 「대상화 이론의 실험. 여대생의 외모를 보는 남성 응시의 효과」A Test of Objectification Theory. The Effect of the Male Gaze on Appearance Concerns in College Women, 출전: 『Psychology of Women Quarterly』, 통권 28, 1호 (2004), 16~21쪽. Sarah J. Gervais, Theresa K. Vescio & Jill Allen, 「보는 것이 얻는 것일 때. 여성과 남성의 대상화하는 응시의 귀결」When What You See is What You Get. The Consequences of the Objectifying Gaze for Women and Men, 출전: 『Psychology of Women Quarterly』, 통권 35, 1호(2011), 5~17쪽. Brit Harper & Marika Tiggemann, 「날씬함의 이상적 미디어 이미지가 여성의 자기 대상화, 분위기 그리고 몸 이미지에 미치는 효과」The Effect of Thin Ideal Media Images on Women's Self-Objectification, Mood, and Body Image, 출전: 『Sex Roles』, 통권 58, 9/10호(2008), 649~657쪽. Sarah J. Gervais, Arianne M. Holland & Michael D. Dodd, 「내 눈은 여기 위에 있다. 여성을 향한 대상화하는 응시의 본성」My Eyes are Up Here. The Nature of the Objectifying Gaze Toward Women, 출전: 『Sex Roles』, 통권 69, 11/12호(2013), 557~570쪽.
80. 가치의 생산과 실현 사이의 차이를 마르크스의 시각으로 분석한 자료에는 다음의 것이 있다. David Harvey, 『자본의 수수께끼 그리고 자본주의의 위기』The Enigma of Capital. and the Crises of Capitalism, Oxford University Press, 2010.
81. Vicki Ritts, Miles L. Patterson & Mark E. Tubbs, 「기대, 인상 그리고 학생의 신체 매력 판단. 리뷰」Expectations, Impressions, and Judgments of Physically Attractive Students. A Review, 출전: 『Review of Educational Research』, 통권 62, 4호(1992), 413~426쪽.

82. Adelle Waldman, 『The Love Affairs of Nathaniel P.: A Novel』, Macmillan, 2014, 39쪽(강조 표시는 내가 한 것임).
83. Rosemary Hennessy, 『이익과 쾌락. 후기 자본주의의 성적 정체성』Profit and Pleasure. Sexual Identities in Late Capitalism, New York, London, 2000.
84. 아름다움과 신자유주의를 둘러싸고 벌어지는 작금의 논란은 다음 자료를 볼 것. Ana Sofia Elias, Rosalind Gill & Christina Scharff(편집), 『미모 가꾸기 노동. 신자유주의 미모 정치의 재고』Aesthetic Labour. Rethinking Beauty Politics in Neoliberalism, London, 2017.
85. 도널드 트럼프와 멜라니아 트럼프 외에도 끝없이 이어지는 사례 가운데에는 트럼프 내각의 재무장관 스티븐 므누신Steven Mnuchin(1962년생)과 부인 루이즈 린턴Louise Linton(1980년생)의 경우가 두드러진다.
86. Mears, 『Pricing Beauty』.
87. 화장품산업과 모델 업계의 규모를 짐작할 수 있는 통계 수치를 몇몇 살펴보자. 통계 포털 'Statista'는 2016년 미국 미용산업 시장의 전체 매출 규모를 840억 달러로 집계했다(Statista, 「미국 미용 및 화장품산업에 대한 통계와 사실들」Statistics & Facts on the U.S. Cosmetics and Makeup Industry, https://www.statista.com/topics/1008/cosmetics-industry, 마지막으로 열어본 날짜: 2018년 5월 23일). 이에 덧붙여 이 포털은 2016년 "로레알이 286억 달러의 매출로 글로벌 미용 업계 가운데 1위를 기록했다"라고 밝혔다. 리디아 램지는 얼굴 세정용 젤, 립스틱, 화장품, 매니큐어 등이 미국에서 600억 달러 시장 규모를 형성한다고 밝혔다(Lydia Ramsey, 「600억 달러 산업이 충격적일 정도로 규제를 받지 않는다」A $60 Billion Industry is Shockingly Unregulated, 출전: 『Business Insider』, 2015년 10월 11일, http://www.businessinsider.com/cosmetic-industry-is-shockingly-unregulated-2015-10, 마지막으로 열어본 날짜: 2018년 5월 23일). 클로이 소르비노는 2017년 다음과 같이 썼다. "『포브스』는 오늘날 여성이 창업한 유명한 미용 회사가 최소한 40개이며, 미용 업계는 4450억 달러(매출)로 여성이 자립해 일대 성공 스토리를 쓸 수 있는 가장 뜨거운 산업으로 부상했다고 평가한다"(Chloe Sorvino, 「왜 4450억 달러의 미용산업이 여성 자수성가의 금광인가」Why the $ 445 Billion Beauty Industry Is a Gold Mine for Self-Made Women, 출전: 『Forbes』, 2017년 5월 18일, https://www.forbes.com/sites/chloesorvino/2017/05/18/self-made-women-wealth-beauty-gold-mine/#1936d672a3a5, 마지막으로 열어본 날짜: 2018년 5월

23일). 매킨지는 2016년 말 이렇게 확인했다. "패션은 지난 10년 동안 경제 성공 스토리를 쓴 드문 경우에 해당한다. 매킨지 글로벌 패션 인덱스에 따르면 이 시기 동안 패션 업계는 매년 5.5퍼센트 성장세를 보이면서 2조 4천억 달러의 매출을 올렸다. 실제로 패션은 누구나 접하는 것일 뿐만 아니라 개별 국가의 GDP와 비교할 때 전 세계적으로 일곱 번째로 큰 규모를 자랑한다"(Imran Amed, Achim Berg, Leonie Brantberg & Saskia Hedrich, 「패션 현황」The State of Fashion, Mckinsey.com, 2016년 12월, https://www.mckinsey.com/industries/retail/our-insights/the-state-of-fashion, 마지막으로 열어본 날짜: 2018년 5월 23일). 다시금 'Statista'는 미국의 패션 업계가 "매년 매출 증가율 7.5퍼센트(CAGR 2017~2022)를 보일 것으로 전망하며 미국의 전체 시장 규모가 2022년에 1377억 6600만 달러에 이를 것으로 평가했다"(Statista, 「패션. 하이라이트: 미국」Fashion. Highlights: United States, https://www.statista.com/outlook/244/109/fashion/united-states#, 마지막으로 열어본 날짜: 2018년 5월 23일).

88. 다음의 자료를 볼 것. Rachel M. Calogero & J. Kevin Thompson, 「여성의 성적 만족에 대한 여성 몸의 대상화의 잠재적 영향」Potential Implications of the Objectification of Women's Bodies for Women's Sexual Satisfaction, 출전: 『Body Image』, 통권 6, 2호(2009), 145~148쪽. Ellen E. Fitzsimmons-Craft 외, 「날씬함이라는 이상의 내면화와 여대생들의 몸에 대한 불만족 사이의 관계를 설명하기. 사회적 비교와 몸 감시의 역할」Explaining the Relation between Thin Ideal Internalization and Body Dissatisfaction among College Women. The Roles of Social Comparison and Body Surveillance, 출전: 『Body Image』, 통권 9, 1호(2012), 43~49쪽. Harper & Tiggemann, 「Effect of Thin Ideal Media Images on Women's Self-objectification, Mood, and Body Image」. Peter Strelan, Sarah J. Mehaffey & Marika Tiggemann, 「간략한 리포트. 젊은 여성의 자기 대상화와 존중감. 운동하는 이유의 중개하는 역할」Brief Report. Self-Objectification and Esteem in Young Women. The Mediating Role of Reasons for Exercise, 출전: 『Sex Roles』, 통권 48, 1호(2003), 89~95쪽.

89. 머넨과 스몰랙은 거꾸로 26편의 연구 논문을 메타 분석해 페미니스트가 자신의 몸에 더 만족해한다고 밝혔다. Sarah K. Murnen & Linda Smolak, 「페미니스트 여성은 몸 이미지 문제로부터 보호받는가? 관련 연구의 메타 분석 리뷰」Are Feminist Women Protected from Body Image Problems? A Meta-analytic Review of Relevant Research, 출전: 『Sex Roles』, 통권

60, 3/4호(2009), 186~197쪽.
90. Glosswitch, 「왜 여성은 자신의 몸을 받아들이기 어려울까?」Why is it so Hard for Women to Accept Their Bodies?, 출전: 『New Statesman』, 2015년 12월 3일, http://www.newstatesman.com/politics/feminism/2015/12/why-it-so-hard-women-accept-their-bodies, 마지막으로 열어본 날짜: 2018년 5월 23일.
91. Angela McRobbie, 「완벽함에 대한 노트. 신자유주의 시대의 경쟁적 여성성」Notes on the Perfect. Competitive Femininity in Neoliberal Times, 출전: 『Australian Feminist Studies』, 통권 30, 83호(2015), 3~20쪽.
92. Philippe Bernard, Sarah J. Gervais, Jill Allen, Sophie Campomizzi & Olivier Klein, 「성적 물화를 대상 대 인격 인정으로 통합하기. 섹슈얼리티화한 몸 전도 가설」Integrating Sexual Objectification with Object Versus Person Recognition. The Sexualized-Body-Inversion Hypothesis, 출전: 『Psychological Science』, 통권 23, 5호(2012), 469~471쪽.
93. Rosalind Gill, 「성적 물화에서 성적 주체화로. 미디어에 나타난 여성 몸의 재섹슈얼리티화」From Sexual Objectification to Sexual Subjectification. The Resexualisation of Women's Bodies in the Media, 출전: 『Feminist Media Studies』, 통권 3, 1호(2003), 100~106쪽.
94. Kathy Martinez-Prather & Donna M. Vandiver, 「미국 십대의 섹스팅」 Sexting among Teenagers in the United States. A Retrospective Analysis of Identifying Motivating Factors, Potential Targets, and the Role of a Capable Guardian, 출전: 『International Journal of Cyber Criminology』, 통권 8, 1호(2014), 21~35쪽, 본문 인용문은 21쪽.
95. Murray Lee, Thomas Crofts, Alyce McGovern & Sanja Milivojevic, 「섹스팅과 젊은이」Sexting and Young People, 출전: 『범죄학 연구 자문 위원회 보고서』Report to the Criminology Research Advisory Council, 2015년 11월, 5쪽, http://www.criminologyresearchcouncil.gov.au/reports/1516/53-1112-FinalReport.pdf, 마지막으로 열어본 날짜: 2018년 5월 23일.
96. Richard Posner, 「신체 부위의 판매―포스너」Sale of Body Parts–Posner, The Becker-Posner-Blog, 2012년 10월 21일, http://www.becker-posner-blog.com/2012/10/sale-of-body-partsposner.html, 마지막으로 열어본 날짜: 2018년 5월 23일.
97. Pateman, 「What's Wrong With Prostitution?」, 60쪽.

98. 한스 요나스의 논문, 「기술 철학에 대하여」Toward a Philosophy of Technology, 출전: 『Hastings Center Report』, 통권 9, 1호(1979), 34~43쪽.
99. 위의 글, 35쪽.
100. Jessica Benjamin, 『주체를 좋아하기, 대상을 사랑하기. 인정과 성적 차이에 대한 에세이』Like Subjects, Love Objects. Essays on Recognition and Sexual Difference, New Haven, London, 1998. 동일 저자, 「인정과 파괴. 상호주체성의 윤곽」Recognition and Destruction. An Outline of Intersubjectivity, 출전: Neil J. Skolnick & Susan C. Warshaw(편집), 『정신분석학의 관계적 관점』Relational Perspectives in Psychoanalysis, New York, Abingdon, 1992, 43~60쪽. Nancy Fraser, 「인정을 다시 생각하기」Rethinking Recognition, 출전: 『New Left Review』, 3호(2000), 107~118쪽. Nancy Fraser & Axel Honneth, 『분배냐 인정이냐?. 정치 철학적 논쟁』Redistribution or Recognition?. A Political-philosophical Exchange, Verso, 2003. Nancy Fraser, 「공적 영역을 다시 생각하기. 현재 존재하는 민주주의의 비판 고찰」Rethinking the Public Sphere. A Contribution to the Critique of Actually Existing Democracy, 출전: 『Social Text』, 25/26호(1990), 56~80쪽. Axel Honneth, 『Kampf um Anerkennung. Zur moralischen Grammatik sozialer Konflikte』, Frankfurt/M., 1992.
101. Axel Honneth, 『물화. 인정이론 연구』Verdinglichung. Eine anerkennungstheoretische Studie, Frankfurt/M., 2005.
102. 위의 책, 70쪽.
103. Pierre Bourdieu, 『구별. 취향 판단의 사회적 비판』Distinction. A Social Critique of the Judgement of Taste, Harvard University Press, 1984(한국어판 제목은 『구별짓기』로 2005년 출간). Jukka Gronow, 『취향의 사회학』The Sociology of Taste, London, New York, 2002. Sarah Thornton, 『클럽 문화. 음악, 미디어 그리고 하위문화 자본』Club Cultures. Music, Media, and Subcultural Capital, Cambridge, 1995.
104. Bourdieu, 『Distinction』, 401쪽.
105. Illouz, 「Emotions, Imagination, and Consumption」, 401쪽.
106. Leo Bersani & Adam Phillips, 『친밀성』Intimacies, Chicago, London, 2008, 94쪽.
107. Jens Beckert & Patrik Aspers(편집), 『상품의 가치. 경제에서 가치화와 가격』The Worth of Goods. Valuation and Pricing in the Economy, New

York, 2011, 6쪽.
108. Christopher K. Hsee & Jiao Zhang, 「구분 편향. 합동 평가에 따른 예측 실패와 선택 실패」Distinction Bias. Misprediction and Mischoice due to Joint Evaluation, 출전: 『Journal of Personality and Social Psychology』, 통권 86, 5호(2004), 680~695쪽.
109. http://www.explode.com/rr/lifesucks-dating.shtml, 마지막으로 열어본 날짜: 2018년 5월 23일.
110. Mears, 『Pricing Beauty』, 10쪽.
111. Sheena S. Iyengar & Mark R. Lepper, 「선택이 의욕을 꺾을 때. 좋은 것을 너무 많이 욕망할 수 있을까?」When Choice is Demotivating. Can One Desire Too Much of a Good Thing?, 출전: 『Journal of Personality and Social Psychology』, 통권 79, 6호(2000), 995~1006쪽.
112. David Harvey, 『마르크스, 자본 그리고 경제적 이성의 광기』Marx, Capital, and the Madness of Economic Reason, London, 2017.
113. Karl Marx, 『자본론. 정치경제학 비판』Das Kapital. Kritik der politischen Ökonomie(1894), 마르크스-엥겔스 전집, 3권(통권 25), Berlin, 2008(제1부, 3장: 「이윤율 하락 경향의 법칙」Gesetz des tendenziellen Falls der Profitrate, 221~277쪽). 다음 자료도 볼 것. Ben Fine & Laurence Harris, 「이윤율 하락 경향의 법칙」The Law of the Tendency of the Rate of Profit to Fall, 출전: 동일 저자들(편집), 『자본론 읽기』Rereading Capital, London, 1979, 58~75쪽.
114. David Harvey, 『자본의 17가지 모순과 자본주의의 종말』Seventeen Contradictions and the End of Capitalism, Oxford University Press, 2014, 234쪽(한국어판 제목은 『자본의 17가지 모순. 이 시대 자본주의의 위기와 대안』으로 2014년 출간).
115. Adam Arvidsson, 「소비 대중의 잠재력」The Potential of Consumer Publics, 출전: 『Ephemera』, 통권 13, 2호(2013), 367~391쪽. 동일 저자, 「고객 공동생산의 윤리적 경제」The Ethical Economy of Customer Coproduction, 출전: 『Journal of Macromarketing』, 통권 28, 4호(2008), 326~338쪽.
116. Milton Friedman, 『자본주의와 자유』Capitalism and Freedom, University of Chicago, 2009. Friedrich August Hayek, 「사회에서 지식의 쓰임새」The Use of Knowledge in Society, 출전: 『The American Economic Review』, 통권 35, 4호(1945), 519~530쪽. 이 문제를 잘 조망하는 자료는 다음과 같

다. David Harvey, 『신자유주의의 간략한 역사』A Brief History of Neoliberalism, Oxford University Press, 2007. Thomas I. Palley, 「케인스주의에서 신자유주의로. 경제학 패러다임의 변화」From Keynesianism to Neoliberalism. Shifting Paradigms in Economics, 출전: Alfredo Saad-Filho & Deborah Johnston(편집), 『신자유주의. 비판적 독법』Neoliberalism. A Critical Reader, Chicago, London, 2005, 20~29쪽.
117. 주의력의 경제를 다룬 자료는 다음과 같다. Daniel Kahneman, 『주의와 노력』Attention and Effort, Englewood Cliffs, 1973. Warren Thorngate, 「주의의 경제와 심리학 발달」The Economy of Attention and the Development of Psychology, 출전: 『Canadian Psychology/Psychologie Canadienne』, 통권 31, 3호(1990), 262~271쪽.
118. American Psychological Association Task Force on the Sexualization of Girls, 「Report of the APA Task Force on the Sexualization of Girls」(2009), http://www.apa.org/pi/women/programs/girls/report-full.pdf, 마지막으로 열어본 날짜: 2018년 5월 23일.
119. Ine Vanwesenbeeck, 「섹슈얼리티화의 위험과 권리. 레럼과 드워킨의 '나쁜 여자 법칙'에 대한 고무적 논평」The Risks and Rights of Sexualization. An Appreciative Commentary on Lerum and Dworkin's 'Bad Girls Rule', 출전: 『Journal of Sex Research』, 통권 46, 4호(2009), 268~270쪽, 본문 인용문은 269쪽.
120. 이 문제를 아주 잘 다룬 자료는 다음과 같다. Rosalind Gill, 「From Sexual Objectification to Sexual Subjectification. The Resexualisation of Women's Bodies in the Media」, 출전: 『Feminist Media Studies』, 통권 3, 1호(2003), 100~106쪽.
121. Rosalind Gill, 「권력 부여/성차별주의. 현대 광고의 여성 성적 대리인의 이해」Empowerment/Sexism. Figuring Female Sexual Agency in Contemporary Advertising, 출전: 『Feminism & Psychology』, 통권 18, 1호(2008), 35~60쪽.
122. 다음 자료를 참조할 것. Gill, 「From Sexual Objectification to Sexual Subjectification」.
123. Max Horkheimer & Theodor W. Adorno, 『계몽의 변증법. 철학적 단편』Dialektik der Aufklärung. Philosophische Fragmente(1944), Frankfurt/M., 1988.
124. Ann Swidler, 「행동하는 문화. 상징과 전략」Culture in Action. Symbols

and Strategies, 출전: 『American Sociological Review』, 통권 51, 2호 (1986), 273~286쪽.
125. Martin Heidegger, 「기술이라는 문제」Die Frage nach der Technik, 출전: 동일 저자, 『강연과 논문』Vorträge und Aufsätze(1954), Pfullingen, 1990, 9~40쪽, 인용된 개념은 20쪽을 비롯해 자주 등장한다.
126. Sarah Bakewell, 『At the Existentialist Café』, 183쪽.
127. 1922년 12월 19일에 쓴 편지의 글. 다음 자료에서 인용함. Maria Popova, 「버지니아 울프와 비타 색빌웨스트는 어떻게 사랑에 빠졌나」How Virginia Woolf and Vita Sackville-West Fell in Love, 블로그 'Brain Pickings', https://www.brainpickings.org/2016/07/28/virginia-woolf-vita-sackville-west, 마지막으로 열어본 날짜: 2018년 5월 23일.
128. 『Elle Québec』, 2011년 3월 23일, http://www.ellequebec.com/societe/reportages/article/virginie-despentes-punk-un-jour-punk-toujours, 마지막으로 열어본 날짜: 2018년 5월 23일.
129. https://shannonprusak.wordpress.com/the-oppression-of-women-in-the-western-world, 마지막으로 열어본 날짜: 2018년 5월 23일.

5 한계가 많은 자유

1. Anthony Trollope, 『The Claverings』, 1867, 7쪽. Heinrich Heine, 「귀향」 Die Heimkehr의 서른세 번째 시구(1823/1824), 『노래의 책』Buch der Lieder, 출전: 동일 저자, 총 12권 전집판, 1권, '글 모음 1817~1840', Frankfurt/M., Berlin, Wien, 1981, 124쪽.
2. 로베르트와 클라라의 관계를 더 자세히 알고 싶은 독자는 다음 자료를 참조할 것. 『결혼 일기. 1840~1844』Die Ehetagebücher. 1840~1844, Gerd Nauhaus & Ingrid Bodsch(편집), Frankfurt/M., 2013. John Worthen, 『로베르트 슈만. 음악가의 생애와 죽음』Robert Schumann. Life and Death of a Musician, New Haven, London, 2007.
3. Georg Wilhelm Friedrich Hegel, 『법철학 강요. 또는 자연법과 정치학의 토대. 강의용』Grundlinien der Philosophie des Rechts oder Naturrecht und Staatswissenschaft im Grundrisse. Zum Gebrauch für seine Vorlesungen(1820), 전집 7권, Frankfurt/M., 1986, 320쪽 이하(§§ 167 & 168).
4. Axel Honneth, 『자유의 권리. 민주주의 윤리의 개요』Das Recht der Frei-

heit. Grundriß einer demokratischen Sittlichkeit, Berlin, 2011.

5. Axel Honneth, 『Kampf um Anerkennung. Zur moralischen Grammatik sozialer Konflikte』, Frankfurt/M., 1992. 동일 저자, 『Das Recht der Freiheit』. Christopher F. Zurn, 『악셀 호네트. 사회성의 비판 이론』Axel Honneth. A Critical Theory of the Social, Cambridge, Malden, 2015(특히 제6장 「사회적 자유와 인정」Social Freedom and Recognition을 볼 것, 155~205쪽).

6. James Leonard Park, 「Loving in Freedom」, https://s3.amazonaws.com/aws-website-jamesleonardpark-freelibrary-3puxk/CY-L-FRE.html, 마지막으로 열어본 날짜: 2018년 6월 9일.

7. Carole Pateman, 『The Sexual Contract』, Stanford, 1988, 39쪽.

8. 위의 책, 15쪽.

9. 다음 자료를 참조할 것. Alberto Abadie & Sebastien Gay, 「사체 장기 기증 추정 동의 법안의 영향. 국가 간 연구」The Impact of Presumed Consent Legislation on Cadaveric Organ Donation. A Cross-Country Study, 출전: 『Journal of Health Economics』, 통권 25, 4호(2006), 599~620쪽. Morris R. Cohen, 「계약의 기초」The Basis of Contract, 출전: 『Harvard Law Review』, 통권 46, 4호(1933), 553~592쪽. Ruth R. Faden & Tom L. Beauchamp, 『사전 동의의 역사와 이론』A History and Theory of Informed Consent, New York, Oxford, 1986. Roscoe Pound, 「법에서 의지의 역할」The Role of the Will in Law, 출전: 『Harvard Law Review』, 통권 68, 1호(1954), 1~19쪽.

10. 『가디언』은 잉글랜드와 웨일스의 가정법원 대법관 니컬러스 월Nicholas Wall 경이 2012년에 "어느 한쪽의 책임을 증명하는 대신에 '책임과 무관한 이혼'이 앞으로 부부 이혼의 통상적인 경로가 될 것"이라고 말했다고 보도했다. Owen Bowcott, 「당사자 쌍방의 책임을 묻지 않는 이혼이 '표준'이 된다」No-Fault Divorces 'Should Be Standard', 출전: 『The Guardian』, 2012년 3월 17일, https://www.theguardian.com/law/2012/mar/27/no-fault-divorces-standard-judge, 마지막으로 열어본 날짜, 2018년 6월 9일.

11. Anthony Giddens, 『The Transformation of Intimacy. Sexuality, Love and Eroticism in Modern Societies』, Stanford University, 1992, 58쪽.

12. Neil Gross & Solon Simmons, 「이중 현상으로서의 친밀성? 기든스의 경험적 검증」Intimacy as a Double-Edged Phenomenon? An Empirical Test of Giddens, 출전: 『Social Forces』, 통권 81, 2호(2002), 531~555쪽, 본문

인용문은 536쪽.
13. Pateman, 『The Sexual Contract』, 제1장 「계약을 맺다」Contracting In, 1~18쪽.
14. Andrew Dilts, 「'자아의 기업가화'에서 '자아의 돌봄'으로. 신자유주의 통치성과 푸코의 윤리」From 'Entrepreneur of the Self' to 'Care of the Self'. Neoliberal Governmentality and Foucault's Ethics, https://ssrn.com/abstract=1580709, 마지막으로 열어본 날짜: 2018년 6월 9일. Michel Feher, 「자아 가치 상승 또는 인적 자본의 열망」Self-Appreciation; Or, the Aspirations of Human Capital, 출전:『Public Culture』, 통권 21, 1호(2009), 21~41쪽. Patricia Mccafferty, 「'신자유주의 교육' 구축하기. 학교의 '교육 기업화' 의제」Forging 'a Neoliberal Pedagogy'. The 'Enterprising Education' Agenda in Schools, 출전:『Critical Social Policy』, 통권 30, 4호(2010), 541~563쪽.
15. Mandy Len Catron, 「To Stay in Love, Sign on the Dotted Line」, 출전:『The New York Times』, 2017년 6월 23일. https://www.nytimes.com/2017/06/23/style/modern-love-to-stay-in-love-sign-on-the-dotted-line-36-questions, 마지막으로 열어본 날짜: 2018년 6월 9일(강조 표시는 내가 한 것임).
16. Pateman, 『The Sexual Contract』, 1쪽 이하.
17. 다음 자료를 참조할 것. William H. Sewell Jr., 「기어츠, 문화 체계 그리고 역사. 공시성에서 변형으로」Geertz, Cultural Systems, and History. From Synchrony to Transformation, 출전: Sherry B. Ortner (편집),『'문화'의 운명. 기어츠와 그 너머』The Fate of "Culture". Geertz and Beyond, Berkeley, Los Angeles, London, 1999. 35~55쪽, 본문과 관련한 내용은 47쪽.
18. Laura Sessions Stepp, 「새로운 종류의 데이트 강간」A New Kind of Date Rape, 출전:『Cosmopolitan』, 2007년 10월 12일. https://www.cosmopolitan.com/sex-love/advice/a1912/new-kind-of-date-rape, 마지막으로 열어본 날짜: 2018년 6월 9일(강조 표시는 내가 한 것임).
19. 나에게 이 새로운 관계 형식 '시추에이션십'을 알려준(개인적인 연락으로) 엘리자베스 암스트롱Elizabeth Armstrong에게 깊은 감사를 드린다.
20. Aidan Neal, 「9 Signs You're in a Situationship?」, Aidanneal.com, 2014년 8월 6일, http://aidanneal.com/2014/08/06/9-signs-youre-situationship/, 마지막으로 열어본 날짜: 2018년 6월 9일.

21. Rachel O'Neill, 『Seduction』. 다음 자료도 볼 것. 동일 저자, 「유혹의 작업. 런던 '유혹 커뮤니티'의 친밀성과 주체성」The Work of Seduction. Intimacy and Subjectivity in the London 'Seduction Community', 출전: 『Sociological Research Online』, 통권 20, 4호, 1~14쪽. 본문 인용문은 10쪽.
22. eHarmony Staff, 「결정 요인들. 관계를 깨는 여덟 가지 확실한 이유」Deciding Factors. Eight Solid Reasons to Break Up, eharmony.com, 2013년 9월 26일. https://www.eharmony.com/dating-advice/relationships/eight-solid-reasons-to-break-up, 마지막으로 열어본 날짜: 2017년 12월 31일(강조 표시는 내가 한 것임).
23. Denise Haunani Solomon & Leanne K. Knobloch, 「관계 불확실성, 파트너 간섭 그리고 데이트 관계 내의 친밀성」Relationship Uncertainty, Partner Interference, and Intimacy within Dating Relationships, 출전: 『Journal of Social and Personal Relationships』, 통권 18, 6호(2001), 804~820쪽. 본문 인용문은 805쪽.
24. Alice Boyes, 「건강하지 않은 관계의 51가지 신호」51 Signs of an Unhealthy Relationship, 출전: 『Psychology Today』, 2015년 2월 10일, https://www.psychologytoday.com/blog/in-practice/201502/51-signs-unhealthy-relationship, 마지막으로 열어본 날짜: 2018년 6월 9일(강조 표시는 내가 한 것임).
25. Rori Raye, 「그가 전화를 해줄까 걱정하지 마라…그는 당신의 시간과 주의를 향해 부르짖을 것이기 때문이다」Stop Wondering If He's Going To Call…Because He'll Be Clamoring For Your Time And Attention, Catchhimandkeephim.com, https://www.catchhimandkeephim.com/m/email/nl/roriraye/did-he-pursue-you-and-then-get-distant.html?s=57508&e=1&cid=UZZZCD&lid=1&sbid=SdYj, 마지막으로 열어본 날짜: 2018년 6월 9일(강조 표시는 내가 한 것임).
26. Ann Swidler, 『Talk of Love』. 동일 저자, 「행동하는 문화. 상징과 전략」 Culture in Action. Symbols and Strategies, 출전: 『American Sociological Review』, 통권 51, 2호(1986), 273~286쪽. 본문 인용문은 280쪽.
27. Karin Knorr Cetina, 「금융 시장이란 무엇인가? 미시제도와 포스트 전통 사회 형식으로서의 글로벌 시장」What is a Financial Market? Global Markets as Microinstitutional and Post-Traditional Social Forms, 출전: 동일 저자 & Alex Preda(편집), 『금융 사회학 옥스퍼드 핸드북』The Oxford Handbook of the Sociology of Finance, Oxford, 2012, 115~133쪽. 본문

인용은 122쪽.
28. Terje Aven, 「위험 평가와 위험 관리. 그 토대에 대한 최근 소개된 리뷰」 Risk Assessment and Risk Management. Review of Recent Advances on their Foundation, 출전:『European Journal of Operational Research』, 통권 253, 1호(2016), 1~13쪽. 동일 저자 & Yolande Hiriart, 「부정확한 확률을 가진 기본 안전 투자 모델과 관련한 견실한 최적화」Robust Optimization in Relation to a Basic Safety Investment Model with Imprecise Probabilities, 출전:『Safety Science』, 통권 55(2013), 188~194쪽. James Lam, 『기업 위험 관리. 인센티브에서 통제로』Enterprise Risk Management. From Incentives to Controls, New York, 2014. José A. Scheinkman, Kenneth J. Arrow, Patrick Bolton, Sanford J. Grossman & Joseph E. Stiglitz, 『투기, 교역 그리고 버블』Speculation, Trading, and Bubbles, New York, Chichester, 2014.
29. Tali Kleiman & Ran R. Hassin, 「무의식적 목적 갈등」Non-Conscious Goal Conflicts, 출전:『Journal of Experimental Social Psychology』, 통권 47, 3호(2011), 521~532쪽. 본문 인용은 521쪽.
30. 위의 글, 522쪽.
31. Goal 21, 「상실감을 느끼다」I Feel Lost, loveshack.org, 2016년 4월 3일, http://www.loveshack.org/forums/breaking-up-reconciliation-coping/breaks-breaking-up/575980-i-feel-lost, 마지막으로 열어본 날짜, 2018년 6월 9일.
32. 다음 자료에서 인용함. Ivan Krastev, 『유럽 이후』After Europe, University of Pennsylvania, 2017, 51쪽.
33. Valeriya Safronova, 「예전 파트너가 설명하는 고스팅, 최후의 침묵의 대처」 Exes Explain Ghosting, the Ultimate Silent Treatment, 출전:『The New York Times』, 2015년 6월 26일, http://www.nytimes.com/2015/06/16/fashion/exes-explain-ghosting-the-ultimate-silent-treatment.html?WT.mc_id=2015-JULY-OTB-INTL_AUD_DEV-0629-0802&WT.mc_ev=-click&ad-keywords=IntlAudDev&_r=0, 마지막으로 열어본 날짜: 2018년 6월 9일(『뉴욕타임스』 기사의 원문은 서두에 콜이 아니라 캐스퍼Casper를 언급했으나, 이는 1995년에 발표된 동명의 판타지 코미디의 유령과 혼동한 것이다).
34. Luc Boltanski & Laurent Thévenot, 『On Justification. Economies of Worth』.

35. Volkmar Sigusch,「빈약한 섹슈얼리티. 최근 수십 년간 섹슈얼리티와 젠더의 문화적 변화」Lean Sexuality. On Cultural Transformations of Sexuality and Gender in Recent Decades, 출전:『Sexuality & Culture』, 통권 5, 2호(2001), 23~56쪽.
36. Hellen Chen,『Hellen Chen's Love Seminar. The Missing Love Manual that Makes Your Relationship Last』, Kindle Edition, 2013. 다음 자료도 볼 것.「데이트의 85퍼센트 이상이 이별로 끝난다―빛을 비추는 관계에 대한 도래할 새 책」Over 85% of Dating Ends up in Breakups–Upcoming New Book on Relationships Sheds Light, Cision: PRWeb(2013년 10월 28일), http://www.prweb.com/releases/finding_right_date/lasting_marriages/prweb11278931.htm, 마지막으로 열어본 날짜: 2017년 12월 31일.
37. Albert O. Hirschman,『Exit, Voice, and Loyalty. Responses to Decline in Firms, Organizations, and States』, Harvard University Press, 1970(한국어판 제목은『떠날 것인가, 남을 것인가. 퇴보하는 기업, 조직, 국가에 대한 반응』).
38. Deborah Davis, Phillip R. Shaver & Michael L. Vernon,「이별에 대한 육체적, 감정적, 행동적 반응. 젠더, 나이, 감정적 연루, 애착 스타일의 역할」Physical, Emotional, and Behavioral Reactions to Breaking Up. The Roles of Gender, Age, Emotional Involvement, and Attachment Style, 출전:『Personality and Social Psychology Bulletin』, 통권 29, 7호(2003), 871~884쪽. 본문 인용문은 871쪽.
39. Augustine J. Kposowa,「국가 장기적 사망률 연구에서 결혼 여부와 자살」Marital Status and Suicide in the National Longitudinal Mortality Study, 출전:『Journal of Epidemiology & Community Health』, 통권 54, 4호(2000), 254~261쪽. 본문 인용문은 254쪽.
40. Marianne Wyder, Patrick Ward & Diego De Leo,「자살 위험 요인으로서의 이별」Separation as a Suicide Risk Factor, 출전:『Journal of Affective Disorders』, 통권 116, 3호(2009), 208~213쪽.
41. Erica B. Slotter, Wendi L. Gardner & Eli J. Finkel,「당신 없는 나는 누구인가? 낭만적 관계의 파국이 자아 개념에 미치는 영향」Who Am I Without You? The Influence of Romantic Breakup on the Self-Concept, 출전:『Personality and Social Psychology Bulletin』, 통권 36, 2호(2010), 147~160쪽.
42. Robin West,「동의하는 섹스의 해악」The Harms of Consensual Sex,

2011년 11월 11일, http://unityandstruggle.org/wp-content/uploads/2016/04/West_The-harms-of-consensual-sex.pdf, 마지막으로 열어본 날짜: 2018년 6월 9일.
43. Mike Hardcastle, 「나는 사랑에 빠진 걸까?」Am I in Love?, http://teenadvice.about.com/u/sty/datinglove/breakup_stories/He-d-Tell-Me-I-was-a-Horrible-Person.htm, 마지막으로 열어본 날짜: 2015년 7월 1일.
44. Avishai Margalit, 『배신에 대하여』On Betrayal, Cambridge, London, 2017, 7쪽. 새로운 도덕 형태로 채식주의가 널리 퍼진 것을 감안할 때 마갈릿은 적절하지 않은 비유를 쓴 것이 분명하다. 그러나 그의 논지만큼은 정확하다.
45. Alan Wertheimer, 『성적 관계의 동의』Consent to Sexual Relations, Cambridge, 2003.
46. Hirschman, 『Exit, Voice, and Loyalty』, 2쪽.
47. Richard Sennett, 『The Culture of the New Capitalism』, New Haven, Yale University Press, 2006, 4~5쪽.
48. Joseph Schumpeter, 『자본주의, 사회주의 그리고 민주주의』Capitalism, Socialism and Democracy, Routledge, 2013(1942)(특히 제7장「창조적 파괴의 과정」을 볼 것, 81~86쪽).
49. Sennett, 『The Culture of the New Capitalism』, 42쪽.
50. Esther Perel, 『정사의 상태. 부정을 다시 생각하기』The State of Affairs. Rethinking Infidelity, New York, 2017.
51. Jennifer M. Silva, 『커밍 업 쇼트. 불확실한 시대 성인이 되지 못하는 청년들 이야기』Coming Up Short. Working Class Adulthood in an Age of Uncertainty, New York, 2013, 6쪽(한국어판은 이 제목으로 2020년에 출간되었다).
52. Uriel Procaccia, 『러시아 문화, 재산권 그리고 시장경제』Russian Culture, Property Rights, and the Market Economy, New York, 2007.
53. Frank H. Knight, 『위험, 불확실성 그리고 이익』Risk, Uncertainty and Profit(1921), North Chelmsford, 2012.
54. 위의 책, 19쪽.
55. Sennett, 『The Culture of the New Capitalism』, 55쪽.
56. David F. Haas & Forrest A. Deseran, 「신뢰와 상징적 교환」Trust and Symbolic Exchange, 출전: 『Social Psychology Quarterly』, 통권 44, 1호(1981), 3~13쪽, 인용문은 4쪽. Peter M. Blau, 『사회적 삶에서 교환과 권

력』Exchange and Power in Social Life, New York, 1964.
57. Haas & Deseran, 「Trust and Symbolic Exchange」, 3쪽.
58. Joyce Berg, John Dickhaut & Kevin McCabe, 「신뢰, 호혜 그리고 사회사」Trust, Reciprocity, and Social History, 출전: 『Games and Economic Behavior』, 통권 10, 1호(1995), 122~142쪽. Ernst Fehr & Simon Gächter, 「신뢰와 호혜에 기초한 인센티브는 얼마나 효율적인가?」How Effective are Trust and Reciprocity-Based Incentives?, 출전: Avner Ben-Ner & Louis Putterman(편집), 『경제학, 가치 그리고 조직화』Economics, Values and Organizations, Cambridge, 1998, 337~363쪽. Elinor Ostrom, 「집단행동의 합리적 선택 이론에 대한 행동적 접근. 대통령 연설, 미국 정치학회, 1997」A Behavioral Approach to the Rational Choice Theory of Collective Action. Presidential Address, American Political Science Association, 1997, 출전: 『American Political Science Review』, 통권 92, 1호 (1998), 1~22쪽. Ostrom & James Walker(편집), 『신뢰와 호혜. 실험적 연구를 위한 학제간 연구』Trust and Reciprocity. Interdisciplinary Lessons for Experimental Research, New York, 2003.
59. J. Mark Weber, Deepak Malhotra & J. Keith Murnighan, 「불합리한 믿음의 평범한 행동. 동기 부여된 속성과 신뢰 발달 과정」Normal Acts of Irrational Trust. Motivated Attributions and the Trust Development Process, 출전: 『Research in Organizational Behavior』, 통권 26(2004), 75~101쪽, 인용문은 78쪽.
60. Alvin W. Gouldner, 「호혜성의 규범. 예비 진술」The Norm of Reciprocity. A Preliminary Statement, 출전: 『American Sociological Review』, 통권 25, 2호(1960), 161~178쪽.
61. 더피와 옥스는 협력이 이뤄지는 심리의 상당 부분을 죄수 딜레마 게임을 반복해가며 매번 게임을 할 때마다 짝을 바꾸도록 한 실험에서 확인했다. John Duffy & Jack Ochs, 「협력 행동과 사회적 상호작용의 빈도」Cooperative Behavior and the Frequency of Social Interaction, 출전: 『Games and Economic Behavior』, 통권 66, 2호(2009), 785~812쪽. 페드로 달 보는 '미래의 그늘'(앞으로 있을 보복의 위험)이 죄수 딜레마 게임에서 기회주의적 행동을 줄여주는 것으로 확인했다. Pedro Dal Bó, 「미래의 그늘 아래서의 협력. 무한 반복되는 게임의 실험적 증명」Cooperation under the Shadow of the Future. Experimental Evidence from Infinitely Repeated Games, 출전: 『American Economic Review』, 통권 95, 5호(2005),

1591~1604쪽. 엥글워닉과 슬로님은 무제한 신뢰 게임의 참가자들이 구사하는 전략은 게임이 거듭될수록 균형을 이뤄내는 것으로 진단했다. Jim Engle-Warnick & Robert L. Slonim,「행동으로부터 반복 게임 전략을 추론하기. 신뢰 게임 실험의 증거」Inferring Repeated-Game Strategies from Actions. Evidence from Trust Game Experiments, 출전:『Economic Theory』, 통권 28, 3호(2006), 603~632쪽.
62. 데니스 루소를 중심으로 한 연구 팀은 신뢰를 주제로 한 학제 융합적 연구 논문에서 다음과 같이 확인했다. "위험은 신뢰의 기회를 제공한다. 위험을 기꺼이 감당하려는 태도는 그래서 나온다. 그러나 위험 감당은 기대한 행동이 나오지 않을 경우 신뢰감을 무너뜨린다." Denise M. Rousseau, Sim B. Sitkin, Ronald S. Burt & Colin Camerer,「결국 다르지 않았다. 신뢰에 대한 융합적 관점」Not So Different After All. A Cross-Discipline View of Trust, 출전:『The Academy of Management Review』, 통권 23, 3호(1998), 393~404쪽, 인용문은 395쪽.
63. Roger C. Mayer, James H. Davis & F. David Schoorman,「조직화된 신뢰의 통합 모델」An Integrative Model of Organizational Trust, 출전:『The Academy of Management Review』, 통권 20, 3호(1995), 709~734쪽, 인용문은 726쪽.
64. 다음 자료를 참조할 것. Weber 외,「Normal Acts of Irrational Trust」.
65. Diego Gambetta,「우리는 신뢰를 믿을 수 있을까?」Can We Trust Trust?, 출전: 동일 저자(편집),『신뢰. 협력 관계의 형성과 파기』Trust. Making and Breaking Cooperative Relations, Oxford, 2000, 213~237쪽.
66. 다음 자료를 참조할 것. Weber 외,「Normal Acts of Irrational Trust」.
67. Niklas Luhmann,『신뢰와 권력』Trust and Power(특히 제4장「복잡성을 줄여주는 것으로서의 신뢰」Trust as a Reduction of Complexity를 볼 것, 24~31쪽), John Wiley & Sons, 1979.
68. 위의 책, 1쪽.
69. Sennett,『The Culture of the New Capitalism』, 79쪽.
70. Eva Illouz & Edgar Cabanas,『해피크라시. 행복 산업은 우리 인생을 어떻게 장악했나』Happycratie. Comment l'industrie du bonheur a pris le contrôle de nos vies, Paris, 2018.
71. Stefano Bory,『가라앉은 시간. 남부 젊은이들의 정체성 전략』Il Tempo Sommerso. Strategie Identitarie Nei Giovani Adulti Del Mezzogiorno, Naples, 2008.

72. 이런 사정을 보여주는 문학의 예는 앞서 언급한 『너새니얼 P의 사랑 이야기』다. 이 소설은 사랑과 자아를 다루는 새로운 종류의 이야기를 들려준다. 한 젊은 남자는 지혜롭고 너그러우며 사랑스럽고 능력이 있는 여자와 관계를 맺는다. 그러나 그는 여자를 떠난다. 스토리는 독자에게 남자가 여자를 떠난 이유는 남자가 여자에게 정말 좋은 인상을 받았고 갈수록 매력을 느끼지만 자신이 그녀에게 '충분히 좋은 짝'이 아니며 맞지 않는 상대라고 여겼다는 데 있다고 제시한다. 그는 다른 여자를 찾다가 우연히 만난 여자, 말 그대로 하늘에서 떨어진 것처럼 불쑥 나타난 여자와 관계를 맺는다. 처음에 남자는 여자가 자신의 타입이 아니라고 말한다. 그렇지만 시간이 가면서 두 남녀는 서로 그럭저럭 지낼 만하다고 여긴다. 그래서 여자가 남자에게 이사를 와서 같이 살기 시작한다. 아무튼 이 스토리는 러브스토리라고 할 수 있는 구조, 감정의 발달로 생겨나는 의지적 행동이라는 것을 전혀 보여주지 않는다. 그냥 설익은 감정을 거르지도 않고 흐르는 대로 따르며 '서로 그럭저럭 맞는다'고 여기는 관계는 사랑의 깨달음도 그 어떤 의미도 가지지 않는다. Adelle Waldman, 『The Love Affairs of Nathaniel P.: A Novel』, Macmillan, 2014.

73. Sandra L. Murray, John G. Holmes & Dale W. Griffin, 「낭만적 관계에서 긍정적 환상의 자아 충족적 본성. 사랑은 맹목적이지 않으며 선견지명이 있다」The Self-Fulfilling Nature of Positive Illusions in Romantic Relationships. Love is Not Blind, But Prescient, 출전: 『Journal of Personality and Social Psychology』, 통권 71, 6호(1996), 1155~1180쪽, 본문 인용문은 1157쪽.

74. Sennett, 『The Culture of the New Capitalism』, 77쪽.

75. David Stark, 『불화의 감각. 경제 생활에서 가치의 계산』The Sense of Dissonance. Accounts of Worth in Economic Life, Princeton, Oxford, 2011.

6 부정적 관계로서의 헤어짐

1. Emma Gray, 「옥타비아 스펜서, '운명처럼 맡겨진' 역할을 밝히다」Octavia Spencer Reveals the Role She Was 'Destined to Play', 출전: 『Huffington Post』, 2017년 7월 2일, https://www.huffingtonpost.com/entry/octavia-spencer–reveals-the-role-she-was-destined-to-play_us_58996e44e-4boc1284f27ea2d, 마지막으로 열어본 날짜: 2018년 6월 20일. Virginie

Despentes, 『Vernon Subutex』, Tome 1, 63쪽.
2. Stephen A. Mitchell, 『정신분석학의 관계적 개념』Relational Concepts in Psychoanalysis. An Integration, Cambridge, MA., London, 1988, 273쪽.
3. Andrew Cherlin, 「트로피가 된 결혼」Marriage has Become a Trophy, 출전: 『The Atlantic』, 2018년 3월 20일, https://www.theatlantic.com/family/archive/2018/03/incredible-everlasting-institution-marriage/555320/?utm_source=newsletter&utm_medium=email&utm_campaign=atlanticdaily-newsletter&utm_content=20180320&silverid=MzY5MzUwNzM2Njc2S0, 마지막으로 열어본 날짜: 2018년 6월 20일.
4. Anthony Giddens, 『The Transformation of Intimacy. Sexuality, Love and Eroticism in Modern Societies』.
5. Lauren Berlant, 『욕망/사랑』Desire/Love, New York, 2012, 44쪽.
6. 다음 자료들을 참조할 것. Paul R. Amato, 「이혼이 성인과 아이들에게 미치는 결과」The Consequences of Divorce for Adults and Children, 출전: 『Journal of Marriage and Family』, 통권 62, 4호(2000), 1269~1287쪽. Paul R. Amato & Denise Previti, 「사람들이 이혼하는 이유. 젠더, 사회계급, 인생 과정 그리고 조정」People's Reasons for Divorcing. Gender, Social Class, the Life Course, and Adjustment, 출전: 『Journal of Family Issues』, 통권 24, 5호(2003), 602~626쪽. Paul R. Amato & Brett Beattie, 「실업률이 이혼율에 영향을 미치나? 국가 데이터 분석 1960~2005」 Does the Unemployment Rate Affect the Divorce Rate? An Analysis of State Data 1960~2005, 출전: 『Social Science Research』, 통권 40, 3호 (2011), 705~715쪽. Anne-Marie Ambert, 『이혼. 사실, 원인 그리고 결말』 Divorce. Facts, Causes, and Consequences, Ottawa, 2005. Lynn Prince Cooke, 「'Doing' Gender in Context. Household Bargaining and Risk of Divorce in Germany and the United States」, 출전: 『American Journal of Sociology』, 통권 112, 2호(2006), 442~472쪽. Paul M. de Graaf & Matthijs Kalmijn, 「이혼의 사회적 결정 요인의 변화와 고정성. 네덜란드 결혼 집단의 비교」Change and Stability in the Social Determinants of Divorce. A Comparison of Marriage Cohorts in the Netherlands, 출전: 『European Sociological Review』, 통권 22, 5호(2006), 561~572쪽. Tamar Fischer, 「부모의 이혼과 자녀의 사회경제적 성공. 이혼 이전 부모 자원의 조건적 효과와 자녀의 젠더」Parental Divorce and Children's Socio-economic Success. Conditional Effects of Parental Resources Prior

to Divorce, and Gender of the Child, 출전: 『Sociology』, 통권 41, 3호 (2007), 475~495쪽. Matthijs Kalmijn & Anne-Rigt Poortman, 「그 또는 그녀의 이혼? 이혼의 젠더화된 본성과 그 결정 요인」His or Her Divorce? The Gendered Nature of Divorce and its Determinants, 출전: 『European Sociological Review』, 통권 22, 2호(2006), 201~214쪽. Ludwig F. Lowenstein, 「최근 연구에 보여지는 이혼 원인과 이와 결합된 특징」Causes and Associated Features of Divorce as Seen by Recent Research, 출전: 『Journal of Divorce & Remarriage』, 통권 42, 3/4호(2005), 153~171쪽. Michael Wagner & Bernd Weiß, 「유럽의 이혼 위험의 다변화. 유럽 장기 연구의 메타 분석으로 얻은 발견」On the Variation of Divorce Risks in Europe. Findings from a Meta-Analysis of European Longitudinal Studies, 출전: 『European Sociological Review』, 통권 22, 5호(2006), 483~500쪽. Yoram Weiss, 「가족의 형성과 해체. 왜 결혼하나? 누가 누구와 결혼하나? 그리고 이혼하면 무슨 일이 일어나나?」The Formation and Dissolution of Families. Why Marry? Who Marries Whom? And What Happens Upon Divorce, 출전: 『Handbook of Population and Family Economics』, 통권 1, A부(1997), 81~123쪽.
7. 6번 주에 언급된 몇몇 논문은 모두 같은 원인을 진단했다. Amato & Previti, 「People's Reasons for Divorcing」. Amato & Brett Beattie, 「Does the Unemployment Rate Affect the Divorce Rate?」. Ambert, 「Divorce」. De Graaf & Kalmijn, 「Change and Stability in the Social Determinants of Divorce」. Kalmijn & Poortman, 「His or Her Divorce?」. Lowenstein, 「Causes and Associated Features of Divorce as Seen by Recent Research」. Wagner & Weiß, 「On the Variation of Divorce Risks in Europe」.
8. Lynn Gigy & Joan B. Kelly, 「이혼 사유. 이혼 남녀의 관점」Reasons for Divorce. Perspectives of Divorcing Men and Women, 출전: 『Journal of Divorce & Remarriage』, 통권 18, 1/2호(1993), 169~188쪽, 본문 인용문은 170쪽.
9. Paul M. de Graaf & Matthijs Kalmijn, 「이혼이 부상하던 시기의 이혼 동기. 네덜란드 인생사 조사로부터 얻은 증명」Divorce Motives in a Period of Rising Divorce. Evidence from a Dutch Life-History Survey, 출전: 『Journal of Family Issues』, 통권 27, 4호(2006), 483~505쪽. Gigy & Kelly, 「Reasons for Divorce」, John Mordechai Gottman, 『무엇이 이혼을 예

측할까? 혼인 과정과 혼인 결과 사이의 관계』What Predicts Divorce? The Relationship Between Marital Processes and Marital Outcomes, New York, Hove, 2014. Ilene Wolcott & Jody Hughes, 「이혼 사유를 이해하기 위하여」Towards Understanding the Reasons for Divorce, Australian Institute of Family Studies, Working Paper 20(1999).
10. Steven Ruggles, 「미국의 이혼과 이별 증가 1880~1990」The Rise of Divorce and Separation in the United States, 1880~1990, 출전:『Demography』, 통권 34, 4호(1997), 455~466쪽, 본문 인용문은 455쪽.
11. Gigy & Kelly, 「Reasons for Divorce」, 173쪽.
12. Wolcott & Hughes, 「Towards Understanding the Reasons for Divorce」, 11쪽 이하.
13. Michael J. Rosenfeld, 「누가 이별을 원하나? 이성애 커플의 젠더와 이별」 Who Wants the Breakup? Gender and Breakup in Heterosexual Couples, 출전: Duane F. Alwin, Diane H. Felmlee & Derek A. Kreager(편집),『사회적 네트워크와 인생 과정. 인생과 사회적 관계의 네트워크 개발을 통합하기』Social Networks and the Life Course. Integrating the Development of Human Lives and Social Relational Networks, Cham, 2018, 221~243쪽, 본문 인용문은 221쪽.
14. Andrew J. Cherlin,『결혼, 이혼, 재혼』Marriage, Divorce, Remarriage, 개정증보판, Cambridge, MA., London, 1992, 51쪽.
15. Rosenfeld, 「Who Wants the Breakup?」, 239쪽.
16. Karen C. Holden & Pamela J. Smock, 「결혼 해체의 경제적 비용. 왜 여성은 불균형 비용을 감당할까?」The Economic Costs of Marital Dissolution. Why Do Women Bear a Disproportionate Cost?, 출전:『Annual Review of Sociology』, 통권 17, 1호(1991), 51~78쪽.
17. 다음 자료를 볼 것. Ruben C. Gur & Raquel E. Gur, 「두뇌와 행동에서 성차의 상보성. 편측성에서 멀티모드 신경영상법까지」Complementarity of Sex Differences in Brain and Behavior. From Laterality to Multimodal Neuroimaging, 출전:『Journal of Neuroscience Research』, 통권 95, 1/2호(2017), 189~199쪽.
18. 다음 자료를 참조할 것. Greer Litton Fox & Velma McBride Murry, 「젠더와 가족. 페미니즘 관점과 가족 연구」Gender and Families. Feminist Perspectives and Family Research, 출전:『Journal of Marriage and Family』, 통권 62, 4호(2000), 1160~1172쪽. Arlie Hochschild,『두 번째 변화. 일하

는 가족과 가정의 혁명』The Second Shift. Working Families and the Revolution at Home, Penguin, 2012(1989). Joan B. Landes,「공공 영역과 사적 영역. 페미니스트적 재고」The Public and the Private Sphere. A Feminist Reconsideration, 출전: Johanna Meehan(편집),『페미니스트의 하버마스 읽기. 담론 주체의 젠더화』Feminists Read Habermas. Gendering the Subject of Discourse, Abingdon, New York, 2013, 107~132쪽. Linda Thompson & Alexis J. Walker,「가족 안의 젠더. 결혼과 노동과 부모됨에서 여성과 남성」Gender in Families. Women and Men in Marriage, Work, and Parenthood, 출전:『Journal of Marriage and Family』, 통권 51, 4호(1989), 845~871쪽.

19. Francesca Cancian,『미국의 사랑. 젠더와 자기계발』Love in America. Gender and Self-Development, Cambridge, New York, 1990.

20. Julia Brannen & Jean Collard,『어려움에 처한 결혼. 도움을 찾는 과정』Marriages in Trouble. The Process of Seeking Help, London, 1982. Jean Duncombe & Dennis Marsden,「사랑과 친밀성. 감정과 감정 노동의 젠더 분할. 이성애 관계의 사회학적 논의에서 도외시된 측면」Love and Intimacy. The Gender Division of Emotion and 'Emotion Work'. A Neglected Aspect of Sociological Discussion of Heterosexual Relationships, 출전:『Sociology』, 통권 27, 2호(1993), 221~241쪽. Rebecca J. Erickson,「왜 감정 노동이 문제인가. 섹스, 젠더 그리고 가사 노동의 분할」Why Emotion Work Matters. Sex, Gender, and the Division of Household Labor, 출전:『Journal of Marriage and Family』, 통권 67, 2호(2005), 337~351쪽. Penny Mansfield & Jean Collard,『남은 인생의 시작?』The Beginning of the Rest of Your Life?, London, 1988.

21. Barbara Dafoe Whitehead & David Popenoe,「누가 솔메이트와 결혼하고 싶어 하나?」Who Wants to Marry a Soul Mate?, 출전: 동일 저자(편집),『결합의 상태. 미국의 결혼의 사회적 건강』The State of Our Unions. The Social Health of Marriage in America, New Brunswick, 2001, 6~16쪽. 이 자료의 피디에프 버전 링크는 다음을 볼 것. https://www.stateofourunions.org/past_issues.php, 마지막으로 열어본 날짜: 2018년 6월 20일.

22. Andrew J. Cherlin,「미국 결혼의 탈제도화」The Deinstitutionalization of American Marriage, 출전:『Journal of Marriage and Family』, 통권 66, 4호(2004), 848~861쪽, 본문 인용문은 853쪽.

23. Luc Boltanski & Laurent Thévenot,『On Justification. Economies of

Worth』, Princeton University Press, 2006.
24. Avishai Margalit, 『On Betrayal』, Cambridge, London, 109쪽.
25. Claire Bloom, 『인형의 집을 떠나다. 회고록』Leaving a Doll's House. A Memoir, New York, 1996, 201쪽.
26. Margalit, 『On Betrayal』, 56쪽.
27. Amato & Previti, 「People's Reasons for Divorcing」. Denise Previti & Paul R. Amato, 「불륜은 나쁜 결혼 생활의 원인일까, 결과일까?」Is Infidelity a Cause or a Consequence of Poor Marital Quality?, 출전: 『Journal of Social and Personal Relationships』, 통권 21, 2호(2004), 217~223쪽. Shelby B. Scott, Galena K. Rhoades, Scott M. Stanley, Elizabeth S. Allen & Howard J. Markman, 「이혼 사유와 혼전 개입에 대한 기억. 관계 개선 교육에 대한 함의」Reasons for Divorce and Recollections of Premarital Intervention. Implications for Improving Relationship Education, 출전: 『Couple and Family Psychology. Research and Practice』, 통권 2, 2호 (2013), 131~145쪽.
28. Judith Stacey, 『용감한 새 가족. 20세기 후반 미국 가정의 격변의 이야기』Brave New Families. Stories of Domestic Upheaval in Late-Twentieth-Century America, Berkeley, Los Angeles, London, 1990.
29. 커플 관계의 핵심이 섹슈얼리티에 있다는 전제는 워낙 널리 퍼져 있으며 깊은 뿌리를 자랑한다. 이스라엘과 미국이 공동으로 운영하는 학술재단 'BSF'(Binational Science Foundation)가 재원을 제공한 연구는 그 목적을 다음과 같이 묘사한다. "많은 연인이 익히 아는 이야기다. 사랑은 여전하지만, 시간이 갈수록 성적 욕망은 줄어든다. 'BSF'로부터 재정 지원을 받은 새로운 연구는 열정의 불꽃을 다시 피워줄 것이다." 「A New BSF-Supported Study Brings Promising News For Couples Looking to Put the Spark Back in Their Sex Lives」, Bsf.org.il(2017), http://www.bsf.org.il/bsfpublic/DefaultPage1.aspx?PageId=6144&innerTextID=6144, 마지막으로 열어본 날짜: 2018년 6월 20일.
30. Jonathan Safran Foer, 『내가 여기 있나이다』Here I am, Penguin Books, 46쪽.
31. 예를 들어 조제프 케셀Joseph Kessel의 『하루의 아름다움』Belle de Jour(1928)이나 D. H. 로런스Lawrence의 『채털리 부인의 연인』Lady Chatterley's Lover(1928) 또는 테네시 윌리엄스Tennessee Williams의 『욕망이라는 이름의 전차』A Streetcar Named Desire(1947)를 볼 것.

32. Jeffry A. Simpson, 「낭만적 관계의 해체. 관계 안정성과 감정적 고통에 관련된 요인」The Dissolution of Romantic Relationships. Factors Involved in Relationship Stability and Emotional Distress, 출전: 『Journal of Personality and Social Psychology』, 통권 53, 4호(1987), 683~692쪽.
33. Adam Phillips, 『일부일처제』Monogamy, Faber & Faber, 2017(1996), 69쪽.
34. Sam Roberts, 「오십대 이상 연령대에서 이혼이 갈수록 더 흔해진다」Divorce After 50 Grows More Common, 출전: 『The New York Times』, 2013년 9월 20일. http://www.nytimes.com/2013/09/20/fashion/weddings/divorce-after-50-grows-more-common.html, 마지막으로 열어본 날짜: 2018년 6월 20일.
35. 위의 자료를 볼 것.
36. Agnès Martineau-Arbes, Magali Giné, Prisca Grosdemouge & Rémi Bernad, 「탈진 신드롬, 직업병」Le Syndrome d'epuisement, Une maladie professionnelle(2014년 5월), http://www.technologia.fr/blog/wp-content/uploads/2014/04/BurnOutVersiondef.pdf, 마지막으로 열어본 날짜: 2018년 6월 20일.
37. David Gordon, Austin Porter, Mark Regnerus, Jane Ryngaert & Larissa Sarangaya, 『미국의 관계 조사 2014』Relationships in America Survey 2014, The Austin Institute for the Study of Family and Culture(그 가운데 특히 제33장 「성적으로 '무기력한' 결혼 생활은 얼마나 일반적인가?」How Common are Sexually 'Inactive' Marriages?를 참조할 것), http://relationshipsinamerica.com/relationships-and-sex/how-common-are-sexually-inactive-marriages, 마지막으로 열어본 날짜: 2018년 6월 20일.
38. Laura Hamilton & Elizabeth A. Armstrong, 「Gendered Sexuality in Young Adulthood. Double Binds and Flawed Options」, 출전: 『Gender & Society』, 통권 23, 5호(2009), 589~616쪽.
39. Alison J. Pugh, 『회전초 사회. 불안정성 시대의 일과 돌봄』The Tumbleweed Society. Working and Caring in an Age of Insecurity, New York, 2015.
40. Safran Foer, 『Here I am』, 50쪽.
41. Jean-Claude Kaufmann, 『아가스망. 커플의 작은 전쟁』Agacements. les petites guerres du couple, Armand Colin, 2007.
42. 위의 책, 31쪽 이하.

43. 「커플에게 '이케아'는 어떻게 악몽이 되었나」Comment Ikea se transforme en cauchemar pour les couples, 『Le Monde』 Blogs, 2015년 9월 21일, http://bigbrowser.blog.lemonde.fr/2015/09/21/comment-ikea-se-transforme-en-cauchemar-pour-les-couples. 마지막으로 열어본 날짜: 2018년 6월 20일.
44. Algirdas Julien Greimas, 『구조 의미론. 방법의 시도』Structural Semantics. An Attempt at a Method, University of Nebraska Press, 1983(1966).
45. Dan Slater, 「일백만일 번째 데이트. 어떻게 온라인 로맨스는 모노가미를 위협하나」A Million First Dates. How Online Romance is Threatening Monogamy, 출전: 『The Atlantic』, 2013년 1/2월호, https://www.theatlantic.com/magazine/archive/2013/01/a-million-first-dates/309195/?utm_source=promotional-email&utm_medium=email&utm_campaign=-familynewsletter-everyone&utm_content=20182004&silverID=MzY5MzUwNzM2Njc2S0, 마지막으로 열어본 날짜: 2018년 6월 20일.
46. Carol Gilligan, 『다른 목소리. 심리학 이론과 여성의 계발』In a Different Voice. Psychological Theory and Women's Development, Cambridge, Massachusetts: Harvard University Press, 1982.
47. Mark Piper, 「자율성 성취」Achieving Autonomy, 출전: 『Social Theory and Practice』, 통권 42, 4호(2016), 767~779쪽, 본문 인용문은 768쪽.
48. Joel Anderson, 「자율성 체제」Regimes of Autonomy, 출전: 『Ethical Theory and Moral Practice』, 통권 17, 3호(2014), 355~368쪽.
49. Eva Illouz(편집), 『Emotions as Commodities』, Routledge, 2018.
50. Safran Foer, 『Here I am』, 50쪽.
51. 위의 책, 67쪽.
52. Francesca M. Cancian & Steven L. Gordon, 「결혼의 감정 규범의 변화. 1900년 이후 미국 여성잡지에 나타난 사랑과 분노」Changing Emotion Norms in Marriage. Love and Anger in US Women's Magazines since 1900, 출전: 『Gender & Society』, 통권 2, 3호(1988), 308~342쪽.
53. Orly Benjamin, 「치료 담론, 권력과 변화. 부부 대화의 감정과 협상」Therapeutic Discourse, Power and Change. Emotion and Negotiation in Marital Conversations, 출전: 『Sociology』, 통권 32, 4호(1998), 771~793쪽, 본문 인용문은 772쪽.
54. Arlie Hochschild, 『관리되는 마음. 인간 감정의 상업화』The Managed Heart. Commercialization of Human Feeling, Berkeley, University of

California, 1983.
55. Gigy & Kelly, 「Reasons for Divorce」, 184쪽.
56. Harry Frankfurt, 『개소리에 대하여』On Bullshit, Princeton University Press, 2009, 66~67쪽.
57. Keith Payne, 「의식적 또는 무엇? 암묵적 편향과 의식적 경험 사이의 관계」Conscious or What? Relationship between Implicit Bias and Conscious Experiences(2015년 8월 25일), 학술 대회 '(무)의식. 기능적 관점'(2015년 8월 25~27일)에서 행한 강연, Israel Institute for Advanced Studies, The Hebrew University of Jerusalem.
58. Keziah Weir, 「니콜 크라우스가 말하는 이혼과 자유와 새 출발」Nicole Krauss Talks Divorce, Freedom, and New Beginning, 출전: 『Elle』, 2017년 9월 12일, https://www.elle.com/culture/books/a12119575/nicole-krauss-profile-october-2017, 마지막으로 열어본 날짜: 2018년 6월 20일.

에필로그. 부정적 관계와 섹스의 나비 정치

1. Catherine Portevin과 Jean-Philippe Pisanias와의 인터뷰, 「피에르 부르디외―마법에 사로잡힌 섬의 모험가」Pierre Bourdieu-Les aventuriers de l'île enchantée, 출전: 『Télérama』, 2536호, 1998년 8월 19일, http://www.homme-moderne.org/societe/socio/bourdieu/Btele985.html, 마지막으로 열어본 날짜: 2018년 7월 9일. Seneca, 『어머니 헬비아에게 보내는 위로의 편지』Ad Helviam matrem de consolatione(서기 49년경), 영어판 제목 『인생의 짧음에 관하여』On the Shortness of Life(C. D. N. Costa 번역), 1997, Penguin Book, 35쪽.
2. 다음 자료를 참조할 것. George Lakoff & Mark Johnson, 『몸의 철학. 체화된 마음과 서구 사상에 대한 도전』Philosophy in the Flesh. The Embodied Mind and Its Challenge to Western Thought, New York, 1999. Janet Price & Margrit Shildrick(편집), 『페미니즘 이론과 몸』Feminist Theory and the Body. A Reader, New York, 2017. Hilary Putnam, 『삼중의 코드. 마음, 몸 그리고 세계』The Threefold Cord. Mind, Body and World, New York, Chichester, 2000. Susan Wendell, 『거부당한 몸. 장애에 대한 페미니즘 철학의 성찰』The Rejected Body. Feminist Philosophical Reflections

on Disability, New York, Abingdon, 2013. Richard M. Zaner,『자아의 문맥: 실마리로서 의학을 이용하는 현상학적 탐구』The Context of Self. A Phenomenological Inquiry Using Medicine as a Clue, Athens, 1981.
3. Simone de Beauvoir,「모리스 메를로퐁티의 지각 현상학 리뷰」A Review of The Phenomenology of Perception by Maurice Merleau-Ponty(1945), Marybeth Timmermann 번역, 출전: 동일 저자,『철학적 글쓰기』Philosophical Writings, Margaret A. Simons 편집, Urbana, Chicago, 2004, 159~164쪽, 본문 인용문은 161쪽.
4. Catharine A. MacKinnon,『나비 정치』Butterfly Politics, Cambridge, MA., London, 2017.
5. Erich Fromm,『Escape from Freedom』, Henry Holt & Company, LLC, 1994 (1941), p. x.
6. 「'인셀'은 무엇인가? 토론토 밴 공격의 용의자에 의해 사용된 용어 설명」 What Is an Incel? A Term Used by the Toronto Van Attack Suspect, Explained, 출전:『The New York Times』, 2018년 4월 24일, https://www.nytimes.com/2018/04/24/world/canada/incel-reddit-meaning-rebellion.html, 마지막으로 열어본 날짜: 2018년 7월 9일.
7. Ashifa Kassam,「'인셀'이라는 단어를 만들어낸 여성은 그녀의 단어를 '전쟁 무기'로 훔쳐 쓴 남성들에게 분노한다」Woman Behind 'Incel' Says Angry Men Hijacked Her Word 'as a Weapon of War', 출전:『The Guardian』, 2018년 4월 26일, https://www.theguardian.com/world/20189/apr/25/woman-who-invented-incel-movement-interview-toronto-attack, 마지막으로 열어본 날짜: 2018년 7월 9일.
8. Pierre Bourdieu,『Distinction. A Social Critique of the Judgement of Taste』, Harvard University Press, 1984.
9. Annie Kelly,「백인 우월주의 가정주부」The Housewives of White Supremacy, 출전:『The New York Times』, 2018년 6월 1일, https://www.nytimes.com/2018/06/01/opinion/sunday/tradwives-women-alt-right.html?emc=edit_th_180602&nl=todaysheadlines&nlid=476765270602, 마지막으로 열어본 날짜: 2018년 7월 9일.
10. 트럼프에게 표를 주었으며 오늘날까지도 그를 지지하는 많은 백인 남성들은 트럼프가 보여주는 남성성을 백인의 우월함으로 떠받든다.
11. Joel Anderson,「프랑크푸르트 학파 전통 안에서 악셀 호네트를 자리매김 하기」Situating Axel Honneth in the Frankfurt School Tradition, 출전:

Danielle Petherbridge(편집), 『악셀 호네트. 비평 에세이. 악셀 호네트의 답변과 함께』Axel Honneth. Critical Essays. With a Reply by Axel Honneth, Leiden, 2011, 31~58쪽, 본문 인용문은 50쪽.
12. 다음 자료를 볼 것. Terry Pinkard, 『헤겔의 현상학. 이성의 사회성』Hegel's Phenomenology. The Sociality of Reason, Cambridge, 1996, 66쪽과 394쪽. Robert B. Pippin, 『헤겔의 자기의식. 정신현상학의 욕망과 죽음』 Hegel on Self-Consciousness. Desire and Death in the Phenomenology of Spirit, Princeton, Woodstock, 2011, 21~39쪽.
13. Pippin, 『Hegel on Self-Consciousness』, 25~26쪽.
14. Naomi Wolf, 『The Beauty Myth. How Images of Beauty are Used Against Women』, London, Vintage, 2013(1990), 144쪽.
15. Sharon Jayson, 「연구. 새로 결혼하는 세 쌍 가운데 한 쌍 이상이 온라인으로 출발한다」Study. More Than a Third of New Marriages Start Online, 출전: 『USA TODAY』, 2013년 6월 3일, https://www.usatoday.com/story/news/nation/2013/06/03/online-dating-marriage/2377961, 마지막으로 열어본 날짜: 2018년 7월 9일.
16. Sigmund Freud, 『Das Unbehagen in der Kultur』(1930), Lothar Bayer & Kerstin Krone-Bayer 편집, Stuttgart, 2010, 다음 온라인 주소로 들어가면 해설이 달리지 않은 원문을 볼 수 있다. http://gutenberg.spiegel.de/buch/das-unbehagen-in-der-kultur-922/1, 마지막으로 열어본 날짜: 2018년 7월 9일.
17. 어빙 하우의 말은 다음 자료에서 재인용함. Judith Shulevitz, 「케이트 밀렛. 성정치와 가족의 가치」Kate Millett. Sexual Politics & Family Values, 출전: 『The New York Review of Books』, 2017년 9월 29일, http://www.nybooks.com/daily/2017/09/29/katemillett-sexual-politics-and-family-values/?utm_medium=email&utm_campaign=NYR%20Mexican%20baroque%20Chinese%20world%20order%20Kate%20Millett&utm_content=NYR%20Mexican%20baroque%20Chinese%20world%20order%20Kate%20Millett+CID_740ac2f793d4468c96233a7ba716e&utm_source=Newsletter&utm_term=Kate%20Millett%20and%20Family%20Values, 마지막으로 열어본 날짜: 2018년 7월 9일.

참고문헌

Abadie, Alberto, und Sebastien Gay, "The Impact of Presumed Consent Legislation on Cadaveric Organ Donation. A Cross-Country Study", in: *Journal of Health Economics*, Bd. 25, Nr. 4 (2006), S. 599~620.
Abu-Lughod, Lila, "Do Muslim Women Really Need Saving? Anthropological Reflections on Cultural Relativism and Its Others", in: *American Anthropologist*, Bd. 104, Nr. 3 (2002), S. 783~790.
Addison, Heather, "Hollywood, Consumer Culture and the Rise of 'Body Shaping'", in: David Desser und Garth S. Jowett (Hg.), *Hollywood Goes Shopping*, Minneapolis, London, 2000, S. 3~33.
Adkins, Lisa, "Sexuality and the Economy. Historicisation vs. Deconstruction", in: *Australian Feminist Studies*, Bd. 17, Nr. 37 (2002), S. 31~41.
Adorno, Theodor W., *Negative Dialektik* [1966], Frankfurt/M., 1988.
Albury, Kath, "Porn and Sex Education, Porn as Sex Education", in: *Porn Studies*, Bd. 1, Nr. 1/2 (2014), S. 172~181.
Allyn, David, *Make Love, Not War. The Sexual Revolution. An Unfettered History*, Abingdon, New York, 2016.
Amato, Paul R., "The Consequences of Divorce for Adults and Children", in: *Journal of Marriage and Family*, Bd. 62, Nr. 4 (2000), S. 1269~1287.
_____, und Brett Beattie, "Does the Unemployment Rate Affect the Divorce Rate? An Analysis of State Data 1960~2005", in: *Social Science Research*, Bd. 40, Nr. 3 (2011), S. 705~715.
_____, und Denise Previti, "People's Reasons for Divorcing. Gender, Social Class, the Life Course, and Adjustment", in: *Journal of Family Issues*, Bd. 24, Nr. 5 (2003), S. 602~626.
Ambert, Anne-Marie, *Divorce. Facts, Causes, and Consequences*, Ottawa 2005.
American Psychological Association Task Force on the Sexualization of Girls,

Report of the APA Task Force on the Sexualization of Girls (2007), ⟨http://www.apa.org/pi/women/programs/girls/report-full.pdf⟩, letzter Zugriff 3.4.2018.

Anders, Günther, "Pathologie de la liberté. Essai sur la non-identification", in: *Recherches Philosophiques*, Bd. 6 (1936/37), S. 32~57.

Anderson, Joel, "Situating Axel Honneth in the Frankfurt School Tradition", in: Danielle Petherbridge (Hg.), *Axel Honneth. Critical Essays. With a Reply by Axel Honneth*, Leiden, 2011, S. 31~58.

_____, "Regimes of Autonomy", in: *Ethical Theory and Moral Practice*, Bd. 17, Nr. 3 (2014), S. 355~368.

Arvidsson, Adam, "The Ethical Economy of Customer Coproduction", in: *Journal of Macromarketing*, Bd. 28, Nr. 4 (2008), S. 326~338.

_____, "The Potential of Consumer Publics", in: *Ephemera*, Bd. 13, Nr. 2 (2013), S. 367~391.

Attwood, Feona, "'Tits and Ass and Porn and Fighting'. Male Heterosexuality in Magazines for Men", in: *International Journal of Cultural Studies*, Bd. 8, Nr. 1 (2005), S. 83~100.

_____, "Sexed Up. Theorizing the Sexualization of Culture", in: *Sexualities*, Bd. 9, Nr. 1 (2006), S. 77~94.

_____, und Clarissa Smith, "Leisure Sex. More Sex! Better Sex! Sex is Fucking Brilliant! Sex, Sex, Sex, SEX", in: Tony Blackshaw (Hg.), *Routledge Handbook of Leisure Studies*, New York, 2013, S. 325~336.

Austen, Jane, *Kloster Northanger* [1818], übers. von Ursula und Christian Grawe, Stuttgart, 2008.

Aven, Terje, "Risk Assessment and Risk Management. Review of Recent Advances on their Foundation", in: *European Journal of Operational Research*, Bd. 253, Nr. 1 (2016), S. 1~13.

_____, und Yolande Hiriart, "Robust Optimization in Relation to a Basic Safety Investment Model with Imprecise Probabilities", in: *Safety Science*, Bd. 55 (2013), S. 188~194.

Bailey, Beth L., *From Front Porch to Back Seat. Courtship in Twentieth-Century America*, Baltimore, London, 1989.

Bakewell, Sarah, *Das Café der Existenzialisten*, übers. von Rita Seuß, München, 2016.

Bates, Catherine, *Courtship and Courtliness. Studies in Elizabethan Courtly Language and Literature*, Dissertation, Universität Oxford, 1989.
———, *The Rhetoric of Courtship in Elizabethan Language and Literature*, Cambridge, 1992.
Bauman, Zygmunt, *Flüchtige Moderne*, übers. von Reinhard Kreissl, Frankfurt/M., 2003.
———, *Liquid Love. On the Frailty of Human Bonds*, Cambridge, Malden, 2003.
———, *Liquid Life*, Cambridge, Malden, 2005.
Baumeister, Roy F., und Kathleen D. Vohs, "Sexual Economics. Sex as Female Resource for Social Exchange in Heterosexual Interactions", in: *Personality and Social Psychology Review*, Bd. 8, Nr. 4 (2004), S. 339~363.
Beauvoir, Simone de, "A Review of The Phenomenology of Perception by Maurice Merleau-Ponty" [1945], übers. von Marybeth Timmermann, in: dies., *Philosophical Writings*, hg. von Margaret A. Simons, Urbana, Chicago, 2004, S. 159~164.
Beck, Ulrich, und Elisabeth Beck-Gernsheim, *Das ganz normale Chaos der Liebe*, Frankfurt/M., 1990.
———, und Elisabeth Beck-Gernsheim, *Institutionalized Individualism and Its Social and Political Consequences*, London, 2001.
Beckert, Jens, und Patrik Apsers (Hg.), *The Worth of Goods. Valuation and Pricing in the Economy*, New York, 2011.
Bell, Ilona, *Elizabethan Women and the Poetry of Courtship*, Cambridge, 1998.
Bell, Leslie C., *Hard to Get. Twenty-Something Women and the Paradox of Sexual Freedom*, Berkeley, 2013.
Bell, Wendell, "Anomie, Social Isolation, and the Class Structure", in: *Sociometry*, Bd. 20, Nr. 2 (1957), S. 105~116.
Benjamin, Jessica, "Recognition and Destruction. An Outline of Intersubjectivity", in: Neil J. Skolnick und Susan C. Warshaw (Hg.), *Relational Perspectives in Psychoanalysis*, New York, Abingdon, 1992, S. 43~60.
———, *Like Subjects, Love Objects. Essays on Recognition and Sexual Difference*, New Haven, London, 1998.
Benjamin, Orly, "Therapeutic Discourse, Power and Change. Emotion and Negotiation in Marital Conversations", in: *Sociology*, Bd. 32, Nr. 4 (1998), S.

771~793.
Benjamin, Walter, *Das Passagenwerk*, 2 Bde., hg. von Rolf Tiedemann, Frankfurt/M., 1983.
Beres, Melanie A., und Panteá Farvid, "Sexual Ethics and Young Women's Accounts of Heterosexual Casual Sex", in: *Sexualities*, Bd. 13, Nr. 3 (2010), S. 377~393.
Berg, Joyce, John Dickhaut und Kevin McCabe, "Trust, Reciprocity, and Social History", in: *Games and Economic Behavior*, Bd. 10, Nr. 1 (1995), S. 122~142.
Berkin, Carol, *Civil War Wives. The Lives and Times of Angelina Grimké Weld, Varina Howell Davis, and Julia Dent Grant*, New York, 2009.
Berlant, Lauren Gail (Hg.), *Intimacy*, Chicago, London, 2000.
_____, "Slow Death (Sovereignty, Obesity, Lateral Agency)", in: *Critical Inquiry*, Bd. 33, Nr. 4 (2007), S. 754~780.
_____, *Cruel Optimism*, Durham, 2011.
_____, *Desire/Love*, New York, 2012.
_____, und Michael Warner, "Sex in Public", in: *Critical Inquiry*, Bd. 24, Nr. 2 (1998), S. 547~566.
Bernard, Philippe, Sarah J. Gervais, Jill Allen, Sophie Campomizzi und Olivier Klein, "Integrating Sexual Objectification with Object Versus Person Recognition. The Sexualized-Body-Inversion Hypothesis", in: *Psychological Science*, Bd. 23, Nr. 5 (2012), S. 469~471.
Bernstein, Elizabeth, *Temporarily Yours. Intimacy, Authenticity, and the Commerce of Sex*, Chicago, 2007.
Bersani, Leo, und Adam Phillips, *Intimacies*, Chicago, London, 2008.
Berthomé François, Julien Bonhomme und Grégory Delaplace, "Preface. Cultivating Uncertainty", in: *HAU. Journal of Ethnographic Theory*, Bd. 2, Nr. 2 (2012), S. 129~137.
Birken, Lawrence, *Consuming Desire. Sexual Science and the Emergence of a Culture of Abundance 1871~1914*, Ithaca, London, 1988.
Biskind, Peter, *Easy Riders, Raging Bulls. Wie die Sex-&-Drugs-&-Rock'n'Roll-Generation Hollywood rettete*, übers. von Fritz Schneider, München, 2004.
Blau, Francine D., *Gender, Inequality, and Wages*, Oxford, 2016.
Blau, Peter M., *Exchange and Power in Social Life*, New York, 1964.

Bloch, Howard R., *Medieval Misogyny and the Invention of Western Romantic Love*, Chicago, 1992.

Bloom, Claire, *Leaving a Doll's House. A Memoir*, New York, 1996.

Bloor, David, *Knowledge and Social Imagery*, London, 1976.

Bogle, Kathleen A., "The Shift from Dating to Hooking Up in College. What Scholars Have Missed", in: *Sociology Compass*, Bd. 1, Nr. 2 (2007), S. 775~778.

——, *Hooking Up. Sex, Dating, and Relationships on Campus*, New York, London, 2008.

Boholm, Åsa, "The Cultural Nature of Risk. Can There Be an Anthropology of Uncertainty?", in: *Ethnos*, Bd. 68, Nr. 2 (2003), S. 159~178.

Boltanski, Luc, *Soziologie der Abtreibung. Zur Lage des fötalen Lebens*, übers. von Marianne Schneider, Frankfurt/M., 2007.

————, und Ève Chiapello, "The New Spirit of Capitalism", in: *International Journal of Politics, Culture, and Society*, Bd. 18, Nr. 3/4 (2005), S. 161~188.

Boltanski, Luc, und Laurent Thévenot, "Finding One's Way in Social Space. A Study Based on Games", in: *Social Science Information*, Bd. 22, Nr. 4/5 (1983), S. 631~680.

————, und Laurent Thévenot, "The Reality of Moral Expectations. A Sociology of Situated Judgement", in: *Philosophical Explorations*, Bd. 3, Nr. 3 (2000), S. 208~231.

————, und Laurent Thévenot, *Über die Rechtfertigung. Eine Soziologie der kritischen Urteilskraft*, übers. von Andreas Pfeuffer, Hamburg, 2007.

Bory, Stefano, *Il Tempo Sommerso. Strategie Identitarie Nei Giovani Adulti Del Mezzogiorno*, Neapel, 2008.

Bose, Arun, "Marx on Value, Capital, and Exploitation", in: *History of Political Economy*, Bd. 3, Nr. 2 (1971), S. 298~334.

Boserup, Ester, *Die ökonomische Rolle der Frau in Afrika, Asien, Lateinamerika*, übers. von Suse Bouché, Stuttgart, 1982.

Bossard, James H. S., "Residential Propinquity as a Factor in Marriage Selection", in: *American Journal of Sociology*, Bd. 38, Nr. 2 (1932), S. 219~224.

Bourdieu, Pierre, *Entwurf einer Theorie der Praxis auf der ethnologischen Grundlage der kabylischen Gesellschaft* [1972], übers. von Cordula Pialoux und Bernd Schwibs, Frankfurt/M., 2009.

_____, "Heiratsstrategien im System der Reproduktionsstrategien" [1972], in: ders., *Junggesellenball. Studien zum Niedergang der bäuerlichen Gesellschaft*, übers. von Eva Kessler und Daniela Böhmer, Konstanz, 2008, S. 163~203.

_____, *Die feinen Unterschiede. Kritik der gesellschaftlichen Urteilskraft* [1979], übers. von Bernd Schwibs und Achim Russer, Frankfurt/M., 1993.

_____, *Was heißt sprechen? Die Ökonomie des sprachlichen Tausches* [1982], übers. von Hella Beister, Wien, 1990.

Bourguignon, Annick, und Eve Chiapello, "The Role of Criticism in the Dynamics of Performance Evaluation Systems", in: *Critical Perspectives on Accounting*, Bd. 16, Nr. 6 (2005), S. 665~700.

Brannen, Julia, und Jean Collard, *Marriages in Trouble. The Process of Seeking Help*, London, 1982.

Brenkert, George G., "Freedom and Private Property in Marx", in: *Philosophy & Public Affairs*, Bd. 2, Nr. 8 (1979), S. 122~147.

Brennan, Denise, *What's Love Got to Do with it? Transnational Desires and Sex Tourism in the Dominican Republic*, Durham, London, 2004.

Bright, Susie, *Full Exposure. Opening Up to Sexual Creativity and Erotic Expression*, San Francisco, New York, 2009.

Brooks, Peter, und Horst Zank, "Loss Averse Behavior", in: *Journal of Risk and Uncertainty*, Bd. 31, Nr. 3 (2005), S. 301~325.

Brown, Barbara A., Thomas I. Emerson, Gail Falk und Ann E. Freedman, "The Equal Rights Amendment. A Constitutional Basis for Equal Rights for Women", in: *The Yale Law Journal*, Bd. 80, Nr. 5 (1971), S. 871~985.

Brown, Peter, "Rome: Sex & Freedom", in: *The New York Review of Books*, 9. Dezember 2013, ⟨http://www.nybooks.com/articles/2013/12/19/rome-sex-freedom/⟩, letzter Zugriff 29.3.2018.

Brown, Wendy, *States of Injury. Power and Freedom in Late Modernity*, Princeton, 1995.

Browning, Christopher R., und Matisa Olinger-Wilbon, "Neighborhood Structure, Social Organization, and Number of Short-Term Sexual Partnerships", in: *Journal of Marriage and Family*, Bd. 65, Nr. 3 (2003), S. 730~774.

Buch, Esteban, *La musique fait l'amour. Une enquête sur la bande-son de la vie sexuelle*, im Erscheinen.

Buckley, Thomas E. (Hg.), "If You Love that Lady Don't Marry Her", *The Courtship Letters of Sally McDowell and John Miller, 1854~1856*, Columbia, 2000.

Buhle, Mari Jo, *Feminism and its Discontents. A Century of Struggle with Psychoanalysis*, Cambridge, MA., London, 2009.

Bulcroft, Richard, Kris Bulcroft, Karen Bradley und Carl Simpson, "The Management and Production of Risk in Romantic Relationships. A Postmodern Paradox", in: *Journal of Family History*, Bd. 25, Nr. 1 (2000), S. 63~92.

Burns, E. Jane, *Courtly Love Undressed. Reading Through Clothes in Medieval French Culture*, Philadelphia, 2005.

Cacchioni, Thea, "The Medicalization of Sexual Deviance, Reproduction, and Functioning", in: John DeLamater und Rebecca F. Plante (Hg.), *Handbook of the Sociology of Sexualities*, Cham u. a. 2015, S. 435~452.

Calogero, Rachel M., "A Test of Objectification Theory. The Effect of the Male Gaze on Appearance Concerns in College Women", in: *Psychology of Women Quarterly*, Bd. 28, Nr. 1 (2004), S. 16~21.

_____, und J. Kevin Thompson, "Potential Implications of the Objectification of Women's Bodies for Women's Sexual Satisfaction", in: *Body Image*, Bd. 6, Nr. 2 (2009), S. 145~148.

Campbell, Colin, *The Romantic Ethic and the Spirit of Modern Consumerism*, New York, 1987.

Camerer, Colin F., "Prospect Theory in the Wild. Evidence from the Field", in: Daniel Kahneman und Amos Tversky (Hg.), *Choices, Values, and Frames*, Cambridge, 2000, S. 288~300.

Cancian, Francesca, *Love in America. Gender and Self-Development*, Cambridge, New York, 1990.

_____, und Steven L. Gordon, "Changing Emotion Norms in Marriage. Love and Anger in US Women's Magazines since 1900", in: *Gender & Society*, Bd. 2, Nr. 3 (1988), S. 308~342.

Castells, Manuel, "The Net and the Self. Working Notes for a Critical Theory of the Informational Society", in: *Critique of Anthropology*, Bd. 16, Nr. 1

(1996), S. 9~38.
Chen, Derek H. C., "Gender Equality and Economic Development. The Role for Information and Communication Technologies", World Bank Policy Research Working Paper 3285, Washington, D.C., 2004.
Chen, Hellen, *Hellen Chen's Love Seminar. The Missing Love Manual that Makes Your Relationship Last*, Kindle Edition, 2013.
Cherlin, Andrew J., *Marriage, Divorce, Remarriage*, Revised and Enlarged Edition, Cambridge, MA., London, 1992.
_____, "The Deinstitutionalization of American Marriage", in: *Journal of Marriage and Family*, Bd. 66, Nr. 4 (2004), S. 848~861.
Clark, Russell D., "The Impact of AIDS on Gender Differences in Willingness to Engage in Casual Sex", in: *Journal of Applied Social Psychology*, Bd. 20, Nr. 9 (1990), S. 771~782.
Cohen, G. A., *Self-Ownership, Freedom, and Equality*, Cambridge, 1995.
Cohen, Morris R., "The Basis of Contract", in: *Harvard Law Review*, Bd. 46, Nr. 4 (1933), S. 553~592.
Colker, Ruth, "Feminism, Sexuality and Authenticity", in: Martha Albertson Fineman und Nancy Sweet Thomadsen (Hg.), *At the Boundaries of Law. Feminism and Legal Theory*, Abingdon, New York, 2013, S. 135~148.
Conlin, Juliet A., "Getting Around. Making Fast and Frugal Navigation Decisions", in: *Progress in Brain Research*, Bd. 174 (2009), S. 109~117.
Cooke, Lynn Prince, "'Doing' Gender in Context. Household Bargaining and Risk of Divorce in Germany and the United States", in: *American Journal of Sociology*, Bd. 112, Nr. 2 (2006), S. 442~472.
Cooley, Charles Horton, *Human Nature and the Social Order* [1902], New Brunswick, London, 1992.
Coontz, Stephanie, *In schlechten wie in guten Tagen. Die Ehe-eine Liebesgeschichte*, übers. von Wolfdietrich Müller, Bergisch Gladbach, 2006.
Cooper, Elizabeth, und David Pratten (Hg.), *Ethnographies of Uncertainty in Africa*, Basingstoke, New York, 2014.
Cornell, Drucilla, *At the Heart of Freedom. Feminism, Sex, and Equality*, Princeton, 1998.

Dabhoiwala, Faramerz, "Lust and Liberty", in: *Past & Present*, Bd. 207, Nr. 1 (2010), S. 89~179.

Dahler-Larsen, Peter, *The Evaluation Society*, Stanford, 2011.

Dal Bó, Pedro, "Cooperation under the Shadow of the Future. Experimental Evidence from Infinitely Repeated Games", in: *American Economic Review*, Bd. 95, Nr. 5 (2005), S. 1591~1604.

Dancy, Russell M., *Plato's Introduction of Forms*, Cambridge, New York, 2004.

Davis, Deborah, Phillip R. Shaver und Michael L. Vernon, "Physical, Emotional, and Behavioral Reactions to Breaking Up. The Roles of Gender, Age, Emotional Involvement, and Attachment Style", in: *Personality and Social Psychology Bulletin*, Bd. 29, Nr. 7 (2003), S. 871~884.

Debord, Guy, *Die Gesellschaft des Spektakels* [1967], übers. von Jean-Jacques Raspaud und Wolfgang Kukulies, Berlin, 1996.

De Graaf, Paul M., und Matthijs Kalmijn, "Divorce Motives in a Period of Rising Divorce. Evidence from a Dutch Life-History Survey", in: *Journal of Family Issues*, Bd. 27, Nr. 4 (2006), S. 483~505.

_____, und Matthijs Kalmijn, "Change and Stability in the Social Determinants of Divorce. A Comparison of Marriage Cohorts in the Netherlands", in: *European Sociological Review*, Bd. 22, Nr. 5 (2006), S. 561~572.

Deleuze, Gilles, "Postskriptum über die Kontrollgesellschaften", in: ders., *Unterhandlungen 1972~1990*, übers. von Gustav Roßler, Frankfurt/M., 1993, S. 254~262.

D'Emilio, John, und Estelle B. Freedman, *Intimate Matters. A History of Sexuality in America*, Chicago, London, 1998.

Despentes, Virginie, *King Kong Theorie*, übers. von Kerstin Krolak, Berlin, 2007.

Diethe, Carol, *Towards Emancipation. German Women Writers of the Nineteenth Century*, New York, Oxford, 1998.

Di Leonardo, Micaela, "White Ethnicities, Identity Politics, and Baby Bear's Chair", in: *Social Text*, Nr. 41 (1994), S. 165~191.

_____, und Roger Lancaster, "Gender, Sexuality, Political Economy", in: *New Politics*, Bd. 6, Nr. 1 (1996), S. 29~43.

Dilts, Andrew, "From 'Entrepreneur of the Self' to 'Care of the Self'. Neoliberal Governmentality and Foucault's Ethics", *Western Political Science Association 2010 Annual Meeting Paper*, ⟨https://ssrn.com/abstract=1580709⟩, letzter Zugriff 24.5.2018.

Dittmar, Helga, *Consumer Culture, Identity and Well-Being. The Search for the 'Good Life' and the 'Body Perfect'*, Hove, New York, 2007.

Doepke, Matthias, Michele Tertilt und Alessandra Voena, "The Economics and Politics of Women's Rights", in: *Annual Review of Economics*, Bd. 4 (2012), S. 339~372.

Döring, Nicola M., "The Internet's Impact on Sexuality. A Critical Review of 15 Years of Research", in: *Computers in Human Behavior*, Bd. 25, Nr. 5 (2009), S. 1089~1101.

Doherty, Thomas, *Pre-Code Hollywood. Sex, Immorality, and Insurrection in American Cinema, 1930~1934*, New York, 1999.

Douglas, Mary, und Baron Isherwood, *The World of Goods. Towards an Anthropology of Consumption* [1979], New York, 2002.

Duffy, John, und Jack Ochs, "Cooperative Behavior and the Frequency of Social Interaction", in: *Games and Economic Behavior*, Bd. 66, Nr. 2 (2009), S. 785~812.

Duflo, Esther, "Women Empowerment and Economic Development", in: *Journal of Economic Literature*, Bd. 50, Nr. 4 (2012), S. 1051~1079.

Duggan, Lisa, und Nan D. Hunter, *Sex Wars. Sexual Dissent and Political Culture*, New York, Abingdon, 2006.

Duncombe, Jean, und Dennis Marsden, "Love and Intimacy. The Gender Division of Emotion and Emotion Work. A Neglected Aspect of Sociological Discussion of Heterosexual Relationships", in: *Sociology*, Bd. 27, Nr. 2 (1993), S. 221~241.

Dunham, Lena, *Not that Kind of Girl. Was ich im Leben so gelernt habe*, übers. von Sophie Zeitz und Tobias Schnettler, Frankfurt/M., 2014.

Dunn, Robert G., "Identity, Commodification, and Consumer Culture", in: Joseph E. Davis (Hg.), *Identity and Social Change*, New York, 2000, S. 109~134.

Dunn, Sarah, *Die ganz große Liebe*, übers. von Ingrid Klein, München, 2004.

Durkheim, Emile, *Der Selbstmord* [1897], übers. von Sebastian und Hanne Herkommer, Frankfurt/M., 1995.

_____, *Die elementaren Formen des religiösen Lebens* [1912], übers. von Ludwig Schmidts, Frankfurt/M., Leipzig, 2007.

_____, *Erziehung, Moral und Gesellschaft* [1925], übers. von Ludwig

Schmidts, Frankfurt/M., 1984.

―――――, *Durkheim on Politics and the State*, hg. von Anthony Giddens, übers. von W. D. Halls, Stanford, 1986.

Dworkin, Gerald, *The Theory and Practice of Autonomy*, Cambridge, 1988.

Dyer, Richard, *Heavenly Bodies. Film Stars and Society*, Abingdon, New York, 2004.

Echols, Alice, *Daring to Be Bad. Radical Feminism in America, 1967~1975*, Minneapolis, 1989.

Edwards, Weston M., und Eli Coleman, "Defining Sexual Health. A Descriptive Overview", in: *Archives of Sexual Behavior*, Bd. 33, Nr. 3 (2004), S. 189~195.

Elias, Ana Sofia, Rosalind Gill und Christina Scharff (Hg.), *Aesthetic Labour. Rethinking Beauty Politics in Neoliberalism*, London, 2017.

Engels, Friedrich, *Der Ursprung der Familie, des Privateigentums und des Staats. Im Anschluß an Lewis H. Morgans Forschungen* [1884], Marx-Engels-Werke, Bd. 21, Berlin, 1975, S. 25~173.

England, Paula, und Jonathan Bearak, "The Sexual Double Standard and Gender Differences in Attitudes toward Casual Sex among US University Students", in: *Demographic Research*, Bd. 30, Nr. 46 (2014): 1327~1338.

―――――, Emily Fitzgibbons Shafer und Alison C. K. Fogarty, "Hooking Up and Forming Romantic Relationships on Today's College Campuses", in: Michael S. Kimmel und Amy Aronson (Hg.), *The Gendered Society Reader*, 3. Auflage, New York, 2008, S. 531~593.

Engle-Warnick, Jim, und Robert L. Slonim, "Inferring Repeated-Game Strategies from Actions. Evidence from Trust Game Experiments", in: *Economic Theory*, Bd. 28, Nr. 3 (2006), S. 603~632.

Epstein, Marina, Jerel P. Calzo, Andrew P. Smiler und L. Monique Ward, "'Anything From Making Out to Having Sex'. Men's Negotiations of Hooking Up and Friends With Benefits Scripts", in: *Journal of Sex Research*, Bd. 46, Nr. 5 (2009), S. 414~424.

Erickson, Rebecca J., "Why Emotion Work Matters. Sex, Gender, and the Division of Household Labor", in: *Journal of Marriage and Family*, Bd. 67, Nr. 2 (2005), S. 337~351.

Eshbaugh, Elaine M., und Gary Gute, "Hookups and Sexual Regret Among

College Women", in: *The Journal of Social Psychology*, Bd. 148, Nr. 1 (2008), S. 77~90.

Faden, Ruth R., und Tom L. Beauchamp, *A History and Theory of Informed Consent*, New York, Oxford, 1986.

Farvid, Panteá, und Virginia Braun, "The 'sassy Woman' and the 'Performing Man'. Heterosexual Casual Sex Advice and the (Re)constitution of Gendered Subjectivities", in: *Feminist Media Studies*, Bd. 14, Nr. 1 (2014), S. 118~134.

Fass, Paula S., *The Damned and the Beautiful. American Youth in the 1920's*, New York, 1979.

Featherstone, Mike, "The Body in Consumer Culture" [1982], in: Jessica R. Johnston (Hg.), *The American Body in Context. An Anthology*, Wilmington, 2001, S. 79~102.

_____, *Consumer Culture and Postmodernism*, London, 2007.

Feher, Michel, "Self-Appreciation; Or, the Aspirations of Human Capital", in: *Public Culture*, Bd. 21, Nr. 1 (2009), S. 21~41.

Fehr, Ernst, und Simon Gächter, "How Effective are Trust- and Reciprocity-Based Incentives?", in: Avner Ben-Ner und Louis Putterman (Hg.), *Economics, Values and Organizations*, Cambridge, 1998, S. 337~363.

Ferguson, Ann, Rosemary Hennessy und Mechthild Nagel, "Feminist Perspectives on Class and Work", in: Edward N. Zalta (Hg.), *The Stanford Encyclopedia of Philosophy* (2004, 2018), 〈https://plato.stanford.edu/archives/spr2018/entries/feminism-class/〉, letzter Zugriff 2.5.2018.

Ferrant, Gaëlle, Luca Maria Pesando und Keiko Nowacka, "Unpaid Care Work. The Missing Link in the Analysis of Gender Gaps in Labour Outcomes", Issues Paper, OECD Development Centre (Dezember 2014).

Fine, Ben, und Laurence Harris, "The Law of the Tendency of the Rate of Profit to Fall", in: dies. (Hg.), *Rereading Capital*, London, 1979, S. 58~75.

Fine, Gail, *Plato on Knowledge and Forms. Selected Essays*, Oxford 2003.

Finke, Laurie A., "Sexuality in Medieval French Literature. 'Séparés, on est ensemble'", in: Vern L. Bullough und James A. Brundage (Hg.), *Handbook of Medieval Sexuality*, New York, London, 1996, S. 345~368.

Fischer, Claude S., "On Urban Alienations and Anomie. Powerlessness and Social Isolation", in: *American Sociological Review*, Bd. 38, Nr. 3 (1973), S. 311~326.

Fischer, Tamar, "Parental Divorce and Children's Socio-economic Success. Conditional Effects of Parental Resources Prior to Divorce, and Gender of the Child", in: *Sociology*, Bd. 41, Nr. 3 (2007), S. 475~495.

Fitzsimmons-Craft, Ellen E., u. a., "Explaining the Relation between Thin Ideal Internalization and Body Dissatisfaction among College Women. The Roles of Social Comparison and Body Surveillance", in: *Body Image*, Bd. 9, Nr. 1 (2012), S. 43~49.

Flaubert, Gustave, *Madame Bovary* [1856], übers. von Elisabeth Edl, München, 2014.

Fletcher, Anthony, "Manhood, the Male Body, Courtship and the Household in Early Modern England", in: *History*, Bd. 84, Nr. 275 (1999), S. 419~436.

Folbre, Nancy, "Measuring Care. Gender, Empowerment, and the Care Economy", in: *Journal of Human Development*, Bd. 7, Nr. 2 (2006), S. 183~199.

Foucault, Michel, *Überwachen und Strafen. Die Geburt des Gefängnisses* [1975], übers. von Walter Seitter, Frankfurt/M., 1995.

_____, *Sexualität und Wahrheit*, Bd. 1: *Der Wille zum Wissen* [1976], Bd. 2: *Der Gebrauch der Lüste* [1984], Bd. 3: *Die Sorge um sich* [1984], alle übers. von Ulrich Raulff und Walter Seitter, Frankfurt/M., 1995.

_____, *Geschichte der Gouvernementalität I: Sicherheit, Territorium, Bevölkerung. Vorlesung am Collège de France 1977~1978*, übers. von Claudia Brede-Konersmann und Jürgen Schröder, Frankfurt/M., 2006.

_____, "Sexuelle Wahl, sexueller Akt" [1982], übers. von Hans-Dieter Gondek, in: ders., *Dits et Ecrits. Schriften in vier Bänden*, Bd. IV: 1980~1988, Frankfurt/M., 2005, S. 382~402.

_____, *Die Regierung des Selbst und der anderen. Vorlesung am Collège de France 1982/83*, übers. von Jürgen Schröder, Berlin, 2012.

Fox, Greer Litton, und Velma McBride Murry, "Gender and Families. Feminist Perspectives and Family Research", in: *Journal of Marriage and Family*, Bd. 62, Nr. 4 (2000), S. 1160~1172.

Frank, Thomas, *The Conquest of Cool. Business Culture, Counterculture, and the Rise of Hip Consumerism*, Chicago, London, 1997.

Frankfurt, Harry G., *Bullshit*, übers. von Michael Bischoff, Frankfurt/M., 2006.
Franks, David D., und Viktor Gecas, "Autonomy and Conformity in Cooley's Self-Theory. The Looking-Glass Self and Beyond", in: *Symbolic Interaction*, Bd. 15, Nr. 1 (1992), S. 49~68.
Fraser, Nancy, "Rethinking the Public Sphere. A Contribution to the Critique of Actually Existing Democracy", in: *Social Text*, Nr. 25/26 (1990), S. 56~80.
_____, "Rethinking Recognition", in: *New Left Review*, Nr. 3 (2000), S. 107~118.
_____, und Axel Honneth, *Umverteilung oder Anerkennung? Eine politisch-philosophische Kontroverse*, übers. von Burkhardt Wolf, Frankfurt/M., 2003.
Fredrickson, Barbara L., und Tomi-Ann Roberts, "Objectification Theory. Toward Understanding Women's Lived Experiences and Mental Health Risks", in: *Psychology of Women Quarterly*, Bd. 21, Nr. 2 (1997), S. 173~206.
Freeman, Chris, und Luc Soete, *The Economics of Industrial Innovation*, Abingdon, 1997.
Freud, Sigmund, *Das Unbehagen in der Kultur* [1930], hg. von Lothar Bayer und Kerstin Krone-Bayer, Stuttgart, 2010, oder online unkommentiert unter 〈http://gutenberg.spiegel.de/buch/das-unbehagen-in-der-kultur-922/1〉, letzter Zugriff 9.7.2018.
Friedman, Milton, *Kapitalismus und Freiheit* [1962], übers. von Paul C. Martin, München, Zürich, 2004.
Fromm, Erich, *Die Furcht vor der Freiheit* [1941], übers. von Lieselotte Mickel und Ernst Mickel, München, 1995.

Gabriel, Yiannis, und Tim Lang, *The Unmanageable Consumer* [1995], London, 2015.
Gambetta, Diego, "Can We Trust Trust?", in: ders. (Hg.), *Trust. Making and Breaking Cooperative Relations*, Oxford, 2000, S. 213~237.
Garcia, Justin R., Chris Reiber, Sean G. Massey und Ann M. Merriwether, "Sexual Hookup Culture. A Review", in: *Review of General Psychology*, Bd. 16, Nr. 2 (2012), S. 161~176.
Garton, Stephen, *Histories of Sexuality. Antiquity to Sexual Revolution*,

Abingdon, New York, 2004.

Gaunt, Simon, *Love and Death in Medieval French and Occitan Courtly Literature. Martyrs to Love*, Oxford, 2006.

Gentzler, Amy L., und Kathryn A. Kerns, "Associations between Insecure Attachment and Sexual Experiences", in: *Personal Relationships*, Bd. 11, Nr. 2 (2004), S. 249~265.

Gervais, Sarah J., Arianne M. Holland und Michael D. Dodd, "My Eyes are Up Here. The Nature of the Objectifying Gaze Toward Women", in: *Sex Roles*, Bd. 69, Nr. 11/12 (2013), S. 557~570.

_____, Theresa K. Vescio und Jill Allen, "When What You See is What You Get. The Consequences of the Objectifying Gaze for Women and Men", in: *Psychology of Women Quarterly*, Bd. 35, Nr. 1 (2011), S. 5~17.

Giami, Alain, und Patrick de Colomby, "Sexology as a Profession in France", in: *Archives of Sexual Behavior*, Bd. 32, Nr. 4 (2003), S. 371~379.

Giddens, Anthony, *Capitalism and Modern Social Theory. An Analysis of the Writings of Marx, Durkheim and Max Weber*, Cambridge, 1971.

_____, *Modernity and Self-Identity. Self and Society in Late Modern Age*, Cambridge, 1991.

_____, *Wandel der Intimität. Sexualität, Liebe und Erotik in modernen Gesellschaften*, übers. von Hanna Pelzer, Frankfurt/M., 1993.

Gigy, Lynn, und Joan B. Kelly, "Reasons for Divorce. Perspectives of Divorcing Men and Women", in: *Journal of Divorce & Remarriage*, Bd. 18, Nr. 1/2 (1993), S. 169~188.

Gill, Rosalind, "From Sexual Objectification to Sexual Subjectification. The Resexualisation of Women's Bodies in the Media", in: *Feminist Media Studies*, Bd. 3, Nr. 1 (2003), S. 100~106.

___, *Gender and the Media*, Cambridge, Malden, 2007.

___, "Empowerment/Sexism. Figuring Female Sexual Agency in Contemporary Advertising", in: *Feminism & Psychology*, Bd. 18, Nr. 1 (2008), S. 35~60.

___, und Andy Pratt, "In the Social Factory? Immaterial Labour, Precariousness and Cultural Work", in: *Theory, Culture & Society*, Bd. 25, Nr. 7/8 (2008), S. 1~30.

Gilligan, Carol, *Die andere Stimme. Lebenskonflikte und Moral der Frau* [1982], übers. von Brigitte Stein, München, Zürich, 1999.

Gillis, John R., *For Better, for Worse. British Marriages, 1600 to the Present*,

New York, 1985.

Glick, Elisa, "Sex Positive. Feminism, Queer Theory, and the Politics of Transgression", in: *Feminist Review*, Bd. 64, Nr. 1 (2000), S. 19~45.

Glicksberg, Charles I., *The Sexual Revolution in Modern American Literature*, The Hague, 1971.

_____, "The Sexual Revolution and the Modern Drama", in: ders., *The Sexual Revolution in Modern English Literature*, The Hague, 1973, S. 43~70.

Godbeer, Richard, *Sexual Revolution in Early America*, Baltimore, London, 2002.

Goffman, Erving, *Rahmen-Analyse. Ein Versuch über die Organisation von Alltagserfahrungen* [1974], übers. von Hermann Vetter, Frankfurt/M., 1993.

Goody, Jack, *Die Entwicklung von Ehe und Familie in Europa*, übers. von Eva Horn, Berlin, 1986.

Gordon, David, Austin Porter, Mark Regnerus, Jane Ryngaert und Larissa Sarangaya, *Relationships in America Survey 2014*, The Austin Institute for the Study of Family and Culture (darin insbes. Kap. 33: "How Common are Sexually 'Inactive' Marriages?", ⟨http://relationshipsinamerica.com/relationships-and-sex/how-common-are-sexually-inactive-marriages⟩, letzter Zugriff 20.6.2018).

Goren, Elizabeth, "America's Love Affair with Technology. The Transformation of Sexuality and the Self over the 20th Century", in: *Psychoanalytic Psychology*, Bd. 20, Nr. 3 (2003), S. 487~508.

Gottman, John Mordechai, *What Predicts Divorce? The Relationship Between Marital Processes and Marital Outcomes*, New York, Hove, 2014.

Gouldner, Alvin W., "The Norm of Reciprocity. A Preliminary Statement", in: *American Sociological Review*, Bd. 25, Nr. 2 (1960), S. 161~178.

Granovetter, Mark, "Economic Action and Social Structure. The Problem of Embeddedness", in: *American Journal of Sociology*, Bd. 91, Nr. 3 (1985), S. 481~510.

Green, Adam Isaiah, "Toward a Sociology of Collective Sexual Life", in: ders. (Hg.), *Sexual Fields. Toward a Sociology of Collective Sexual Life*, Chicago, London, S. 1~24.

Greener, Ian, "Towards a History of Choice in UK Health Policy", in: *Sociology* of Health & Illness, Bd. 31, Nr. 3 (2009), S. 309~324.

Greimas, Algirdas Julien, Strukturale Semantik. Methodologische Untersuchungen [1966], übers. von Jens Ihwe, Braunschweig, 1971.

Grello, Catherine M., Deborah P. Welsh und Melinda S. Harper, "No Strings Attached. The Nature of Casual Sex in College Students", in: Journal of Sex Research, Bd. 43, Nr. 3 (2006), S. 255~267.

―――, Deborah P. Welsh, Melinda S. Harper und Joseph W. Dickson, "Dating and Sexual Relationship Trajectories and Adolescent Functioning", in: Adolescent & Family Health, Bd. 3, Nr. 3 (2003), S. 103~112.

Gronow, Jukka, The Sociology of Taste, London, New York, 2002.

Gross, Neil, und Solon Simmons, "Intimacy as a Double-Edged Phenomenon? An Empirical Test of Giddens", in: Social Forces, Bd. 81, Nr. 2 (2002), S. 531~555.

Gur, Ruben C., und Raquel E. Gur, "Complementarity of Sex Differences in Brain and Behavior. From Laterality to Multimodal Neuroimaging", in: Journal of Neuroscience Research, Bd. 95, Nr. 1/2 (2017), S. 189~199.

Haas, David F., und Forrest A. Deseran, "Trust and Symbolic Exchange", in: Social Psychology Quarterly, Bd. 44, Nr. 1 (1981), S. 3~13.

Hakim, Catherine, "Erotic Capital", in: European Sociological Review, Bd. 26, Nr. 5 (2010), S. 499~518.

Hall, Stuart, The Hard Road to Renewal. Thatcherism and the Crisis of the Left, London, 1988.

Halperin, David M., und Trevor Hoppe (Hg.), The War on Sex, Durham, London, 2017.

Hamilton, Laura, und Elizabeth A. Armstrong, "Gendered Sexuality in Young Adulthood. Double Binds and Flawed Options", in: Gender & Society, Bd. 23, Nr. 5 (2009), S. 589~616.

Handyside, Fiona, "Authenticity, Confession and Female Sexuality. From Bridget to Bitchy", in: Psychology & Sexuality, Bd. 3, Nr. 1 (2012), S. 41~53.

Hanning, Robert W., "Love and Power in the Twelfth Century, with Special Reference to Chrétien de Troyes and Marie de France", in: Robert R. Edwards und Stephen Spector (Hg.), The Olde Daunce. Love, Friendship, Sex, and Marriage in the Medieval World, Albany, 1991, S. 87~103.

Hardt, Michael, und Antonio Negri, Multitude. Krieg und Demokratie im Em-

pire, übers. von Thomas Atzert und Andreas Wirthensohn, Frankfurt/M., New York, 2004.

Harper, Brit, und Marika Tiggemann, "The Effect of Thin Ideal Media Images on Women's Self-Objectification, Mood, and Body Image", in: *Sex Roles*, Bd. 58, Nr. 9/10 (2008), S. 649~657.

Hartmann, Martin, und Axel Honneth, "Paradoxien des Kapitalismus. Ein Untersuchungsprogramm", in: *Berliner Debatte Initial*, Bd. 15, Nr. 1 (2004), S. 4~17.

Harvey, David, *Kleine Geschichte des Neoliberalismus*, übers. von Niels Kadritzke, Zürich, 2007.

_____, *Das Rätsel des Kapitals entschlüsseln. Den Kapitalismus und seine Krisen überwinden*, übers. von Christian Frings, Hamburg, 2014.

_____, *Siebzehn Widersprüche und das Ende des Kapitalismus*, übers. von Hainer Kober, Berlin, 2015.

_____, *Marx, Capital, and the Madness of Economic Reason*, London, 2017.

Hatch, Linda, "The American Psychological Association Task Force on the Sexualization of Girls. A Review, Update and Commentary", in: *Sexual Addiction & Compulsivity*, Bd. 18, Nr. 4 (2011), S. 195~211.

Hayek, Friedrich August, *Der Weg zur Knechtschaft* [1944], übers. von Eva Röpke, Tübingen, 2004.

_____, "The Use of Knowledge in Society", in: *The American Economic Review*, Bd. 35, Nr. 4 (1945), S. 519~530.

Hearn, Alison, "Structuring Feeling. Web 2.0, Online Ranking and Rating, and the Digital 'Reputation' Economy", in: *Ephemera. Theory & Politics in Organization*, Bd. 10, Nr. 3/4 (2010), S. 421~438.

Hegel, Georg Wilhelm Friedrich, *Grundlinien der Philosophie des Rechts oder Naturrecht und Staatswissenschaft im Grundrisse. Zum Gebrauch für seine Vorlesungen* [1820], Werke, Bd. 7, Frankfurt/M., 1986.

Heidegger, Martin, "Die Frage nach der Technik", in: ders., *Vorträge und Aufsätze* [1954], Pfullingen, 1990, S. 9~40.

Heilmann, Ann, "Mona Caird (1854~1932). Wild Woman, New Woman, and Early Radical Feminist Critic of Marriage and Motherhood", in: *Women's History Review*, Bd. 5, Nr.1 (1996), S. 67~95.

Hennessy, Rosemary, *Profit and Pleasure. Sexual Identities in Late Capitalism*, New York, London, 2000.

Herold, Edward S., und Dawn-Marie K. Mewhinney, "Gender Differences in Casual Sex and AIDS Prevention. A Survey of Dating Bars", in: *Journal of Sex Research*, Bd. 30, Nr. 1 (1993), S. 36~42.

Herzog, Dagmar, *Die Politisierung der Lust. Sexualität in der deutschen Geschichte des zwanzigsten Jahrhunderts*, übers. von Ursel Schäfer und Anne Emmert, München, 2005.

―――, *Sexuality in Europe. A Twentieth-Century History*, Cambridge, New York, 2011.

―――, "What Incredible Yearnings Human Beings Have", in: *Contemporary European History*, Bd. 22, Nr. 2 (2013), S. 303~317.

Hill, Matt, Leon Mann und Alexander J. Wearing, "The Effects of Attitude, Subjective Norm and Self-Efficacy on Intention to Benchmark. A Comparison between Managers with Experience and No Experience in Benchmarking", in: *Journal of Organizational Behavior*, Bd. 17, Nr. 4 (1996), S. 313~327.

Hillenkamp, Sven, *Das Ende der Liebe. Gefühle im Zeitalter unendlicher Freiheit*, Stuttgart, 2009.

Hine, Darlene Clark, und Earnestine L. Jenkins (Hg.), *A Question of Manhood. A Reader in U.S. Black Men's History and Masculinity*, Volume 2: *The 19th Century. From Emancipation to Jim Crow*, Bloomington, Indianapolis, 2001.

Hirschman, Albert O., *Abwanderung und Widerspruch. Reaktionen auf Leistungsabfall bei Unternehmungen, Organisationen und Staaten* [1970], übers. von Leonhard Walentik, Tübingen, 2004.

Hirst, Julia, "Developing Sexual Competence? Exploring Strategies for the Provision of Effective Sexualities and Relationships Education", in: *Sex Education*, Bd. 8, Nr. 4 (2008), S. 399~413.

Hochschild, Arlie Russell, Das gekaufte Herz. Die Kommerzialisierung der Gefühle [1983], übers. von Ernst von Kardorff, Neuausgabe, Frankfurt/M., New York, 2006.

―――, mit Anne Machung, *Der 48-Stunden-Tag. Wege aus dem Dilemma berufstätiger Eltern*, übers. von Andrea Galler, München, 1993.

―――, *The Commercialization of Intimate Life. Notes from Home and Work*, Berkeley, 2003.

Hoffnung, Michele, "Wanting it All. Career, Marriage, and Motherhood During

College-Educated Women's 20s", in: *Sex Roles*, Bd. 50, Nr. 9/10 (2004), S. 711~723.

Hogg, Margaret K., und Paul C. N. Michell, "Identity, Self and Consumption. A Conceptual Framework", in: *Journal of Marketing Management*, Bd. 12, Nr. 7 (1996), S. 629~644.

Holden, Karen C., und Pamela J. Smock, "The Economic Costs of Marital Dissolution. Why Do Women Bear a Disproportionate Cost?", in: *Annual Review of Sociology*, Bd. 17, Nr. 1 (1991), S. 51~78.

Holland, Samantha, und Feona Attwood, "Keeping Fit in Six Inch Heels. The Mainstreaming of Pole Dancing", in: Feona Attwood (Hg.), *Mainstreaming Sex. The Sexualization of Western Culture*, London, 2009, S. 165~181.

Holmes, Mary, "The Emotionalization of Reflexivity", in: *Sociology*, Bd. 44, Nr. 1 (2010), S. 139~154.

Honneth, Axel, *Kampf um Anerkennung. Zur moralischen Grammatik sozialer Konflikte*, Frankfurt/M., 1992.

_____, *Leiden an Unbestimmtheit. Eine Reaktualisierung der Hegelschen Rechtsphilosophie*, Stuttgart, 2001.

_____, "Invisibility. On the Epistemology of 'Recognition'", in: *Supplements of the Aristotelian Society*, Bd. 75, Nr. 1 (2001), S. 111~126.

_____, "Organisierte Selbstverwirklichung. Paradoxien der Individualisierung", in: ders. (Hg.), *Befreiung aus der Mündigkeit. Paradoxien des gegenwärtigen Kapitalismus*, Frankfurt/M., New York, 2002, S. 141~158.

_____, *Unsichtbarkeit. Stationen einer Theorie der Intersubjektivität*, Frankfurt/M., 2003.

_____, *Verdinglichung. Eine anerkennungstheoretische Studie*, Frankfurt/M., 2005.

_____, "Arbeit und Anerkennung. Versuch einer Neubestimmung", in: *Deutsche Zeitschrift für Philosophie*, Bd. 56, Nr. 3 (2008), S. 327~341.

_____, *Das Recht der Freiheit. Grundriß einer demokratischen Sittlichkeit*, Berlin, 2011.

Horkheimer, Max, und Theodor W. Adorno, *Dialektik der Aufklärung. Philosophische Fragmente* [1944], Frankfurt/M., 1988.

Hoskyns, Catherine, und Shirin M. Rai, "Recasting the Global Political Economy, Counting Women's Unpaid Work", in: *New Political Economy*, Bd. 12, Nr. 3 (2007), S. 297~317.

Howe, M. A. DeWolfe, "An Academic Courtship. Letters of Alice Freeman Palmer and George Herbert Palmer", in: *The New England Quarterly*, Bd. 14, Nr. 1 (1941), S. 153~155.

Hsee, Christopher K., und Jiao Zhang, "Distinction Bias. Misprediction and Mischoice due to Joint Evaluation", in: *Journal of Personality and Social Psychology*, Bd. 86, Nr. 5 (2004), S. 680~695.

Hughes, Jason, "Emotional Intelligence. Elias, Foucault, and the Reflexive Emotional Self", in: *Foucault Studies*, Nr. 8 (Februar 2010), S. 28~52.

Hunt, Alan, "The Civilizing Process and Emotional Life. The Intensification and Hollowing Out of Contemporary Emotions", in: Dale Spencer, Kevin Walby und Alan Hunt (Hg.), *Emotions Matter. A Relational Approach to Emotions*, Toronto, Buffalo, London, 2012, S. 137~160.

Ibarra, Herminia, Nancy M. Carter und Christine Silva, "Why Men Still Get More Promotions than Women", in: *Harvard Business Review*, Bd. 88, Nr. 9 (2010), S. 80~85.

Illouz, Eva, *Der Konsum der Romantik. Liebe und die kulturellen Widersprüche des Kapitalismus* [1997], übers. von Andreas Wirthensohn, Frankfurt/M., 2003.

_____, *Gefühle in Zeiten des Kapitalismus. Frankfurter Adorno-Vorlesungen 2004*, übers. von Martin Hartmann, Frankfurt/M., 2007.

_____, *Die Errettung der modernen Seele. Therapien, Gefühle und die Kultur der Selbsthilfe*, übers. von Michael Adrian, Frankfurt/M., 2009.

_____, "Emotions, Imagination and Consumption. A New Research Agenda" in: *Journal of Consumer Culture*, Bd. 9, Nr. 3 (2009), S. 377~413.

_____, *Warum Liebe weh tut. Eine soziologische Erklärung*, übers. von Michael Adrian, Berlin, 2011.

_____, (Hg.), *Wa(h)re Gefühle. Authentizität im Konsumkapitalismus*, übers. von Michael Adrian, Berlin 2018.

_____, und Edgar Cabanas, *Happycratie. Comment l'industrie du bonheur a pris le contrôle de nos vies*, Paris, 2018.

Inglehart, Ronald F., "Changing Values among Western Publics from 1970 to 2006", in: *West European Politics*, Bd. 31, Nr. 1/2 (2008), S. 130~146.

Irvine, Janice M., *Disorders of Desire. Sexuality and Gender in Modern American Sexology*, Philadelphia, 2005.

Iyengar, Sheena S., und Mark R. Lepper, "When Choice is Demotivating. Can One Desire Too Much of a Good Thing?", in: *Journal of Personality and Social Psychology*, Bd. 79, Nr. 6 (2000), S. 995~1006.

Jacob, Pierre, und Marc Jeannerod, *Ways of Seeing. The Scope and Limits of Visual Cognition*, Oxford, New York, 2003.

Jacques, Heather A. K., und H. Lorraine Radtke, "Constrained by Choice. Young Women Negotiate the Discourses of Marriage and Motherhood", in: *Feminism & Psychology*, Bd. 22, Nr. 4 (2012), S. 443~461.

Jardine, James, "Stein and Honneth on Empathy and Emotional Recognition", in: *Human Studies*, Bd. 38, Nr. 4 (2015), S. 567~589.

Johnson, Allan G., *The Gender Knot. Unraveling Our Patriarchal Legacy*, Philadelphia, 2005.

Jonas, Hans, "Toward a Philosophy of Technology", in: *Hastings Center Report*, Bd. 9, Nr. 1 (1979), S. 34~43.

Jong, Erica, *Angst vorm Fliegen* [1973], übers. von Kai Molvig, Berlin, 2014.

Kahneman, Daniel, *Attention and Effort*, Englewood Cliffs, 1973.

_____, *Schnelles Denken, langsames Denken*, übers. von Thorsten Schmidt, München, 2012.

Kalmijn, Matthijs, und Anne-Rigt Poortman, "His or Her Divorce? The Gendered Nature of Divorce and its Determinants", in: *European Sociological Review*, Bd. 22, Nr. 2 (2006), S. 201~214.

Kamkhenthang, Hauzel, *The Paite. A Transborder Tribe of India and Burma*, Delhi, 1988.

Kant, Immanuel, *Kants gesammelte Schriften*, Akademie-Ausgabe, Bd. 27, *Vorlesungen über Moralphilosophie*, Erste Hälfte, Berlin, 1974.

Kaplan, Dana, *Recreational Sexuality, Food, and New Age Spirituality. A Cultural Sociology of Middle-Class Distinctions*, Dissertation, Hebräsiche Universität Jerusalem, 2014.

_____, "Sexual Liberation and the Creative Class in Israel", in: Steven Seidman, Nancy Fisher und Chet Meeks (Hg.), *Introducing the New Sexuality Studies* (Third Edition), London, 2016.

Karp, Marcelle, und Debbie Stoller (Hg.), *The BUST Guide to the New Girl Order*, New York, 1999.

Kaufman, Carol E., und Stavros E. Stavrou, "'Bus Fare Please'. The Economics of Sex and Gifts among Young People in Urban South Africa", in: *Culture, Health & Sexuality*, Bd. 6, Nr. 5 (2004), S. 377~391.

Kaufmann, Jean-Claude, *Was sich liebt, das nervt sich*, übers. von Anke Beck, Konstanz, 2008.

Kirchner, Holle, und Simon J. Thorpe, "Ultra-rapid Object Detection with Saccadic Eye Movements. Visual Processing Speed Revisited", in: *Vision Research*, Bd. 46, Nr. 11 (2006), S. 1762~1776.

Kleiman, Tali, und Ran R. Hassin, "Non-Conscious Goal Conflicts", in: *Journal of Experimental Social Psychology*, Bd. 47, Nr. 3 (2011), S. 521~532.

Knight, Frank H., *Risk, Uncertainty and Profit* [1921], North Chelmsford, 2012.

Knorr Cetina, Karin, "What is a Financial Market? Global Markets as Microinstitutional and Post-Traditional Social Forms", in: dies. und Alex Preda (Hg.), *The Oxford Handbook of the Sociology of Finance*, Oxford, 2012, S. 115~133.

Kojève, Alexandre, *Hegel. Eine Vergegenwärtigung seines Denkens. Kommentar zur Phänomenologie des Geistes* [1947], übers. von Iring Fetscher und Gerhard Lehmbruch, Frankfurt/M., 1984.

Kposowa, Augustine J., "Marital Status and Suicide in the National Longitudinal Mortality Study", in: *Journal of Epidemiology & Community Health*, Bd. 54, Nr. 4 (2000), S. 254~261.

Krastev, Ivan, "Auf dem Weg in die Mehrheitsdiktatur?", in: Heinrich Geiselberger (Hg.), *Die große Regression. Eine internationale Debatte über die geistige Situation der Zeit*, Berlin, 2017, S. 117~134.

———, *Europadämmerung. Ein Essay*, übers. von Michael Bischoff, Berlin, 2017.

Lacan, Jacques, "Subversion des Subjekts und Dialektik des Begehrens im Freudschen Unbewussten", in: ders., *Schriften II*, Weinheim, Berlin, 1991, S. 165~204.

Lacey, Nicola, "Feminist Legal Theories and the Rights of Women", in: Karen Knop (Hg.), *Gender and Human Rights. Collected Courses of the Acad-*

emy of European Law (XII/2), Oxford, 2004, S. 13~56.

Lakoff, George, und Mark Johnson, *Philosophy in the Flesh. The Embodied Mind and Its Challenge to Western Thought*, New York, 1999.

Lam, James, *Enterprise Risk Management. From Incentives to Controls*, New York, 2014.

Lamaison, Pierre, "From Rules to Strategies. An Interview with Pierre Bourdieu", in: *Cultural Anthropology*, Bd. 1, Nr. 1 (1986), S. 110~120.

Lamont, Michèle, "Toward a Comparative Sociology of Valuation and Evaluation", in: *Annual Review of Sociology*, Bd. 38 (2012).

Landes, Joan B., "The Public and the Private Sphere. A Feminist Reconsideration", in: Johanna Meehan (Hg.), *Feminists Read Habermas. Gendering the Subject of Discourse*, Abingdon, New York, 2013, S. 107~132.

Laumann, Edward O., John H. Gagnon, Robert T. Michael und Stuart Michaels, *The Social Organization of Sexuality. Sexual Practices in the United States*, Chicago, London, 1994.

_____, Anthony Paik und Raymond C. Rosen, "Sexual Dysfunction in the United States. Prevalence and Predictors", in: *JAMA*, Bd. 281, Nr. 6 (1999), S. 537~544.

Lears, T. J. Jackson, *No Place of Grace. Antimodernism and the Transformation of American Culture, 1880–1920*, Chicago, London, 1981.

Lee, Murray, Thomas Crofts, Alyce McGovern und Sanja Milivojevic, *Sexting and Young People*. Report to the Criminology Research Advisory Council, November 2015, ⟨http://www.criminologyresearchcouncil.gov.au/reports/1516/53~1112-FinalReport.pdf⟩, letzter Zugriff 9.5.2018.

Leigh, Barbara Critchlow, "Reasons for Having and Avoiding Sex. Gender, Sexual Orientation, and Relationship to Sexual Behavior", in: *Journal of Sex Research*, Bd. 26, Nr. 2 (1989), S. 199~209.

Levy, Ariel, *Female Chauvinist Pigs. Women and the Rise of Raunch Culture*, New York, 2005.

Loughlin, Marie H., *Hymeneutics. Interpreting Virginity on the Early Modern Stage*, Lewisburg, London, 1997.

Loughnan, Steve, und Maria Giuseppina Pacilli, "Seeing (and Treating) Others as Sexual Objects. Toward a More Complete Mapping of Sexual Objectification", in: *TPM-Testing, Psychometrics, Methodology in Applied Psychology*, Bd. 21, Nr. 3 (2014), S. 309~325.

Lowenstein, Ludwig F., "Causes and Associated Features of Divorce as Seen by Recent Research", in: *Journal of Divorce & Remarriage*, Bd. 42, Nr. 3/4 (2005), S. 153~171.

Luhmann, Niklas, Vertrauen. *Ein Mechanismus der Reduktion sozialer Komplexität* [1968], Konstanz, München, 2014.

———, *Liebe. Eine Übung* [1969], Frankfurt/M., 2008.

———, *Macht* [1975], Konstanz, München, 2012.

———, *Liebe als Passion. Zur Codierung von Intimität*, Frankfurt/M., 1982.

———, *Soziale Systeme. Grundriß einer allgemeinen Theorie*, Frankfurt/M., 1984.

———, *Die Gesellschaft der Gesellschaft*, Frankfurt/M., 1997.

Lystra, Karen, *Searching the Heart. Women, Men, and Romantic Love in Nineteenth-Century America*, New York, 1989.

MacKinnon, Catharine A., *Feminism Unmodified. Discourses on Life and Law*, Cambridge, MA, London, 1987.

———, *Nur Worte*, übers. von Susanne Baer, Frankfurt/M., 1994.

———, *Butterfly Politics*, Cambridge, MA., London, 2017.

Mahmood, Saba, *Politics of Piety. The Islamic Revival and the Feminist Subject*, Princeton, 2011.

Mancini, Jay A., und Dennis K. Orthner, "Recreational Sexuality Preferences among Middle-Class Husbands and Wives", in: *Journal of Sex Research*, Bd. 14, Nr. 2 (1978), S. 96~106.

Mann, William E., "Augustine on Evil and Original Sin", in: Eleonore Stump und Norman Kretzmann (Hg.), *The Cambridge Companion to Augustine*, Cambridge, 2001, S. 40~48.

Manning, Wendy D., Jessica A. Cohen und Pamela J. Smock, "The Role of Romantic Partners, Family, and Peer Networks in Dating Couples' Views about Cohabitation", in: *Journal of Adolescent Research*, Bd. 26, Nr. 1 (2011), S. 115~149.

Mansfield, Penny, und Jean Collard, *The Beginning of the Rest of Your Life?*, London, 1988.

Margalit, Avishai, *Politik der Würde. Über Achtung und Verachtung* [1996], übers. von Gunnar Schmidt und Anne Vonderstein, Berlin, 2012.

———, *On Betrayal*, Cambridge, London, 2017.

Marshall, Douglas A., "Behavior, Belonging and Belief. A Theory of Ritual Practice", in: *Sociological Theory*, Bd. 20, Nr. 3 (2002), S. 360~380.

Martin, John Levi, "Structuring the Sexual Revolution", in: *Theory and Society*, Bd. 25, Nr. 1 (1996), S. 105~151.

Martineau-Arbes, Agnès, Magali Giné Prisca Grosdemouge und Rémi Bernad, "Le Syndrome d'épuisement, une maladie professionnelle" (May 2014), ⟨http://www.technologia.fr/blog/wp-content/uploads/2014/04/BurnOut-Versiondef.pdf⟩, letzter Zugriff 20.6.2018.

Martinez-Prather, Kathy, und Donna M. Vandiver, "Sexting among Teenagers in the United States. A Retrospective Analysis of Identifying Motivating Factors, Potential Targets, and the Role of a Capable Guardian", in: *International Journal of Cyber Criminology*, Bd. 8, Nr. 1 (2014), S. 21~35.

Marx, Karl, "Ökonomisch-philosophische Manuskripte aus dem Jahre 1844", Drittes Manuskript, "[Geld]", Marx-Engels-Werke, Bd. 40, Berlin 2012, S. 562~567.

____, "Rede über die Frage des Freihandels" [1848], MEW, Bd. 4, Berlin, 1990, S. 444~458.

____, "Grundrisse der Kritik der politischen Ökonomie" [1857/58], MEW, Bd. 42, Berlin, 1983, S. 47~768.

____, *Das Kapital. Kritik der politischen Ökonomie*, Bd. 1 [1867], MEW, Bd. 23, Berlin, 2001.

____, *Das Kapital. Kritik der politischen Ökonomie*, Bd. 3 [1894], MEW, Bd. 25, Berlin, 2008.

____, und Friedrich Engels, "Die deutsche Ideologie" [1845/46], MEW, Bd. 3, Berlin, 1983, S. 9~530.

____, und Friedrich Engels, "Manifest der Kommunistischen Partei" [1848], MEW, Bd. 4, Berlin, 1990, S. 459~493.

Maticka-Tyndale, Eleanor, Edward S. Herold und Dawn Mewhinney, "Casual Sex on Spring Break. Intentions and Behaviors of Canadian Students", in: *Journal of Sex Research*, Bd. 35, Nr. 3 (1998), S. 254~264.

Mauss, Marcel, *Die Gabe. Form und Funktion des Austauschs in archaischen Gesellschaften* [1968; Orig. 1925], übers. von Eva Moldenhauer, Frankfurt/M., 1996.

Mayer, Roger C., James H. Davis und F. David Schoorman, "An Integrative Model of Organizational Trust", in: *The Academy of Management Re-*

view, Bd. 20, Nr. 3 (1995), S. 709~734.

Mccafferty, Patricia, "Forging a 'Neoliberal Pedagogy'. The 'Enterprising Education' Agenda in Schools", in: *Critical Social Policy*, Bd. 30, Nr. 4 (2010), S. 541~563.

McCormick, Naomi B., *Sexual Salvation. Affirming Women's Sexual Rights and Pleasures*, Westport, 1994.

McGee, Micki, *Self-Help, Inc. Makeover Culture in American Life*, New York, 2005.

McNair, Brian, *Striptease Culture. Sex, Media and the Democratization of Desire*, London, New York, 2002.

McQuillan, Julia, Arthur L. Greil, Karina M. Shreffler und Veronica Tichenor, "The Importance of Motherhood Among Women in the Contemporary United States", in: *Gender & Society*, Bd. 22, Nr. 4 (2008), S. 477~496.

McRobbie, Angela, "Top Girls? Young Women and the Post-Feminist Sexual Contract", in: *Cultural Studies*, Bd. 21, Nr. 4/5 (2007), S. 718~737.

_____, *The Aftermath of Feminism. Gender, Culture and Social Change*, London, 2009.

_____, "Notes on the Perfect. Competitive Femininity in Neoliberal Times", in: *Australian Feminist Studies*, Bd. 30, Nr. 83 (2015), S. 3~20.

Mead, George H., "Cooley's Contribution to American Social Thought", in: *American Sociological Review*, Bd. 35, Nr. 5 (1930), S. 693~706.

_____, *Geist, Identität und Gesellschaft aus der Sicht des Sozialbehaviorismus* [1934], übers. von Ulf Pacher, Frankfurt/M., 1988.

Mears, Ashley, *Pricing Beauty. The Making of a Fashion Model*, Berkeley, Los Angeles, 2011.

Mendelsohn, Daniel, *The Elusive Embrace. Desire and the Riddle of Identity*, New York, 2000.

Meston, Cindy M., und David M. Buss, "Why Humans Have Sex", in: *Archives of Sexual Behavior*, Bd. 36, Nr. 4 (2007), S. 477~507.

Meyer, Madonna Harrington (Hg.), *Care Work. Gender, Labor, and the Welfare State*, New York, London, 2002.

Millett, Kate, *Sexus und Herrschaft. Die Tyrannei des Mannes in unserer Gesellschaft* [1970], übers. von Ernestine Schlant, Reinbek bei Hamburg, 1985.

Milhaven, John Giles, "Thomas Aquinas on Sexual Pleasure", in: *The Journal of Religious Ethics*, Bd. 5, Nr. 2 (1977), S. 157~181.

Mintz, Steven, und Susan Kellogg, *Domestic Revolutions. A Social History of American Family Life*, New York, 1989.

Mirzoeff, Nicholas, *An Introduction to Visual Culture*, London, New York, 1999.

Mitchell, Stephen A., *Relational Concepts in Psychoanalysis. An Integration*, Cambridge, MA., London, 1988.

Mooney, Annabelle, "Boys Will Be Boys. Men's Magazines and the Normalisation of Pornography", in: *Feminist Media Studies*, Bd. 8, Nr. 3 (2008), S. 247~265.

Moradi, Bonnie, und Yu-Ping Huang, "Objectification Theory and Psychology of Women. A Decade of Advances and Future Directions", in: *Psychology of Women Quarterly*, Bd. 32, Nr. 4 (2008), S. 377~398.

Morris, Kasey Lynn, und Jamie Goldenberg, "Women, Objects, and Animals. Differentiating Between Sex- and Beauty-Based Objectification", in: *Revue Internationale de Psychologie Sociale*, Bd. 28, Nr. 1 (2015), S. 15~38.

Morrow, Ross, "The Sexological Construction of Sexual Dysfunction", in: *The Australian and New Zealand Journal of Sociology*, Bd. 30, Nr. 1 (1994), S. 20~35.

Mottier, Véronique, *Sexualität. Eine sehr kurze Einführung*, übers. von Jürgen Neubauer, Bern, 2015.

Motz, Marilyn Ferris, "'Thou Art My Last Love'. The Courtship and Remarriage of a Rural Texas Couple in 1892", in: *The Southwestern Historical Quarterly*, Bd. 93, Nr. 4 (1990), S. 457~474.

Mulholland, Monique, "When Porno Meets Hetero. SEXPO, Heteronormativity and the Pornification of the Mainstream", in: *Australian Feminist Studies*, Bd. 26, Nr. 67 (2011), S. 119~135.

_____, *Young People and Pornography. Negotiating Pornification*, New York, 2013.

Mumby, Dennis K., "Organizing Men. Power, Discourse, and the Social Construction of Masculinity(s) in the Workplace", in: *Communication Theory*, Bd. 8, Nr. 2 (1998), S. 164~183.

Murnen, Sarah K., und Linda Smolak, "Are Feminist Women Protected from Body Image Problems? A Meta-analytic Review of Relevant Research", in: *Sex Roles*, Bd. 60, Nr. 3/4 (2009), S. 186~197.

Murray, Sandra L., John G. Holmes und Dale W. Griffin, "The Self-Fulfilling Nature of Positive Illusions in Romantic Relationships. Love is Not Blind, But Prescient", in: *Journal of Personality and Social Psychology*, Bd. 71, Nr. 6 (1996), S. 1155~1180.

Nelson, Eric S., "Against Liberty. Adorno, Levinas and the Pathologies of Freedom", in: *Theoria*, Bd. 59, Nr. 131 (2012), S. 64~83.

Nelson, Robert K., "'The Forgetfulness of Sex'. Devotion and Desire in the Courtship Letters of Angelina Grimke and Theodore Dwight Weld", in: *Journal of Social History*, Bd. 37, Nr. 3 (2004), S. 663~679.

Nussbaum, Martha C., "Verdinglichung", in: dies., *Konstruktion der Liebe, des Begehrens und der Fürsorge. Drei philosophische Aufsätze*, übers. von Joachim Schulte, Stuttgart 2002, S. 90~162.

Oksala, Johanna, *Foucault on Freedom*, Cambridge, New York, 2005.

Oliver, Mary Beth, und Janet Shibley Hyde, "Gender Differences in Sexuality. A Meta-Analysis", in: *Psychological Bulletin*, Bd. 114, Nr. 1 (1993), S. 29~51.

O'Neill, Rachel, "The Work of Seduction. Intimacy and Subjectivity in the London 'Seduction Community'", in: *Sociological Research Online*, Bd. 20, Nr. 4 (2015), S. 1~14.

_____, *Seduction. Men, Masculinity, and Mediated Intimacy*, Cambridge, 2018.

Orloff, Ann Shola, "Gender and the Social Rights of Citizenship. The Comparative Analysis of Gender Relations and Welfare States", in: *American Sociological Review*, Bd. 58, Nr. 3 (1993), S. 303~328.

Ostrom, Elinor, "A Behavioral Approach to the Rational Choice Theory of Collective Action. Presidential Address, American Political Science Association, 1997", in: *American Political Science Review*, Bd. 92, Nr. 1 (1998), S. 1~22.

_____, und James Walker (Hg.), *Trust and Reciprocity. Interdisciplinary Lessons for Experimental Research*, New York, 2003.

Paglia, Camille, *Der Krieg der Geschlechter. Sex, Kunst und Medienkultur*,

übers. von Margit Bergner, Ulrich Enderwitz und Monika Noll, Berlin, 1993.
Palley, Thomas I., "From Keynesianism to Neoliberalism. Shifting Paradigms in Economics", in: Alfredo Saad-Filho und Deborah Johnston (Hg.), *Neoliberalism. A Critical Reader*, Chicago, London, 2005, S. 20~29.
Passet, Joanne E., *Sex Radicals and the Quest for Women's Equality*, Urbana, Chicago, 2003.
Pateman, Carole, *The Sexual Contract*, Stanford, 1988.
_____, "What's Wrong With Prostitution?", in: *Women's Studies Quarterly*, Bd. 27, Nr. 1/2 (1999), S. 53~64.
Paul, Elizabeth L., und Kristen A. Hayes, "The Casualties of 'casual' Sex. A Qualitative Exploration of the Phenomenology of College Students' Hookups", in: *Journal of Social and Personal Relationships*, Bd. 19, Nr. 5 (2002), S. 639~661.
____, Brian McManus und Allison Hayes, "'Hookups'. Characteristics and Correlates of College Students' Spontaneous and Anonymous Sexual Experiences", in: *Journal of Sex Research*, Bd. 37, Nr. 1 (2000), S. 76~88.
Payne, Keith, "Conscious or What? Relationship between Implicit Bias and Conscious Experiences" (25. August 2015), Vortrag im Rahmen der Konferenz *(Un)Consciousness. A Functional Perspective* (25.–27.8. 2015), Israel Institute for Advanced Studies, Hebräische Universität Jerusalem.
Peiss, Kathy, *Hope in a Jar. The Making of America's Beauty Culture*, Philadelphia, 2011.
Peplau, Letitia Anne, "Human Sexuality. How Do Men and Women Differ?", in: *Current Directions in Psychological Science*, Bd. 12, Nr. 2 (2003), S. 37~40.
Petersen, Jennifer L., und Janet Shibley Hyde, "A Meta-Analytic Review of Research on Gender Differences in Sexuality, 1993~2007", in: *Psychological Bulletin*, Bd. 136, Nr. 1 (2010), S. 21~38.
Phillips, Adam, *Monogamie*, übers. von Michael Walter, Frankfurt/M., 1997.
Phillips, Kim M., und Barry Reay, *Sex Before Sexuality. A Premodern History*, Cambridge, 2011.
Pinkard, Terry, *Hegel's Phenomenology. The Sociality of Reason*, Cambridge, 1996.
Piper, Mark, "Achieving Autonomy", in: *Social Theory and Practice*, Bd. 42,

Nr. 4 (2016), S. 767~779.

Pippin, Robert B., *Hegel on Self-Consciousness. Desire and Death in the Phenomenology of Spirit*, Princeton, Woodstock, 2011.

Polanyi, Karl, *The Great Transformation. Politische und ökonomische Ursprünge von Gesellschaften und Wirtschaftssystemen* [1944], übers. von Heinrich Jelinek, Berlin, 2013.

Porqueres i Gené Enric, und Jérôme Wilgaux, "Incest, Embodiment, Genes and Kinship", in: Jeanette Edwards und Carles Salazar (Hg.), *European Kinship in the Age of Biotechnology*, New York, Oxford, 2009, S. 112~127.

Posner, Richard A., *Sex and Reason*, Cambridge, MA., 1992.

Pound, Roscoe, "The Role of the Will in Law", in: *Harvard Law Review*, Bd. 68, Nr. 1 (1954), S. 1~19.

Previti, Denise, und Paul R. Amato, "Is Infidelity a Cause or a Consequence of Poor Marital Quality", in: *Journal of Social and Personal Relationships*, Bd. 21, Nr. 2 (2004), S. 217~223.

Price, Janet, und Margrit Shildrick (Hg.), *Feminist Theory and the Body. A Reader*, New York, 2017.

Procaccia, Uriel, *Russian Culture, Property Rights, and the Market Economy*, New York, 2007.

Pugh, Alison J., *The Tumbleweed Society. Working and Caring in an Age of Insecurity*, New York, 2015.

Putnam, Hilary, *The Threefold Cord. Mind, Body and World*, New York, Chichester, 2000.

Putnam, Robert D., *Bowling Alone. The Collapse and Revival of American Community*, New York, 2001.

Rabin, Matthew, "Psychology and Economics", in: *Journal of Economic Literature*, Bd. 36, Nr. 1 (1998), S. 11~46.

Reay, Barry, "Promiscuous Intimacies. Rethinking the History of American Casual Sex", in: *Journal of Historical Sociology*, Bd. 27, Nr. 1 (2014), S. 1~24.

Regnerus, Mark, *Cheap Sex. The Transformation of Men, Marriage, and Monogamy*, New York, 2017.

Reynolds, Philip Lyndon, *Marriage in the Western Church. The Christian-*

ization of Marriage during the Patristic and Early Medieval Periods, Leiden, 1994.

Richardson, Diane, "Constructing Sexual Citizenship. Theorizing Sexual Rights", in: *Critical Social Policy*, Bd. 20, Nr. 1 (2000), S. 105~135.

Ridgeway, Cecilia L., *Framed by Gender. How Gender Inequality Persists in the Modern World*, New York, 2011.

Ringrose, Jessica, Laura Harvey, Rosalind Gill und Sonia Livingstone, "Teen Girls, Sexual Double Standards and Sexting", in: *Feminist Theory*, Bd. 14, Nr. 3 (2013), S. 305~323.

Ritts, Vicki, Miles L. Patterson und Mark E. Tubbs, "Expectations, Impressions, and Judgments of Physically Attractive Students. A Review", in: *Review of Educational Research*, Bd. 62, Nr. 4 (1992), S. 413~426.

Robbins, Joel, "Ritual Communication and Linguistic Ideology. A Reading and Partial Reformulation of Rappaports Theory of Ritual", in: *Current Anthropology*, Bd. 42, Nr. 5 (2001), S. 591~614.

Robinson, Fiona, "Beyond Labour Rights. The Ethics of Care and Women's Work in the Global Economy", in: *International Feminist Journal of Politics*, Bd. 8, Nr. 3 (2006), S. 321~342.

Rose, Nikolas, *Inventing our Selves. Psychology, Power, and Personhood*, Cambridge, 1998.

____, *Powers of Freedom. Reframing Political Thought*, Cambridge, 1999.

Rosenfeld, Michael J., "Who Wants the Breakup? Gender and Breakup in Heterosexual Couples", in: Duane F. Alwin, Diane H. Felmlee und Derek A. Kreager (Hg.), *Social Networks and the Life Course. Integrating the Development of Human Lives and Social Relational Networks*, Cham, 2018, S. 221~243.

Rothman, Ellen K., *Hands and Hearts. A History of Courtship in America*, New York, 1984.

Rousseau, Denise M., Sim B. Sitkin, Ronald S. Burt und Colin Camerer, "Not So Different After All. A Cross-Discipline View of Trust", in: *The Academy of Management Review*, Bd. 23, Nr. 3 (1998), S. 393~404.

Rubin, Gayle S., *Deviations. A Gayle Rubin Reader*, Durham, London, 2011.

Ruggles, Steven, "The Rise of Divorce and Separation in the United States, 1880~1990", in: *Demography*, Bd. 34, Nr. 4 (1997), S. 455~466.

Rupp, Heather A., und Kim Wallen, "Sex Differences in Response to Visual

Sexual Stimuli. A Review", in: *Archives of Sexual Behavior*, Bd. 37, Nr. 2 (2008), S. 206~218.

Rusciano, Frank Louis, "'Surfing Alone'. The Relationships among Internet Communities, Public Opinion, Anomie, and Civic Participation", in: *Studies in Sociology of Science*, Bd. 5, Nr. 3 (2014), S. 1~8.

Sahlins, Marshall, *What Kinship Is - And Is Not*, Chicago, London, 2013.

Sayer, Liana C., "Gender, Time and Inequality. Trends in Women's and Men's Paid Work, Unpaid Work and Free Time", in: *Social Forces*, Bd. 84, Nr. 1 (2005), S. 285~303.

Salecl, Renata, "Society of Choice", in: *differences*, Bd. 20, Nr. 1 (2009), S. 157~180.

─────, "Self in Times of Tyranny of Choice", in: *FKW///Zeitschrift für Geschlechterforschung und visuelle Kultur*, Nr. 50 (2010), S. 10~23.

─────, *Die Tyrannei der Freiheit. Warum es eine Zumutung ist, sich anhaltend entscheiden zu müssen*, übers. von Yvonne Badal, München, 2014.

Sandel, Michael J., *Was man für Geld nicht kaufen kann. Die moralischen Grenzen des Marktes*, übers. von Helmut Reuter, Berlin, 2012.

Santelli, John S., Nancy D. Brener, Richard Lowry, Amita Bhatt und Laurie S. Zabin, "Multiple Sexual Partners Among US Adolescents and Young Adults", in: *Family Planning Perspectives*, Bd. 30, Nr. 6 (1998), S. 271~275.

Scheinkman, José A., mit Kenneth J. Arrow, Patrick Bolton, Sanford J. Grossman und Joseph E. Stiglitz, *Speculation, Trading, and Bubbles*, New York, Chichester, 2014.

Schneewind, Jerome B., *The Invention of Autonomy. A History of Modern Moral Philosophy*, Cambridge, 1998.

Schumann, Robert, und Clara Schumann, *Die Ehetagebücher. 1840~1844*, hg. von Gerd Nauhaus und Ingrid Bodsch, Frankfurt/M., 2013.

Schumpeter, Joseph A., *Kapitalismus, Sozialismus und Demokratie* [1942], Tübingen, 2005.

Schwarz, Ori, "On Friendship, Boobs and the Logic of the Catalogue. Online Self-Portraits as a Means for the Exchange of Capital", in: *Convergence*, Bd. 16, Nr. 2 (2010), S. 163~183.

Scott, Shelby B., Galena K. Rhoades, Scott M. Stanley, Elizabeth S. Allen und

Howard J. Markman, "Reasons for Divorce and Recollections of Premarital Intervention. Implications for Improving Relationship Education", in: *Couple and Family Psychology: Research and Practice*, Bd. 2, Nr. 2 (2013), S. 131~145.

Segal, Lynne, *Straight Sex. Rethinking the Politics of Pleasure*, Berkeley, Los Angeles, 1994.

Seeman, Melvin, "On the Meaning of Alienation", in: *American Sociological Review*, Bd. 24, Nr. 6 (1959), S. 783~791.

Seidman, Steven, *Romantic Longings. Love in America, 1830~1980*, New York, 1991.

_____, "From the Polluted Homosexual to the Normal Gay. Changing Patterns of Sexual Regulation in America", in: Chrys Ingraham (Hg.), *Thinking Straight. The Power, the Promise, and the Paradox of Heterosexuality*, New York, Abingdon, 2005, S. 39~61.

Sennett, Richard, *Verfall und Ende des öffentlichen Lebens. Die Tyrannei der Intimität* (1976), übers. von Reinhard Kaiser, Berlin, 2008.

_____, *Die Kultur des neuen Kapitalismus*, übers. von Michael Bischoff, Berlin, 2007.

Sewell Jr., William H., "Geertz, Cultural Systems, and History. From Synchrony to Transformation", in: Sherry B. Ortner (Hg.), *The Fate of 'Culture'. Geertz and Beyond*, Berkeley, Los Angeles, London, 1999, S. 35~55.

Sherwin, Robert, und Sherry Corbett, "Campus Sexual Norms and Dating Relationships. A Trend Analysis", in: *Journal of Sex Research*, Bd. 21, Nr. 3 (1985), S. 258~274.

Shrauger, J. Sidney, und Thomas J. Schoeneman, "Symbolic Interactionist View of Self-Concept. Through the Looking Glass Darkly", in: *Psychological Bulletin*, Bd. 86, Nr. 3 (1979), S. 549~573.

Sigusch, Volkmar, "Lean Sexuality. On Cultural Transformations of Sexuality and Gender in Recent Decades", in: *Sexuality & Culture*, Bd. 5, Nr. 2 (2001), S. 23~56.

Silber, Ilana F., "Bourdieu's Gift to Gift Theory. An Unacknowledged Trajectory", in: *Sociological Theory*, Bd. 27, Nr. 2 (2009), S. 173~190.

Silva, Jennifer M., *Coming Up Short. Working Class Adulthood in an Age of Uncertainty*, New York, 2013.

Simmel, Georg, "Die Großstädte und das Geistesleben", in: ders., *Aufsätze und Abhandlungen 1901~1908*, Band I, Gesamtausgabe, Bd. 7, Frankfurt/M., 1995, S. 116~131.

_____, "Exkurs über den Fremden", in: ders., *Soziologie. Untersuchungen über die Formen der Vergesellschaftung* [1908], Gesamtausgabe, Bd. 11, Frankfurt/M., 1992, S. 764~771.

_____, "Der Individualismus der modernen Zeit", in: ders., *Postume Veröffentlichungen. Schulpädagogik*, Gesamtausgabe, Bd. 20, Frankfurt/M., 2004, S. 249~258.

Simpson, Jeffry A., "The Dissolution of Romantic Relationships. Factors Involved in Relationship Stability and Emotional Distress", in: *Journal of Personality and Social Psychology*, Bd. 53, Nr. 4 (1987), S. 683~692.

Singer, Irving, *The Nature of Love*, Vol. 3: *The Modern World*, Chicago, 1989.

Sivulka, Juliann, *Soap, Sex, and Cigarettes. A Cultural History of American Advertising*, Boston, 2011.

Skeggs, Beverley, *Formations of Class and Gender. Becoming Respectable*, London, 1997.

Slotter, Erica B., Wendi L. Gardner und Eli J. Finkel, "Who Am I Without You? The Influence of Romantic Breakup on the Self-Concept", in: *Personality and Social Psychology Bulletin*, Bd. 36, Nr. 2 (2010), S. 147~160.

Smith, Clarissa, "Pornographication. A Discourse for all Seasons", in: *International Journal of Media & Cultural Politics*, Bd. 6, Nr. 1 (2010), S. 103~108.

Smolak, Linda, und Sarah K. Murnen, "The Sexualization of Girls and Women as a Primary Antecedent of Self-Objectification", in: Rachel M. Calogero, Stacey Tantleff-Dunn und J. Kevin Thompson (Hg.), *Self-Objectification in Women. Causes, Consequences, and Counteractions*, Washington, D.C., 2011, S. 53~75.

_____, Sarah K. Murnen und Taryn A. Myers, "Sexualizing the Self. What College Women and Men Think About and Do to Be 'Sexy'", in: *Psychology of Women Quarterly*, Bd. 38, Nr. 3 (2014), S. 379~397.

Solomon, Denise Haunani, und Leanne K. Knobloch, "Relationship Uncertainty, Partner Interference, and Intimacy within Dating Relationships", in: *Journal of Social and Personal Relationships*, Bd. 18, Nr. 6 (2001), S. 804~820.

Stacey, Judith, *Brave New Families. Stories of Domestic Upheaval in*

Late-Twentieth-Century America, Berkeley, Los Angeles, London, 1990.

Stark, David, *The Sense of Dissonance. Accounts of Worth in Economic Life*, Princeton, Oxford, 2011.

Steele, Valerie, *Fashion and Eroticism. Ideals of Feminine Beauty from the Victorian Era to the Jazz Age*, New York, 1985.

Stone, Lawrence, *The Family, Sex and Marriage in England 1500~1800*, London, 1982.

_____, *Uncertain Unions. Marriage in England, 1660~1753*, Oxford, New York, 1992.

Strasser, Ulrike, *State of Virginity. Gender, Religion, and Politics in an Early Modern Catholic State*, Ann Arbor, 2004.

Streeck, Wolfgang, "How to Study Contemporary Capitalism?", in: *European Journal of Sociology/Europäisches Archiv für Soziologie*, Bd. 53, Nr. 1 (2012), S. 1~28.

_____, "Bürger als Kunden. Überlegungen zur neuen Politik des Konsums", in: Heinz Bude und Philipp Staab (Hg.), *Kapitalismus und Ungleichheit. Die neuen Verwerfungen*, Frankfurt/M., New York 2016, S. 261~284.

Strelan, Peter, Sarah J. Mehaffey und Marika Tiggemann, "Brief Report: Self-Objectification and Esteem in Young Women. The Mediating Role of Reasons for Exercise", in: *Sex Roles*, Bd. 48, Nr. 1 (2003), S. 89~95.

Suchocki, Marjorie Hewitt, *The Fall to Violence. Original Sin in Relational Theology*, New York, 1994.

Susman, Warren, *Culture as History. The Transformation of American Society in the 20th Century*, New York, 1984.

Swidler, Ann, "Culture in Action. Symbols and Strategies", in: *American Sociological Review*, Bd. 51, Nr. 2 (1986), S. 273~286.

_____, *Talk of Love. How Culture Matters*, Chicago, 2003.

Szymanski, Dawn M., Lauren B. Moffitt und Erika R. Carr, "Sexual Objectification of Women. Advances to Theory and Research 1ψ7", in: *The Counseling Psychologist*, Bd. 39, Nr. 1 (2011), S. 6~38.

Tabet, Paola, *La Grande Arnaque. Sexualité des femmes et échange économico-sexuel*, Paris, 2004.

_____, "Through the Looking-Glass. Sexual-Economic Exchange", in:

Françoise Grange Omokaro und Fenneke Reysoo (Hg.), *Chic, chèque, choc. Transactions autour des corps et stratégies amoureuses contemporaines*, Genf, 2016, S. 39~51.

Taylor, Charles, "Foucault über Freiheit und Wahrheit", in: ders., *Negative Freiheit? Zur Kritik des neuzeitlichen Individualismus*, übers. von Hermann Kocyba, Frankfurt/M., 1995, S. 188~234.

Taylor, Laramie D., "All for Him. Articles About Sex in American Lad Magazines", in: *Sex Roles*, Bd. 52, Nr. 3 (2005), S. 153~163.

Thoburn, Nicholas, *Deleuze, Marx and Politics*, London, New York, 2003.

Thompson, Linda, und Alexis J. Walker, "Gender in Families. Women and Men in Marriage, Work, and Parenthood", in: *Journal of Marriage and Family*, Bd. 51, Nr. 4 (1989), S. 845~871.

Thorngate, Warren, "The Economy of Attention and the Development of Psychology", in: *Canadian Psychology/Psychologie Canadienne*, Bd. 31, Nr. 3 (1990), S. 262~271.

Thornton, Sarah, *Club Cultures. Music, Media, and Subcultural Capital*, Cambridge, 1995.

Thorpe, Simon, Denis Fize und Catherine Marlot, "Speed of Processing in the Human Visual System", in: *Nature*, Bd. 381, Nr. 6582 (1996), S. 520~522.

Tice, Dianne M., "Self-Concept Change and Self-Presentation. The Looking Glass Self is Also a Magnifying Glass", in: *Journal of Personality and Social Psychology*, Bd. 63, Nr. 3 (1992), S. 435~451.

Tolman, Deborah L., *Dilemmas of Desire. Teenage Girls Talk about Sexuality*, Cambridge, MA., 2002.

Tolstoi, Leo, *Krieg und Frieden* [1896], übers. von Barbara Conrad, Bd. 1, Müchen 2010.

Tomlinson, Alan (Hg.), *Consumption, Identity and Style. Marketing, Meanings, and the Packaging of Pleasure*, London, New York, 2006.

Trollope, Anthony, *Die Claverings* [1867], übers. von Andrea Ott, Zurich, 2007.

_____, *An Old Man's Love* [1884], Oxford, 1951.

Turner, Bryan, "Social Capital, Inequality and Health. The Durkheimian Revival", in: *Social Theory & Health*, Bd. 1, Nr. 1 (2003), S. 4~20.

Vanwesenbeeck, Ine, "The Risks and Rights of Sexualization. An Appreciative Commentary on Lerum and Dworkin's 'Bad Girls Rule'", in: *Journal of Sex Research*, Bd. 46, Nr. 4 (2009), S. 268~270.

Vogel, Lise, *Die Frau im Kapitalismus. Eine feministische Kritik der politischen Ökonomie*, übers. von Ole Rauch und Rhonda Koch, Karlsruhe, im Erscheinen.

Wade, Lisa, *American Hookup. The New Culture of Sex on Campus*, New York, 2017.

Wagner, Michael, und Bernd Weiß, "On the Variation of Divorce Risks in Europe. Findings from a Meta-Analysis of European Longitudinal Studies", in: *European Sociological Review*, Bd. 22, Nr. 5 (2006), S. 483~500.

Wagner, Peter, "After Justification. Repertoires of Evaluation and the Sociology of Modernity", in: *European Journal of Social Theory*, Bd. 2, Nr. 3 (1999), S. 341~357.

Waldman, Adelle, *Das Liebesleben des Nathaniel P.*, übers. von Klaus Timmermann und Ulrike Wasel, München, Berlin, 2016.

Walsh, Anthony, "Self-Esteem and Sexual Behavior. Exploring Gender Differences", in: *Sex Roles*, Bd. 25, Nr. 7 (1991), S. 441~450.

Waring, Marilyn, und Gloria Steinem, *If Women Counted. A New Feminist Economics*, San Francisco, 1988.

Warren, Samuel D., und Louis D. Brandeis, "The Right to Privacy", in: *Harvard Law Review*, Bd. 4, Nr. 5 (1890), S. 193~220.

Weaver, Angela D., Kelly L. MacKeigan und Hugh A. MacDonald, "Experiences and Perceptions of Young Adults in Friends with Benefits Relationships. A Qualitative Study", in: *The Canadian Journal of Human Sexuality*, Bd. 20, Nr. 1/2 (2011), S. 41~53.

Weber, J. Mark, Deepak Malhotra und J. Keith Murnighan, "Normal Acts of Irrational Trust. Motivated Attributions and the Trust Development Process", in: *Research in Organizational Behavior*, Bd. 26 (2004), S. 75~101.

Weber, Max, *Die Lage der Landarbeiter im ostelbischen Deutschland* [1892], Gesamtausgabe, Bd. I/3, 2 Halbbde., Tübingen, 1984.

_____, *Die protestantische Ethik und der Geist des Kapitalismus. Die protestantischen Sekten und der Geist des Kapitalismus. Schriften 1904~1920*,

Gesamtausgabe, Bd. I/18, Tübingen, 2016.
———, *Die Wirtschaftsethik der Weltreligionen. Konfuzianismus und Taoismus. Schriften 1915~1920*, Gesamtausgabe, Bd. I/19, Tübingen, 1991.
———, *Wirtschaft und Gesellschaft*, hg. von Johannes Winckelmann, 5. Aufl., Tübingen, 1972.
Weeks, Jeffrey, *Sexuality and its Discontents. Meanings, Myths, and Modern Sexualities* [1985], New York, 2002.
———, *Invented Moralities. Sexual Values in an Age of Uncertainty*, New York, 1995.
Weiss, Yoram, "The Formation and Dissolution of Families. Why Marry? Who Marries Whom? And What Happens Upon Divorce", in: *Handbook of Population and Family Economics*, Bd. 1, Teil A (1997), S. 81~123.
Welsh, Deborah P., Catherine M. Grello und Melinda S. Harper, "When Love Hurts. Depression and Adolescent Romantic Relationships", in: Paul Florsheim (Hg.), *Adolescent Romantic Relations and Sexual Behavior. Theory, Research, and Practical Implications*, Mahwah, 2003, S. 185~212.
Wendell, Susan, *The Rejected Body. Feminist Philosophical Reflections on Disability*, New York, Abingdon, 2013.
Wentland, Jocelyn J., und Elke Reissing, "Casual Sexual Relationships. Identifying Definitions for One Night Stands, Booty Calls, Fuck Buddies, and Friends with Benefits", in: *The Canadian Journal of Human Sexuality*, Bd. 23, Nr. 3 (2014), S. 167~177.
Wertheimer, Alan, *Consent to Sexual Relations*, Cambridge, 2003.
West, Robin, "Sex, Reason, and a Taste for the Absurd", Georgetown Public Law and Legal Theory Research Paper No. 11~76 (1993), ⟨https://scholarship.law.georgetown.edu/cgi/viewcontent.cgi?referer=https://www.google.com/&httpsredir=1&article=1658&context=facpub⟩, letzter Zugriff 14.5.2018.
———, "The Harms of Consensual Sex", 11. November 2011, ⟨http://unityandstruggle.org/wp-content/uploads/2016/04/West_The-harms-of-consensual-sex.pdf⟩, letzter Zugriff 3.6.2018.
Whitehead, Barbara Dafoe, und David Popenoe, "Who Wants to Marry a Soul Mate?", in: dies. (Hg.), *The State of Our Unions. The Social Health of Marriage in America*, New Brunswick, 2001, S. 6~16, ⟨https://www.stateofourunions.org/past_issues.php⟩, letzter Zugriff 20.6.2018.

Williams, Robert R., *Hegel's Ethics of Recognition*, Berkeley, Los Angeles, 1997.
Wilson, Elizabeth, *In Träume gehüllt. Mode und Modernität*, übers. von Renate Zeschitz, Hamburg, 1989.
Winnicott, Donald W., "Übergangsobjekte und Übergangsphäomene. Eine Studie über den ersten Nicht-Ich-Besitz" [1953], in: ders., *Von der Kinderheilkunde zur Psychoanalyse*, übers. von Gudrun Theusner-Stampa, überarb. von Thomas Auchter, Gießen 2008, S. 257~283 u. 307.
Wolcott, Ilene, und Jody Hughes, "Towards Understanding the Reasons for Divorce", *Australian Institute of Family Studies*, Working Paper 20 (1999).
Wolf, Naomi, *Der Mythos Schönheit*, übers. von Cornelia Holfelder-von der Tann u. a., Reinbek bei Hamburg, 1994.
Woltersdorff, Volker, "Paradoxes of Precarious Sexualities. Sexual Subcultures under Neo-Liberalism", in: *Cultural Studies*, Bd. 25, Nr. 2 (2011), S. 164~182.
Worthen, John, *Robert Schumann. Life and Death of a Musician*, New Haven, London, 2007.
Wyder, Marianne, Patrick Ward und Diego De Leo, "Separation as a Suicide Risk Factor", in: *Journal of Affective Disorders*, Bd. 116, Nr. 3 (2009), S. 208~213.

Zaner, Richard M., *The Context of Self. A Phenomenological Inquiry Using Medicine as a Clue*, Athens, 1981.
Zinn, Jens, "Uncertainty", in: George Ritzer (Hg.), *Blackwell Encyclopedia of Sociology* [2007], online unter 〈http://www.blackwellreference.com/public/tocnode?id=g9781405124331_chunk_g978140512433127_ss1~1#citation〉, letzter Zugriff 13.2.2018.
Zurn, Christopher F., *Axel Honneth. A Critical Theory of the Social*, Cambridge, Malden, 2015.

찾아보기

ㄱ

가부장제(가부장적, 가부장의) 16, 30, 85, 86, 95, 99, 101, 145, 147, 148, 175, 246, 275, 306, 387, 389
가치화 177, 190, 207, 210, 217, 242, 245, 332
감베타, 디에고Gambetta, Diego 306
감정 노동 368
감정 상품(이모디티emodity) 359, 360, 362, 371, 392
감정(적) 계약 21, 252~254, 256, 257, 261, 266, 274, 310, 383
감정 존재론 324, 333, 362, 367~372, 374
갓비어, 리처드Godbeer, Richard 63
개선(취향의) 226~228, 351, 352
객넌, 존Gagnon, John 92
경제적-성적 교환economico-sexual exchange 178
계시(의 서사) 328, 331, 347
계약주의 251~253, 255
고든, 스티븐Gordon, Steven 363
고스팅ghosting 288~290
고프먼, 어빙Goffman, Erving 134
구애 30, 60, 61, 65~67, 69, 70, 71, 73~77, 79~85, 140, 141, 159, 163, 168, 178, 268, 271, 284, 304, 306, 310, 315, 319, 388, 412, 413
굴드너, 앨빈Gouldner, Alvin 305

『그레이의 50가지 그림자』 257
그렐로, 캐서린Grello, Catherine 146
그로스, 닐Gross, Neil 253
그린, 애덤Green, Adam 176
그림케, 앤젤리나Grimké, Angelina 80
긍정적 선택 39, 41, 46
기든스, 앤서니Giddens, Anthony 19, 20, 67, 253, 254, 436
『친밀성의 구조 변동. 현대 사회의 성, 사랑, 에로티시즘』The Transformation of Intimacy. Sexuality, Love, and Eroticism in Modern Societies 253
기어츠, 클리퍼드Geertz, Clifford 258
길, 로절린드Gill, Rosalind 222
길리스, 존Gillis, John 75

ㄴ

나보코프, 블라디미르Nabokov, Vladimir 89
나비 정치 381
나이트, 프랭크Knight, Frank 303
네미롭스키, 이렌Némirovsky, Irène 110, 410
누스바움, 마사Nussbaum, Martha 209
닌, 아나이스Nin, Anaïs 89

ㄷ

대상화 → 물화
더넘, 리나Dunham, Lena 127

518

『그런 여자 아니야』Not that Kind of Girl. A Young Woman Tells You what She's "learned" 127
던, 세라Dunn, Sarah 137
『더 빅 러브』The Big Love 137
데팡트, 비르지니Despentes, Virginie 174, 244, 314
데이비스, 제임스Davis, James 305
데이트 앱(어플리케이션) 19, 45, 114, 115, 139, 151
데저란, 포레스트Deseran, Forrest 304
돌봄 윤리 358, 359, 367, 371
뒤르켐, 에밀Durkheim, Émile 12, 23, 39, 56, 58~60, 83, 119
『자살론』Der Selbstmord(1897) 12, 39
듀젠베리, 제임스Duesenberry, James 36
드보르, 기Debord, Guy 182
들뢰즈, 질Deleuze, Gilles 112

ㄹ
라캉, 자크Lacan, Jacques 164, 166
라파포트, 로이Rappaport, Roy 83
러글스, 스티븐Ruggles, Steven 322
러브스토리 16, 58, 70, 72, 307, 320, 401, 467
러셀, 버트런드Russell, Bertrand 327
러프, 헤더Rupp, Heather 186
레디, 윌리엄Reddy, William 373
레이, 배리Reay, Barry 103, 114, 423
레이예, 로리Raye, Rori 281
레퍼, 마크Lepper, Mark 232
로런스, D. H. Lawrence, David Herbert 89
로빈스, 조엘Robbins, Joel 83
로스, 필립Roth, Philip 329
로젠펠드, 마이클Rosenfeld, Michael 323, 324
루만, 니클라스Luhmann, Niklas 65, 68,
85, 306, 423
루빈, 게일Rubin, Gayle 105
리, 머레이Lee, Murray 223

ㅁ
마갈릿, 아비샤이Margalit, Avishai 209, 297, 328
마르크스, 카를Marx, Karl 27, 128, 190, 232, 233, 451
마르크스주의 210, 393
마르티네즈-프라더, 캐시Martinez-Prather, Kathy 223
마무드, 사바Mahmood, Saba 25
말리크, 압드 알Malik, Abd Al 10, 399
매치닷컴match.com 45, 157
매퀸, 스티브McQueen, Steve 239
《셰임》Shame 239
매키넌, 캐서린MacKinnon, Catharine 27, 381
맥도웰, 샐리McDowell, Sally 70, 81
메난드로스Menandros 16
메이어, 로저Mayer, Roger 305
메이어, 스테프니Meyer, Stephenie 37
『트와일라잇』 37
메일러, 노먼Mailer, Norman 53
멘델슨, 대니얼Mendelsohn, Daniel 117
『규정하기 힘든 포옹』The Elusive Embrace. Desire and the Riddle of Identity 117
모티에, 베로니크Mottier, Véronique 86, 95
『섹슈얼리티. 간략한 소개』Sexuality. A Very Short Introduction 86
물화物化(대상화) 44, 151, 207~210, 222~225, 235, 238, 239, 241, 245, 388
미나시안, 알렉Minassian, Alek 385, 386
미드, 마거릿Mead, Margaret 89
미어스, 애슐리Mears, Ashley 179, 185,

230
미첼, 스티븐Mitchell, Stephen A. 315, 316
『정신분석학의 관계적 개념』Relational Concepts in Psychoanalysis. An Integration 315
미투 운동 175, 245
밀러, 존Miller, John 70, 81
밀러, 헨리Miller, Henry 89

ㅂ
바우마이스터, 로이Baumeister, Roy 177
바우만, 지그문트Bauman, Zigmunt 158
반성적(인) 자유 100, 250~252
버그먼, 잉그리드Bergman, Ingrid 89
벌랜트, 로런Berlant, Lauren 49, 319
벌린, 이사야Berlin, Isaiah 27
베이크웰, 세라Bakewell, Sarah 165, 166, 436
베케르트, 옌스Beckert, Jens 228
벡, 울리히Beck, Ulrich 169, 436
벡 게른스하임, 엘리자베트Beck-Gernsheim, Elisabeth 169, 436
벤야민, 발터Benjamin, Walter 179, 180
벤저민, 올리Benjamin, Orly 365
벨, 레슬리Bell, Leslie 13, 115, 116
보글, 캐슬린Bogle, Kathleen 139
『후킹업』Hooking up 139
보부아르, 시몬 드Beauvoir, Simone de 89, 380
볼탕스키, 뤼크Boltanski, Luc 104, 126, 327
부르디외, 피에르Bourdieu, Pierre 152, 181, 225, 226, 378, 387, 435
부정否定(negation) 390
부정성否定性 21, 164, 167
부정적 관계 39, 41, 49, 164~169, 266, 317, 382~384, 397

부정적 사회성 40, 107, 169, 171
부정적 선택 39, 41, 45~47, 226, 301
부정적 자유 156, 381
브라운, 웬디Brown, Wendy 24
브라운, 피터Brown, Peter 101
브라이트, 수지Bright, Susie 93, 94
브랜다이스, 루이스Brandeis, Louis 87
「각자의 사생활을 보호받을 권리」The Right to Privacy 87
블라우, 피터Blau, Peter 304
블루어, 데이비드Bloor, David 24
블룸, 클레어Bloom, Claire 329
비선택→선택하지 않음
비어만, 볼프Biermann, Wolf 286

ㅅ
『사랑은 왜 아픈가』Warum Liebe weh tut 42, 132
사랑의 끝남(냄)unloving 11, 35, 49, 317, 318, 327, 345, 367, 374, 397
사랑의 부재→사랑의 끝남(냄)
사랑하지 않음→사랑의 끝남(냄)
사르트르, 장폴Sartre, Jean-Paul 89, 165, 166
사이드먼, 스티븐Seidman, Steven 119
산책자 179, 180
살레츨, 레나타Salecl, Renata 39
샐린스, 마셜Sahlins, Marshall 101
선택 포기→선택하지 않음
선택하지 않음 42~45, 47, 48, 169, 171, 176, 200, 224, 226, 239, 240, 275, 280, 283, 293, 317, 318
성과학sexual science 88
성과학자 96, 124, 292
성자유주의자 22, 31, 96, 98, 105, 127
성적 계약 20, 252~254, 256~258, 261, 310, 324

성적 교환 34, 125, 189
성해방 25, 29, 32, 91, 92, 96~98, 100, 102, 104, 107, 111
성혁명 29, 32, 52, 87, 95, 96, 98, 101, 103, 104, 418
세넷, 리처드Sennett, Richard 300, 301, 303, 307, 310
『새로운 자본주의 문화』The Culture of the New Capitalism 300
세인트 제임스, 마고St. James, Margo 128
《섹스 앤 더 시티》 98, 99
섹스팅sexting 195, 196, 221, 223
소비자본주의 34, 40, 190, 343, 359, 381, 395, 440
솔로가미sologamy 47
쇼펜하우어, 아델레Schopenhauer, Adele 69
쇼펜하우어, 아르투어Schopenhauer, Arthur 69
슈거 대디Sugar Daddy 187~189, 445
슈거 베이비Sugar Baby 183, 188, 445
슈만, 로베르트Schumann, Robert 249
슈어먼, 데이비드Schoorman, David 305
슈츠, 알프레트Schütz, Alfred 327
슈타르케, 쿠르트Starke, Kurt 96, 97
슈트렉, 볼프강Streeck, Wolfgang 93
슘페터, 조지프Schumpeter, Joseph 301
스몰랙, 린다Smolak, Linda 206, 453
스와이들러, 앤Swidler, Ann 240, 283
스테이시, 주디스Stacey, Judith 332, 333
스톤, 로런스Stone, Lawrence 66
스펙터클 사회 182
스펜서, 옥타비아Spencer, Octavia 314
시각적 자본주의scopic capitalism(visual capitalism) 99, 189, 212, 246, 382~386, 388, 389, 391, 394, 396
시먼스, 솔런Simmons, Solon 253

『신新엘로이즈』Julie ou la nouvelle Héloïse(1761) 16
신자유주의 23, 28, 32, 40, 234, 254, 384, 452
실바, 제니퍼Silva, Jennifer 302
실존주의 운동 165
심슨, 제프리Simpson, Jeffry 340

ㅇ
아가스망agacement 348
아노미Anomie 12, 39, 56~59, 61
아도르노Adorno, Theodor W. 163
아부루고드, 릴라Abu-Lughod, Lila 25
아르비드손, 아담Arvidsson, Adam 234
아비투스habitus 181, 225, 226
아스퍼스, 파트리크Aspers, Patrik 228
아우구스티누스Augustinus, Aurelius 62, 411
아이엔가, 시나Iyengar, Sheena 232
안더스, 귄터Anders, Günther 40
안티페미니즘 38
알렉시예비치, 스베틀라나Alexijewitsch, Swetlana 10, 399
암스트롱, 엘리자베스Armstrong, Elizabeth 131, 147, 345, 460
앤더슨, 조엘Anderson, Joel 389
에로틱 자본 185, 188
엑시스hexis 181
여성해방 18, 24, 28, 92, 203
오닐, 레이철O'Neill, Rachel 129, 266, 450
오스틴, 제인Austen, Jane 73
『노생거 수도원』Northanger Abbey (1818) 73
오웰, 조지Orwell, George 10
와인스타인, 하비Weinstein, Harvey 175
요나스, 한스Jonas, Hans 223
우엘벡, 미셸Houellebecq, Michel 379,

380, 385, 387
『복종』Soumission(2015) 379
『소립자』Les Particules Élémentaires (1998) 379
『투쟁 영역의 확장』Extension du Domaine de la Lutte(1994) 379, 387
워런, 새뮤얼Warren, Samuel 87
「각자의 사생활을 보호받을 권리」The Right to Privacy 87
월런, 킴Wallen, Kim 186
왈저, 마이클Walzer, Michael 85
월터, 크리스티앙Walter, Christian 373
웨스트, 로빈West, Robin 295
웨이드, 리사Wade, Lisa 116, 119
웰드, 시오도어 드와이트Weld, Theodore Dwight 80, 81
위니콧, 도널드Winnicott, Donald 203
의례 65, 68, 83~85, 107, 169, 270, 307, 394, 412
이모티브emotive 373
이행 대상transitional object 203, 350
인셀Incels(involuntary celibates) 386~388
인스타그램 136, 187, 199
인터넷 섹스 포털 19, 114
일부일처(제) 22, 47, 155, 156, 316, 333, 338, 342

ㅈ
젠더 불평등 30, 85, 385
조윗, 켄Jowitt, Ken 170
존재론적 불안 19
존재론적 불확실성 171, 176, 177, 210, 235, 241, 242, 245, 253
존재론적 안정성 67
종, 에리카Jong, Erica 113, 119
지구슈, 폴크마르Sigusch, Volkmar 292
지멜, 게오르크Simmel, Georg 128, 427

ㅊ
처녀성 65, 69, 103, 104, 127
첸, 헬렌Chen, Hellen 292
『사랑 매뉴얼을 잊는 것이 관계를 지속시킨다』Hellen Chen's Love Seminar, The Missing Love Manual that Makes Your Relationship Last 292
츠바이크, 슈테판Zweig, Stefan 410

ㅋ
카벨, 스탠리Cavell, Stanley 174
카우프만, 장클로드Kaufmann, Jean-Claude 348, 349
카프카, 프란츠Kafka, Franz 174
칸트, 이마누엘Kant, Immanuel 64, 100, 144
캐주얼 섹스 22, 41, 112~119, 126~133, 138~141, 145~148, 151~156, 161, 167, 171, 188, 257, 261, 265, 318, 344, 345, 379, 380, 383, 393, 428, 430, 432, 434
  원나이트 스탠드 41, 49, 118, 127, 130, 139, 146, 155, 259, 272, 430
  잠자리를 같이하는 친구friends with benefits 114, 139
  플링fling 41
  후크업hookup 114, 127, 139, 188
  퍽 버디fuck buddy 114
캔시언, 프란체스카Cancian, Francesca 363
코넬, 로버트Connell, Robert W 129
코요테COYOTE(Call Off Your Old Tired Ethics) 128
코제브, 알렉상드르Kojève, Alexandre 163, 166
쿤츠, 스테퍼니Coontz, Stephanie 343
퀸, 마크Quinn, Marc 10

크라우스, 니콜Krauss, Nicole 375
　『어두운 숲』Forest Dark 375
크라이슬러, 해리Kreisler, Harry 85
킨제이, 앨프리드Kinsey, Alfred 89
킹솔버, 바버라Kingsolver, Barbara 291

ㅌ
타베트, 파올라Tabet, Paola 177
테렌티우스Terentius, Publius Afer 16
테브노, 로랑Thévenot, Laurent 104, 327
톨스토이Tolstoy, Leo 35
　『전쟁과 평화』War and Peace 35
트롤럽, 앤서니Trollope, Anthony 53, 59, 75, 248
　『어느 늙은 남자의 사랑』An Old Man's Love(1884) 53
　『클래버링 가문』The Claverings(1867) 82
틴더Tinder 45, 114, 115, 139, 140, 142, 193~196, 199, 200, 220, 221, 236, 237, 239, 289

ㅍ
파머, 조지 허버트Palmer, George Herbert 71, 72, 414
파이퍼, 마크Piper, Mark 355
팔리아, 커밀Pagila, Camille 31
페렐, 에스더Perel, Esther 301
페미니즘(또는 페미니스트) 17, 23, 25, 31, 37~39, 64, 93, 95, 96, 98, 99, 101, 124, 130, 132, 161, 175, 177, 190, 203, 204, 206, 209, 222, 235, 238, 242, 275, 276, 339, 366, 370, 380, 389, 391, 395
페이스북facebook 45, 135, 136, 199
페이트먼, 캐럴Pateman, Carole 178, 223, 251, 252, 254, 256

『성적 계약』The Sexual Contract 251
평가절하 177, 204, 206, 207, 214, 217, 219, 223, 225, 228, 232, 233, 235, 238, 242, 243, 245, 246, 275, 281, 319, 321, 332, 388, 389
포르노그래피(포르노) 12, 23, 95, 124, 125, 185, 186, 188, 189, 204, 207, 239, 240, 392, 443, 449
포스너, 리처드Posner, Richard 24, 223
　『섹스와 이성』Sex and Reason 24
포어, 조너선 사프란Foer, Jonathan Safran 336, 347, 362, 375
　『내가 여기 있나이다』Here I am 336
폴리아모리polyamory 301
푸코, 미셸Foucault, Michel 25, 26, 86, 436
　『감시와 처벌』Discipline and Punish. The Birth of the Prison 25
《프렌즈 위드 베네핏》Friends with Benefits(2011) 256, 257
프랭크퍼트, 해리Frankfurt, Harry 372
프로이트, 지그문트Freud, Sigmund 39, 88, 89, 95, 171, 176, 393
　『문명 속의 불만』Das Unbehagen in der Kultur(1930) 393
　『쾌락 원리의 저편』Jenseits des Lustprinzips(1920) 39
프로-초이스Pro-Choice 38
프롬, 에리히Fromm, Erich 381
　『자유로부터의 도피』Escape from freedom 381
프리먼, 앨리스Freeman, Alice 71, 72, 414
플라우투스Plautus, Titus Maccius 16
플로베르, 귀스타브Flaubert, Gustave 77, 410
　『마담 보바리』Madame Bovary(1856) 77

찾아보기　**523**

피츠제럴드, F. 스콧Fitzgerald, F. Scott 89
피핀, 로버트Pippin, Robert 390
필립스, 애덤Phillips, Adam 227, 342

ㅎ
하비, 데이비드Harvey, David 233
하스, 다비트Haas, David F. 304
하우, 어빙Howe, Irving 394, 395
하이데거, 마르틴Heidegger, Martin 166, 242, 436
『존재와 시간』Sein und Zeit 166
하킴, 캐서린Hakim, Catherine 185
해밀턴, 로라Hamilton, Laura 131, 147, 345
핵가족 22, 96
허시먼, 앨버트Hirschman, Albert 292, 299
『출구, 목소리 그리고 충성』Exit, Voice, and Loyalty. Responses to Decline in Firms, Organizations, and States 292
헤겔 20, 163, 164, 182, 249, 250, 252, 286, 390, 391
『정신현상학』Phenomenologie des Geistes 163
호네트, 악셀 Honneth, Axel 20, 23, 100, 153, 191, 224, 225, 250, 389, 394, 438
혹실드, 앨리Hockschild, Arlie 368
확실성
감정적 확실성 67, 80, 82, 374
규범적 확실성 68, 69, 72, 73, 77
실존적 확실성 72, 73
절차적 확실성 77
존재론적 확실성 74, 75
평가적 확실성 76, 77
흄, 데이비드Hume, David 64

해제

'쉽게' 만나고 '쿨하게' 헤어지는데, 누가 왜 괴로워하는가?

김현미
(연세대 문화인류학과 교수)

짧게 지속하고 쉽게 끝나는 사랑

'썸 타다'와 '가성비'란 말이 연애를 구성하는 유행어가 되었다. '썸'은 애매모호한 가능성을, '가성비'는 경제적 투자에 비례하는 보상을 강조한다. 시장market의 언어가 흥분, 헌신, 열정, 소통으로 상상되던 사랑과 연애 관계를 장악했다. 사랑은 이제 불확실성, 가능성, 투자 대비 만족감을 잘 다루는 개인의 능력에 따라 성취되거나 좌절된다. '어장 관리'란 말이 있을 정도로 연애와 성적 파트너는 늘어났다. 데이트 앱, 익명 채팅, 애인 대행, 배우자 찾기 앱과 인터넷 사이트 등은 '만남'의 무한한 가능성을 제공한다. 원나이트 스탠드, 인스턴트 만남, 섹스 파트너, 사이버 섹스 등 섹슈얼리티화한 만남 또한 증가한다. 헤어짐은 '조건' 불일치의 결과일 뿐, 더 이상 인격과 인성의 문제가 아니다. 쉽게 헤어질수록 '쿨하다'라고 여기기 때문에 헤어짐에 따르는 상대에 대한 도덕적 부담에서도 자유롭다. 사랑은 짧게 지속하고, 쉽게 끝난다.

제목을 보고 이별의 고통에 위안을 주는 책을 기대한 독자에게는 에바 일루즈의 이 책이 실망스러운 텍스트일지도 모른다. '현명한 이별의 방법' 또는 '이별에 대처하는 방법'을 내세우는 자기계발적 치유서가 아니기 때문이다. 이 책은 '자유로운' 연애와 선택이라는 현대 사회의 고양된 가치가 만들어낸 모호함과 모순을 다룬다. 그렇게 쉽게 사귀고 쿨하게 헤어질 수 있는데, 우리는 또 왜 이별로 인해 분노하고 괴로워하는가? 이별이나 이혼 등 감정이 연루될 수밖에 없는 관계의 단절에는 고통이 뒤따르고, 자아의 자존감을 떨어뜨린다는 것이 그 한 이유다. 에바 일루즈는 '어떻게 자본주의가 성적 자유를 점령해, 성적 관계와 낭만적 관계를 유동적이고 혼란스럽게 만들었는가'(48쪽)를 묘사하기 위해 이 책을 썼다. '사랑과 이별'을 경험한 프랑스, 영국, 독일, 이스라엘, 미국에 거주하는 92명(19~72세)을 인터뷰하여 현대 사회에서 나타나는 '사랑의 끝남'(또는 사랑의 부재)의 사회학적 원인과 결과를 분석한다.

선택의 자유와 섹슈얼리티에 종속된 관계

　사랑은 다른 사람과 '협상'을 벌이는 행위로, 자유와 종속이라는 모순적 가치를 재배열한다. 두 사람은 몸과 정서의 친밀성을 지향하며, 독점적 섹스와 감정 계약을 통해 결혼이라는 확실한 관계를 맺거나, 비혼非婚이라는 비교적 유연한 형식의 관계를 맺는다. 그런데 이 관계들은 사적인 영역까지 장악해버린 '자본주의'가 체계화한 거대한 감정 체제에서 자유롭지 않다. 자본주의는 '소비자'의 자유라는 명목으로, 관계에서마저 다른 선택들의 가능성을 '소비'하라고 부추긴다. 소비자본주의는 다른 상품에 계속 눈 돌리게 하고, 남이 가진 것을 부러워하게 하고, 익숙한 대상을 쉽게 버리게 하는 정서를 내면화한다. 사람들은 재산, 상품 가치로서의 능력, 외모와 몸매 등의 성적 매력에 의해 등급화된다. 소비자본주의의 상품과 마찬가지로 사물 또는 대상으로 간주되는 것이다. 먹는 취향이 안 맞아(소비 취향), 습관을 견딜 수 없어, 친구가 못나서(평가와 평가절하) 등 매우 구체적인 건수들이 헤어질 만한 이유가 되기에 충분하다(사람과의 관계에서도 '출구 전략'이 재빨리 모색된다). 선택의 자유는 관계의 지속이라는 약속을 압도한다. 우리가 만나는 사람은 특별하고 고유한 존재이기보다는, 무한대로 존재하는 상품 중 하나가 되었다. 애써 견디고 버티다가 이별할 필요가 없어졌다.

에바 일루즈는 관계의 불확실성이 증가한 또 하나의 이유를 자아가 '섹슈얼리티'에 종속된 결과에서 찾는다. 현대 자본주의는 기회가 주어질 때마다 가볍게 즐기는 '캐주얼 섹스'를 자유의 궁극적 증명이라고 부추겼다. 자본주의는 디지털 기술을 통해 익명의 존재들을 연결하고 수익을 창출하는 거대한 섹슈얼리티 경제를 통해, 모험이나 체험의 형태로 '책임지지 않는' 쾌락을 보장한다. 캐주얼 섹스는 상호성, 애정, 결속의 가능성을 지워버리는 '자유'를 선사한다. 장기적 결속이나 관계의 의미를 담은 연애나 결혼 관계의 서사적 연속성은 사라지고, 열린 시장에서 가볍게 만나는 사이가 선호된다.

에바 일루즈는 짐짓 '평등주의'를 내세우는 캐주얼 섹스가 남성의 성적 권력을 강화하는 남성 경제의 산물임을 강조한다. 남성성의 헤게모니는 감정과 섹슈얼리티의 분리라는 가치를 줄기차게 내세우며 '자유'의 의미를 확장했다. 캐주얼 섹스를 가능하게 한 디지털 기술과 광범위한 만남 경제는 남성들이 자유를 명분으로 시각적 자본주의(에바 일루즈가 명명한 'scopic capitalism') 산업과 섹슈얼리티 시장을 장악한 결과이다. 이로써 시장을 거치지 않은 일상적 만남에서조차 "오늘 나랑 잘

래?"라는 말이 난무한다. 가벼운 만남에서 데이트로 진전된 관계는 '가지고 논 것'과 '관계'의 중간쯤 어디에 위치한다. 남성은 캐주얼 섹스를 통해 성적 권력을 과시하고 다른 남성들로부터 시위를 인성받는다(남성들이 자신의 성경험을 떠벌리고, 불법적이고 비윤리적으로 촬영한 영상을 서로 공유하는 행동의 이유가 여기에 있다). 여성들 또한 부담 없는 쾌락과 관계의 거리 두기를 지향하며 캐주얼 섹스에 참여한다. 캐주얼 섹스를 통한 만남은 헤어짐의 고통을 '덜 느끼게 하고', 관계를 통한 자아의 성찰과 인격의 성장을 더 이상 중요시하지 않는다. 불확실성 시대에 섹슈얼리티 중심의 계약이 탄생했다.

누가 '감정'과 '섹슈얼리티' 사이에서 괴로워하는가

내 주변의 젊은 여성들은 남자친구와의 데이트가 더는 즐겁지 않다고 할 때가 많다. 밥 먹고 영화 보고, 모텔 가는 '루틴'의 목적이 남자친구의 성적 욕망의 해결에 있다고 느끼기 때문이다. 그가 싫지는 않지만, 나를 어떻게 보는지, 도대체 사랑은 하는 것인지 자주 의심과 의혹이 든다. 자존심도 상하고 때로는 수치심을 느낀다. 섹스가 항상 싫은 것은 아니지만 섹스가 만남의 유일하고 최종적 목적이 돼서는 안 된다고 여기기 때문에 괴롭다.

에바 일루즈에 따르면, 캐주얼 섹스의 증가로 인해 여성은 전보다 관계의 혼란스러움과 불확실성을 더 많이 자주 경험한다. 사랑과 연애는 다른 어떤 관계보다 자기 감정과 타인의 감정을 이해하려고 애쓰는 상호 몰입의 과정을 요구한다. 하지만 현대의 사랑은 본격적으로 시작하기도 전에 '식어버린다'. 이런 관계에서 가장 큰 딜레마를 경험하는 쪽은 여성이다. 왜냐하면 여성은 감정과 그 소통을 여전히 관계의 '질'

을 판단하는 척도로 여기기 때문이다. 관계의 '섹슈얼리티화'에 대처할 수 있는 경험이 부족하고 힘이 없는 여성들은 관계를 어떻게 유지해야 할지, 심리 상담과 약제에 의존하며 혹여 자신에게 문제가 있는 것은 아닌지 자문한다. '나에게 푹 빠진 것 같았는데 사전에 아무 말 없이 떠나버린 남자'나 '짜증 난다'고 하며 연락을 끊은 남자와의 이별은 자신이 충분히 성적으로 매력적이지 못했다는 자책으로 이어진다.

감정을 중요시하는 이들은 관계를 깨고 관계로부터 빠져나갈 기회만 호시탐탐 노리는 기회주의 상황에 잘 대처하지 못한다. 마음은 아프지만 이별이나 이혼의 책임을 따지는 것조차 세련된 행동이 아닌 것 같아, 자신의 복잡한 심경을 언어화하지도 못한다. 이들은, 특히 여성들은 고통 피하기, 자기 보호, 자기 방어, 성장과 개선이란 이름으로 다양한 치료산업의 적극적 소비자가 되고 있다. 캐주얼 섹스와 치료산업은 관계로부터의 탈출을 부추기는 소비자본주의 시장의 산물이다.

페미니즘이 지향하는 관계의 윤리

에바 일루즈는 자유주의 지향의 페미니즘과 어느 정도 거리를 두고, 페미니즘의 다양한 지향을 선택적으로 차용하는 발화 전략을 구사한다. 그는 여성의 딜레마에 공감하면서도, 성적 자유를 신봉하고 퍼뜨리는 데 자유주의 페미니즘이 중요한 역할을 했다고 본다. 페미니즘은 젠더, 계급, 인종, 세대 등의 복잡한 문제와 관계가 본질적인 것이 아니라 권력의 효과로 구성된 것임을 강조한다. 마찬가지로 연애와 사랑은 보편적 인간 감정일지라도 여타의 관계와 마찬가지로 상호 돌봄(상호작용)의 행위다. 이런 행위가 희생, 헌신, 본성이란 이름으로 여성에게만 강요될 때, 이것은 종속이며 억압이 된다. 한국 여성들은 '페미니즘 대중화'의 현 국면에서 전통적 가족주의와 섹슈얼리티 중심의 상품화한 관계라는 두 가지 난제와 싸우고 있다. 한국 여성들은 데이트 폭력을 피하고자 하는 '안전 이별'의 추구, 비혼주의, 탈코르셋 운동, 디지털 성폭력 추방 등을 선택지로 표현하고 있으며, 여성을 단순히 섹스할 '몸'으로 환원하는 '캐주얼 섹스' 시장에 반대한다. 이에 비해 한국 남성은 성구매를 할 수 있는 여성은 어디에나 있지만, 사랑하고 결혼할 여성이 없다며 오히려 여성들에게 분노를 표출한다.

한국 사회의 증폭된 젠더 갈등은 각자가 해석하는 관계의 '자유' 개념이 다르기 때문이다. 성역할이 고정된 경로에 있지 않고 자율적 추구에 있다고 보는 여성의 '자유', 연애 시장에서 선택되지 않은 불만을 여성 혐오로 풀어내는 남성의 '자유', 사랑하는 파트너가 있지만 호시탐탐 일탈의 기회를 엿보는 '자유', 해명 한마디 없이 문자 메시지로 결별을 통보할 '자유', 본능이기에 방법은 문제되지 않는다며 성구매를 하는 남성의 '자유'…. 모두 각자의 '자유'를 인정하라고 목소리를 높인다. 다원주의는 다양성이 사회에 창의적 활력을 제공하기 때문에 사회적 민주주의를 앞당긴다고 여긴다. 하지만 현재의 자유에 대한 저마다의 주관적 해석은 갈등을 증폭할 뿐 아니라, 오히려 관계의 윤리를 약화시킨다. 에바 일루즈는 사랑이 섹슈얼리티만으로 구성되는 것이 아니며, 감정과 헌신의 수준을 높일 때에 지속될 수 있다는 자명한 명제를 강조한다. 한국의 페미니즘 운동도 거대한 남성 경제가 만드는 불평등과 차별을 방임한 한국 사회에 관계와 돌봄의 상호 윤리가 존재하는지 질문한다. 우리는 캐주얼 섹스가 서로 평등한 관계에서 출발하지도 않고 똑같이 기회가 주어지지도 않는다는 문제를 제기할 수 있어야 하고, 결국 어떤 이의 몸과 감정이 소비되고 있지 않은지 성찰할 수 있어야 한다.

  관계의 평등은 '파이'를 똑같은 양으로 나누는 행위가 아니고, 가치의 전환을 통해 관계의 새로운 프레임을 구성하는 것이다. 과거처럼 연애가 결혼으로 종결되는 확률은 낮다. 자발적 혹은 비자발적 비혼 기간이 길어지고 있으며, 때로는 영원하다. 성상품화, 섹스에의 집착, 관계에 대한 기회주의적 성향은 자기와 대면하는 타자의 감정과 말에 집중하지 못하게 한다. 관계의 윤리는 높은 수준의 청취 능력과 인격적 성숙으로 가능하다. 캐주얼 섹스가 이별을 재촉한다는 역설은 진실에 가깝다.